Helmut Kohl

Klaus Dreher

HELMUT KOHL
Leben mit Macht

Deutsche Verlags-Anstalt Stuttgart

Die Deutsche Bibliothek – CIP-Einheitsaufnahme

Dreher, Klaus:
Helmut Kohl : Leben mit Macht /
Klaus Dreher. –
Stuttgart : Deutsche Verlags-Anstalt, 1998
ISBN 3-421-05122-4

1. Auflage März 1998
2. Auflage April 1998
© 1998 Deutsche Verlags-Anstalt GmbH, Stuttgart
Alle Rechte vorbehalten
Reproduktionen: Fotosatz Sauter, Donzdorf
Druck und Bindearbeit: Friedrich Pustet, Regensburg
Printed in Germany

ISBN 3-421-05122-4

INHALT

III   Auf dem Weg ins Jahr 2000

Anhang

VORWORT

Für den Chronisten ist es mißlich, wenn sich der Gegenstand seiner Erkundung der Mitwirkung an der Biographie entzieht, die er über ihn schreibt. Im vorliegenden Fall wird das Dilemma dadurch vermindert, daß der Autor den gegenwärtigen Bundeskanzler Helmut Kohl seit 34 Jahren kennt und daß er ihn seither durch alle Tiefen und über alle Höhen seiner Karriere journalistisch begleitet hat. Er begegnete ihm 1964, als er in seinem engeren Wirkungskreis in Rheinland-Pfalz bereits eine führende Rolle spielte und dennoch im Land und gar im Bund weitgehend unbekannt war. Aus heutiger Sicht ist das erstaunlich, denn der 34jährige Kohl war bereits Vorsitzender der CDU-Fraktion im Mainzer Landtag, Mitglied des engeren Landesvorstands und auf dem Weg, Ministerpräsident zu werden. Erklärbar ist sein beschränkter Bekanntheitsgrad damit, daß es damals die Medien noch nicht gab, die heutzutage auf der Suche nach Neuigkeiten jeden Winkel der politischen Landschaft durchstöbern; nur die ARD sendete einige wenige Stunden täglich, das ZDF wurde gerade aufgebaut.

Der Autor schrieb Ende April 1964 in der *Frankfurter Allgemeinen Zeitung* eine Reportage über das Nachwuchstalent, eine der ersten Geschichten, die über Kohl in einem überregionalen Blatt erschienen. Danach wechselte er zur *Süddeutschen Zeitung*, Kohl wurde Regierungschef in Mainz; nacheinander wanderten beide rheinaufwärts nach Bonn, der eine stieg nach oben, und der andere berichtete und kommentierte es. Da der Verfasser der gleichen Generation der Flakhelfer angehört wie Kohl und ebenfalls aus dem Pfälzisch/Kurpfälzischen stammt, gab es gewisse Berührungspunkte; aber die journalistische Begleitmusik zählt nicht immer zu den Tönen, die ein Politiker wie Kohl gern hört. So hatte der Autor fast soviel Kritik von ihm und seiner Mannschaft zu ertragen, wie er an ihr übte.

Im Lauf der Jahre sammelten sich so viele Aufzeichnungen, Hintergrundberichte und Notizen, daß sich die ungenützten Unterlagen für ein Buch eigneten. Gleichwohl hätte dies nicht ausgereicht, hätten sich ihm nicht einige bedeutende Wegbegleiter Kohls zum Gespräch zur Verfügung gestellt. Zu ihnen gehören Richard von Weizsäcker, Ernst Albrecht, Kurt Biedenkopf, Elisabeth Noelle-Neumann, Volker Rühe, Rudolf Scharping, Wolfgang Schäuble, Waldemar Schreckenberger, Theo Waigel, Walter Wallmann, Matthias Wissmann und viele Mitarbeiter, Mitstreiter und Mitstreiterinnen aus Rheinland-Pfalz, aus der CDU überall im Land, der Bundestagsfraktion und dem Kanzleramt.

Zum Kapitel über die deutsche Einheit gesellten sich mit autobiographischen Werken die Zeitzeugen François Mitterrand, Margaret Thatcher und Michail Gorbatschow sowie die Mitarbeiter von George Bush, Philip Zelikow und Condoleezza Rice. Ausgewertet wurden ferner die Protokolle des rheinland-pfälzischen Landtags und des Bundestags, der Landes- und Bundesparteitage und des CDU-Bundesvorstands. Für den rheinland-pfälzischen Teil der Laufbahn, die Psychologie und die politische Vorstellungswelt Kohls steuerte dessen erster Pressesprecher und engster Mitarbeiter Hanns Schreiner eine Fülle an Material bei, das in langen Gesprächen auf Tonband aufgezeichnet wurde.

Was die Mitwirkung Kohls betrifft, bemühte sich der Autor nur soweit um sie, als nötig ist, dem Vorwurf zu begegnen, er habe es versäumt, nach einem guten alten Journalistenbrauch beide Seiten zu hören. Er fragte im Kanzleramt nach, die Antworten, soweit sie überhaupt erfolgten, waren unergiebig.

Das Bedauern des Autors hielt sich in Grenzen, da ihm als abschreckendes Beispiel die Arbeitsweise an dem Buch »Ich wollte Deutschlands Einheit« vor Augen stand. Aus dem Titel geht nicht einwandfrei hervor, wer als Verfasser zeichnet, Helmut Kohl oder zwei Journalisten, von denen es heißt, sie hätten die Geschichte der deutschen Einheit *dargestellt*. In Wirklichkeit war es so, daß einer von ihnen den Kanzler im Sommer 1995 am Wolfgangsee besuchte und ihm das Buchprojekt vorschlug. Kohl war sofort einverstanden. Nach der Rückkehr nach Bonn setzte Kohl die Termine für ihre Gespräche fest, bestimmte den Ort (den Kanzlerbungalow), besprach die Tonbänder, benannte Zeugen, die die Autoren befragen sollten, beschaffte die Protokolle, die sie einsehen durften, und besorgte schließlich nach Ablauf eines Jahres, wieder am Wolfgangsee, die Schlußredaktion. Daraus ist eine subjektive Schilderung der Wiedervereinigung 1989/90 hervorgegangen. Ein solches Buch wollte der Autor keineswegs schreiben.

Es ist nicht leicht, erfahrene Beobachter für Neuigkeiten über Helmut Kohl zu interessieren. Nach vierzehn Jahren Kanzlerschaft hat sich jeder seine eigene Vorstellung von ihm gebildet. Aber sie muß nicht in jedem Fall diejenige sein, die den ganzen Menschen ausmacht. Immerhin gibt es beachtliche Perioden in seiner Vergangenheit, die den meisten Lesern unbekannt sind. Der Autor hat sie erforscht und hofft, das Kanzlerbild zu vervollständigen.

Vergleiche mit anderen bedeutenden Staatsmännern drängen sich auf, sie sind aber nicht unbedingt schlüssig. Konrad Adenauer etwa betrat 1948 vor einem Publikum die Weltbühne, das ihn erst wahrnahm, als er den größeren Teil seines Lebens hinter sich hatte. In dem Augenblick, in dem man ihn bemerkte, war er auch schon Kanzler, und da war er 72 Jahre alt. Der »Enkel« dagegen werkelt, solange es die Bundesrepublik gibt, seit etwa fünf Jahrzehnten, und spätestens seit dem Oktober 1982, als er Bundeskanzler wurde, steht er an vorderster Stelle des Polittheaters in einem Historienstück, das seinen Namen trägt.

K.D.

I DER AUFSTIEG

1

EINE KINDHEIT IN LUDWIGSHAFEN

HELMUT KOHL stammt aus einfachen Verhältnissen. In seinen Kindheits- und Jugenderinnerungen schildert er detailgetreu und milieuverliebt den Alltag einer typisch deutschen Beamtenfamilie der dreißiger Jahre, in der er aufwuchs. Der Vater, Hans Kohl, war Steuersekretär am Finanzamt Ludwigshafen. Am Ende seiner Laufbahn, die er zweimal unterbrechen mußte, um in den Krieg zu ziehen, aus dem er herzkrank und frühzeitig pensionsreif zurückkam, brachte er es zum Obersekretär. Das war die untere Stufe der mittleren Beamtenlaufbahn. Werktags klammerte er morgens die Hosenbeine fest und schwang sich auf das Fahrrad, mit dem er zu seiner Arbeitsstelle im Finanzamt Ludwigshafen fuhr. »Nur bei Schnee und Eis leistete er sich eine Straßenbahnkarte«, erinnert sich der Sohn.[1]

Die Familie konnte sich bei dem knappen Gehalt des Vaters keine großen Sprünge erlauben. Die Mutter, Cäcilie Kohl, drehte jeden Groschen dreimal um, ehe sie ihn ausgab. Zum Wochenmarkt gleich um die Ecke ging sie vorzugsweise am frühen Nachmittag, wenn die Bauern aus der Pfalz, bevor sie ihre Waren einpackten, das Gemüse billiger abgaben. War sie gut aufgelegt, nahm sie den kleinen Helmut an der Hand und leistete sich mit ihm einen Besuch im Café.

Der Tisch für die Familie – für den Vater, die Mutter, die acht Jahre ältere Schwester Hildegard, den vier Jahre älteren Walter und für Helmut – war immer ausreichend gedeckt, es wurde aber sparsam gewirtschaftet. Freitags gab es gekochten Schellfisch, samstags Eintopf, am Sonntag wurde ein Braten aufgetischt, der am Montag, aufgewärmt und mit neuen Beilagen, abermals serviert wurde. Den Rest der Woche wurden Mehl- und Eierspeisen verzehrt. Samstags ließ sich der Vater von einem der Kinder einen Humpen Bier aus der nächsten Gastwirtschaft holen, um das Wochenende zu begrüßen.

Ferien standen nicht auf dem Programm, allenfalls reiste die Familie zu Verwandten in die fränkische Heimat des Vaters. Ausnahmen bildeten die Fest- und Feiertage, die üppig gefeiert wurden, auch wenn dafür im Alltag um so mehr gespart werden mußte. Die Geburtstage waren gesellige Anlässe, zu denen sich die Schulfreunde und Nachbarskinder gegenseitig zu Kakao und hausgebackenem Kuchen einluden. Bei den Kohls fanden sie besonders günstige Umstände vor, da der Garten des Hauses, in dem die Familie wohnte, an die Friesenheimer Felder anschloß, die, wie Kohl schrieb, zu »ausgelassenen und lautstarken Streichen lockten«.

Wenn sich die Kinder bei solchen Gelegenheiten verkleideten, schlang sich Helmut, wie die Schwester Hildegard Getrey später berichtete, ein Bettlaken um die Schultern, stülpte sich einen Kaffeewärmer über den Kopf, der als Mitra gelten konnte, und hielt die Freunde an, »ihm die Schleppe zu tragen«.[2]

Weihnachten gehörte der Familie. Sie besuchte an Heiligabend die Christmette in der nahe gelegenen Kirche St. Josef, zu Hause wurde die Weihnachtsgeschichte gelesen, und anschließend sangen die Eltern und die Buben Weihnachtslieder zum Klavierspiel der Schwester. An den Feiertagen gab es die obligate Weihnachtsgans.

Den stärksten Eindruck machten auf Helmut die Festvorbereitungen, die vor allem darin bestanden, daß Mutter Cäcilie das Weihnachtsgebäck buk, Spekulatius, Spritzgebackenes, Zimtwaffeln. Eine ihrer hausfraulichen Meisterwerke war der Karamelpudding, dem er seine lebenslange »Neigung zu Süßspeisen« zuschreibt.

Die Geschenke für die Kinder waren praktisch und sollten lange halten. Zum Repertoire gehörten Kleidungsstücke, die ohnehin angeschafft werden mußten. Zum fünften Geburtstag bekam Helmut ein Fahrrad, das der Vater gebraucht für acht Mark erstand. Er schenkte es dem Zögling nicht allein, um ihm eine Freude zu bereiten, sondern auch aus pädagogischen Gründen: Er hielt »jede Art von köperlicher Betätigung für sinnvoll und gesund«, schreibt der Sohn.

Zur Kommunion gab es eine Armbanduhr. Sie war neu, doch das Kommunionskind durfte sie nicht sogleich tragen; vielmehr wurde sie für die Zeit aufbewahrt, in der es etwas damit anfangen konnte.

Unter dem Weihnachtsbaum stand einmal eine Burg aus Pappmaché mit Plastikrittern, ebenfalls ein Mehrzweckspielzeug, das den Sohn sanft auf die vormilitärischen Übungen in der Hitlerjugend vorbereitete und insofern nützlich war, als es nach jedem Fest eingepackt und im Jahr darauf mit neuen Anbauten und zusätzlichen prächtig schimmernden Figuren angereichert werden konnte – eine Art Playmobil der dreißiger Jahre.

Mit den Geschwistern Walter (Mitte) und Hildegard
in den dreißiger Jahren.

Die Eltern schärften den Kindern ein, sie müßten mit dem, was sie hatten, zufrieden sein, schließlich sei es mehr, als sich ärmere Familien leisten konnten. Sie fügten sich auch klaglos in die beschränkten Verhältnisse ein. In den kleinen Beamtenhaushalten ging Bescheidenheit mit der Auffassung einher, daß Verzicht den Charakter stählt.

Helmut Kohl sog diese Haltung mit der Muttermilch ein und ließ sie sich als Lebensregel gelten: »Meine Eltern haben mir vorgelebt«, dozierte er, »wie sich Pflichtbewußtsein und Fröhlichkeit des Herzens vereinbaren lassen, wie der Einsatz für andere das eigene Leben reicher macht.«

Die Kohls lebten vor dem Krieg unter erträglichen Bedingungen. Der beamtete Vater brauchte nicht zu befürchten, in einer Stadt, in der 1935 statistisch jeder dritte Arbeitnehmer ohne Beschäftigung auf der Straße stand, arbeitslos zu werden. Auch die Inflation traf die Familie nicht so hart wie andere. Sie mußte nie hungern.

Mutter Cäcilie hatte von ihrem Vater Josef Schnur ein geräumiges Haus in der Hohenzollernstraße 89 im Ludwigshafener Stadtteil Friesenheim geerbt, in dem die Familie in sieben Zimmern und einem ausgebauten Speicher ohne Raumnot und mietfrei lebte.

Der große Garten war zweckdienlich angelegt. Vierzig Obstbäume und Sträucher versorgten die Kohls mit Früchten, auf den Beeten und Rabatten bauten sie Kartoffeln und alle Arten von Gemüse an. In den Kleintierställen, ebenfalls aus Großvaters Zeit, lebten Kaninchen, Hühner, Puten »und anderes nützliches Getier«, das in den Kochtopf wanderte.

Der Vater, Familienoberhaupt und Respektsperson, war bescheiden, schweigsam, phantasiearm und auf eine seltsame Art phlegmatisch. So wenig Ehrgeiz er im Beruf entwickelte, so wenig anregend war er zu Hause. Außerdem zeigte er sich, im sorgfältigen Umgang mit Akten geübt, auch privat außerordentlich pingelig. Die Geburt seines Sohnes Helmut am 3. April 1930 im Städtischen Krankenhaus Ludwigshafen meldete er zweimal an, im nahe gelegenen Pfarrhaus St. Josef in Friesenheim und bei der Gemeindeverwaltung in Frankenthal, einige Kilometer von der Stadt entfernt.[3] Damit erfüllte er korrekt die behördlichen Vorschriften für den Ort, in dem die Familie zur Zeit der Geburt des Nachkömmlings wohnte, und vorausschauend für das Friesenheimer Haus der Großeltern, das für die Kinder und Enkel bestimmt war. Der Großvater starb kurz vor Helmuts Geburt, die Großmutter folgte zwei Jahre darauf. Bis dahin waren die

Kinder und Enkel fast täglich in dem geräumigeren Haus zu Gast, bevor sie selbst dort einzogen.

Eine andere Anekdote weist ebenfalls aus, wie korrekt der Vater zu Werke ging. Er wurde im Spätsommer 1938 bei einer Teilmobilmachung kurz vor dem Münchener Abkommen, das den Krieg noch einmal hinausschob, einberufen.[4]

Die Kohls waren gerade in Franken in Urlaub, ein Kradmelder brachte den Einberufungsbefehl. Zu Hause angekommen, stellte sich heraus, daß die eiserne Kassette, in der neben anderen wichtigen Dokumenten der Familie der Wehrpaß lag, verschwunden war. Der Vater geriet darüber so in Rage, daß er der Tochter Hildegard eine saftige Ohrfeige versetzte, als sie abends nach Hause zurückkehrte und gestand, daß sie die Kassette bei sich versteckt hatte, weil sie Liebesbriefe darin aufbewahrte. Bei der zweiten Einberufung im Jahr darauf lag der Paß parat.[5]

Vater Hans stammte aus einer Bauernfamilie, die ihren Hof in Unterfranken hatte und die Kinder in den Nachbarort Greussenheim zur Schule schickte, einem Dorf, etwa 15 Kilometer von Würzburg gelegen, wo der katholische Sozialreformer Adam Stegerwald, der für die CSU der Nachkriegszeit das programmatische Gerüst zimmerte, die Schulbank drückte.

Der Hof brannte aus, die älteren der sechs überlebenden Kinder (sieben starben, ehe sie zehn Jahre alt wurden) mußten anderweitig unterkommen, Hans arbeitete in einer Mühle, ging zum Militär, wurde im Ersten Weltkrieg 1914 im Alter von 27 Jahren eingezogen, bewährte sich an der Front und wurde zum sogenannten Tapferkeitsoffizier befördert – einem Rang, den er der Herkunft und Ausbildung nach sonst nicht hätte erreichen können.

Zum Kriegsende war sein Regiment in Landau in der Pfalz stationiert, die in jener Zeit zu Bayern gehörte. Dort begegnete die pfälzische Großbauerntochter Cäcilie Schnur dem bayerischen Infanteristen. Die beiden warteten aber, dem damaligen Soldatenbrauch gehorchend, mit der Hochzeit bis zum Ende der Feindseligkeiten und heirateten schließlich im Jahr 1920. Hans Kohl wurde, einer allgemeinen Handhabung der Weimarer Republik entsprechend, in den Staatsdienst übernommen, in dem er es während der Friedenszeiten nicht so weit brachte wie im Krieg.

Im Zweiten Weltkrieg, in dem er im Rang eines Hauptmanns nach Polen zog, setzte ihn die Deutsche Wehrmacht im Winter 1939/40 in

der besetzten polnischen Ortschaft Zirats zum Stadtkommandanten
ein. Doch drückte den über Fünfzigjährigen der Kriegsdienst so, daß er
nach dem Frankreichfeldzug wegen eines Herzleidens entlassen werden mußte.

Seine Einberufung zum Chef des Friesenheimer Volkssturms wenige
Wochen vor Kriegsende kam so spät, daß er nur noch dessen Auflösung bekanntgeben konnte. Vom Krieg erholte er sich nicht mehr,
sobald er beendet war, ließ er sich pensionieren und beriet bis zu seinem Tod im Jahr 1975 gelegentlich Bekannte und Nachbarn in Steuer-
fragen.

Politisch war der Vater nicht sonderlich engagiert. In der Weimarer
Republik wählte er, seiner Herkunft treu, die bayerische Volkspartei,
ein Ableger der Zentrumspartei und, wenn man so will, eine Vorläufe-
rin der CSU. In der Bundesrepublik trat er, da Ludwigshafen von Bayern abgetrennt und dem Land Rheinland-Pfalz zugeschlagen worden
war, in die CDU ein, in der er zwar zu den ersten Mitgliedern gehörte,
sich aber nicht aktiv betätigte.

Helmut Kohls älterer Bruder, Walter, war, wie er selbst, »unmili-
tärisch«, so der Journalist Heribert Schwan, aber ihn traf der patrio-
tische Ehrgeiz des Vaters, der ihn mitten im Krieg dazu überredete, sich
zum Reserveoffizier zu melden. Er wurde Fallschirmjäger, nach der
alliierten Invasion in der Normandie mehrfach verwundet und an die
Front zurückgeschickt. Während des Aufenthalts auf einem Verschiebe-
bahnhof im Ruhrgebiet wurde er von dem Mast einer Starkstromlei-
tung der Bahn erschlagen, den ein britischer Bomber, von Walters
Kameraden abgeschossen, umgerissen hatte.

»Der Vater«, schreibt Schwan, »blieb monatelang geschockt, eine
Zeitlang unzugänglich für seine Umwelt.« Der Tod seines Sohnes, den
er, obwohl kein Nationalsozialist, in Hitlers Krieg gedrängt hatte, habe
ihn zeitlebens bedrückt.

Der Krieg, für den der zweite Sohn Helmut noch zu jung gewesen
war, hatte in der Niederlage geendet. Der Vater hätte es gern gesehen,
wenn Helmut Beamter geworden wäre. Als er entdeckte, daß Helmut
ohne sein Wissen und gegen seinen Willen in die gleiche Partei eintrat,
der er auch angehörte, mit dem Unterschied, daß er sich sogleich in ihr
aktiv betätigte und sich mehr auf ihren Versammlungen herumtrieb,
als daß er den Kopf in die Schulbücher steckte, wurde er unwillig. Es
half ihm aber nichts. Auch schmälerte sich dadurch die natürliche
Zuneigung des Sohnes nicht.

»Den Vater hat er sehr gerne gehabt, aber die Mutter war wohl die Leitfigur in der Familie«, sagt einer der zeitweiligen Weggefährten Kohls, Hanns Schreiner.[6] Mutter Cäcilie, geborene Schnur, hatte das entgegengesetzte Naturell ihres Mannes. Sie war phantasievoll, einfallsreich, neugierig und von einem ständigen Mitteilungsdrang beseelt, wie Mitarbeiter des Sohnes berichten, die sie kennenlernten. Dazu war sie fromm. »Sie kannte sich nicht nur in der Bibel aus, sondern auch im Leben der Heiligen, die sie je nach Bedarf und Zuständigkeit anrief«, erinnert sich der Sohn. Sie sei regelmäßig beichten gegangen und habe die vorgeschriebenen Riten sorgfältig und gewissenhaft ausgeführt.

Das streng Katholische wurde vom pfälzisch-lockeren Gemüt und einer gewissen Sympathie für die protestantischen Glaubensgenossen gemildert. Sie bevorzugte im Radio, einem Volksempfänger, den die Eltern Mitte der dreißiger Jahre für 35 Mark anschafften, die evangelischen Gottesdienste, weil »in ihnen gründlicher, tiefer und besser gepredigt« würde. So vorbereitet, störte es sie nicht, daß Helmut später eine evangelische Frau ins Haus brachte.

Sie wandte sich auch eindeutiger gegen die Nationalsozialisten als ihr Mann, da sie einen entschiedeneren Charakter hatte. Der Ehemann beschränkte seinen Protest auf den Austritt aus dem weltanschaulich geprägten Stahlhelm, auch wird von ihm ein Frontbericht erwähnt, den er mit dem Satz schloß: »Gnade uns Gott, wenn wir das einmal büßen müssen.«

Sohn Helmut berichtet darüber wertfrei. Die Familie war nicht nationalsozialistisch gesonnen, davor wurde sie vom Glauben und der Abneigung gegen rassistisch und weltanschauliche Dogmen geschützt. Aber der Vater war »doch national in dem Sinne, wie Pfälzer national immer waren – Grenzland, dauernde Kriege zwischen Deutschland und Frankreich durch viele, viele Jahrzehnte und Jahrhunderte hindurch«.[7]

Die kurze Ahnengalerie des pfälzischen Zweigs der Familie Kohl wird von Großvater Josef Schnur angeführt, der ihn begründete. Er stammte aus dem Hunsrück, einer der ärmsten Gegenden Deutschlands, besuchte in Speyer eine Präparandenanstalt, eine Ausbildungsstätte für katholische Volksschullehrer, die weniger Bildung genossen hatten, als sie ihren Schülern vermitteln sollten, und bekam in Trier, wo er sich niederlassen wollte, Schwierigkeiten mit den Preußen, die das Gebiet südlich der Rheinlande bis Koblenz und die Mosel entlang

besetzten und sich dort in den Kulturkampf mit den Katholiken ein-
ließen. Vor die Wahl zwischen der preußischen Verwaltung und der
bayerischen Oberaufsicht gestellt, zog Schnur letzteres vor, weil sie in
gewissem Sinn liberaler war.

Am 1. Mai 1884 – der Enkel hat das Dokument aufbewahrt – wurde
Schnur von der Gemeinde Friesenheim als interimistischer, kurz darauf
als vollgültiger Schulverweser (also Schullehrer) angestellt. Danach
heiratete er Maria.

Kurz vor der Jahrhundertwende baute Josef Schnur zusammen mit
seinem Bruder auf dem Grundstück, das er von den Schwiegereltern
bekam, das Haus in der Hohenzollernstraße 89. Es ist ein Doppelhaus,
dessen Hälften durch ein großes, gemeinsames Tor verbunden sind.
Gleich hinter der Toreinfahrt stand ein gemauerter Steintisch, an dem
sich bei schönem Wetter die Familien einfanden.

Schnur war ein vielseitiger Mann. Er spielte Orgel und leitete den
Kirchenchor in der altfriesenheimer Gemeinde St. Gallus. »Er scheint«,
schreibt Kohl, »eine Respektsperson gewesen zu sein, Inbegriff eines
Lehrers; gewissenhaft, ernst, fleißig, fromm.« Auch sein Ordnungssinn
war stark ausgeprägt.

Er züchtete Bienen, legte die Obstplantage an, von der die Nach-
kommen zehrten, und pflegte »mit Hingabe seine vierzig Obstbäume,
die er fast alle selbst okuliert hatte«.

Ebenfalls in einem guten Ruf stand seine Frau, Maria Schnur, die
karitativ und sozial engagiert war. Sie stammte aus einer gutsituierten
pfälzischen Bauernfamilie, die das Glück hatte, Felder in der Gegend
zu besitzen, in der die Mitte des 19. Jahrhunderts gegründete Stadt
Ludwigshafen entstand. Friesenheim war der erste Nachbarort, der
1892 in die neue Großstadt eingemeindet wurde.

Beide Eltern Kohls wurden 88 Jahre alt. Hans Kohl starb 1975, seine
Frau vier Jahre darauf. Sie blieb bis zum Tod in dem Haus in der
Hohenzollernstraße wohnen, umsorgt von Sohn Helmut, der Einkäufe
machte und Blumen kaufte.

Helmut Kohl und seine Schwester entschlossen sich, das Haus aus
Pietät, und weil es vermutlich später eine Bronzetafel mit der Aufschrift tragen wird, es sei das Elternhaus einer bedeutenden Persönlichkeit der Zeitgeschichte, zu behalten und zu restaurieren. Es steht zwischen einer Metzgerei, einem Videoladen und einem Blumengeschäft.
Mit seiner lindgrünen Fassade und den weiß abgesetzten Gesimsen
hebt es sich vorteilhaft von den anderen Reihenhäusern ab.

Etwas von der Ordnung, die bei den Kohls herrschte und herrscht, zeigt sich auch auf dem Friesenheimer Friedhof, auf dem Kohl an repräsentativer Stelle dem Einsegnungshaus gegenüber ein Familiengrab eingerichtet hat. Die alten Schnurs liegen getrennt von den Kohls, beide mit je einem Naturstein gekennzeichnet, auf dem die Namen und die Daten derer stehen, die darunter ruhen.

BIS ZUM AUSBRUCH DES KRIEGES im September 1939 kam Helmut Kohl, mit Ausnahme der Ferien in Franken, aus dem Viertel nicht heraus, in das er hineingeboren war. Er wuchs in einem Geviert auf, für das er nicht mehr als eine Viertelstunde brauchte, um es zu durchqueren. Vom Elternhaus waren es nur wenige Schritte zur Kirche

Helmut Kohl als Schüler.

St. Josef, gleich daneben liegt die Rupprecht-Volksschule, in der er nach Ostern 1936 im Alter von sechs Jahren als das »kleinste und schmächtigste von 37 Neuzugängen« eingeschult wurde, wie seine Biographen schreiben.

Nicht viel weiter war es von zu Hause bis zur Oberrealschule in der Leuschnerstraße, in die er mit zehn Jahren an Ostern 1940 eintrat. Da war schon ein halbes Jahr Krieg, und er war den Kinderspielen in der »Westernlandschaft jenseits der Ebertstraße und der Savanne rund um die alte Rennbahn«, so ein Ludwigshafener Wegbegleiter, der Journalist Klaus Hofmann, schon entwachsen.[8] Die Knaben wechselten auf den Bolzplatz, der ebenfalls in der näheren Umgebung lag. Im Fußballclub »Gut Holz« war der junge Kohl ein gefürchteter Mittelstürmer, da er mit dem rechten wie mit dem linken Fuß gleich trickreich und scharf Tore schoß. Genauso glänzte er im Freibad am Willersinnweiher. Da imponierte er den Spielkameraden mit einem Trick, den er in der Deutschen Lebens-Rettungs-Gesellschaft gelernt hatte. Er kraulte mit zusammengebundenen Füßen durch das Becken und war selbstverständlich gefesselt schneller als die anderen, die frei schwammen.[9]

Aber das war schon in der Nachkriegszeit. Bei Kriegsende kehrte Kohl nach Friesenheim zurück und blieb bis zum Ende des Studiums im Jahr 1959 dort.

Im Gasthof »Im Weinberg« trafen sich die Jungens aus der Oberrealschule in der Leuschnerstraße und die Mädchen aus der Geschwister-Scholl-Schule zum Tanz. Die Tänzer mußten im Winter Briketts und Holz zum Heizen mitbringen. Auf dem Tanzboden zeigte sich Kohl, wie sein Jugendfreund Karl-Otto Freisberg berichtet, als ein »besonders guter Rock'n'Roll-Tänzer«. Er habe »die richtige Schlaksigkeit« gehabt und sei »unterhalb der Knie besonders gelenkig gewesen«.

Dort lernte der Gymnasiast Kohl in seinem letzten Schuljahr vor dem Abitur das hübsche, blonde vorwitzige Flüchtlingskind Hannelore Renner aus Sachsen kennen und verliebte sich in sie: Er war 18, sie drei Jahre jünger. Auch Hannelore erinnert sich, daß er »ein selten flotter Tänzer« gewesen sei. Allerdings bekam sie Genickstarre, wenn sie zu ihm aufschaute. Da sie mit ihren Freunden so respektlos umging wie er mit den seinen, nannte sie ihn seiner pechschwarzen Haare und den mattschwarzen Wangen wegen spöttisch »meinen italienischen Eisverkäufer«.

Ebenfalls nahebei lag die Städtische Sauna, in der sich Kohl samstags nach dem Fußballspiel den Frust und das Fett aus dem Leib schwitzte. Die Übung behielt er bei, auch als er Abgeordneter im Stadtrat und im Landtag war. Einheimische konnten dort später dem Ministerpräsidenten ihres Landes begegnen, wie er, ein Badetuch um den mächtigen Leib geschlungen, volkstümlich die Segnungen pries, die er ihnen mit seiner Regierung bescherte.[10]

Mit dem Beginn des Krieges endete für Kohl die, wie er es empfand, »bis dahin kaum getrübte Kindheit abrupt und gnadenlos«. Der Alltag habe sich verändert, fügt er hinzu, »er wurde dunkler, schmerzlicher, beklemmender«.[11] Der Krieg brachte die erste bewußte Konfrontation mit dem Tod. Bis heute erinnert er sich an das Haus, das bei einem der ersten Luftangriffe zerstört wurde, und daran, daß er zusammen mit anderen Kindern von der Schülerfeuerwehr helfen mußte, »die ersten Toten auszugraben«. Da habe er »aufgehört, ein Kind im normalen Sinne« zu sein.[12]

Ihm erging es wie allen anderen Schülern aus der Großstadt. Gegen 1943 wurden die Schulen geschlossen, weil das Lehrpensum bei fortdauernden Luftangriffen nicht erfüllt werden konnte. Da, wo die Schüler dann hinkamen, lernten sie nicht mehr viel. Nach der Kinderlandverschickung in den Odenwald wurde ein Teil der Klasse zu Schanzarbeiten ins Elsaß verlegt, und im Winter 1944/45 landeten die Ludwigshafener Schüler zu Füßen dessen, der ihnen das alles eingebrockt hatte. Sie kamen in einem Wehrertüchtigungslager bei Berchtesgaden an, das sie für die Heimatflak vorbereiten sollte. Was einige von ihnen anfangs nicht wußten, war, daß Adolf Hitler oberhalb der Ortschaft auf dem Obersalzberg seinen Landsitz, den »Berghof«, hatte.

Der Diktator, um Leben und Besitz besorgt, ließ das Refugium doppelt sichern. Oben auf dem Gipfel mußten Kolonnen von Fremdarbeitern ein gewaltiges Stollensystem in das Gestein hineintreiben, unten im Tal hatte die sogenannte Nebelkompanie mit Rauchschwaden den Berg zu verhüllen. Der Pimpf Kohl gehörte, obzwar widerwillig, zu jenen, die dafür zu sorgen hatten, daß der Berg, wie in einem Schauerstück von Richard Wagner, ständig von Dunst umwallt war. Dennoch konnten sie eine Staffel britischer Jagdbomber nicht daran hindern, das Anwesen zu zerstören. Kurz darauf, am 20. April 1945, Hitlers Geburtstag, vereidigte der Reichsjugendleiter Axmann die Mannschaft des Ertüchtigungslagers auf den Führer. Zu dieser Zeit erklärten die Nazis die Gegend um Berchtesgaden und Salzburg zur »Alpenfestung«, ein Befehl, der zur Folge hatte, daß sich der Feind mit geschärfter Aufmerksamkeit von beiden Seiten näherte. Kohl und seine Altersgenossen wurden, wie der Betroffene fünfzig Jahre später berichtet, von dem »Gerücht« beunruhigt, »die Russen kämen eher nach Salzburg/Berchtesgaden als die Amerikaner«.

Neben diese Angst trat die Furcht, von der Heimatstadt Ludwigshafen abgeschnitten zu werden. »Das für mich persönlich schlimmste Erlebnis war«, so Kohls Schilderung in etwas ungeordneter, die innere Erregung verratender Syntax, »das kann man auch schwer vermitteln, daß am 21. März '45 die Rheinbrücke gesprengt war zwischen Ludwigshafen und Mannheim, und von dem Zeitpunkt an hatte ich überhaupt keinen Kontakt mehr.« Die letzte Post, die ihn erreichte, war eine Überweisung über 2 000 Mark mit dem Stoßseufzer des Vaters auf dem Postabschnitt: »Gott behüte dich.«

Während sich Heer und Reich auflösten, setzte sich Kohl zusammen mit drei weiteren Ludwigshafener Jungens ab. Sie marschierten in Richtung Kufstein und Tegernsee, wo die umliegenden Wälder »voller Soldaten« gewesen seien, »die sich nicht in Gefangenschaft begeben wollten, sondern versucht haben, in irgendeiner Form nach Hause zu kommen«. In der Nähe von Augsburg fielen sie »halbbetrunkenen befreiten polnischen Fremdarbeitern in die Hand«, die sie »kräftig verprügelt« und den amerikanischen Truppen übergeben hätten. Diese nahmen ihnen die HJ-Winteruniformen, die sie noch am Leib trugen, ab und steckten sie in ein Lager. Ihm bot sich ein »Zusammenbruchsbild«, es sei »keine Ordnung mehr« vorhanden gewesen.

Eine »bittere Stunde«, die letzte während »der längsten Wanderung meines Lebens«, erlebte der Heimkehrer mit seiner Gruppe bei der Ankunft in Mannheim. Es war ein Samstag, inzwischen kam der Frühsommer heran. Die amerikanischen Truppen, die beide Rheinufer besetzt hielten – kurz danach übergaben sie das linksrheinische Gebiet den Franzosen –, hatten über den Fluß neben der gesprengten, in den Fluten versunkenen Brücke eine Pontonverbindung gebaut, für die ein Passierschein erforderlich war. Da die Heimkehrer nichts dergleichen vorzuweisen hatten, wurden sie zurückgeschickt. »Dann haben wir auch bitterlich geweint«, lautet der Kommentar in Kohls Reisebericht. Nach der Übernachtung in einem Mannheimer Luftschutzbunker wurden sie von den Amerikanern entlaust. »Dann bekam man den Stempel und das Zertifikat und dann kamen wir rüber«, lautet der Schlußsatz in seinem Bericht über das Ende des Krieges.

DIE MUTTER EMPFING DEN SOHN mit dem Besten, was sie aufbieten konnte, einem Glas selbstgepflückter, selbsteingemachter Aprikosen, das sie für ihn öffnete, sobald er die häusliche Schwelle überschritt. Bald danach lernte er, sich wieder in die Familie einzufügen, die wenigstens in ihrem Bereich die gewohnte Ordnung aufrechtzuerhalten suchte.

In der Familie wurden alle Aufgaben verteilt, und jedes der Mitglieder bemühte sich nach Kräften, seinen Teil beizutragen. Der Vater war für den Broterwerb zuständig, die Mutter besorgte den Haushalt, und Tochter Hildegard ging ihr dabei zur Hand. Helmut mußte die Betreuung von Garten und Haustieren übernehmen. Besonders hatten es ihm die Kaninchen angetan. Täglich reinigte er ihre Ställe und besorgte frische Nahrung. Dabei betätigte er sich nicht nur als Pfleger und Heger, sondern auch als Züchter. Seine bevorzugte Rasse waren »Blaue und Weiße Wiener«. In seinen Kindheits- und Jugenderinnerungen berichtet er, daß er keine der einschlägigen Ausstellungen in der Umgebung versäumt habe, um ein geeignetes Zuchttier für seine Hasenfamilie zu finden. »Es kam vor«, schreibt er, »daß ich zwanzig oder dreißig Kilometer mit dem Rad fuhr, um eine Häsin einem besonders prämierten Rammler zuzuführen.«[13]

Die Erfahrungen mit dem häuslichen Getier ermutigten ihn, die Tierliebe zur Aufbesserung des Taschengeldes zu nutzen. Vor Schulbeginn fischte er Krebse aus dem Rhein und tauschte sie gegen Zigaretten oder verkaufte sie für fünf Pfennig das Stück. Im Umgang mit den kleinen Tieren ergänzten sich die Zuneigung, die er ihnen entgegenbrachte, und das kaufmännische Gespür für ihre Verwertbarkeit. Mit einem Freund baute er eine Zucht mit Seidenraupen auf, die nicht so gut wie erwartet florierte, da er für die Nahrung keinen Nachschub an Maulbeerblättern bekam.

Am Tier erprobte er früh seine erzieherischen Fähigkeiten. Seine Schwester Hildegard berichtet, er habe dem Lieblingshasen beigebracht, »Männchen zu machen«. Ein Huhn richtete er dergestalt ab, daß es wie hypnotisiert über einen Kreidestrich wandelte, außerdem auf Zuruf mit den Füßen scharrte, gackerte und mit den Flügeln flatterte.[14]

Die Tiergeschichten bilden einen festen Bestandteil seiner Berichte über die Kinder- und Jugendzeit, vielleicht, weil sie zu den wenigen Erfahrungen gehören, die nicht mit schmerzlichen Momenten durchwebt sind.[15] Die Eltern hielten die eigenartige Mischung aus Sentimentalität und Erwerbssinn ihres Sohnes für Anzeichen einer Neigung zum landwirtschaftlichen Gewerbe und steckten ihn in einen bäuerlichen Lehrbetrieb im fränkischen Düllstadt. Dort mußte er für einen Wochenlohn von 30 Mark ernten, pflügen, säen und Eier auf dem Hof sammeln.

Schon nach der Ernte 1945 wurde ihm klar, daß er lernte, was er im Leben nicht brauchte, und daß ihm das, was er brauchte, auf dem Hof nicht beigebracht wurde. Im Dezember kehrte er nach Ludwigshafen zurück, nach den Sommerferien 1946 ging er wieder aufs Gymnasium an der Leuschnerstraße. Die Eltern dürften ihn mit zwiespältigen Gefühlen begrüßt haben, denn in der Zeit, in der er in der Fremde weilte, war er beängstigend gewachsen. Er maß einen Meter dreiundneunzig, seine Endgröße war erreicht. Jedoch war das Wachstum nur in der Höhe sichtbar, nicht in der Breite. Dazu kam, daß er überproportional lange Gliedmaßen hatte und nicht wußte, wohin er mit den Armen sollte, die er aus Verlegenheit um den Leib schlang. Die Kleidung betonte die etwas komische Erscheinung. Da es für seine Länge keine passenden Größen gab, trug er Jacken, deren Ärmel ihm nicht einmal bis zu den Handgelenken reichten, und Hochwasserhosen. Er behauptet, er habe die Jacke eines Farmers aus dem Mittelwesten der USA getragen, der einen Kopf kürzer gewesen sei als er.

Ein Mitschüler, der spätere Pfarrer Karl Cunz aus Böbingen in der Pfalz, erinnert sich an den Tag, an dem der 16jährige Kohl zum erstenmal das Klassenzimmer betrat, das er drei Jahre vorher verlassen hatte. »Da kam so ein hochaufgeschossener Kerl herein«, sagt Cunz bewundernd, »sah sich um, und was er sah, gefiel ihm nicht.«

Der Klassenraum wirkte wüst und leer, was den anderen Schülern nicht mehr auffiel, weil sie sich an den Anblick gewöhnt hatten und es in der Nachbarschaft ähnlich aussah. Bei einem Bombenangriff gegen Kriegsende war das Stockwerk darüber weggerissen und die Decke so schwer beschädigt worden, daß durch die Löcher bei schönem Wetter die Sonne hereinschien. Bei Regen fielen denen, die darunter saßen, die Tropfen in den Nacken. Die Fenster waren mit Preßpappe zugenagelt, die Tapeten hingen von den Wänden, die Farbe war abgeblättert, die Tür hing schief in den Angeln, auf dem Boden lagen Trümmerhaufen, im Winter herrschte eisige Kälte, da der Wind durch das zerstörte Gemäuer blies und die Heizungsanlage nicht funktionierte.

Der Neuankömmling sah sich das einige Tage an, dann beriet er sich mit der Klasse und wandte sich an die Schulleitung, der er vorschlug, er und seine Mitschüler würden den Raum in eigener Regie wiederherstellen, dafür wünschten sie, bis zum Abitur darin bleiben zu dürfen. Der Rektor willigte ein, kurz danach, so berichtet Cunz, standen vor der Tür Dachpappe, Bretter, Zement, Kalk, Sand, Fensterglas, Malerfarben, Türbeschläge. Auch fand sich ein Dachdecker, der die ungelernten Hilfskräfte einwies, ein Notdach zu bauen. Nach wenigen Tagen war dies das besterhaltene Klassenzimmer in der Schule. Niemand fragte, woher der Erbauer das Material hatte.[16]

Das war zu der Zeit, zu der sich Kohl für das Amt des Klassensprechers interessierte. Der Klassen- und der Schulsprecher waren eine Einrichtung, die die französische Besatzungsmacht – übereinstimmend mit den anderen Mächten – eingeführt hatte. Zunächst wußten die Schüler mit den Freiheiten, die ihnen angeboten, und der Verantwortung, die ihnen aufgebürdet wurde, nichts anzufangen. Der erste Sprecher in Kohls Klasse war ein Junge, der keiner der Gruppen, in die sich die Klasse aufteilte, angehörte. Kaum war Kohl da, wurde sein Nachbarskind und Spielgefährte Karl-Otto Freisberg Amtsinhaber, danach übernahm er den Posten – ein frühes Beispiel von geschickt kaschierter Aneignung, Einfluß und von Ansehensgewinn.

Nachdem Kohl die Position des Sprechers übernommen hatte, änderte sich gleichsam über Nacht das Klima in der Klasse. Der Religionslehrer Günther Schmich, der in der Oberprima unterrichtete, urteilt: »Diese Klasse und ihr Sprecher hatten eine Prägung, die allen nachfolgenden fehlte.« Die Mitschüler hätten auf den Sprecher Kohl gehört »und die Lehrer taten es auf bestimmte Weise auch«.[17]

Mit der neuen Schulpolitik ging aber auch eine allgemeine Verunsicherung einher, da die Franzosen die Entnazifizierung, oder wie sie sie nannten, *déprussianisation*, besonders rigoros betrieben. Es scheint, als habe Kohl die Schwächen des neuen Verfahrens früher als andere erkannt und die relativ starke Position, die es den Schülern zuwies, ausgenutzt. Von dem Augenblick an, in dem er Sprecher wurde, zog er die Oberaufsicht über die Klasse, die ihm anvertraut wurde, an sich. Er war es, der für Disziplin sorgte, nicht der Lehrer.

Zu seinen Aufgaben gehörte es, das Klassenbuch zu führen. Schüler, die zu spät kamen, wurden zunächst verwarnt und mußten mit der Strafe rechnen, ein Bußgeld in die Klassenkasse zu zahlen. Der Nachteil einer solchen Handhabung der Klassenmoral lag darin, daß anstelle der Willkür der Lehrer die Beliebigkeit trat, mit der der Klassensprecher die Normen setzte. Allerdings gelang es Kohl, seine Befugnisse so zu handhaben, daß – glaubt man seinen Lehrern und Mitschülern – am Ende keiner ungerecht gestraft oder über Gebühr gelobt wurde und niemand fürchten mußte, das Gesicht zu verlieren. Seine Art der Konfliktlösung scheint allgemein akzeptiert worden zu sein. Dabei achtete er darauf, daß es für die Beteiligten vorteilhaft war, sich ihm anzuvertrauen, und gleichzeitig darauf, daß er davon profitierte. So wuchs sein bescheidener Ruhm an der Schule in dem Maß, in dem er dazu beitrug, sie zu befrieden.

Das an Schulen übliche Petzen wurde in der Klasse nicht geduldet. Kohl brachte begabtere Schüler dahin, solche, die weniger talentiert waren, abschreiben zu lassen. Streber wurden gebremst, die Klasse bewegte sich im Geleitzug möglichst so durch das Labyrinth der Wissensvermittlung, daß der Langsamste das Tempo angab, sich aber beeilen mußte, die Schnelleren einzuholen.

In dieses Schema fügten sich Kohls Anstrengungen, trotz anderweitiger Verpflichtungen und Interessen bis zum Abitur immer knapp oberhalb des Durchschnitts zu bleiben. Die Schule war für ihn »eine Pflichtübung, die einfach zum Weiterkommen notwendig war«. Bemerkenswerter als das Eingeständnis ist die Begründung, die lautet, die Schule habe ihn »nicht richtig gepackt und gefordert«.[18]

Er stellte die Lehrer auf die Probe, lenkte aber rasch ein, wenn sie sie bestanden. Schmich berichtet, als er neu in die Klasse gekommen sei, habe sich Kohl vor Beginn des Unterrichts »zur Geschäftsordnung« gemeldet und im Auftrag der Klasse »zwei Fragen« gestellt: wie die Katholische Kirche insgesamt über die Sexualität bei Schülern und Studenten denke und welches seine Auffassung dazu sei. Schmich überliefert die Antwort nicht, teilt aber mit, von da an habe sich ein gutes Verhältnis zum Fragesteller entwickelt.

Einmal wurde ein Lehrer angekündigt, der als besonders forsch galt, weil er die Klassen preußisch drillte. Daraufhin, so schildert es der Mitschüler Freisberg, seien sie beim Eintreten der neuen Lehrkraft besonders langsam aufgestanden, Freisberg habe eine Frechheit von sich gegeben, der Lehrer habe sich auf ihn gestürzt, nun sei ihm der Klassensprecher Kohl zu Hilfe gekommen, habe den Lehrer attackiert, ihm gar mit Konsequenzen gedroht, ihm zudem das Wort abgeschnitten und solange auf ihn eingeredet, bis er Besserung gelobte.

Selbst wenn in Rechnung gestellt wird, daß die Augen- und Ohrenzeugen übertreiben, da ihre Nacherzählungen aus einer Zeit stammen, in der der Held ihrer Geschichten schon berühmt war, gehen die frühen

Anstrengungen Kohls, Autorität zu erwerben und auszuüben, über die allgemein üblichen Prestigekämpfe in Klassen hinaus. Das gilt auch dann, wenn ein doppelt verschärfter Maßstab angelegt wird, da Kohl es ist, der alljährlich die früheren Mitschüler, aus denen inzwischen betagte Herren geworden sind, zu Klassentreffen bei Kaffee und Kuchen nach Friesenheim einlädt.

Auch ließ Kohl erkennen, daß er nicht gern andere Autoritäten neben sich duldete, nicht einmal die Lehrer. Nach einem Bericht von Cunz stellte die Klasse fest, daß die tägliche Linsensuppe, die ihnen aus der sogenannten Hoover-Stiftung in den Pausen serviert wurde, immer dünner wurde. Kohl recherchierte und fand heraus, daß sich die Lehrer zuerst bedienten und das Dicke und den Speck aus den Schüsseln herausfischten, ehe sie die dünne Brühe an die Schüler weitergaben. Er beschwerte sich in einer Art bei der Schuldirektion, die es ihr angezeigt erscheinen ließ, den Mißbrauch abzustellen.

Mit der intensiven Betreuung, die Kohl den Mitschülern zuteil werden ließ, stellte sich eine gewisse Kumpanei des Anführers zu seinen Helfern ein, die dazu führte, daß diejenigen, die seine Rädelsführerschaft akzeptierten, eine privilegierte Stellung einnahmen.

Das wird an einer Anekdote über die mündliche Prüfung zum Abitur deutlich. Bei der Sitzverteilung im Prüfungssaal wollte keiner vorne sitzen. Daher wurden die Plätze verlost. Der Hüne Kohl drängte sich durch den Kreis der Schüler, angelte über deren Köpfe hinweg eine Handvoll Lose und behielt die besten Stücke für sich und seine Freunde.

Auch bei anderen Gelegenheiten zeigte er sich auf penetrante Weise rechthaberisch. Einen Konflikt mit Schmich über eine theologische Streitfrage trieb er so weit, daß er verlangte, ihn vom Bischofsamt in Speyer schlichten zu lassen; sie fuhren hin, offensichtlich lief die Diskussion aber aus dem Ruder, und der Schüler trank die kirchliche Obrigkeit, wie Schmich berichtet, »buchstäblich unter den Tisch«. Natürlich behielt er recht.

Organisatorisch talentiert war er nicht nur in schulischen Angelegenheiten, sondern er lenkte auch die kulturellen Aktivitäten seiner Mitschüler. Vor allem hatte es ihm das Theater angetan. Einmal organisierte er eine Fahrt zu den Wiesbadener Festspielen, bei denen die Schüler eine Vorstellung der Comédie-Française sahen, die das Stück *Le Soulier de Satin* von Paul Claudel in der Regie von Jean-Louis Baurrault spielte.

Ein anderes Mal überredete er die Direktion des Mannheimer Stadttheaters, das ausgebombt war und die Stücke deshalb in einem Kino aufführte, eine Sonderaufführung für das gesamte Friesenheimer Gymnasium, Schüler, Lehrer und Hilfskräfte, alles in allem 1 500 Personen, zu arrangieren. Gegeben wurde *Des Teufels General* von Carl Zuckmayer, ein Zeitstück über den Nationalsozialismus. Der betagte Mime Albert Bassermann, ein gebürtiger Mannheimer, spielte die Hauptrolle, den draufgängerischen General Harras. Nachdem der Vorhang gefallen war, trat er an die Rampe und schärfte den Jugendlichen ein, so etwas dürfe »nie wieder passieren«.[19]

ES SCHEINT, daß Kohl die Zeit, die er im Krieg und danach verloren hatte, so schnell wie möglich aufholen wollte und dabei ein Tempo vorlegte, mit dem er die überrundete, die nicht so vorwärts drängten wie er. Atemlos durcheilte er die Jahre zwischen der zweiten Rückkehr nach Ludwigshafen im Dezember 1945 und der Vorbereitung auf das Studium 1950. Gewiß wäre er zu keiner anderen Zeit so früh in Umstände versetzt worden, unter denen er sich hocharbeiten konnte, als in der Nachkriegszeit, die ein idealer Nährboden für die Entfaltung der vielfältigsten Organisationstalente war.

Kohl ist ein typisches Produkt der Nachkriegs- und Aufbauzeit, ein 45er, ein Trümmerkind, ein Sprößling der vaterlosen Generation, deren Väter entweder im Krieg starben, in der Gefangenschaft Not litten, versagten oder krank nach Hause zurückkehrten, Väter, die, als sie in den Krieg rückten, vom Übervater Hitler ersetzt wurden. Kohls Aufstieg vollzog sich mithin nicht, wie es üblich ist, im Konflikt mit den Vätern, sondern im Kampf gegen die rüstigen Großeltern, die aus der Weimarer Republik herüberragten.

Freunde und Gegner sagten ihm nach, er habe sich im Alter von 17 Jahren entschlossen, in die Politik zu gehen. Die Beobachtung ist richtig, sie berücksichtigt aber nicht, daß er sich in jener Zeit verschiedene Optionen für den Berufsweg offenhielt, etwa die, Jurist oder Wirtschaftsführer zu werden. Auf dem Schulhof entdeckte er die Fähigkeit Gruppen zu führen, zusammenzuhalten und sich mit ihrer Hilfe und ihnen helfend hochzuarbeiten. Aus der Tatsache, daß ihm Autorität zuwuchs, zog er vermutlich den Schluß, das, was ihm im kleinen Schulmaßstab gelang, müsse auch in größeren sozialen Einheiten glücken.

Daß sich sein fester Glaube an sich und seine Fähigkeiten im Gymnasium festigte, wenn er nicht überhaupt dort entstand, belegt die Tatsache, daß zwischen 1947 und 1948 das Gerede über die Zukunft des Schülers begann, das fortan nicht mehr verstummen sollte. Gelegentlich lenkt er die Aufmerksamkeit darauf, daß ihm Karrierewünsche untergeschoben worden seien, die er zu der Zeit, zu der sie ihm zugeschrieben wurden, nicht gehegt habe.

»Wissen Sie«, sagte er im Jahr 1991, »an meiner Wiege stand ja nicht, daß ich Bundeskanzler werde. Ab und zu wird dieser Unsinn erzählt, ich hätte das schon meiner Tanzstundendame, also meiner Frau, gesagt, das ist ein wirklicher Quatsch. Ich wollte Abgeordneter werden, ich bin dann Ministerpräsident geworden, das hat auch nicht an meiner Wiege gestanden.«[20]

Damit spielte er auf die Behauptung an, die bis heute in der CDU von Rheinland-Pfalz kolportiert wird, er habe im Alter von 18 Jahren seiner Verlobten Hannelore Renner, seiner späteren Frau, auf dem Tanzboden im »Weinberg« beim Walzer ins Ohr geflüstert, sie werde einmal Frau Bundeskanzler werden.

Daß in der Clique darüber geredet wurde, lag daran, daß im Herbst 1948 in Bonn der Parlamentarische Rat zusammentrat, der über die Einrichtung des Bundeskanzleramtes beriet. Das lieferte den passenden Gesprächsstoff für politisch interessierte und motivierte junge Leute. Dennoch war an dem Geschwätz natürlich etwas dran. Eine seiner Jugendfreundinnen, Frau Landbeck, die Schwester des langjährigen Ludwigshafener SPD-Abgeordneten Hans Bardens, glaubt zu wissen, wie das Gerücht entstand. Sie sagt, als Kohl einmal eine Note bekommen habe, mit der er sich für unterbewertet hielt, habe er ausgerufen, er werde Kultusminister, dann werde er ein anderes Benotungssystem einführen. Das geschah dann auch ohne seine Mitwirkung.[21]

Was für den Aufstieg gilt, trifft für den Einstieg, die Entscheidung für die CDU, ebenfalls zu. Die Sehnsucht nach individueller Beglückung, die die Wähler nach dem Zusammenbruch des nationalsozialistischen Regimes und während der Besatzungsherrschaft zur Union trieb, bewegte auch Kohl. Nach seinen Worten waren vor allem die Prägung des Elternhauses, aber auch die Erfahrung des Krieges und der Nachkriegszeit für seine politische Orientierung ausschlaggebend. Bald nach Kriegsende habe für ihn festgestanden, »daß nur die CDU die Werte verkörpert, die Deutschland für den Wiederaufbau brauche«.[22]

Einen Vorgeschmack auf die demokratischen Einrichtungen und

jene, die sich ihrer bedienten, lieferte die erste Kommunalwahl in Rheinland-Pfalz am 15. September 1946. Die CDU ging aus ihnen landesweit als Sieger hervor, in Ludwigshafen bekam sie nahezu ein Drittel der Stimmen und wurde zweitstärkste Kraft nach der SPD. Obwohl Kohl mit 16 Jahren zu jung war, um wählen zu dürfen, faszinierte ihn der Vorgang. Sein Biograph Schwan schreibt, er habe »von morgens bis abends im Wahllokal gesessen und geholfen, Stimmen auszuzählen«.

Örtlich bedingt, war sein politisches Interesse gleich zu Beginn von der europäischen Idee bestimmt. Ihm imponierte ein junger französischer Besatzungsoffizier, der mit den Schülern »über Europa diskutierte«. Beeindruckt habe ihn ferner die Rede, die Winston Churchill über die vereinigten Staaten von Europa gehalten habe, auch wenn er nicht gewußt habe, »was das in Wirklichkeit bedeutet«.[23]

Die Idee von Europa, die anstelle des isolierten Nazi-Reichs trat, faszinierte die jungen Intellektuellen von CDU und SPD gleichermaßen. Später taten sich Bardens, der bei den Ludwigshafener Jungsozialisten den Ton angab, und Kohl, der sich zum Sprachrohr der Jungen Union machte, mit jugendlichen Parteifreunden aus beiden Lagen zu einer »Arbeitsgemeinschaft europäische Wirklichkeit« zusammen, die mehr von Begeisterung und jugendlichem Überschwang getragen wurde als von ernstzunehmenden Anstrengungen. Ihre Mitglieder demonstrierten einige Male an der Grenze, warfen Grenzzäune um und sägten einen Schlagbaum an. Den Franzosen wurde das Treiben der Gruppe zu bunt, und sie verboten sie. Ohnedies wäre das Unternehmen rasch an der Uneinigkeit der Vorsitzenden gescheitert. Denn anders als Bardens wollte sein Stellvertreter Kohl, um sich zu profilieren, lieber agieren und agitieren als diskutieren.[24]

Zunächst mußte Kohl lernen, daß es für ihn leichter war, sich zur CDU zu bekennen, als in sie einzutreten. So seltsam es klingt, aber in einer Zeit, in der die Partei nach Mitgliedern suchte, die darauf brannten, sich zu engagieren, sperrte sie jene aus, die wie Kohl dazu bereit waren. In ihrer Satzung hatte sie nämlich das Mindestalter für den Beitritt auf 18 Jahre heraufgesetzt, vermutlich, um Grünschnäbel, wie er einer war, fernzuhalten. Schon 1946, also mit 16 Jahren, strebte er in die Partei. Über das Dilemma, in dem er steckte, hat er in seiner Doktorarbeit über die Details der Parteisatzung der CDU von Hessen-Pfalz, aus der die rheinland-pfälzische CDU hervorging, berichtet.[25]

Wie ist Kohl dennoch in die CDU gekommen? Wir wissen es von

Friedrich Nitsch, der den jungen Kohl 1946 im Pfarrhaus des Pastors Johannes Fink (auch Finck geschrieben) in Limburgerhof, einem Nachbarort Ludwigshafens, kennenlernte. Nitsch ist acht Jahre älter als Kohl, Gründungsmitglied der CDU, war Mitglied des Ludwigshafener Stadtrats von 1956 bis 1969, Vorsitzender, dann Ehrenvorsitzender der CDU Oggersheim. Er gilt als der Archivar der Ludwigshafener CDU, denn im Dachgeschoß seines Hauses lagern die Parteiakten.

Fink war Dekan, also für die Jugendarbeit in Ludwigshafen und Umgegend zuständig. Er war in der Weimarer Republik einer der führenden Funktionäre der Zentrumspartei der damals bayerischen Pfalz, saß für sie auch im Bayerischen Landtag. Er und sein Bruder, der spätere rheinland-pfälzische Kultusminister Albert Fink, überlebten das NS-Regime im Pfarrhaus.

Johannes Fink engagierte sich in der neuen CDU und schlug sich auf die Seite derer, die die beiden Konfessionen in einer Partei vereinen wollten. Im Dezember 1945 wurde er zum Vorsitzenden der pfälzischen CDU gewählt, legte aber das Amt nach einigen wenigen Wochen mit den Worten nieder: »Der Kampf ist mir zu dreckig, da mache ich nicht mit.«[26]

Auch Kohl berichtete später über die Treffen beim Pfarrer Fink, allerdings ohne die politischen Vorgänge zu erwähnen. Das sei ein Kreis von sieben, acht oder neun jungen Männern, meist ehemaligen Kriegsteilnehmern im Alter zwischen 24 und 26 Jahren gewesen. Er sei, wie immer, der Jüngste, »sozusagen ein Spätgeborener gewesen, der da mitgelaufen ist«.[27]

Fink hielt 1946/47 nicht nur politisch orientierte Bibelstunden ab, sondern servierte zur geistlichen und geistigen Nahrung auch leibliche Wegzehrung. Nachmittags gab es Kaffee und einen Kuchen, der im Pfarrhaus gebacken wurde. Wer länger aushielt, wurde mit einer deftigen Brotzeit beglückt. Kohl vergißt nicht, hervorzuheben, daß er und die »anderen sonntags was zu essen bekommen« hätten, eine Verlockung, der er mehr als andere erlag, da er immer halb verhungert gewesen sei. Wer weiß, ob der Jüngling so früh in die CDU gekommen wäre, hätte ihn nicht der Sonntagskuchen im Pfarrhaus gelockt.

Finks Unterricht war nicht besonders anspruchsvoll. Er bestand daraus, daß der Pastor Heftchen des »Volksvereins für das katholische Deutschland« verteilte, eine volksschulartige Bewegung vor 1933 im Zentrumsbereich. Mit dem etwas veralteten Bildungsgut versehen, wurden die jungen Männer zu Hausaufgaben heimgeschickt, nach 14

Tagen mußten sie referieren. Kohl erinnert sich, einen Vortrag über den »christlichen Sozialismus« gehalten zu haben, der daraufhin diskutiert wurde.

Nach der Erinnerung von Nitsch wurde Anfang 1947 beim Pastor in Limburgerhof die Junge Union Ludwigshafen gegründet. Mit Handheben wurde die Satzung gebilligt, mit Handheben wurde der Vorsitzende gewählt. Es war Nitsch. In der Satzung gab es eine Bestimmung, die auf Kohl zugeschnitten war, und er war der einzige, auf den sie zutraf. Das läßt den Schluß zu, daß er es war, der den Gründern den Stift führte, mit dem das Dokument aufgeschrieben wurde. Der Passus lautete, Mitglied in der Jungen Union könne werden, wer 16 Jahre alt sei; damit wurde Helmut Kohl ohne weitere Formalitäten Mitglied in der Mutterpartei, zum Ausgleich dafür wurde das Höchstalter auf 40 Jahre heraufgesetzt.[28]

Das Verfahren des herabgesetzten Aufnahmealters war nicht besonders originell, es wurde auch anderswo praktiziert. Kohl hat den Kunstgriff, die Beitrittsregularien für die Partei zu umgehen, mithin nicht erfunden, er hat sie lediglich kopiert. Das spricht dafür, daß er sich in der Organisation gut auskannte, ehe er in sie eintrat.

Rückblickend wirkt er wie ein junger Mann, der auf Zehenspitzen an der Kinokasse steht, um sich größer zu machen, als er ist, und in einen nicht jugendfreien Film eingelassen werden möchte, für den er zu jung ist. Die Partei nahm an diesem Verhalten keinen Anstoß, sie bemerkte es vermutlich nicht einmal, und daher gäbe es keinen Grund, es zu erwähnen, hätte nicht er selbst den Anlaß dazu geliefert, indem er alles tat, um die Öffentlichkeit entweder im unklaren zu lassen oder in die Irre zu führen.

Sein Biograph Schwan vermutet, drei Monate nach der ersten Kommunalwahl, also im Dezember 1946, sei er »in die provisorische Geschäftsstelle der CDU gegangen« und habe »seinen Antrag auf Mitgliedschaft« ausgefüllt. Seitdem werde er »unter der Mitgliedsnummer 00246 geführt, im Kreisverband 23, dem späteren Landesverband 14 der Christlich-Demokratischen Union Deutschlands«.[29]

So war es sicher nicht. Auch nicht ganz so, wie er es im Jahr 1991 im Bundestag darstellte. Seine Version lautete: »Ich hatte das Glück, in meiner Heimatstadt Ludwigshafen zu Weihnachten 1946 im Alter von 16 Jahren Mitglied der CDU zu werden.«[30]

Der Kontext, in dem er die Mitteilung machte (es war eine Diskussion über die Parteimitgliedschaft der Ost-CDU), zeigt, daß er den

Parteieintritt mehr als einen Beitrag zur innerparteilichen Auseinandersetzung betrachtet denn als Teil seiner Biographie. Bei anderen
Gelegenheiten weist er ihm einen pädagogischen Wert zu, besonders,
wenn er zur Jungen Union spricht und sich als Vertreter einer Generation preist, die sich früher engagierte als es die nachfolgenden Generationen tun, die wahlmüder und parteiskeptischer sind, als die seine
war.

Über die Unklarheiten in diesem Punkt braucht er sich nicht zu
beklagen, da er sie verursacht hat. Die Widersprüche, in die er sich
dabei verwickelt, haben dazu geführt, daß es über den Beitritt des
Mannes zu der Partei, die er einmal zu Ruhm, Ehre und Ansehen führen sollte, nahezu so viele Versionen gibt, als Lebensläufe existieren.[31]

Korrekt ist, daß Kohl die Junge Union mitbegründete, daß er das
Anfang 1947 in Ludwigshafen tat, die Angabe Weihnachten 1946 später als eine schmückende Beigabe hinzufügte, und daß er in die Jugendorganisation ging, um Mitglied der Mutterpartei zu werden, in der er
im ersten Quartal 1948 aufgenommen wurde.

Bevor sich Kohl daran machen konnte, die Partei zu ändern, der an-
zugehören er sich so viel Mühe gemacht hatte, veränderte sie ihn. Ein
Schulkamerad, Friedrich Schillinger, sagt, daß Kohl nach dem Beitritt
seine Meinung der neuen Situation anpaßte. Schillinger gehört der SPD
an und war zur gleichen Zeit wie Kohl im Stadtrat von Ludwigshafen,
mithin einer der kritischen Wegbegleiter. Je mehr sich Kohl in den
Wahlkampf gestürzt habe, desto mehr seien seine Beiträge von »der
Parteimeinung« geprägt worden, sagt er.

Das habe sich vor allem in der Diskussion über die Aufstellung der
Bundeswehr bemerkbar gemacht. Kohl habe, »wie wir alle«, die
Wiederbewaffnung der Bundesrepublik abgelehnt. Er sei so sicher
gewesen, der damalige Bundeskanzler Adenauer werde die Aufstellung
der Bundeswehr verhindern, »daß er beinahe darauf gewettet hätte«.
Er habe aber seine Meinung sofort geändert, »nachdem Adenauer
überraschend den Amerikanern die Wiederbewaffnung anbot und
Heinemann, der damalige Innenminister, aus seiner Überzeugung die
Konsequenzen zog und zurücktrat«.[32]

Zwar greift Schillinger der Entwicklung etwas voraus, Gustav
Heinemann trat erst im Juni 1950 zurück, aber der Konflikt schwelte
schon vorher. Die Bemerkung zeigt, daß Kohl die passende parteipoli-
tische Brille auf der Nase trug und imstande war, seine Auffassungen
den Umständen entsprechend zu wechseln.

Auch verfügte er über jene in der Partei nützliche Eigenschaft, die ein anderer Klassenkamerad, der spätere Importkaufmann Dieter Ritter, mit den Worten beschreibt: »So, wie er jetzt agiert, war er auch in seiner Jugend: ein Taktiker.«[33] Der Geschwindschritt, mit dem er in der Organisation Fuß faßte, deutet darauf hin, mit welcher Ungeduld er die Bewährung suchte. Die CDU-Landtagsabgeordnete Susanne Hermans begegnete ihm im Winter 1946/47, also unmittelbar nach dem Gründungsakt im Pfarrhaus, auf einer Sitzung des Landesvorstandes der Jungen Union in Linz. Obwohl er dem Gremium nicht angehörte, hatte er das Datum und den Ort seines Treffens herausgefunden und nahm spontan, ohne vorherige Absprache, daran teil.

Er behauptete, die Junge Union Ludwigshafen habe ihn geschickt »und wir guckten nicht so genau hin«, sagt Susanne Hermans. Er sei »burschikos und direkt« gewesen und habe sie, obwohl sie elf Jahre älter ist als er und sie sich nie vorher begegnet seien, »sofort geduzt«. Sie diskutierten zusammen mit anderen jungen Leuten in Hermans Hotelzimmer – es war ein bitterkalter Winter, nur bei ihr war geheizt – bis zum frühen Morgen. Kohl machte auf die junge Frau, die Fürsorgerin im Jugendamt Koblenz war, keinen überwältigenden Eindruck. »Er gefiel mir«, sagt sie, »aber direkt beeindruckt war ich nicht.« Immerhin zeigte er sich belesen, unterhaltsam, diskussionsfreudig und von einem unverwüstlichen Optimismus beseelt.[34]

In allen Wahlkämpfen stand er an vorderer Front. Es waren so viele unmittelbar nacheinander, daß er mehr Gelegenheit bekam, sich für die Partei zu schlagen, als ihm lieb sein konnte. In die Schulzeit fielen nach den Kommunalwahlen und der Wahl zur Verfassunggebenden Versammlung im Herbst 1946 die Verabschiedung der Verfassung, eine Volksabstimmung darüber und die erste Landtagswahl im Frühjahr 1947. In allen Wahlgängen setzte sich die Union durch, überall im Land wurde sie die stärkste Kraft.

Lediglich in Ludwigshafen nützten die Anstrengungen des jungen Kohl und der Jungen Union, in der er sich zum Wortführer aufschwang, nichts, die Stadt war rot, sie wurde von Sozialdemokraten und Kommunisten regiert. Auch die Bevölkerung der Pfalz zog nicht in allen Stücken mit. Bei der Volksabstimmung votierte sie gegen die Obrigkeit und lehnte die Landesverfassung ab, blieb damit aber landesweit in der Minderheit.

Das neue Mitglied der jungen Unionschristen klebte unverdrossen Plakate, verteilte Flugblätter, bezog Prügel vom Gegner und teilte welche aus, war aber auch in internen Sitzungen aufmüpfig gegen die eigene Partei.

In Ludwigshafen schlugen die Wogen zwischen der rebellierenden Jugend und den alten Männern, die, wie sich Kohl erinnert, »jeden für einen Kommunisten hielten, der sich auch nur zu Wort meldete«, hoch. Dem aggressiven Debattenstil, den Kohl auf Versammlungen in der örtlichen Eisengießerei Mock praktizierte, war das Establishment nicht gewachsen. In den Landesversammlungen spuckte er im Angesicht des dreißig Jahre älteren Ministerpräsidenten und Landesvorsitzenden Peter Altmeier nicht so große Töne. Aber er nannte sich und die Gruppe, die er um sich versammelte, spöttisch »seiner Majestät loyale Opposition« oder witzelte, am Vorstandstisch säßen die »vereinigten Kalkwerke«.

Die rheinland-pfälzische CDU wußte lange nicht, ob sie sich ihres jugendlichen Draufgängers erfreuen oder ob sie sich seiner Schandtaten wegen schämen sollte. Ein gängiger Spruch in der Partei lautete, wenn auf einer »langweiligen Versammlung« der Jungen Union ein »junger, großer Mann mit einer großen Pfeife und einer großen Klappe« aufgetaucht sei, sei sofort Streit ausgebrochen. Er tat das später als »Lausbübereien« ab und bestand darauf, daß es unterhalb der Schwelle des Erwachsenseins vor sich gegangen sei.[35]

Im Wahlkampf zur ersten Bundestagswahl am 14. August 1949 war er bei der feierlichen Auftaktveranstaltung der Union mit Konrad Adenauer im Heidelberger Schloß dabei, half auch bei der Vorbereitung und Organisation der zentralen Wahlkampfveranstaltung der pfälzischen CDU mit dem Berliner Unionsgründer Jakob Kaiser in Landau und hielt mehr schlecht als recht seine erste Wahlkampfrede. [36]

2

DAS NACHWUCHSTALENT
ARBEITET SICH NACH OBEN

NATÜRLICH HATTE KOHL den Vorsatz, die Parteiarbeit, mit der er gerade erst begonnen hatte, zugunsten des Studiums zurückzustellen. Aber dann trat ein, was er nicht erwartete: Die CDU erlitt zu der Zeit, zu der er sich etwas von ihr entfernte, nach dem anfänglichen Aufschwung der Nachkriegszeit starke Rückschläge. Bei der Landtagswahl 1951 sackte sie landesweit um acht Prozent ab und geriet unter die Vierzig-Prozent-Marke. Auch in Ludwigshafen ging ihr Einfluß zurück. Damit geriet der Student Kohl unversehens in Konflikt mit zwei Neigungen. Das Dilemma löste er so, daß er beschloß, der einen zu folgen und die andere nicht aufzugeben. Er setzte das Studium, das er im Wintersemester 1950/51 an der Frankfurter Universität begonnen hatte, fort, schrieb sich aber ein Jahr danach in Heidelberg ein. Der Ortswechsel hatte den Vorteil, daß er sich die lange Fahrt nach Frankfurt sparen konnte. Nach Heidelberg war es von Ludwigshafen nur ein Katzensprung. Zugleich stellte er sein Studium um. Das juristische Fach, das er belegt hatte, brach er ab und sattelte auf das Hauptfach Geschichte und das Nebenfach politische Wissenschaft um.

Den ersten Karrieresprung machte er in dem dem Ludwigshafener Kreisverein übergeordneten Bezirksverband Pfalz, einem von vier Bezirken, in die die Landes-CDU gegliedert war. Der erste Bezirksparteitag der pfälzischen CDU, an dem der Student Helmut Kohl teilnahm, fand am 7. und 8. November 1953 in Neustadt an der Weinstraße statt. Im Anwesenheitsprotokoll, dem einzigen Dokument, das sich auffinden läßt, wird er unter der Delegiertennummer 130 geführt.[1]

Aus den Berichten von Augenzeugen geht hervor, daß sich auf diesem Parteitag alle Mitglieder, die dem Vorstand angehörten, zur Wiederwahl stellten. Niemand hatte eine Gegenkandidatur angemeldet, insofern verlief der Kongreß bis zu den Vorstandswahlen störungsfrei. Erst als dieser Tagungspunkt halb abgewickelt war und die Wahl des Schriftführers aufgerufen wurde, meldete sich der junge Delegierte Kohl aus Ludwigshafen zu Wort und erklärte, er werde kandidieren.

Amtsinhaber war der betagte Druckereibesitzer und Landauer Oberbürgermeister Alois Krämer. »Kohls Kandidatur gegen Krämer war
eine Sensation«, erinnert sich der Parteihistoriker Karl Martin Grass.
Der junge Mann setzte auf den Überraschungseffekt und hoffte in verwegener Selbsteinschätzung darauf, die natürliche Abneigung der Delegierten gegen seine Unerfahrenheit zu überwinden.

Der Schachzug hätte einem alten Parteisoldaten nicht besser gelingen
können. Offenkundig hatte er die Parteienlandschaft genau studiert,
ehe er in die Arena stieg. Günstig war der Zeitpunkt, da die Partei noch
unter dem Eindruck der Niederlage stand. So gab es die Bereitschaft,
das von ihm angeprangerte Übel abzustellen: daß sich immer die gleichen Leute in immer die gleichen Ämter wiederwählen ließen.

Günstig waren ebenfalls die Position und die Person, an denen er
ansetzte. Krämer war die schwächste Figur im Vorstand. Er gehörte
zu der Clique, deren die Partei überdrüssig wurde, war, wie Schwan

Der Student

schreibt, »stockkonservativ und kirchenhörig«.[2] Grass schildert ihn als den Vertreter einer Richtung, die der Ansicht gewesen sei, es genüge, »wenn die Leute eine gute Verwaltung vor sich sehen und von der CDU ordentlich regiert werden«. Eine regelmäßige Mitsprache der Partei hielt er für überflüssig. Er war verknöchert, autoritätsgläubig und staatstreu. Schließlich suchte sich Kohl das Amt aus, das am wenigsten begehrt war, das des Schriftführers, der nach der Satzung keine andere Aufgabe hatte, als die Sitzungsprotokolle auf ihre Authentizität zu prüfen. Daß er dem engeren Vorstand mit Sitz und Stimme angehörte und an allen ihren Versammlungen und Verhandlungen teilnahm, folglich alle Entscheidungen mitbestimmte, wurde von den meisten übersehen.

Falls Kohl bei seiner Kandidatur alle diese Umstände einkalkulierte, war der Handstreich meisterlich gesetzt und der Erfolg verdient. Aus der Kampfkandidatur ging er angeblich mit einer Stimme über der notwendigen Mehrheit als Gewinner hervor. »Er hat sich«, lobt Grass, »in die eingefahrene Crew der Führungsleute hineingeschossen.« Das habe in weiten Teilen der Partei »nicht nur Aufsehen, sondern auch Naserümpfen, ja Erbitterung hervorgerufen«. Einige führende Persönlichkeiten wie der pfälzische Bezirksvorsitzende Eduard Orth, der von jetzt an mit dem Neuling rechnen mußte, seien ein »Restmißtrauen gegen Kohl« fortan nicht mehr losgeworden.

Fast noch aufschlußreicher als die Umstände der Kandidatur war das Verhalten Kohls danach. So draufgängerisch er bei der Abwahl Krämers vorging, so sehr achtete er in der folgenden Zeit auf Mäßigung, ein probates Mittel, die Wunden heilen zu helfen, die er geschlagen hatte. Die Mehrheit der führenden CDU-Mitglieder habe sich »mit ihm zusammengerauft«, sagt Grass. Sobald er gewählt gewesen sei, habe er sich »vernünftig verhalten« und sich um ein ersprießliches Arbeitsklima bemüht. Besonders hoch sei ihm angerechnet worden, »daß er sich mit Parteifreunden in schwierigen öffentlichen Situationen solidarisierte, ohne daß er es nötig gehabt oder einen Gewinn davon getragen hätte«. Er habe nach dem Motto gehandelt: »Wenn ein Parteifreund in die Bredouille kommt, muß ihm rausgeholfen werden.«

Da er diese Stufe so bravourös genommen hatte, versuchte er bald danach, die Karriereleiter weiter hinaufzusteigen. Als nächstes richtete er seine Aufmerksamkeit auf die Junge Union von Rheinland-Pfalz. Hier standen die Chancen besser als bei der Mutterpartei, da er sich ihr als kämpferischer Geist bereits empfohlen hatte. Offenbar gelang es ihm ohne größere Anstrengung, sich auf dem Landestag am 3. und 4. April 1954 in Trier zum stellvertretenden Vorsitzenden wählen zu lassen.

Im Jahr darauf glaubte er, den Einfluß so erweitert und gestärkt zu haben, daß er daran gehen konnte, in die Führung der Landesspitze vorzudringen oder sich wenigstens bei ihr mit einer spektakulären Aktion bemerkbar zu machen. Zielpunkt für seine Ambitionen war der Landesparteitag der rheinland-pfälzischen CDU, der vom 14. bis zum 16. Januar 1955 in seiner Heimatstadt Ludwigshafen tagte.

Mit der Landespartei hatte er eine härtere Nuß zu knacken als mit dem Bezirk Pfalz und der Jungen Union. In den Führungsgremien dominierte seit der Gründung der Partei der Norden des Landes mit dem Wortführer Peter Altmeier aus Koblenz. Seine Herrschaft in der Partei beruhte mehr auf seiner Autorität als Ministerpräsident des Landes als auf seiner institutionellen Stellung. Die Landesorganisation war lediglich ein loser Dachverband über den Bezirken, der Landesvorstand war mit 54 Mitgliedern zu groß und zu bunt zusammengesetzt, als daß er ihn hätte führen können.

Für die Bewerbung in Ludwigshafen entwickelte Kohl eine andere Taktik als bei früheren Kandidaturen. Im Landesverband war bei elf Plätzen, die zu wählen waren, mit einer Überraschung nichts auszurichten. Also griff er zu dem zweiten Mittel, das bei Kandidaturen erfolgversprechend ist, der Absprache. Dafür gewann er den Landtagsabgeordneten Gustav Hülser, der bei der Industrie- und Handelskammer Ludwigshafen angestellt war, für den pfälzischen Landesteil im Landtag saß und den evangelischen Flügel repräsentierte – ein wandelndes Minderheitenmodell also. Sein Alter entsprach mit 68 Jahren dem Landesdurchschnitt.

Hülser, der sich von seinem sehr viel jüngeren Schützling dadurch unterschied, daß er die Arbeit hinter den Kulissen den öffentlichen Auftritten vorzog, gehörte zu den wenigen Parteifreunden, von denen Kohl während seines Aufstiegs protegiert wurde; er glaubte, in Kohl die Eigenschaften gefunden zu haben, die ihm fehlten, und begann, ihn beharrlich für seine Nachfolge aufzubauen. Wie das Protokoll des Parteitags ausweist, wurde unmittelbar nach den Rechenschaftsberichten, Eröffnungsreden und Grußadressen im Ludwigshafener Pfalzbau die Junge Union offensiv. Ihr Landesvorsitzender Johann Peter Josten eröffnete die Diskussion, ihm folgte sein Stellvertreter Kohl, der vom

Fleck weg einen aggressiven Ton anschlug. »Mir bleibt«, rief er aus, »Dinge zur Sprache zu bringen, die uns nicht so gefallen können.«

Daraufhin nahm er das Vorstandsmitglied Franz-Josef Wuermeling ins Visier, gegen das er anzutreten beabsichtigte. Der Genannte, der Familienminister in der Regierung Adenauer war, habe den Parteitag einen »Tag der Besinnung« genannt, spottete er. Er frage aber doch: »Wo steht unsere Partei? Haben wir noch den Elan und die Dynamik der Jahre 45, 46, 47? Sind wir heute eine Partei, die so festgefügt ist?« Damit bestieg er eines seiner Steckenpferde. Er wolle »in Freimut von den Dingen reden, die wir hätten mehr tun können. Es sei so etwas eingetreten wie eine Verbürgerlichung unserer Partei«, eine Tendenz, die mit »Laxheit« umschrieben werden könne. Den Organisatoren des Parteitages warf er vor, sie verlangten von den 350 Delegierten und vielen Gästen »in nur zwölf Arbeitsstunden alle Probleme endgültig und einigermaßen schlüssig zu lösen«, und das auch noch in einer Versammlung, die als Auftakt für die bevorstehenden Landtagswahlen bestimmt sei.

Gingen die Schwachpunkte, die er aufzählte, und die Versäumnisse, die er geißelte, auch wie Kraut und Rüben durcheinander, so kam er doch im Verlauf seines Diskussionsbeitrages auf alle zu sprechen. Am meisten beklagte er, daß die CDU Rheinland-Pfalz, gemessen an der Zahl der Wähler, nur drei Prozent Mitglieder habe. Eine solche Mitgliederstruktur könne in Krisenzeiten »äußerst gefährlich« werden. Auf dem Höhepunkt der Rede behauptete er, der geringe Mitgliederstand bedeute »eine Gefahr für die sogenannte innerparteiliche Demokratie«. Die Argumentationshilfe hatte Kohl im Heidelberger Seminar von dem Politologen und Publizisten Dolf Sternberger aufgegriffen.

Schließlich gebrauchte er die rhetorische Kunstfigur, einen Zustand als existierend hinzustellen, den herzustellen er für nötig hielt: »Es ist ganz klar, daß von unten nach oben regiert werden muß. Darüber sind wir uns gemäß unserem Subsidiaritätsbegriff längst einig. Dementsprechend muß aber auch eine Plattform vorhanden sein.« Er verlangte, die Orts- und Kreisverbände zu aktivieren, und forderte zum Schluß dazu auf, »mehr um die Position unserer Partei zu ringen«.

Wie erschrocken seine engeren pfälzischen Parteifreunde über diesen Beitrag waren, zeigt die Reaktion des Vorsitzenden Orth, der sich beeilte, zu versichern, der junge Mann habe »sein Anliegen maßvoll vorgetragen«. Die einzige Delegierte, die Kohl unterstützte, war jene junge Frau aus Koblenz, Susanne Hermans, die ihm seit der Begegnung im Winter 1946/47 gewogen war. Sie nahm für ihn Partei und sagte, die Union müsse sich hüten, in »gemanagter Betriebsamkeit und see-lenlosem Organisations-Schematismus« zu ersticken.

Altmeier nahm den jungen Kohl als Konkurrenten nicht ernst und behandelte den 25jährigen so von oben herab, wie er es mit derartigen Grünschnäbeln zu tun pflegte. Um ihn zu neutralisieren, steckte er ihn in eine Kommission zur Überarbeitung der Landessatzung. Da konnte Kohl seinen Erneuerungsdrang ausleben, mochte er gedacht haben. Die Wahlen am nächsten Tag durchkreuzten seine Pläne. Während die Wahlhandlung für den ersten Vorsitzenden lief, meldete sich Hülser zu Wort und bedauerte, »daß nicht eine Persönlichkeit der jungen Generation vorgeschlagen wurde«. Dafür nominiere er Kohl, »und zwar deshalb, damit ein Sprecher der jungen Generation mitverant-wortlich in unserem Parteigremium ist«. Mit den Worten: »Unser Freund Kohl hat uns gestern gezeigt, daß er qualifiziert ist«, legte er Altmeier den jugendlichen Kandidaten ans Herz. Die Delegierten brauchten nicht lange zu raten, gegen wen sich diese Kandidatur rich-tete. Wuermeling war vor allem dem Nachwuchs und dem Reform-flügel ein Dorn im Auge.

Die Taktik war zu durchsichtig, als daß Altmeier der Forderung nicht postwendend widersprochen hätte. Er erwiderte, die Junge Union schicke bereits ihren Vorsitzenden in den Vorstand, und damit sei sie ausreichend vertreten. Er hatte erkannt, daß er selbst das Ziel des Vorstoßes war: sowohl Wuermeling als auch der JU-Chef Josten kamen aus dem Norden des Landes.

Hülser erwiderte ironisch: »Wenn ich die Bemerkung unseres ver-ehrten Parteivorsitzenden richtig verstanden habe, will er davon abra-ten, den von mir vorgeschlagenen Helmut Kohl zu wählen. Ich halte aber meinen Vorschlag aufrecht und darf ihn mit doppelter Begrün-dung wiederholen.« Altmeier lenkte nicht ein. Er habe »zu dem Vor-schlag Hülser kein Wort gesagt«, behauptete er und beharrte auf der Ablehnung. Er habe nur darauf aufmerksam gemacht, »daß einer gestrichen werden muß, wenn ein anderer als vorgeschlagen gewählt wird«. Darauf stiegen weitere Delegierte aufs Podium, von denen die einen für Wuermeling und die anderen gegen Kohl redeten. Inzwischen waren die Stimmen ausgezählt. Altmeier konnte mit dem Ergebnis zu-frieden sein. 212 von 221 Delegierten stimmten für ihn. Er bedankte sich in einer Form, die unterschwellig seine Befürchtungen ausdrück-te: »Sie haben durch Ihre Wahl zum Ausdruck gebracht, daß Sie mich noch nicht zum alten Eisen werfen wollen.«

Unterdessen hatten die Schriftführer, die Einwände des Vorsitzenden mißachtend, Kohl in die Vorschlagsliste aufgenommen. Da sie ihn nicht kannten, schrieben sie seinen Namen falsch. Hülser meldete sich abermals und machte darauf aufmerksam, daß auf den Stimmzetteln »Pohl statt Kohl« stand. Er erlaube sich die Bemerkung, der Name des Bewerbers fange »nicht mit P wie Potsdam, sondern mit K wie Konrad an« – ein gewagter Vergleich, den die Delegierten mit Heiterkeit und Beifall quittierten

Es folgte eine gewohnt langweilige Rede des Bonner Fraktions-vorsitzenden Heinrich von Brentano, die kaum beachtet wurde, weil die Aufmerksamkeit der Delegierten auf die Auszählung der Stimmen gerichtet war. Dann wurde das Ergebnis bekanntgegeben. Von den sechs Kandidaten, die zu wählen waren, erzielte Wuermeling mit 189 Stimmen das drittbeste Ergebnis, im Vergleich dazu und in Betracht des Altersunterschieds schnitt Kohl mit 150 Stimmen nicht schlecht ab, verfehlte aber das Quorum und fiel durch. [3] Susanne Hermans, die neben ihm saß, erinnert sich, daß ihm viele Delegierte gratulierten. Orth eilte ans Mikrophon, versicherte, er freue sich, daß Kohl ein so gutes Ergebnis gehabt habe, und fügte hinzu, es sei für die Pfälzer eine »Verpflichtung«, dafür zu sorgen, daß der Bewerber in den Landes-vorstand aufgenommen werde, wie es Altmeier angedeutet habe.

Nun findet sich in dessen Ausführungen eine solche Andeutung nicht. Der verschachtelte Aufbau der rheinland-pfälzischen CDU liefert aber einen Hinweis, was Orth mit seiner Bemerkung meinte. Kohl gehörte seit seinem Landauer Coup vor zwei Jahren dem pfälzischen Bezirksvorstand an. Aus diesem Vorstand rekrutierte die Bezirks-organisation das Personal, das sie in den Landesvorstand schickte. Wer in der Pfalz nominiert wurde, war damit auch schon Vorstands-mitglied. Er brauchte nicht noch einmal gewählt zu werden. Orth steckte dem jungen Mann eine Fahrkarte zum Vorstand in die Tasche, obwohl der nicht gewählt worden war. Was Kohl auf dem direkten Weg nicht gelang, glückte ihm auf dem Umweg über seinen heimat-lichen Bezirk.

Tatsächlich wurde er im Verlauf der nächsten Jahre anstelle eines Studienrates aus Speyer im Präsidium der Landes-CDU aufgenommen. Das Ergebnis von Ludwigshafen trug Kohl die süßeste Niederlage ein, die er je erlitten hat. Er war mit 25 Jahren direkt vor den Thron Altmeiers gerückt.

Einige Monate später, Mitte November 1955, setzte er die Kletterpartie bei der Jungen Union fort. Beim Landestag in Koblenz wurde zwar der Verbündete Altmeiers, Josten, noch einmal zum Vorsitzenden gewählt, aber zweiter Vorsitzender wurde Heinrich Holkenbrink aus Trier, der sich mit Kohl verbündete. Bei der darauffolgenden Vorstandswahl zwei Jahre später nahmen Kohl und Holkenbrink als gleichrangige Stellvertreter die Zügel in die Hand, und beim nächsten Parteitag wurde Holkenbrink Vorsitzender, Kohl blieb, was er war, der zweite Stellvertreter stand ebenfalls auf ihrer Seite.[4]

So stieg Kohl in der Partei auf, während er in Heidelberg dem Doktortitel zustrebte. Offenkundig nötigte ihn die Fülle der Fächer, die er belegte, und der Themen, für die er sich interessierte, zu der langen Studiendauer von 16 Semestern, von denen die Hälfte genügt hätte, um den gewünschten akademischen Grad zu erwerben. Er war das, was er später einen Bummelstudenten genannt hätte, und belegte gleichzeitig oder nacheinander die Fächer Geschichte, Staatsrecht und Öffentliches Recht, Politische Wissenschaft, Nationalökonomie, Philosophie, Theologie und Psychologie, promovierte mit dem Thema »Die politische Entwicklung in der Pfalz und das Wiedererstehen der Parteien nach 1945« und schloß sein Studium mit dem *Dr. phil.* und *cum laude* ab. Nach seinen eigenen Worten mußte er einen Großteil des Studiums selbst verdienen und war während der Semesterferien als Steinschleifer bei der BASF tätig, besserte das Taschengeld aber auch mit Teppichklopfen, Rasenmähen und Warenausliefern auf.[5]

Beim Studium ging er genauso vor wie in der Partei, mit einer entwaffnenden Mischung von Unverfrorenheit und Charme. Damit, daß er sich in der Partei als Student einführte, hatte er bei ihren führenden Leuten einen Stein im Brett, und umgekehrt profitierte das Studium von der Parteiarbeit. Nicht zufällig suchte er sich ein Thema für die Doktorarbeit, das der politischen Tätigkeit eng verwandt war. Parteifreunde, mit denen er häufig korrespondierte, wie der Pastor und Parteigründer Johannes Fink und der Parteisekretär Gustav Wolff, der bei allen Sitzungen zugegen war und mitstenographierte, öffneten ihm ihre Archive, so daß er an Material herankam, das späteren Rechercheuren verschlossen blieb.

Da er das Geschehen in der Partei mitgestaltete, war er in die angenehme Lage versetzt, in der Praxis das Material herzustellen, das er anschließend theoretisch auswertete. Daß ihm die Kommilitonen Bernhard Vogel und Waldemar Schreckenberger, die ebenfalls in Heidelberg studierten, bei der Doktorarbeit halfen, ist ein Gerücht. Die

Feldarbeit besorgte er selbst. Auf diese Weise entstand auch eine Studie über die Aufstiegsmöglichkeiten der Jungen Union bei der Bundestagswahl 1957. Er verfaßte sie während des Studiums in Heidelberg zusammen mit zwei anderen angehenden Politologen unter der Aufsicht von Dolf Sternberger.[6] Was er in dem Werk verschweigt, ist die Quelle der internen Kenntnis der Beispiele, an denen er in der Wirklichkeit kräftig mitwirkte. Denn er setzte frühzeitig darauf, Altersgenossen in erfolgversprechende Positionen zu bugsieren, in denen sie wiederum ihm weiterhelfen konnten. Auf diese Weise rekrutierte er seine späteren Mitstreiter im Bund, Bernhard Vogel im Wahlkreis Neustadt/Speyer und Albert Leicht im Wahlkreis Speyer/Germersheim, außerdem Werner Marx und Alois Mertes, die beide über die Landesliste ins Parlament kamen.

Die Raffinesse, mit der er Wissenschaft und Anwendung vorteilhaft miteinander verband, fiel seinen Lehrmeistern nicht sogleich ins Auge. Es war ihnen zwar klar, daß er nicht vorhatte, sich der Wissenschaft zu widmen. Daß der junge Mann, der an der Universität nicht mit besonderen Leistungen auffiel, auf dem Weg war, ein bedeutender Staatsmann zu werden, konnten sie nicht ahnen.

Der Dozent Erwin Faul, der als Assistent zu der politikwissenschaftlichen Forschungsgruppe Sternbergers zählte, an der Kohl als studentische Hilfskraft arbeitete, erklärt, er habe sich lange Zeit etwas darauf zugute gehalten, seine Karriereprognose für Kohl »sehr hoch angesetzt zu haben«. Er tippte auf etwas Organisatorisches, Geschäftsführer oder Manager der Bundes-CDU. Seine Kollegen meinten, der Doktorand werde sich eher zu einer Lokalgröße entwickeln.[7]

Die Lokalpolitik war der Ausgangspunkt für Kohls perfekt geplante Laufbahn. In der Woche, in der er seine letzte mündliche Prüfung ablegte, Ende Juli 1958, muß er von der Universität direkt nach Ludwigshafen gefahren sein, um die CDU-Wahlkreisgeschäftsstelle einzurichten, eine bescheiden ausgestattete Anlaufstelle der CDU für den Wahlkreis Ludwigshafen. Die dazu gehörende Kommission tagte entweder in der örtlichen Bahnhofsgaststätte oder im Jugendhaus St. Johann, der Kassenbericht wurde formlos mit Bleistift geschrieben.

In den Büchern ist der monatliche Mitgliedsbeitrag von Dr. Kohl mit 25 Mark beziffert. Das war bei seinem schmalen Anfangsgehalt und einem Mindestbeitrag von einer Mark ziemlich viel. Die höchste Summe entrichtete der damalige Bundestagsabgeordnete Gerhard Fritz mit 100 Mark.[8]

Da er während des Studiums nicht als Aktivist auffallen wollte, wirkte Kohl im letzten Semester eher unauffällig und diskret in der Parteiorganisation. In einem Sitzungsprotokoll vom 5. März 1958 wird er unter den Mitgliedern des Kreisvorstandes aufgeführt. Schließlich zwang ihn eine Entwicklung, die er nicht vorhersehen und nicht beeinflussen konnte, seine Pläne umzuwerfen. Anfang Februar 1958 trat überraschend und entgegen der Absprache der langjährige Kreisvorsitzende Ludwig Reichling mit der Begründung zurück, er wolle sich auf den Vorsitz der Stadtratsfraktion konzentrieren.

Da es Kohl für verfrüht hielt, den vakanten Posten zu reklamieren, suchte er nach einem Platzhalter, den er in dem pfälzischen Bezirksvorsitzenden der Jungen Union, Egon Augustin, fand.[9]

Er setzte die Einflußnahme auf allen Ebenen gleichzeitig fort. Bezeichnend ist eine Sitzung vom 27. Mai 1958, in der die Fraktion und der Kreisvorstand über einen Kandidaten für das Amt des Beigeordneten in der Stadtverwaltung berieten. Die Angelegenheit wäre unbedeutend, gäbe nicht die Art, in der Kohl sie behandelte, Anlaß zur Aufmerksamkeit. Er ärgerte sich schon lange darüber, daß es sich die CDU angewöhnt hatte, im Stadtrat, in dem die SPD mit absoluter Mehrheit regierte, zu allen Entscheidungen, die sie fällte, ja und amen zu sagen. Daraus ging die Übung hervor, im Plenum einstimmig abzustimmen.

Die SPD, die allein regierte, war ihrerseits dazu übergegangen, von der Macht, die sie besaß, einen winzigen Teil an die CDU abzugeben. Sie überließ ihr einen Bürgermeister, meist denjenigen, der für die Kultur verantwortlich war, und einen Beigeordneten. Für diese Besetzung durfte die Opposition einen Kandidaten vorschlagen, die regierende Partei behielt sich die Entscheidung vor. Im vorliegenden Fall hatte die CDU einen Mann namens Kerbel vorgeschlagen, die SPD lehnte ihn ab, sie forderte einen neuen Vorschlag und die CDU zeigte sich bereit, den Bewerber auszuwechseln. Dieses Verfahren griff Kohl vehement an. Er argumentierte, die CDU habe Kerbel vorgeschlagen, sie halte an ihm fest, für sie gebe es keinen anderen Kandidaten. »Wir wollen keine Verbeugung vor der SPD machen«, beschied er. Sollte die SPD von sich aus einen anderen Bewerber benennen, müsse der sofort von der CDU ausgeschlossen werden, falls er nicht absage. Er beschloß die Intervention mit dem kategorischen Satz: »Die Suche ist beendet, es gibt keinen weiteren Kandidaten.«[10] Wie die Angelegenheit ausging, wird in den Protokollen nicht verzeichnet. Aber Kohl hatte der SPD signalisiert, daß mit seinem Eintritt in die Politik ein schärferer Wind durch das schläfrige Stadtparlament wehte.

Von ihm stammte auch der Vorschlag, die Stadtratsfraktion und den Kreisvorstand regelmäßig gemeinsam tagen zu lassen. Das geschah. Fortan operierte er souverän mit den Gremien, wenn er sich anders nicht durchsetzen konnte. Wollten die Versammelten etwas in der gemeinsamen Sitzung beschließen, was ihm nicht paßte, erklärte er, das sei Sache der Fraktion oder der Partei. Stand ein Beschluß in einem dieser Gremien an, den er verhindern wollte, verlegte er ihn in die gemeinsame Sitzung. Lag ihm daran, keine von ihnen ins Bild zu setzen, berief er den geschäftsführenden Vorstand ein. Auch schärfte er beiden Organisationen ein, daß nach der Satzung nicht die Fraktion, sondern die Partei das Recht habe, die Kandidaten für den Stadtrat zu benennen, nicht zuletzt deshalb, weil er über die Partei gebot und darauf reflektierte, bei der nächsten Wahl von ihr zum Mitglied des Stadtrats nominiert zu werden.

Die Arbeiten, die dieser pfälzische Herkules im lokalen Bezirk verrichtete, möchten gering erscheinen angesichts dessen, was er später in bedeutenderen Ämtern bewegte und bewirkte. Alles, was er lernte, lernte Kohl in der Kommunalpolitik, und nicht von ungefähr gehörte die Sentenz, es müsse »klein wachsen, was ein großer Baum werden« wolle, zu seinen Lieblingssätzen. Das schärfte er seinen Verbündeten ein, vor allem, wenn sie die kommunalpolitische Tätigkeit gering achteten und nach höheren Ehren strebten. Auch erlernte er, wie sein Mitstreiter Fritz Nitsch berichtet, im kommunalen Bereich, Menschen zu führen und sich mit den Leuten zu umgeben, die ihm beim Fortkommen nützlich sein konnten.[11]

Zu der Zeit, als er seinen politischen Aufstieg vorbereitete, stellte er auch seine persönlichen Verhältnisse auf eine feste Grundlage. In der Sitzung am 9. September 1958 gratulierten Stadtrat und Vorstand ihrem Mitglied beziehungsweise Anwärter zur Verlobung mit Hannelore Renner. Während der Verlobte studierte, ließ sie sich in der nahe gelegenen Sprachschule im pfälzischen Germersheim, später in Paris, zur Diplomdolmetscherin in Französisch und Englisch ausbilden. Ein Bekannter erhielt auf die Frage, wann sie heirate, die Antwort: »Ich heirate Helmut, wenn er mir eine Waschmaschine kaufen kann.«[12]

Nach zwei Jahren war es soweit: Am 27. Juni 1960 standen sie als Brautpaar vor dem Altar von St. Josef in Friesenheim. Kurz darauf bezog das neuvermählte Paar ein Haus in der Tirolerstraße im Ludwigshafener Stadtteil Gartenstadt. Sie hatten sich das Haus und das Grundstück mit Bausparverträgen, Krediten und dadurch, daß sie »zwei Jahre lang eisern sparten«, sich keinen Urlaub gönnten und einen Betrag von 25 000 Mark zurücklegten, »sauer erworben«, wie der Hausherr bemerkte.

Um auf eigenen Füßen stehen zu können, trat der junge Mann mit dem Ende des Studiums zugleich ins Berufsleben ein. Er bekam von dem ihm befreundeten Inhaber der Eisengießerei Willi Mock einen Vertrag als Direktionsassistent, der ihm 800 Mark monatlich einbrachte. Die Frau des Fabrikanten, Friedel Mock, berichtete, Kohl sei von ihrem Mann angestellt worden, weil ihm »vorübergehend geholfen werden mußte«.

Die Übergangszeit dauerte nur ein Jahr, am 1. April 1959 wechselte Kohl zum rheinland-pfälzischen Landesverband der Chemischen Industrie. Sein Gehalt stieg auf 1000 Mark. Der »Referent« hatte eine großzügige Arbeitszeitregelung, so daß ihm genügend Spielraum für die Politik blieb.[13] Der Ludwigshafener SPD-Bundestagsabgeordnete Hans Bardens sagt, mit seinem Einstieg in den Chemieverband sei Kohl »recht früh zu einem ordentlichen Gehalt gekommen«.[14]

Der Vorsitzende des Chemieverbandes, Udo Giulini, mochte nicht leugnen, was andere wußten, daß Kohl im Haus des Verbandes am Ludwigsplatz einen Schreibtisch stehen hatte, an dem er seine Arbeit nach Belieben einteilen konnte. So kam es, daß sich in seinem Kontor die Wahlkämpfer der CDU aufwärmten, wenn sie nach Ludwigshafen kamen. Die Sekretärin Ina Pappe hielt stets Kaffee und Kuchen für sie bereit. Auch Pappe war ein Teil der Absprachen, mit denen sich die Partei- und Geschäftsfreunde gegenseitig unter die Arme griffen. Dafür, daß der Verband ihm ermöglichte, seinen politischen Ambitionen nachzugehen, beschäftigte er die Sekretärin solange, bis der Chef des Verbandes, Willi Hämmer, sie heiraten konnte.

Über den Verband knüpfte Kohl, wie Giulini berichtet, die ersten Beziehungen zur Wirtschaft. Er lernte die einflußreichen Industriellen und Bankiers in Saarbrücken und Frankfurt kennen. Einer von ihnen war das Vorstandsmitglied des Chemieverbandes, Curt Freiherr von Salmuth, der Mitgesellschafter bei der Chemiefirma Giulini war, einer der ältesten und angesehenen Betriebe der Branche in Ludwigshafen. Salmuth hatte auch enge Beziehungen zum Röchling-Konzern im Saarland.[15]

Die Verbindungen zwischen dem aufstrebenden Talent und den

bedeutenden Konzernen entwickelten sich alsbald zum beiderseitigen Nutzen. Immerhin war die chemische Industrie die größte Wachstumsbranche mit einem Umsatz von damals siebzg Milliarden Mark bei stark steigender Tendenz. Kohl revanchierte sich für die guten Dienste der Chemie, die ihm finanziell über die Runden half, bis er als Ministerpräsident genug verdiente, um auf eigenen Beinen zu stehen. Er sorgte dafür, daß Giulini zwei Legislaturperioden lang im Bundestag saß, obwohl er nur im Wirtschaftsrat der Partei saß. Von Kohl sprach Giulini immer hochachtungsvoll. »Das ist ein Mann, der alte Freunde nicht vergißt«, pflegte er zu sagen.

IM HERBST 1958, drei Monate nach dem Abschluß der Examina an der Universität, hielt Kohl die Zeit für gekommen, Anspruch auf den lokalen Parteivorsitz zu erheben. Also eröffnete er seinem Parteifreund Augustin, daß er nunmehr den Posten des Kreisvorsitzenden der Ludwigshafener CDU von ihm übernehmen wolle, den er ihm wenige Monate zuvor zugeschanzt hatte. Augustin fiel aus allen Wolken. Seine Überraschung über das Ansinnen Kohls war um so größer, als sie beide eng miteinander befreundet waren und er nicht damit rechnete, so hereingelegt zu werden. Sie waren Nachbarskinder, Augustin wohnte in der Franklinstraße dem Haus der Kohls gegenüber. Sie besuchten sich gegenseitig, drückten zusammen die Schulbank, die Familien Kohl und Augustin gingen sonntags in die gleiche Kirche St. Josef, und beide waren in demselben Friesenheimer Ortsverein der CDU.

Augustin, der sich nicht ganz klar darüber war, wer in der Ludwigshafener CDU die Macht hatte, weigerte sich, den Platz zu räumen. Er sagt, er habe den Sinn der Postenschieberei nicht eingesehen. Auch die Freunde rieten ihm, am Amt festzuhalten. Dagegen war Kohl fest entschlossen, sich durchzusetzen. Nichts konnte ihn von seiner Absicht abbringen. »Von dieser Stunde an war es mit der Freundschaft vorbei«, klagt Augustin. »Und keiner verstand, daß aus einer Freundschaft so schnell eine Feindschaft werden konnte.«[16] Was ihm den Widerstand erschwerte, war ein Krankenhausaufenthalt wenige Wochen vor der Kreisdelegiertenversammlung. Kohl nutzte den Vorteil und warb in der Zeit, in der er abwesend war, bei seiner Gefolgschaft um Unterstützung.

Die *Süddeutsche Zeitung* bekam in den sechziger Jahren Wind von der Geschichte und schrieb über sie, obwohl sich der Autor auf Informanten verlassen mußte, die Einzelheiten nur vom Hörensagen kannten. So war im Jahr 1966 zu lesen, »der 28 Jahre junge CDU-Mann« Kohl habe, um Kreisvorsitzender von Ludwigshafen zu werden, »einige Dutzend neue Parteimitglieder« geworben, sei mit ihnen in die nächste Delegiertenversammlung gezogen, habe »fast den gesamten Kreisvorstand« abgewählt und sei »das geworden, was er werden wollte«.[17]

Beinahe dreißig Jahre später fand der Autor im Archiv der Konrad-Adenauer-Stiftung in Siegburg das Protokoll der Sitzung. Die Konferenz tagte am 19. Januar 1959 im Jugendhaus St. Johann in Ludwigshafen. Aus dem Protokoll geht hervor, daß Kohl sehr viel raffinierter vorging, als es die Zeugen im Gedächtnis hatten. Er warb nicht einige Dutzend neuer Parteimitglieder, dazu hätte die Zeit nicht gereicht, und es wäre nach der Satzung nicht möglich gewesen; sondern er zog die Anhänger Augustins zu sich herüber. Im Protokoll heißt es lapidar, »Dr. Helmut Kohl und Dr. Egon Augustin« seien für das Amt des Vorsitzenden der Kreispartei vorgeschlagen worden. 108 Mitglieder waren stimmberechtigt. Kohl hatte gute Vorarbeit geleistet. Er bekam 61 Stimmen, auf Augustin entfielen 44 Stimmen, drei Mitglieder enthielten sich, die anderen waren ungültig. Somit war Kohl zum Vorsitzenden gewählt.

Damit ließ er es nicht bewenden. In einem zweiten Wahlgang wurden die stellvertretenden Vorsitzenden gewählt. Augustin wurde von seinen Verbündeten, die, wie das Ergebnis zeigt, eine starke Minderheitengruppe darstellten, gedrängt, Flagge zu zeigen und abermals anzutreten. Also kandidierte er für den Posten eines der beiden Stellvertreter.

Nun argumentierte Kohl gegen diese Bewerbung. In der durchsichtigen Absicht, sie zu durchkreuzen, schlug er vor, die bisherigen Stellvertreter, den Bundestagsabgeordneten Gerhard Fritz und den Landtagsabgeordneten Ludwig Schuster, wiederzuwählen.

Von dieser Einrede fühlte sich Augustin gekränkt und zog die Kandidatur zurück. Dennoch bekam er bei der Wahl die Stimmen von 53 Delegierten, die das Verdikt Kohls nicht hinnehmen wollten. Wie üblich sollte der bei der Wahl zum Vorsitzenden unterlegene Bewerber zum Stellvertreter gewählt werden. Aber ihr Votum reichte nicht, da Fritz mit 75 und Schuster mit 69 Stimmen erfolgreicher waren. Erst bei der Wahl der fünf Beisitzer ließ Kohl die Bewerbung Augustins passieren. Er bekam die höchste Stimmenzahl von ihnen und gelangte, wenn auch in einer niedrigeren Stellung, wieder in den Vorstand.[18]

Augustin räumt ein, daß ihm der Ehrgeiz fehlte, den Kohl besaß. Sein Nachfolger sei der »weitaus Stärkere« gewesen, er habe Leute mit »Vasallentreue« um sich geschart. Damals habe er gebrochen die Versammlung verlassen. »Ohne die Niederlage durch Kohl hätte mein Leben einen anderen Verlauf genommen«, sagt er. Ursprünglich wollte er Lehrer werden, landete aber als Beamter in der rheinland-pfälzischen Landesregierung. Damit wurde Kohl sein Parteivorsitzender, bald darauf war Kohl sein Dienstherr. Um sich seinem unmittelbaren Einfluß zu entziehen, trat Augustin in das Wirtschaftsministerium ein, das von der FDP geleitet wurde. Dort arbeitete er sich zum Abteilungsleiter hoch. Er geriet während Kohls Amtszeit als Ministerpräsident mehr aus Ungeschicklichkeit denn aus Habgier in eine Finanzaffäre, die so hohe Wellen schlug, daß auf Antrag der Opposition ein Untersuchungsausschuß eingerichtet wurde. Gegenüber dieser Angelegenheit verhielt sich der Regierungschef nach außen hin indifferent.

Um die Strafaktion vollständig zu machen, sorgte Kohl dafür, daß der Name Augustins aus allen amtlichen Dokumenten der Ludwigshafener CDU entfernt wurde. Er ist in keinem offiziellen Schriftstück zu finden, auch nicht in der Parteigeschichte der Stadt, die den Kreisvorsitzenden Kohl hinter dem Namen Reichlings nennt, als habe es Augustin nie gegeben.[19]

Mit dem Kreisparteivorsitz eroberte Kohl die Position, die ihn instand setzte, die beiden Parlamentssitze zu erwerben, nach denen er strebte. Zuerst war das Mandat im rheinland-pfälzischen Landtag an der Reihe. Da Kohl in den entscheidenden Gremien saß, konnte er auch bestimmen, wer aufgestellt wurde. Drei Monate dauerte das Auswahlverfahren, dann wurde er als Vertreter Ludwigshafens aufgestellt und zog nach der Wahl am 19. April 1959 in den rheinland-pfälzischen Landtag ein. Selbstverständlich war er, wie bei allen anderen Unternehmungen, mit 29 Jahren der jüngste Abgeordnete im gesamten Parlament. Diesem Umstand verdankte er es, daß er in der konstituierenden Sitzung am 19. Mai 1959 zu Wort kam, wenn auch nicht mit einem eigenen Beitrag, sondern lediglich mit der Verlesung eines Teils der Anwesenheitsliste.[20]

Nachdem er im Landtag saß, bemühte er sich darum, das zweite parlamentarische Standbein in den Ludwigshafener Stadtrat zu setzen. Es spricht für sein Durchsetzungsvermögen und seine Robustheit, daß er die Querelen mit der heimischen Parteiorganisation rasch vergaß und mit ihr kooperierte. Da er Kreisvorsitzender war und zugleich im Landtag saß, gab es niemanden mehr, der ihm die Bewerbung fürs Stadtparlament streitig machen konnte.

Mit dem wachsenden Erfolg stiegen seine Ansprüche. Dem Kreisvorstand, der am 8. September 1960 die Kandidaten für den neuen Stadtrat nominierte, machte er anhand der Satzung klar, daß nicht die Fraktion, sondern die Partei legitimiert sei, die Kandidatenliste aufzustellen. Als erster Mann des Kreisverbandes schlug er sich sogleich für Platz eins vor. Er machte sich nicht einmal die Mühe, einen seiner Freunde darum zu bitten, ihn vorzuschlagen, wie es üblich war, sondern tat es selber. Niemand nahm daran Anstoß. Er wurde mit 16 Stimmen bei einer Enthaltung, seiner eigenen, zum Spitzenkandidaten gewählt. Anschließend billigte die Stadtratsfraktion den Vorschlag.

Die CDU Ludwigshafen bestritt mit ihrem Benjamin den Kommunalwahlkampf 1960. Das war für eine überalterte Partei, wie sie es war, eine Sensation. Kohls Vorgänger war dreißig Jahre älter gewesen. Der Bundestagskandidat und stellvertretende Kreisvorsitzende Gerhard Fritz lenkte bei der Vorstellung der Kandidaten auf einer Pressekonferenz Anfang Oktober die Aufmerksamkeit der Journalisten teils ängstlich, teils erleichtert auf diesen Tatbestand und fügte hinzu, die CDU ziehe »mit der jüngsten Mannschaft in den Wahlkampf, die je in Ludwigshafen auf dem kommunalpolitischen Gebiet tätig geworden« sei.[21] Kohl wäre Oberbürgermeister in Ludwigshafen geworden, wenn die CDU die Wahl gewonnen hätte. Die Wahl am 23. Oktober 1960 zeigte, daß sich mit der drastischen Verjüngung der Mannschaft keine Bäume ausreißen ließen. Die CDU gewann zwei Sitze hinzu, die absolute Mehrheit der SPD konnte sie damit nicht brechen.

Kohl war in den knapp zwei Jahren seit dem Ende seines Studiums ein furioser Einstieg in die Parteipolitik gelungen. Er vereinte eine Ämterfülle, wie sie in dieser Kombination nicht einmal jene Altvorderen auf sich vereinten, die er für ihre Sucht, Posten an sich zu ziehen, ständig schalt. Schon damals kam es einigen seiner Parteifreunde vor, als wettere er über ihren Postenschacher nur, um zu vertuschen, daß er ihn mit dem gleichen Eifer betrieb wie sie, und als vertreibe er sie mit dem Argument, der Wechsel sei überfällig, aus den Ämtern, um sie kurz darauf selbst zu bekleiden.

Ende 1960 war er Landtagsabgeordneter, Vorsitzender der Kreispartei Ludwigshafen, Mitglied des Stadtrats und Vorsitzender der Stadtratsfraktion Ludwigshafen. Er gehörte dem engeren Vorstand des

Bezirks Pfalz an und saß im erweiterten Vorstand der Landespartei. Auf dem Landesparteitag Mitte Mai 1960 in Bad Ems rückte er noch weiter vor: Er wurde ins Präsidium der rheinland-pfälzischen CDU gewählt. Höher hinauf ging es zunächst nicht und von da an wußte auch Altmeier, daß ihm der Konkurrent im Nacken saß.[22]

Allerdings gehörte Kohl nicht zu denen, die sich Ämter aneigneten und sie dann nicht ausfüllten. Vielmehr nahm er es mit jeder Aufgabe genau, die ihm übertragen wurde. Die Doppelarbeit in der Kommunal- und der Landespolitik verlangte ihm mehr Opfer ab, als sie ihm Ruhm und Ehre eintrug. An manchen Tagen fuhr er mit der Bahn morgens um sieben Uhr nach Mainz in den Landtag, nachmittags zurück nach Ludwigshafen in den Stadtrat, abends wieder nach Mainz oder an einen anderen Ort, an dem er Versammlungen hatte, und nachts nach Hause zurück.

Der *Rheinische Merkur* beschrieb das Jungtalent im Tonfall von Wilhelm Busch, der von einer allgegenwärtigen Figur sagte: »...ohne sie ist nichts zu machen, ohne sie da geht es nicht.« In dem Kurzportrait heißt es, Kohl seien bei seinem Aufstieg neben einem »scharfen Intellekt«, einem »starken Willen«, einer »Begabung für Politik und den Umgang mit Macht« vor allem eine »robuste körperliche Konstitution« zustatten gekommen, die ihm »ein großes und langes Tagespensum« ermöglichten. »Für Pünktlichkeit ist er bekannt«, hieß es in dem Blatt. Jede Stunde sei »vorausgeplant«. Und doch treffe man »in Kohl nie einen nervösen, aufgeregten oder gereizten Gesprächspartner«.[23]

Zu dem Wunsch, allgegenwärtig zu sein, kam das Bedürfnis, sich unentbehrlich zu machen. Sich und allen Zweiflern mußte er beweisen, daß er imstande war, die neuen Posten auszufüllen. Er beeilte sich, mehr zu leisten als jeder seiner Mitarbeiter. Er wirkte auf sie leicht besserwisserisch, zudem konnte er Widerspruch schlecht vertragen und Niederlagen schwer einstecken. Die gängigsten Formeln über ihn lauteten, er sei »hemdsärmelig, ehrgeizig und wortgewandt«, dazu gelegentlich grob, unsensibel und dominant.

Anfang der 70er Jahre, als er noch Selbstironie besaß, spottete er, Ursache und Wirkung vertauschend, ihm seien »in sehr jungen Jahren in der Partei wichtige Ämter übertragen worden«. Auf diese Weise sei sein »aufmüpfiges Wesen sehr früh dadurch abgefangen« worden, daß man ihn »ins tiefe Wasser geworfen« habe. Er nannte das eine »probate Methode«, um den »Ehrgeiz«, den er verspürt habe, zu bändigen und den »Kitzel«, der sich mit seiner beginnenden Popularität verband, zu dämpfen.[24] Besonders penibel erfüllte er parlamentarische Aufgaben. Was ihm an Glanz des Auftritts abging, ersetzte er mit Fleiß. Obwohl seine Belastung von Jahr zu Jahr stieg, schaffte er es, bei keiner der Sitzungen in einem der beiden Parlamente unentschuldigt zu fehlen.

Überdies mußte die Mehrheitsfraktion im Stadtrat rasch lernen, daß es keine reine Freude war, ihn zum Gegner zu haben. In der konstituierenden Sitzung am 25. November 1960 monierte er die Sitzordnung im Stadtparlament. Die SPD hatte es nämlich durchgesetzt, daß ihre Abgeordneten die Bänke in der ersten Reihe füllten und die der CDU in der zweiten Reihe sitzen mußten. Er bestand darauf, als Fraktionschef in der ersten Reihe plaziert zu werden, und fiel den Sozialdemokraten solange auf die Nerven, bis sie nachgaben und ihm den Gefallen taten. Das berichtet Kurt Böckmann, der 1968 Kohl im Fraktionsvorsitz ablöste und von seinen Bemühungen profitierte.[25]

Wo er sich überfordert fühlte, überdeckte er seine Schwächen mit Einfallsreichtum. Die parlamentarische Sitte verlangte, daß er als Fraktionsvorsitzender die Oppositionsrede zum Haushalt der Stadt halten mußte. Dabei war er sich bewußt, daß er eine schwache Position hatte, da er von Haushaltsdingen nur wenig verstand. Also bestellte er am Tag seiner Jungfernrede, dem 25. März 1961, seinen außerparlamentarischen Anhang von der Jungen Union ins Parlament und plazierte ihn auf der Zuschauertribüne. Die Claqueure taten, wie ihnen geheißen worden war, und überhäuften den Redner mit Beifall. Fortan ließ die SPD Eintrittskarten für die Empore verteilen, deren Zahl sich nach der Stärke der Fraktionen richtete.

Der SPD-Stadtrat und Betriebsratsvorsitzende der BASF, Ernst Lorenz, der die Anekdote berichtet, fügt treuherzig hinzu, Kohl sei »halt ein bißchen lausbubenhaft gewesen. Er konnte einem schon auf die Palme bringen«.[26]

Vor allem beherrschte er die Regeln der Geschäftsordnung und stürzte regelmäßig und souverän die SPD mit Verfahrensregelungen, Tagesordnungen und Verwaltungsdekreten in Verlegenheit. Im Herbst 1962 beklagte er sich bitter über das Vorgehen der Mehrheitspartei bei der Besetzung des Direktors des städtischen Schlachthofes. Seine Begründung für die Beschwerde lautete, vor vier Jahren habe sie bei der Wahl zwischen zwei Bewerbern den von ihr Vorgeschlagenen durchgesetzt und den anderen mit der Begründung abgelehnt, er sei ungeeignet. Als dann der Direktor pensioniert wurde, wählte die SPD den Antragsteller, den sie vier Jahre vorher als ungeeignet abgelehnt hatte. Was war geschehen, was den Mann in den Augen der SPD qualifizierte? Er war in die SPD eingetreten. Daraufhin belegte die Stadtverwaltung Kohl mit einem Bußgeld von 40 Mark, weil er die Schlachthofgeschichte, die in einer nichtöffentlichen Sitzung behandelt worden war, öffentlich machte.

Und wie verhielt sich Kohl? Er bezahlte das Bußgeld von 40 Mark nicht, sondern beantragte, den Punkt in einer öffentlichen Sitzung des Stadtrates zu behandeln. Seine Argumentation lautete, die Besetzung des Direktorenpostens im Schlachthof sei zu einer öffentlichen Angelegenheit geworden, also müsse sie öffentlich behandelt werden. Das war ein starkes Stück. Zuerst trug er eine vertrauliche Information nach draußen, und nachdem er sie öffentlich gemacht hatte, zwang er die Gegner zur öffentlichen Austragung. Damit nicht zufrieden, gab er seiner Argumentation einen wissenschaftlichen Anstrich. Zum Beweis dessen, daß er recht habe, zitierte er einen juristischen Kommentar zur hessischen Gemeindeordnung.[27]

Zu den hervorstechenden Eigenschaften, die der *Rheinische Merkur* dem jungen Mann attestierte, zählte die Kunst, Menschen für sich einzunehmen und an sich zu binden. Von Kindesbeinen an war er es gewöhnt, Freunde um sich zu scharen. Mit dem Eintritt ins Berufspolitikertum lernte er, daraus Kapital zu schlagen. Er begann, seine Fähigkeit systematisch zur Organisation von Gruppen einzusetzen, die kein anderes Ziel hatten, als die Vorstellungen ihrer Mitglieder gemeinsam durchzusetzen und damit Karriere zu machen.

Bei der Schilderung von Karrieren werden jene, die sich dieser Arbeit widmen, leicht versucht, in einigen Punkten nachträglich mehr Systematik und Ordnung zu vermuten, als es gerechtfertigt ist. Bei Kohl fällt es schwer, dieser Neigung zu widerstehen, da einige seiner Handlungen so durchdacht wirken, daß der reine Zufall ausgeschlossen erscheint.

Das gilt auch für die Mitstreiter, mit denen er sich umgab, um die frühen Etappen seines Aufstiegs zurückzulegen. Die erste Gruppe, die er bildete, bestand aus drei Personen: Heinz Schwarz aus Koblenz, Heinrich Holkenbrink aus Trier und dem Pfälzer Kohl. Sie kamen also alle aus verschiedenen Regionen des Landes und deckten somit alle parteiinternen Machtzentren ab. Sie waren auch nicht alle gleich alt. Schwarz ist zwei Jahre älter, Holkenbrink, der von Haus aus Philologe und Studienrat war, zehn.

Schwarz konstruierte aus der Zusammensetzung der Gruppe ein Modell. »Eine Gruppe fängt bei drei an«, sagt er, »wir mußten drei sein.«[28] Das war so etwas wie eine magische Zahl, es war aber auch praktisch ein auf das Überlebenstraining in unwegsamem Terrain angelegtes Kampfmodell. Wenn sich zwei verbünden, ist immer ein dritter zur Stelle, der sie kontrolliert. Geheimbünde verfahren nach diesem Muster.

Zeitweise waren die *Kohlisten* oder *Kohlianer,* wie sie sich nannten, derart von dem Beispielcharakter ihres Gruppenmodells durchdrungen, daß sie glaubten, es auf das Land ausdehnen zu müssen. Ihnen schwebte vor, in Rheinland-Pfalz ein solches Beziehungsgeflecht von Gleichgesinnten einzurichten. Sie wollten, wie Schwarz berichtet, in jedem Ort über eine kleine Vertrauenseinheit verfügen, eine Art Zelle, die sich auf Anhieb mobilisieren ließ und jederzeit imstande war, aus dem Stand die Informationen zu liefern, die benötigt, und die Weisungen aus der Zentrale auszuführen, die ihnen übermittelt wurden.

Ein weiteres Merkmal der »Kampfgruppe« Kohl war, daß in ihr jeder aufgenommen wurde, der sich in sie einfügte, ungeachtet seiner Begabungen. Da er nicht auf Anhieb auf ein tiefgefächertes Reservoir außergewöhnlicher Begabungen zurückgreifen konnte, mußte er mit den Personen vorliebnehmen, die ihm zur Verfügung standen. Er gewöhnte es sich an, Mitglieder nicht allein danach auszuwählen, ob sie ihm sympathisch waren; auch nicht, ob in ihnen ein Genie schlummerte, sondern wie dringend er sie gerade brauchte und ob sie die Anforderungen erfüllten, die er benötigte. Sie mußten sich in die Gruppe einordnen, keinen übertriebenen Ehrgeiz entwickeln, verschwiegen und diskret und außerdem zuverlässig sein. Außerdem wurde – dies vor allem – verlangt, daß sie untereinander und besonders zu ihrem obersten Chef loyal waren. War einer überdies ein helles Köpfchen, brachte Sachverstand und gute Bildung und Ausbildung ein, war das nicht hinderlich. Ein oder zwei Fehler wurden, wenn sie nicht gravierend waren, hingenommen, eigentlich sogar gern gesehen, da sie zur Nivellierung innerhalb der Gruppe beitrugen und bewirkten, daß keiner allzu übermütig wurde.

Das, was man in der pfälzischen Partei die kleinen Sauereien nannte, durfte sich nur der Anführer erlauben. Holkenbrink berichtet, bei einer Versammlung der Jungen Union habe Josten einmal gegen eine wachsende Unruhe ankämpfen müssen, die dadurch entstand, daß jemand kleine Papierkugeln auf ihn feuerte. Natürlich war es Kohl, und natürlich erreichte er sein Ziel, den Redner unsicher zu machen und dem Gespött seiner Zuhörer preiszugeben, da er lange Zeit nicht wußte, woher die Geschosse stammten und in seiner Unsicherheit komisch wirkte. [29]

DASS SICH SEIN AUFSTIEG nicht so glatt vollzog, wie er es plante, dafür sorgte er selbst. Sosehr es ihn voranbrachte, daß er, wie er von sich sagt, von einem gezügelten Ehrgeiz getrieben wurde, hin und wieder geriet ihm dieser Trieb außer Kontrolle und warf ihn weiter zurück, als wenn er sich beherrscht hätte. Im Landtag ging ihm das, was er rasch erledigen wollte, nicht schnell genug voran, während er sich von Routinesachen, die ihm aufgebürdet wurden, gebremst und gehindert fühlte. Mehrmals beklagte er sich im ersten Jahr seiner Zugehörigkeit zum Parlament darüber, daß er in der Fraktion nicht seinen Talenten entsprechend gefordert und gefördert werde.

Der Fraktionsvorsitzende Wilhelm Boden hatte mit dem aufmüpfigen Jüngling mehr Ärger, als er es bei Neuzugängen gewohnt war. So bestand Kohl darauf, in den Haushalts- und Finanzausschuß delegiert zu werden, einem Gremium, das von alters her altgedienten Parlamentariern vorbehalten ist, und er war so auf diesen Wunsch fixiert, daß er es schaffte, in den Ausschuß hineinzukommen, obwohl Boden und Altmeier alle Hebel in Bewegung setzten, ihn davon abzuhalten. Zur Strafe setzten sie ihn im Plenarsaal in die letzte Reihe.

Zermürbt gab Boden schließlich Kohls Drängen nach und teilte ihn zum Jahresanfang 1960 als Hauptredner für eine größere Debatte im Parlament ein, sei es, weil er ihm eine Gelegenheit geben wollte, sich zu bewähren, sei es, weil er dem Naseweis dazu bringen wollte, sich selbst ein Bein zu stellen.

Im neuen Jahr nahte also seine Jungfernrede heran, ein Ereignis, an das mittlerweile alle seine Freunde entsetzt zurückdenken. Bisher wurde unterstellt, er habe eine Rede zum Haushalt gehalten. Die Landtagsprotokolle zeigen aber, daß er sich mit dem Rechtsradikalismus auseinandersetzte. Anlaß war ein nicht allzu bedeutender Vorgang, der Altmeier betraf.

Das Landgericht Koblenz hatte dem Ministerpräsidenten untersagt, zu behaupten, der DRP-Landesvorsitzende Hans Schikora, der im Landtag saß, habe erklärt, »daß die Demokratie der Inbegriff aller

Heuchelei und die Futterkrippe des Pöbels« sei. In Wirklichkeit hatte Schikora diesen Satz in einer Kladde für seine Rede notiert, nicht aber vorgetragen. Im Grunde bestand der Skandal nicht in dem Satz des rechtsgerichteten Politikers, gleichgültig, ob er ihn sagte oder nicht, sondern in der Tatsache, daß Altmeier das Beweisstück unter der Hand den Gerichtsakten entnommen hatte, zu denen er keinen Zutritt besaß. Dennoch fühlten sich die drei demokratischen Fraktionen CDU, SPD und FDP bemüßigt, gegen die rechtsradikale DRP Front zu machen.

Weil er als interner Kritiker Altmeiers galt, glaubte Kohl nun, als sein Verteidiger auftreten und besonders kräftig in die Saiten der rhetorischen Harfe greifen zu müssen. Er stimmte die Melodie mit einem düsteren Präludium an: »Ich glaube, daß dies ein Dies ater, ein schwarzer Tag und eine bedrückende Stunde in der Geschichte unseres jungen Landes Rheinland-Pfalz und dieses Landtages ist«. Damit vergriff er sich gleich zu Beginn in der Wortwahl, denn er wollte vermutlich sagen, daß der Tag, an dem Schikora das unheilvolle Zitat niedergeschrieben hatte, schwarz gewesen sei, nicht aber derjenige, an dem die Verfehlung parlamentarisch aufbereitet wurde.

Dem grammatikalischen Schnitzer folgte eine sprachliche Fehlleistung auf dem Fuß. Der Redner versprach, anhand von Zitaten nachzuweisen, wie die führenden Vertreter der DRP ihre »geistige – wenn Sie wollen idiotische – ideologische Situation sehen«. In die Heiterkeit sagte der amtierende Landtagspräsident stirnrunzelnd zum Redner, er hoffe, daß ihm solche Versprecher nicht öfters passieren.

Offenkundig aus dem Konzept gebracht, womöglich auch auf es verwiesen, schweifte der Redner so völlig vom Thema ab, daß nicht klar wurde, worauf er sich bezog. Er nahm in Anspruch, »als dem jüngsten Mitglied des Hauses den Dank den Männern abzustatten, die damals« – er bezog sich auf das Jahr 1945 – »in die Bresche sprangen«. Damit meinte er Bundeskanzler Adenauer und den SPD-Vorsitzenden Schumacher und fügte die Stilblüte hinzu: »Auch das soll an dieser Stelle einmal ausdrücklich ausgesprochen werden«.

Verheerend wurde es, als Kohl versuchte, zur Sache zurückzukommen. Da heißt es im Protokoll: »Die Herren von der DRP sprechen vom Vaterland. Ich habe manchmal das Gefühl, daß sie recht wenig davon wissen. Sie denken nicht dran, daß dieser Chauvinismus, den sie gleichsetzen mit Vaterland, die Söhne unseres Volkes in die Eiswüsten Rußlands und die Weiten Afrikas geführt hat und daß aufgrund dessen manche, die viel wußten von ihrem Vaterland und das auch mit ihrem

Blute besiegelt haben, in Plötzensee und in Stadelheim ihr Leben ließen.«

Als habe er damit den rechten Störenfrieden noch nicht ausreichend vor Augen geführt, welch ein geistiges und seelisches Unheil sie stifteten, redete er ihnen mit den Worten ins Gewissen: »Wer einmal von Ihnen, meine Damen und Herren, in dieser grauenvollen Baracke in Plötzensee stand und sich überlegt hat, was für ein ungeheurer Aderlaß an wirklicher positiver und geistiger Elite unseres Volkes an dieser und an anderen ähnlichen Stätten geendet hat, der weiß, um welchen Verlust wir auch in diesem Hause zu trauern haben.«

Auf diese Weise ging es fort im Galopp über die Schlachtfelder der Geschichte. Dabei gedachte er in einem umgekehrten zeitlichen Ablauf der Teilung Deutschlands, der zwölf Millionen Flüchtlinge zum Ende des zweiten Weltkrieges, der Millionen und Abermillionen Tote dieses Schlachtens, watete sprachlich in einem »Meer von Blut und Tränen« und machte die Urheber dingfest: »Das ist das Erbe von Hitler, Göring, Goebbels und Komplizen«. Schließlich fand er zur Gegenwart zurück und bedauerte, »daß wir uns heute wieder mit diesen Dingen – so scheint es wenigstens – auseinandersetzen.«

Es blieb Jockel Fuchs vorbehalten, mit einem einzigen Satz die angemessenen Proportionen herzustellen. Der Oppositionsführer sprach auf gut pfälzisch von »dem antidemokratischen Pflänzchen, diesem Herrn Schikora«.[30]

Peinlicher hätte Kohls Jungfernrede nicht ausfallen können. In dem Bestreben, dem Hohen Haus zu demonstrieren, daß er der erste war, der Altmeier gegen Rechtsradikale verteidigte, verfiel er in den Jargon, den zu gebrauchen er ihnen vorwarf. Das hohle Pathos, mit dem er seine Philippika vortrug, zerstörte, was er an gutem Willen einbrachte. Viele Jahre später kam es ihm auch so vor, als habe er eine »total mißratene Jungfernrede« gehalten.[31]

Seine mütterliche Freundin Susanne Hermans, an deren Busen sich die ausweinten, die von dem Redner enttäuscht waren, weil bei ihm Anspruch und Ausführung hörbar auseinanderklafften, war ebenfalls erschrocken. »Diese seine Jungfernrede war ausgesprochen schlecht«, stellte sie lapidar fest. Sie war so schlecht, daß sie sich, als er sie hielt, »geschämt hat«, wie sie bekennt. Hinterher habe Altmeier sie hämisch gefragt: »Na, was halten Sie jetzt von Ihrem Freund?«

Was sie von der Rede hielt, behielt sie bei sich, aber sie hielt weiter zum Redner. Seine schlimmsten Patzer unterliefen ihm, wie sie glaubt, nicht so sehr im Inhaltlichen als in der Form, in der er sie vortrug. Obgleich er durch die Rednerschule der Jesuiten im Heinrich-Pech-Haus in Frankfurt geschleust worden war, konnte er seine Angewohnheit nicht loswerden, beim Reden herabzuschauen und den Text herunterzuleiern, bemängelte Hermans.

Daher belehrte sie ihn: »Wenn Altmeier vom Blatt liest, klingt das, als ob er frei spricht; wenn du frei sprichst, klingt es, als ob du ablesen würdest.«[32]

Fortan bemühte sie sich, ihm das Ablesen vom Blatt zu erleichtern, da sie seine freie Rede nicht beeinflussen konnte. Das war ein hartes Stück Arbeit. Sosehr sie feilten, er konnte es sich nicht angewöhnen, sich einen Text zu eigen zu machen, der ihm aufgeschrieben wurde. Fremde Texte mochte er nicht, und seine eigenen waren oft nicht sehr originell. Um den schlimmsten Pannen im Plenum vorzubeugen, riet ihm Susanne Hermans, große Reden erst einmal zurückzustellen. Die Protokolle des Landtages weisen aus, daß er den Rat befolgte. Seine besten Reden waren die, in denen er spontan und improvisiert auf Angriffe des Gegners reagierte. Einer seiner späteren parlamentarischen Geschäftsführer, Theo Vondano, umschreibt Kohls rednerische Begabung mit den Worten, wenn die CDU-Fraktion in Not geraten sei, habe Kohl sie herausgehauen »und mit dem großen Bügeleisen alles glatt gestrichen«.[33]

Je schärfer ihn die Sozialdemokraten angingen, desto sicherer paßten seine Repliken, ein Umstand, der sie veranlaßte, es andersherum zu versuchen und ihn weder mit Zwischenrufen noch mit sonst einer Reaktion zu provozieren. Genauso verhielt sich die SPD im Ludwigshafener Gemeindeparlament. Dort verabredeten sich ihre Stadträte, mucksmäuschenstill in ihren Bänken zu sitzen, solange er sprach.

Als ein weiteres Hilfsmittel verwendete Frau Hermans optische Signale. Sie sicherte sich im Plenum einen Platz in der zweiten Reihe, setzte sich in sein Blickfeld und steuerte seinen Redefluß mit Hilfe von kleinen, farbigen Tafeln. Zeigte sie ein rotes Blatt, hieß das, er solle nicht so schnell sprechen, ein Gelbes, er solle sich vom Manuskript lösen.

So seltsam es klingt, die verpatzte Rede verschaffte ihm mehr Aufmerksamkeit als sie anderen Rednern mit brillanten Ansprachen zuteil wurde. Bemerkenswert ist nicht so sehr, daß er strauchelte, sondern, wie rasch er sich von seinen Patzern und Fehlschlägen erholte.

Im Oktober 1961 starb Boden. Er war 71 Jahre alt. Der promovierte Jurist war insofern eine bedauernswerte Figur in den Machtkämpfen der pfälzischen Union, als er zum ersten Ministerpräsidenten des Landes gewählt worden war, sich aber nur sieben Monate im Amt halten konnte. Im Juli 1947 wurde er von Altmeier gestürzt, der eine relativ belanglose Angelegenheit zum Anlaß nahm, ihm das Vertrauen der Fraktionen zu entziehen, deren Vorsitzender er war. Danach redeten sich die beiden gegenseitig in übertriebener Höflichkeit mit *Herr Ministerpräsident* an, obwohl sie sich nicht ausstehen konnten.

Aus der Erfahrung mit Boden lernte Altmeier, wie stark die Stellung des Fraktionsvorsitzenden sein kann, wenn er es mit einem schwachen Ministerpräsidenten zu tun hat. Daher setzte er nach dem Tod des Fraktionsvorsitzenden, der ihm nie gefährlich wurde, alle Hebel in Bewegung, einen ebenso formbaren Nachfolger zu finden. Er tat sich damit aber schwer, da die Solidarität der Partei und der Fraktion zu ihm bröckelte. Er wurde nach der langen und unangefochtenen Regentschaft, wie Susanne Hermans sagt, »selbstherrlich und duldete keinen Widerspruch mehr«.

Sie macht keinen Hehl daraus, daß sie sich weniger aus Sympathie für Kohl auf dessen Seite schlug als aus Antipathie gegen Altmeier. Daß sie sich mit einem Jüngeren verbündete, der dieselben Anlagen hatte wie der Alte, und daß er sie noch wirkungsvoller einzusetzen verstand als jener, wurde ihr erst bewußt, als es zu spät war. Da bekam sie mit ihm ähnliche Probleme, wie sie sie mit seinem Vorgänger gehabt hatte.

Bei der Suche nach einem Nachfolger unterliefen Altmeier mehr Fehler als er sich erlauben durfte. Er bestimmte, daß der 60jährige Vorsitzende des Kulturausschusses Hermann Matthes der Nachfolger Bodens werden und daß der Abgeordnete Heinz Korbach für das Amt des Stellvertreters kandidieren sollte. Unglücklicherweise interessierte sich der eine nicht für die innerparteilichen Händel, in die er verstrickt wurde, während der andere zu den engeren Weggefährten Kohls zählte, eine Freundschaft, die dem Regierungschef offenbar entging.

Einen Augenblick schwankte Kohl, ob er das Arrangement hinnehmen sollte, dann entschloß er sich, gegen seinen Freund anzutreten und sich für das Amt des stellvertretenden Fraktionsvorsitzenden zu bewerben, vorher aber noch einen Vermittlungsversuch zu unternehmen. Er bat Susanne Hermans zu vermitteln. Auf der Fahrt zur Beerdigung Bodens in Altenkirchen übermittelte sie Kohls Vorschlag, der lautete, die Zahl der Stellvertreter auf zwei zu erhöhen; dann könnten beide gewählt werden. Altmeier ließ sich darauf wohlweislich nicht ein.

»Das wäre ein Scheingeschäft, der Kohl würde den Korbach unterbuttern«, sagte er. Er kannte seinen Kandidaten.

Daraufhin mobilisierten beide ihre Anhänger, eine Übung, in der Altmeier erfahrener, Kohl aber erfolgreicher war. Bei der Wahl ging er knapp als Gewinner hervor. Seine Biographen behaupten, es sei die legendäre eine Stimme gewesen, die ihm zum Erfolg verholfen habe. Er wie Altmeier wußten, was die Wahl bedeutete. »Für mich«, sagte Kohl 20 Jahre später tautologisch überhöht, »war das eine entscheidende Zäsur«.[34]

Typisch ist die Geschichte der Wahl, ihrer Vorbereitung und ihrer Folgen, charakteristisch die Reaktion Kohls auf die Niederlage seines Freundes. Er ließ drei Wochen verstreichen und wartete, bis sich die Aufregung gelegt hatte und die Wunden geheilt waren, dann rief er Korbach an und bot ihm an, zur früheren Freundschaft und Zusammenarbeit zurückzukehren. Der einstige Widersacher stimmte zu.

Fortan blieb Korbach unter Kohls Obhut, und zwar lebenslang. Zwischen ihnen gab es ein einziges Mal eine Verstimmung und das war, als sich Korbach sträubte, ein Amt anzunehmen, das Kohl ihm anbot. Er drohte ihm mit dem Satz: »Wenn du nicht annimmst, bist du mein Freund nicht mehr.« Korbach, der schon einmal unterlegen war, wollte es nicht ein zweites Mal riskieren und gab nach.[35]

Seit der Wahl wurden die Wegbereiter Kohls nicht müde, von einem »Durchbruch« ihres Anführers zu reden. Sie wußten es besser als jene, die dem entgegenhielten, der stellvertretende Fraktionsvorsitz bedeute nicht viel und an den Machtverhältnissen ändere sich nichts. Ihre Argumentation mochte bei jedem andern zutreffen, nur nicht bei Kohl. Sobald er einen Zipfel der Macht zu fassen bekam, eignete er sich den ganzen Mantel an. Kurz nachdem er stellvertretender Fraktionsvorsitzender geworden war, zog er in das Büro des Fraktionschefs.

Ihm kam zugute, daß Matthes zur Führung der Fraktion nicht geeignet war und an dieser Aufgabe auch kein Interesse fand. Fortan nannte sich Kohl, wenn er bescheiden war, geschäftsführender Vorsitzender, normalerweise einfach Vorsitzender.

Da er mit der Fraktion besser zurechtkam, als es seine Gegner gefürchtet und seine Freunde gehofft hatten, war seine Wahl zum Vorsitzenden der CDU-Fraktion im Landtag anderthalb Jahre später nur noch Routine. Matthes wechselte als Staatssekretär in das Sozialministerium. Überraschend war nicht die Amtsübernahme Kohls am 9. Mai 1963, sondern das Maß an Zustimmung, das dem Bewerber zuteil wurde. Von 41 Mitgliedern stimmten 38 für Kohl, zwei enthielten sich, eine Stimme war ungültig. Niemand stimmte mit nein.

Das Ergebnis ging nicht allein auf die Verdienste Kohls zurück, sondern der Wind, der dem 63jährigen Ministerpräsidenten ins Gesicht wehte, frischte weiter auf. Sechs Wochen vorher hatte die Partei bei der Landtagswahl am 31. März die größte Wahlschlappe seit ihrem Bestehen erlitten. Der Wahltag ging als der schwärzeste Tag in die Annalen der Landes-CDU ein. Die CDU verlor die absolute Mehrheit, und die SPD wurde so stark, daß sie mit der FDP hätte regieren können. Es entstand mithin eine Situation, in der die Union zum Regieren nicht mehr unbedingt gebraucht wurde. [36]

Die Liberalen ließen sich die günstige Gelegenheit nicht entgehen und schraubten ihre Forderungen höher. Der Knackpunkt war die Schulpolitik. Die FDP forderte, die Bekenntnisschule, die im Land Pflicht war, abzuschaffen, die CDU Altmeiers focht in christlichem Eifer für ihre Aufrechterhaltung. Die SPD zog in dieser Sache mit der FDP an einem Strang. Außerdem unterbreitete sie ihr ein verlockendes personelles Angebot: Sie sollte die Hälfte der Ministersitze und der Staatssekretärsposten bekommen, also drei. Das Angebot Altmeiers lag bei je einem Posten. Während der Verhandlungen erhöhte er es auf Druck Kohls auf jeweils zwei.

Da Altmeier unfähig war, über seinen Schatten zu springen, stellte Kohl, ohne daß es der Ministerpräsident wußte, einen Kontakt zur FDP-Spitze her und zeigte sich in den inoffiziellen Verhandlungen mit ihr beim Schulwesen kompromißbereit, beim Anteil der Posten in der Regierung unnachgiebig. Er machte ihr klar, daß sie ohne seine Hilfe ihre Forderung nach einer Schulreform nicht würde durchsetzen können. Die Schulform war Bestandteil der Landesverfassung. Sie konnte nur mit Zweidrittelmehrheit geändert werden.

Kohls Kalkül beruhte auf der Annahme, daß jeder Partner die Entscheidung treffen werde, von der er sich den größten Nutzen versprach. Das war ein Konzept, das jeden überzeugte. Der junge Mann, der gerade Fraktionsvorsitzender geworden war, erwies sich als ein souveräner Verhandlungsführer. Innerhalb kurzer Zeit zog er die Besprechungen an sich, und es gelang ihm, was niemand mehr erwartete, die Union aus der Sackgasse herauszumanövrieren. Am Ende ließ sich auch Altmeier überreden, so schwer es ihm fiel. Die Koalition aus FDP und CDU wurde erneuert, die SPD hatte das Nachsehen.

3

EINSTIEG IN DIE BUNDESPOLITIK

NACH DEM LANDESPOLITISCHEN ERFOLG zog Kohl den Radius seines Wirkens über Mainz hinaus. Er suchte in der politischen Landschaft der Bundesrepublik systematisch nach Politikern seiner Generation, die er für seine Ideen gewinnen und für seine Zwecke einsetzen konnte. Die meisten langjährigen politischen Freundschaften entstanden in dieser Zeit. Dies legt den Schluß nahe, daß Kohl abwartete, bis er mit dem Amt des Fraktionsvorsitzenden einen Posten hatte, der so repräsentativ war, daß er auf seine »Neuerwerbungen« Eindruck machte.

Eine Bekanntschaft aus jener Zeit war Richard von Weizsäcker. Er berichtet, im Jahr 1964 sei »der mir unbekannte Helmut Kohl« in seinem Haus in der Stiegelgasse 48 in Ingelheim erschienen und habe sondiert, ob er zur Bundestagswahl 1965 für ihn in den Bundestag gehen wolle. Sie wanderten mehrere Stunden durch die Weinberge und besprachen ihre Zukunft. Kohl bot Weizsäcker an, im Wahlkreis Ludwigshafen auf einem sicheren vorderen Platz der Landesliste zu kandidieren. Der Wahlkreis war nach dem Verzicht des bisherigen Bewerbers frei geworden, so daß Kohl den Listenplatz garantieren konnte. Weizsäcker brauchte bloß ja zu sagen, und er saß im Bundestag.

Dennoch zweifelte er, ob es nicht zu früh für eine politische Karriere sei und ob er sie gemessen an seiner beruflichen Karriere in der Privatwirtschaft so weit unten beginnen sollte. Während des juristischen Studiums verteidigte er bei den Nürnberger Prozessen seinen Vater, der Staatssekretär im Auswärtigen Amt des Dritten Reichs gewesen war. Dort lernte er Anwälte und Industrielle kennen, die ihn dem Mannesmann-Konzern in Düsseldorf empfahlen. Dort stieg er alsbald zum Leiter der neugebildeten Wirtschaftspolitischen Abteilung auf. Von da an stieg er zu den Führungsetagen der deutschen Wirtschaft steil nach oben.

Im Jahr 1961 wurde Weizsäcker gebeten, Präsident des Deutschen Evangelischen Kirchentages zu werden. Da er unabhängig bleiben wollte, nahm er das Amt unter der Bedingung an, es müsse ehrenamtlich, nicht hauptberuflich wie bisher, ausgeführt werden.

Kurz danach wurde er als Gesellschafter und Berater des Firmenchefs Ernst in die Leitung des Chemiekonzerns Boehringer in Ingelheim berufen. Seit 1953 war er Mitglied der CDU, betätigte sich aber nicht aktiv.

Nach dem Gespräch im Weinberg blieb die Kandidatur Weizsäckers in der Schwebe, bis er im letzten Augenblick absagte. Das einzige, was Kohl erreichen konnte, war der Eintritt in den Ludwigshafener Kreisvorstand.[1]

Eine weniger komplizierte Männerfreundschaft entstand zur gleichen Zeit zwischen Kohl und einem jungen Mann namens Hanns Schreiner. Ihm erging es so wie Weizsäcker: Bis zu der Minute, in der Kohl ihn anrief und ein Frühstück mit ihm auf dem CDU-Parteitag Mitte März 1964 in Hannover verabredete, wußte er nicht, wer der Anrufer war.

Kohl war bekannt, daß Schreiner als Sprecher der hessischen Landtagsfraktion und Landespartei gekündigt hatte und daß ihm ein Platz im Hessischen Rundfunk sicher war, der ihm aber nicht zusagte, da es sich um einen »Proporzposten« handelte, bei dem ihm das Aufgabengebiet Kirchenpolitik zugedacht war.

Die jungen Männer, beide 33 Jahre alt – sie hatten, wie das bei Parteitagen üblich ist, die Nacht durchgezecht und diskutiert – fanden sich »ziemlich angeschlagen« (so Schreiner) zum Katerfrühstück zusammen. Während sie ihren Kaffee tranken, versuchte Kohl, Schreiner für die Mitarbeit in der Fraktion zu werben. Das heißt, er bot ihm die gleiche Stelle des Pressesprechers in Rheinland-Pfalz an, die er in Hessen gerade aufgeben wollte. Da sich Schreiner von der Parteiarbeit lösen und in den Journalismus einsteigen wollte, kam das Angebot zu einem denkbar ungünstigen Zeitpunkt. Dennoch war er von dem, der es ihm unterbreitete, fasziniert. »Da hat etwas gezündet«, sagt er.

Da sie sich bis dahin nicht kannten, obwohl ihre Schreibtische in Wiesbaden und Mainz nur wenige hundert Meter an beiden Ufern des Rheins voneinander entfernt standen, machte Schreiner kurz darauf seinen ersten Besuch beim Fraktionsvorsitzenden im rheinland-pfälzischen Landtag. Er ließ sich überzeugen und sagte zu. Daraus entwickelte sich eine Zusammenarbeit, die zwölf Jahre dauern sollte.

Kohls Angebot war mit einer verlockenden Perspektive verknüpft. Die Zukunft der CDU, wie sie sein neuer Arbeitgeber entwickelte, war grundverschieden von dem Bild der Partei, das er bis dahin kannte. Schreiner kam von einem Landesverband mit verkrusteten Strukturen und einem Vorsitzenden Wilhelm Fay, dem es genügte, den »zweiten Platz auf dem Sofa« hinter der SPD einzunehmen, »wenn nur alle bequem darauf sitzen konnten«. Geheimniskrämerei und Cliquenwirtschaft waren an der Tagesordnung. Dagegen gab sich Kohl offen und weltläufiger und sprach unverblümt von seinen politischen Ambitionen. »Er wolle und werde Landesvorsitzender und dann Ministerpräsident in Rheinland-Pfalz werden«, eröffnete ihm Kohl nach Schreiners Erinnerung. »Der Zustand gegenwärtig sei für die Partei unzuträglich, aber auch für das Land. Änderungen seien nur durch eine evolutionäre Bewegung möglich. Das Führungspersonal müsse nahezu komplett ausgetauscht werden.«

Auch über die Inhalte seiner Politik schenkte Kohl dem neuen Mitarbeiter reinen Wein ein. Schreiner empfand das, was Kohl ihm schilderte, als eine »völlig neue CDU, eine moderne, offene Partei, offen nicht nur gegenüber den Mitgliedern und untereinander, sondern auch offen den Bürgern gegenüber«.

Kohl skizzierte in groben Umrissen das Modell eines neuen Parteityps. Er war, wie Schreiner versichert, von der »Vision einer modernen Volkspartei« beherrscht. »Ihm schwebte eine Partei vor mit konkreter Ziel- und Aufgabensetzung; verwaltet von einem gut ausgebildeten und funktionierenden Apparat. Eine Partei, die auf den Bürger zugeht, seine Probleme erfahren will, diskutiert und diese Probleme schließlich zu lösen versucht, dessen Denken und Handeln auch Einfluß auf die Programmatik und die Aufgabenstellung der CDU nehmen konnte und sollte.« Selbst wenn an der Schilderung Abstriche gemacht werden müssen, da sie Erfahrungen widerspiegelt, die Schreiner später machte, und bei nüchterner Abwägung einiges von dem Schwung und der Begeisterung abgezogen werden muß, von der er sich tragen ließ, bleibt die Erkenntnis, daß Kohl in bezug auf die Partei das besaß, was ihm später als Kanzler abgesprochen wird, eine exakte Vorstellung von der Zukunft.

Die zweite Hälfte der 60er Jahre, sagt Schreiner, sei »die Zeit der Jungen« gewesen, es habe »Aufbruchstimmung« geherrscht. »Wir waren damals Mitte/Ende 30 und hatten Ziele, Träume, Ideale.« Kohl unterschied sich in dieser Beziehung in keiner Weise von den Gleichaltrigen in seiner Partei, er war derjenige, »von dem man annehmen konnte, daß er tatsächlich das schafft, was man sich gemeinsam vornimmt, also jemand, in den man Ideen, Zeit und Interesse investieren kann; ein Mann auch, der wohl später seinen Weg in Bonn machen würde«. Die ehrgeizige nachrückende Generation habe eine »Entwicklung innerhalb von Staat, Partei und Gesellschaft fördern (wollen), die Kohl repräsentierte«. Das schloß auf bürgerlicher Seite die Bereitschaft ein, die Auseinandersetzung mit der aufkeimenden 68er Bewegung zu führen.[2]

Zunächst ging es bei der Zusammenarbeit darum, praktikable und effiziente Strategien für die Öffentlichkeitsarbeit zu entwickeln. Es ist bezeichnend, daß der erste Mitarbeiter Kohls ein Pressemann war. Er sollte die Beziehungen zu den Journalisten verbessern, die miserabel waren. Im Grunde mißtraute Kohl den Journalisten; er hielt sie für Schnüffler, die ungebeten im Privatleben von Leuten herumstöberten, die im öffentlichen Leben standen, statt über ihre Verdienste zu berichten. Das gestörte Verhältnis Kohls zur Presse war mit ein Grund dafür, daß er bis zum Frühjahr 1964 in der Öffentlichkeit so gut wie unbekannt war. Nicht einmal die sogenannten Insider wußten etwas Genaues über ihn. Die Journalisten konnten mit ihm so wenig anfangen wie er mit ihnen. Dabei bemühte er sich redlich, die Zeitungen und das Fernsehen, das Mitte der 60er Jahre in den Kinderschuhen steckte, für sich einzunehmen. So lieh er sich auf einem Ausflug des Landtags eine Badehose und hechtete für die Abendschau des Südwestfunks Baden-Baden im Bad Dürkheimer Freibad vom Dreimeterbrett. Da die Aufnahme nicht gelang, wiederholte er den Sprung auf Wunsch der Kameramänner dreimal – es brachte ihm die Schlagzeile »Kronprinz in Badehose« ein.[3]

Die gedruckte Presse nahm ebenfalls kaum Notiz von dem Nachwuchspolitiker. Schreiner sagt, Altmeier habe die vier großen Zeitungen des Landes, die *Allgemeine Zeitung* aus Mainz, *Die Rheinpfalz* aus Ludwigshafen, die *Rhein-Zeitung* aus Koblenz und den *Trierischen Volksfreund,* so fest in der Hand gehabt, daß er nach Gutdünken die Berichterstattung über seinen Herausforderer kontrollieren konnte. Die jährliche Einladung zum Spargelessen nahm die Chefredakteure offensichtlich so für Altmeier ein, daß sie in Kauf nahmen, den Fraktionsvorsitzenden zu ignorieren. Kohl lernte daraus, und als er selbst die Macht besaß, praktizierte er bei seinen Konkurrenten das Verfahren, das ihm den Aufstieg erschwert hatte.

Davon, daß »der Stern des Studenten aus Heidelberg ... über die

Grenzen der Pfalz« schon 1953 geleuchtet habe, wie es der Biograph Heribert Schwan behauptet, kann keine Rede sein. Er leuchtete weder innerhalb noch außerhalb der Grenzen seines Heimatlandes. Es klingt komisch, aber im Herbst 1960 schrieb der Ludwigshafener *General-Anzeiger* ein Gespräch ab, das Kohl mit dem Südwestfunk geführt hatte, als ob der Zitierte nicht gleich um die Ecke gewohnt hätte.[4] Kohls Wahl zum Fraktionsvorsitzenden 1963 war den Zeitungen nicht viel mehr als eine Kurzmeldung wert. Lediglich der *Rheinische Merkur*, der Kohls Lebensweg besonders hartnäckig und nicht immer wohlwollend begleitete, widmete ihm im Herbst 1963 ein ausführliches und gut gelungenes Portrait mit Vignette. Darin wurden alle Merkmale zusammengefaßt, die später die Biographien zierten.

Das Beispiel des *Merkur* vor Augen, entschlossen sich Schreiner und Kohl, die Taktik zu ändern, nicht länger bei den lokalen Zeitungen zu antichambrieren, sondern sich an die überörtlichen Zeitungen zu wenden in der Annahme, daß, wenn außerhalb des Landes über Kohl berichtet werde, die Heimatblätter nicht länger nachstehen könnten. Schreiner sprach diskret die Korrespondenten von drei überregionalen Blättern an. Es waren Dieter Lau, der zuerst für die *Welt*, dann für die *Süddeutsche Zeitung* schrieb, Peter Adam, der Korrespondent bei *Christ und Welt* war und später zum *Spiegel* wechselte, und der Autor dieses Textes, der Redakteur bei der *Frankfurter Allgemeinen Zeitung* war. Den drei Journalisten war Kohl so unbekannt wie Schreiner, nur ihre Neugierde trieb sie, einen Mann kennenzulernen, von dem Schreiner sagte, »daß er zu den kommenden Hoffnungen der CDU« gehöre.[5]

Auf diese Weise lernte der Autor im Dezember 1964 bei einem Gespräch in einer Mainzer Gaststätte am Theater die aufstrebende Begabung kennen.[6]

WORAUF SICH SCHREINER mit Kohl einließ, erfuhr er, ehe er die Arbeit bei ihm aufnahm. Sein Vertrag mit der hessischen CDU lief Ende 1964 aus, sein neuer Arbeitgeber verlangte aber, daß er sofort tätig wurde und das zugleich auf mehreren Gebieten. Kohl ging es vordringlich um den Wahlkampf für die Kommunalwahl 1964. Mit Schreiner hatte er einen Mitarbeiter, der etwas von Publizistik verstand. Mit ihm wollte er die Sozialdemokraten in seiner Heimatstadt Ludwigshafen nach 20jähriger Herrschaft ablösen. Der Zeitpunkt erschien günstig, da sich an der SPD-Spitze ein Wechsel abzeichnete.

Werner Ludwig, bislang Sozialdezernent der Stadt, löste den Oberbürgermeister Hans Klüber ab. Ludwig trat in die Fußstapfen des
Vaters, Adolf Ludwig, der in der Weimarer Republik Mitglied im Bayerischen Landtag war, von den Nazis außer Landes getrieben wurde
und nach Kriegsende die pfälzische SPD und die Gewerkschaft mitbegründete, deren Vorsitzender er wurde. Chef der SPD Pfalz wurde nach
ihm der Sohn.

So, wie es sich Kohl in den Kopf setzte, die »Mehrheit der SPD zu
brechen«, war Ludwig entschlossen, sie zu verteidigen. In der CDU
ging eine Zeitlang die Meinung dahin, Kohls sehnlichster Wunsch sei
es gewesen, Oberbürgermeister in seiner Heimatstadt zu werden. »Noch
lieber als Ministerpräsident von Rheinland-Pfalz wäre Kohl vielleicht
Oberbürgermeister von Ludwigshafen«, schrieb im Jahr 1971 dessen
Gefolgsmann in der Bonner Parteizentrale, Ludolf Hermann. Aber das
habe er »trotz jahrelanger und wahrhaft eiserner Bemühungen nicht
erreicht«.[7]

Der Betroffene hat diese Absicht stets dementiert. Der Kontrahent
Ludwig stimmte ihm in diesem Punkt zu. »Kohl wollte nicht Oberbürgermeister in Ludwigshafen werden«, sagt Ludwig. »Allenfalls
wollte er, daß ein CDU-Mann das wird. Er wollte Bundeskanzler
werden.«[8]

Im Zusammenhang mit Kohls vorausschauender Personalpolitik
kann man es auch anders denken. So besehen ist denkbar, er habe alle
Reserven mobilisiert, die Mehrheit in der Stadt zu erobern, um dann,
wenn er erfolgreich gewesen wäre, das Amt einem anderen zu überlassen. Schließlich war er Fraktionsvorsitzender und Spitzenkandidat der
CDU.

Bei seiner Begabung und seinem Interesse für die Kommunalpolitik
schätzte er das Amt des Oberbürgermeisters und bewunderte jene, die
es volksnah versahen, außer natürlich seinem direkten Konkurrenten
Ludwig. Er sah sich die SPD-Oberbürgermeister seiner Heimatstadt
genau an. Große Stücke hielt er auf den ersten Amtsinhaber nach dem
Krieg, Valentin Bauer, der über die Parteigrenzen respektiert und von
den Ludwigshafenern verehrt wurde.

An Bauer bewunderte Kohl die Sparsamkeit im Umgang mit öffentlichen Geldern. Es imponierte ihm, daß der Oberbürgermeister bei der
Einstellung neuer Inspektoren Geld sparte, indem er sie ein halbes Jahr
länger als vorgesehen auf den Planstellen außerordentlicher Inspektoren behielt. Damit sparte er für den Stadtsäckel pro Inspektor um

hundert Mark monatlich. Wurde es bei Besprechungen abends später als vorgesehen, schickte er den Fahrer mit dem Dienstwagen nach Hause und fuhr mit der Straßenbahn, um die Überstunden des Chauffeurs zu sparen.

Die gleichen Eigenschaften zeichneten auch Ludwig aus, Kohls Wertschätzung hielt sich in diesem Fall naturgemäß in Grenzen. Ludwig rechnet es sich als Verdienst an, daß er den Wahlkämpfer Kohl nie unterschätzt habe. Dagegen wollte Kohl nicht akzeptieren, daß er in Ludwig einen Gegner hatte, der ihm im politischen Taktieren und Finassieren ebenbürtig, auf kommunaler Ebene überlegen war.

»Im Wahlkampf 1964 betrieb er einen großen Aufwand«, sagt Ludwig von seinem einstigen Widerpart. »Er machte viel Wirbel in der Presse.« Schreiner, der die Kampagne organisierte, bewirkte, was er nicht beabsichtigte. Die Anstrengungen, die die CDU unternahm, reizten den Gegner und spornten ihn an. Was Kohl an Aktivitäten unternahm, Ludwig erfuhr von ihnen früher als die Wähler, für die sie bestimmt waren, und durchkreuzte sie.

Das Wahlergebnis war für Kohl niederschmetternd. Die CDU verlor in dem Maß, in dem die SPD hinzugewann. Die Sozialdemokraten konnten ihre absolute Mehrheit ausbauen. Der CDU-Kandidat Kohl lernte, was er sich später zunutze machte, daß ein harter Wahlkampf immer der regierenden Partei hilft, weil ihr die Mobilisierung und Polarisierung mehr zugute kommt als der Opposition.

WIE GESCHMEIDIG KOHL zwischen den Ebenen der Kommunal, Landes- und Bundespartei wechselte, demonstrierte er im März 1964 auf dem Parteitag in Hannover mit der Kandidatur für den Bundesvorstand. Gelegentlich berichtete er, er habe sich in den 50er Jahren auf einem Bundesparteitag in Hamburg an der Diskussion beteiligt. Von seinem Auftritt leitete er aber keine weiteren Ansprüche her. In Hannover dagegen war er entschlossen, parallel zum weiteren Aufstieg in Rheinland-Pfalz eine Aufgabe in der Bundespolitik zu übernehmen, in der ihn höhere Anforderungen und Belastungen erwarteten, die aber auch größere Erfolge und mehr Gestaltungsmöglichkeiten versprach.

Eine erste Probe war der Parteitag in Dortmund im Sommer 1962, wo Kohl sich an der Diskussion über die Parteireform beteiligte, ein Thema, das den damals 32jährigen umtrieb. Die Partei hatte mit

Konrad Adenauer die absolute Mehrheit in der Bundestagswahl 1961 verloren und begann, sich von ihrem Leitbild loszusagen. Kurzfristig konnte Adenauer seinen Autoritätsverlust wettmachen. In mühsamen Koalitionsgesprächen gewann er die FDP als Koalitionspartner, die eine abermalige Kanzlerschaft Adenauers im Wahlkampf abgelehnt hatte. Zwar blieb er im Kanzleramt, mußte aber noch während der Koalitionsverhandlungen ankündigen, daß er vor Ablauf der Legislaturperiode zurücktreten würde.

In dem Maß, in dem Adenauers Kräfte schwanden, stärkte sich der Wille der Partei, sich von ihm zu lösen. Der Prozeß wurde dadurch erleichtert, daß der Bundeswirtschaftsminister Ludwig Erhard als Nachfolger bereitstand. Einen ersten Schritt zur Entmachtung Adenauers stellte der Beschluß dar, ihm einen geschäftsführenden Parteivorsitzenden zur Seite zu stellen, ein Vorhaben, das »der Alte« mit einigen ironischen Bemerkungen in Frage stellte. Dazu fühlte er sich um so mehr ermutigt, als der Anwärter, der Rechtsanwalt und westfälische Landesvorsitzende Josef Hermann Dufhues, ein Politiker war, der, was die Tricks, Schlaumeiereien und Finessen anging, »dem Alten« nicht einmal zu der Zeit das Wasser reichen konnte, als er nicht mehr im Besitz der uneingeschränkten Macht war.

Es gehört zu den seltsamen Zufälligkeiten der Parteigeschichte, daß Helmut Kohl auf dem Parteitag seinen ersten rhetorischen Erfolg erzielte, auf dem der Abstieg des Patriarchen begann. Kohl meldete sich im Arbeitskreis Parteireform zu Wort und verfuhr nicht so geschmacklos wie andere Redner, die dem alternden Kanzler vorhielten, je eher er sich zurückziehe, desto besser sei es für die Partei und das Land. Vielmehr kleidete er seine Kritik am Parteivorsitzenden in einen Appell an die »christliche Solidarität«. Sie müsse »diese oder jene von unseren Freunden« einschließen, die »in letzter Zeit in Schwierigkeiten geraten« seien, die »nicht zuletzt darauf zurückzuführen sind, daß derjenige, der an vorderster Stelle der CDU steht, vielleicht insonderheit ein Angriffsobjekt sondergleichen geboten hat«.

Sodann schärfte er mit forschen Worten das Instrument, mit dessen Hilfe der Patriarch vollends entmachtet werden sollte. Über die Satzungsänderung für das neue Amt des Geschäftsführenden Vorsitzenden freue sich jeder in der Partei, sagte er, bemängelte aber, daß die einfachen Parteimitglieder, wie er eines war, »viel zu wenig gehört hätten, was dieser Geschäftsführende Vorsitzende tun soll«. Ein ironischer Zuruf des südbadischen Landesvorsitzenden Anton Dichtel, »Alles«, belehrte den Redner, daß andere Delegierte den Informationsmangel als nicht so drückend empfanden wie er.

Er fuhr fort, auszuführen, was er und seine politischen Freunde von dem neuen Amtsinhaber erwarteten. Er müsse – »ich will das Wort hier gebrauchen – mit politischer Macht« ausgestattet werden, dürfe »auf keinen Fall nur zu einem Gehilfen des übrigen Vorstands« werden und »solle eigenständig, auch kraft eigener Position in der Satzung der CDU, zur Übernahme politischer Führungsaufgaben sich bereit finden«. Vor allem müsse die neue Kraft dafür sorgen, daß die Koordination zwischen dem Bundesvorstand und den Landesverbänden verbessert werde. Dabei, eine Versäumnisliste zu präsentieren, fügte er die Beschwerde an, wenn er oder andere in Krisenzeiten eine Positionsbestimmung des Bundesvorstandes erbäten, würden sie mit der Bemerkung abgewiesen, es gebe keine Stellungnahme, da der Vorstand nicht getagt habe: »Sie kennen diese Beispiele.«[9] Nach der Diskussion wurde Dufhues mit 426 von 449 Stimmen zum geschäftsführenden Parteivorsitzenden gewählt, Adenauer erhielt bei der Wahl zum Vorsitzenden nur noch 391 von 461 Stimmen.

Auf jenem Parteitag beteiligte sich Kohl weniger an der Demontage Adenauers als an der Installierung des neuen starken Mannes Dufhues. Folgerichtig lobte er auf dem Parteitag 1964 in Hannover den geschäftsführenden Vorsitzenden und dessen Mitstreiter dafür, daß sie den Übergang der Kanzlerschaft von Adenauer zu Ludwig Erhard, der inzwischen erfolgt war, »in dieser würdigen Form der Überleitung der Verantwortung für unsere Gesamtpartei und damit für unser Volk« bewerkstelligt hätten. Das war eine faustdicke Übertreibung, und der Redner wußte es genauso wie jeder seiner Zuhörer im Saal. In Wirklichkeit erholte sich die Partei lange nicht von dem Autoritätsverfall des Patriarchen, an dem sie selbst mitgewirkt hatte.

Mit dem Fortgang der Parteireform war Kohl nicht zufrieden. Es sei »viel Unruhe in dieser Partei, der Christlich-Demokratischen Union«, stellte er mit einem pathetischen Anflug fest. Das sei »keine schlechte Unruhe, sondern eine durchaus fruchtbare Unruhe, die uns umtreibt, wenn wir sagen, es geht zu langsam mit dem Parteiwerk der CDU in Deutschland«. Das war schön gesagt, zutreffend war es auch, des Beifalls konnte der Redner sicher sein, die Delegierten applaudierten bei seiner Schelte genauso wie sie die Schönrednerei beklatschten. Davon angespornt, rief er aus, die Partei könne nicht warten, bis jemand sie forme, »wenn wir nicht selbst bereit sind, diese Partei auch für unsere Zeit entsprechend der inneren Ausgestaltung zu formen«.

Es bleibe nicht viel Zeit, »meine Damen und Herren und lieber Freund Dufhues«, setzte er seine Philippika fort, »die Dinge so zu fügen, wie wir sie brauchen«. Die Partei benötige kein neues Grundsatzprogramm, sondern »im pragmatischen Bereich der Tagespolitik« und »in einer Reihe von anderen Fragen der Gesellschaftspolitik« Leitlinien, die über eine Legislaturperiode hinausgingen. Danach wurde er deutlicher. Die Union gebe sich einer »gefährlichen Einstellung« hin, wenn sie glaube, »Fragen unserer modernen Massengesellschaft« delegieren zu können. »Wir sind in weiten Bereichen der Bundesrepublik mit der Organisation der CDU im Prinzip über die Situation einer Wählervereinigung nicht herausgekommen«, redete er den Delegierten ins Gewissen.

Er sprach sie direkt an: Es genüge nicht, mit Applaus Einvernehmen zu signalisieren, sobald die Rede auf die Verbesserung der Organisation komme, vielmehr müßten sie bereit sein, »zu Hause, im eigenen Ortsverband, im eigenen Kreisverband, auch im eigenen Landesverband die entsprechenden Konsequenzen aus einer solchen Haltung zu ziehen«.

Da sprach der Praktiker. Im Umgang mit dem »geistigen Bereich« stellte er ebenfalls Defizite fest. Eines der »großen Versäumnisse«, deren sich die CDU schuldig gemacht habe, sei, »daß wir uns im geistigen Bereich mit Mitbürgern in Deutschland, die im geistigen Bereich tätig und beheimatet sind, zu wenig der Diskussion gestellt haben«.

Die Partei gelte nach wie vor als »hausbacken, was wir gar nicht sind«. Wahr sei aber doch, daß sie sich »zu wenig mit Menschen aus dem Bereiche der Universitäten, mit Schriftstellern, mit Künstlern auseinandergesetzt habe, nicht nur in Form von kontroversen Diskussionen, sondern auch, um von dort Rat und Ratschlag entgegenzunehmen«. Es könne sein, fügte er trocken hinzu, daß das ein Grund für die »sogenannte schlechte Presse einschließlich der Film- und Rundfunkindustrie sei«, die die Partei zu verzeichnen habe.

So langatmig und verschachtelt die Rhetorik, sosehr sie von Wiederholungen durchzogen war und sooft der Redner zurücknahm, was er gerade behauptet hatte, es drang dennoch durch, was er aussagen wollte. »Man soll sich abgewöhnen«, merkte er brüsk an, »was leider in der Politik im allgemeinen und auch in der CDU im besonderen oft zu beobachten ist, daß man ganz schnell auf diese Kreise schimpft.« Er meine, fügte er hinzu, nicht die Wähler, die die CDU aus Überzeugung

ablehnten, sondern jene, die von ihr Antworten erwarteten, sie aber nicht erhielten. »Wenn ein Minister, ein Abgeordneter, ein Repräsentant der CDU am Sonntag eine wenig kluge Rede gehalten hat, dann kann er nicht erwarten, daß er am Montag darüber gute Kommentare findet, meine Damen und Herren.«
»Lebhafter Beifall«, heißt es im Protokoll, sei ihm für diesen Seitenhieb auf die Sonntagsreden einiger Unionschristen gezollt worden, die die Partei fürchtete, weil sie von den Zeitungen freudig ausgeschlachtet wurden.[10] Von einer kritischen Auseinandersetzung mit der Parteiführung, mit der er seine Rede beendete, erhoffte er sich einen neuen Schwung, der ihm zugute kommen sollte. Nach dem Statut mußten die Kandidaten für den Bundesvorstand, so wie er einer war, ihre Bewerbung schriftlich anmelden. Sie wurde angenommen, aber nicht behandelt. Auf dem Parteitag wurden nur die sieben Mitglieder des Parteipräsidiums gewählt, die den engeren Kern des Bundesvorstands bildeten, dem eine Reihe weiterer hochgestellter Würdenträger kraft Amtes angehörten, so daß zutraf, was Kohl bemängelte: Der Vorstand war, wie der in Rheinland-Pfalz, mit 65 Mitgliedern zu groß und zu schwerfällig für ein Führungsinstrument, ein Umstand, der ihn freilich nicht hinderte, sich für das Gremium zu bewerben.

Erst zwei Monate nach dem Parteitag, am 26. Mai 1964, wählte der Bundesausschuß aus dem Kreis der Bewerber, zu denen Kohl gehörte, 15 weitere Mitglieder für den Bundesvorstand. Kohl fiel durch. Wie so oft, kam ihm der Zufall zu Hilfe, dieses Mal auf eine Art, die er sich nicht wünschen konnte. Drei Tage nach der Sitzung starb ein Vorstandsmitglied, die Bundestagsabgeordnete und Pfarrersfrau Luise Rehling. In der darauffolgenden Sitzung des Vorstandes teilte Dufhues, der die Geschäfte leitete, den Versammelten das Ableben von Frau Rehling mit und gab zugleich bekannt, daß damit Helmut Kohl in den Vorstand »gewählt« worden sei.[11] Regulär wurde der junge Mann erst auf dem Bundesparteitag in Braunschweig im Mai 1967 von den Delegierten gewählt.

HEIMGEKEHRT mit den höheren Weihen der Bundespartei, nahm Kohl seine Bemühungen wieder auf, Altmeier den Platz in der Landespolitik streitig zu machen. Der Ministerpräsident und Landesvorsitzende war seit der Niederlage bei der Landtagswahl im Jahr 1963 geschwächt, er versuchte aber, einen Teil der Verantwortung auf die

Querelen bei der Ablösung Adenauers und den Übergang zu Erhard zu schieben. Kohl sorgte dafür, daß die Schuld am Versagen der CDU im Land der richtigen Adresse zugewiesen wurde. Wenige Monate nach dem Bundesparteitag in Hannover rechnete er auf dem CDU-Landesparteitag Ende August 1964 in Trier mit Altmeier ab.

Fotos von Altmeiers Einzug in die Tagungsstätte zeigen ihn inmitten einer Gefolgschaft geistlicher Würdenträger, als brauche er die Kirche als Schutzschild gegen das bevorstehende Gewitter. Es sei klar, sagte er zu dem vor seinen Augen versammelten Klerus, »daß die CDU keine Kirchenpartei ist. Wir haben nach dort keine Weisungen zu geben und keine Weisungen von dort entgegenzunehmen.« Er geißelte die »Stimmung der Bequemlichkeit« und bemerkte, es sei eine »großartige Sache«, ein Land aufzubauen, aber es genüge nicht, sich auf den Verdiensten auszuruhen, die »nachdrängende junge Generation« frage nach der »Konzeption der CDU für morgen«.[12]

Schon tauchten die ersten Renegaten auf, die den politischen Kurswechsel ahnten und nach geeigneten Startpositionen für die Zukunft suchten. Zunächst verpaßten sie Altmeier bei den Vorstandswahlen einen Denkzettel. An einmütige Ergebnisse gewöhnt, mußte er in Trier das beschämende Ergebnis von 249 (von 358) Ja-Stimmen hinnehmen; 58 Delegierte enthielten sich, 48 stimmten mit Nein, auf drei Stimmzetteln stand der Name Kohl. Alle Mitglieder des Landesvorstands, die anschließend gewählt oder in ihrem Amt bestätigt wurden, bekamen mehr Stimmen als der Vorsitzende.

Danach wurde der alte Mann noch menschenscheuer, als er es schon war. Für eine längere Zeit sagte er alle Empfänge ab und igelte sich in die Staatskanzlei ein.

Zwei Monate nach dem Erfolg in Trier übernahm abermals der Zufall die Regie und verhalf Kohl zu einem weiteren Etappensieg. Der Vorsitzende des CDU-Bezirkes Pfalz, Kultusminister Eduard Orth, warf überraschend das Handtuch und legte sein Amt überstürzt nieder. Heribert Schwan merkt an, Kohl habe »mit zunehmender Kritik und wohlüberlegten Attacken« den Parteifreund »mürbe geschossen« und sich selbst an dessen Stelle gesetzt. Er reiste, um die Intrige ins Werk zu setzen, hinter dem Rücken Orths durch die Bezirke und machte den Delegierten klar, daß »auch kulturpolitisch« ein Wechsel dringend notwendig sei.[13]

Auf einem Sonderparteitag zum Amtswechsel bescherten die Delegierten dem neuen Vorsitzenden Kohl im Herbst 1964 mit 236 von

250 Stimmen ein fast überragendes Ergebnis.[14] Nicht nur rhetorisch, sondern auch organisatorisch brachte Kohl die Landespartei, wie er es versprach, auf Trab. Er setzte zwischen 1964 und 1966 eine neue Satzung durch, mit der er nicht nur die rheinland-pfälzische CDU in eine schlagkräftige Organisation umwandelte, die seiner straffen Führung unterlag, sondern mit der er sich auch, wie der Parteihistoriker Karl Martin Grass sagt, »auf einen Schlag mehrerer Anhänger Altmeiers entledigte«.[15] Er verringerte die Zahl der Stellvertreter des Landesvorsitzenden von fünf auf einen und erhöhte diejenige der Beisitzer von fünf auf zehn. Auf diese Weise ersetzte er die alte Führungsriege mit einer ihm genehmen Mannschaft. Außerdem führte er eine neue Beitragsstaffel ein, mit der er die Mandats- und Amtsträger kräftig zur Kasse bat. Sie mußten, zusätzlich zu höheren Beiträgen, monatlich dreihundert Mark an die Partei abführen, der sie ihre Pfründe verdankten.

Altmeier konnte nicht länger die Augen vor der Tatsache verschließen, daß seine Position empfindlich angeschlagen war und daß er nicht mehr genügend Kraft besaß, den Nachfolger von den Ämtern fernzuhalten, nach denen dieser strebte. Er mußte wenigstens an der einen oder anderen Stelle nachgeben.

Die schwierige Vermittlerrolle zwischen den störrischen Alten und den drängenden Jungen übernahm der Weinbauminister Oskar Stübinger. Zu Beginn lehnte Altmeier ein Vier-Augen-Gespräch mit Kohl ab, dann bekundete er Bereitschaft, über den Posten des Parteivorsitzenden mit sich reden zu lassen, nicht aber über den des Ministerpräsidenten. Daß Altmeier derart an seinem Amt hing, wird von Parteifreunden damit erklärt, daß er große Anstrengungen unternehmen mußte, es zu erwerben. Er kam aus kleinen Verhältnissen, seine Fähigkeiten waren beschränkt, er arbeitete sich mühsam hoch, und wenn nicht die Verhältnisse für ihn günstig gewesen wären, hätte er es nicht geschafft, so weit zu kommen. Die kinderreiche Familie Altmeier – er hatte sechs Geschwister, darunter eine Zwillingsschwester – zog von Saarbrücken nach Koblenz, als er acht Jahre alt war. Der Vater war Arbeitersekretär in der Zentrumspartei, der Sohn wurde politisch in deren Jugendorganisation, dem Windthorstbund, heimisch, und, blutjung, im Ersten Weltkrieg an die Front geschickt, im Westen bei einem Angriff der Franzosen verschüttet und galt lange Zeit für die Familie als vermißt. Aus dem Krieg 1918 heimgekehrt, betätigte er sich zeitgleich in Koblenz in der Zentrumspartei und brachte es 1928 zum Stadtrat in

Koblenz.[16] Die Nationalsozialisten beendeten seine Karriere, er mußte sich zuerst als Handelsvertreter durchschlagen, trat in eine Koblenzer Lebensmittelgroßhandlung ein und arbeitete sich zum Prokuristen, später Mitinhaber hoch. Da die Firma auch mit Fisch handelte, wurde Peter Altmeier »Fisch-Pitter« genannt. Von denen, die den Spitznamen gebrauchten, meinten es die einen »liebevoll«, die anderen »gehässig«, wie Altmeiers Neffe Heinz Peter Volkert erklärt.

Nach dem Attentat auf Hitler am 20. Juli 1944 wurde Altmeier, wie der Zentrumsfreund Konrad Adenauer auf der anderen Rheinseite in Rhöndorf, verhaftet, aber nach zwei Tagen wieder entlassen. Die Franzosen ernannten ihn im Februar 1946 zum Regierungspräsidenten von Montabaur, und die Kommunalpolitik schien ihm das geeignete Tätigkeitsfeld zu sein. Es kam aber anders, er wurde in die Beratende Landesversammlung berufen, die die Landesverfassung ausarbeitete. Gleich zu Beginn der Beratungen wurde er zum Fraktionsvorsitzenden der CDU gewählt, im Frühjahr 1947 setzte er sich an die Spitze der Landespartei, die er aufzubauen half. Damit war sein Ehrgeiz nicht gestillt: Im Sommer des gleichen Jahres nahm er eine parlamentarische Belanglosigkeit zum Anlaß, dem Parteifreund und Ministerpräsidenten Wilhelm Boden das Vertrauen der Fraktion zu entziehen. Damit nötigte er Boden zum Rücktritt und übernahm selbst das Amt des Landeschefs. Daß er auf die gleiche Weise in die Ämter gekommen war, wie es Kohl versuchte, hinderte ihn nicht, sich über das Drängen des Nachfolgers zu beklagen.

»Sein Regierungsstil«, schreibt Peter Haungs, »war nüchtern und behutsam, in finanziellen Dingen pflegte er sparsam, ja kleinlich zu sein.«[17] Den Habitus des katholischen Verbandsfunktionärs legte er nie ab. Er führte die Partei und das Land altväterlich und grundsatztreu. Spartanische Wesenszüge kennzeichneten auch seinen privaten Lebensstil. Er wohnte in einem Haus im Koblenzer Stadtteil Moselweiß direkt am Ufer des Flusses. Es steht an einer Stelle, an die niemals die Sonne kommt, weder im Sommer noch im Winter, nicht einmal mittags.

Wie sein lebendes Abbild trat der Chef der Staatskanzlei, Fritz Duppré, auf. Altmeier und Duppré verbreiteten, etwas altertümlich gekleidet, einen ehrfurchtgebietenden Geist auf den Gängen der Staatskanzlei. Sie wirkten wie zwei Männer, die sich darauf berufen können, daß sie einen untadeligen Lebenswandel führen, den sie auch von anderen verlangen können. Duppré war, wie Susanne Hermans sagt, »ein Herr, eine graue Eminenz, der Kopf und Stratege des Unternehmens, in seinem Bereich ein Despot, der aber vor Altmeier kuschte«.[18]

Nichts ist komplizierter gewesen als das Verhältnis zwischen Altmeier und Kohl. Es hätte ein Vater-Sohn-Verhältnis sein können, und der Jüngere klagte, es widerstrebe ihm, einen »Vatermord« zu begehen (Hermans). Aber der Konflikt war programmiert, denn »zunächst saß Altmeier auf einer Position, die Kohl haben und Altmeier behalten wollte« (Schreiner). Nimmt man als Zeitpunkt für den Entschluß Kohls, das Amt des Ministerpräsidenten anzustreben, die Wahl zum stellvertretenden Fraktionsvorsitzenden im Jahr 1961, ließ er sich acht Jahre Zeit, den Plan zu verwirklichen. Da kann von einer brutalen, eilends ins Werk gesetzten Entmachtung nicht die Rede sein.

Dennoch wurden die Auseinandersetzungen zwischen ihnen immer härter und nahmen Formen an, die jene Parteifreunde erschreckten, die

Peter Altmeier und Helmut Kohl 1965.

mit Kohl darin übereinstimmten, daß der Wechsel überfällig wurde. Das ging so weit, daß Kohl dem Ministerpräsidenten damit drohte, ihn im Parlament nicht mehr zu unterstützen.

Auf Drängen des engeren CDU-Landesvorstands fand sich Altmeier im Dezember 1965 bereit, seinen Herausforderer zum Versöhnungs- oder besser Verständigungsgespräch in der Staatskanzlei zu empfangen. Er strebte, wie Altmeiers Neffe Heinz Peter Volkert sagt, »einen Übergang nach außen in würdiger Form an«, der sich so vollziehen solle, »daß die Partei nicht darunter leidet«. Allen Beteiligten, war danach klar, daß sich die Absprache, die sie trafen, lediglich auf den Wechsel im Parteivorsitz bezog. Altmeier erklärte sich bereit, auf dem nächsten Landesparteitag, der für Anfang März das kommenden Jahres nach Koblenz in die »Rhein-Moselhalle« einberufen worden war, nicht mehr für den Landesvorsitz zu kandidieren. Er ging noch einen Schritt weiter und sagte zu, Kohl als seinen Nachfolger zu empfehlen. Er lehnte es weiterhin strikt ab, über einen konkreten Termin für die Übergabe des Amtes des Ministerpräsidenten zu sprechen.

Angesichts der hohen Erwartungen war das für Kohl ein mageres Ergebnis. Sein Ziel war, im März 1966 den Landesvorsitz zu übernehmen und die Partei als Spitzenkandidat in den Wahlkampf 1967 zu führen, mit der Aussicht, bei einem Wahlsieg an die Spitze des Landes zu treten. Das Verhandlungsergebnis lag weit darunter. Er konnte nicht damit rechnen, die neue Legislaturperiode als Ministerpräsident zu eröffnen, und es war ihm nicht gelungen, den Amtsinhaber auf einen Termin für die Übergabe festzulegen. Genaugenommen war nicht einmal vereinbart worden, daß er der Nachfolger sein würde.

In gedämpfter Stimmung reisten die »Kohlisten« mit ihrem Anführer nach Koblenz. Im Grunde war nichts geklärt. In diesem Dilemma kam Kohl die Fähigkeit zustatten, die im Mosaik seines Werdegangs ein durchgängiges Muster ist, das Vermögen, eine verfahrene Situation in einen Triumph zu verwandeln.

In der Hauptsache kam er nicht weiter, also eröffnete er einen Nebenschauplatz. Es gelang ihm, Konrad Adenauer, der nach seinem erzwungenen Abschied aus dem Amt des Bundeskanzlers grollend in seinem Rhöndorfer Glaspavillon saß und Memoiren diktierte, dazu zu bringen, eine Einladung zum Parteitag anzunehmen.

Zwischen den beiden bestand bis dahin nur ein lockeres Verhältnis. Es festigte sich erst, als Adenauer schon im Ruhestand lebte. Kohl versuchte mehrmals, auf sich aufmerksam zu machen, er schickte, nach

Auskunft von Adenauers Sekretärin Anneliese Poppinga, Postkarten aus dem Urlaub nach Rhöndorf. Adenauer habe »Freude an diesem energie- und phantasievollen jungen Mann« gehabt. Kohl habe ihn öfter nach Mainz eingeladen, und wenn er ein Anliegen gehabt habe, »war Adenauer immer für ihn zu sprechen«.[19]

Die Besuche von Kohl in Rhöndorf fielen in die Zeit von Adenauers Ruhestand. Weniger das Bedürfnis, dem jungen Kohl gegen seinen langjährigen Parteifreund Altmeier beizustehen, als die Aussicht darauf, Ludwig Erhard einen neuen Hieb zu versetzen, veranlaßte Adenauer, seinen Rhöndorfer Alterssitz im Frühjahr 1966 zu verlassen. Daneben war es eine willkommene Abwechslung bei der Arbeit an den Memoiren.

Nach Zeitungsberichten und dem Protokoll des Koblenzer Parteitags war das, was Adenauer dem ungeliebten Nachfolger zumutete, starker

»Nun tritt Herr Kohl an seine Seite«. Konrad Adenauer neben Helmut Kohl auf dem Parteitag der rheinland-pfälzischen CDU 1966 in Koblenz.

Tobak. Er warf ihm in seiner Rede vor, das deutsch-französische Verhältnis zu vernachlässigen. Die Bundesregierung sei unter Erhards Führung dabei,»Freundschaften teilweise zu verwirtschaften«. Das habe dazu geführt, daß die Lage die»schlechteste« sei,»die wir seit 1945 gehabt haben. Wo sind unsere Freunde?«, rief er pathetisch aus. Um die Wirkung der Kampfrede zu erhöhen, verkündete er, daß er auf dem Weg zum französischen Staatspräsidenten de Gaulle sei, den er in Paris besuchen werde. Daran anknüpfend schlug er vor, der Parteitag möge ihn»beauftragen, das deutsch-französische Verhältnis zu pflegen«, als wolle er eine Sonderrolle neben dem amtierenden Bundeskanzler Erhard übernehmen. An Erhard ließ er kein gutes Haar, sobald es ihm gelang, die Rede auf ihn zu bringen.

Zum Wechsel von Altmeier zu Kohl formulierte Adenauer nur einige wenige ausgewogene Sätze, die dem alten und dem neuen Vorsitzenden schmeichelten. Altmeier, so lobte er, habe immer zu den»Treuen und Zuverlässigen« gehört, er sei ihm dankbar für die Zusammenarbeit. »Nun tritt Herr Kohl an seine Seite«, witzelte Adenauer. Er sagte nicht, an seine Stelle, sondern an seine Seite. Es sei, fuhr er differenzierend fort,»eine andere Generation, aber keine unsympathische Generation«. Er habe ihn,»weil ich ahnte, welche Änderungen hier vor sich gehen, seit geraumer Zeit, na, ich will nicht sagen, beobachtet (lebhafte Heiterkeit), aber ich habe doch zugesehen, welchen Weg er geht. Und ich glaube, er wird unsere Partei einen guten Weg hier in Rheinland-Pfalz führen.«[20]

Das war alles. Kohl bauschte das Ereignis auf und gebrauchte es für die Propaganda. Er und der Pressesprecher Hanns Schreiner erfuhren zum erstenmal die angenehmen Seiten einer großen Medienaufmerksamkeit. Lange Zeit hatte ein Ereignis in Rheinland-Pfalz nicht mehr so viel Interesse erregt wie der Auftritt des Altkanzlers auf dem Landesparteitag. Vier Sätze Adenauers genügten, Kohl gleichsam über Nacht bundesweit bekanntzumachen. Dabei spielte es keine Rolle, daß die Presseleute aus allen Teilen der Bundesrepublik und dem Ausland angereist waren, um noch einmal dem Kräftemessen zwischen Adenauer und Erhard beizuwohnen.

Auf Kohl fiel ein Abglanz des Presserummels, der ihm langersehnten Ruhm bescherte. Was wie eine Niederlage begann, endete erfolgreich. Die Geschichte, Adenauer sei eigens zu seiner Wahl nach Koblenz gekommen, die Kohl kolportierte, brachte ihn seinem Ziel, Ministerpräsident zu werden, näher als alle Gespräche mit Altmeier. Die richtige Vermarktung des Ereignisses in den bundesdeutschen Zeitungen übernahm Schreiner. Die *Welt* schrieb, mit der Wahl Kohls zum CDU-Chef sei eine »jahrelange Würgerei« beendet worden. Der *Mannheimer Morgen* stimmte mit den Worten ein, in der »Rhein-Moselhalle« habe sich »ein Führungswechsel wie nirgendwo in deutschen Landen« vollzogen, und die *Badische Zeitung* assistierte, es »sei nahezu eine Generation übersprungen« worden.

Die Resultate der Vorstandswahlen spiegelten die neuen Machtverhältnisse deutlich wider. Kohls Gefolgschaft wählte den neuen Vorsitzenden mit 415 Stimmen bei 29 Nein-Stimmen und 33 Enthaltungen. Matthes, der Altmeiers Stellvertreter war, behielt das Amt unter Kohl, von den neun weiteren Vorstandsmitgliedern waren acht »Kohlisten«. Franz-Josef Wuermeling, der kritisch zwischen den Fronten verharrte, wurde mit dem mageren Ergebnis von 195 Stimmen dazugewählt. Gemäß den Gepflogenheiten wurde Altmeier, auf Vorschlag Kohls Ehrenvorsitzender.

4

IM ZWEIFEL FÜR DIE FDP

IN KOBLENZ KAM KOHL das Glück zu Hilfe; zwei Wochen später, in Bonn, verließ es ihn wieder. In der letzten Märzwoche 1966 fuhr der frischgebackene Landesvorsitzende in der Hoffnung zum CDU-Bundesparteitag, ein weiteres hohes Parteiamt zu bekommen. Der Kongreß war insofern ein Ereignis, denn die Partei zelebrierte auf ihm die letzte Strecke des langen Abschieds von Adenauer. Nach dem Kanzleramt mußte der Alte auch den Parteivorsitz abgeben, ein Verlust, der ihn nicht annähernd so schmerzte wie der vorige, da er diesem Posten nur aus der Kanzlerperspektive Bedeutung beimaß. Der Vollzug des Amtswechsels bestätigte die Vermutung, daß sich die CDU schwerer tat, das Erbe Adenauers anzutreten, als ihn zum Verzicht zu bewegen. Nun, da die großen alten Männer im Bannkreis Adenauers abtraten, bemerkte die Partei, wie schwer der Verlust wog, der damit verbunden war. Es war neu für sie, ohne die ordnende Hand ihres Gründers und seiner Getreuen zurechtzukommen. Jene, die ein Amt in der Nachfolgeschaft anstrebten, schienen zu jung, zu ehrgeizig oder nicht geeignet, die, denen die Partei Ämter übertragen wollte, waren nicht gewillt, sie anzunehmen.

Einer von ihnen war Josef Hermann Dufhues, der stellvertretender Vorsitzender geworden war. Diejenigen, die ihn für den Parteivorsitz gewinnen wollten, beschied er mit der Auskunft, er wolle sich eher zurückziehen als aufsteigen und sich auf seine Anwaltspraxis in Dortmund konzentrieren.

Die Stunde des Fraktionsvorsitzenden Rainer Barzel schien gekommen. Zu Lebzeiten Adenauers aus dessen Schatten nicht herausgetreten, beschloß Barzel, den Hut frühzeitig in den Ring zu werfen und Interesse am Parteivorsitz zu bekunden.

Das Vorpreschen Barzels zwang den Bundeskanzler Ludwig Erhard zu reagieren. Nach längerem Zögern meldete er, von seinen Ratgebern gedrängt, massiv den Anspruch an, Bundesparteivorsitzender zu werden. Nun hatte die Partei einen Aspiranten, der nicht werden wollte, wozu sie ihn drängte, einen Kandidaten, der sich für den Vorsitz interessierte, aber von ihm ferngehalten werden sollte, und einen Bundeskanzler, der ihr nicht sympathisch war, den sie aber nicht verhindern konnte.

Erhard wählte dann das unspektakuläre Forum der Bundespressekonferenz zur Bekanntgabe seiner Kandidatur: Kurz darauf teilte er seinen Beschluß auch den Mitgliedern des CDU-Bundesvorstands mit, die ihn schon kannten. Als Beweggrund bekannte er, es sei eine »bewährte Übung in den gewachsenen Demokratien, daß das Amt des Regierungschefs zusammenfällt mit dem Vorsitz der die Regierung tragenden Partei«.

Daraufhin erklärte Dufhues offiziell seinen Verzicht. Kohl gehörte zu jenen, die beide Nachrichten bedauerten, die eine mehr als die andere. In seiner Wortmeldung im CDU-Vorstand versagte er es sich, die Kandidatur Erhards und den Rückzug von Dufhues zu kommentieren, regte vielmehr an, eine Kommission zu bilden, die die verschiedenen Vorschläge für die Parteiführung sortieren sollte. Außerdem schlug er vor, was andere vergaßen, Adenauer den Abschied dadurch zu versüßen, daß die Partei ihm einen Sitz im neuen Parteipräsidium reservierte.[1] In der darauffolgenden Sitzung des Bundesvorstands einen Monat später und eine Woche vor der Eröffnung des Parteitags waren die Vorschläge gesammelt. Erhard sollte Vorsitzender und Barzel ein Vorsitzender in herausgehobener Position (1. stellvertretender Parteivorsitzender) werden. Außerdem sollte der Posten eines Geschäftsführenden Präsidialmitglieds geschaffen werden. Der Name des Bewerbers wurde nicht genannt, es war aber allen bekannt, daß es sich um Bruno Heck aus Württemberg handelte, eine Besetzung, die Kohl fast so lieb war wie die von Dufhues, da er zu ihm so gute Beziehungen unterhielt wie zum Vorgänger.

Zum Erstaunen der meisten Vorstandsmitglieder stand Kohl auf einer Liste von sechs hochgestellten Anwärtern, die der Bundesvorstand dem Parteitag zur Wahl des Präsidiums vorschlagen sollte. Es waren außer Kohl Adenauers Vertraute Änne Brauksiepe, Bundesaußenminister Gerhard Schröder, der Vertreter des linken Flügels Theo Blank, Bundestagspräsident Eugen Gerstenmaier und Dufhues. Wie Kohl auf die Liste kam, bleibt sein Geheimnis und das derer, die ihn darauf setzten. Als sich die Delegierten am Montag, dem 21. März 1966, in der Bonner »Beethovenhalle« versammelten, war ihnen bewußt, daß sie die Vorschläge für die neue Parteispitze so billigen mußten, wie sie ihnen vorgelegt wurden, wenn sie sie nicht desavouieren wollten. Also verhielten sie sich so, wie es in solchen Fällen zu geschehen pflegt, sie ließen die Spitzenpositionen unangetastet und änderten dafür bei der Vorschlagsliste für die sechs Präsidiumsmitglieder Positionen, die disponibel waren. Sie erweiterten sie um drei Kandidaten.

Sobald die Vorschlagsliste geändert wurde, wußte Kohl, daß er derjenige war, der geopfert werden würde. Er kannte die Mentalität von Delegierten gut genug. In solchen Fällen ist es ihr Bestreben, sich wenigstens in einem Punkt durchzusetzen, indem sie den Namen dessen von der Liste streichen, der den geringsten Prestigeverlust zu fürchten hat.

Er lag richtig. Mit 218 Stimmen war Kohl weit unter dem erforderlichen Quorum; er mußte dem Berliner Landesvorsitzenden Franz Amrehn, den Platz überlassen. Es konnte ihn wenig trösten, daß Erhard und andere Spitzenbewerber ebenfalls schlecht abschnitten. Erhard bekam bei der Wahl zum Vorsitzenden 130 Gegenstimmen und Enthaltungen, Barzel bei der Wahl zum Ersten Stellvertreter 171.[2]

Wütend, wortlos und enttäuscht verließ Kohl den Ort seiner Niederlage durch eine Hintertür, ehe das Ergebnis bekanntgegeben wurde. Allerdings wurde die Niederlage durch seine Mitgliedschaft im Vorstand ausgeglichen. Denn nach der Bundessatzung gelangte er in dem Augenblick, in dem er zum Landesvorsitzenden gewählt wurde, in den Vorstand. Der Unterschied lag lediglich im niedrigeren Prestigegrad des kraft Amtes Zugewählten. Fortan saßen sowohl der Landesvorsitzende Kohl als auch Ministerpräsident Altmeier im Vorstand.

Schlimmer als die Niederlage bei der Vorstandswahl wirkte sich der Rückschlag für den Reformpolitiker Kohl aus. Bei den hitzigen Debatten, die auf dem Parteitag über die Erneuerung der CDU geführt wurden, trat er nicht auf. Seine Abwesenheit fiel um so mehr ins Gewicht, als sich in Bonn eine Gruppe junger Abgeordneter ins Zeug warf, die beanspruchte, die Zeit nach der Ära Adenauer zu gestalten. Es waren Heiner Geißler, Manfred Wörner, Walther Leisler Kiep, Egon Klepsch und Alo Hauser. Der Anfang für eine Reform wurde ohne den Reformer gemacht. Es bot sich Kohl rasch eine Gelegenheit, die Niederlage vergessen zu machen. Der neue Bundesvorstand ließ sich sechs Wochen Zeit, bis er am 6. Mai 1966 im Palais Schaumburg zu seiner ersten Sitzung zusammentrat, und dann stellte sich heraus, daß er beschlußunfähig war. Das gab Kohl die Gelegenheit, sich wieder einmal über die Altmännerversammlung zu mokieren und nachzuweisen, daß das stimmte, was er unermüdlich wiederholte. Die Anwesenheitsliste sage »über das Ansehen des Bundesvorstands mehr aus als jemand in einer zweistündigen Rede darstellen könne«, monierte er. Seiner Meinung nach könne das nur geändert werden, »wenn der Bundesvorstand wirklich das wird, was er nach der Satzung sein soll, nämlich ein Beschlußgremium, in dem über die Politik der Partei entschieden wird«.[3]

NACH DER RHEINLAND-PFÄLZISCHEN LANDTAGSWAHL am 23. April 1967 wurde Helmut Kohl noch ungeduldiger, da er den Verdacht hatte, Peter Altmeier setze sich desto fester in seinen Sessel, je näher der Termin rückte, zu dem er ihn loswerden wollte. Auch hatte sich die Partei, von Kohl angetrieben, wacker geschlagen und wenn das Ergebnis nicht so glänzend ausfiel, wie er und seine Mitstreiter es erwarteten – die CDU legte 2,3 Prozent zu, die SPD verlor 3,9 Prozent –, konnte sie sich damit herausreden, daß die Unsicherheit über die Doppelspitze daran schuld gewesen sei. Am Wahlprogramm, das ebenfalls unter Anleitung Kohls entworfen worden war, konnte es nicht gelegen haben. Es war knapp und enthielt einen einprägsamen Text, der mit den Worten begann: »Die Entscheidung für diese Zukunft fällt jetzt. Jetzt wird der Platz unseres Landes für ein wiedervereinigtes Deutschland und für Europa bestimmt.«[4]

Allerdings waren die Rahmenbedingungen eines Anlasses wegen, den sich niemand wünschte, günstig für die Union. Vier Tage vor der Wahl starb Konrad Adenauer. Damit war der Wahlkampf beendet. Das Land trug Trauerflor. Für die CDU waren es »Adenauer-Gedächtniswahlen«, wie sich Bernhard Vogel ausdrückte. Da Kohl ziemlich sicher war, daß die Regierung mit der FDP fortgesetzt und daß er sie übernehmen werde, hielt er schon während des Wahlkampfs Ausschau nach einer Mannschaft, mit der er regieren konnte, sobald er Altmeier abgelöst hatte. Bei der Suche nach neuen Gesichtern für das Kabinett stieß er auf Bernhard Vogel und Heiner Geißler.

Der in Speyer geborene Vogel studierte wie Kohl in Heidelberg mit dem Unterschied, daß er ein Semester später in die Universität eintrat und im Hauptfach Politologie, im Nebenfach Geschichte wählte. Nach dem Studium blieb Vogel mit einem Lehrauftrag in Heidelberg, rückte in den dortigen Stadtrat und wurde auch Mitglied des Kreisvorstands der CDU. Kohl förderte ihn nach Kräften. Er bot ihm an, Bürgermeister seiner Heimatstadt Ludwigshafen zu werden, versuchte, ihn im Heidelberger Wahlkreis unterzubringen und wollte ihn zu einer Kandidatur in Pforzheim überreden. Ohne Erfolg. Erst als zur Bundestagswahl 1965 ein neuer Wahlkreis Neustadt-Speyer gebildet wurde, griff Vogel zu. Er wurde, wie er sagt, in einer »stürmischen Delegiertenversammlung, die Kohl leitete«, mit knapper Mehrheit nominiert und kam in den Bundestag. Zur gleichen Wahl 1965 kandidierte der Nordwürttemberger Geißler, der Regierungsrat in der Stuttgarter Landesregierung war, im Wahlkreis Tübingen. Da er einen »sicheren« Wahlkreis hatte, wurde er auf Anhieb in den Bundestag gewählt. Dort zählten er und Vogel nach wenigen Monaten zu den Nachwuchstalenten der Fraktion. Sie zählten zum Reformflügel der CDU und betrachteten Kohl als einen der ihren, obwohl er dem Bundestag nicht angehörte.

Gespräche über den Eintritt von Vogel und Geißler ins Kabinett Altmeier wurden unter konspirativen Umständen während des Wahlkampfes in Kohls Haus in der Tiroler Straße in Ludwigshafen-Gartenstadt geführt. Bei Vogel wußte der Hausherr, woran er war, bei Geißler war er sich nicht so sicher. Er kannte ihn vom CDU-Parteitag 1964 in Hannover, wo er, wie Kohl, einer Erneuerung der Union das Wort geredet hatte, wollte sich aber nicht ausschließlich auf das eigene Urteil verlassen und bat daher sowohl Vogel als auch seinen Pressesprecher Hanns Schreiner um Mithilfe.

Schreiner empfahl den Parteifreund mit den Worten, das sei ein »beeindruckender junger Mann«, der die Gabe habe, »Zuhörer stark zu emotionalisieren«. Er hatte Geißler bei einer Tagung der Jungen Union Anfang der 60er Jahre kennengelernt.[5] Da auch Vogels Auskunft günstig ausfiel, wurde Geißler gebeten, einige Termine im Wahlkampf zu übernehmen, die er unter dem wachsamen Auge Kohls wahrnahm, ohne zu wissen, daß er geprüft wurde. Schließlich lud Kohl ihn nach einer Versammlung in sein Haus ein und eröffnete ihm, daß er Arbeits- und Sozialminister in Rheinland-Pfalz werden solle. Vogel sei als Kultusminister vorgesehen. Geißler fiel aus allen Wolken, Vogel, als er davon hörte, aber auch. Es hatte ihn zwar stutzig gemacht, daß Kohl ihn mehrmals drängte, sich in der Kulturpolitik zu engagieren, er ahnte aber nicht, daß damit eine konkrete Aufgabe verbunden war. »Heiner Geißler und ich waren einigermaßen sprachlos«, schreibt Vogel, noch im Rückblick verwirrt. »Ich erinnere mich, daß wir in Geißlers Zimmer in Bonn eine ganze Nacht lang darüber berieten.«[6]

Mit dem Bestreben, neue Köpfe für die Regierung zu rekrutieren, erschöpfte sich Kohls Phantasie nicht. Er plante zugleich eine Neuordnung des Kabinetts. Als er Geißler anbot, Arbeits- und Sozialminister zu werden, existierte dieses Ressort nicht. Die Sozialpolitik wurde vom Innenminister verwaltet, der einen Staatssekretär zur Betreuung abstellte. Auf dem Posten des Kultusministers, den Kohl für Vogel reklamierte, saß Eduard Orth, dem Kohl kurz vorher den Bezirksvorsitz Pfalz abgenommen hatte. Die beiden standen, wie es Vogel formulierte, »sichtbar in Distanz« zueinander. Dieser Teil des Planes war für ein kleines Land mit einer Regierung, in der nur fünf Minister saßen, ein ehrgeiziges Unterfangen. Kohl krönte sein Projekt damit, daß er außer dem Sozialministerium ein eigenständiges Wirtschaftsressort einrichten wollte. Dieser Bereich wurde von Altmeier seit seinem ersten Kabinett mit der FDP im Jahr 1949 mit betreut.

Deutlicher konnte Kohl nicht zum Ausdruck bringen, daß Altmeier nur noch auf dem Stuhl des Regierungschefs saß, der das Amt nicht mehr ausübte. Der Fraktionsvorsitzende mutete dem Parteifreund nicht nur zu, zwei Minister der jüngeren Generation zu akzeptieren, die er nicht ausgesucht hatte, sondern er beschnitt auch dessen Kompetenzen und ordnete die Zuständigkeiten im Kabinett neu. Außerdem erweiterte er die Regierung um zwei weitere Staatssekretäre seiner Wahl. Einer von ihnen war sein alter Vertrauter Heinrich Holkenbrink. Kohl hatte ihm eine Legislaturperiode vor der Kandidatur Geißlers und Vogels, bei der Wahl 1961 zu einem Platz im Bundestag verholfen, auf dem er sich zum Spezialisten für die Verkehrspolitik entwickelte. Niemand kannte den miserablen Zustand, in dem sich die Verkehrsverbindungen in Rheinland-Pfalz befanden, besser als Holkenbrink. Kurz vor der Landtagswahl 1967 trug er Kohl ein Verkehrskonzept vor, das seinen Gesprächspartner offenkundig so beeindruckte, daß dieser sich vornahm, auch ihn in die Regierung zu bringen. Während der Trauerfeiern für Adenauer in Bonn und Rhöndorf nahm Kohl den Parteifreund beiseite und eröffnete ihm, er wolle ihn zum Staatssekretär im neuen Ministerium für Wirtschaft und Verkehr machen. Bei dem Gespräch am offenen Grab bat der Kandidat um Bedenkzeit und vergaß die Angelegenheit, da sie ihm unrealistisch vorkam. Acht Tage darauf rief Kohl ihn an, erklärte, er betrachte sein Schweigen als Zusage und bat ihn, zur Entgegennahme der Ernennungsurkunde nach Mainz zu kommen. Holkenbrink mochte sich sträuben, es half ihm alles nichts. Widerspruch war aussichtslos, und außerdem war die neue Aufgabe so übel nicht. Er nahm an.[7]

Der zweite Staatssekretär, den Kohl in der Regierung unterbrachte, war Otto Theisen. Er wurde ins Justizministerium gebracht, das von einem Minister der FDP, dem Juristen und gebürtigen Ludwigshafener Fritz Schneider, geleitet wurde. Kohl beließ dem Koalitionspartner die beiden Ministerien Finanzen und Justiz, stellte ihnen aber die Staatssekretäre Holkenbrink und Theisen zur Seite. Sie konnten davon ausgehen, an die Stelle ihrer Minister zu rücken, sobald Kohl das Heft vollends in die Hand nahm.[8]

So entmutigt waren Altmeier und sein Anhang nicht, daß sie kampflos das Feld geräumt hätten. In der Verhandlungskommission, der Kohl und Altmeier angehörten, im Landesparteiausschuß und der Fraktion gerieten beide Lager heftig aneinander. Kohl befand sich in einer um so schwierigeren Position, als sein Konzept angreifbar war. Seine innerparteilichen Gegner warfen ein, einer Regierung, die ihren Stimmenanteil nur gehalten hatte, stehe es schlecht an, das Kabinett zu vergrößern. Der FDP leuchtete das Argument Kohls nicht ein, da sie verloren habe, müsse sie die Posten zweier Staatssekretäre abgeben. Vogel war umstritten, aber dem Landesverband doch wenigstens bekannt, da er ihm angehörte. Der größte Widerstand formierte sich, auch bei den Anhängern Kohls, gegen Geißler, der aus einem anderen Landesverband kam, den viele nicht kannten und dem alle das Amt neideten, da er es einem der ihren wegnehmen sollte. Kohl gab keinen Fußbreit nach; den Gegnern gelang es nicht, ihn dazu zu bringen, sein Tableau zu variieren, es zu korrigieren, zu erweitern oder zu verkürzen. Da er stur blieb, gab Altmeier nach. Die FDP nahm ihre Einbußen hin, da sie die Koalition nicht gefährden wollte, für ein Bündnis mit der SPD fehlte die Mehrheit.

Um nichts zu unterlassen, was seine Position stärken konnte, änderte Kohl eigenmächtig die Regeln für die Ernennung von Ministern. Er teilte der Fraktion nach dem Ende der Verhandlungen mit, die neuen Minister könnten nur ernannt werden, wenn sie zustimme. Die Berufung neuer Staatssekretäre sei von ihrer »zustimmenden Kenntnisnahme« abhängig. Die Fraktion hatte bis dahin keine Ahnung, über welche Befugnisse sie verfügte, aber da der Zuwachs für sie nützlich war, gab es keinen, der widersprach. Damit entstand das Kuriosum, daß Rheinland-Pfalz bis zum Machtverlust der CDU im Jahr 1991 das einzige Bundesland war, in dem Minister und Staatssekretäre unter

Einbeziehung der Regierungsfraktion in ihr Amt kamen. Der Nachfolger Vogel, der das Amt des Ministerpräsidenten übernahm, als Kohl 1976 nach Bonn wechselte, behielt die Übung bei, ohne nach ihrem Ursprung zu fragen. Er und alle anderen Fraktionsmitglieder gingen davon aus, daß die Regelung Teil des Statuts der Fraktion sei. Als sich einer der späteren Fraktionsvorsitzenden vorsichtshalber erkundigte, auf welche Grundlage sich seine Rechte stützen und die Bestimmungen sehen wollte, zeigte Theo Vondano, der bei Kohl parlamentarischer Geschäftsführer war, schlitzohrig auf einen Aktenschrank, auf dem sich die Akten bis unter die Decke stapelten, und frotzelte: »Steig mal da rauf, da stehen sie.« Der Fragesteller verstand: Ein derartiges Dokument hat es nie gegeben.[9]

Nach den turbulenten Vorbereitungen ging die Ernennung des neuen Kabinetts reibungslos über die Bühne. Geißler und Vogel wurden mit dem Wagen von Bonn nach Mainz geholt, von Kohl in der Fraktion begrüßt, stellten sie sich vor, die Fraktion stimmte ab und damit waren beide »Minister beziehungsweise Designatus« (Schreiner). Entweder davor oder danach wurden sie zu einem Höflichkeitsbesuch bei Altmeier in die Staatskanzlei geführt.

Nach getaner Arbeit versammelten sich die Drahtzieher und Nutznießer, was bei Kohl zur Tradition wurde, frohgelaunt bei einem Glas Wein und feierten ihren Sieg. Anschließend zeigten Schreiner und einige Mitarbeiter dem neuen Sozialminister das Ministerium, das er fortan leiten sollte. Er hatte es nie zuvor gesehen.[10]

BIS DAHIN HIELT SICH KOHL aus den Händeln der Bonner Parteispitze heraus. Er mischte sich weder in das Taktieren um einen Rückzug Adenauers noch um das zur Installierung Erhards ein. Nicht einmal zu einer Aussage über die Vorgänge, die die Partei aufwühlten, ließ er sich anregen. Bei der Nachfolge Adenauers verbarg er sorgfältig, zu welchem Lager er gehörte. Eher ließ er es zu, als meinungslos und konfliktscheu zu gelten, als sich sagen zu lassen, er habe sich um Dinge gekümmert, die ihn nichts angingen. Die Bundespolitik war für ihn, von einigen Reden auf Parteitagen, den Bewerbungen in Hannover und Bonn, der Teilnahme an den Bundesvorstandssitzungen und einigen Sondierungsgesprächen mit Politikern seines Jahrgangs abgesehen, tabu.

Das änderte sich in dem Augenblick, als Erhards Rückzug bevor-

Konrad Adenauers 91. Geburtstag am 5. Mai 1967 in Bonn.

stand. Dieses Mal war Kohl entschlossen, an der Wahl des Nachfolgers mitzuwirken. Einer der Gründe dafür war, daß er die Zeit für gekommen hielt, eine Plattform auf Bundesebene zu schaffen, auf der er seine zweite Karriere aufbauen konnte. Das andere Motiv war, Rainer Barzel als Bundeskanzler zu verhindern. Er sah in ihm den einzigen ernsthaften Rivalen für seine Bonner Ambitionen. In der Ablehnung traf er sich mit anderen Parteifreunden, die allerdings andere Gründe hatten, etwa den, daß sie Barzel für unberechenbar und verschlagen hielten.

Anfang 1966 wirkte die CDU wie gelähmt. Ihre führenden Persönlichkeiten trauten sich gegenseitig nicht über den Weg. Barzel argwöhnte, es sei die Lebensplanung von Franz Josef Strauß, den Übergangskanzler Erhard zwei Jahre zu dulden und dann nach der Kanzlerschaft zu greifen. Der CSU-Politiker wiederum vermutete nicht ohne Grund, Barzel habe es auf die Kanzlerschaft abgesehen. Da jeder der beiden potentiellen Erben überzeugt war, der andere strebe die Nachfolge an, und jeder von ihnen bestrebt war, ihm den Weg zu verstellen, verständigten sie sich darauf, gemeinsam Erhard zu demontieren, nicht in der Absicht, sich die Beute zu teilen, sondern jeder darauf bedacht, nach vollbrachter Arbeit den anderen auszumanövrieren und sich an die Stelle des Entmachteten zu setzen.

Die Abbrucharbeiten am Denkmal des Vaters des Wirtschaftswunders offenbarten, wie orientierungslos die Union nach dem Abgang Konrad Adenauers war. Erhard fehlten die Kraft, das Talent und die Raffinesse, sich seiner Konkurrenten zu erwehren und mit »jenen Waffen zu fechten, die ihm der jeweilige Gegner aufzwingt« (Strauß). Die Tatsache, daß er den zweifelhaften Rat des CSU-Chefs nicht befolgte, »mehr von der Richtliniengewalt des Kanzlers Gebrauch zu machen«, veranlaßte den Publizisten Günter Gaus, davon zu sprechen, Bonn sei »von Fall zu Fall ohne Regierung«.[11] Aber auch die potentiellen Nachfolger blieben unter der Erwartung, weil sich keiner von ihnen so profilierte, daß Unionsparteien und Öffentlichkeit sie hätten unterstützen können. Das galt für Barzel wie für Strauß, deren Bemühungen um den »Sturz des Talismans« (so nannte es der Meinungsforscher Georg Freiherr von Stackelberg) mehr anerkannt worden wären, hätten sie sie nicht unternommen, um sich an seinen Platz zu setzen. Damit verschlechterte sich die Lage der Union unter Erhard nochmals, da jetzt kein eindeutiger Favorit bereitstand, auf den sich die Hoffnung der Partei konzentrieren konnte.

Bis zum Sommer 1966 hielt sich Kohl, von einigen vorwitzigen Äußerungen abgesehen, bedeckt. Der Fall Erhard erledigte sich schließlich dadurch, daß sich der Betroffene selbst demontierte. Ihm wurde das Scheitern der CDU bei der Landtagswahl in Nordrhein-Westfalen am 10. Juli zur Last gelegt, trotz seines großen Einsatzes. An Rhein und Ruhr wehten die schwarzen Fahnen an den sterbenden Zechen, und die SPD überrundete zum erstenmal die CDU und wurde zur stärksten Partei im Land. Im CDU-Bundesvorstand behauptete Erhard am Tag nach der Wahl, bei der Abschlußveranstaltung der CDU am Donnerstag vor der Wahl in Gelsenkirchen sei der »organisierte Mob losgelassen worden«. Unter Führung der sozialistischen Jugendorganisation »Falken« und »zweifellos auch radikaler kommunistischer Elemente« hätten sich 300 Leute zusammengerottet, die die 10 000 Zuhörer »mundtot« gemacht, Leitungen zerschnitten und Lautsprecher zerstört hätten. »Ich stand allein auf dem Podium«, klagte er, »ebenerdig, 300 Leute bis zu mir vorgedrungen, keine Ordner, keine Polizei.«[12]

Der Vorstand nahm den Versuch Erhards, sich mit fadenscheinigen Argumenten aus der Affäre zu ziehen, schweigend zur Kenntnis. Niemand hatte das Bedürfnis, über die Wahlschlappe zu diskutieren, auch Kohl nicht.

Nach der Sommerpause meldete sich ein weiterer Bewerber für die Nachfolge, Bundestagspräsident Eugen Gerstenmaier. In einem Interview mit *Christ und Welt* erklärte er, er stehe bereit, wenn er gerufen werde. Das Mißtrauen, das sich bei den Konkurrenten einstellte, wurde dadurch geschürt, daß er zeitgleich einen Kreis einflußreicher Parteifreunde in seine Jagdhütte im Hunsrück einlud. Das Jagdessen wirkte wie eine Verschwörung. Journalisten sprachen von einem »Geheimtreffen im Hunsrück«.[13] Da das Jagdhaus in Rheinland-Pfalz liegt, fühlte sich Kohl herausgefordert und drängte darauf, eingeladen zu werden. Gerstenmaier war darüber ziemlich ungehalten, er sagte später, Kohl habe sich selbst eingeladen, obwohl er kein Jäger gewesen sei.[14]

Er war verärgert, weil der Mann aus Mainz ein falsches Spiel mit ihm trieb. Anfangs signalisierte Kohl Unterstützung für Gerstenmaier, später galt seine Sympathie dem baden-württembergischen Ministerpräsidenten Kurt Georg Kiesinger. Als er zu dem Treffen im Hunsrück kam, muß ihm schon klar gewesen sein, daß Gerstenmaier keine Mehrheit in der Partei und der Fraktion besaß. Der Einsatz für einen falschen Kandidaten hätte kostspielig werden können.

Die richtige Witterung kam ihm bei einer Sitzung aller Landesvorsitzenden der CDU in der Bonner Bundesgeschäftsstelle wenige Tage vorher in die Nase, die mit einem Abendessen im Kanzlerbungalow fortgesetzt wurde. Es war eine gespenstische Veranstaltung. Erhard berichtete von der Reise nach Amerika, bei der er den Präsidenten Johnson vergeblich dazu zu überreden versuchte, die Kosten für die Stationierung der amerikanischen Streitkräfte zu verringern. Er schien nicht zu bemerken, wie sehr sein Prestige stetig sank. Darüber wurde aber auch in diesem Kreis nicht offen gesprochen.

Kohl wiederholte lediglich die Behauptung, bei allen seinen Gesprächen mit Parteifreunden auch aus den anderen Landesverbänden schalle ihm die Forderung entgegen, »in Bonn klare Verhältnisse zu schaffen«.

Anderen überließ er es, Erhard den Verzicht auf das Amt nahezulegen. Anfang Oktober, in Hessen war Wahlkampf, brachte Barzel nach einer Beratung im engeren Fraktionsvorstand, genannt »Elferrat«, die Bundestagsfraktion nach viereinhalbstündiger Diskussion dazu, ein Kommuniqué zu verabschieden, in dem sie dem Bundeskanzler zu verstehen gab, daß sie ihn fallengelassen hatte. Der entscheidende Satz lautete: »Erhard ist und bleibt unser Bundeskanzler.« Anschließend erklärte Barzel im Bundesvorstand düster, niemand dürfe sich einer Illusion über die Zukunft Erhards hingeben: »...in Wirklichkeit waren die Verhältnisse sehr viel ernster.« Zur Aussprache im Bundesvorstand steuerte Kohl eine zutreffende Analyse der Lage bei, in der sich die CDU befand. Als Beweis zog er die Volksmeinung heran und verwischte so das Profil des eigenen Standpunktes. Es sei, was das Ansehen der CDU bei der Bevölkerung betreffe, »fünf Minuten vor zwölf«. Das, was »heute als die Misere der CDU bezeichnet« werde, sei »nicht heute und gestern« entstanden, sagte er. »Man kann es ganz konkret festlegen.« In dem Raum, in dem sie sich befänden, habe im Jahr 1959 ein »ähnlicher Kreis wie heute« Konrad Adenauer zum Bundespräsidenten vorgeschlagen. »Von diesem Zeitpunkt an können Sie sehr konkret die steigende Führungslosigkeit innerhalb der CDU beobachten.« Es stellten sich zwei Fragen: »Ist die CDU imstande, sich solidarisch zu verhalten?« Die Antwort laute, das werde »von den Ortsverbänden, den Wählern und in weiten Kreisen der Bevölkerung« verneint. »Zweitens. Ist die CDU in der Lage, ihre Führungspotenzen, die sie zweifellos hat, so zusammenzufassen, daß sie die dynamische Führungskraft der deutschen Politik bleibt?« Auch diese Frage werde verneint.

Eine eigene Stellungnahme trug er nicht vor. Zum Schluß verspürte er das Bedürfnis, die gedrückte Stimmung, in der sich die Versammlung befand, mit einer Anekdote aufzuhellen. Er stellte die Zeit, in der Adenauer Parteivorsitzender war, als vorbildlich in bezug auf die Verköstigung dar, eine Annehmlichkeit, die er bei Erhard vermißte. Damals sei es üblich gewesen, daß unmittelbar nach dem Lagebericht des Vorsitzenden das Buffet eröffnet worden sei. Das Protokoll verzeichnet Heiterkeit. »Später war es dann so«, setzte er hinzu, »daß Herr Schröder, wenn eine Auseinandersetzung kam, ein Gesicht zog, und Herr Adenauer sagte: ›Der Herr Schröder schreibt mit.‹ Aber der Herr Schröder hat sich dann nicht zu Wort gemeldet.« Der Angesprochene rief dazwischen: »So weit ich weiß, hat Herr Doktor Adenauer das nicht zu Ihnen gesagt.«[15] Unter solchen Scherzen löste sich die Versammlung auf.

Den letzten Stoß versetzten Barzel und die FDP-Abgeordneten Erhard gemeinsam. Sie entdeckten ein Loch von 600 Millionen Mark im Bundeshaushalt, ein Betrag, für den Experten innerhalb weniger Stunden bei gutem Willen eine Deckung gefunden hätten. Aber die FDP-Fraktion beschloß, Steuererhöhungen kämen für sie nicht in Frage. Barzel reizte sie auf einer Sitzung der Fraktion in Berlin mit einem weiteren Beschluß, die Steuern notfalls zu erhöhen. Damit war der Haushalt blockiert. Zuerst gaben die vier Minister der Freidemokraten in einem vertraulichen Gespräch mit Erhard nach, dann festigte sich ihre Haltung wieder, und am 27. Oktober 1966 traten sie aus der Regierung aus. Erhard stand nunmehr einer Minderheitsregierung vor, die von niemandem gestützt wurde, nicht einmal seiner eigenen Partei. Drei Tage danach, an Allerheiligen, also am Dienstag, dem 1. November 1966, traf sich Kohl mit den Vorsitzenden der südwestdeutschen Landesverbände der CDU im Feinschmeckerlokal »Erbprinz« in Ettlingen. Die Zecher an der festlichen Tafel kannten sich von mehreren Gesprächen, die sie in gleicher Besetzung früher geführt hatten. Der Gastgeber bemühte sich seit einiger Zeit, die südwestdeutschen Nachbarn unter dem Vorwand einer besseren Kooperation in Sachfragen näher zusammenzubringen. Dem Gesprächskreis gehörten außer ihm der hessische Landesvorsitzende Fay, Franz-Josef Röder aus dem Saarland und die Vorsitzenden der vier baden-württembergischen Regionalverbände Franz Gurk, Anton Dichtel, Klaus Scheufelen und Eduard Adorno an.

Im Gespräch mit ihnen entwickelte er das, was die »Badische

Lösung« genannt wurde. Sie besagte, daß der Partei ein Tableau präsentiert werden müsse, auf das sich alle einigen könnten und das die Persönlichkeiten umfassen sollte, die am besten zueinander paßten. Kiesinger sollte Bundeskanzler werden, Gerhard Schröder Verteidigungsminister und der Vorsitzende der Jungen Union, Egon Klepsch, sein Staatssekretär werden. Das Außenministerium wurde für die FDP offengehalten, bei der die Anwesenden davon ausgingen, daß sie in die Koa-lition zurückkehren werde, sobald die Union einen anderen Bundeskanzler präsentierte. Das Ergebnis war eine echte Kohl-Lösung, bei der allen Gruppen das Gefühl vermittelt werden sollte, ihre Interessen würden ausreichend berücksichtigt. Die Schwaben bekamen den Kanzler, die Norddeutschen und Protestanten den Verteidigungsminister und die Parteijugend einen Staatssekretär. Damit auch die FDP einen Nutzen hatte, verständigte sich die Runde darauf, daß die Union in der Deutschland- und Ostpolitik »etwas beweglicher« werden müsse, ohne das konkret festzulegen. Niemand redete einer großen Koalition das Wort. Da Kiesinger in Stuttgart mit der FDP regierte, gingen die Teilnehmer davon aus, er werde das Modell auf Bonn übertragen. Eine Woche danach, am Dienstag, dem 8. November, berief Erhard kurzfristig den CDU-Bundesvorstand in den Kanzlerbungalow ein. Es sei, sagten Teilnehmer hinterher, eine »der kürzesten Vorstandssitzungen der CDU« gewesen, und eine der entscheidenden dazu. Sie dauerte von 17 bis 19 Uhr 30. Das Protokoll umfaßt 55 Seiten.

Erhard eröffnete die Sitzung mit den dramatischen Worten: »Man spricht von einer Regierungskrise.« Das treffe auf den Zustand, in dem sich der Vorstand treffe, nicht zu. Es sei vielmehr eine »innere Führungskrise unserer eigenen Partei«. Sodann fiel er in einen pathetischen Ton und sagte voraus, die Geschichtsschreibung werde feststellen, »mit welchen Mitteln im einzelnen versucht worden ist, diesen inneren Zusammenhalt unserer Fraktion und unserer Partei mehr und mehr zu lösen«. Er habe sich, versicherte er, »an all den Machenschaften der verschiedensten Art nicht beteiligt«. Mit einer chronologischen Schilderung der letzten Tage und weiteren Anklagen »gegen immerhin maßgebende Politiker unserer Partei« schloß er seine Rede mit dem Satz, den er dem FDP-Fraktionsvorsitzenden Knut von Kühlmann-Stumm gesagt hatte, als der ihm anbot, neue Verhandlungen mit der FDP aufzunehmen. Er lautete, am »Schauprozeß« werde er sich nicht beteiligen, an seiner Person werde eine neue Regierungsbildung nicht scheitern, er werde sich bemühen, dem Wunsch der Fraktion nachzukommen.

An dieser Stelle hakte Barzel ein. Geschickt überhörte er die Vorwürfe, die Erhard, ohne ihn zu nennen, an seine Adresse gerichtet hatte, und bemerkte, er stimme seinem Vorredner zu, »daß man nach vorne sehen muß. Hinten sind die Tatsachen.« Eile sei geboten, da es »Gespräche zwischen SPD und FDP« gebe. Im Verlauf der Diskussion versicherte Erhard auf die Frage besorgter Vorstandsmitglieder, ob er glaube, alle Möglichkeiten ausgeschöpft zu haben: »Je eher der Nachfolger gewählt sein wird, desto sympathischer wird mir das sein.« Für ihn sei es so leicht oder so schwer wie für jeden anderen, mit der FDP klarzukommen. Dann meldete sich der Parlamentarische Geschäftsführer der Fraktion, Bernhard Wagner, zu Wort, der als CSU-Gast für Strauß gekommen war, und drängte auf zügige Erledigung. Man habe »keine Zeit, lange zu überlegen«. Die Nachfolge müsse »noch in dieser Woche geklärt werden«. Er wolle nicht verschweigen, daß eine Klärung vor der Wahl in Bayern – die in anderthalb Wochen stattfand – die Ausgangsposition der CSU in Bonn verbessere. Ohnehin gehe er davon aus, daß »eine Entscheidung nicht ohne oder gegen uns« getroffen werde.

Der Wohnungsbauminister Paul Lücke, der als Befürworter des Zusammengehens mit der SPD bekannt war, führte das Stichwort »Große Koalition« behutsam in die Debatte ein, stieß damit aber sogleich auf den erbitterten Widerstand Kohls. Er mache aus »seiner persönlichen Meinung« keinen Hehl, wetterte der Rheinland-Pfälzer, er sehe »überhaupt keine Chance für die CDU, in einer großen Koalition ihre Position zu verbessern«. Ginge sie ein Bündnis mit der SPD ein, und sei es nur auf Zeit, werde sie den Eindruck erwecken, sie müsse die SPD als Nothelfer ins Kabinett holen und sei nicht imstande, ihr Geschick aus eigener Kraft zu wenden. Daß sich Kohl so leidenschaftlich für die Rückkehr zur Koalition mit der FDP in die Bresche warf, muß seine Vorstandskollegen gewundert haben, denn keiner von ihnen hatte sich für eine andere Regierungsform ausgesprochen, ausgenommen Lücke, der seine Wunschvorstellung aber in Frageform kleidete. Einmal in Fahrt, gab Kohl ein Beispiel von seiner Beredsamkeit und Überzeugungskraft. Von einer Wahlrechtsänderung, wie sie im Gespräch sei, halte er nichts. Er sei zwar ein »überzeugter Anhänger des Mehrheitswahlrechts«, aber die Situation sei »denkbar ungünstig« für eine Wahlreform. Auf die FDP zielend, die, wie er einräumte, mit ihrem Auszug aus dem Kabinett viele Unionsgrößen verärgert habe, sagte Kohl, auf Sympathie oder Antipathie komme es nicht an, sondern auf den Eindruck, den eine Wahlrechtsänderung auf die Wähler mache. »Wenn Sie«, rief er aus, »eine bestehende Partei ... wie die FDP qua Wahlrecht abschaffen, werden Sie einen Teil ihrer Wähler zwangsläufig nach rechtsradikal ableiten. Sie werden die Staatsverdrossenheit verstärken.« Auf diese Philippika mochte niemand antworten, jedenfalls setzte sich keiner der Anwesenden offen für das Regierungsbündnis ein, das Kohl so impulsiv anprangerte, schon gar nicht Kiesinger, der schweigend am Tisch saß.

Kohl schlug nun eine Nominierungsprozedur vor, eine Nominierungsprozedur, die Zeit sparte und das Spiel mit verdeckten Karten beendete. Da er sich in dieser Hinsicht seiner Sache sicher war, konnte er sie entschieden vertreten. »Wir sollten jetzt schlicht und einfach die Namen auf den Tisch bringen«. Das biete sich um so mehr an, als es sich um vier Kandidaten handle, die noch dazu allesamt anwesend seien. Es hatte sich eingebürgert, die Bewerber in der Reihenfolge des Alphabets aufzuzählen, also nannte er: Rainer Barzel, Eugen Gerstenmaier, Kurt Georg Kiesinger und Gerhard Schröder. Inzwischen war der CSU-Vorsitzende Franz Josef Strauß erschienen und hatte sich zu Wagner gesetzt. Ihn forderte Kohl auf, die CSU solle sich »aus erster Hand« ein Bild von der Realität machen. Sie sei, bemerkte er augenzwinkernd, »eine mächtige und wichtige Schwesterpartei; aber im Konzert der CDU und CSU, Herr Kollege Strauß, ist es die kleinere Schwesterpartei. Deswegen ist es richtig, daß wir heute das erste Wort haben.«

So erstaunlich es ist, wie Kohl mit Strauß umsprang, noch mehr verwundert, daß Strauß den Seitenhieb des Nachwuchsmannes aus Mainz wortlos wegsteckte. Als Strauß in seinem kurzen Vortrag sagte, es müsse Klarheit vor den bayerischen Landtagswahlen geschaffen werden, rief Kohl dazwischen, darüber sei sich die CDU schon klar gewesen. »Ich bitte um Entschuldigung«, antwortete der CSU-Vorsitzende, »daß ich es noch einmal wiederholt habe.« Dann unterstützte er Kohls Vorschlag mit den Worten, jeder der vier Genannten solle erklären, »daß er bereit ist, sich einer Abstimmung zu stellen«. Nach diesem entspannt wirkenden Zwischenspiel erklärte Gerstenmaier, der die Aufforderung, ohne auf die richtige Reihenfolge zu achten, ernst nahm: »Ich selber bewerbe mich nicht darum.« Wenn es aber ihn treffe, »so gedenke ich, nicht zu kneifen und meine Pflicht zu tun«. Er fügte hinzu, es fehle ihm das Selbstbewußtsein, »daß Sie mit mir diese Sache so gewinnen, wie Sie das eigentlich von einem Kandidaten erwarten müßten«.

Kiesinger, der sich als nächster Redner äußerte, wand sich. Von einer Bewerbung könne keine Rede sein. Sibyllinisch bemerkte er, er habe schon vorher gesagt, »daß ich meinen Kandidaten habe. Mehr brauche ich, glaube ich, dazu nicht zu sagen.« Es war die sonderbarste Begründung für eine Bewerbung, die die Anwesenden je gehört hatten. Anschließend fügte er einige Worte über die »Schwere des Amtes« und über das »Glück«, das dem »Erwählten« zu wünschen sei, hinzu. Der einzige, der sich äußerte, war Schröder, der mit ungewohnter Klarheit sagte: »Herr Vorsitzender, meine Damen und Herren, ich werde mich einer Abstimmung in der Fraktion stellen«. Barzel schloß sich etwas kleinlaut an: Auch er werde sich stellen. Er gehe allerdings davon aus, daß die Basis, die er genannt habe, für alle gelte. Er meinte damit seine Bemerkung, entscheiden müsse die Fraktion und jeder, der nicht gewählt werde, solle dem Gewählten bei der Bildung einer neuen Regierung beistehen. Erhard brummte: »Das ist selbstverständlich.« Mit der Versicherung Erhards, dem Gremium, dem er 17 Jahre lang angehört habe, werde er die Treue halten, und einem Dank Barzels für die »vorbildliche Haltung« des Bundeskanzlers, der gerade seine Nachfolger abgefragt hatte wie der Lehrer die ungezogenen, aber begabten Schüler seiner Klasse, endete die denkwürdige Veranstaltung.[16]

Der Verlauf der Sitzung muß auf Kohl einen unauslöschlichen Eindruck gemacht haben. Viele Jahre später erzählte er, nach dieser Vorentscheidung seien, ehe er es sich versehen habe, alle Teilnehmer »wie vom Erdboden verschluckt« gewesen; sie drückten sich eilig aus dem Bungalow davon. »Ich saß mit Erhard allein da«, heißt es in seinem Erlebnisbericht weiter. »Er saß mir gegenüber und befand sich in einem depressiven Zustand. Erhard sagte, Herr Kohl, jetzt sehen Sie meine Gegner. Ich habe ihn gefragt, ob ich bleiben soll oder nicht. Erhard bat mich zu bleiben. Dann haben wir schweigend Wein getrunken.« Die beklemmende Szene endete, als das Berliner Vorstandsmitglied Ernst Lemmer verspätet klopfte.[17]

Daher kam Kohl an jenem Abend nicht pünktlich in die Landesvertretung von Rheinland-Pfalz in der Bonner Schedestraße, in die der Landesgruppenvorsitzende Albert Leicht eingeladen hatte. Leicht bemühte sich, die anwesenden Mitglieder seiner Landesgruppe und der baden-württembergischen Bundestagsabgeordneten, die sich zur gemeinsamen Sitzung trafen, bei Laune zu halten. Nun erstattete Kohl Bericht und wiederholte, was er im Vorstand gesagt hatte, der neue Mann müsse ein »Integrationspunkt« sein. Das war das Markenzeichen, unter dem er Kiesinger einführte. Die Teilnehmer, die noch Bedenken äußerten, Kiesinger sei aus der Nazizeit belastet, wurden von Kohl mit der Mitteilung beschieden, der Betroffene könne sich dazu äußern, er habe ihn telefonisch gebeten, zu den Landesgruppen zu kommen, er sei unterwegs.

Der Rest ist schnell erzählt. Kiesinger erklärte, es stimme, daß er Mitglied der NSDAP gewesen sei, er habe sich aber nicht aktiv betätigt. Im Außenministerium, wo er mehrere Jahre lang beschäftigt war, sei er Hilfsreferent in der rundfunkpolitischen Abteilung gewesen. Erst zwei Jahre später räumte er in einem Gerichtsverfahren ein, daß die Abhörberichte der »Feindsender« über seinen Schreibtisch gingen, er also in den letzten Kriegsjahren wußte, welche Greuel deutsche Kommandos in den besetzten Ostgebieten und den Konzentrationslagern verübten.

Zur gleichen Zeit, zu der sich der Kandidat von allen Vorwürfen reinwusch, zauberte das Nachrichtenmagazin *Spiegel* ein zweifelhaftes »Entlastungsdokument« hervor. Anderntags sprach sich die CSU-Landesleitung für Kiesinger aus. Er wußte damit eine bunt zusammengewürfelte Koalition von *Spiegel*, Kohl und Strauß hinter sich. Zum Schluß zog die CDU/CSU-Bundestagsfraktion die Entscheidung wieder an sich. Sie stimmte über die vier Kandidaten ab, die ihr der Vorstand präsentierte. Das Ergebnis fiel zu Kohls Zufriedenheit aus. Gerstenmaier verzichtete bereits vor der Abstimmung, da er nach dem Votum der CSU ohne Mehrheit war. Sein Rückzug stärkte Kiesinger, der im ersten Wahlgang die meisten Stimmen, jedoch nicht die absolute Mehrheit erhielt. Auf ihn entfielen 97 Stimmen, auf Schröder 76, auf Barzel 56 und der frühere EG-Kommissar Walter Hallstein, der für den Fall nominiert wurde, daß sich die anderen Bewerber blockierten, brachte es auf 14 Anhänger. Im zweiten Wahlgang wuchs Kiesingers Gefolgschaft auf 118 Stimmen, die Schröders blieb mit 80 konstant, diejenige Barzels schmolz auf 42 Abgeordnete. Im dritten Wahlgang ging Kiesinger mit dem klaren Vorsprung von 137 Stimmen durchs Ziel, Schröders Stamm brachte 81 Stimmen zusammen, Barzels Anhänger verliefen sich bis auf 26.[18]

Damit hatte Kohl seinen Kandidaten fast problemlos über die Hürden der Nominierungsstrecke dirigiert, die Schwierigkeiten stellten sich erst ein, als Kiesinger mit den Verhandlungen über die neue Regierung begann. Denn es stellte sich sehr bald heraus, daß er auf ein Zusammengehen mit der SPD zusteuerte. Dies war diametral zu Kohls Erwartung. Er hatte seine Intervention zugunsten Kiesingers anders verstanden. Unklar ist, wieso er bei seinen Gesprächen mit Kiesinger diesen Punkt nicht einwandfrei klärte. Entweder versäumte er es im Trubel der Ereignisse, den Kandidaten nach seinen koalitionspolitischen Absichten zu fragen, oder er unterstellte, daß Kiesinger in die gleiche Richtung zielte wie er, oder er hielt sich für stark genug, ihn zu einer Koalition mit der FDP bewegen zu können, sobald er ihm das Amt verschafft hatte, in dem das möglich war.

Bei der nächsten Sitzung des Bundesvorstands am 29. November 1966 kam es deswegen zu einem handfesten Krach zwischen dem designierten Kanzler und seinem jugendlichen Mentor. Kiesinger erklärte, er sei sich, als er die Verhandlungen begann, »über die Lage noch nicht sehr klar gewesen«. Es habe sich aber herausgestellt, daß die Mehrheit der FDP zur Koalition mit der SPD gedrängt habe. Zu ihnen gehörten Walter Scheel und Hans-Dietrich Genscher. Die Gespräche seien an der starren Haltung der FDP in der gleichen Frage gescheitert, an der die Regierung Erhard zerbrochen war. »Sie haben die Verhandlungen an der Frage der Steuererhöhungen platzen lassen.«

Im weiteren Verlauf seines Berichts stellte Kiesinger die Ereignisse so dar, als habe er keine andere Wahl gehabt, als mit der SPD abzuschließen, es sei denn, er hätte es vorgezogen, mit seiner Partei in die Opposition zu gehen. Sowohl in Sachen Ost- und Deutschlandpolitik (er sprach von der »SBZ« oder der »Zone«) als auch beim Wahlrecht seien die Union und die SPD nicht so weit auseinander, daß sie sich nicht einigen könnten.

Die Verhandlungen über das Wahlrecht stellte er so dar, als seien sich beide Kommissionen einig gewesen, das »unmanipulierte, reine relative Mehrheitswahlrecht« einzuführen, ein Wahlrecht also, bei dem der Kandidat gewählt ist, der in seinem Wahlkreis die meisten Stimmen bekommt. Auch über den Zeitpunkt bestehe Übereinstimmung, das Wahlrecht solle nach der übernächsten Wahl 1973, eventuell ein Jahr später in Kraft treten. 1969 könne bei den Wahlen ein »Übergangswahlrecht« mit einem »verstärkten Quorum« eingeführt werden. Enthusiastisch nannte er das einen »kühnen, revolutionären Schritt«. Vor allem Helmut Schmidt und Herbert Wehner waren, wie aus den Berichten hervorgeht, dafür, dagegen äußerten Willy Brandt und Karl Schiller Bedenken.

Kohl war so gereizt, als er zu Wort kam, seine Zuhörer waren so reizbar, daß nach seinen ersten beiden Sätzen der erste Tumult entstand. Das, was Kiesinger vorgeschlagen habe, bedeute in der Praxis, »daß wir zu einer völligen Gleichschaltung der Politik kommen werden«, rief er aus (das Protokoll verzeichnet: »Unruhe und Erregung«). Es werde in den Ländern keine FDP mehr geben, die unter diesen Umständen bereit sei, mit der CDU eine Koalition einzugehen, so wie sie jetzt in Rheinland-Pfalz, Niedersachsen, Schleswig-Holstein existiere. Die Konsequenz rechnete er den Vorstandsmitgliedern anhand des Beispiels des Landes vor, aus dem er stammte: Im April nächsten Jahres, wenn die jetzige Koalition auslaufe, könnte die CDU, »wie überall im Land«, nur noch mit der SPD regieren oder in die Opposition gehen.

Unter »starker Unruhe und Bewegung« (Protokoll) rief er Lücke zu, er sei »kein Freund der SPD und kein sonderlicher Freund der FDP«, aber »wider die Natur geht es mir doch, eine von den Wählern immerhin noch legitimierte Partei, auch wenn sie noch renitent in vielen Zügen sein kann, durch ein Wahlgesetz abzuschaffen«. Das ging den Vorstandsmitgliedern unter die Haut.

Nun wechselte Kohl die Argumentation und warf den Befürwortern des Mehrheitswahlrechts vor, sie bewirkten, was sie zu verhindern

Helmut Kohl im Gespräch mit Bundeskanzler Kiesinger
und Bundestagspräsident Gerstenmaier
auf dem 15. CDU-Parteitag in Braunschweig 1967.

trachteten. Denn sie begünstigten eine »psychologische Grundstimmung«, die »nicht der FDP, sondern letzten Endes der NPD oder der Nachfolgepartei zugute kommt«. (Das Protokoll verzeichnet »anhaltende starke Unruhe«). Er teile nicht den Optimismus, der davon ausgehe, daß die NPD 1969 weder fünf Wahlkreise erobere noch über fünf Prozent komme. (Protokoll: »Anhaltende Unruhe, Glocke des Präsidenten«) Die wachsende Erregung seiner Zuhörer trieb die Empörung Kohls auf die Spitze. »Es ist doch so«, rief er in die bewegte Versammlung, »daß es eine Menge von Leuten in der Bundesrepublik gibt, die keine CDU-Wähler sind, die aber trotzdem gegen die »Ermordung« einer noch präsenten Partei sind.« Nun bekam er Mühe, sich in dem allgemeinen Getöse Gehör zu verschaffen. Das Protokoll spricht von »Sehr starker Unruhe und Bewegung«.

Kohl fuhr fort, Kiesingers Vorschläge nach Schwachstellen abzutasten: »Man möchte wissen, was der Terminus heißt: Koalition auf Zeit.« Bedeute die Einführung des »eklektischen Wahlrechts« acht Jahre? Er habe jedenfalls Angst, daß entgegen entgegengesetzter Beteuerungen das Proporzdenken in der Bundesrepublik um sich greifen werde (Abermals »Unruhe und Bewegung«). Und unter »weiterer starker Unruhe« schleuderte er die anklagenden Worte in den Saal, die große Koalition sei ein Experiment, aber: »Ich muß Ihnen ganz offen sagen, für mich ist es keineswegs ein erfreuliches Experiment.« Da die Erregung den Siedepunkt erreicht zu haben schien, wurde er sarkastisch. Eine Lösung sei, in die Opposition zu gehen, »was ich aber auch nicht bei dem jetzigen Zustand unserer Partei für sonderlich erstrebenswert halte«. Es entstand abermals »starke Unruhe und Bewegung«.

Als Kohl ein Schiller-Zitat gebrauchte, entspannte sich die hitzige Atmosphäre. Der Mainzer Rebell zitierte Schillers »Wer wagt es, Rittersmann oder Knapp', zu tauchen in diesen Abgrund hinab«. Kiesinger korrigierte: »In diesen Schlund hinab.« Die Stimmung schlug um, das Protokoll verzeichnet »lebhafte Heiterkeit«.

Zum Schluß der Beratung empfahl der Bundesvorstand der Verhandlungskommission, »im Einvernehmen mit der Fraktion die Koalitionsverhandlungen mit dem Ziel der Bildung einer großen Koalition zum Abschluß zu bringen«. Ein einziges Mitglied – es war Kohl – stimmte mit Nein, drei enthielten sich.[19] Am Tag darauf schlossen die Kommissionen ihre Beratungen ab, und nach dem Rücktritt Erhards wurde Kiesinger mit überwältigender Mehrheit zum Bundeskanzler gewählt.

KOHL KONNTE DIE GROSSE KOALITION nicht verhindern, aber argumentierte gegen sie, sobald sich ihm eine Gelegenheit dazu bot. Auch liefen die Dinge in eine andere Richtung, als Kiesinger sie einzuschlagen wünschte. Anderthalb Jahre nach dem Auftrag des Vorstands, das »mehrheitsbildende Wahlrecht« zu schaffen, Ende März 1968, trat Lücke, der im Kabinett Kiesinger Innenminister wurde, zurück. Er erklärte das Vorhaben für gescheitert. Kiesinger sondierte bei den Landesvorsitzenden, wer als Nachfolger in Frage komme, bot das Amt auch Kohl an, obwohl er dessen Abneigung gegen das Werk kannte, und befolgte schließlich dessen Rat, Lückes Parlamentarischen Staatssekretär Ernst Benda zu ernennen.[20]

Kohl wäre auch dann nicht ins Kabinett Kiesinger eingetreten, wenn der Bundeskanzler sein Vorhaben fallengelassen oder ihm das Amt auf einem goldenen Teller angetragen hätte. Erstens wartete er lieber günstigere Zeiten in Rheinland-Pfalz ab, als sich in Bonn vorzeitig zu verschleißen, zweitens sah er, daß Kiesinger die Felle davonschwammen. Die Annäherung zwischen der SPD und der FDP war weiter fortgeschritten, als es der Mann im Bundeskanzleramt wahrhaben wollte. In Nordrhein-Westfalen regierten die neuen Partner nach dem Sturz der CDU miteinander, und es erschien nicht mehr ausgeschlossen, daß die SPD mit Hilfe der FDP zum ersten Mal in der Nachkriegszeit den Bundespräsidenten und den Bundeskanzler würde stellen können, eine Aussicht, die es der Mehrzahl ihrer führenden Persönlichkeiten angezeigt erscheinen ließ, den Gedanken an eine Fortsetzung der großen Koalition über die Bundestagswahl von 1969 hinaus fallenzulassen.

Im Grunde blieb Kiesinger als einziger zurück, der an die Verwirklichung der Wahlrechtsreform glaubte. Auf dem CDU-Parteitag im Herbst 1968 in Berlin focht er einsam und unbeirrt für das Projekt, das Kohl so vehement bekämpfte. Die beiden stritten darum während der gesamten vier Tage des Parteitags. Kohl gab keinen Fußbreit nach, Kiesinger zog sich in seinem Schlußwort auf die Formel zurück, er werde die »Wahlrechtsfrage wieder in Bewegung bringen«. Ihm gelang es nicht, die Partei auf eine Fortsetzung der Koalition festzulegen.[21]

5

ZUFRIEDEN BLICKT DER JUNGE KUR-
FÜRST INS REFORMIERTE LAND

DAS RASTER, nach dem Helmut Kohl Politik betrieb, war ziemlich einfach, handgestrickt und leicht durchschaubar. Er behielt es bei, solange er aktiv war. Die Koalition mit der FDP, für die er sich in Bonn und auf Parteitagen in die Bresche warf, war für ihn kein Dogma, sondern eine Handlungsanleitung für die beste Methode, annehmbare Ergebnisse zu erzielen. Daß er sich eine andere Regierungskoalition als die mit den Freien Demokraten nicht vorstellen konnte, bedeutete nicht, daß er sich gegen die dritte Partei, die SPD abschottete. Vielmehr suchte er die Zusammenarbeit mit ihr auf jedem Gebiet, auf dem sie ihm zum Erfolg verhelfen konnte. Die Sozialdemokraten kamen für ihn als Teilhaber an der Macht nicht in Frage. In Mainz verhandelte er niemals über eine große Koalition, er drohte nicht einmal mit ihr, wenn sich die FDP sperrig zeigte. Aber für pragmatische Lösungen, die er mit Sozialdemokraten durchsetzen konnte, war er immer zu haben. So lud er unmittelbar nach dem Koalitionskompromiß über die Verwaltungs- und Schulreform, den er mit der FDP nach der Landtagswahl im März 1963 vereinbart hatte, die Wortführer der SPD-Fraktion, die er gerade in die Opposition geschickt hatte, zu Gesprächen über die beabsichtigten Reformen ein. Es waren sein Amtskollege, der Fraktionsvorsitzende Jockel Fuchs, und der Parlamentarische Geschäftsführer Karl Thorwirth. Er zog den Geschäftsführer der Fraktion, Willibald Hilf, hinzu. Mitglieder der FDP waren nicht dabei, weil diese Partei, wie Kohls Pressesprecher Hanns Schreiner sagt, keine »Kommunalpartei« ist, nicht in den Rathäusern sitzt und sich mithin vor allem für die Verwaltungsreform als überflüssig erwies.

Die vier Jungpolitiker trafen sich meist in Kohls Büro und da sie allesamt Pfeifenraucher waren, blieb ihnen, wie es Jockel Fuchs schildert, von den Besprechungen weniger der »Pulverdampf blutiger parlamentarischer Schlachten« als die Qualmwolken der Marke ›Richmond Medium Navy Cut‹ in Erinnerung. Sie nannten sich in Anlehnung an eine Einrichtung des Alten Fritz das »Pfeifenkabinett«. Kohl adaptierte hinterher das Motiv der Pfeifenraucher und übertrug es auf sich und den engeren Kreis der Reformer in der CDU. So erfolgreich das Image anfangs war, so viel Mühe kostete es Schreiner später, es loszuwerden.

Daß die Verhandlungen zügig und pragmatisch vorangingen, war das Verdienst der Verhandlungsführer. Beide waren gestandene Kommunalpolitiker – Kohl Stadtrat in Ludwigshafen, Fuchs Oberbürgermeister in Mainz. Thorwirth war Gewerkschafter, Hilf Jurist und mit 36 Jahren der Jüngste, Fuchs mit 48 Jahren der Älteste. Die Erfahrungen hatten sie gelehrt, daß man, wie Fuchs sich ausdrückt, »aufeinander zugehen muß, daß man Kompromisse schließen muß«, um bei einer solchen Aufgabe etwas zu bewirken. Denn die Änderung der Verwaltungsgrenzen bedeutete nicht nur für die Einwohner eine Neuordnung der Bürokratie, sondern auch für die Parteien eine neue Aufteilung der Einflußzonen.[1]

Als vordringlich sah es der Brain-Trust an, die Konfessionsschule abzuschaffen. Die CDU-Politiker, die sich zuerst gegen die Reform sträubten, waren, als sie vollzogen wurde, erstaunt, wie gering der Widerstand war, auf den sie traf. Der Protest der Katholischen Kirche, die eine Monopolstellung aufgeben und um die pädagogische Verbindung zu den Kindern fürchten mußte, fiel schwächer aus, als sie dachten. Der Klerus verhielt sich auffallend diszipliniert und fügte sich in das Unvermeidliche, nicht zuletzt deshalb, weil alle Parteien und die sogenannten gesellschaftlichen Kräfte an einem Strang zogen.

Nicht einmal der Vatikan konnte leugnen, daß das Schulwesen in Rheinland-Pfalz so veraltet war, daß es zum Gespött aller anderen Bundesländer wurde. Auch mochte sich die Kirche sagen, daß sie nur dann eine Chance hatte, mitzuwirken, wenn sie sich beteiligte. Am Ende verlieh der Vatikan dem Inszenator auch noch den St.-Gregorius-Orden für seine Verdienste um die Bewahrung des christlichen Glaubens im Land.

Bremsen für die Ausbildung waren die »Zwergschulen« auf dem flachen Land, in denen häufig die untersten acht Klassen in einem einzigen Raum zur gleichen Zeit von einem Lehrer unterrichtet wurden. Erschwerend kam hinzu, daß es Konfessionsschulen waren. In manchen Regionen eskalierte die religiöse Feindschaft, und die Schulzeiten von katholischen und evangelischen Schulen mußten versetzt werden, damit Prügeleien unterblieben.

Die Rückständigkeit auf dem Gebiet der Schulbildung bezeugt auch das »Gesetz über die körperliche Züchtigung« in der Neufassung von 1957, das die Prügelstrafe bei den Grund- und Hauptschulen und bei Sonderschülern vom 3. bis zum 9. Schuljahr erlaubte. An den höheren Schulen war das Prügeln nicht erlaubt, ausgenommen waren auch die Mädchen in den Berufsfachschulen. Kultusminister Bernhard Vogel wagte es erst, das Gesetz zum 1. März 1970 aufzuheben, als Kohl Ministerpräsident geworden war.

Die komplizierte Verwaltungsreform, bundesweit die erste ihrer Art, mußte größere Hürden nehmen. Mit ihr verfolgte Kohl das Ziel, dem neuen Bundesland ein rheinland-pfälzisches Heimatbewußtsein zu geben. Die Idee war, die Verwaltungen zu größeren Einheiten zusammenzufassen und die neuen Behörden näher an die Bürger heranzubringen. Die Umgestaltung der Verwaltung machte, wie sich denken läßt, viel Ärger, denn es wurden gewachsene Bindungen und Zuordnungen zerstört, Gemeinden, die sich einander zugehörig fühlten, auseinandergerissen, andere, die sich an Selbständigkeit gewöhnt hatten, zueinander gezwungen. Der CDU-Abgeordnete Theo Magin, auch zeitweise parlamentarischer Geschäftsführer der Fraktion und zugleich Bürgermeister in Schifferstadt nahe Ludwigshafen, sagt, Kohls Stärke sei es nicht so sehr gewesen, an den Blaupausen am Reißbrett mitzuwirken, als vielmehr vor Ort mit den aufgebrachten Bürgern solange zu diskutieren, bis sie sich, wenn nicht der höheren Einsicht, so doch seiner Überredungskunst fügten.[2]

Zeitplan, Zufall und Planung der Mainzer CDU-Zentrale wollten es, daß die Auseinandersetzungen um die Reformen kurz vor der Wahl Kohls zum Ministerpräsidenten von Rheinland-Pfalz ihrem Höhepunkt zutrieben. Er stürzte sich mitten ins Getümmel, besuchte jede Versammlung, auf der Verdruß drohte, argumentierte unermüdlich mit den Betroffenen und ließ keine Gelegenheit aus, sich bei den Wählern bekanntzumachen. Jene, die ihn erlebten, mußten einräumen, daß er Stehvermögen, Mut und Geduld besaß.

Gleichwohl waren die Monate vor dem Wechsel im Amt des Ministerpräsidenten quälend. Die Partei wurde unruhig. Jene, die sich für ihren Chef oft bis zur Grenze der Selbstaufgabe opferten, wollten ein Ergebnis sehen und verstanden nicht, daß er mit der Übernahme der Macht solange zögerte, da er das Ziel dicht vor Augen hatte. Den anderen wiederum ging alles zu schnell.

Charakteristisch ist, daß Kohl zu Tricks griff, die er nicht nötig gehabt hätte. Franz-Josef Wuermeling behauptete, der Designatus habe in einen Beschluß des Landesvorstands, der lautete, er solle der Nachfolger Altmeiers werden, den Passus »noch in dieser Legislaturperiode« eingefügt. Das entsprach vielleicht nicht der Beschlußlage, wohl aber der allgemeinen Erwartung, die darauf hinauslief, er werde das Amt in der Mitte der Legislaturperiode, also 1969, übernehmen. Die Sticheleien am Rande bestärkten Altmeier in seiner Trotzhaltung. Er bestand darauf, die CDU sei mit der Aussage in den Wahlkampf gezogen, er sei der Kandidat für die volle Legislaturperiode, und dabei müsse es bleiben. Die Querelen wirkten sich zum Nachteil von Kohl aus, denn die Partei folgte ihm nicht mehr so bedingungslos wie früher. Auf dem Landesparteitag am 26. April 1968 in Trier erhielt er bei der Wiederwahl zum Landesvorsitzenden eines der schlechtesten Ergebnisse, die er je erzielte. 54 Delegierte blieben fern, 67 Delegierte stimmten mit Nein, 14 enthielten sich, 347 Delegierte votierten für ihn. Gemessen daran, daß er der einzige Kandidat war, war das ein meßbarer Abfall an Sympathie.[3]

Damit wurde der Ton in den Zeitungen, der seit dem Koblenzer Parteitag weitgehend wohlwollend war, wieder kritischer. Der *Mannheimer Morgen* attestierte Kohl ironisch, »daß er vor keinem Fettnäpfchen zurückschreckte«. Er habe bewiesen, daß der harte Führungsstil ihm nicht nur Freunde gemacht habe. Das von dem Blatt eröffnete Sündenkonto enthielt sämtliche Verfehlungen, die ihm seine Widersacher vorhielten. Auch in der überörtlichen Presse überwog Skepsis und abwartende Zurückhaltung.

Im Juni 1967 nannte der Journalist Günter Gaus Kohl in *Christ und Welt* im Hinblick auf den politischen Meuchelmord an Altmeier einen »Brutus«, der die »explosive Gewalt der Iden des März gegen den anhaltenden Druck langfristiger Verabredungen« gesetzt habe, und spekulierte, nach der »übernächsten Bundestagswahl« 1973 könne Kohl Bundeskanzler werden, aber »wahrscheinlich« sei es nicht, »daß der oft noch ungestüme, manchmal bullig wirkende Pfälzer den Sprung« schaffe, weil »zu viele Rechnungen ... für ihn gut und für andere schlecht aufgehen« müßten.

Um ihn als Anwärter auf das hohe Amt ins Gespräch zu bringen, war der Kandidat noch zu jung. Aber seine Jugend und die unbestrittenen Verdienste ließen ihn als die ideale Person für die innerparteiliche Erneuerung erscheinen. Kohl, schrieb Gaus, erscheine »wie kein zweiter in seiner Partei schon jetzt wie geschaffen, ... den ersten wirklichen Generationenwechsel in der Union personell zu markieren«.[4]

Zwei Jahre später und kurz vor dem Termin der Wahl zum Ministerpräsidenten redete Gaus' Kollege Ulrich Frank-Planitz, ebenfalls ein Kenner der Szene in Bonn und Mainz, Kohl in *Christ und Welt* ins Gewissen, er könne nicht damit rechnen, »die Bundeshauptstadt in absehbarer Zeit in der Pose des christdemokratischen Wunderknaben« zu erobern, es stünden noch zu viele Bundespolitiker vor ihm. Frank-Planitz redete ihm zu, als einer der »Kurfürsten« der CDU von Mainz »in aller Ruhe die Entwicklung rheinabwärts zu verfolgen«. Er werde eher der »Verbündete der 50er als der Alliierte der 40er« sein.[5]

Als in Mainz der Wechsel im Amt des Ministerpräsidenten endlich vollzogen wurde, wirkte er so selbstverständlich, als sei er nie kontrovers gewesen. Innerhalb von drei Tagen wurde der gesamte Umbau der Regierung und der Regierungsfraktion vollzogen: Am Montag, dem 19. Mai 1969, wurde Kohl mit den Stimmen aller anwesenden Mitglieder der CDU/FDP-Koalition gewählt.[6] Am Dienstag trug er die Regierungserklärung vor; am Mittwoch folgte die Aussprache über sie zusammen mit der Bestätigung und Vereidigung des neuen Kabinetts. Es war, mit Ausnahme des Landesvaters, das gleiche wie bisher. Dem SPD-Fraktionschef Oskar Munzinger fiel dazu die Sottise »Altmeier ging, die CDU bleibt«, ein.[7]

Der 39jährige Helmut Kohl wird vom Landtagspräsidenten
Otto van Volxem als neuer Ministerpräsident von Rheinland-Pfalz vereidigt.

Die personellen und strukturellen Änderungen waren derart gering, daß der *Staatsanzeiger* mit zwei kurzen Spalten im Innenteil auskam, um sie mitzuteilen. Kein Wunder: Der neue Amtsinhaber hatte rechtzeitig vorgesorgt und brauchte nur noch zu ernten, was er gesät hatte. Neu berufen wurden lediglich zwei Staatssekretäre, einer im Finanzministerium und einer in der Staatskanzlei. Kohls Amtschef wurde der bisherige Parlamentarische Geschäftsführer Willibald Hilf. Ebenfalls in die Staatskanzlei rückten Kohls früherer Schulfreund aus Ludwigshafen, Waldemar Schreckenberger, und Hanns Schreiner auf. Ihm wurde die Abteilung Presse und politische Planung übertragen. Auch die Regierungserklärung vom 20. Mai verrät, daß sie sorgfältig vorbereitet worden war. Derjenige, der sie vortrug, war sehr stolz auf das Dokument, ließ es binden und verschenkte es, mit einer Widmung versehen, an Mitarbeiter und Freunde.

Kohl konnte sich darauf berufen, daß er in dem Jahr, in dem er die Regierung übernahm, der jüngste Regierungschef in einem deutschen Bundesland war. Er war 39 Jahre alt.

Das war vermutlich der Grund dafür, daß er stärker als seine älteren Kollegen die politische Veränderung in der Bundesrepublik empfand. Die Generation der 68er war aufgebrochen, die Gesellschaft zu erneu-

Kohl betrachtet mit Peter Altmeier das Abschiedsgeschenk für den scheidenden Ministerpräsidenten.

ern, was auch zu Kohls Anliegen zählte. Zwar betrachtete er sich nicht als einen Repräsentanten der linken 68er, dagegen war er gefeit. Niemand konnte sich ihn in einer Kommune oder auf einer Demonstration gegen die Staatsgewalt vorstellen. Aber er war einer der wenigen Politiker der CDU, der willens und imstande war, in den Universitäten mit den protestierenden Studenten zu streiten.

Und so verwunderlich es klingt, den Linken war er zu rechts und den Rechten zu links. Diese nahmen ihm das Bohemienhafte übel, das er sich zulegte, und fanden es anrüchig, daß sich der jugendliche Landesvater in einer Anwandlung von Jovialität mit jenen gemein machte. Er debattierte beim Pizzabäcker »Bruno« mit den Studenten, flanierte mit den Sekretärinnen durch die Mainzer Fußgängerzone, erschien im Rollkragenpullover zum Gottesdienst und kraulte während der Dienstzeit durch das Schwimmbecken der Universität hoch auf den Hügeln über Mainz. Er hatte Verständnis für die Nöte der jungen Leute und die Schwierigkeiten, die sie mit den Überbleibseln veralteter obrigkeitsstaatlicher Strukturen hatten.

Diesem Staat schlage gegenwärtig eine »Welle der Kritik und des Protestes vor allem aus der jungen Generation« entgegen, sagte er in seiner Regierungserklärung. Das liege nicht zuletzt daran, daß sie »in ihrer Mehrheit nach dem Krieg in eine demokratische Ordnung hineingewachsen« sei und »nicht die leidvolle Erfahrung der Diktatur gemacht« habe. »Diese Generation trägt ihre Forderungen unbeschwert von der jüngsten Geschichte rigoros und radikal vor.« Für die Landesregierung versicherte er, sie werde Kritik ernst nehmen »und sich dem Dialog – wo immer es möglich ist – stellen«. Es müsse jedoch eine Kritik sein, fügte er hinzu, »die davon ausgeht, die bestehenden Verhältnisse zu verbessern«.

Die »politische Kritik«, die sich bisher an einzelnen Entscheidungen entzündet habe, weite sich in einer Weise aus, »die das Verhältnis von Bürger und Staat radikal verändern und die Grundlagen unserer freiheitlich rechtsstaatlichen Ordnung gänzlich in Frage stellt«. Daher sei es an der Zeit, und das Parlament sei der richtige Ort dafür, »sich mit der Kritik an diesem Staat und seiner demokratischen Wirklichkeit auseinanderzusetzen«.

Das war ein Eingeständnis, das Altmeier nie über die Lippen gekommen wäre. Kohl wischte die Argumente der Kritiker nicht beiseite, sondern versprach sie ernst zu nehmen. Es liege an denen, die für die »Wirklichkeit des demokratischen Staates« verantwortlich seien, die Erwartungen an sie entweder zu enttäuschen oder zu bestätigen. Die Kritik aufnehmend, bekannte er sich zu dem Vorwurf, daß es dem »Staat nicht immer gelungen sei, sein demokratisches Selbstverständnis überzeugend darzustellen«. Zugleich griff er »autoritäres Gehabe und Machtdemonstration« an und verpflichtete sich, dazu beizutragen, daß »das Mißtrauen des Bürgers, das sich immer wieder gegenüber der staatlichen Macht und Autorität« anstaue, abzubauen. Aber genauso, wie der Staat von den Bürgern die Bereitschaft verlangen könne, »sich für Aufgaben des allgemeinen Wohls zur Verfügung zu stellen«, müßten sich die Repräsentanten des Staates »durch Sprache und Stil dem Bürger verständlich« machen. Der Bürger habe ein Anrecht darauf, »mehr Einblick in die Arbeit der Regierung, des Parlaments, der Verwaltung und der Rechtsprechung« zu erhalten. »In allen staatlichen Bereichen und auf allen Ebenen« müsse »die Öffentlichkeit gesucht werden. Die internen Kontrollen des Staates sind kein Ersatz für die Kritik durch die Öffentlichkeit.« [8]

Jene, die sich die Mühe machten, Kohls Regierungserklärung auf ihren Gehalt abzuklopfen, erkannten hinter dem soziologischen Wortgeklingel den konservativen Grund, auf dem sie aufgebaut war. Die aufgeputzte Terminologie bemäntelte eine Geisteshaltung, die sich im Prinzip nicht sehr von der Altmeiers unterschied. Sie paßte sich lediglich dem gewandelten Zeitgeist an. Kritiker fanden, daß neben dem politischen Programm auch – anders als die Ankündigungen des neuen Regierungschefs erwarten ließen – die Arbeitsweise nahezu unverändert blieb.

Im Landtag beobachtete die Opposition, daß Kohl Manieren an den Tag legte, die mit einem herkömmlichen Verständnis von Demokratie nicht viel zu tun hätten. Vielen, die ihn aus der Nähe beobachteten, kam es so vor, als habe er sich mit dem Tag verändert, an dem ihn die Amtstoga schmückte, und als verleihe ihm das Gewand die gespreizten und autoritären Allüren, die er früher an denen kritisierte, die den Staat repräsentierten. Anfang November 1969, also wenige Monate nach dem Neubeginn, registrierte der gleiche Jockel Fuchs, der mit Kohl freundschaftlich im Pfeifenkabinett zusammenhockte, er habe von dem »neuen Stil«, den der frischgebackene Ministerpräsident angekündigt habe, »im Hause, im Parlament, noch nichts gemerkt«.

Kohl erwiderte reumütig, er und die Mitglieder seiner Regierung wollten sich fortan bemühen, »langatmige, lang vorbereitete, manchmal aber nicht mehr den Kern der Diskussion treffende Erklärungen«

Helmut Kohl als Ministerpräsident
vor dem Plenum des Mainzer Landtags.

zu vermeiden und »auf das, was die parlamentarische Debatte ergibt, schnell und entschieden zu antworten« – eine Ankündigung, die so, wie Kohl sie aussprach, eher wie eine Drohung wirkte.[9]

Bald regten sich Zweifel unter den Anhängern. Sie bemängelten, daß er es nach dem geglückten Start versäumt hatte, die großen Linien zu ziehen. Er blieb dem Detail verhaftet und ließ die Kunst des Delegierens vermissen, jeden Vorgang zog er an sich.

So fragte im Sommer 1971 der SPD-Abgeordnete und Bürgermeister von Linz, Theo Lück, ob Kohl nicht mit ihm der Auffassung sei, »daß

Sie als Ministerpräsident dieses Landes sicherlich in mancher Beziehung etwas mehr Zurückhaltung üben müßten, als wenn Sie auf der Abgeordnetenbank säßen?« Lück fragte nach der siebenten Wortmeldung Kohls an diesem Vormittag. Die Antwort des Angesprochenen lautete frohgemut:»Herr Kollege! Ich bin völlig Ihrer Meinung, daß das eine Last ist, die ich nur schwer ertrage.«[10]

Kohl beherrschte die Opposition noch souveräner als Altmeier. Der alte Landeschef hatte versucht, der Debatte den Stempel aufzudrücken, indem er das Schlußwort sprach, bis die Opposition anfing, danach die Debatte noch einmal zu eröffnen. Sprach Kohl, liefen die Tricks der SPD ins Leere. Er redete zu Beginn einer Debatte, nahm zwischendurch das Wort und faßte am Ende die Diskussion mit einem Schlußwort zusammen. Während einer Haushaltsdebatte drohte er der Opposition bei einer seiner zahlreichen Wortmeldungen, er spreche jetzt sein »vermutliches Schlußwort – ich will es einmal vorsichtig und zurückhaltend formulieren«.[11]

Oftmals nervte er das Parlament damit, daß er sich in nebensächlichen Details erging, vor ihm besserwisserisch seine historischen und landeskundlichen Kenntnisse ausbreitete und sich in Zukunftsszenarien erging. Eines der Themen, die er besonders gern strapazierte, war die Raumordnung in der Region Mannheim und Ludwigshafen, in der er aufgewachsen war. Da holte er weit aus und prophezeite, daß es »noch in diesem Jahrzehnt eine verstädterte Zone vom Beginn der Eingemeindungszone im ersten Durchgang der Stadt Worms bis zum Ende der verstädterten Zone der Stadt Speyer« geben werde.[12]

Hoch schlugen die Wogen in jener Sitzung, in der er sein Konzept zur Raumordnung im Kreis Worms im Parlament verteidigte. Es sah vor, daß die Gemeinde Pfeddersheim nach Worms und die Siedlung Stelzenberg nach Kaiserslautern eingemeindet werden sollten. Kohl wies nach, daß in den Jahren zwischen 1961 und 1967 genau »811 Wormser nach Pfeddersheim« gezogen seien. »Als Oberbürgermeister von Kaiserslautern«, fügte er ironisch hinzu, »würde ich mir beispielsweise überlegen, wie ich allein das Schneeräumen nach Stelzenberg, wenn das ein Stadtteil von Kaiserslautern wäre, im Winter zu besorgen hätte.«[13]

Die patriarchalische Geste, die zum Auftreten des dreißig Jahre älteren Vorgängers gehörte, wirkte bei dem jugendlichen Nachfolger eher komisch. Eindrucksvoll und auf andere Art belustigend war seine Omnipräsenz. Bei dem Versuch, sie lückenlos durchzuhalten, nahm er auch auf architektonische Hindernisse keine Rücksicht. So störte es ihn, daß die Staatskanzlei und der Landtag, obwohl sie Wand an Wand liegen, keine durchgehende Verbindung hatten. Nach eingehender Suche fand er einen Weg über einen kleinen Saal, in dem er Orden zu verleihen pflegte. Er stieg durch das Fenster, balancierte über ein Flachdach, kletterte über das Fenster des Büros, in dem der Landtagsdirektor saß, ins Haus des Landtags und erreichte durch eine Tür in der holzgetäfelten Wand den Plenarsaal. Mitglieder, die dem Ministerpräsidenten eben noch in der Staatskanzlei begegnet waren, fanden

In der Staatskanzlei mit dem vertrauten Mitarbeiter
und Pressesprecher Hanns Schreiner.

ihn auf seinem Platz in der Regierungsbank, wenn sie nach dem üblichen Umweg über den Hof ins Parlament zurückkehrten.[14] Um immer vor Ort zu sein, richtete er sich in dem barocken alten Zeughaus aus der Zeit der Deutschordensritter, in dem der Landtag und die Staatskanzlei untergebracht sind, im Dachgeschoß ein kleines Junggesellenappartement ein.

Was die Lebensumstände betraf, beanspruchten die neuen repräsentativen Pflichten seine Zeit. Mit Menschen umzugehen fiel ihm leicht, aber er verabscheute die steifen Routineempfänge, Cocktailpartys und Stehkonvente, und wenn er konnte, mied er sie, kürzte seine Besuche ab oder lockerte mit flapsigen Bemerkungen die steife Atmosphäre auf. Lieber fuhr er zu den einfachen Leuten aufs Land. Auch in protokollarische Angelegenheiten wie Festbanketts, Ordensverleihungen und Staatsempfänge griff er mit ordnender Hand ein. Kurz vor dem ersten Neujahrsempfang im Amt entdeckte er den Namen des Abgeordneten Helmut Adamzyk aus der Pfalz auf der Gästeliste, der von der CDU zur SPD gewechselt war. Wutentbrannt strich der Gastgeber den Dissidenten von der Liste. Das führte zu Verwicklungen, denn die Fraktionskollegen von der SPD empfanden die Ausladung als Provokation. Die Mitglieder, die mit ihren Frauen in Mainz waren, packten die Fräcke und Abendkleider wieder ein, die, welche unterwegs waren, kehrten um, und jene, die die Nachricht vom Rückzug der Partei nicht rechtzeitig erreicht hatte, wurden vom damaligen Juso-Funktionär Rudolf Scharping eingesammelt und fortgeführt.

Volksnah gab er sich auch in der Staatskanzlei und ließ einen Weinkeller einrichten, in dem er die zahlreichen Besucher verköstigte, die aus allen Teilen der Republik an den Hof von Mainz strömten. Gelegentlich arteten die Festgelage aus, aber Kohls robuste Konstitution bestand die Proben auf die Trinkfestigkeit der Anwesenden stets am besten. Der *Spiegel*-Reporter Hermann Schreiber, ein Landsmann Kohls, beschrieb 1973 die »ungemein heile Welt«, in der sich der Riese Gulliver unter den Kleinwüchsigen im Land der »Reben, Rüben und Retorten« bewegte und in der die »simple Lebensregel« gelte, hier sei man »gefälligst Mensch, hier muß man's sein«. Bei Kohl gebe es keine Kleiderordnung, aber Kondition sei mitzubringen, schrieb er in einer Reportage.[15]

Bei geselligen Ausschweifungen behielt Kohl stets die Oberhand und diktierte den Mitzechern die Rollen. So berichtet Rudolf Scharping, der Regierungschef habe nach einem Gelage im Landtag »fast die gesamte rheinland-pfälzische SPD-Fraktion« dazu gebracht, über einen Strich am Boden zu laufen, den er gezogen hatte, damit sie ihre Trinkfestigkeit beweisen konnte. Scharping, der sich weigerte, lernte, »wie Kohl Menschen demütigen kann«, allerdings auch, daß seine Parteifreunde zu einem »verhängnisvollen Inferioritätskomplex« neigen.

Ein bevorzugtes Objekt seiner Dompteurkünste war sein Kultusminister Bernhard Vogel, den er zu vorgerückter Stunde mit der Aufforderung »Mach' de Aff« auf dem Tisch tanzen ließ, und bei einem

Betriebsausflug des Landtags auf einen Hochsitz schickte, da er wußte, daß das Opfer nicht schwindelfrei war.[16] Zu den häuslichen Karnevalsfesten seines Parteifreundes Elmar Pieroth erschien er im Hawaii-Hemd, übernahm die Bar, setzte willkürlich Preise für die Getränke fest und ließ den Ertrag einem karitativen Verband zukommen.

Mutproben, Erniedrigungen und Willkürlichkeiten wurden Bonner Hofchronisten erspart, die sich gelegentlich bei ihm blicken ließen. Einer von ihnen, Walter Henkels, der den neuen Ministerpräsidenten bald nach der Amtsübernahme besuchte, stellte fest, der Gastgeber habe »immer etwas viel Glockengeläut um sich«, das nicht von den benachbarten Kirchtürmen des Domes und von Sankt Stephan stamme. Vielmehr werde es »metaphorisch von verdächtig vielen Schreibern und Sprechern der Massenkommunikation erzeugt.«[17]

Zum Aufwand, den er trieb, gehörte es, die Beziehung zur »Welt des Geistes« herzustellen. Mentor und Protektor der schönen Künste zu sein, war eine seiner liebsten Tätigkeiten. Das war ein Metier, in dem sich seine Begabung, Geld lockerzumachen und Leute an sich zu binden, mit dem schönen Glanz und Schein der Kunstwelt angenehm ergänzten. Eine der ersten kulturellen Rettungstaten war die Sanierung des Bahnhofs Rolandseck, eines nördlichen Vorpostens des Landes dicht vor den Toren Bonns. Schon als Fraktionsvorsitzender hatte er durchgesetzt, daß das Bauwerk unter Denkmalschutz gestellt wurde. Ein Zuschuß von zwei Millionen Mark aus dem Landeshaushalt finanzierte Künstlern Arbeits- und Wohnmöglichkeiten. 1969 richteten sie dem Förderer ein Fest aus, das die Düsseldorfer Kunstmäzenatin Gabriele Henkel organisierte und auf dem sich 2000 ausgelassene Gäste mit dem befrackten Hausherrn tummelten. Der Pantomime und Maler Marcel Marceau hat eine sehr schöne Graphik von dem Ereignis gefertigt. Kohl ging zu den Künstlern, und die Künstler kamen zu ihm. Der Schriftsteller Heinrich Böll nahm, obwohl ihn eine Gehbehinderung an die Kölner Heimat band, die Einladung zu einem Gespräch an und unterhielt sich zwei Stunden mit ihm in der Staatskanzlei. Eine Fortsetzung wurde angekündigt, es blieb aber bei einem Besuch. Auch der Düsseldorfer Kunstprofessor Josef Beuys kam, um ihm seine Pläne für eine universelle Universität zu erläutern. Daß es bei vereinzelten Begegnungen und flüchtigen Bekanntschaften mit den Künstlern blieb, weist darauf hin, daß Kohls Mäzenatentum Bestandteil seiner Karriereplanung war.

Der Landesherr forcierte seine Bemühungen, ältere Kunstwerke zu sammeln und zu erhalten. Mit dem Direktor des mittelrheinischen Landesmuseums in Mainz, Berthold Roland, fädelte er den Kauf der Villa Ludwigshöhe bei Edenkoben ein, für die das Land einige der schönsten Bilder des Impressionisten Max Slevogt kaufte, der seinen Lebensabend in Neukastel in der Südpfalz verbrachte. Ebenso förderte er das Andenken an den gebürtigen Rheinhessen Carl Zuckmayer. Auf Kohls Geheiß porträtierte Oskar Kokoschka den Bühnenautor kurz vor dessen Tod am Genfer See. Seitdem verleiht das Land jährlich einer Persönlichkeit, die sich um die Mundartliteratur verdient gemacht hat, die »Carl-Zuckmayer-Medaille«. Zeugnisse des musischen Protektorats des Ministerpräsidenten sind über das Land verstreut – drei Kirchenfenster von Marc Chagall in der Mainzer Stephanskirche, eine Plastik von Henry Moore in Rolandseck, eine Bronze-Plastik von Hans Arp vor dem Mainzer Rathaus und eine berühmte Sammlung von Jugendstilgläsern in Pirmasens. Die Musiker, die zu

Der Ministerpräsident gibt dem Sänger Gilbert Becaud Feuer.

Wettbewerben nach Rheinland-Pfalz eingeladen werden, profitieren noch jetzt von den Erleichterungen, die Kohl bei der Erstattung der Reisespesen eingeführt hat.

Der junge Landesherr war ein großzügiger Gastgeber. Im Jahr 1974 lud er den Deutschen Künstlerbund zur Jahresausstellung nach Mainz, eröffnete die Veranstaltung und gab den Kunstschaffenden eines seiner legendären Feste mit Produkten aus der Pfalz.

Auch die Geschichte mußte als dekoratives Element herhalten. Die schwarzrotgoldene Fahne, die die demokratischen Vorkämpfer der Freiheitsbwegung beim »Hambacher Fest« im Jahr 1832 entrollten, ließ er im Plenarsaal des Landtags aufhängen. Der Journalistin Nina Grunenberg zeigte er sie als Beweis dafür, daß »historische Reminiszenzen« am Hof gepflegt würden.[18]

Die Faszination, die von ihm ausging, weckte auch die Neugier der Intellektuellen. Sebastian Haffner nannte ihn, allerdings ohne ihm je begegnet zu sein, teils ironisch, teils anerkennend, ein »rheinland-pfälzisches CDU-Wunderkind«. Günter Gaus, Johannes Gross und Peter Scholl-Latour saßen an seinem Tisch. Der eine oder andere fühlte sich zeitweilig als Kohls Berater, aber die wenigsten Vertreter der Geisteswelt hielten es lange bei ihm aus, nicht zuletzt, weil er selten die Ratschläge befolgte, um die er sie bat.

Gesellschaftliche Randgruppen schloß Kohl bewußt in die politische Arbeit ein. Er setzte sich für eine Humanisierung des Strafvollzugs ein und begnadigte im ersten Amtsjahr acht zu lebenslanger Haft verurteilte Strafgefangene.

Jährlich, kurz vor Weihnachten, besuchte er die Haftanstalt Diez, in der die Schwerverbrecher einsaßen, und sprach mit denen, die für eine Begnadigung in Frage kamen, um sich zu überzeugen, daß sie die bevorzugte Behandlung verdienten, zog auch ihre Akten bei und studierte gründlich die einzelnen Fälle.

Mit einer fast makabren Lust unterzog er sich der Aufgabe, bei feierlichen Beerdigungszeremonien an den offenen Gräbern der Verstorbenen die letzte Rede zu halten. Er habe schon in jungen Jahren eine Beziehung zum Tod und zu den Toten entwickelt, weil er »mehr an Gräbern« habe »sprechen müssen als andere«, sagte er. Während seiner Reden habe er sich geprüft, ob er alle Konflikte, die er mit den Verstorbenen hatte, bereinigt habe. Das sei einer der Gründe dafür, daß er sich bemühe, »Streitigkeiten zu Lebzeiten« auszutragen.[19] Die Nähe zum Tod und den offenen Gräbern bewirkte bei ihm keine metaphysischen Schübe, sondern veranlaßte ihn, gute Vorsätze für den Umgang mit Parteifreunden zu fassen. Mit der Totenehrung verband er aber auch eine Befriedigung seiner Eitelkeit. Mitarbeiter Schreiner erinnert sich aber auch, daß er hinterher immer fragte, ob seine Rede gut gewesen sei.

Großen Wert legte er auf den privaten Kontakt mit seinen Mitarbeitern, sei es aus Eigennutz oder aus Harmoniestreben. »Wer die Frau kennt, kennt auch den Mann«, pflegte er zu sagen. Schreiner bemerkte, daß sich Kohl in den Fällen, in denen sie nicht übereinstimmten, an seine Frau wandte und zum Beispiel mit einem Blumenstrauß einen Besuch abstattete. »Schimpfte ich mal zu Hause über Kohl, bekam ich ernsthafte Schwierigkeiten.«

Der neue Stil innerhalb des Kabinetts spiegelte die Art wider, wie Kohl politische Entscheidungen traf. Da er die Verantwortung bereits vor einer Entscheidung auf mehrere Schultern verteilte, zog er zu den Ressortministern die Vorsitzenden der Koalitonsfraktionen und ihre

Das 1. Kabinett Kohl 1969.

Geschäftsführer hinzu. Eine derartig umsichtig aufs Gleis geschobene Kollektivierung hatte den Vorteil, daß sich hinterher keiner mit der Begründung davonstehlen konnte, er sei nicht dabeigewesen. Die persönliche Referentin Juliane Weber, die er aus der Fraktion mitbrachte, saß im Hintergrund und notierte die persönlichen Daten der Beteiligten.[20] Kohl pochte auf die Einhaltung der strengen Sitzungsdramaturgie, die vollzähliges Erscheinen voraussetzte. Störte ihn etwas, schreckte er nicht vor schulmeisterlichen Zurechtweisungen zurück. »Wehe, wenn man sich vor einer Kabinettsitzung drücken wollte«, erzählte das Kabinettsmitglied Heinz Schwarz dem Journalisten Karl Hugo Pruys.[21]

Einmal unterbrach er eine Sitzung, weil ihm die Frisur eines Ministers mißfiel, solange, bis der Betreffende vom Friseur zurückkehrte.

Der Regierungschef habe die Sitzungen »eher straff, auf Effizienz zielend, immer auf Kürze angelegt«, geleitet, berichtet Schwarz weiter. Er habe »partout jeden Wortstreit während einer Kabinettsitzung vermeiden« wollen. Schien sich ein Krach anzubahnen, habe er ihn »immer gleich abgebogen«. Die Teilnehmer mußten sich vorweg über Details informieren und sie, wenn nötig, mit ihren Kollegen abstimmen. Diskussionen »im landläufigen Sinn« wurden nach Auskunft von Schwarz vermieden, eher wurden »Fragen philosophischer Art, Grundsatzprobleme also« besprochen.

Das Muster kommt denen, die mit Kohl am Bonner Kabinettstisch sitzen, bekannt vor. Entschieden wurde und wird niemals am Kabinettstisch, dort findet nicht einmal eine Debatte zur Sache statt. Alle Beschlüsse wurden und werden vom Chef in kleinen Zirkeln nach einem von ihm bestimmten Einladungsmodus vorbereitet. Jeder, der mit Kohl zusammengearbeitet hat, weiß, wie anstrengend sein Arbeitsstil ist. In Mainz brachte er die Mitarbeiter der Verwaltung zur Verzweiflung, da er sich prinzipiell nicht an den Dienstweg hielt, die Behördenchefs umging und sich die Informationen auf direktem Wege von den Referenten oder sogar Sachbearbeitern beschaffte. War er in Eile, zögerte er nicht und verlangte telefonisch umgehend Erledigung.

Die meiste Zeit nahmen die sondierenden vorbereitenden Beratungen in Anspruch, in denen ausführlich das Für und Wider eines Sachverhalts erörtert wurde.

Schreiner berichtet, es sei häufig vorgekommen, daß er zu Beginn einer Debatte seine Präferenz nicht erkennen ließ. Jedenfalls vermied er es, im »Kommandoton« Direktiven auszugeben, die keine Mehrheit fanden oder sich als nicht durchsetzbar erwiesen. Selten lenkte er die Meinungsbildung mit eigenen Vorstellungen in eine bestimmte Richtung. Lieber griff er Anregungen anderer auf oder faßte kontroverse Debatten mit einem komplizierten Sachverhalt so zusammen, daß die Mehrheitsmeinung niemanden brüskierte.

Bot sich Kohl die Gelegenheit zur Demonstration politischer Stärke, geschah es zuweilen, daß er das vernünftige Maß aus den Augen verlor und überzogenen Ansprüchen das Wort redete. Beispielsweise setzte er bei dem Kauf eines regierungseigenen Großrechners Maßstäbe an, die weit über den Erfordernissen eines Bundeslandes lagen. Der Computer stammte von der gleichen Firma, die Rechensysteme an das Bundesverteidigungsministerium in Bonn lieferte, und war für die kleine Landesregierung viel zu groß ausgelegt. Die Oppositionsführer Wilhelm Dröscher und Rudolf Scharping hielten ihm folglich die Verschwendung von Steuergeldern in Höhe von 3,8 Millionen Mark vor.

Im Gefolge der Anschaffung entstand eine Diskussion um den Datenschutz, und Kohl weigerte sich lange, einen Datenschutzbeauftragten zu ernennen.[22]

Dagegen akzeptierte die Fraktion widerspruchslos die »Sprechstunden«, die Kohl im Zuge der Erneuerung und Modernisierung des Regierungsapparats einführte. Er hielt sie alle zwei bis drei Monate jeweils einen Vormittag. Jeder Bürger des Landes, der sich in Not befand oder mit der Bürokratie nicht zurechtkam, konnte zu ihm kommen, und er konnte sicher sein, daß sein Fall bearbeitet, wenn möglich gelöst wurde. »Wir haben nie jemanden abgewiesen«, sagt sein früherer Helfer Willi Engelbreit, »wir haben versucht, in jedem einzelnen Fall zu helfen«.[23]

IN DIESER ZEIT baute Kohl sein Haus in Ludwigshafen-Oggersheim. Inmitten eines neuen Villenviertels an einem ausgetrockneten Altrheinarm, ist es in einem Stil errichtet, als habe ein Riese mehrere Würfel übereinander gehäuft. Das Ehepaar leitete den Bau so rechtzeitig ein, daß es mitsamt der zwei Buben, die drei und fünf Jahre alt waren, den Haustieren und dem Aquarium sofort mit dem Amtswechsel einziehen konnte.

Im Innern wiederholt sich der wuchtige Eindruck der Außenseite. Der Boden der Diele ist aus Schiefergestein, in die Wände sind einige schwere, gußeiserne, alte Kaminplatten eingelassen. Die altertümlichen

Besuch eines Manövers der französischen Truppen in Speyer mit den
Söhnen Peter (links) und Walter, dahinter Ehefrau Hannelore.

»Kunstgegenstände«, die »stehend, liegend oder hängend den Raum
füllten«, seien von »ordnungsliebender Hand plaziert« worden, schreibt
Kohl-Biograph Wolfgang Wiedemeyer, der das Haus wenige Jahre
nach dem Einzug besuchte. Es amüsierte ihn, daß ihm eine »peinliche
Ordnung in den Zimmern« begegnete, in die er geführt wurde. Eine
Ausnahme bildeten die Bücher, die kunterbunt in den Regalen standen,
viele von ihnen noch in der Schutzhülle, in der sie der Hausherr ge-
kauft oder geschenkt bekommen hatte. Darunter waren Erinnerungs-
stücke aus der Kindheit und Jugend, die Abenteuerromane von Karl
May und eine deutschsprachige Ausgabe der 1947 in Moskau gedruck-
ten Werke von Karl Marx.

Kurzum, im Hause waltet guter bürgerlicher Durchschnittsgeschmack. *Spiegel*-Reporter Hermann Schreiber attestierte der Villa
eine bewußte Assoziation zum Bonner Kanzlerbungalow und fand, das
Arrangement habe einen »Zug zum Teuren, Repräsentativen, freilich

minus Originalität«. Die Unterhaltungsmusik wurde, als er zu Besuch war, von der »Dame des Hauses« mittels einer elektronischen Hausorgel erzeugt. Der Gast wurde in dem Wohnraum in eine »große Sitzgruppe von zeitloser Eleganz« auf beigem Teppich komplimentiert, die sich um »polierte Steintische« gruppierte.[24] Kohl muß das Zeitlose beim Kauf wörtlich genommen haben. Sein Wahlhelfer Peter Boenisch fand bei einer Einladung im Herbst 1994 die »gleiche gelbe Couch« vor, auf der der Hausherr »20 Jahre lang gesessen hat«. Nachdem er das Haus gebaut und eingerichtet hatte, kümmerte er sich nicht mehr um das Interieur.[25]

In dieser Umgebung richtete sich Hannelore Kohl auf ihre Pflichten als Landesmutter ein. Zweimal in der Woche hielt sie einen »Tag der offenen Tür« ab, an dem die Petenten zu ihr kamen. Ging die Erledigung der Wünsche über ihre Kräfte, zog sie Engelbreit hinzu. Der private Bereich im oberen Stockwerk war für Besucher tabu.

Die Ehe verlief nicht so, wie es sich Ehefrau Hannelore während der langen Verlobungszeit vorgestellt hatte. Mit dem Einzug in Oggersheim wuchsen die Belastungen für beide, und damit vergrößerte sich die Entfremdung zwischen ihnen. Der Mann kam höchstens zweimal in der Woche nach Hause, und wenn er da war, wollte er ausspannen. Sie machte aus ihren verlorenen Hoffnungen bald keinen Hehl mehr.

Zweimal redete sie offen über ihr »Leben mit einem Prominenten«, einmal in den 70er Jahren im Gespräch mit der Journalistin Lieselotte Millauer, das zweite Mal mit der damaligen ZDF-Reporterin Barbara Friedrichs im Jahr 1992. Man müsse, sagte sie, »vor allem warten können«. Nach »vier, fünf Stunden echten Wartens« könne man nur noch von einem Hund verlangen, daß er sich immer freut. Sie klagte: »Ich habe von unserem Hund gelernt.« Oftmals habe sie ihren Kummer »in sein Fell geweint, manchmal auch meine Wut.« Ihr Mann habe, auch im Umgang mit seinen Söhnen, die »psychologische Schwierigkeit eines Vaters gehabt, der allmählich den Zugang zu den Problemen seiner Familie verliert.« Der, um den es ging, saß bei dem Gespräch mit der Millauer dabei und schwieg.[26]

Der Hund, von dem sie sprach, war der Schäferhund Igo. Er war von seinem Herrn abgerichtet worden. Nachbarn berichten, wenn sie am Haus der Kohls vorbeigekommen seien und der Hausherr sich im Vorgarten aufhielt, habe er eine Dressurvorstellung gegeben. Sagte Kohl zu dem Tier: »Christdemokrat«, blickte Igo freundlich und wedelte mit dem Schwanz. Sagte er »Soz'«, schaute das Tier grimmig drein, zog die Lefzen hoch und knurrte. Auf das Stichwort: »Freidemokrat« legte er sich auf den Rücken und wedelte mit den Beinen.

Fraktions- und Parteifreunde sahen ihn häufig mit dem Hund umherstreifen, der ihn auch nach Mainz zur Arbeit begleitete. So ließ er Hannelore nicht einmal den vierbeinigen Tröster. Als der Biograph Wiedemeyer Anfang der 70er Jahre das Haus besuchte, war Igo gestorben. Einen Ersatz gab es nicht. Dafür hoppelte ein Hase in der Küche umher, eine Katze war da, und die Familie erzählte ihm, man könne den Vater »beim Saubermachen des Hasenstalles« beobachten. Er habe sich auch vorbehalten, die Haushasen vor Ausstellungen zu wiegen, um herauszufinden, ob sie ihr Idealgewicht hätten.

Kurz nach dem Einzug setzte eine weitere Entwicklung ein, die die Familie noch mehr belastete als die Entfremdung des Vaters. Die RAF beging ihre ersten Anschläge. Kohl wurde auf die Liste der bedrohten Personen gesetzt und er und die Familie unter Polizeischutz gestellt. Von da änderte sich ihr Leben grundlegend. Daß er – bis zum heutigen Tag – als gefährdete Person rund um die Uhr bewacht wird, das, sagt er, habe er zu ertragen gelernt. Unangenehmer war es für die Söhne. Sie mußten mit Polizeieskorte zur Schule und zurück gebracht werden und jede Auffälligkeit melden. Vor dem Haus wurde ein Wachhäuschen aufgestellt, in die Fenster wurde Panzerglas eingesetzt, die Rolläden mußten bei Anbruch der Dunkelheit heruntergelassen werden. Überall im Haus wurden Alarmklingeln installiert. Um das Grundstück wurde eine Mauer gezogen.

Als der Chef der Berliner Treuhandanstalt, Detlev Rohwedder, im ersten Stock seines Hauses von einem Schützen, der im Garten stand, erschossen wurde, mußte die Mauer um das Kohlsche Anwesen auf Anordnung der Sicherheitsbehörden erhöht werden. Um den tristen Eindruck aufzuhellen, ließen sie die Backsteinwand mit grün angemalten Latten verkleiden.

Der Naturliebhaber Helmut Kohl bekommt von der Naturschönheit in seinem Haus nur wenig zu Gesicht, vielleicht für die Dauer eines Lidschlags einen Vogel, der über das Grundstück streift. Der amtlich bestellte Gärtner besorgt die Pflege. Bei seinem Besuch in Oggersheim, bei dem der Hausherr streng darauf achtete, daß nichts Privates ins Bild kam, staunte der Fernsehreporter Günther Jauch, daß der Rasen »Golfformat« habe: »Also kein Löwenzahn, kein Gänseblümchen und ordentlich gestutzt.«[27]

Im Oktober 1969 mit den beiden Söhnen und dem Schäferhund Igo.

6

WERBEN UM DIE LIBERALEN

VON DER RHEINLAND-PFÄLZISCHEN HEIMATSTADT aus richtete Helmut Kohl den Blick nach Bonn. Gelegentlich den Bundespolitikern ein Bein stellend, manchmal ihnen vorauseilend, war die Annäherung an die FDP jetzt das vorrangige Ziel. Im Herbst 1968 schickte er den CDU-Generalsekretär Bruno Heck zu dem Parteifreund Richard von Weizsäcker mit der Anfrage, ob er sich vorstellen könne, für das Amt des Bundespräsidenten zu kandidieren. Die beiden Unionsführer gingen von folgender Lage aus: Das Staatsoberhaupt Heinrich Lübke wurde bedrängt, vorzeitig aus dem Amt zu scheiden, da der Verdacht aufkam, er sei in den 30er Jahren in einem Architekturbüro »Schlempp« an der Planung von Baracken für Häftlinge in den Konzentrationslagern der Nazis beteiligt gewesen. Schließlich drängten die Parteifreunde den wehrlosen Lübke, der an einer Zerebralsklerose, also einer Gehirnverkalkung litt, zu der Mitteilung, er werde einige Wochen vor dem Ende seiner Amtszeit ausscheiden. Damals ahnten es einige, aber niemand konnte es nachweisen, daß die Dokumente, auf die sich die Vorwürfe stützten, in der DDR gefälscht und der Presse zugespielt worden waren.[1]

Kurz darauf, Anfang August 1968, teilte der SPD-Vorsitzende Willy Brandt seinem Kollegen von der CDU, Kurt Georg Kiesinger, brieflich mit, daß sich seine Partei entschlossen habe, einen Kandidaten aus den eigenen Reihen für das Amt des Bundespräsidenten vorzuschlagen. Da der Absender Außenminister, der Adressat Bundeskanzler der Koalitionsregierung war, konnte das Schreiben als Ankündigung verstanden werden, die Zusammenarbeit aufzukündigen – eine Interpretation, die von allen Seiten sogleich dementiert wurde. Die CDU/CSU mußte sich also sputen, einen geeigneten Bewerber zu finden, zumal die SPD ihre Ankündigung ernst machte und ihren Justizminister Gustav Heinemann nominierte.

Weizsäcker war inzwischen in einer anderen Position als beim ersten Angebot Kohls, in den Bundestag einzuziehen. Er war in einer Bonner

Anwaltskanzlei tätig, saß im CDU-Bundesvorstand und hatte mit vierjähriger Verspätung Kohls Angebot angenommen, auf dem zweiten Platz hinter dem früheren EG-Kommissar Walter Hallstein auf der rheinland-pfälzischen Landesliste für den Bundestag 1969 zu kandidieren. Kurz, er hatte das realisiert, was ihm zuvor widerstrebt hatte, er war dabei, in die Politik zu wechseln. Das Angebot Hecks, für das höchste Staatsamt zu kandidieren, kam für ihn so überraschend, wie es dasjenige gewesen war, das Kohl ihm in Ingelheim gemacht hatte. Er erinnert sich, sprachlos gewesen zu sein, als ihn der Generalsekretär aufsuchte. Natürlich fragte er ihn, wie seine Aussichten stünden, gewählt zu werden. Heck konnte es ihm nicht sagen. Weder die CDU/-CSU noch die SPD hatten eine Mehrheit, die es ihnen ermöglichte, einen Kandidaten aus eigener Kraft durchzubringen. Jede der beiden Parteien mußte einen Partner beibringen. Das konnte nur die FDP sein, die rechtsradikale NPD, die ebenfalls in der Bundesversammlung saß, kam als Mehrheitsbeschaffer nicht in Betracht.

Das veranlaßte Heck, der ein vorsichtiger Mann war und alle Schritte bedächtig abwog, ehe er sie unternahm, beim FDP-Vorsitzenden Walter Scheel diskret zu sondieren, ob er die Freidemokraten dafür gewinnen könne, Weizsäcker zu unterstützen. Der Gesprächspartner ließ sich nicht in die Karten schauen, gab nicht eindeutig zu erkennen, ob seine Partei Weizsäcker wählen würde und einen anderen Kandidaten – der Verteidigungsminister Gerhard Schröder war im Gespräch – nicht oder ob sie sich schon auf Heinemann festgelegt hatte. Heck hörte aber heraus, daß für Scheel weniger die Person als die Frage entscheidend war, ob die Union bereit und imstande war, sich zu erneuern. Es ging ihm nicht so sehr um die Person als um die Reformfähigkeit der CDU/CSU. War das letztere der Fall, war der Kandidat ein Ergebnis dieser Bemühungen. Darauf hatte Heck naturgemäß keine Antwort, ihm stellte sich die Sache andersherum dar: Präsentierte die Union Weizsäcker, bewies sie damit, daß sich in ihr die Reformkräfte durchsetzten.

Weizsäcker äußerte sich ebenfalls abwartend. Der Grund dafür war nicht, daß er sich die Aufgabe nicht zugetraut hätte oder sich zu jung fühlte (zur Zeit des Amtsantritts wäre er 50 Jahre alt gewesen), sondern daß er nicht von einer Einigung von CDU/CSU auf seine Person überzeugt war. Seine Zweifel bezogen sich vor allem auf die CSU, aber auch auf die konservativen Kräfte seiner Partei. Er zählte sich, wie er das definierte, zum »linken Drittel« der CDU, das keine Mehrheit hatte. Außerdem fürchtete er den Vorwurf, es mangele ihm an »politischer Erfahrung und politischem Bekanntheitsgrad«.[2] Wie berechtigt die Bedenken waren, wurde deutlich, als die ersten Spekulationen über seine Kandidatur die Runde machten, denn die Öffentlichkeit rätselte, mit wem sie es zu tun habe. Die einen dachten, es sei der Physiker und ältere Bruder Carl-Friedrich von Weizsäcker gemeint, der sich mit seinem Eintreten gegen die Wiederbewaffnung der Bundesrepublik und ihre atomare Ausstattung einen Namen gemacht hatte. Den anderen fiel Ernst von Weizsäcker ein, der Vater. Jene, die an den Präsidenten des Deutschen Evangelischen Kirchentages dachten, lagen richtig. Die Verwunderung, die mit dem Bekanntwerden des Namens einherging, wird mit der Anekdote unterstrichen, der Kandidat sei erschrocken gewesen, als er im Radio gehört habe, daß ein Weizsäcker im Gespräch sei, und habe nicht geglaubt, daß er es sei.

Der Berliner *Tagesspiegel*, kleidete seine Betrachtung über die Qualitäten eines Präsidenten Weizsäcker vorsichtig in die Worte, wer ihn kenne, lobe seine »vornehme Art, seinen klaren Verstand und seine Fähigkeit zur Vermittlung und Ausgleich«. Seine »Freunde« bedauerten indessen den »Mangel an Erfahrung in der politischen Tagesarbeit« und die »genaue Kenntnis des Dickichts der Bonner Verhältnisse«. Das Blatt schloß daraus, daß der Bewerber, falls er gewählt werde, »auf fremde Ratgeber angewiesen wäre«.[3] Heck ließ sich vom öffentlichen Echo nicht abschrecken, da er überzeugt war, daß Weizsäcker den Bekanntheitsgrad schon bekommen werde, sobald er nominiert wurde, und die Erfahrung sich einstellen werde, sobald er im Amt war. Schon bei ihrer nächsten Unterredung sah er sich in einer günstigeren Position als vorher, denn sowohl Kiesinger als auch der Fraktionschef Rainer Barzel befürworteten die Bewerbung. Allerdings hielt sich auf seiten Kiesingers die Begeisterung in Grenzen. Barzel rückte von seiner Zustimmung später wieder ab.

Im Verlauf der Gespräche gelang es Heck, den widerstrebenden Kandidaten auf seine Seite zu ziehen. Rückblickend sagt Weizsäcker, sein Licht in den Schatten stellend, das »einzige«, was für seine Kandidatur gesprochen habe, »seien wahltaktische Überlegungen« gewesen, nämlich jene, für die FDP attraktiv zu sein.[4]

Damit hat Weizsäcker treffend das Motiv benannt, das Kohl bewegte, ihn zur Kandidatur zu ermutigen. Er konnte so gut wie jeder andere seiner Parteifreunde erkennen, daß die Große Koalition ihrem Ende entgegenging, und anders als die meisten seiner Parteifreunde registrierte er das nicht nur, sondern wünschte es auch. Die SPD-Führung –

der CDU/CSU beim Versuch der Auflösung eine Nasenlänge voraus – trieb die Entzweiung voran und kam der FDP mit ihrem Beschluß, das Mehrheitswahlrecht aufzugeben, weit entgegen. Die Nominierung Heinemanns war geschickt als zusätzlicher Köder ausgelegt. Dagegen wahrte Kiesinger Distanz. Er behandelte während seiner Regierungszeit die FDP herablassend, ließ sich nicht einmal zu einem Gespräch mit einem ihrer Vertreter herbei und dachte nicht im geringsten an ein Zusammengehen. Er war auch noch auf die Fortsetzung der Koalition fixiert, als sie schon in weite Ferne gerückt war. Sein Parlamentarischer Staatssekretär, Karl Theodor Freiherr zu Guttenberg von der CSU, bestärkte den Kanzler in seiner Unbeirrbarkeit.

Von Kohls Warte aus betrachtet, lagen die Dinge anders. Als er im Herbst 1968 an Weizsäcker herantrat, war er im Begriff, die Koalitionsregierung mit der FDP zu übernehmen. Seit der Bildung der Großen Koalition liefen seine Karriere in Rheinland-Pfalz und die Entwicklung in Bonn asynchron. Jetzt wollte er sichergehen, daß seine Bemühungen um eine Partnerschaft mit der FDP im Bund nicht so kläglich scheiterten wie 1966. Über die Entwicklung in der FDP war er ziemlich genau informiert, da er während der ganzen Zeit zu ihren führenden Leuten Kontakt hielt, vor allem zum Parlamentarischen Geschäftsführer Hans-Dietrich Genscher, aber auch zum FDP-Bundesgeschäftsführer Hans Friderichs.

Kurz gesagt, zur gleichen Zeit, zu der sich Brandt anschickte, eine Brücke zur FDP zu bauen, war Kohl bestrebt, ihr ebenfalls eine Offerte zu unterbreiten, mit dem Unterschied, daß jener ein Stück weiter war als er. Entschieden war der Wettlauf aber im Herbst 1968 nicht. Es kam den Bemühungen Kohls entgegen, daß bei den Liberalen ein Mißbehagen gegen Heinemann herrschte, das demjenigen des konservativen Flügels der Union gegen Weizsäcker entsprach. Weizsäcker berichtet, daß prominente Freidemokraten wie der FDP-Fraktionsvorsitzende Wolfgang Mischnick, dessen Vorgänger Knut von Kühlmann-Stumm, Josef Ertl und andere zu erkennen gaben, daß sie Weizsäcker vorzogen.

Im November entschied sich Gerhard Schröder, zu kandidieren, weniger von taktischen Erwägungen als von einer tiefen Abneigung gegen Heinemann geleitet, der in seinen Augen in jeder Hinsicht die gute Sache verriet, die er vertrat: Heinemann hatte die CDU verlassen, war gegen die Wiederaufrüstung, hatte eine eigene Partei mit diffusen pazifistischen Zielen gegründet und vertrat Auffassungen, die den seinen zuwiderliefen. Schröder hielt sich, wie er sagte, für den »geborenen Gegenkandidaten«. Die beiden Bewerber Weizsäcker und Schröder nötigten die Union zu einer Richtungsentscheidung. Der Verteidigungsminister war von Herkunft, Ausbildung und Neigung stockkonservativ, überdies ein Mann, der seine Zeit überlebt hatte. Er war der Jugend nicht zu vermitteln, schon gar nicht der aufgeklärten Generation der 68er.

So zog er keine ordentliche Trennlinie zur NPD und erklärte, er würde eine Wahl auch mit ihren Stimmen annehmen, da beim Wahlakt jede Stimme gleich sei. Das war eine Bemerkung, mit der er den letzten Liberalen vergrämte. Die CSU zögerte so lange, bis Franz Josef Strauß das Heft in die Hand nahm. Er schlug sich auf die Seite Schröders. Kurz vor der parteiinternen Wahl im November 1968 beschlossen die CSU-Führungsgremien, Strauß zu folgen. Die Parole, welche die CSU ausgab, lautete nicht, Schröder werde alle ihre Stimmen bekommen, sondern sie sei nicht imstande, sie Weizsäcker zu geben, da sie ihn nicht kenne. Damit war die Vorauswahl in dem Gremium, das vom Vorstand der Fraktion und den Vorständen der beiden Parteien CDU und CSU gebildet wurde, weitgehend entschieden. Die Festlegung der CSU hinderte Weizsäcker nicht, an seiner Kandidatur festzuhalten. Im Gegenteil, sie bestärkte seine Absicht, den Wählern zu signalisieren, daß die CDU/CSU eine liberale Alternative anzubieten hatte.

Um so erstaunter war er, als sich am Abend vor der parteiinternen Abstimmung Kohl bei ihm meldete und ihn zu überreden versuchte, seine Kandidatur zurückzuziehen. Er begründete das damit, daß er, Weizsäcker, keine Chance habe, gewählt zu werden. Er habe mit Strauß gesprochen, der ihm versichert habe, daß die CSU geschlossen für Schröder stimmen werde. Weizsäcker sagte später, Kohl sei stolz auf die *Trouvaille* gewesen, die er mit seiner Kandidatur habe präsentieren können, am Vorabend der Wahl sei davon keine Rede mehr gewesen. Weizsäcker empfand das als eine Zumutung. Über Kohls Motive für den Schwenk konnte er nur Vermutungen anstellen. Eine Erklärung war, der Parteifreund habe Strauß beweisen wollen, daß er imstande war, in der Union für Ordnung zu sorgen, indem er ihm das Hindernis aus dem Weg räumte, das er aufgestellt hatte.

Kohls Argument, er solle vorzeitig verzichten, weil sich keine Mehrheit für ihn finde, überzeugte Weizsäcker nicht. Daher erwiderte er verärgert, er sei zu einer »Wetterfahnenorientierung« nicht bereit und lasse es sich nicht gefallen, zuerst von der Parteiführung überredet zu werden, in die Bresche zu springen, um dann, wenn das Kalkül nicht aufgehe, von der Kandidatur zurückzutreten, als sei das eine Frage der Opportunität. Auch verspürte er keine Neigung, Strauß in einer Situation gefällig zu sein, in der es ihm nicht notwendig erschien.[5] Doch war Kohls Forderung, auf die Kandidatur zu verzichten, nicht nur eine Verbeugung vor dem Machtanspruch von Strauß. Kohl war klar geworden, daß er in der eigenen Partei vergebens um eine geschlossene Unterstützung warb. Ihr konservativer Flügel um den baden-württembergischen Ministerpräsidenten Hans Filbinger war für Schröder, desgleichen aus landsmannschaftlicher Verbundenheit ein Teil der nordrhein-westfälischen CDU.

Schröder marschierte als klarer Favorit in die geheime Abstimmung am 15. November 1968 und wurde nominiert. Von den 85 Stimmen entfielen nur 20 auf Weizsäcker.

Der SPD-Vorsitzende wird die Nachricht mit großer Erleichterung vernommen haben. Mit Recht stieg seine Zuversicht, daß Heinemann der erste sozialdemokratische Bundespräsident werden würde. Ein Stoßseufzer hallt bis in die Memoiren, in denen er vermerkt, es hätte Kiesinger gelingen können, den SPD-»Kandidaten bei den FDP-Leuten auszustechen«, wenn er »einen Namen ins Spiel gebracht hätte, der häufig fiel: Richard von Weizsäcker«.[6]

Brandts Wunschpartner Scheel wollte zwar mit ihm zusammengehen, aber nicht um den Preis einer innerparteilichen Spaltung, denn die FDP konnte nur etwas bewirken, wenn sie geschlossen operierte. Anscheinend wäre Brandt auch bereit gewesen, das Signal, das er mit Heinemann nach links stellte, nach rechts zu geben, wenn Weizsäcker angetreten wäre. Gegenüber Kiesinger gab er zu verstehen, daß es für ihn bei einer Kandidatur Weizsäckers »praktisch unmöglich« gewesen wäre, »seine Freunde gemeinsam auf Heinemann einzuschwören«. Das berichtet Weizsäcker in seinen Erinnerungen.[7]

In der Rückschau auf die Wahl Heinemanns ist es reizvoll, die gescheiterte Alternative mit Richard von Weizsäcker nochmals durchzuspielen. Heinemann bekam bei der Wahl im Berliner Reichstag am 5. März 1969 im ersten Wahlgang erheblich weniger Stimmen als nach den Probeabstimmungen der FDP zu erwarten war. Die Wahlmänner der FDP waren sich bei weitem nicht so einig wie die der CDU/CSU, die nahezu geschlossen zu ihrem Kandidaten standen.

Schröder lag bei dieser Abstimmung nicht nur dicht auf, sein Anhang vermehrte sich im folgenden Wahlgang von 501 auf 507 Stimmen, der-

jenige Heinemanns verminderte sich von 514 auf 511 bei jeweils fünf Enthaltungen. Im letzten Wahlgang verzeichnete Heinemann eine Stimme mehr, Schröder eine weniger. Da zum Schluß die einfache Mehrheit genügte, wurde Heinemann mit einem Vorsprung von nur sechs Stimmen (512 zu 506) gewählt.[8]
Unter der Annahme, Weizsäcker hätte kandidiert und bei den Wahlmännern der FDP die Mehrheit hinter sich gebracht, hätte er damit rechnen können, bereits im ersten Wahlgang die absolute Mehrheit zu bekommen. Er benötigte dazu, die Abwesenheiten eingerechnet, lediglich 15 Stimmen der Freien Demokraten. Das Rechenspiel ist verblüffend. Die Union war einem Erfolg in der Bundesversammlung näher, als Strauß das wahrhaben wollte oder gar wünschte.

Spinnt man den Gedanken weiter, wären die Ausgangsbedingungen für die sozialliberale Koalition nicht so günstig gewesen, jedenfalls hätte sie es sehr viel schwerer gehabt als nach der geglückten Heinemann-Wahl, der das Ereignis vorausblickend als ein »Stück Machtwechsel« kennzeichnete.

DASS SICH KOHL von der Niederlage nicht abhalten ließ, mit neuen Kräften weiter um die FDP zu werben, bewies er rasch. Mitten in den Vorbereitungen auf die Bundestagswahl 1969, die sich der Wahl des Präsidenten anschlossen, bot er FDP-Bundesgeschäftsführer Hans Friderichs an, Staatssekretär im rheinland-pfälzischen Landwirtschaftsministerium zu werden. So verwegen der Coup war, so sehr erstaunt es, daß sich Friderichs auf ihn einließ. Immerhin gehörte er zum engeren Kreis um Scheel, in dem sich die liberalen Geister wie Hans-Dietrich Genscher, Karl-Hermann Flach, Willy Weyer, Ralf Dahrendorf, Wolfgang Rubin, Wolfgang Döring und Wolfgang Mischnick zusammenfanden. Sie betrieben die Wahl Heinemanns und sie arbeiteten, nachdem das Manöver geglückt war, auf eine sozialliberale Koalition mit dem Ziel hin, der neuen Ostpolitik zum Durchbruch zu verhelfen.

Das Angebot war Friderichs insofern willkommen, als es aus seiner Heimat stammte, wo die Familie seit langem an der Mosel lebte. Er hatte seine Karriere im rheinland-pfälzischen Verbandswesen und in der Kommunalpolitik begonnen, war Geschäftsführer der Industrie- und Handelskammer von Rheinhessen in Bingen, Vorsitzender des FDP-Bezirksverbands Trier und Mitglied im Kreistag. Hätte ihn nicht Altmeiers Schulpolitik abgestoßen, wäre er womöglich in der CDU gelandet. In Bonn ging er durch die Schule Genschers. Der Hallenser war 1963, dem Jahr, in dem Friderichs zu ihm in die Bonner Geschäftsstelle kam, in Personalunion Geschäftsführer der Fraktion und der Partei ohne Bundestagsmandat. Ein Jahr danach beerbte ihn Friderichs im Amt des Parteigeschäftsführers, und nach der Wahl 1965 hatten beide ein Mandat im Bundestag.

Friderichs reizte das Angebot Kohls, er besprach sich aber vorsichtshalber mit Scheel, ohne dessen Einwilligung er es nicht angenommen hätte. Der riet ihm, nicht nach, sondern vor der Bundestagswahl in die Mainzer Regierung einzutreten, »damit es nicht so aussieht, als wäre der Wechsel ein Ergebnis der Wahl«.[9] Mit der Zustimmung des Parteivorsitzenden gewann Friderichs' Wechsel für Kohl an Bedeutung. Auch wenn die Parteien zum damaligen Zeitpunkt in unverrückbarer Frontstellung zueinander standen, konnte der Wechsel auf lange Sicht ein Zeichen für die Annäherung zwischen CDU und FDP sein.

Knapp 14 Tage vor der Bundestagswahl, am 15. September 1969, überreichte Kohl seinem neuen Staatssekretär im Ministerium für Landwirtschaft, Weinbau und Forsten die Ernennungsurkunde. Der Vorgänger, auch er von der FDP, wechselte zu einer internationalen Behörde, und der FDP-Landesvorsitzende Hermann Eicher war einverstanden. Auf Wunsch Kohls arrangierte sich Friderichs mit seinem Vorgesetzten, dem Landwirtschaftsminister Otto Meyer von der CDU, er selbst kümmerte sich um den Weinbau und der Minister um die Bewirtschaftung der Felder und die Pflege des Waldes. Das war eine Regelung, wie sie nur bei Kohl möglich war. Dagegen waren die Bonner Aussichten für Friderichs bei näherem Hinsehen wenig vielversprechend. Er wußte aus den Vorgesprächen, daß die beiden Ressorts, die ihn bei der Bildung der Bonner sozialliberalen Koalition reizten, das für Wirtschaft und das für Finanzen, von der SPD beansprucht wurden, und sonst hätte Genscher als erster Anspruch erhoben. So parkte Friderichs bei Kohl, bis sich in Bonn eine andere Konstellation ergab. Kohl fand in ihm einen »für neue Ideen offenen, zupackenden und munteren Regierungschef«. Beide gehörten zur Generation der 40jährigen, die zu neuen Ufern aufbrechen wollten.

Friderichs war nicht der einzige Freidemokrat und nicht der letzte der Sozialliberalen, mit denen sich Kohl anfreundete. Da er Ende der 60er und Anfang der 70er Jahre mit ihnen noch nicht gemeinsam Politik gestalten konnte, drückte er Sympathie mit kleinen Gaben aus.

Wolfgang Mischnick war sehr beeindruckt, daß Kohl ihm auf einem Empfang zu seinem 50. Geburtstag 1971 im Frankfurter Hotel »Interconti« seine Aufwartung machte. Das war zu einer Zeit, in der »mancher in der Union mir gegenüber sehr zurückhaltend war«, wie er später anerkennend bemerkte.[10]

Noch intensivere Beziehungen als zu Friderichs, Scheel und Mischnick pflegte Kohl zu Genscher. Die beiden kannten sich aus der Anfangszeit der Nachkriegspolitik, in der sie sich in den unteren Etagen des Establishments begegneten. Sie duzten sich und redeten offen miteinander. Nach der Wahl Heinemanns bemerkte Genscher zu Kohl, die CDU habe den Fehler gemacht, sich zur FDP wie ein »hochverschuldeter preußischer Großgrundbesitzer zum nichtadligen Teilhaber seiner Zuckerfabrik« verhalten zu haben. Ihn, Kohl, nahm er davon aus. »Er suchte zur F.D.P. ein faires Verhältnis.«[11]

Genscher erkannte Kohls Talente recht früh. Als er im Oktober 1962 einen Besucher aus seinem Büro im Bundeshaus hinausbegleitete, stellte er ihm einen jungen, hochgewachsenen Mann mit Pfeife vor: »Das ist der Doktor Kohl aus der CDU. Auf den müssen Sie achten, der wird mal Bundeskanzler.« Später rühmte er sich, der erste gewesen zu sein, der nachweislich Kohls Qualitäten richtig beurteilte und seine Karriere sicher vorhersah.[12]

Im Herbst 1962 betrieben die beiden Jungpolitiker keine große Politik, sondern ordneten miteinander das Rundfunk- und Fernsehwesen. Sie waren sich in der Gründungsphase des Zweiten Deutschen Fernsehens in Mainz begegnet und waren gleichermaßen fasziniert von der Aussicht, in den Aufsichtsgremien beherzt zuzugreifen und ihrer Partei die einflußreichen Posten zu sichern, die in Hülle und Fülle zu vergeben waren.

Vorsitzender des Fernsehrats war ein älterer Herr, der Präsident des Mainzer Rudervereins, Walter Wülfing, der der FDP zugerechnet wurde. Seine Stellvertreter waren der Mainzer Oberbürgermeister Jockel Fuchs von der SPD und der CDU-Bundestagsabgeordnete Rainer Barzel, der vor seiner Ernennung zum gesamtdeutschen Minister stand. Wülfing gerieten manche Dinge durcheinander, und so stellte er sie mit »Jockel Barzel und Rainer Fuchs« der Presse vor. Der fünfte im ZDF-Leitungsgremium war der damalige CSU-Hauptgeschäftsführer Friedrich Zimmermann. Das waren die Leute, die »die Personalien besprochen haben«, sagt Genscher. Aber es waren nicht unbedingt diejenigen, die die Strippen zogen. »Ich merkte bald«, erinnert sich der

FDP-Mann, »daß ich, wenn ich etwas durchsetzen wollte, auch mit Kohl reden mußte. Er agierte im Hintergrund.«[13] Die Aufsichtsgremien des ZDF bildeten eine vorzügliche Kontaktschiene außerhalb des direkten Parteienwesens. Dabei lernte Kohl auch den dritten Mann kennen, der ihm beim Machtwechsel 1982 helfen sollte, die neue Bundesregierung zu bilden, Friedrich Zimmermann. Er traf Genscher und Zimmermann bei vielen Gelegenheiten, einmal in Bonn, ein anderes Mal in Mainz, wieder ein anderes Mal in München, immer vertraulich, immer unter vier Augen, immer diskret. Friderichs merkt an, die anderen Mitglieder des FDP-Präsidiums hätten sich anfangs darüber gewundert, daß Genscher länger in Mainz verweilte, als es die Tagesordnung des Fernsehrats erforderte. Nach einer Weile machten sie sich ihren Reim darauf.

Das Einvernehmen zwischen Kohl und Genscher hatte noch nicht das politische Gewicht, um bei der Bundestagswahl vom 28. September 1969 den Ausschlag zu geben. Die beiden Jungpolitiker waren zwar so weit, daß bei Meinungsbildung und Entscheidungsfindung ihre Stimme gehört wurde, aber nicht weit genug, die Richtung selbsttätig zu bestimmen. Kohl, der im Wahlkampf von Kiesinger ungeachtet ihrer Differenzen in die Wahlkampfkommission berufen wurde und mit ihm eng kooperierte, war am Wahlabend selbstverständlich im Kanzlerbungalow bei der versammelten CDU-Prominenz. Den ganzen Abend wich er dem Bundeskanzler nicht von der Seite, offenbar, um ihn von falschen Schritten abzuhalten oder ihn vor einem falschen Zungenschlag zu bewahren. Die *deutsche presse-agentur* schrieb in einem Feature aus der Wahlnacht, Kohl sei dem Kanzler, wo er auftrat, »wie ein Schatten gefolgt«.[14]

Im Grunde focht die Union in der Bundestagswahl mit dem Rücken zur Wand. In der Fernsehdiskussion am Freitag vor der Wahl hatte Scheel, der sich bis dahin entgegen den Ratschlägen seiner Freunde nicht festgelegt hatte, überraschend eine Brücke zur Politik des SPD-Vorsitzenden Willy Brandt geschlagen, insbesondere auf dem Gebiet der Ost-und Deutschlandpolitik. Dagegen geriet Kiesinger, der die DDR wie ein No-Name-Produkt behandelte und von ihr nur als einem »Phänomen« sprach, ins Hintertreffen.

Auf diese Weise stand die Union in der Wahlnacht ohne Partner da, und lediglich der schiere Zwang des Wahlergebnisses, nicht der eigene Wunsch, konnte ihr einen Verbündeten bescheren, während die SPD zwei Optionen, eine für die FDP und eine für die CDU/CSU besaß. Kohl hatte, anders als Kiesinger, Informationen über Absichten und Denkweise der FDP-Spitze. Sein Sprecher Hanns Schreiner berichtet, Scheel sei wenige Wochen vor der Wahl in die Mainzer Staatskanzlei gekommen und habe Kohl über seine Absichten informiert.[15]

Von Guttenberg stammt eine kurze, aber farbige Schilderung der Wahlnacht, ein Abriß, der andeutet, wie es im Bungalow zuging. In den ersten Hochrechnungen schnitt die CDU/CSU zunächst genauso gut wie bei der Wahl 1965 ab, bei der sie auf knapp 48 Prozent gekommen war. So viel brauchte sie, um regieren zu können. Daher sei, so notierte Guttenberg, die »Zuversicht« unter den Anwesenden »von Meldung zu Meldung« gewachsen. Das war die Stunde, in der die örtliche Junge Union dem vermeintlichen Wahlsieger einen Fackelzug darbrachte und Präsident Nixon aus Washington etwas verfrüht ein Glückwunschtelegramm ins Kanzleramt schickte.[16] Bald danach gab es einen neuen Trend. Die SPD holte auf. Kiesinger und seine Mitstreiter setzten die Hoffnung auf ein schlechtes Abschneiden der FDP. In den Umfragen bewegte sie sich nur wenig über der Fünf-Prozent-Grenze. Guttenberg notiert, »jemand« habe gesagt, er sei sicher, daß »mindestens zehn Abgeordnete der FDP nicht für Brandt stimmen« würden. Die Anwesenden, schreibt Guttenberg weiter, hätten nicht nach der Quelle gefragt, da die meisten von ihnen dessen »Verbindung zu einem prominenten FDP-Abgeordneten« gekannt hätten. Aus dem Vorzimmer würden »laufend Telefongespräche mit FDP-Männern geführt«. »Aus einem dieser Telefonate«, heißt es in Guttenbergs Bericht weiter, werde »dem Kanzler die Versicherung übermittelt, mit der Niederlage der FDP sei auch Scheels Linkskurs am Ende«. Nun wurden Kiesinger »Vorschläge für ein Kabinett der Kleinen Koalition« unterbreitet. Er habe denen zugestimmt, die verlangten, »daß man Scheel... trotz seiner Niederlage großzügig behandeln müsse«. Mit dem Betroffenen hatte bis dahin noch niemand gesprochen. »Der Versuch eines Anwesenden, mit Scheel in Verbindung zu kommen«, sei gescheitert, da er »nicht auffindbar« gewesen sei.[17]

Wer der Politiker mit den guten Beziehungen zur FDP war, von dem Guttenberg spricht, darüber braucht man nicht lange zu rätseln. Aus der Notiz und anderen Augenzeugenberichten geht aber auch hervor, daß nicht nur Kohl mit Genscher telefonierte, sondern er und andere CDU-Leute mit solchen FDP-Mitgliedern sprachen, die als Gegner einer sozialliberalen Koalition bekannt waren, wie Scheels Vorgänger Erich Mende und dessen Glaubensgenossen Josef Ertl und Siegfried

Zoglmann. Von ihnen stammte die Botschaft, es gebe, wie Guttenberg schreibt, eine »Sperrminorität von zehn FDP-Abgeordneten«, die »eine Koalition von SPD und FDP verhindern« könnten. Das war freilich auch nicht mehr als ein Strohhalm, an den sich Kiesinger und Guttenberg klammerten, da sie in eine unberechenbare Strömung geraten waren. Mit zehn sogenannten Abweichlern konnte keine zuverlässige Koalition gebildet werden, abgesehen davon, daß der Freiherr daran zweifelte, daß es sie überhaupt gab. Weshalb Scheel für die Anrufer der CDU nicht erreichbar war, läßt sich ebenfalls leicht erklären. Er hatte mit ihnen nichts zu bereden.

Seltsamerweise verfiel der FDP-Chef in der Nacht, in der er seinen größten Sieg feiern sollte, in eine tiefe Depression. Wie der Historiker und Chronist der sozialliberalen Koalition, Arnulf Baring, schildert, war er niedergeschlagen, weil seine Partei schlechter abschnitt, als er erwartet hatte. Offenbar kam die Hinwendung zur SPD zu spät, und die 5,8 Prozent, auf die sich seine Partei einpendelte, waren kein überzeugendes Brautgeschenk.[18] Die FDP-Spitze traf sich zu einer kurzen Beratung in der Geschäftsstelle im Bonner Talweg, danach kehrte Scheel in sein Haus auf dem Venusberg zurück, während die Mehrzahl seiner Mitstreiter in der Bonner Wohnung des Sozialdemokraten Alex Möller zusammenkam, um Nägel mit Köpfen zu machen.

Lediglich Genscher nahm eine andere Route. Er hatte sich mit Kohl in der rheinland-pfälzischen Landesvertretung auf dem halben Weg zwischen dem Kanzleramt und der FDP-Parteizentrale und dennoch abseits des Trubels verabredet. Scheel war einverstanden. Zwar strebte die FDP-Führung die Koalition mit der SPD an; aber sie wollte auch ausloten, was ihr die Union anzubieten hatte. Baring vermutet, Kohl sei lediglich als Sendbote Kiesingers unterwegs gewesen, der den jungen Parteifreund aus Ludwigshafen um eine »politische Gefälligkeit« bat, wie er es öfter getan habe. Der Gedanke ist amüsant, es ist aber nicht wahrscheinlich, daß sich Kohl als Bote des Bundeskanzlers einsetzen ließ. Er sprach die Mission zwar mit Kiesinger ab, sie ging aber auf seine Initiative zurück, und er entwarf das Angebot, das er schließlich dem FDP-Unterhändler unterbreitete. Es ging davon aus, daß das Boot der FDP nach der Wahl in jedem Fall in schwere See geraten würde, in der es schneller untergehen konnte, wenn sie zur SPD wechselte, als wenn sie zur CDU/CSU zurückkehrte. Zunächst redete Kohl nicht über Personalien und auch nicht über die Aufteilung der Ressorts in einer erneuerten Koalition, sondern er unterbreitete so etwas wie ein

Pauschalangebot, eine Überlebensgarantie, eine Zugewinngemein-schaft, eine langfristige Partnerschaft mit fester Bindung. Er schlug Genscher vor, CDU/CSU und FDP sollten über einen Zeitraum von etwa zehn Jahren eng miteinander kooperieren. Das heißt, die Union sollte sich verpflichten, bei der Bildung von Landesregierungen immer dann, wenn es die Ergebnisse erlaubten und sie über Alternativen ver-fügte, die Koalition mit der FDP zu bevorzugen. Das gleiche galt für die Kommunalpolitik und natürlich für den Bund.

Dieser Offerte lag folgende Überlegung zugrunde: Allen Erwar-tungen zum Trotz hatte die FDP von den drei Jahren, in denen sie in der Opposition war, nicht so profitiert, wie es alle erwartet hatten. Es hatte sich gezeigt, daß die verbreitete Meinung, eine Partei regeneriere sich in der Opposition und qualifiziere sich für die nächste Amts-zeit, nicht allgemein akzeptiert wurde. Zweifellos hatte die FDP neue Kraft geschöpft, dennoch kehrte sie mit Mühe und Not ins Parlament zurück, und zwar mit dem schlechtesten Ergebnis ihrer Geschichte. Die Opposition machte in den Augen der Wähler eine Partei nicht von vornherein regierungsfähig, und eine kleine Partei wie die FDP brauchte einen Partner, der ihr half, sich als unentbehrlich darzustellen.

Die Ausdehnung der Zusammenarbeit auf die Länder begründete Kohl damit, daß dort die FDP noch wackliger stand als im Bund. In einigen, wie in ihrem früheren Stammland Baden-Württemberg, hatten CDU und SPD nach dem Bonner Vorbild bereits eine Große Koalition gebildet, in anderen Ländern gab es ähnliche Bestrebungen. 1970 stan-den sechs Landtags- und Kommunalwahlen bevor, drei weitere folgten 1971, und bei keiner von ihnen sah es gut für die Freidemokraten aus. In Berlin und Niedersachsen regierten die Sozialdemokraten allein, in den Hansestädten hatten sie gute Aussichten, wieder die absolute Mehrheit zu erringen, das Saarland hatte eine Alleinregierung der CDU, und in Bayern war jede Wahl für die FDP eine Zitterpartie. Nach dem dortigen Wahlrecht mußte jede Partei, die in den Landtag kom-men wollte, in einem Regierungsbezirk über zehn Prozent kommen, eine für die FDP schier unübersteigbare Hürde. Möglicherweise ließ sich im Gefolge eines mehrstufigen Abkommens auch darüber mit Strauß reden. Modelle für ein Überleben der FDP gab es, wie Kohl und Genscher wußten, nur in zwei Bundesländern: in Rheinland-Pfalz, wo Kohl mit der FDP regierte, und in Nordrhein-Westfalen, wo Heinz Kühn zusammen mit Willi Weyer eine sozialliberale Koalition führte. Mit seinen Aktivitäten betrieb Kohl Parteipolitik wie aus dem Lehrbuch. Im Kanzlerbungalow und vor Zeugen zählte er die Abtrünnigen und verkündete, Scheel habe sich »verkrochen« und sei »am Boden zerstört« und halte »seine politische Laufbahn für beendet«, wie Augen- und Ohrenzeugen berichteten. In der rheinland-pfälzischen Landesvertretung unterbreitete er Genscher ein Angebot, mit dem er der kleinen Partei schmeichlerisch wieder auf die Beine zu helfen und die SPD auszustechen trachtete. Genscher berichtet in seinen »Erinnerungen«, Kohl habe für die »faire Partnerschaft«, die er ihm zusicherte, die Einschränkung gemacht, »daß Scheel nicht Außenminister werden könne«. Er könne, lautete das Angebot, »wieder Entwicklungsminister werden«, ein Amt, das er schon einmal, von 1961 bis zum Auszug der FDP-Minister aus dem Kabinett Erhard 1966, geleitet hatte. Genscher widersprach und sagte, es sei die »Grundbedingung der F.D.P. für Koalitionsverhandlungen, daß« der Parteivorsitzende Außenminister werde. Warnend fügte er hinzu: »Ich an eurer Stelle ... würde gerade jetzt die F.D.P. nicht demütigen.« Kohl habe das, wie ihm schien, eingesehen, konnte es aber wohl nicht ändern.[19]

Kohl berichtete später lediglich, ihre Unterredung sei »ergebnislos« geblieben, »ergebnislos wie die formellen Verhandlungen zwischen Union und FDP«, die in der Woche darauf im Palais Schaumburg geführt wurden. Es sei eine »sehr dilatorische Art« gewesen, miteinander zu verhandeln, denn zur gleichen Zeit, zu der sie zusammensaßen, hätten sich »Alex Möller, Heinz Kühn und Willy Weyer und noch andere von der FDP in einem besseren Lokal in Düsseldorf getroffen«, um das Bündnis perfekt zu machen. Das heißt, er hatte den Eindruck, Genscher habe ihn hingehalten, während die anderen handelseinig wurden, und fortan, so Kohl, sei »der Gedanke einer Koalition mit der FDP ein ruhendes Thema gewesen«.[20]

Ein »ruhendes Thema«? Vielleicht war sein Vorgehen doch ungenügend durchdacht. Offenbar machte er Kiesinger für den Fehlschlag verantwortlich, denn Strauß berichtet, Kohl habe damit geprahlt, »daß, wenn er selbst mit Genscher verhandelt hätte, die linksliberale Koalition nicht zustande gekommen wäre«.[21] Strauß will damit zum Ausdruck bringen, daß der junge Parteifreund seine Rolle gewaltig überschätzte und die Position Genschers unterbewertete. Kohl konnte nicht im Auftrag der Union einen Vertrag mit der FDP abschließen. Aber gewiß ist auch, daß Genscher nicht einmal mit dem langjährigen Freund abgeschlossen hätte. Er wollte, wie Scheel, die sozialliberale Koalition, in dem ihm bereits die Übernahme eines bedeutenden Ministeriums – er hoffte zu jener Zeit noch auf das Finanzministerium – sicher war. Ihn freute, bei einer Unterrichtung, zu der sich alle Sondierer später in der Wahlnacht beim FDP-Chef einfanden, von Scheel zu hören, daß Brandt zu ihm den einfachen, aber bedeutungsschweren Satz gesagt hatte:»Wir machen es.«

Zwei Tage danach begannen die Verhandlungen. Im Bundesvorstand der Partei berichtete Genscher ausführlicher über das Gespräch mit Kohl. Die CDU sei bereit gewesen, sagte er,»in dieser Nacht eine Art Koalitionsabkommen mit uns abzuschließen«. Zwischenruf Scheel: »Hat Herr Kohl in dieser ersten Unterhaltung irgendwelche Sachaussagen gemacht?« Genscher ignorierte den Einwurf und fuhr fort:»Er hat mir gesagt, daß bei ihnen die Bereitschaft, eine Koalition mit der Freien Demokratischen Partei zu bilden, sehr stark sei, mit sehr weitreichenden Konsequenzen auch auf die Landespolitik, mit einer großzügigen, die Wunden heilenden Behandlung hinsichtlich der Vergabe von Kabinettspositionen.« Offenbar rückte Kohl doch noch von der Festlegung auf das Entwicklungsministerium ab.[22]

Danach schwenkte Kiesinger ebenfalls ein. Am Abend des 30. September 1969 formalisierte er das Angebot in einem Gespräch mit Scheel und in Gegenwart der beiden Verhandlungsdelegationen. Arnulf Baring hält es für»sicher«, daß Kiesinger dem FDP-Vorsitzenden in diesem Gespräch das Amt des Außenministers, kombiniert mit dem des Vizekanzlers, offerierte. Baring zitiert die Stimmen aus der Union, die sich dezidiert dagegen aussprachen, Scheel ein solches Amt anzubieten. Das würde heißen, daß Kiesinger der FDP weit entgegenkommen wollte, sich aber nicht durchsetzte. In der Union ist von einer solchen Offerte nichts bekannt. Auch in dem Brief, den der Kanzler anschließend an Scheel schrieb, ist davon nicht die Rede, sondern es heißt nur, die mit dem Angebot verbundenen»personellen Fragen« würden»im Sinne loyaler Partnerschaft geregelt werden«. Das läßt den Schluß zu, daß Kiesinger zweimal seine Meinung änderte: Zuerst beauftragte er Kohl, Scheel das Auswärtige Amt zu verweigern, dann bot er es ihm in der Delegationsverhandlung an, und im Brief schlug er es ihm wieder ab. Es dürfte ihm nicht leichtgefallen sein, Strauß' Anspruch auf das Außenministerium zu ignorieren.

In dem Brief vom 3. Oktober behandelte Kiesinger ausschließlich das Angebot der CDU/CSU, mit der FDP einen Vertrag über eine »umfassende und langfristige Zusammenarbeit« abzuschließen, der auf zehn Jahre angelegt sein sollte. Die Kooperation sollte alle Ebenen, also den Bund, die Länder und die Gemeinden umfassen. Bei der Neubildung von Landesregierungen sollte jeweils der FDP der Vorrang eingeräumt werden. Auch wollte die CDU/CSU der FDP drei Bundestagswahlkreise für den Fall überlassen, daß es ihr nicht gelinge, die Fünfprozenthürde zu überspringen. Bei der Außen- und Deutschlandpolitik sei »durch eine gründliche Beratung« zu »klären und zu prüfen«, ob die »beiderseitigen Standpunkte eine gemeinsame Politik« ermöglichten.[23] Auf den ersten Blick erschien die Offerte wie ein »Fusionsangebot« oder ein Vorschlag zur Bildung eines »Bürgerblocks«, wie es Mischnick formulierte. Bei ihrer Annahme hätte sich die FDP in eine Art babylonische Gefangenschaft begeben, in der sie in der Umarmung mit einer Partei wie der Union untergegangen wäre.

Angesichts der Tatsachen ist kein anderer Schluß erlaubt als der, daß die Unionsführung von ihrer Niederlage überrascht wurde und in momentaner Verwirrung eine zweifelhafte Rettungsaktion in Bewegung setzen wollte. Das Angebot wurde schließlich vom Präsidium und dem Bundesvorstand der CDU sowie der CDU/CSU-Bundestagsfraktion beschlossen und, wie es in dem Brief hieß, »im Einvernehmen mit der CSU« unterbreitet. Was Kohl dazu brachte, einen derartigen Pakt zu entwerfen oder zu unterstützen, dessen Bestandteile er sonst stets ablehnte, läßt sich allenfalls raten: Er wollte das Terrain für die Zukunft nach allen Seiten absichern.

So, wie er mit den Sozialliberalen Kontakt hielt, suchte er die Verbindung zum konservativen Flügel der FDP. Er platzte, für die meisten Teilnehmer unerwartet, gegen Mitternacht in eine Unterredung, die am Tag nach der Wahl, dem 29.September, im Haus von Erich Mende in Bad Godesberg stattfand. Bei ihm trafen sich jene zehn Abgeordneten, die entschlossen waren, die Wahl Brandts zu verhindern. Ihre Wunschvorstellung war eine Allparteienregierung unter Führung der CDU/CSU. Der Hausherr berichtet, Kohl, der von Generalsekretär Bruno Heck begleitet wurde und eine Zeitlang an der Unterhaltung teilnahm, habe sich davon überzeugen können, »daß zu diesem Zeitpunkt eine SPD/FDP-Koalition noch keineswegs entschieden« gewesen sei.[24]

Die Regierungsbildung stand mithin auf Messers Schneide. Erst als es der SPD-Führung gelang, zwei entschiedene Gegner der sozialliberalen Koalition, Josef Ertl und Fritz Logemann, damit zu sich herüberzuziehen, daß sie dem einen das Amt eines Ministers und dem anderen das eines Parlamentarischen Staatssekretärs überließ, wendete sich das Blatt und die neuen Amtsinhaber fühlten sich nicht mehr an den, wie Mende es ausdrückt, »Rütlischwur« gebunden, Brandt nicht zu wählen.

7

ERSTER ANLAUF ZUM PARTEIVORSITZ

DER STURZ IN DIE OPPOSITION war für die Union eine tiefere Zäsur, als sie sich das vorgestellt hatte. Seit dem Ende des Krieges, also seit einem Vierteljahrhundert, war sie die bestimmende Kraft im Land, sie stellte die Weichen, wies die Richtung und übte Macht aus. Der frühere Bundestagspräsident Eugen Gerstenmaier konstatierte einmal, die Union sei »zum Regieren verdammt«. Das war eine Verdammnis, in die sie im Herbst 1969 gern zurückgekehrt wäre. Politiker wie Politikwissenschaftler vermuteten, daß die Partei auseinanderfallen würde, wenn sie die Macht verlöre, da die Macht das einzige Element war, das sie band. Die Befürchtung oder, wenn man will, Hoffnung war keineswegs ungerechtfertigt. Doch viele sahen in der hauchdünnen Mehrheit der Koalition einen Hoffnungsschimmer, der sie den Verlust der Regierung verschmerzen ließ.

Für Helmut Kohl bedeutete die neue Konstellation einen Rückschlag: Sein schärfster Konkurrent im Führungskampf der Partei, der Fraktionsvorsitzende Rainer Barzel, bekam die einmalige Chance, sich zu profilieren.

In einem Porträt Barzels heißt es, er habe der Fraktion sehr gedient, indem »für die Erhaltung ihrer Arbeitsintensität« gesorgt habe. »Er fing die in die Fraktion zurückkehrenden Minister samt ihrem Troß in vorbereiteten Auffangstellungen auf; er verteilte die Ämter, die noch zu vergeben waren, die Vorsitze in Arbeitskreisen und Ausschüssen, legte sie auf viele Schultern, er stellte die Arbeitsgruppen zusammen, er formte einen Planungsstab, er schuf Planstellen für neue Mitarbeiter, er teilte die Ohnmacht, er strahlte Zuversicht aus.«[1] Die emsige Beweglichkeit seines Bonner Gegenspielers ließ Kohl nicht ruhen, er versuchte seinerseits, sich zu profilieren, streute Salz in die Wunden jener, die für die Niederlage verantwortlich waren, und stichelte gegen Kiesinger, mit dem er gerade noch an einem Strang gezogen hatte. Der Mainzer Regierungschef setzte sich so in Szene, daß ihm Redakteure der *Zeit*, die im November mit ihm sprachen, ironisch vorhielten, es falle auf,

daß er in den letzten Wochen sehr viele Interviews gegeben habe.
»Wollen Sie mit Ihrer Serie ein Führungsvakuum füllen?«Er versetzte
spitz, mit den anderen Interviews sei es ihm gegangen, wie es ihm mit
dem gehe, das er gerade führe, er sei darum gebeten worden, und unter Abwägung des Für und Wider habe er sich »für das entschieden,
was für die CDU das beste ist«.

In momentaner Verärgerung rechnete er auch mit der FDP scharf ab.
Er hielt ihr nichts weniger als eine »Verletzung der demokratischen
Spielregeln« vor. Sie habe zusammen mit der SPD gegen die »parlamentarischen Erfahrungen und auch gegen die parlamentarische Moral«
verstoßen, wonach sich zwei kleinere Partner nicht gegen den Größeren verbinden sollten. An die eigene Adresse und mit Blick auf den
Ex-Bundeskanzler reklamierte er, zu denen zu gehören, die »nicht für
eine Mehrheitswahl waren«, die »für eine Koalition mit der FDP«
seien und die zugäben, »daß auf seiten der CDU erhebliche Fehler in
der Behandlung der FDP« gemacht worden seien.

Im gleichen Atemzug kündigte er an, er werde auf dem bevorstehenden Parteitag Mitte November 1969 in Mainz zum Parteipräsidium
kandidieren. Das geschah. Er wurde zu einem von fünf Stellvertretern
gewählt. Der Parteivorsitzende Kiesinger war, auch wenn er sich das
nicht eingestand, schon in Mainz am Ende, Kohl, der sein Scherflein
dazu beitrug, bekam bei den Wahlen zum Präsidium mit 392 mehr
Stimmen als Kiesinger, auf den 386 entfielen.

Barzel trat nicht mehr an, er hielt es für überflüssig, sich zur Wahl zu
stellen, da er dem Präsidium aufgrund seines Amtes angehörte. Von
den vier weiteren Stellvertretern, die in Mainz mit Kohl gewählt wurden, brauchte der Ministerpräsident nur Gerhard Stoltenberg zu fürchten. Hans Katzer, Helga Wex und Gerhard Schröder spielten macht-
politisch eine untergeordnete Rolle.

Gleichzeitig eröffnete sich dem neuen Präsidiumsmitglied die Chance,
auf dem Gebiet der Sachpolitik das Profil zu gewinnen, das ihm bundesweit fehlte. Er wurde zum Vorsitzenden einer Programmkommission gewählt, die den Auftrag bekam, das Berliner Programm aus dem
Jahr 1968 fortzuschreiben. So erhielt er die Gelegenheit, ein über den
Tag hinausreichendes Programm zu formulieren.[2] Wie ungeduldig die
Partei war, die überfällige Programmarbeit aufzunehmen, ließ sich
daran erkennen, daß der Parteitag dem Vorsitzenden der Kommission
eine Frist bis zum Juni 1970 setzte. Dann sollte im Herbst ein Sonderparteitag den Entwurf diskutieren.

In der Weihnachtspause muß Kohl zu dem Schluß gekommen sein, daß es mit einer Neuauflage des Berliner Programms nicht getan war. Für Ende Januar 1970, einer Zeit, in der sich die Aufmerksamkeit der Öffentlichkeit auf die Vertragsverhandlungen der sozialliberalen Koalition mit den Ostblockstaaten richtete, bestellte er die Kommission ein. Tagungsort war die historische Weinstadt Deidesheim, zwanzig Kilometer von Ludwigshafen entfernt, am Fuß der Mittelhaardt gelegen. Die Sitzungen fanden in einem gepflegten Haus statt, dem Hotel »Reichsgraf Buhl« im Weingut der Adelsfamilie Guttenberg. Mit der Zeit wuchs die Kommission auf neunzig Mitglieder, und da Fachleute von außerhalb hinzugezogen wurden, waren es bald doppelt so viele Teilnehmer. Beraten wurde an verlängerten Wochenenden, tagsüber ging es ums Programm, abends und nachts stärkten sich die Anwesenden bei erlesenen Speisen und ausgewählten Weinen für die nächsten Runden. Die Masse der Teilnehmer, bei denen eine Zugehörigkeit zur Partei nicht unbedingt vorausgesetzt wurde, bestärkte den Verdacht, der Vorsitzende nehme die Beratungen am Programm zum Anlaß, sich bekannt zu machen, seine Kontakte quer durch die Republik zu erweitern, in alle Bereiche der Wissenschaft, Forschung und Praxis vorzudringen und Persönlichkeiten, die ihn bisher nicht recht wahrgenommen hatten, auf sich aufmerksam zu machen.

Der Vorwurf war nicht ganz aus der Luft gegriffen, er traf aber auch nicht ganz zu. Der Gastgeber war während der gesamten Beratungen jederzeit präsent; seine Stärke lag in der Art, in der er die Diskussion leitete. Der Dominikanerpater Basilius Streithofen, Mitglied der rheinischen CDU und von Kohl hinzugezogen, um ihn in kulturellen und medienpolitischen Angelegenheiten zu beraten, weiß, daß sich Kohl durch die Gabe auszeichnete, »intensiv zuzuhören«. Er griff in die Debatte nur ein, wenn sie das Thema verließ. Jeweils am Ende eines Abschnitts faßte er die Diskussion zusammen, und zwar so, daß er, wie Basilius sagt, »den Inhalt punktgenau wiedergab«.[3]

Die Kommission brachte mehr als fünfzig Sitzungen hinter sich, rechtzeitig zum vorgesehenen Termin, dem 21. Juni 1970, verabschiedete sie nach fünfmonatiger Arbeit den Programmentwurf. Danach ging die Vorlage, die aus 155 Programmpunkten bestand und 15 enggedruckte Seiten umfaßte, an die Untergliederungen der Partei.

Der Entwurf zeigt unverkennbar Kohls Handschrift, und das Echo, das er erhielt, war überwältigend. Zehntausende von Meinungsäußerungen und mehr als 7000 Änderungswünsche erreichten die Parteizentrale. Er wurde – auch das war ein Novum für die Partei – auf einem großen Forum in Berlin öffentlich mit 200 Teilnehmern debattiert.

Die »Deidesheimer Fassung« Kohls führte zum erstenmale den Begriff der »modernen Volkspartei« in die Diskussion ein. Die »Christlich-Demokratische Union« definierte sich als eine Partei, die »ihr Denken und Handeln an den Grundsätzen einer Politik aus christlicher Verantwortung« orientiere. Diese Politik ziele auf die »Selbstverwirklichung der Person und der Freiheit des einzelnen, der sich der Gemeinschaft verpflichtet« wisse – ein für die Union der frühen 70er Jahre revolutionärer Gedanke. In den Programmen der Adenauer-Zeit dominierte die Außenpolitik, das »Deidesheimer Konzept« dagegen begann mit dem Aufruf zu inneren Reformen, der erste Abschnitt beschäftigte sich mit »Bildung, Wissenschaft und Forschung« und der Beschreibung der »Bildungsziele und -inhalte«.

In dem Programm findet sich ein Titel über den Umweltschutz, in dem forsch das »Recht der Menschen« auf saubere Luft, reines Wasser, Schutz vor Lärm und offene Flächen für Erholung postuliert wird. Auch wird verlangt, die »schadlose, geordnete und kontrollierte Beseitigung von Abfällen« sicherzustellen, »die Menge der Abfallstoffe durch sinnvolle Wiederverwertung zu verringern« und eine »ausreichende Zahl zentraler Einrichtungen zur Beseitigung der Autowracks« zu schaffen.

Schließlich erschien es den Deidesheimer Programmachern als selbstverständlich, daß »zwischen den beiden Teilen Deutschlands« verhandelt werde und daß Vereinbarungen getroffen würden, die »den Menschen zugute kommen«. Sie erklärten sich »zu Opfern bereit«, wenn es um Lösungen gehe, die der Selbstbestimmung und der Verwirklichung der Menschenrechte dienten.

Zum deutsch-polnischen Verhältnis erklärte der Entwurf das Münchener Abkommen von 1938 schlicht und einfach für ungültig und formulierte, die »endgültige Festlegung der Grenze mit Polen könne vereinbarungsgemäß erst in einem Friedensvertrag erfolgen«, die Bundesrepublik sehe aber »das Verlangen der Völker nach einem Leben in gesicherten Grenzen als berechtigt« an. Ein Zusatz lautete: »Das gilt besonders für das polnische Volk.«[4]

Die Kontroversen innerhalb der Partei, die in Bonn um die Ostverträge ausgetragen wurden, wirkten bis hinunter nach Deidesheim. In einem Beraterkreis, den Kohl nach seiner Wahl zum Ministerpräsidenten aufgebaut hatte, waren die Meinungen geteilt. Der damalige Rektor der Ruhruniversität in Bochum, Kurt Biedenkopf, und andere Mitglieder des Kreises rieten Kohl »nach langer Diskussion«, zwischen den beiden Ostverträgen zu differenzieren. Er solle den deutschsowjetischen Vertrag ablehnen, dem mit Polen hingegen zustimmen, »um der Bedeutung Polens für Mitteleuropa gerecht zu werden«, wie Biedenkopf formulierte.[5]

Kohl griff den Gedanken auf, da er, wie der frühere Fernsehkorrespondent in Frankreich, Peter Scholl-Latour, berichtet, von der Idee durchdrungen war, das, was Konrad Adenauer mit Frankreich gelang, mit Polen zu wiederholen. Der Ministerpräsident bat ihn, einen Text dieses Inhalts zu entwerfen, den Scholl-Latour auftragsgemäß nächtens im Hotel aufsetzte. Als er ihn am nächsten Tag Kohl zeigte, hatte der es sich anders überlegt. Das Vorhaben wurde fallengelassen.[6]

Es stellte sich heraus, daß er mit einigen Parteifreunden telefoniert hatte, die ihm abrieten. Zu ihnen gehörte Richard von Weizsäcker, der später, als über die Verträge im Bundestag abgestimmt wurde, die Haltung einnahm, die er Kohl jetzt ausredete.[7]

Biedenkopf reiste deprimiert nach Hause. Bei denen, die über den Vorgang unterrichtet waren, erwarb sich Kohl den Ruf, sich in solchen Dingen, in denen er sich nicht auskannte, zu sehr auf seine Berater zu verlassen, und zwar immer auf denjenigen, den er zuletzt hörte. Auch galt er fortan als ein Politiker, der Konflikten lieber aus dem Weg geht, als sie offen auszutragen. Daß einige Parteifreunde und Parteigänger an seiner Standfestigkeit zweifelten, hinderte Kohl nicht, weitergehende Pläne zu schmieden. In der Öffentlichkeit orakelte er über das Kanzleramt in einer Weise, die erkennen ließ, daß er es anstrebte, auch wenn er das nicht direkt aussprach. Nach den Erfahrungen seines Beraters Hanns Schreiner war es Kohl von dem Augenblick klar, »daß er Bundeskanzler werden würde, indem er Ministerpräsident wurde, nicht erst später, eher etwas früher«.

Im Gespräch mit dem Publizisten Günter Gaus am 4. Oktober 1970 sagte er, das Amt des Bundeskanzlers sei ein »Amt voller Schrecken, vielleicht besser ausgedrückt, voller Eiseskälte der Distanz«, es entbehre »sehr stark die menschliche Nähe und die menschliche Wärme«. Das habe er »aus der Nachbarschaft bei guten Freunden gut beobachten« können. Er meinte Erhard und Kiesinger und fügte hinzu: »Das ist ein Punkt, der wirklich schrecklich ist.«

»Die große Chance in einem solchen Amt«, führte er umständlich aus, liege darin, »daß man sich die Frage stellt, und das tue ich auch und deswegen meine Antwort, würdest du dir das zutrauen in dem Sinne, daß die Chance des Gestaltens, die in diesem Amte nach unserer Verfassung ganz unvergleichlich liegt, auch tatsächlich wahrgenommen wird.« Sie sei, bemerkte er gleich darauf, unvergleichlich größer als auf dem Posten des Ministerpräsidenten.

Im gleichen Atemzug äußerte er mehr Sympathie für den Amtsinhaber Brandt, als es in der Zeit der parteipolitischen Polarisierung üblich war, und räumte ein, daß dann, wenn ein Kanzlerwechsel jetzt nötig werde, Barzel den ersten Zugriff habe.[8] Die Annahme war realistisch, die Ausgangsposition zutreffend. Kohl war im Herbst 1970 so weit vom Kanzleramt entfernt, daß es wundert, wieso er überhaupt davon sprach. Nach den vielversprechenden Beratungen über den Deidesheimer Programmentwurf hielt die Parteiführung eine herbe Abreibung für ihn bereit. Sie zerpflückte die Vorlage schonungslos. Der CDU-Bundesvorstand fand den Entwurf, den er Ende November 1970 in einer Klausursitzung an der Mosel beriet, so überholungsbedürftig, daß er den Parteitag, auf dem er verabschiedet werden sollte, auf den Januar des folgenden Jahres verschob. Den führenden Persönlichkeiten der CDU mißfielen nahezu alle Neuerungen, die Kohl in Deidesheim eingeführt hatte. Sie fanden, Kohl habe sich nicht an die Auflage gehalten und statt der Weiterführung des Berliner Programmes ein neues, in sich geschlossenes Grundsatzprogramm vorgelegt. Das wäre für sie noch hinnehmbar gewesen, hätte die Ausarbeitung nicht zugleich mit der bisherigen Programmtradition gebrochen.

Die Kritiker beklagten die »Soziologensprache«, den »Intellektualismus«, die »außenpolitische Blauäugigkeit«, die in der Vorlage zum Vorschein kamen. Nach einer dreitägigen Diskussion wurde die Präambel gestrafft und in das holprige, grobgeschnitzte Parteideutsch zurückverwandelt, das die früheren Programme beherrschte. Die Außenpolitik rückte, wie ehedem, wieder an die erste Stelle, überall wurde sprachlich gehobelt, geschliffen und eingeebnet, auch – das eher zum Vorteil des Textes – gekürzt.

Daß aus den Beratungen an der Mosel eine vollständig überarbeitete Fassung herauskam, wundert nach dem Widerstand, der sich gegen ihn erhob, nicht; verwunderlicher ist, daß Kohl die Änderung an seiner Vorlage klaglos hinnahm. Es ist nicht bekannt, daß er dagegen protestiert hätte, offenkundig stimmte er der Neufassung zu, so als übe er sich damit in die Gewohnheit ein, Niederlagen als Bestandteil seines

Aufstiegs nach dem Motto zu akzeptieren, wer etwas werden wolle, müsse auch Schlappen und Rückschläge vertragen. In den Geschichtsbüchern der Partei wird die Redeschlacht ums Deidesheimer Programm nur am Rande erwähnt. Der Parteihistoriker Hans-Otto Kleinmann berichtet lediglich, daß sich die Delegierten auf dem Parteitag in Düsseldorf vom 25. bis zum 27. Januar 1971 mit 940 Anträgen dazu »herumzuschlagen« gehabt hätten.[9] Dieser Parteitag machte Kohl aus einem anderen Grund zu schaffen.

Unversehens rückte ein bisher vernachlässigter Streitpunkt zwischen Kohl und dem Restvorstand in den Vordergrund: die Änderung der Mitbestimmung. Die Gesellschaft diskutierte heftig darüber, derweil die sozialliberale Koalition einen Gesetzentwurf vorbereitete und die CDU/CSU-Fraktion an einem Gegenvorschlag feilte.

In der politischen Debatte zur Mitbestimmung stützte sich Kohl auf die Ausarbeitung von Kurt Biedenkopf. Sie wurde fast wörtlich vom Bundesvorstand übernommen, und der Bundesvorstand legte ihn dem Parteitag vor. Der Vorzug des »Biedenkopf-Modells« bestand darin, daß es die Vertreter der Arbeitnehmer in die Lage versetzte, bei den Personalentscheidungen und den sozialen Belangen eines Betriebes – nicht den Investitionsentscheidungen – weitgehend mitzuwirken. Die CDU-Führung hielt nichts von einer völligen Parität, wie sie die Gewerkschaften forderten, aber sie ging, wie sich Biedenkopf ausdrückt, mit ihrem Mehrheitsentwurf »bis an die Grenze des verfassungsmäßig Zulässigen«. Biedenkopf erreichte das durch eine komplizierte Auflösung der Patt-Situation.

Der CSU-Vorsitzende Franz Josef Strauß und der CSU-Landesgruppenvorsitzende Richard Stücklen waren mit Biedenkopfs Vorstellungen nicht einverstanden und drohten eine Woche vor der Eröffnung des Düsseldorfer Parteitags dem gemeinsamen Fraktionsvorsitzenden Barzel, notfalls die Fraktionsgemeinschaft aufzulösen.

Barzels Versuch, abzuwiegeln, beeindruckte Strauß nicht. Der schrieb dem CDU-Vorsitzenden Kiesinger einen zweiseitigen Brief mit Durchschlägen an die Stellvertreter, also auch an Kohl, in dem er ankündigte, die CSU werde »keinesfalls« einer paritätischen Mitbestimmung zustimmen. Die CDU sei dabei, die Prinzipien der sozialen Marktwirtschaft aufzugeben, die »reine Lehre« zu verlassen und den Sozialausschüssen zu viel Spielraum einzuräumen. Überdies beanstandete er, daß sich die Schwesterpartei in der Ostpolitik von den gemeinsamen Überzeugungen entferne.

Im Plenum des Parteitags eröffnete Strauß seine Ansprache mit der ironischen Bemerkung, sie sei »für ein Grußwort etwas zu lang und für eine Rede, wie immer, etwas zu kurz« geraten. Sie war lang genug, die Kritik anzubringen, daß »in einem Programm« nicht stehen dürfe, »was man von interessierter Seite gegen uns verwenden kann«. Darauf rief er, die Parteien sollten sich »vor dem Aberglauben hüten, daß man mit Programmen Wähler gewinnt«. Er habe bei der bayerischen Landtagswahl – die für ihn sehr erfolgreich ausging – vor Zehntausenden von Zuhörern gesprochen, und er sei fest überzeugt, daß weder diejenigen, die geklatscht, noch die, welche gepfiffen hätten, »jemals ein Programm der CSU gelesen haben«. Das Protokoll verzeichnet »Heiterkeit«.[10] Von nun an lief der Parteitag aus dem Ruder. Der hessische Landesvorsitzende Alfred Dregger unternahm einen Rettungsversuch und präsentierte, unterstützt von anderen Landesverbänden, ein Modell, das von der Parität weiter entfernt war als das Biedenkopfs.

Als letzter Redner trat Kohl auf, der bereits entschlossen war, sich nach dem vorhersehbaren Abtritt Kiesingers im Herbst 1971 für das Amt des Parteivorsitzenden zu bewerben. Er hatte den Entwurf des Vorstands im Vorfeld des Parteitags verteidigt, aber seine Rede im Parteitagsplenum ließ eine glasklare Festlegung vermissen. Er bekannte sich in einer Nebenbemerkung zum Vorstandsentwurf, fügte aber die schwer verständliche Anmerkung hinzu, es könne am Ende nur eine Gesetzesvorlage geben, und das müsse diejenige der CDU/CSU-Bundestagsfraktion sein. Sie müsse so ausfallen, daß ihm sowohl die CSU als auch die Sozialausschüsse zustimmen könnten. Das heißt, daß er den Parteitag ermunterte, einen eigenen Vorschlag zur Mitbestimmung vorzulegen, ihn aber zugleich wissen ließ, daß die Vorlage keine Chance habe, verwirklicht zu werden.

In der folgenden Abstimmung wurde zuerst über den Vorschlag Dreggers entschieden. Abgestimmt wurde mit verschiedenfarbigen Stimmzetteln: Weiß bedeutete Zustimmung, rot Ablehnung, wer sich enthielt, zeigte den gelben Zettel.

Als der Tagungspräsident um das Stimmzeichen bat, hielt Kohl zum Entsetzen seiner Anhänger die weiße Stimmkarte hoch.

Die Atmosphäre wurde durch das knappe Ergebnis noch gespannter: Dreggers Antrag wurde mit 259 zu 253 bei sechs Enthaltungen und 13 ungültigen Stimmen angenommen. Zwar versuchten danach einige Gefolgsleute, Kohl mit dem Argument in Schutz zu nehmen, seine

Stimme habe nicht den Ausschlag gegeben. Drei weitere Stimmen außer der seinen fehlten, um der Vorstandsvorlage zur Mehrheit zu verhelfen. Aber darauf kam es nicht an. Die Frage, die sich stellte, lautete, war er umgefallen? Und warum? War er doppelzüngig gewesen, hatte er für die eine Resolution gesprochen und für die andere gestimmt? Und das in aller Öffentlichkeit? Wollte er sich sowohl dem CDU-Vorstand gefällig erweisen als auch dem Arbeitgeberflügel und der CSU anbiedern? Oder wollte er nur einfach auf der Seite der Mehrheit stehen?

Später nannte er sein Verhalten bei der Abstimmung in Düsseldorf die »schwerste innerparteiliche Niederlage«, die er je erlitten habe und die ihn um so mehr schmerze, als er sie sich »selbst beigebracht« habe. Sogar die schlechte Beleuchtung im Saal, die ihn gehindert habe, die richtige Farbe zu erkennen oder nach der passenden Karte zu greifen, führte er als Erklärung ins Feld.

Der Autorin Sibylle Krause-Burger schilderte er zehn Jahre danach mit allen Anzeichen nacherlebten Schreckens die Szene, die ihn aus der Bahn warf. Er sei, sagte er, nicht im Saal gewesen, als zur Abstimmung aufgerufen worden sei. Vermutlich war er nach seinem Diskussionsbeitrag aus dem Saal gelaufen und hatte vor dem Tagungslokal, wie es seine Art war, mit den Delegierten debattiert. Er sei in die Halle zurückgerannt, als man ihn auf den Wahlvorgang aufmerksam gemacht habe, und habe einfach im falschen Moment die Hand gehoben. »Es ist so blitzartig gegangen. Ich hab mich darauf verlassen, daß die anderen aufpassen, und erst als ich in die völlig entgeisterten Gesichter meiner Pfälzer sah – da hab ich's eigentlich immer noch nicht begriffen.«[11]

So eindrucksvoll er sein Fehlverhalten beklagte, es half nicht darüber hinweg, daß er in einer entscheidenden Minute versagte. Es fiel ihm nachträglich nicht leicht, glauben zu machen, daß er sich bloß vertan hatte. Der spätere Generalsekretär Heiner Geißler vermutete, Kohl habe in Düsseldorf die Vorlage zu Fall gebracht, um sie auf dem Parteitag zwei Jahre später in Hamburg durchzusetzen. Biedenkopf dagegen nahm an, Kohl habe bei der Mehrheit sein wollen.[12]

Der Hesse Walter Wallmann, der mit Kohl gut befreundet ist und sich am Abend lange mit ihm unterhielt, glaubte seiner Erklärung. Der Parteifreund sei so verzweifelt gewesen, sagt er, daß er ernsthaft mit sich gerungen habe, »den Bettel hinzuschmeißen und aufzugeben«. Lediglich das Argument, damit sei nichts gewonnen, habe ihn abgehalten.[13]

DIE KONSERVATIVEN VERACHTETEN IHN, die Sozialausschüsse und der Reformflügel wandten sich von ihm ab, die CSU machte sich über ihn lustig. Lediglich die Jüngsten, der akademische Nachwuchs, der in der Partei eine untergeordnete Rolle spielte, hielt zu ihm. Der damalige RCDS-Vorsitzende Gerd Langguth bewirkte, daß der Vorstand seines Verbandes den Rücktritt des gesamten CDU-Vorstands forderte, kurz danach lud er Kohl zu einem Empfang und söhnte sich mit ihm aus.[14]

Trotz der Schlappe von Düsseldorf betrieb Kohl die Kandidatur für den Parteivorsitz nach einer gewissen Frist weiter. Im Frühjahr 1970 machte er dunkle Andeutungen, mit denen er Interesse am Parteivorsitz bekundete. Zu dem Chefredakteur der Mainzer *Allgemeinen Zeitung*, Hermann Dexheimer, sagte er den rätselhaften Satz, er komme sich vor, als stehe er »auf einem Fließband, das von fremder Kraft getrieben« werde, und das störe ihn. Zwar fühle er sich »hier in diesem Land verdammt wohl«, gleichwohl werde er sich »mit großer Wahrscheinlichkeit« der Wahl zum Parteivorsitzenden stellen, »wobei der Zeitpunkt allerdings noch völlig offen« sei.[15] Am Jahresende wurde er deutlicher. Zwei Wochen, nachdem der Bundesvorstand das Grundsatzprogramm auf den Weg gebracht hatte, also Ende November 1970, kündigte er seine Kandidatur konkret an. In einem Interview mit dem Südwestfunk Mitte Dezember 1970 erklärte er sich bereit, den Parteivorsitz zu übernehmen, allerdings unter zwei Bedingungen. Die erste lautete, er müsse Ministerpräsident bleiben können, die zweite, er werde nicht gegen Kiesinger antreten. Das war eine direkte Kampfansage gegen den amtierenden Parteichef, und sie wirkte um so dreister, als es für die Anmeldung einer Bewerbung viel zu früh war. Die Wahl war erst in einem Jahr.

Die innerparteilichen Auseinandersetzungen in der Union hätten sich nicht so zugespitzt, wie es geschah, hätten sie sich nicht vor dem Hintergrund einer dramatischen Entwicklung vollzogen, die von der sozialliberalen Koalition eingeleitet worden war. Die Verhandlungen über das Vertragsnetz mit der Sowjetunion, Polen und der DDR kamen 1971 in das entscheidende Stadium. Die Dramatik wurde dadurch gesteigert, daß die Regierungskoalition in einen Wettlauf mit der Zeit eintrat. Während sie die Vertragsverhandlungen vorantrieb, bröckelte ihre Mehrheit im Bundestag.

Die Unionsfraktion im Bundestag konnte sich während des quälend langen Zeitraums von anderthalb Jahren nicht entscheiden, ob sie den

Verträgen zustimmen oder sie ablehnen, ob sie sich enthalten oder gespalten abstimmen sollte. Überdies nahm die Bereitschaft in der Union, sachlich über das Für und Wider der Ostverträge zu diskutieren, in dem Maß ab, in dem sich die Mehrheitsverhältnissse zu ihren Gunsten verschoben.

Immerhin erschien es möglich, daß sie wieder den Bundeskanzler stellen würde, und das innerhalb kurzer Zeit, da auch vorzeitige Bundestagswahlen in greifbare Nähe rückten. Gleichsam über Nacht bekam die Position des Kanzlerkandidaten einen höheren Stellenwert, als sie es bis dahin hatte. Sich über die Besetzung klarzuwerden, fiel der CDU und der CSU um so schwerer, als ihre Kanzlerkandidaten bislang stets amtierende Kanzler waren. Sie waren sich nicht einmal über das Verfahren klar, mit dem ein gemeinsamer Kandidat nominiert werden sollte.

Das hieß, daß die Wahl des CDU-Vorsitzenden und diejenige des Kanzlerkandidaten fast gleichzeitig auf den Herbst 1971 fielen. Ungefähr in dieser Zeit mußte sich die Union zugleich auf ihre Haltung zu den Ostverträgen festlegen. Damit rückte Strauß in eine Schlüsselposition, die ihm um so gelegener kam, als sie seiner Stellung im Parteigefüge entsprach: War die CDU schwach, wuchs seine Bedeutung.

Ihm war rasch bewußt, daß ihm die zeitliche Verknüpfung dreier Ereignisse die Möglichkeit gab, ein Junktim zu bilden. Beim Kanzlerkandidaten konnte er mitbestimmen, bei dem Verlauf und der Richtung der Beratung der Ostverträge hatte er ein entscheidendes Wort mitzureden, und so fiel ihm auch ein Mitspracherecht bei der Wahl des CDU-Vorsitzenden zu.

Mit der Bonner Dynamik hatte Kohl nicht gerechnet, als er sich um den Parteivorsitz bewarb. Hin- und hergerissen zwischen dem Verlangen, die Kandidatur, die er ausgesprochen hatte, aufrechtzuerhalten, und dem Rat einiger Freunde, sich nach Mainz zurückzuziehen, um Atem zu schöpfen, unterliefen ihm Fehler, die seiner Unsicherheit und der geringen Erfahrung im Umgang mit Strauß entsprangen. Er war dem CSU-Politiker nur einmal begegnet. Das war im Landtagswahlkampf 1963. Dem über die *Spiegel*-Affäre gestürzten Strauß verhalf Kohl zu einem spektakulären Auftritt in Kaiserslautern. Die Geste, die als Wiedergutmachung für erlittenes Ungemach gedacht war, verfehlte bei Strauß ihren Eindruck. Im Ringen um Einfluß und politische Führung verschärfte sich auch der Ton zwischen den beiden. Zu Beginn des Jahres 1971 erklärte Kohl barsch, Strauß sei »kein Kanzlermacher«.

DOCH WAR DIE UNNÖTIGE und flapsige Bemerkung weniger ein Teil seiner Auseinandersetzung mit Strauß, sie zielte vielmehr auf die Wähler in Rheinland-Pfalz, denen er zeigen wollte, daß er der CSU die Stirn bot. Zur gleichen Zeit, in der er um Parteivorsitz und Kanzlerkandidatur stritt, führte er den Wahlkampf in seinem Heimatland. In Rheinland-Pfalz wurde am 21. März 1971 gewählt, das heißt, der Ministerpräsident stritt an zwei Fronten, und was er zum Kampf um die Macht in Bonn sagte, war auch für die Wähler im Heimatland bestimmt. Offenkundig hoffte Kohl, mit einem guten Abschneiden zu Hause in eine bessere Startposition für die Bundespolitik zu kommen. Daher sprach sein Berater Hanns Schreiner davon, die Wahl 1971 sei »die wichtigste in Kohls bisheriger Karriere« gewesen, da das Ergebnis ein »Indikator dafür war, daß er Wahlen gewinnen konnte«.[16] Es war auch der erste Wahlkampf, den Kohl im eigenen Namen bestritt, den er nicht für andere führte, und in dem er der Spitzenkandidat war.

Den Anstrengungen, die er unternahm, kamen die günstigen Umstände zu Hilfe. Der Wahlkampf fiel in eine Zeit, in der sich die Union allgemein im Aufwind befand. In den Bundesländern, in denen gewählt wurde, legte die Union zu. In Bayern und Baden-Württemberg baute sie ihre absoluten Mehrheiten aus, in Schleswig-Holstein eroberte sie sie auf Anhieb, in Hamburg und Berlin rückte sie an die SPD heran, in Niedersachsen, Nordrhein-Westfalen und an der Saar verzeichnete sie Zuwächse um die fünf Prozent, und in Kohls Nachbarland Hessen, in dem fünf Monate vorher gewählt wurde, schnellte ihr Anteil unter Dregger um mehr als 13 Prozent in die Höhe. Nicht nur die SPD, auch ihr Bonner Partner FDP verlor. In einigen Bundesländern kehrte die Partei nicht mehr ins Parlament zurück.

Kohl war in der Zwickmühle, denn er wollte einerseits der Partei beweisen, daß auch er absolute Mehrheiten erobern konnte, andererseits hätte er gern die Koalition mit der FDP im Hinblick auf künftige Allianzen in Bonn fortgesetzt. Fast wäre ihm das Kunststück gelungen, beides zu erreichen: Die CDU kam auf exakt 50 Prozent. Indes bescherte das Wahlsystem des Landes, das die stärkste Partei überproportional begünstigte, dem Ministerpräsidenten eine komfortable absolute Mehrheit von 53 von 100 Abgeordneten im Landtag. Nach einer Wahlanfechtung der FDP waren es immer noch 52.

Die Niederlage traf die FDP um so härter, als sie mit den drei Abgeordneten, die ihr zufielen, nicht einmal eine Fraktion bildete, sondern als eine »Gruppe« eingestuft wurde, die mit weniger Rechten und Privilegien ausgestattet war als die Fraktionen.

Kohl hatte seinen Wunschpartner nicht nur verloren, sondern nahezu zur Bedeutungslosigkeit dezimiert. Als Trostpflaster bot er der FDP das Mitregieren an, doch auf Weisung aus Bonn lehnte die Landespartei sein Angebot ab, in der Regierung zu bleiben. Als einen Restposten ließ sie lediglich den Staatssekretär Hans Friderichs zurück. Sein Verbleib in der CDU-Alleinregierung machte fast noch mehr öffentliches Aufsehen, als es sein Einzug in die Regierung zwei Jahre vorher getan hatte. Kurz darauf kehrte er als Wirtschaftsminister Ende 1972 nach Bonn zurück. Er und Kohl standen so gut miteinander, daß der Landeschef bei der Aushändigung der Entlassungsurkunde am 12. Dezember 1972 flachste, er hoffe, daß es nicht die letzte Urkunde sein werde, die er seinem Staatssekretär überreiche. Es blieb dann aber doch die letzte, die Gelegenheit zu einer Wiederholung ergab sich nicht.[17]

Beide Seiten ließen keine Gelegenheit verstreichen, sich ihrer ungeschmälerten Sympathie zu versichern. Die FDP enthielt sich bei der Wahl des Ministerpräsidenten, dafür bekundete Kohl in der Regierungserklärung »Respekt für ihren Beschluß, sich nicht an der Regierung zu beteiligen«.[18] Danach, heißt es in den Chroniken des Landes, habe die FDP in weiten Bereichen, vorrangig in der Wirtschaftspolitik, weitgehend Kohls Politik mitgetragen, und in den Haushaltsberatungen gab es eine enge Kooperation.[19] Im Gegenzug vermied der CDU-Chef alles, was die FPD hätte brüskieren können. Er verabredete mit dem FDP-Vorsitzenden Hermann Eicher, während eines bestimmten Zeitraums solle keine der beiden Parteien Mitglieder der anderen aufnehmen. Das Stillhalteabkommen kam ausschließlich der FDP zugute. Ihre Mitglieder, die wechseln wollten, mußten sich drei Jahre gedulden, ehe sie in die CDU-Fraktion aufgenommen wurden.

Zum neu erblühten Selbstbewußtsein Kohls trug eine vertrauliche Studie des Instituts für Demoskopie in Allensbach bei, die dem Auftraggeber bescheinigte, er sei bei nahezu allen Bürgern bekannt und bei mehr als zwei Dritteln beliebt; 67 Prozent der Bevölkerung hatten eine gute Meinung von ihm. Fast die Hälfte der SPD-Wähler (43 Prozent) waren Kohl wohl gesonnen. Die Verfasserin der Studie, die mit ihm befreundete Gründerin und Leiterin des Instituts, Elisabeth Noelle-Neumann, hielt in ihrem Resümee fest, daß »für ein Drittel der wahlberechtigten Bevölkerung die Fortsetzung der Ministerpräsidentschaft Kohls eine Hauptsache der Wahlentscheidung« gewesen sei.

Bei der Frage nach dem am meisten geeigneten Bewerber für das Amt des Bundeskanzlers schnitt er mit 21 Prozent weit besser als Gerhard Schröder (19 Prozent) und Rainer Barzel (13 Prozent) ab, und außerdem fand ihn die Mehrzahl seiner Landeskinder attraktiver als den in Bonn residierenden Bundeskanzler Brandt.[20] Die Untersuchung war für Kohl in jeder Beziehung eine Bestätigung. Die Stimmung schlug um. Der Reformeifer der späten 60er Jahre verflüchtigte sich und wurde von der Sorge um den Verlust des Arbeitsplatzes verdrängt.

Wie stark Kohl den Rückgang an Reformbereitschaft spürte und sich dessen Auswirkungen zu eigen machte, zeigt ein schmales Bändchen mit dem Titel »Hausputz hinter den Fassaden«, das er nach den Wahlen publizierte. Es wurde von Hanns Schreiner geschrieben und beweist, daß der Ideengeber einer der ersten war, der die Reformbereitschaft der Union weckte, und der erste, der sie bremste, als der Wind drehte.

Der Untertitel »Praktikable Reformen in Deutschland« gab näheren Aufschluß über den Inhalt des Bandes. Es war eine deutliche Absage an den Glauben an die uneingeschränkten Veränderbarkeit der gesellschaftlichen Verhältnisse. »Das 198. Jahrzehnt«, beginnt der Text schwungvoll, »ist wie kaum ein anderes als Jahrzehnt der Reformen und des geplanten Wandels begrüßt und beschworen worden.« Und registriert lapidar: »Ende des Jahres 1971 ist die Euphorie verflogen.« An die Stelle des absoluten Glaubens an die Überzeugungskraft der Reformen sei die evolutionäre Kraft machbarer und bezahlbarer Reformen getreten. Die Bürger hätten »zu unterscheiden gelernt zwischen reformerischen Absichtserklärungen und tatsächlichem Reformvermögen«. An die Stelle der Annahme, »alles erreichen zu können, wenn man nur ernsthaft wolle, sei mehr und mehr die Einsicht getreten, daß nicht alles auf einmal zu schaffen« sei und daß »gesellschaftspolitische Erfolge die Beteiligung und Leistung von Millionen Menschen« voraussetzten. Mit anderen Worten, Reformen brächten nur dann weiter, wenn sie von denen akzeptiert würden, für die sie gedacht seien. Zwei Erkenntnisse hätten zu dieser Einsicht geführt: daß Reformen teuer seien und daß sie viel Zeit kosteten.[21]

Eine Zeitlang sah es so aus, als sei Kohl einer von den Politikern, die im Bereich ihrer engeren politischen Heimat Triumphe einheimsten, in der Bundespolitik aber wenig Fortune hatten. Die Kritiker fanden, seine Provinzialität erweise sich darin, daß er in Rheinland-Pfalz erfolgreich sei, während er bei seinen bundespolitischen Ambitionen von Niederlage zu Niederlage stolpere. Der Parteivorsitz war für ihn eine Nummer zu groß; für die Bewerbung halfen ihm die Wahlsiege überhaupt nicht. Während er mit dem Wahlkampf beschäftigt war, baute Rainer Barzel seine Position in der Union aus. Er konnte jetzt davon ausgehen, daß er Franz Josef Strauß und die CSU auf seiner Seite hatte. Daher meldete der Fraktionsvorsitzende in einer Sitzung des CDU-Präsidiums im Sommer 1971 seine Bewerbung für den Parteivorsitz an und reklamierte zugleich die Kanzlerkandidatur. Sein Kalkül war, daß ihm Franz Josef Strauß bei der ersten Bewerbung nicht im Weg stehen und die zweite nicht verhindern werde. Außerdem lockte er den Konkurrenten aus der Deckung. Um nicht völlig ins Hintertreffen zu geraten, ließ Kohl seine Rücksicht auf Kiesinger vollends fallen und ließ wissen, er werde kandidieren, gleichgültig, ob Kiesinger verzichte oder nicht.[22] Kiesinger gab aus Selbstachtung, und weil er angesichts zweier ehrgeiziger Kandidaten keine Chance mehr sah, kurz danach auf.

Der Parteitag fand am 4. Oktober 1971 in Saarbrücken statt. Obwohl Kohl die innerparteiliche Werbekampagne sorgfältig vorbereitete, kam er aus der Defensive nicht heraus. Es half ihm nicht, daß Generalsekretär Heck, dem er zusagte, im Fall der Wahl seinen Posten zu behalten, ihm unverdrossen zur Seite stand.

Das Modell der Ämtertrennung, das sie gemeinsam entwickelten – Kohl sollte Parteivorsitzender, ein anderer Kanzlerkandidat werden –, wollte der Partei in der besonderen Situation, in der sie sich befand, nicht einleuchten. Eine solche Forderung nach einer Trennung der Ämter war zwar generell populär. Aber zum Sturm auf die angeschlagene Bastion der Regierungskoalition war sie nicht schlagkräftig genug. Das wußte Kohl auch, aber er hatte keine Alternative. Nach Lage der Dinge kam für ihn als Kanzlerkandidat nur Gerhard Schröder in Frage. Stoltenberg war aus dem Rennen, da er Nachfolger des schleswig-holsteinischen Ministerpräsidenten Helmut Lemke werden wollte.

Aber Schröder war nicht der Mann Kohls. Er folgte dem mit Strauß verabredeten Modus vivendi, der Zurückhaltung vorsah. Auch zweifelte er an Kohls Erfolgsaussichten und wollte es sich mit Barzel nicht verderben. Pater Basilius, der ihn im Auftrag Kohls gewinnen sollte, mußte unverrichteter Dinge wieder abreisen.

Solche Klimmzüge brauchte Barzel nicht zu machen. Er entwickelte eine Strategie, die der führungslosen Partei auf Anhieb mehr einleuchtete als die seines Kontrahenten. Er verlangte, daß die drei Spitzenämter, die des Fraktions- und Parteivorsitzenden und des Kanzlerkandidaten, in einer Hand, der seinen, liegen müßten. Da der Plan aussichtsreich war, stellten sich die Gefolgsleute von selbst ein. Für die Regierungsmannschaft gewann er den Chef des linken Flügels, Hans Katzer, den für gemäßigte Reformen stehenden Manfred Wörner und schließlich – das war sein geschicktester Schachzug – Richard von Weizsäcker, der Vorsitzender einer neuen Grundsatzkommission werden sollte.

Barzels Strategie war auch wirksamer, weil er den Delegierten einen wohldurchdachten, abgestimmten und abgesprochenen Fahrplan für die Rückkehr zur Macht vortrug. Kohl behauptete später, ihm sei sehr bald bewußt geworden, daß er die Wahl in Saarbrücken nicht gewin-

Helmut Kohl gratuliert dem neuen
Parteivorsitzenden Rainer Barzel auf dem CDU-Parteitag
im Oktober 1971 in Saarbrücken.

nen könne. Er habe sich lediglich gestellt, »um Flagge zu zeigen«. Das klingt nach nachträglicher Rechtfertigung.

Die verfahrene Situation mündete in einer mißglückten Rede. Er meldete sich so früh zu Wort, als wolle er die Sache schnell hinter sich bringen, und seine Rede bestätigte, was die Anhänger befürchteten. Er sprach unkonzentriert und wenig überzeugend, und wenn die meisten Delegierten nicht schon auf den Kandidaten für den Parteivorsitz festgelegt gewesen wären, ehe sie den Saal betraten, hätte er sie eher zu Barzel getrieben als für sich gewonnen. Das Ergebnis spricht Bände. Kohl bekam mit 174 nur halb so viele Stimmen wie Barzel, auf den 344 Stimmen entfielen.[23]

Der Mann aus Mainz ließ sich nicht so leicht eine Niederlage anmerken, nicht einmal dann, wenn sie so hart ausfiel wie die auf dem Saarbrücker Parteitag. Der Korrespondent der *Zeit*, Carl-Christian Kaiser, ortete den Unterlegenen zwei Stunden nach der Wahlschlappe im kleinen Speisesaal des Hotels »Präsident«, 70 Kilometer vom Tagungsort entfernt. Dort habe er sich bei Wein und Bier und einem guten Abendessen »auf derbe pfälzische Weise« über den Schmerz der Abfuhr hinweggescherzt, bemerkte der Reporter. Er stellte die Tatsachen auf den Kopf und behauptete jetzt, er habe gewußt, daß er unterliegen werde, entscheidend sei lediglich, daß er »Flagge gezeigt« habe. In Bonn half ihm das wenig.

Barzel schnitt in kurzer Zeit die Parteiorganisation so auf sich zu, wie er es mit der Fraktion getan hatte, stellte Kohls Unterstützer kalt, besetzte alle Schlüsselposten mit Leuten seines Vertrauens, setzte Konrad Kraske anstelle von Bruno Heck ins Amt des CDU-Generalsekretärs und ernannte seinen persönlichen Referenten Ottfried Hennig anstelle von Bilke zum Bundesgeschäftsführer.

Dazu richtete er zwei Kontaktstellen zur Verbesserung der Zusammenarbeit zwischen der Parteizentrale und der Fraktion ein, straffte die Arbeit der Partei, führte regelmäßige Präsidiums- und Vorstandssitzungen ein und setzte an den Beginn einer jeden Parlamentswoche eine Serie von Beratungen, die eine durchgängige Meinungsbildung aller Gremien ermöglichte. Schröder, Weizsäcker und die anderen wurden, wie angekündigt, ins »Schattenkabinett« berufen, Weizsäcker zum Leiter der neuen Grundsatzkommission ernannt.[24]

Ende November 1971 erntete Barzel die Früchte, die er im Frühjahr gesät hatte, er wurde zum Kanzlerkandidaten bestellt. Die Union war für den Wahlkampf gerüstet. Nie mehr, solange sie in der Opposition war, gelang es den Unionsparteien, sich so reibungslos zu verständigen wie zum Ende des Jahres 1971 unter Barzel.

Es war das erste Mal, daß Kohl sich in die Tatsache fügen mußte, daß ihn ein anderer in einer offenen Feldschlacht besiegte und danach ungehindert nach der uneingeschränkten Macht griff. Wieder einmal schien er zur Unzeit vorgeprescht zu sein. Für ihn sprach allenfalls, daß die Entfernung vom Zentrum der Entscheidungen gewisse Vorteile mit sich brachte: Er blieb von der Hektik, die in Bonn herrschte, unberührt und konnte mit den Intrigen, Durchstechereien und schließlich dem Kauf von Abgeordnetenstimmen, mit dem sich die Riege Barzels die Macht zu sichern suchte, nicht identifiziert werden. Er bildete die Personalreserve in der Provinz.

Erst Anfang April 1972, als Barzel mit der Zustimmung aller Gremien die Prozedur für ein konstruktives Mißtrauensvotum gegen Brandt einleitete, erschien Kohl zur entscheidenden Sitzung der Fraktion. Es war das erste Mal seit längerer Zeit, daß er sich bei einer offiziellen Gelegenheit in Bonn blicken ließ. Nach einem kurzen Lagebericht Barzels berichtete er über die vorgeschaltete Sitzung des Parteipräsidiums.

Das Fazit seiner Rede lautete, wer, wie die Union, den Wählern zweieinhalb Jahre das Wort gegeben habe, sie stehe zur Übernahme der Regierung bereit, müsse es nach diesem Ergebnis einlösen, wenn er glaubwürdig bleiben wolle. Niemand widersprach.

Es läßt aufhorchen, daß Kohl zu denen gehörte, die Barzel anfeuerten, das konstruktive Mißtrauensvotum zu wagen. An Hinweisen dafür, daß einige Größen der Union mit gezinkten Karten spielten und Barzel ermutigten, das er nicht heil überstehen konnte, fehlte es nicht. Denn selbst wenn er die Abstimmung gewonnen hätte, hätte er mit den wenigen Abweichlern, die zu ihm überwechselten, nicht dauerhaft und solide regieren können. Seine Rechnung, der Rest der FDP-Fraktion werde mit der Zeit folgen, war jedenfalls eine Gleichung mit vielen Unbekannten.

Zweifel daran, daß Kohl bei seiner Empfehlung redlich vorging, wurden auch in Mainz laut. Der dortige Korrespondent der *Süddeutschen Zeitung*, Olaf Ihlau, berichtete, der Ministerpräsident habe trickreich Barzel »in das Abenteuer des Mißtrauensvotums« getrieben. Kohls Anteil an der Niederlage Barzels mindert sich allenfalls dadurch, daß er ihn zu etwas überreden wollte, wozu er schon entschlossen war.[25]

8

KANZLERKANDIDATUR
GEGEN STRAUSS

IN DEN FOLGENDEN MONATEN scheiterte Barzel dreimal, jedes Mal an der Unfähigkeit, die Anhänger von seiner Führungsfähigkeit zu überzeugen. Beim konstruktiven Mißtrauensvotum am 27. April 1972 fehlten ihm zwei Stimmen aus den eigenen Reihen zur Kanzlerschaft, bei der vorgezogenen Neuwahl des Bundestags am 19. November des gleichen Jahres liefen ihm die Wähler der Unionsparteien in Scharen davon. Ihr Anteil sank mit 44,9 Prozent auf das niedrigste Niveau seit 1949, und zum ersten Mal mußte sie es hinnehmen, daß sie nur noch die zweitstärkste Fraktion im Bundestag stellte – die SPD hatte sie überrundet. Damit war Barzels Sturz besiegelt, offen war nur noch, wie lange er sich hielt und worüber ihn die Parteifreunde am Ende stolpern ließen. Helmut Kohl, der sich bis dahin aus den Händeln der Bonner CDU weitgehend herausgehalten hatte und auch am Zustandekommen der Ostverträge nicht beteiligt war, wurde erst unruhig, als er zu fürchten begann, ein anderer könne ihm bei der Neuformierung der Parteispitze zuvorkommen. Aus Höflichkeit ließ er die Weihnachtspause verstreichen und teilte dem glücklosen Barzel unter dem Datum des 5. Januar 1973 mit, daß er auf dem nächsten Bundesparteitag abermals gegen ihn kandidieren werde. Damit wußte Barzel, was ihm bevorstand. Er zweifelte nicht daran, daß die Chancen für Kohl, Parteichef zu werden, dieses Mal erheblich besser standen als beim ersten Versuch, und das nicht deswegen, weil Kohls Ansehen bei den Delegierten gestiegen, sondern weil seins gesunken war.

Bei der Entmachtung des Konkurrenten ging Kohl abermals schrittweise vor. Nachdem er ihm seine Absichten brieflich mitgeteilt hatte, informierte er eine Woche danach auf dem Weg ins Parteipräsidium die Öffentlichkeit und wiederholte in dem Gremium, was es inzwischen wußte. Auch der Bundesvorstand wurde auf der anschließenden Sitzung zwar nicht aus erster Hand, aber doch aus berufenem Mund informiert.

Wo Kohl damit begann, Barzel von seinem Podest zu stürzen, wollte die CSU nicht nachstehen. Ihre führenden Männer waren vorausgeeilt, als es galt, Barzel zum mächtigsten Mann in der Doppelpartei zu machen. Sie gehörten nach der Devise von Friedrich Zimmermann, die CSU sei die »Speerspitze der Union«, zu den ersten, die sich anschickten, ihm die Macht zu nehmen, die sie ihm gegeben hatten.

Mitte November ließ der CSU-Landesgruppenvorsitzende Richard Stücklen Barzel wissen, daß es die Landesgruppe nicht bei der üblichen Form der Fraktionsverhandlungen belassen wollte. Bisher war es so, daß zu Beginn einer jeden Legislaturperiode die Justitiare beauftragt wurden, einen neuen Fraktionsvertrag auszuhandeln, der im allgemeinen dem alten glich. Anschließend wurden die Exemplare vom Vorsitzenden der Fraktion und demjenigen der CSU-Landesgruppe unterschrieben – eine reine Routine. Der bedeutendste Passus dieses Papiers enthielt die Versicherung, daß die CSU bei Vorhaben, die die föderative Struktur der Bundesrepublik betreffen, nicht überstimmt werden könne. Er brauchte nie angewandt zu werden.

Das genügte der CSU nicht mehr. Sie bildete eine Verhandlungskommission und forderte die Schwesterpartei auf, es ihr gleichzutun. Zu ihrer ersten Sitzung erschien die Delegation der CSU mit einem Katalog von Wünschen, von denen diejenigen, die thematische Festlegungen enthielten, die CDU am meisten erstaunten. So verlangte sie, die Fraktion müsse ihre Deutschlandpolitik an der »Basis der Selbstbestimmung und des Ziels der Einheit der Nation« orientieren und eine »Sozialpolitik ohne sozialistische Experimente« praktizieren. In den Verhandlungen gelang es der CDU, der CSU diese Elemente wieder auszureden. Dafür mußte sie aber einer Präambel zustimmen, in der von einer Zusammenarbeit auf der »Grundlage der Gleichberechtigung« die Rede war. Neu war auch die Regelung, den Fraktionsvorsitzenden zu Beginn der Legislaturperiode nicht mehr auf vier Jahre, sondern nur für ein Jahr zu wählen. Barzel stand also auf dem Prüfstand.

Hinderlich für Barzel wirkte sich jetzt die Neuerung aus, die er eingeführt hatte, die enge Verzahnung zwischen den Führungsgremien der Fraktion und denen der Partei. Jetzt bestanden Kohl und andere Präsidiumsmitglieder darauf, an den Verhandlungen über den Fraktionsvertrag »beratend und kenntnisnehmend« beteiligt zu werden. Die Schlußfassung mußte vom CDU-Bundesvorstand abgesegnet werden.

Das Procedere führte zu dem kuriosen Ergebnis, daß Barzel in der Eigenschaft als CDU-Vorsitzender die CDU-Parteispitze davon unterrichtete, worüber er als Fraktionsvorsitzender an anderer Stelle mit der CSU verhandelte und daß er in der einen Funktion zur Zustimmung vorlegen mußte, was er in der anderen erreicht hatte. Die Pressionen, denen er von allen Seiten ausgesetzt war, gingen so weit, daß Barzel Anfang Januar zum ersten Mal mit Rücktritt drohte. Darauf wurde er mit einer verkürzten Amtszeit auf fünf Monate zum Vorsitzenden gewählt.[1]

Inzwischen wurde Kohl nicht aus eigenem Bemühen, wohl aber aufgrund der parlamentarischen Regeln in eine Position bugsiert, in der er wieder mitreden konnte. Die Gesetze über den Vertrag mit der Sowjetunion und mit Polen, dazu diejenigen über den Grundvertrag und den Beitritt Deutschlands zu den Vereinten Nationen wurden im Frühjahr 1973 vom Bundestag zur zweiten Kammer, dem Bundesrat, weitergeschoben. Dort hatten die Ministerpräsidenten zu entscheiden. Kohl gehörte neben Hans Filbinger, Gerhard Stoltenberg, Alfons Goppel und Franz-Josef Röder zu den fünf Ministerpräsidenten, die in diesem Gremium die Interessen der Union vertraten.

Nun war es so, daß die Ostverträge die unmittelbaren Kompetenzen des Bundesrats nicht berührten und daß es strittig war, ob der Grundvertrag seiner Zustimmung bedurfte. Dagegen mußte die Kammer dem Vertrag, bei dem es am wenigsten zu erwarten war, dem Beitritt zu den Vereinten Nationen, zustimmen, weil er einige Steuerbefreiungen vorsah, die die Länder angingen.

Inzwischen hatte Kohl bemerkt, daß es für einen Länderchef nicht so einfach war, in die außenpolitischen Gefilde vorzudringen, wie er sich das vorgestellt hatte, zumal nicht für einen, der als ein so engagierter Innenpolitiker galt wie er. Um das Defizit auszugleichen, das er auf diesem Gebiet hatte, und die Widerstände zu umgehen, die sich ihm entgegenstellten, wich er auf das personalpolitische Feld aus. Er holte sich einen Redenschreiber in die Staatskanzlei, der imstande war, seine außenpolitischen Texte zu verfassen und ihn in auswärtigen Fragen zu beraten.

Es war Horst Teltschik. Der 33jährige Politologe trat zum zweiten Quartal des Jahres 1972 in die Mannschaft ein. Kohl gewann ihn wie acht Jahre vorher seinen ersten Mitarbeiter Hanns Schreiner. Er redete mit ihm offen über das, was sie beide zu tun hatten. »Sie werden für mich arbeiten«, sagte er zu ihm, »weil ich eines Tages Kanzler sein werde. Und wenn ich das bin, werden Sie an meiner Seite sein.« Das gefiel dem jungen Mann, und er sagte zu.[2]

Am 2. Februar 1973 wurden der Grundlagenvertrag und der Vertrag über den Beitritt zur UNO im Bundesrat behandelt. Obwohl das Beitrittsbegehren zur Weltorganisation formal nur dasjenige der Bundesrepublik betraf, war klar, daß es sich um die Aufnahme beider deutscher Staaten handelte. Auf Anraten Teltschiks entschloß sich Kohl, Regierung und Opposition zugleich zu spielen und den Grundlagenvertrag abzulehnen, aber für den UNO-Beitritt zu stimmen. Im Plenum vollführte Kohl einen atemberaubenden Spagat und redete von der »gemeinsamen Verantwortung, dem Minimum an gemeinsamer Politik in den Lebensfragen der Nation« und dem Wunsch der Union, mit der Regierung zusammenzuarbeiten, um die »wenigen Chancen, die sich aus den Verträgen ergeben, ... optimal zu nutzen«. Am Ende stimmten die Ministerpräsidenten gegen die Vertragsgrundlage, sagten aber zu, die Folgen, die sich daraus ergaben, mitzutragen.[3]

Mit Juliane Weber und Horst Teltschik.

Für die meisten völlig überraschend, übernahm Barzel die Position Kohls und trat mit einer solchen Empfehlung, unterstützt vom Präsidium seiner Partei, am 8. Mai 1973 vor die Fraktion. Die stimmte, da die Zustimmung als sicher erschien, mit Handzeichen ab, die Befürworter hatten aber, abermals überraschend, eine Mehrheit von nur einer Stimme, 97 gegen 96. Das knappe Ergebnis ließ Stücklens Stellvertreter in der CSU-Landesgruppe, Friedrich Zimmermann, nicht ruhen, er beantragte schriftliche Abstimmung, und nun kehrte sich das Verhältnis um. 101 Abgeordnete stimmten mit »Nein« und 93 mit »Ja«.

Barzel war schockiert. Er bat sich einige Stunden Bedenkzeit aus und erklärte am 9. Mai seinen Rücktritt. Eine Woche danach, am 17. Mai 1973, gab er bekannt, daß er sich auf dem nächsten Parteitag der CDU auch nicht mehr um den Parteivorsitz bewerben werde. Damit war klar, daß es nur noch einen Kandidaten für die Nachfolge gab, und das war Helmut Kohl. Nie hatte er einen Konkurrenten leichter aus dem Feld geschlagen als seinen ersten Widersacher auf der Bundesebene. Um rascher ins Amt zu kommen, als es die Satzung vorsah, bedienten sich seine Anhänger des Kunstgriffs, den für den November vorgesehenen ordentlichen Parteitag zu teilen. Beim ersten Abschnitt, der auf den 12. Juni 1973 festgelegt wurde, sollte der neue Vorsitzende gewählt, beim zweiten im Herbst sollte das Programm, das gerade erst in Düsseldorf verabschiedet worden war, umgearbeitet und den neuen Machtverhältnissen angepaßt werden.

Das einzige, was Kohl fehlte, war ein Generalsekretär, denn daß er mit dem bisherigen Amtsinhaber Konrad Kraske nicht zusammenarbeiten mochte, verstand sich von selbst. Kurz nach Barzels Rücktritt rief er Biedenkopf an und fragte ihn, ob er sich vorstellen könne, das Amt zu übernehmen. Offenkundig hatte ihm dessen Eintreten für die Mitbestimmung und seine Art, zu argumentieren, Eindruck gemacht, und er hielt ihn für den richtigen Mann in der richtigen Position. Schließlich hatte Biedenkopf eine glänzende wissenschaftliche Karriere hinter sich. Nach einem mit Auszeichnungen überhäuften Studium an den besten Universitäten des In- und Auslandes ging er als Ordinarius für Handels-, Wirtschafts- und Arbeitsrecht an die neu gegründete Ruhr-Universität Bochum, deren Rektor er 1967 wurde – der jüngste in der Bundesrepublik. Daß er ebenfalls aus Ludwigshafen stammte und Kohls Jahrgang angehörte, kam hinzu, war aber nicht ausschlaggebend.

Sie verabredeten sich in einem Café in Koblenz und berieten bei Kaffee und Kuchen die Einzelheiten. Die Unterredung verlief für den »Professor interessant, aber oberflächlich«. War er auch in seinen Kreisen andere intellektuelle Ansprüche gewohnt, erkannte er doch an, daß Kohl die »Leitfigur für die junge CDU« darstellte und beispielgebend für die Parteijugend war, »die die Honoratiorenpartei leid war«. Das Gespräch mit Kohl riß ihn nicht hin, andererseits reizte ihn die Aufgabe. Er vertraute sich Konrad Henkel an, dem Leiter des Konzerns, in dessen Management er beschäftigt war, der fand, es handele sich um einen »call to public duty«, einen Appell an das Pflichtbewußtsein, dem er sich nicht entziehen könne. Henkel gab ihn frei, und da ihm der Industrielle keine Steine in den Weg legte, ihn gar ermunterte, wollte Biedenkopf nicht zurückstehen und sagte zu.[4]

Das war ein Wagnis, denn er war, wie er hinterher erklärte, »politisch, aber nicht parteipolitisch« engagiert. Er war ungefähr zur gleichen Zeit wie Richard von Weizsäcker, also 1965, in die CDU eingetreten, der er zunächst ebenso distanziert wie jener gegenüber stand. Kohl gewann sie beide für die Politik, mit beiden tat er einen guten Griff, was ihm den Ruf eintrug, in der Personalpolitik eine glückliche Hand zu haben. Zu dem neuen Parteivorsitzenden und seinem ebenfalls neuen Generalsekretär kam mit Karl Carstens ein dritter Neuling – nicht auf dem politischen Parkett, wohl aber in der Parteihierarchie – hinzu. Er wurde drei Wochen vor dem Parteitag zum Vorsitzenden der Bundestagsfraktion gewählt.

Als Jurist aus Bremen kommend, war er in Bonn Staatssekretär im Auswärtigen Amt und im Bundesverteidigungsministerium, danach Chef des Bundeskanzleramts. Außerdem war er Professor für Staats- und Völkerrecht. Nach der Ablösung der CDU/CSU-Regierung berief ihn das angesehene Forschungsinstitut der Deutschen Gesellschaft für Auswärtige Politik zu seinem Leiter. Dort hielt er einen engen Kontakt zu Weizsäcker, der häufig um seinen fachlichen Rat nachsuchte. Bevor er den Vorsitz der Fraktion übernahm, rückte er als Abgeordneter der Insel Fehmarn 1972 in den Bundestag.[5]

Auf dem Parteitag in der Bonner Beethovenhalle im Juni 1973 entsprach das Ergebnis der Vorstandswahlen den Erwartungen. Der neue Vorsitzende Kohl wurde mit 520 von 600 Stimmen ins Amt gewählt. Daß bei der Wahl der Stellvertreter Gerhard Stoltenberg mit 557 mehr Stimmen bekam als Kohl, paßte ins Bild. Daran hatte man sich gewöhnt. Er war beliebter auf dem zweiten Platz als Kohl auf dem

**Die neue CDU-Führung auf dem Bonner Parteitag 1973:
Der Vorsitzende Helmut Kohl und Generalsekretär Kurt Biedenkopf.**

ersten. Überraschend war allenfalls, daß der neue Generalsekretär Kurt Biedenkopf besser abschnitt als die anderen Bewerber. Er bekam neun Stimmen mehr als Kohl.[6] Biedenkopfs Auftritt bei dem Parteitag in Bonn war für die Partei deshalb ein Erlebnis, weil sie aus seiner Rede den gleichen Willen heraushörte wie aus der Kohls, die Partei zu festigen, für den Machtkampf zu rüsten, der ihr bevorstand, und sie zu diesem Zweck aus der Depression herauszuholen, in die sie nach der Bonner Wahlniederlage gerutscht war.

Wenige Wochen nach dem Parteitag begannen Kohl und Biedenkopf, die Parteizentrale umzuorganisieren. Ihre fünf Hauptabteilungen wurden auf drei verringert, eine für die Organisation, eine für Politik und eine für Presse und Information. Sie wurden dem neuen Bundesgeschäftsführer Karl-Heinz Bilke, der seine Loyalität zu Kohl bewiesen hatte, unterstellt. Leiterin der Abteilung Politik wurde Dorothee

Wilms, die der Partei bis dahin wenig bekannt war. Peter Radunski, der aus dem Haus kam, leitete die Presseabteilung; er organisierte bald darauf für Kohl die Wahlkämpfe. Die politische Abteilung war eine neue Abteilung, ihr Leiter, Warnfried Dettling, kam aus dem Ring Christlich-Demokratischer Studenten (RCDS) und gehörte während der Studentenunruhen in Freiburg zu »den alternativen 68ern«, ein intellektueller Brausekopf. Er war dem Generalsekretär direkt unterstellt.[7] Außerdem perfektionierte Biedenkopf die Personalplanung in der Bundespartei und den Landesverbänden. Die Besetzung hoher Ämter wurde nicht länger dem Zufall oder der Willkür der Vorsitzenden überlassen, sondern im Konrad-Adenauer-Haus koordiniert. Die Planungsgruppe wurde angehalten, frühzeitig nach fähigen und kundigen Nachwuchskräften Ausschau zu halten. Die Kreisverbände wurden aufgefordert, ihre Geschäftsstellen auszubauen und in jeder von ihnen mindestens einen hauptamtlichen Geschäftsführer einzustellen. Gleichzeitig stärkte Biedenkopf die Stellung der Zentrale. Neue Landesgeschäftsführer konnten nur noch im Einvernehmen mit ihm berufen werden.

Schließlich setzte die neue Führung alles daran, die Partei von ihren Großspendern unabhängiger zu machen, als sie es war, und finanziell auf eigene Füße zu kommen. Sie entwarf eine neue Beitragsstaffel, mit der die Beiträge der Mitglieder und die Abgaben der Funktionsträger erheblich heraufgesetzt wurden. Der Schatzmeister der Partei, der frühere hessische Abgeordnete Walther Leisler Kiep, registrierte in seinen Rechenschaftsberichten, daß sich der Anteil der Mitgliederbeiträge bis 1978 verdoppelte und schließlich nahezu ein Drittel aller Einnahmen ausmachte.

Damit wurde die Union in den 70er Jahren zweimal erneuert. Barzel schloß den Parteiapparat enger mit der Bundestagsfraktion zusammen, Kohl und Biedenkopf stärkten die Anziehungskraft der CDU: Zwischen 1973 und 1976 stieg die Zahl ihrer Mitglieder von 450 000 auf 625 000. Sie gab sich im Herbst 1973 in Hamburg eine neue Satzung, widmete sich im Sommer 1975 der »Neuen Sozialen Frage« und postulierte die »Gleichstellung von Mann und Frau«.

Die einzelnen Vereinigungen in der Partei erwachten zu neuem Leben. Das galt vor allem für die Junge Union, die sich mit der Wahl des Tübinger Jurastudenten Matthias Wissmann zum Vorsitzenden im Herbst 1973 von dem Odium löste, ein »Trampolin« darzustellen, mit dessen Hilfe sich die Mitglieder in die Spitzenämter beförderten. Die

Jugendorganisation wurde verjüngt, sie beschäftigte sich mit Programmarbeit und konzentrierte sich auf politische Themen statt auf die alleinige Förderung der Karrieren.

Bei der engen Zusammenarbeit und der Fülle der Aufgaben blieben Störungen und Trübungen des Verhältnisses, auch schwere Meinungsverschiedenheiten zwischen dem Vorsitzenden und seinem Generalsekretär nicht aus. »Die erste entscheidende Konfliktsituation mit Kohl ließ nicht lange auf sich warten«, berichtet Biedenkopf. Sie entwickelte sich im Vorfeld des CDU-Parteitags in Hamburg, auf dem die Mitbestimmung wieder auf der Tagesordnung stand. Biedenkopf hatte ein neues Modell entwickelt, das sich der Bundesvorstand zu eigen machte, das sich von dem, mit dem er in Düsseldorf unterlegen war, nur in Nuancen unterschied. Die nordrhein-westfälischen Landesverbände brachten wieder die volle »Paritätische Mitbestimmung« aufs Tapet. Im Parteipräsidium, das am Tag vorher beriet, empfahl der schleswig-holsteinische Ministerpräsident und stellvertretende Parteivorsitzende Gerhard Stoltenberg einen Kompromiß, der zwischen der Vorstandsvorlage und dem der beiden Landesverbände lag. Als Biedenkopf merkte, daß Kohl im Begriff war, sich die Auffassung des Parteifreunds zu eigen zu machen, bat er um eine Unterbrechung, zog sich mit ihm in einen Nebenraum zurück und stellte ihn vor die Alternative, zum Vorstandsbeschluß zurückzukehren oder seinen Rücktritt entgegenzunehmen. Kohl knickte abermals ein. Sie kehrten in die Sitzung zurück, und Kohl erklärte, es bleibe beim Vorschlag der Parteiführung. Er verteidigte ihn auch auf dem Parteitag, der den Entwurf annahm.

Ihr Verhältnis hatte von da an einen Knacks. Biedenkopf sagt, er sei das Gefühl nicht losgeworden, »daß eine Distanz eingetreten« sei. Es paßte Kohl nicht, daß Biedenkopf ihn in eine Situation brachte, »die er sonst vermeidet, nämlich daß er in einer Sachfrage in seinem Urteil von einem anderem abhängig ist«.[8]

DIE JAHRE 1974 UND 1975 waren Wahljahre, in denen ringsum mit Ausnahme Baden-Württembergs in allen Bundesländern die Landtage neu gewählt wurden. In allen Wahlen setzte sich der Aufwärtstrend der Union fort oder verstärkte sich gar. Die CDU/CSU, die im Bund noch immer nicht allzuviel zu bestellen hatte, war in den Bundesländern anscheinend unaufhaltsam auf dem Vormarsch. Parallel dazu hatte die Regierungskoalition eine Pechsträhne. Die Fluglotsen begannen einen Bummelstreik, der ein halbes Jahr dauerte, die Müllabfuhr streikte, die erste Phase der Ölkrise veranlaßte die Regierung, autofreie Sonntage einzuführen. Wieder einmal ging der Bundeshaushalt stark ins Defizit, die Schulden stiegen, die Zahl der Arbeitslosen stieg. Das waren Ereignisse, die den Wählern nicht das Gefühl vermittelten, die sozialliberale Koalition und ihr Kanzler befänden sich auf der Höhe ihrer Regierungsfähigkeit.

Für die Koalition war 1974 ein schlechtes Jahr, weil sich ihre beiden Gründerväter verabschiedeten. Willy Brandt trat wegen der Spionageaffäre Guillaume zurück, Walter Scheel wurde Bundespräsident. Das Aufatmen, das mit dem Wechsel zu Helmut Schmidt und Hans-Dietrich Genscher verbunden war, hielt nur kurz an.

Kaum hatten sie ihr Amt angetreten, wurden sie mit den ersten Verbrechen der RAF konfrontiert. Im Herbst 1974 wurde der Richter Günter von Drenkmann erschossen, im Winter der Berliner CDU-Vorsitzende Peter Lorenz entführt, die Spirale von Angst, Gewalttaten, Drohungen, Brandstiftungen, Morden und Verfolgungen begann sich zu drehen. Die deutsche Botschaft in Stockholm wurde besetzt, befreit und ging in Flammen auf, die Anführer der Terroristen, Ulrike Meinhof, Andreas Baader und Gudrun Ensslin verschwanden im Untergrund, wurden gefangen und eingesperrt, die Atmosphäre heizte sich auf. Ein Bandenmitglied, Holger Meins, hungerte sich zu Tode.

Die Kontroverse innerhalb der Unionsparteien, deren führende Persönlichkeiten im großen Krisenstab des Bundeskanzlers saßen, aber für die Verfolgung der Gewalttaten nicht unmittelbar verantwortlich waren, ging darum, ob sie der Regierung bei der Bewältigung der Krise helfen oder ob sie sie damit allein lassen sollten. Die Meinungen waren gespalten. Die Opposition mußte sich entscheiden, da es formal darum ging, schärfere Gesetze gegen den Terrorismus zu erlassen, und die Bundesregierung dazu die Mehrheit der unionsregierten Länder im Bundesrat brauchte.

Franz Josef Strauß, der in Krisen leicht in Panik geriet, sah die Fundamente des Staates wanken. In einer Rede vor der CSU-Landesgruppe in Sonthofen Mitte November 1974 stichelte er, er wüßte gern, »wie viele Sympathisanten der Baader-Meinhof-Verbrecher in der SPD-und FDP-Fraktion in Bonn« säßen. Diese Parteien seien »nicht mehr fähig, unseren Staat und unsere Gesellschaft vor Verbrechern zu schützen«. Die CDU/CSU müsse die Regierung zum »Offenbarungs-

eid« zwingen, um einen »Schock« im öffentlichen Bewußtsein aus-
zulösen. Düster orakelte er, das Staatsschiff müsse »wesentlich tiefer
sinken«, bis die Union Aussicht habe, mit ihren Vorstellungen durchzudringen, die er im übrigen nicht näher umriß.

Auf seinen Hauptgegner in den eigenen Reihen eingehend, erklärte
er, eine einheitliche Strategie, so wie er sie empfehle, scheitere daran,
daß sich »Kohl« und andere CDU-Leute anbiederten; er beschuldigte
sie, »im Laufe der letzten Wochen mehrmals ihre Bereitschaft« erklärt
zu haben, »mit der Bundesregierung konstruktiv zur Überwindung der
Krise zusammenzuarbeiten«.

Was für eine Zumutung! Damit nicht genug, beschuldigte er Kohl
und vor allem dessen Vorgänger Barzel, sie hätten bei Schmidt sondiert, ob sich die SPD nicht der FDP entledigen und allein mit der CDU
(ohne die CSU) koalieren sollte. Die CDU könne sich dann »in eine Art
Zentrum« zurückentwickeln und zum »Dauerkoalitionspartner für
die SPD« werden.

Sich in rhetorische Raserei hineinsteigernd, kolportierte Strauß sogar Parkettgeschwätz. Auf dem Bundespresseball, den er kurz zuvor
besucht hatte, habe er »einige interessante Szenen« beobachtet. »Im
Hintergrund der Bar« habe sich Kohl mit Scheel zu einem »lauschigen
Gespräch« getroffen, »anschließend Kohl mit Genscher, anschließend
Helmut Schmidt auf dem Gang mit Kohl«. Sie hätten »so diese Gar-
dinendiplomatie, diese Hintergardinendiplomatie« betrieben, er habe
»also den Eindruck einer irdischen Geschäftigkeit mit taktisch groß-
gesteckten Zielen bei der CDU gewonnen«.[9]

Was der Redner nicht wußte, war, daß einer seiner Zuhörer die Rede
unbemerkt auf einem Tonband mitschnitt und anschließend dem
Spiegel verkaufte, der mit der Veröffentlichung einen publizistischen
Glücksgriff tat. Der schlachtete seine Beute um so wirkungsvoller aus,
als er sie so plazierte, daß er beide Oppositionsführer mit einem Streich
traf: Strauß allein mit dem Abdruck der Rede, Kohl mit dem Zeitpunkt
der Veröffentlichung. Vorauszüge des Abdrucks erschienen an dem
Tag, an dem in Rheinland-Pfalz gewählt wurde, dem 9. März 1975.

Wiederum hatte er Glück. Die Wähler ließen sich von den Kas-
sandrarufen aus Sonthofen und den Querschüssen aus Hamburg nicht
irritieren. Sie stärkten ihrem Landesherrn mit einer Zustimmung von
53,9 Prozent den Rücken. Nach der absoluten Mehrheit der Sitze
bescherten sie Kohl jetzt auch die der Stimmen.

Nach der Veröffentlichung der Sonthofener Rede entstand viel

Lärm, aber jene, die ihn verursachten, konnten sich nicht darüber einigen, wem die Unruhe half und wem sie schadete. Die meisten neigten zu der Auffassung, derjenige, der beschimpft wurde, profitiere davon. So nannte der Münchener Publizist Paul Pucher das Machwerk ein »Geschenk des Himmels« für Kohl, das es ihm fortan ermögliche, Strauß zum »Sündenbock für jede Gelegenheit« zu machen, und einige der Mitarbeiter des CDU-Chefs gaben sich der Hoffnung hin, mit ihm sei die »Frage nach dem Kanzlerkandidaten der CDU/CSU entschieden – für Helmut Kohl«.[10]

Ihre Vorhersage war verfrüht. Kohl konnte aus der Haltung des CSU-Vorsitzenden schließen, daß ihm die Kanzlerkandidatur 1976 nicht als Beigabe zum Parteivorsitz zufallen würde. Zwar waren die Fronten zwischen ihnen geklärt, da jeder Wähler wußte, für welches Konzept sie standen. Aber Strauß konnte Kohl um so gefährlicher werden, als er den Anspruch auf die Kanzlerschaft verspielt hatte. Denn jetzt konzentrierte er sich darauf, einen Kandidaten aus den Reihen der CDU zu finden, der stark genug war, Kohl zu verhindern.

Nach Lage der Dinge kam dafür nur Karl Carstens in Frage. Er hatte sich Strauß mit dem gleichen Vorgang empfohlen, der den Ausschlag dafür gab, daß er Fraktionsvorsitzender wurde, mit einer polemischen Rede, die er Anfang Februar 1973 gegen die Ostpolitik der sozialliberalen Koalition im Plenum des Bundestages hielt.[11]

Das war ein Mann nach Straußens Geschmack, fest in den Prinzipien, aber im Umgang verbindlich. Das war kein so grober, ungeschliffener Klotz wie Kohl, der entweder gleich mit seiner Meinung herauspolterte oder mit durchsichtigen taktischen Finessen hantierte. Der CSU-Vorsitzende war selbst aus einem ähnlichen Holz geschnitzt.

Bald nach seiner Sonthofener Rede, von der er annehmen konnte, daß Carstens sie im tiefsten Inneren billigte, suchte er ihn zusammen mit seinem Generalsekretär Gerold Tandler auf. Er wollte ihn überreden, wie Carstens in seinen Memoiren berichtet, »die Nominierung als Kanzlerkandidat beider Unionsparteien anzustreben«. Sollte er sich dazu bereit finden, könne er mit der »vollen Unterstützung der CSU« rechnen.

Carstens hielt die Unterhändler hin, zögerte und sammelte Argumente gegen seine Kandidatur, etwa das, ein norddeutscher Protestant könne nicht Bundeskanzler werden, da er vom katholischen Süden abgelehnt werde.

Nach mehreren Unterredungen, die ergebnislos verliefen, lehnte

Carstens das Angebot ab. Er verzichtete aber nicht, weil er sich nicht für qualifiziert gehalten hätte – in der Sache hatten sie ihn überzeugt. Sondern er sagte ab, weil er zu dem Schluß kam, daß »er in der CDU ... gegen Kohl keine Mehrheit finden würde. Die CDU , sagte er sich, habe Kohl kurz vorher mit großer Mehrheit zu ihrem Parteivorsitzenden gewählt«. Es sei ihm »undenkbar« erschienen, »daß die Partei zwei Jahre später ihren ersten Mann brüskieren würde, indem sie ihn nicht zum Kanzlerkandidaten machte«. Das habe um so mehr gegolten, als die Partei bei »den Landtagswahlen nach 1973 große Erfolge erzielt« habe, die viele errungen hätten, aber vor allem dem CDU-Vorsitzenden zugute gehalten würden.

Ausschlaggebend war, wie der weiteren Wiedergabe seiner Überlegungen entnommen werden kann, daß er es sich nicht zutraute, den Streit, den er seit Jahren mit Kohl hatte und der sich (wie bei Strauß) um die Behandlung der FDP drehte, zu seinen Gunsten zu entscheiden. Die Differenz zwischen ihnen bestand darin, daß Kohl in der FDP einen »künftigen Koalitionspartner« sah, wie er in seinen Memoiren registrierte, und sie daher »schonend behandelte«. Er dagegen habe mit Strauß darin übereingestimmt, daß die CDU/CSU im Wahlkampf 1976 die absolute Mehrheit anstreben müsse und, wie er hinzufügte, hätte gewinnen können, wenn sie die FDP »voll angegriffen« hätte.[12]

In jener Zeit klopfte nicht nur Strauß, sondern auch Biedenkopf beim CDU/CSU-Fraktionsvorsitzenden an. Über diesen Kontakt berichtet Carstens nicht. Der CDU-Generalsekretär sympathisierte gleichfalls mit der Idee, Carstens zum Kanzlerkandidaten zu machen, und er sprach auch mit Strauß darüber. Er merkte aber mindestens ebenso bald wie sein Wunschkandidat, daß er an Kohl nicht vorbeikam.

Die CSU argumentierte, man könne nicht hinnehmen, wenn die Union den zweitbesten Mann zum Kandidaten küre. Der CSU-Generalsekretär Gerold Tandler ließ sich Mitte April 1974 mit den Worten vernehmen, die CSU wünsche sich nahezu einhellig den Kandidaten Strauß. »Damit entstand«, sagte Biedenkopf viele Jahre später, »eine kritische Situation«, da jetzt die beiden Vorsitzenden an den Ring traten. Die Haltung der CSU-Führung ermutigte Biedenkopf, in der CDU-Führung die Zweifel an Kohls Kandidatur zu verstärken. In einer Sitzung des CDU-Präsidiums in Saarbrücken – im Saarland wurde zugleich mit Nordrhein-Westfalen am 4. Mai 1975 gewählt – unterstrich Biedenkopf seine Auffassung, die er vorher geäußert hatte, der Parteivorsitz und die Kanzlerkandidatur sollten nicht in einer

Person vereinigt sein, da die Partei dann »keine eigene Stimme mehr« habe.

Kohl ließ sich davon nicht beirren. Er war entschlossen anzutreten, und als er merkte, daß er in Bedrängnis zu geraten drohte, beendete er kurzerhand die Diskussion. Er sei bereit, Kanzlerkandidat zu werden. Niemand widersprach ihm. Anschließend ließ er wissen, die Nominierung solle vertraulich behandelt werden, bis sich die Union intern einig sei. Eine besondere Pikanterie lag darin, daß er seinen Widersacher Biedenkopf beauftragte, die Übereinstimmung in weiten Sondierungen herzustellen.

Der Generalsekretär konferierte daraufhin mit Stoltenberg, der im Präsidium nicht dabei war, bei einem Treffen auf dem Düsseldorfer Flughafen. Auch er, Stoltenberg, habe sich »als Kanzlerkandidat gesehen«, sagt Biedenkopf, und sei über Kohl ungehalten gewesen. Er verzichtete auf eine eigene Bewerbung und erklärte, wenn ihn das Präsidium benenne, stehe er zur Verfügung.

Abschließend reiste Biedenkopf nach München. Dort habe er mit Strauß ein »liebenswürdiges Gespräch« gehabt. Sein Eindruck sei gewesen, daß der CSU-Vorsitzende seine Einwände gegen Kohls Kandidatur »prinzipiell« überwunden habe. Er habe aber den Zeitpunkt für verfrüht gehalten, außerdem habe er es sich vorbehalten wollen, Kohl vorzuschlagen. »Mein Eindruck war, er wollte Königsmacher sein.«[13]

Wie immer die Haltung von Strauß zu bewerten war, sie bedeutete, daß Biedenkopfs Mission scheiterte. Der CSU-Vorsitzende weigerte sich, vorab seine Zustimmung zu geben. Die Weigerung hielt Kohl nicht davon ab, seine Kandidatur weiter zu betreiben, und da er die CSU nicht ins gemeinsame Boot zwingen konnte, stieß er allein vom Ufer ab. Eine Woche vor den Wahlen nötigte er Biedenkopf zu einem weiteren Zugeständnis: Er beauftragte ihn, die schriftliche Mitteilung zu verteilen, der Generalsekretär werde aufgrund seiner Gespräche dem CDU-Vorstand empfehlen, Kohl als »Kanzlerkandidaten der CDU« zu nominieren.

Strauß, von der einseitigen Festlegung überrascht und über sie verärgert, ermächtigte seinen Generalsekretär zu der einsilbigen Erwiderung, die Erklärung gehe ausschließlich auf das Konto seines Kollegen von der CDU, die CSU bleibe beim Vorschlag Strauß.

Entweder war Biedenkopfs Ankündigung lediglich als Wahlhilfe gedacht, oder die interne Reaktion der Schwesterpartei war so schroff, daß sich Kohl zu einem Rückzieher genötigt sah. Nach den Landtagswahlen im Saarland und in Nordrhein-Westfalen im Mai 1975 war keine Rede mehr von einer sofortigen und einseitigen Nominierung. Im übrigen war die Wirkung gering. Die CDU legte in beiden Bundesländern ein oder zwei Prozent zu, die SPD nahm geringfügig ab, an den Machtverhältnissen änderte sich nichts.

Der CDU-Bundesvorstand traf sich am Montag nach der Wahl, das Thema Kanzlerkandidat wurde ausgeklammert. Eine Woche später, am 12. Mai 1975, holte der CDU-Vorstand die Debatte auf Schloß Eichholz, der Tagungsstätte von CDU-Kursen, nach. Inzwischen war Stoltenberg klargeworden, daß er keine Chance hatte, nominiert zu werden. Da sich in der CDU eine »klare Mehrheit« für den Parteifreund abzeichne, wolle er ihr nicht entgegenstehen. Das heißt, er fand sich mit den Tatsachen ab, die Kohl geschaffen hatte. Carstens schwieg über die Kontakte mit Strauß und Tandler, regte an, die CDU-Führung solle vor einer Entscheidung über den CDU-Bewerber mit der CSU reden. Kohl tat die Bemerkung mit den Worten ab, darum gehe es jetzt nicht, die CDU müsse sich eine Meinung bilden, und er müsse wissen, woran er sei.

Schließlich begründete das Präsidiumsmitglied Weizsäcker in drei Punkten, weshalb er für Kohl sei. Erstens habe sich Kohl als fähig erwiesen, die Richtlinien der Politik zu bestimmen, zweitens werde er eine »vorzügliche Mannschaft« präsentieren (in der er hoffte, Mitglied zu sein), und drittens verfüge er über die entscheidende Voraussetzung dafür, eine Regierung zu führen, da »man ihm glaubt, was er sagt«. Darauf verließ Kohl den Saal, und der Vorstand nominierte ihn in geheimer Wahl einstimmig zum Kanzlerkandidaten der CDU.[14]

Nach dieser einseitigen Festlegung versteifte sich der Widerstand in der CSU. Strauß tobte. Jahrelang warf er Biedenkopf vor, eigenmächtig gehandelt, die Meinungsbildung vorzeitig und böswillig abgekürzt und die Schwesterpartei überfahren zu haben.

Der CSU-Vorsitzende wollte zuerst über die gemeinsame Strategie für den Wahlkampf, sodann über das gemeinsame Wahlprogramm, danach über die Prozedur der Kandidatenkür und die Mannschaft und zuallerletzt über den Kandidaten verhandeln. Strauß wollte Kohl zuerst auf die Positionen festlegen, ehe er ihn zum Kandidaten ausrief. Das konnte Kohl nicht hinnehmen, denn es gab nicht eine einzige Sachfrage, in der sie übereinstimmten. Strauß wünschte, eine harte Linie gegen die FDP zu fahren, er war für eine kompromißlose Auseinandersetzung mit beiden Regierungsparteien, er vertrat ein Konzept in der Deutschland- und Ostpolitik, das sich deutlich von dem der Koalition abhob, dazu verlangte er schärfere Gesetze gegen den Terrorismus und zur Aufrechterhaltung der inneren Sicherheit. Die »weichen Themen«, an denen die CDU hing, paßten ihm nicht ins Konzept. In derart aufgepeitschter Stimmung begannen die Verhandlungen der beiden Parteikommissionen, begleitet von Verwünschungen des *Bayernkuriers*. Sie endeten Mitte Juni 1975 mit einer Schlußsitzung der Präsidien beider Parteien in der bayerischen Landesvertretung. Den »gemeinsamen Beschluß« zu verkünden, war den Beteiligten zu peinlich. Daher mußte der Altkanzler Kiesinger zu nächtlicher Stunde im Saal der Bundespressekonferenz das Kommuniqué verlesen.

Nach einer einleitenden Bemerkung heißt es darin: »Die CDU hat Helmut Kohl als Kandidat für das Amt des Bundeskanzlers vorgeschlagen. Die CSU hat davon Kenntnis genommen, daß die CDU als die größere Partei den Anspruch erhebt, den Kanzlerkandidaten zu stellen. Die CSU hält an ihrer Bewertung fest, daß ihr Vorsitzender der geeignete Kandidat ist.«

Eindrucksvoller hätte die Demonstration der Uneinigkeit der beiden Schwesterparteien nicht ausfallen können.

Andererseits hatte Kohl sein Ziel erreicht. Womöglich wirkte das Kommuniqué auf seine Klientel nicht so schlecht, wie es aussah, weil es ihr zeigte, daß er imstande war, sich durchzusetzen. Schließlich wurde auch noch eine Selbstverständlichkeit als ein Verdienst ausgegeben. »CDU und CSU führen den Bundestagswahlkampf als Partner mit der gegenseitigen Verpflichtung, nur gemeinsam eine Regierung zu bilden.«[15]

9

DER SCHWARZE RIESE BAHNT SICH
SEINEN WEG NACH BONN

DIE ÜBEREINKUNFT BESCHERTE KOHL nur eine kurze Atempause. Helmut Schmidt und Hans-Dietrich Genscher konfrontierten den Oppositionsführer aufs neue mit dem deutsch-polnischen Verhältnis, das Regierung und Opposition seit Jahren in Atem hielt und mit dem Abschluß der Ostverträge nicht beendet war. Offen geblieben waren einige strittige Fragen wie die Renten für die polnischen Zwangsarbeiter aus dem Dritten Reich und die Ausreisegenehmigungen für etwas mehr als 100 000 Deutschstämmige. Außerdem ging es um einen ungebundenen Finanzkredit, mit dem Generalsekretär Edward Gierek die Devisennöte des Landes mildern wollte.

Das waren keine essentiellen Streitpunkte, sondern Regelungen, über die sich beide Seiten rasch hätten einigen können, wäre nicht das Prestige ins Spiel gekommen. Franz Josef Strauß war entschlossen, die Nachbesserungen zu verhindern, der Bundeskanzler und sein Außenminister waren ebenso darauf aus, sie ins Werk zu setzen, und Kohl stand hin- und hergerissen zwischen seinen guten Absichten und seiner Parteiloyalität dazwischen. Die Schwierigkeiten vermehrten sich dadurch, daß in den Bundesländern unklare Mehrheiten existierten. Im Saarland herrschte zwischen SPD und FDP einerseits und der CDU auf der anderen Seite ein Patt. Nach der Landtagswahl im Frühjahr 1975 blieb Ministerpräsident Franz-Josef Röder im Amt, er konnte aber nicht mehr allein regieren. Die FDP ging mit einer Koalitionsaussage für die SPD in die Wahl, von der sie so rasch nicht abrücken mochte, obwohl Röder sie dazu drängte. Ähnlich kompliziert war die Situation in Niedersachsen. Dort wurde bei der Neuwahl des Ministerpräsidenten nicht der Bewerber der SPD, sondern derjenige der CDU, Ernst Albrecht, gewählt. Er hatte aber keine Mehrheit und warb ebenfalls um die FDP.

In der ersten Unterredung über die Polenverträge zwischen Schmidt und Kohl am 18. September 1975 im Kanzleramt, an der zu Kohls Überraschung auch Genscher teilnahm, fragte der Bundeskanzler den

Oppositionsführer sarkastisch, ob der »als endgültig nominierter Kanzlerkandidat nunmehr für die ganze CDU/CSU« spreche oder ob er und Genscher »in staatspolitisch wichtigen Fragen mit den Herrn Fraktionsvorsitzenden Carstens und Stücklen reden« sollten. Kohl schluckte die Bosheit hinunter und erwiderte: »Sie sprechen gegenwärtig mit dem richtigen Mann.« Die zweite Frage war, »ob die Bundesregierung davon ausgehen könne, daß im Bundesrat jene Vereinbarung mit Polen, jenes Abkommen« ratifiziert werde, das ausgearbeitet, aber noch nicht paraphiert worden war. Die Antwort war ihm wichtig, da der Außenminister drei Wochen später zu Verhandlungen nach Warschau reiste. »Daraufhin gab es eine positive Antwort«, umschrieb Schmidt später die Erwiderung des Gesprächspartners.

Der Inhalt des Gesprächs und die Tatsache, daß es stattfand, wären nicht bekanntgeworden, hätten Schmidt und Genscher sie nicht fünf Monate später während der Debatte über die Schlußabstimmung der Verträge Mitte Februar 1976 ausgeplaudert.[1] Auf diese Weise geriet Kohl unversehens zwischen die Mahlwerke von Schmidt, Genscher und Strauß. Jene wollten, daß er dem Vertragswerk zustimmte, Strauß verlangte von ihm, daß er standfest blieb, den Konfrontationskurs, mit dem der CSU-Chef die Regierung in die Knie zwingen wollte, mittrug. Mit den Vertriebenenfunktionären stand ein weiteres Bataillon auf Strauß' Seite.

In seinen Erinnerungen schildert Strauß all die Peinlichkeiten, mit denen sich Kohl aus der Affäre zu ziehen suchte, und macht sich darüber lustig, wie der CDU-Vorsitzende »Rütli-Schwüre« ablegte und mitwirkte, »Meilensteine in der Ostpolitik« zu setzen, um bald darauf abzuschwören und die Markierungen wieder umzusetzen. So habe er »in den ersten Märztagen 1976« in seiner Bonner Wohnung mit Kohl eine Unterredung geführt, in der sie beide »im Ergebnis« übereingekommen seien, »daß kein Grund vorliege, die bisherige Haltung von CDU und CSU, die auf Verweigerung der Zustimmung« hinausgelaufen sei, zu ändern. »In Treue fest« seien sie voneinander geschieden.

Nachts gegen zwei oder halb drei Uhr habe Kohl ihn angerufen und ihm mitgeteilt, der »Durchbruch« sei gelungen, die »Hindernisse«, die einem »Ja« im Weg gestanden hätten, seien beseitigt. Von alledem wußte Strauß nichts. Auf seine Nachfrage habe der Anrufer mitgeteilt, der polnische Außenminister habe erkennen lassen, daß er brieflich zusichern werde, die Ausreiseanträge der Deutschen zu »behandeln«. Strauß fügt hinzu, da sei ihm klargeworden, daß Kohl mit Genscher gesprochen habe,»mit dem ihn schon damals ein hintergründiges Verhältnis verband«. Frostig und ablehnend habe er nur bemerkt:»Du benutzt aber wirklich jeden Vorwand, um dich von deiner bisherigen Haltung abzusetzen.«[2]

Auch den anderen Mitwirkenden und den Biographen fällt es schwer, Kohls Haltung angemessen einzuordnen. Genscher schreibt in seinen Memoiren das Verdienst, die Verträge schließlich doch zustande gebracht zu haben, falle auf seiten der Union den CDU-Ministerpräsidenten Franz-Josef Röder und Ernst Albrecht zu. Bei Kohl beschränkt er sich auf die karge Bemerkung, er habe seinen Parteifreunden zweifellos»Rückendeckung« gegeben.[3] Werner Maser verschweigt in seiner Biographie diese Begebenheit, und Karl Hugo Pruys beschuldigt Kohl,»machiavellistisch gedacht« zu haben.[4]

Natürlich wäre ohne die tatkräftige Unterstützung Albrechts nichts daraus geworden. Auf sein Drängen wirkte Genscher auf die polnische Regierung ein, ihre unverbindliche Zusicherung über die Ausreise der Deutschen in eine verbindliche Zusage umzuwandeln. Albrecht wollte eben die FDP in Hannover zum Eintritt in die Regierung bewegen.

Im entscheidenden Moment gelang es Kohl, die Union auf eine gemeinsame Linie zu bringen. Am 12. März 1976 stimmten im Bundesrat alle Ministerpräsidenten der CDU und CSU für die Vereinbarungen.[5] Das war keine leichte Arbeit. Albrecht sagt, Kohl habe in der letzten nächtlichen Besprechung vor der Entscheidung im Bundesrat»gekämpft«. Seine Mahnung, das größte Übel, das der Partei widerfahren könne, wäre, wenn die CDU auseinanderfiele, das zweitgrößte, wenn CDU und CSU unterschiedlich abstimmten, zeigte Wirkung. Beide Malheure drohten, da sowohl der bayerische Ministerpräsident Alfons Goppel von der CSU als auch sein baden-württembergischer Kollege Hans Filbinger von der CDU die Zustimmung verweigern wollten. Erst gegen Morgen gab sich Goppel einen Ruck und verkündete in einem jener Anfälle von Auflehnung gegen Strauß, mit denen er gelegentlich die Öffentlichkeit überraschte, er werde zustimmen. Danach gab auch Filbinger seinen Widerstand auf. Später erklärten sowohl Genscher als auch Albrecht, sie wären zurückgetreten, wenn die Verträge gescheitert wären. Kohl gab eine derartige Versicherung nicht ab, aber es ist keine Frage, daß er sein Schicksal noch mehr mit einem glücklichen Ausgang verband als sie. Wäre das Unternehmen gescheitert, wäre Strauß am Ziel gewesen und hätte die Kanzlerkandidatur Kohls in Frage gestellt.

Nach der Schlußberatung aller Gremien der Union in der baden-württembergischen Landesvertretung schlug Kohl vor, die Teilnehmer sollten zu Fuß ins nahe gelegene Haus des Bundesrats gehen und damit ihr Einvernehmen öffentlich demonstrieren – ein Einfall, für den die Fotografen dankbar waren.»Man konnte es leibhaftig sehen«, sagt Albrecht über die Demonstration,»da war eine maßgebliche Macht in Deutschland unterwegs.«

Im Plenum des Bundestags rief Kohl am Ende im Namen aller derer, die das Werk zustande brachten,»aus vollem Herzen unseren Mitbürgern, unseren Landsleuten, die dann Mitbürger werden, die aus der Volksrepublik Polen hierher zu uns kommen«, zu:»willkommen im deutschen Vaterland«.[6] Horst Teltschik, der die Rede aufsetzte, ist sicher, daß Kohl damit den»Durchbruch« erzielte.

IM HERBST 1975 stieg die Zustimmung zu Kohl sprunghaft an und erreichte über sechzig Prozent.[7] Danach nahm seine Popularität stetig ab, während die CDU/CSU in der Gunst der Wähler zulegte.[8] Bis zum Juli 1976 hielt sich die Partei in den Meinungsumfragen zwischen 49 und 51 Prozent. Erst im August 1976, zwei Monate vor der Bundestagswahl, begann ihr Abstieg, das Meinungsklima schlug um, die SPD kletterte in der Wählergunst nach oben, und ihr Bundeskanzler Schmidt übernahm die Rolle des Favoriten.

Die Vorteile, die Kohl aus seinem hohen Bekanntheitsgrad und seiner Beliebtheit in Rheinland-Pfalz zog, verwandelten sich bundesweit in Nachteile. Der Spruch, er sei»einer von uns«, der ihm vordem zu einem so großen Vorsprung vor den Konkurrenten verhalf, stempelte ihn jetzt zur Lokalgröße ohne Charisma.

Dazu trug er mit eigenen Ungeschicklichkeiten bei. Im Streit innerhalb des Unionslagers über den Slogan auf den Plakaten entschied sich die CSU für die Fassung, mit der Filbinger die Wahl in Baden-Württemberg gewonnen hatte, und die lautete:»Freiheit oder Sozialismus«. Das war Kohl zu»plakativ«, wie sein Wahlkampfberater Wolfgang Bergsdorf erläuterte, und er entschied sich für die Variante:»Freiheit statt Sozialismus«.[9] In Wirklichkeit verwischte das Wörtchen»statt« den Unterschied der Systeme, der mit ihm herausgestellt werden sollte, bis zur Unkenntlichkeit. Der Journalist Ludolf Hermann machte die Verwässerung des Begriffs mit dem Vergleich deutlich,»Freiheit statt Sozialismus« sei, als ob ein Räuber einem reisenden Kaufmann im Wald zurufe:»Geld statt Leben.« So klebte die Union zwei verschiedene Plakate. Platt und nichtssagend fiel die gemeinsame Wahlplattform der Unionsparteien aus, die ursprünglich als ein großer Wurf konzipiert worden war. Strauß strich die sozialen Reizbegriffe wie die Forderung nach der Einführung einer »Partnerrente« und eines »Erziehungsgeldes«. Ebenso mißriet die Wahlkampfmannschaft, da Kohl versuchte, so viel bedeutende Persönlichkeiten wie möglich herauszustellen, so daß es erheblich mehr Anwärter als Posten gab. Das Schattenkabinett, das er schließlich vorstellte, ließ nicht erkennen, womit sich die Mitglieder von denen des Kabinetts Schmidt abhoben. Ein weiterer Stolperstein war das Bemühen der Berater, Kohls Image dem Zeitgeist anzupassen. Sie verpaßten ihm eine neue Brille und einen modischen Haarschnitt, den steifen und etwas altmodischen Habitus bekamen sie damit nicht weg. Begierig griffen sie Anregungen von außen auf. So kam es ihnen zupaß, daß in den Zeitungen neuerdings der Begriff vom »Schwarzen Riesen« auftauchte. Das vermittelte eine Assoziation, die seinen Beratern gefiel, weil sie, wie Hanns Schreiner berichtet,»stimmig« gewesen sei:»…schwarz stand für CDU, Riese für Größe, Ausstrahlung und Durchsetzungsvermögen.« Da der Spitzname nicht mehr aus der Welt zu schaffen gewesen sei, hätten sie ihn übernommen, zumal er geholfen habe, von dem »verdammten Pfeifen-Klischee« wegzukommen.[10]

Der Publizist Johannes Gross entzauberte solche Wunschvorstellungen in einem ganzseitigen Essay in der *FAZ*. Er schrieb, Kohl verdanke den Beinamen des »Schwarzen Riesen« ausschließlich dem »trivialen Umstand«, daß es ein Waschmittel namens »Weißer Riese« gab. Er fand, daß die Assoziation nicht zu einem Mann passe, der gewinnen wolle: Der Riese sei »groß, stark und mächtig«, bleibe aber in der Sage »nicht immer Sieger im Kampf«, sondern werde häufig »von den Kleinen durch List und Geist«, der »Geschwindigkeit des Wortes oder der Bewegung« ausgestochen. Gross vermutete auch, daß »vom Oppositionsführer ein strengerer Geruch von Provinzialität« ausgehe als von anderen Politikern, die schließlich ebenfalls aus deutschen Provinzen stammten, nicht zuletzt deswegen, weil »das pfälzische Idiom den anderen Stämmen eher ungeschlacht« in den Ohren klinge.[11]

So hintergründige Spekulationen wie Gross stellten Schreiner und seine Helfer nicht an. Für sie ging von dem Phantombild des »Schwarzen Riesen« etwas Vertrauenerweckendes aus. Es signalisierte, daß der

Mann, der Kanzler werden wollte, ehrlich, bodenständig, zuverlässig, pünktlich und treu war. Die Rolle des Durchschnittsbürgers, die sie ihm ins Drehbuch schrieben, war dazu bestimmt, seine Neigung zu unkontrollierten Ausbrüchen und intellektueller Überheblichkeit zu überdecken.

Sie orientierten sich an der verbreiteten Auffassung, die Zeit der großen, charismatischen Vorbilder sei unwiderruflich vorüber. Das letzte, Willy Brandt, der milde Übervater, hatte sich in der Guillaume-Affäre verflüchtigt, das Adenauers war längst verblaßt. Der Suggestion, die von der Vorstellung ausging, es seien neue Leitbilder gefragt, die mehr dem Durchschnittsgeschmack der Wähler entsprachen als die vorigen, konnte sich Kohl nicht entziehen. Er reagierte rasch auf derartige Strömungen und erkannte, daß sie der nüchternen Normalität einer politischen Kraftnatur, wie er sie darstellte, entgegenkamen. Damit ging ein Wandel der Persönlichkeit einher, der seine Mitarbeiter überraschte. Augenfällig änderte sich seine Sprache. Der *Spiegel*-Kritiker Hellmuth Karasek nannte ihn einen »Sprachvertriebenen der 50er Jahre«, der sich selbst aus dem Paradies des »intakten pfälzischen Dialekts« entfernt und seine Redeweise in ein »papierenes Hochdeutsch« umgewandelt habe.[12] Das, was Karasek ein Papierdeutsch nannte, war in Wirklichkeit die Sprache der kleinen Leute, die er ihnen auf dem Sportplatz, in den Gasthöfen und Markthallen, in der Sauna und auf den pfälzischen Wein- und Wurstfesten, bei Hochzeiten und Beerdigungen abguckte. Er nahm ihre Art an, miteinander ohne große Worte und Rhetorik zu kommunizieren, Sätze offenzulassen, Gedankengänge abzubrechen, sich niemals festzulegen, vielen wohl und keinem weh zu tun und das zu machen, was pfälzisch »babbele« genannt wird. Dabei brauchte er sich, wie Schreiner bemerkt, nicht zu verbiegen, weil er aus dem Milieu stammte, das er kopierte. Zugleich veränderte sich sein Aussehen. Seine Freunde bemerkten, wie er an Leibesfülle zunahm. War bis dahin sein Gewicht nur seinen privaten Bemühungen unterworfen, es zu halten (in der Wahlkampfbroschüre wurde das »Wunschgewicht« mit 210 Pfund angegeben), machte Schreiner seine Abspeckkuren im Werbematerial zum Gegenstand öffentlicher Aufmerksamkeit.

Die Zurschaustellung solcher Attribute ermutigte einige kritische Journalisten, Kohl in Charakterstudien das Merkmal des Gewöhnlichen anzuheften. Der *Spiegel* erprobte an ihm zum ersten Mal die Taktik, Nachwuchspolitikern zu schmeicheln, solange sie sich gegen die Mächtigen auflehnten, und sie in dem Augenblick frontal anzugreifen, in dem sie selbst die Macht anstrebten. Bisher war Kohl dem Magazin allemal eine Notiz oder eine freundliche Kolumne wert. Aber als er sich anschickte, nach der Kanzlerschaft zu greifen, war es mit dem Wohlwollen vorbei. Derjenige, der Kohls Bild vom wohlwollenden Landesvater im *Spiegel* ins Wanken brachte, war ausgerechnet ein Landsmann, der ebenfalls aus Ludwigshafen stammende Starreporter Hermann Schreiber. Er reiste im Frühjahr 1973 in der Absicht an den Mainzer Hof, Kohls Meinung zu Kiesinger einzuholen, über den er ein Portrait schreiben wollte. Kohl empfing ihn mit der ausgesuchten Höflichkeit, die er für die Besucher bereithielt, denen er imponieren wollte. Im Verlauf des Besuchs überredete er den Reporter zu einem Flug mit dem Hubschrauber und vermittelte dem Gast mit einem Überblick über den agrarischen Teil des Landes mit seinen Reben und Rüben, Wiesen und Wäldern einen Einblick in die Landeskunde. Als Schreiber erwähnte, daß seine Mutter in Neustadt an der Weinstraße wohnte, bestand Kohl darauf, daß der Pilot eine Schleife über dem Haus zog.

Den Schlußpunkt setzte Kohl nach der Besichtigung des Eigenheims. Da der Landtag gerade sein alljährliches Fastnachtsfest feierte, organisierte er einen gemeinsamen Besuch. Angetan mit einem bunt gemusterten Hawaiihemd, ermunterte er den Gast zu einem Tanz mit seiner Privatsekretärin Juliane Weber, eine »sozusagen familiäre Geste, eine Vertraulichkeit«, bekennt Schreiber, die er »wohl nicht richtig zu würdigen gewußt habe«.[13] Was von ihm erwartet wurde, war Wohlverhalten, eine Leistung, die zu erbringen er unfähig war. Er überließ sich seiner Spottlust und begann seine Reportage mit dem Satz: »Wenn unverhofft das Wort Weltlage fällt, denkt Helmut Kohl nicht zuerst an Außenpolitisches, sondern an »Forster Jesuitengarten« oder an »Kallstadter Saumagen«. Sodann machte er sich ausgiebig über den »pfälzischen Polykrates«, den »Landsmann im Aspik der Progressivität« und die Großmannssucht des »allzeit Sprungbereiten« lustig, der bis dahin »nie seinen Meister« gefunden habe, da er nie in einer anderen Mannschaft als der »Regionalliga Südwest« gespielt habe.[14]

Der Portraitierte reagierte kleinlich, nachtragend und gekränkt. Fortan weigerte er sich, sich vom *Spiegel* interviewen zu lassen, behauptete, er lese ihn nicht, und riet den Parteifreunden, ihn zu ignorieren, da es schade um die Zeit sei, die sie auf die Lektüre verwendeten. In Wirklichkeit ließ er sich, als er in Bonn war, von seinem Mitarbeiter

Eduard Ackermann bereits sonntags aus einem Vorausexemplar vorlesen und empfing unter der Hand auch den einen oder anderen *Spiegel*-Redakteur aus der Chefetage.

Mit der Zuspitzung des Wahlkampfs zur Bundestagswahl 1976 schickten andere Blätter ihre Gesprächspartner zu Kohl, die ihm so skeptisch begegneten wie Schreiber. Einer von ihnen war der norddeutsche Landschullehrer und Schriftsteller Walter Kempowski, der im Auftrag des *Zeit*-Magazins kam, einen Fotografen bei sich hatte und während des Gesprächs ein Tonband laufen ließ. Dennoch entspann sich nach der Veröffentlichung eine Kontroverse, bei der Kohl darauf bestand, daß zwischen ihnen Vertraulichkeit vereinbart worden sei und Kempowski das Gespräch nicht ohne seine vorherige Genehmigung hätte veröffentlichen dürfen. Im Text, in dem er sich zunächst über Schreiber beschwerte, offenbarte Kohl jene Wissenslücken der typischen Bildungsbürger, über die er sich zugleich lustig machte.[15] Die *Zeit*, die seiner Kanzlerkandidatur besonders kritisch gegenüberstand, beauftragte schließlich ihre Mitarbeiterin Nina Grunenberg nachzuhaken. Sie fand, er sei eine »Edelausgabe unter den Landesfürsten« und eine Pflanze, die im Sumpf der Provinz prächtig gedeihe, er sei aber für alle, die sich einen Bundeskanzler mit Ecken und Kanten wünschten, ein »unsicherer Kandidat«.[16]

Nun hatte er die ersehnte Publizität, aber die Kritik, die er tapsig stets aufs neue bediente, verdarb ihm die Freude. In einem Gespräch mit dem CDU-Generalsekretär Kurt Biedenkopf, das unerlaubt mitgeschnitten und gegen die Usancen kurz vor der Wahl vom *Stern* veröffentlicht wurde, machte er seinem Ärger über die Magazinreporter Luft. Man könne auf sie, donnerte er, »Maßstäbe des normalen Lebens... nicht anwenden«. Sie hantierten mit »Gangstermethoden, wobei die Mafia noch eine ehrwürdige Organisation« sei »im Verhältnis zu denen«. Diese Leute »verkaufen ihre Mutter, wenn sie am Wochenende 5 000 mehr Auflage verkaufen« könnten.[17] So verbiß sich der Kandidat in einen Kleinkrieg mit den ihm nicht wohlgesonnenen Blättern, bei denen keine Seite der anderen an Hemdsärmeligkeit und Schadenfreude nachstand.

Von der kritischen Presse ließ sich Kohl nicht beeindrucken, Selbstzweifel kannte er nicht, oder er ließ sie sich nicht anmerken. Seinen Mitarbeitern vermittelte er den Eindruck, davon überzeugt zu sein, daß er die Bundestagswahl 1976 gewinne und Bundeskanzler werde. Nach genaueren Plänen fragten sie nicht, und er sagte sie ihnen nicht.

Aber aus den Vorkehrungen, die er traf, schlossen sie auf seine unerschütterliche Zuversicht, die zu teilen ihnen schwerfiel. Intern stellte er klar, daß er die gesamte Crew aus Mainz mit nach Bonn nehmen wolle. Waldemar Schreckenberger, der zweite Mann in der Staatskanzlei, sollte Kanzleramtsminister werden. Daß Kohls außenpolitischer Berater Horst Teltschik und seine Vorzimmerdame, Mitarbeiterin und Vertraute Juliane Weber den Chef nach Bonn begleiteten, stand außer Frage. Der Pressesprecher Schreiner war als Chef des Presseamts vorgesehen, Peter Boenisch, der Mitglied im Wahlkampfteam war, als Regierungssprecher. Kohl wollte mithin die Ämter trennen, die bei seinen Vorgängern stets in einer Hand lagen. Schreckenberger, der nicht so fest an einen Wahlsieg glaubte wie der Chef, meint, Kohl sei »guten Mutes« gewesen, auch sein Kabinett habe »in großen Zügen festgestanden«. Für ihn gab es keinen Zweifel, daß Hans-Dietrich Genscher Außenminister bleiben sollte. Um ihm den Platz freizuhalten, nannte er den Fraktionsvorsitzenden Karl Carstens als Außenminister. In seinem Tableau sollte der Fraktionsvorsitzende aber Bundestagspräsident werden, da es für ihn keinen Zweifel gab, daß die CDU/CSU wieder die stärkste Fraktion werden würde.

Damit mußte Strauß seinen Anspruch auf das Außenamt zurückstellen. In Kohls Liste wurde er als Finanzminister geführt. Blieb Strauß in Bayern, konnte Gerhard Stoltenberg Finanzminister werden, der in Kohls Mannschaft als Wirtschaftsminister firmierte, und dieser Posten wurde für die FDP frei.[18] Kohls Erwartungen hinsichtlich der Machtverteilung nach der Wahl stützten sich auf fragwürdige Zahlenspiele. Er rechnete mit einem »Patt« und mit »einer Stelle hinter dem Komma zugunsten der CDU/CSU«. Beide Blöcke SPD/FDP und CDU/CSU bekämen danach jeweils 248 Mandate, Überhangmandate nicht eingerechnet. Damit müßte Genscher ihm zu der 249. Stimme verhelfen. [19]

In einem solch unwahrscheinlichen Fall konnte Genscher ebenso Schmidt zur Mehrheit verhelfen und eher noch dem Koalitionspartner, mit dem er sich auf eine Fortsetzung der Regierungsarbeit festlegte. Sein Wahlspruch lautete, wer den Bundeskanzler Schmidt behalten wolle, müsse die FDP wählen. Das Zaudern Kohls zeugte nicht von einer überlegten Wahlstrategie, und die Halbherzigkeit, mit der er das Ziel ansteuerte, nährte die Zweifel an seinem Durchsetzungswillen. Das Wunschziel, eine Koalition mit der FDP, war in weite Ferne gerückt, und die einzige Alternative, die von Strauß angestrebte absolute Mehrheit, wünschte er nicht. Einer Antwort auf die Frage, ob er auch dann nach Bonn gehen werde, wenn er die Wahl verliere, wich er aus. Da er aber auch keine Anstalten machte, seine Nachfolge in Mainz zu regeln, war überhaupt nicht mehr klar, worauf er hinauswollte, und die politischen Gegner, allen voran der Bundeskanzler, weideten sich an seiner Verlegenheit.

Andererseits blickte Kohl gelassen in die fernere Zukunft. Wenn er es 1976 nicht schaffe, sagte er zu Schreckenberger, habe er »einen Stein gelegt«. Er sei jung genug, es mit mehr Erfolg ein zweites Mal zu versuchen.[20]

Am Wahlabend stellte sich heraus, daß Kohl mit seiner Vorhersage, das Ergebnis werde knapp ausfallen, recht behielt. Er erzielte mit 48,6 Prozent das zweitbeste Ergebnis in der Geschichte der Bundesrepublik. Ihm fehlten eine halbe Million Wähler zur absoluten Mehrheit, nur Adenauer erreichte bei der Wahl 1957 mehr Prozentpunkte. Aber zum Regieren reichte es nicht.

Kurz nach dem Vorliegen der ersten zuverlässigen Hochrechnungen bekräftigten die beiden Regierungspartner Schmidt und Genscher ihre Bereitschaft, die Koalition fortzusetzen. Erst als sich die Türen hinter ihm geschlossen hatten und Genscher die Ergebnisse noch einmal studierte, stellte er fest, daß »viele Wähler trotz der Wertschätzung für Helmut Schmidt« den Wechsel wollten. Die Regierungsparteien seien »nur knapp ... einer Niederlage entronnen«, resümierte er in seinen Memoiren. Die Bundesrepublik habe »an jenem 3. Oktober 1976 vor einem Regierungswechsel gestanden«.[23]

Nach der Bekanntgabe des Ergebnisses weigerte sich Kohl, es zu akzeptieren. Vor der Presse beharrte er eigensinnig darauf, daß die Wähler die CDU/CSU zur »stärksten politischen Kraft in diesem Lande« gemacht und ihm »das Mandat zur Regierungsbildung« anvertraut hätten. Er gehe davon aus, sagte er, »daß der eindeutige Wahlsieger vom Bundespräsidenten dem Parlament als künftiger Bundeskanzler« vorgeschlagen werde.[24] Auch nachdem er seine Aussagen überschlafen hatte, sah er keinen Anlaß, sie zu korrigieren, obwohl er sich jetzt darüber klar war, daß an ein Zusammengehen mit Genscher nicht mehr zu denken war. Um zu dokumentieren, daß er das Verhalten der FDP mißbilligte, weil sie eine Koalition mit der stärksten Fraktion ablehnte, bot er ihm brieflich Koalitionsverhandlungen an. Er ging so weit, den Bundespräsidenten allen Ernstes aufzufordern, ihn dem Parlament zur Wahl des Bundeskanzlers vorzuschlagen.

Da er und seine demoskopische Beraterin Elisabeth Noelle-Neumann sich nicht erklären konnten, warum die mathematischen Prognosen nicht zutrafen, suchten sie nach einer nachträglichen Begründung. Dazu erfand Noelle-Neumann die »Schweigespirale«, ein Begriff, mit dem sie berühmt werden sollte. Die Theorie besagte, daß die Meinungen der Wähler und die der Medien im Lauf des Wahlkampfs auseinanderliefen und die Sympathien, die Kohl bei jenen gewann, von diesen zerredet wurden.[25] Gleichwohl spürten am Ende auch die Wähler, daß Kohl von seinen Wahlzielen nicht überzeugt war, daß er allein nicht regieren wollte, aber auch keinen Partner fand, mit dem er hätte zusammengehen können.

Was niemand vorhersah, war das Verhalten von Strauß. In der Wahlnacht wechselte er nach dem Ende der offiziellen Veranstaltungen mit Freunden in die Münchener »Wienerwald«-Zentrale des Unternehmers Friedrich Jahn und steigerte sich dort mit wachsendem Alkoholkonsum in einen Wutanfall gegen die Schwesterpartei nördlich des »Weißwurst-Äquators«. Ein Mitarbeiter der dem CSU-Vorsitzenden wohlgesinnten Illustrierten *Quick* saß dabei und überlieferte die Zitate, die so unzweideutig waren, daß sich die CSU nicht bemühte, sie

Bundespräsident Walter Scheel empfängt Helmut Kohl
zu einem Gespräch nach der Bundestagswahl 1976.

zu dementieren. Sie konnten in ihrer Mischung aus Treffsicherheit und Unflat nur vom Chef stammen.»Wer jetzt noch weiter der FDP hinten reinkriecht«, tobte der CSU-Chef,»der schwebt doch in Wirklichkeit in einem Heißluftballon – ob das Helmut Kohl ist oder sonst wer.« Es sei»unerträglich«, daß eine Partei wie die FDP»in diesem Land nicht mehr abwählbar« sei. Darauf zu hoffen, daß sie zur CDU komme, sei unsinnig. Sie könne das schon deswegen nicht, weil die CDU in einer miserablen Verfassung sei.»Die CDU muß ihre Linke endlich zur Brust nehmen oder sie loswerden«, wütete er. Auch die»Kameraden dort oben, die Nordlichter«, versagten an allen Ecken und Enden –»in Niedersachsen, Hamburg, Bremen, Schleswig-Holstein, zum Teil in Rheinland-Pfalz und in Saarbrücken«. Dann setzte Strauß zum rhetorischen Fangschuß für Kohl an.»Jetzt müssen wir durchstoßen«, verkündete der große Stratege,»jetzt gibt es keine Pietät mehr, jetzt wird gestorben.« Es werde der Tag kommen,»wo alle begreifen müssen, worauf es ankommt – oder die Wege trennen sich«. Er frage sich,»ob es immer eine einzige Fraktion in Bonn« geben müsse. Er habe keine Lust, sich wieder und wieder sagen lassen zu müssen,»daß unsere Wahlkampfführung den Sieg gekostet hat«.[26]

Das bedeutete die Spaltung. So jedenfalls wurde die Rede überall interpretiert. Kohl ließ wissen, er krieche»niemandem irgendwo hinein, weder im Norden noch im Süden«. Im übrigen beziehe er seine Informationen über die Union»weder aus Illustrierten noch aus Indiskretionen«, vor allem dann nicht,»wenn es um Emotionen statt um Politik geht«.

Am Mittwoch nach der Wahl trafen sich die beiden Parteivorsitzenden, Kohl übrigens nach einem Gespräch mit Genscher, und daß ihre Unterredung nicht harmonisch verlief, läßt sich unschwer ahnen. Aus den Bemerkungen, die Kohl anschließend bei seinen Mitarbeitern machte, läßt sich entnehmen, daß er dem CSU-Vorsitzenden die Nachteile vorrechnete, die ihm aus einer Trennung erwuchsen. Er hatte sie durchgerechnet. Die CDU würde mit 191 Abgeordneten die zweitstärkste Fraktion im Bundestag, die CSU mit 53 Abgeordneten nicht viel stärker als die FDP sein; sie würde Mühe haben, die Ausschüsse zu besetzen und den Parlamentspräsidenten würde wiederum die SPD stellen.

Inzwischen ruderte die CSU-Spitze ein Stück zurück und ließ durchblicken, die Diskussion über die»vierte Partei«, die Strauß in der Wahlnacht in Gang gebracht hatte, werde nicht beendet, sondern bis zur bayerischen Landtagswahl 1978 ausgesetzt, um sie dann wieder aufzunehmen. Daraufhin zog der CDU-Chef die Zügel straffer und verkündete, er werde den Fraktionsvorsitz nicht übernehmen, falls die CSU diese Überlegungen weiter verfolge. Da er sich vorstellen konnte, daß diese Drohung den CSU-Vorsitzenden wenig schreckte, fügte er hinzu, daß auch kein anderes Mitglied seiner Partei unter diesen Bedingungen antreten werde. Die Kriegserklärungen waren ergangen.[27]

Nach weiteren Gesprächen gab Kohl am Abend des gleichen Tages vor dem Fraktionsvorstand bekannt, seine »persönliche Entscheidung« stehe fest. Am Tag darauf, am Donnerstag, dem 7. Oktober 1976, erklärte er in der ersten Sitzung der Fraktion unzweideutig, er habe sich entschlossen, »nach Bonn zu kommen«, genauere Bedingungen nannte er nicht. Die anderen Redner, Karl Carstens, Gerhard Stoltenberg, Alfred Dregger und Strauß, gingen ebenfalls nicht in die Details, sondern begnügten sich mit allgemeinen Appellen, zusammenzustehen und den Wahlerfolg nicht zu gefährden.[28]

Anderthalb Wochen später traf sich die CSU-Landesgruppe zu ihrer ersten Sitzung nach der Wahl. Die Stimmung bei den 53 Abgeordneten war, wie der stellvertretende CSU-Landesgruppenvorsitzende Friedrich Zimmermann berichtet, »unruhig und verlangend«, auf eine unerklärliche Weise »kampfeslustig«. Die Erledigung der Präliminarien ging schleppend voran, endlich wurde Zimmermann ohne große Schwierigkeiten und Begeisterung zum neuen Vorsitzenden gewählt, da der Amtsinhaber Richard Stücklen Bundestagsvizepräsident werden sollte.[29] Strauß wurde erst bei dem Tagesordnungspunkt »Fraktionsgemeinschaft mit der CDU« aktiv und schlug vor, die Landesgruppe sollte darüber »zwecks allgemeiner Einkehr und Herzausschüttung« (Zimmermann) in einer Klausursitzung in der CSU-Tagungsstätte Wildbad Kreuth beraten. Da das Haus komfortabel eingerichtet sei, in einer »bukolischen Landschaft« liege und die neuen Abgeordneten ein Bedürfnis nach Aussprache gehabt hätten, sei eine Tagung auf den 18. und 19. November 1976 festgelegt worden.

Der Schwebezustand änderte an Kohls Entschluß nichts, und mit der Vielzahl von Besprechungen, die er in Mainz einberief, wollte er eher den Parteifreunden Gelegenheit geben, ihre Meinung zu sagen, als daß er beabsichtigte, sich nach ihrem Rat zu richten. Es schmeichelte ihm, daß ihn die meisten zum Bleiben aufforderten. In Bonn erwarteten ihn nur Ungemach, ein Verlust an Lebensfreude und wenig Freunde, doch er ließ sich nicht umstimmen. Er bedauerte es, daß ihm zwei seiner

Mitarbeiter, Schreckenberger und Schreiner, nicht folgen wollten. Bei Schreckenberger war das von vornherein klar, bei Schreiner entschied es sich erst nach der Wahl. Er blieb lieber Regierungssprecher in Mainz statt Fraktionssprecher in Bonn. Aus dem engeren Kreis blieb dem Kandidaten Juliane Weber erhalten. Sie richtete zusammen mit Hannelore Kohl in Pech, einem Vorort von Bonn, ein Haus ein, unter dessen Dach auch sie und der Fahrer Eckard Seeber wohnten. Es lag in der Nähe des Eigenheims der Genschers. Unerwartet schwer tat sich Kohl mit seiner Nachfolge in Rheinland-Pfalz. Schon vorher hatte er sich entschlossen, die beiden Ämter, die er bekleidete, zu teilen. Finanzminister Johann-Wilhelm Gaddum sollte Ministerpräsident werden, Arbeits- und Sozialminister Heiner Geißler Parteivorsitzender. Seltsamerweise war mit dieser Regelung nahezu niemand einverstanden. Die Autorität Kohls schwand so rasch dahin, daß sie nichts mehr galt, sobald er seinen Abschied erklärt hatte. Gaddum widersetzte sich dem Ansinnen, und Kultusminister Bernhard Vogel bewarb sich gleich um beide Ämter, das des Parteivorsitzenden und das des Ministerpräsidenten. Kohl konnte es nicht verhindern, Vogel trat in die Fußstapfen des übermächtigen Vorgängers.

IN KREUTH hielt sich Strauß nach dem Eröffnungsreferat zurück. Er sprach, wie Friedrich Zimmermann später in seinen Memoiren mitteilte, viel über die »Lehrerbildung« in Bayern, aber wenig darüber, »wie es mit Deutschland weitergehen sollte«. Es verstrich viel Zeit, bis der Abgeordnete Franz Handlos aus Deggendorf, der später aus der Partei austrat und die Republikaner gründete, zur Sache kam. Er fragte arglos, »ob die CSU nicht eine eigene Fraktion bilden sollte«.

Damit wurden die Schleusen der Beredsamkeit geöffnet, nur derjenige, der das Thema am Wahlabend aufgebracht hatte, beteiligte sich nicht an der Aussprache. Strauß ließ andere reden und beschränkte sich, wie Zimmermann es darstellte, in der zehnstündigen Diskussion, in der sich 47 Abgeordnete zu Wort meldeten, auf anfeuernde Zwischenrufe. Sprach einer gegen die Trennung, rief er aus dem Hintergrund: »So? Moanens? Dann gehns doch hi zu dene!« Am Ende beschlossen in geheimer schriftlicher Abstimmung 30 von 49 CSU-Abgeordneten, »in der kommenden Legislaturperiode des Deutschen Bundestages eine eigene Fraktion zu bilden«, wie es in einem mehrseitigen Brief heißt, den Strauß und Zimmermann an die Mandatsträger und Funktionäre der Partei schickten. Um zu demonstrieren, daß sie es ernst meinte, besorgte sich die CSU-Gruppe eigene Tagungsräume und ließ sich Schilder anfertigen, auf denen »CSU-Sitzung« stand. Den Beratungen mit der CDU blieben die Mitglieder der CSU fern. Die Schwesterpartei folgte notgedrungen, wiewohl provisorisch, hängte das alte Schild vor die Tür, überklebte den Namen der CSU und tagte unter sich.

Die Frage war, ob sich Kohl auch dieses Mal kompromißbereit zeigen würde, Strauß rechnete damit. Und da die beiden Vorstandsmitglieder Richard von Weizsäcker und Karl Carstens hörten, daß die Partei in Bedrängnis geriet, brachen sie die Teilnahme an dem internationalen Symposion des berühmten Chicago Council on Foreign Relations in Sea Island ab und kehrten nach Hause zurück. Inzwischen hatte Kohl das Parteipräsidium und den Bundesvorstand einschließlich der Ministerpräsidenten der CDU und aller ihrer sonstigen Würdenträger für den Dienstag nach dem Kreuther Beschluß nach Schloß Eichholz vor den Toren Bonns eingeladen. In der Diskussion ließ er anderen den Vortritt, Weizsäcker hatte den Eindruck, der Vorsitzende habe laviert und sich vor einer klaren Meinungsäußerung gedrückt. Dagegen habe er zusammen mit zwei weiteren Teilnehmern »mit größter Entschlossenheit« dafür plädiert, hart zu bleiben. Die CDU dürfe sich »von der CSU nicht ins Bockshorn jagen lassen«. Schließlich werde der Bruch aus Gründen scheitern, die »nicht in der Haltung der CDU« lägen, »sondern im Interesse der CSU-Leute an ihren Bundestagsmandaten«. Denn wenn die CDU in Bayern einmarschiere, gefährde sie 15 der 35 Wahlkreise der CSU, sei es, daß die CDU sie erobere, sei es, daß sie an die SPD fielen. Daher werde die Interessenlage der Schwesterpartei dazu führen, daß sie den Kreuther Beschluß zurücknehme.[30]

Das Kommuniqué, das nach der Vorstandssitzung veröffentlicht wurde, bekräftigte den Willen der CDU, die Einheit wiederherzustellen. Den Weg dahin ließ es offen. Bei der Bundestagswahl, hieß es lediglich, hätten »18 Millionen Wähler dem Kanzlerkandiaten ein Mandat für die ganze Bundesrepublik« erteilt.[31] Kohl ließ sich nicht aus der Deckung locken. Äußerlich unbewegt, antwortete er bei der Pressekonferenz auf die Frage nach seiner Befindlichkeit, es komme nicht auf seine »Gefühle und Empfindungen« an, sondern darauf, den »richtigen Schritt in der richtigen Weise und richtigen Form« zu tun. Er fügte hinzu, da ihn niemand gezwungen habe, Parteivorsitzender und Kanzlerkandidat zu werden, könne und wolle er sich nicht darüber beklagen, »daß ich auf diesem Wege auch manche Schwierigkeit in Kauf nehmen muß«.[32] In der folgenden Diskussion ließ er sich auf Argumente nicht ein und versagte es sich, die CSU zu kritisieren. Während die Wogen in der Partei hochgingen, blieb er ungerührt. Soweit er sich auf Meinungsäußerungen einließ, wiederholte er unermüdlich die Forderung, zuerst müsse die Fraktionsgemeinschaft ohne Wenn und Aber wiederhergestellt werden, dann könne weiter über die Form der Zusammenarbeit verhandelt werden. Die Einladung Zimmermanns, miteinander zu reden, schlug er aus, Angebote der CSU zu gemeinsamen Sitzungen der beiden Unionsfraktionen und zur Bildung eines Koordinierungsgremiums ignorierte er. »Normalerweise baut man ein Haus von unten nach oben«, beschied er die Anreger, »und wenn man das Fundament auflöst, ist es schwer verständlich, daran zu glauben, daß dann das Dach trägt.«[33]

Jene irrten, die aus seiner gleichmütigen Haltung schlossen, er habe nur die Parteifreunde kämpfen lassen und das Schicksal der Partei sei ihm gleichgültig gewesen. Vielmehr schob er die Kulissen zurecht, in denen die CDU in einem spektakulären Akt die Bühne besetzen würde. Er traf alle Vorbereitungen für den Einzug der CDU in Bayern, den er in dem Augenblick vollziehen wollte, in dem die CSU endgültig beschloß, sich selbständig zu machen. Vom Bundesvorstand ließ er sich die Vollmacht für einen Auftrag an die Agentur Hegemann geben, Plakate für die Werbung eines CDU-Landesverbandes in Bayern zu entwerfen. Ohne großes Aufsehen, aber doch so, daß es die CSU-Größen bemerkten, umwarb er namhafte Politiker der CSU, die mit dem Trennungsbeschluß nicht einverstanden waren. Schreiner, der als Sendbote unterwegs war, erinnert sich, mehrmals mit dem Wirtschaftsminister und schwäbischen Bezirksvorsitzenden Anton Jaumann darüber konferiert zu haben. Theo Waigel weiß, daß Kohl auch beim Innenminister Bruno Merk vorfühlte. »Wahrscheinlich hat er mit beiden verhandelt«, sagt er.[34] Die Schwierigkeit lag darin, der CSU, deren Inszenierungen immer ein Stück Bauerntheater enthielten, genauso theatralisch entgegenzutreten, ihr aber auch klarzumachen, daß das Drehbuch den Ernstfall einschloß.

Daß sich später nahezu jeder führende Politiker der CDU rühmte, Strauß zum Einlenken gebracht zu haben, schließt nicht aus, daß es anders war. Carstens etwa war nicht davon überzeugt, daß es Kohls harte Haltung war, die den »Umschwung« bewirkte. In seinen Memoiren zeigte er sich jedenfalls ziemlich sicher, daß der CSU-Vorsitzende von dem »unwiderleglichen Argument« beeindruckt wurde, wenn sich die CSU über Bayern hinaus ausdehne, verliere sie ihren eigenständigen Charakter, und es werde zu einer Neugründung der Bayernpartei kommen.[35]

Nicht die Entschlossenheit der CDU, das Vordringen der Bayernschwester abzuwehren, schlug den Aufstand von Kreuth nieder, der nicht einmal eine Woche dauerte. Die CSU beendete ihn selbst. Am Donnerstag nach der Klausursitzung forderte die CSU-Landtagsfraktion die CSU-Landesgruppe auf, den Beschluß zurückzunehmen mit der Begründung, die Parteisatzung enthalte einen Passus, der ihr untersagte, sich über Bayern hinaus auszudehnen.[36] Zwei Tag danach, am Samstag dem 27. November 1976, zog der CSU-Landesvorstand unter Assistenz der 111 Kreisverbände den Schlußstrich. In einem Kommuniqué hieß es kurz und lapidar, die CSU sei »eine laut ihrer Satzung in ihrer Organisation ausschließlich auf Bayern festgelegte Partei. Niemand in der CSU«, hieß es weiter, habe »die Absicht, diesen Zustand ohne Einvernehmen mit der CDU zu ändern«.[37]

In der Stunde seiner Niederlage ließ Strauß seinem Zorn freien Lauf. In einem langen Monolog vor Mitgliedern der Jungen Union überschüttete er Kohl im Bewußtsein seiner Unterlegenheit mit einer Flut von Beleidigungen. Er habe den Kanzlerkandidaten trotz des »Wissens um seine Unzulänglichkeit« und »um des Friedens willen« unterstützt. Kohl werde »nie Kanzler werden«. Denn er sei »total unfähig«, ihm fehlten die »charakterlichen, die geistigen und die politischen Voraussetzungen«. Ihm fehle »alles dafür«. Er beschuldigte die eigene Partei, sie begreife nicht, daß sie »keine Sünde an der Gemeinschaft« begehe, wenn sie »aus dieser Pygmäenideologie, aus dieser Zwergenmentalität« der »Kerle in der CDU« ausbreche. Nun sei er gezwungen, »wie ein Herkules beinahe den Weltball auf den Schultern« zu tragen. Schließlich kam der messianische Geist über ihn, und er prophezeite, daß er am Ende der Diskussion »im Norden der Bundesrepublik« eine »freiheitliche ›Deutsche Volkspartei‹ ausrufen« werde. »Dann können Sie auch mich als Landesvorsitzenden vergessen.« Sich aus dieser Rolle zu lösen, sei er schon lange bereit.[38]

Die Mitglieder des CSU-Vorstands und die Vorsitzenden der Bezirke hatten noch nicht die Rückfahrt angetreten, als ihnen die ersten Vorberichte des *Spiegel* über diese Rede zu Ohren kamen. Die nahezu gleichzeitige Veröffentlichung des *Spiegel* und der Berichte über den

CSU-Landesvorstand ließen den Schluß zu, Strauß habe nach der Vorstandssitzung gesprochen, während er tatsächlich vorher geredet hatte. Im Ergebnis kam es freilich auf das gleiche heraus: Alles war wieder offen.

Die Größen der CDU kamen mit dem Geschwindschritt, in dem der Rückzug eingeleitet wurde, nicht mehr mit. Ihr Generalsekretär Biedenkopf breitete am gleichen Wochenende, an dem die CSU-Gremien tagten, vor der Jungen Union in Offenburg seine Überlegungen darüber aus, warum die CDU in Konsequenz der Beschlüsse von Kreuth »nach Bayern gehen« müsse.[39] Angesichts der verwirrenden Ereignisse war es nicht leicht, die Übersicht zu behalten, und wie es aussieht, war Kohl der einzige, der sie nicht verlor. Er sorgte dafür, daß der Bundesvorstand eine Kommission einsetzte, mit der er die CSU in Zugzwang setzte. Auch diese benannte ihre Mitglieder, und damit waren die Verhandlungen wieder auf dem Gleis.[40]

Nach dem Bericht von Carstens begannen die Beratungen mit »heftigen gegenseitigen Vorwürfen« und endeten »in letzter Minute« doch noch mit einer »Einigung«. Nach seinen Notizen verhielt sich Kohl korrekt, widersprach allen Vorwürfen, die Strauß gegen die CDU erhob, darunter auch dem, »keiner ihrer führenden Politiker« habe ihn »gegen diffamierende Angriffe im nördlichen Teil der Bundesrepublik in Schutz genommen«, und kritisierte, daß die CSU der CDU »ohne vorherige Ankündigung den Fehdehandschuh hingeworfen« habe. Was sie vorhabe, laufe auf einen »Bruderkrieg in den Ländern« hinaus. Er konnte aus seiner Studienzeit das Beispiel des »Nebeneinander von Zentrum und bayerischer Volkspartei in der Pfalz« beisteuern, das »verheerende Wirkungen« und eine »völlige Verunsicherung der Wähler« mit sich gebracht habe. Am Abend des ersten Verhandlungstages kehrte Kohl nach Mainz zurück, um dort den, wie er später sagte, »letzten der letzten Abschiedsempfänge« hinter sich zu bringen. Er hatte sich den Abschluß des rheinland-pfälzischen Abschnitts seiner Karriere anders vorgestellt, als er nun erfolgte.

Glanzvoll war das Fest. An die 1 000 Weggefährten, Mitarbeiter und Freunde schüttelten ihm in der Staatskanzlei die Hand vor dem Weggang. Der, dem Dank und gute Wünsche galten, war in einer weichen, gefühlvollen Stimmung. Viele Jahre später berichtete er, nachdem die Lichter erloschen seien, sei er über den Hof des Landtags gegangen, dessen Pflaster er 16 Jahre getreten hatte. »Es war eine sternklare Nacht«, und über dem Rhein dämmerte der Morgen. Er habe sich gefragt: »War es die richtige Entscheidung?« Damals sei er sich nicht sicher gewesen. Er habe nur gespürt, daß ihm der Weggang aus Mainz schwerfallen, schwerer, als er es sich vorgestellt hatte.

Obwohl die Einigung mit der CSU kurz bevorstand, gab sich Kohl den Anschein, als fahre er weiter auf Konfliktkurs. Am 1. Dezember 1976 ließ er sich vom CDU-Teil der einstigen Gesamtfraktion zum neuen Vorsitzenden dieses Gremiums wählen. Er bekam 184 von 189 Stimmen und erreichte damit, was er demonstrieren wollte, daß nicht nur die Partei, sondern auch die Abgeordneten geschlossen zu ihm standen. Jetzt kippte auch die Mehrheit in der CSU-Landesgruppe um. In einer Diskussion kurz danach wünschten die meisten Redner, den Kreuther Beschluß, den die Landesgruppe einige Tage vorher gefaßt hatten, zu revidieren. Das geschah. Am Sonntag, dem 12. Dezember 1976, nahmen die Führungen von CDU und CSU zurück, was Strauß angerichtet hatte. Aus dem letzten Kommuniqué geht hervor, daß die Kommissionen zwei Vereinbarungen abschlossen, eine über die »Fortführung der gemeinsamen Fraktion« und eine über die »Grundlage der

Die CDU-Abgeordneten wählen am 1. Dezember 1976
Helmut Kohl zum neuen Fraktionsvorsitzenden
im Deutschen Bundestag.

politischen Zusammenarbeit«.[41] Am Tag darauf, dem 13. Dezember 1976, zogen die Abgeordneten wieder zusammen in den gemeinsamen Fraktionssaal ein. Zimmermann staunte über Kohls geschäftsmäßiges Verhalten. Der tat so, als sei nichts geschehen. »Die Fraktionsarbeit«, resümierte er, »klappte in persönlicher Hinsicht ziemlich reibungslos.«[42]

Die CDU/CSU-Fraktion wählte ihren Vorsitzenden Helmut Kohl getreu der neuen Vereinbarung für die Dauer der gesamten Legislaturperiode. Die CDU-Abgeordneten hatten das Privileg, ihn innerhalb weniger Tage zweimal zu wählen. Das hatte es bisher in der Fraktion nicht gegeben. Er bekam dieses Mal 230 von 241 Stimmen. Strauß erreichte nicht viel. Der »Anspruch« seiner Partei, Politik für das gesamte Bundesgebiet zu formulieren, wurde festgeschrieben, die »Ausdehnung« der CSU blieb auf Bayern beschränkt. Das waren keine überwältigenden Neuerungen. Außerdem bekam die CSU-Landesgruppe etwas mehr Geld aus der gemeinsamen Schatulle. Nach dieser Auseinandersetzung wußten alle Beteiligten, daß die Machtfrage zwischen Kohl und Strauß entschieden war – zugunsten des Jüngeren.

Am 13. Dezember wird Kohl von der gesamten
CDU/CSU-Fraktion zum Vorsitzenden gewählt. Von links:
Franz Josef Strauß, Friedrich Zimmermann und Helmut Kohl.

10

DER OPPOSITIONSFÜHRER

WENIGE WOCHEN NACH DER WAHL eröffnete CDU-General-sekretär Kurt Biedenkopf dem Parteivorsitzenden, daß er »an einer weiteren vollen Amtszeit von vier Jahren nicht interessiert« sei. Er begründete seinen Wunsch damit, daß er seine Aufgabe, den Bundes-tagswahlkampf zu organisieren, erfüllt habe. Die Partei stehe glänzend da. Fortan wolle er sich auf solche Aufgaben konzentrieren, wie sie das Bundestagsmandat erforderten, das er bei der Wahl errungen hatte. Er war als Spitzenkandidat der nordrhein-westfälischen CDU ins Parla-ment gewählt worden. Dort wolle er sich, so sagte er Kohl, vor allem mit dem Wirtschafts- und Ordnungsrecht beschäftigen. Mit diesem selbstgestellten Auftrag versehen, hatte er sich bereits auf die Redner-liste zur Aussprache über die Regierungserklärung Helmut Schmidts setzen lassen.

Nun stand Biedenkopf stets der eigene Wert vor Augen, und daher verknüpfte er seinen Rückzug aus dem Parteiamt mit Alternativen. Eine davon lautete, Kohl könne für die halbe Amtszeit, also zwei Jahre, mit ihm rechnen. Außerdem verlangte er, bei der Verteilung der Posten der Ausschußvorsitzenden im Bundestag berücksichtigt zu werden, und zwar mit dem des Wirtschaftsausschusses. Gleichwohl kam die Kündigung Kohl nicht ungelegen. Der Parteitag, auf dem der General-sekretär neu gewählt wurde, war im März 1977, also in zwei Monaten, und das war die richtige Zeit, einen Wechsel zu vollziehen. Auch Kohl erwog, den Posten des Generalsekretärs neu zu besetzen. Das Verhält-nis zwischen ihnen war von Anfang an schwierig, und mit der Dauer ihrer Zusammenarbeit verstärkten sich die Spannungen. Kohl, sagt Biedenkopf, sei ein Politiker, der sich »niemals auf die Richtigkeit eines gedanklichen Konzepts« verlasse, sondern der sich »auf die einzige überlebende Alternative konzentriere und sie durchsetze«. Er lasse sich nicht vom »gedanklich richtigen« leiten, sondern von dem, was mach-bar sei. Er dagegen nähere sich einer Lösung »vom Problem her«.[1]

Beide waren erfolgreich, solange sie sich die Aufgaben strikt teilten, einfach ausgedrückt, wenn Biedenkopf das Problem aufspürte, benannte und die verschiedenen Lösungen aufzeigte und Kohl die durchsetzte, auf die sich alle in der Partei einigen konnten. Auf den Vorschlag Biedenkopfs, nur noch eine halbe Amtszeit für ihn tätig zu sein, ließ sich Kohl nicht ein. Der Posten des Vorsitzenden des Wirtschaftsausschusses war schon besetzt, er war Rainer Barzel versprochen. Dieser Vorsitz war doppelt problematisch. Erstens stellte er die einzige Repräsentanz der Union auf diesem Gebiet dar und war ein Gegengewicht zu den Wirtschaftsministern der SPD/FDP-Regierung. Zweitens glaubte die mit Kohl verbündete Wirtschaft, das Vorschlagsrecht dafür zu haben. Die Industriellen von Brauchitsch, Schleyer und Henkel bestanden darauf, daß Barzel das Amt bekommen sollte. Auch Strauß hielt seine schützende Hand über ihn.

Auf der Suche nach einem Ausweg fiel Kohl nichts Besseres ein, als ein neues Amt einzurichten, das des »wirtschaftspolitischen Sprechers der Fraktion«. Da ein solcher Sprecher aber nur etwas galt, wenn er – so will es die Logik des Parlaments – im Fraktionsvorstand saß, mußte Biedenkopf auch in dieses Gremium aufgenommen werden. Damit verstrickte sich Kohl in einen Widerspruch, denn zu der Zeit, zu der er die Personalie aushandelte, plädierte er in der Fraktion für eine Reduzierung der Führungsgremien. Auf der ersten Besetzungsliste für den Fraktionsvorstand fand sich der Name Biedenkopfs nicht, also legte er eine zweite vor, auf der sein Kandidat verzeichnet war. Da er damit neue Begehrlichkeiten weckte, wurde die Liste lang und länger, nun behauptete er, der Vorstand müsse der Fülle der Aufgaben wegen, die zu behandeln seien, vergrößert werden. Das schuf neue Irritationen, denn Kohl und Biedenkopf behandelten die Trennung »auf gegenseitigen Wunsch«, wie Biedenkopf es nannte, vertraulich. Als Biedenkopf das Geheimnis hinderlich wurde, lüftete er es, und der geplante Abgang wurde bekannt, ehe Kohl den Nachfolger benennen konnte. Im dritten Wahlgang kam Biedenkopf in den Vorstand, und im vierten wurde er mit 97 von 180 bei 90 nötigen Stimmen zum wirtschaftspolitischen Sprecher gewählt.[2] Danach ließ er wissen, er werde sich doch für ein Parteiamt bewerben, und nannte den Posten eines der stellvertretenden Parteivorsitzenden. Außerdem wurde bekannt, daß er den Vorsitz der westfälischen Landespartei anstrebte. Gerüchte, er wolle die fusionierten CDU-Landesverbände in die nächste nordrhein-westfälische Landtagswahl führen, gaben Anlaß zu der Vermutung, er wolle Ministerpräsident des einflußreichsten Bundeslandes werden.[3]

Kohls Mißtrauen war geweckt. Er fühlte sich hintergangen und argwöhnte, Biedenkopf wolle in der Partei zum Konkurrenten um die Kanzlerkandidatur avancieren. »Ich war«, sagt Biedenkopf, »von nichts weiter entfernt als davon. Ich wollte eine gute Politik machen, aber ich wollte nicht Bundeskanzler werden.« Davon mochte er selbst überzeugt sein, Kohl ließ sich nicht täuschen. Dieser Zeitpunkt markiert den Beginn der Feindschaft zwischen ihnen. Von nun an, klagte Biedenkopf, habe Kohl versucht, ihn von der Partei zu isolieren, sie ihm zu »entringen«. Kohl weigerte sich sogar, Biedenkopf ein Büro mit einem oder zwei Hilfskräften einzurichten. Außerdem hintertrieb er dessen Bemühungen, das Institut für Wirtschafts- und Gesellschaftswissenschaft (IWG), das er aufgebaut hatte, in die Konrad-Adenauer-Stiftung zu überführen.[4]

So begann die neue Legislaturperiode, von der sich viele einen Neuanfang versprochen hatten, mit kleinlichem Hickhack. Ein Lichtblick für den neuen Fraktionschef war die Reihe gleichaltriger Abgeordneter, die mit ihm in den Bundestag gekommen war und sich zur »Gruppe '76« zusammenschloß, um ihn zu unterstützen. Ihre Sprecher waren Volker Rühe, Dieter Schulte und Toni Pfeiffer. Ein Dutzend junger Leute engagierte sich für seine Politik und bildete die Keimzelle für die spätere Machtstellung. Kaum hatte die neue Fraktion ihre ersten inneren Erschütterungen überstanden, kündigte sich im Frühjahr 1977 das Kräftemessen mit der Regierung anläßlich der Haushaltslesung an. Die erste Erwiderung auf die Rede des Bundeskanzlers ist dem Vorsitzenden der stärksten Oppositionsfraktion vorbehalten und gilt als Generalabrechnung mit der Politik des Regierungschefs.

Kurz vor dem Rededuell mußte Helmut Schmidt eingestehen, daß er das Versprechen, das er im Wahlkampf gemacht hatte, die Renten zu erhöhen, nicht einhalten konnte. Nach der Wahl zeigte sich, daß die Erhöhung um 9,9 Prozent um ein halbes Jahr aufgeschoben werden mußte – für die damalige Zeit war das ein Skandal, der die Republik erschütterte, zumal da Schmidt die Angelegenheit herunterspielte und von einem »Problemchen« sprach.

Die Usancen verlangten, daß ein Schuldiger ausgemacht werden mußte. In diesem Fall war es der Arbeits- und Sozialminister Walter Arendt, dessen Mitarbeiter falsch gerechnet hatten, der die Verantwortung dafür übernahm, was »Schmidts Rentenlüge« genannt wurde. Der Minister trat zurück.

Die Schwierigkeiten, in denen Schmidt steckte, hatten sich schon bei der Kanzlerwahl gezeigt. Er erhielt nur eine Stimme mehr als er benötigte, 250, und 13 Stimmen weniger, als er hätte bekommen können. Das Ergebnis genügte zur Amtseinführung, aber es offenbarte eine mangelhafte Disziplin bei der Koalition, die im Gegensatz zur Geschlossenheit der CDU/CSU-Fraktion stand, deren 243 Mitglieder geschlossen gegen ihn stimmten.

Nach der rhetorisch ausgefeilten Regierungserklärung eröffnete Kohl am 17. Dezember 1976 um 9.00 Uhr die Aussprache drei Tage nach der Konstituierung des Bundestags. Schon seine ersten Sätze enttäuschten. Offenkundig hatte er mit »Jungfernreden« kein Glück. Statt sich mit der Regierungserklärung auseinanderzusetzen, bedachte er die Regierung mit beliebig ausgewählten Schlagworten. Er nannte Schmidts Rede ein »Dokument der Ratlosigkeit«, warf dem, der sie vorgetragen hatte, vor, er zeige »keine Perspektive« auf, beschränke sich auf »Appelle und Ankündigungen«, schlage eine »Unzahl von Kommissionen vor«, sage »Verbänden, Gewerkschaften, Ländern und Gemeinden«, wie sie sich verhalten sollten, verschweige aber »hier im Parlament und gegenüber dem Bürger«, was er »wirklich machen« werde, berücksichtige nicht »die Sorgen und Probleme unserer Mitmenschen«, werde seiner »Richtlinienkompetenz« nicht gerecht, wälze die »Verantwortung auf Dritte« ab und so fort. Bei der Abrechnung mit der »Rentenlüge« gerieten ihm die Sprachbilder durcheinander, und er rief aus: »Wer so die Axt an die Wurzeln des Vertrauens legt, ist dabei, den Lebensnerv der Demokratie zu gefährden, wenn nicht gar zu zerstören.«

Das mißglückte Bild veranlaßte Herbert Wehner zu einem seiner berüchtigten Zwischenrufe. Er sagte mit Grabesstimme laut in eine Pause hinein: »Morgenstunde hat Kohl im Munde.«

Darauf sprach Franz Josef Strauß. Er habe, begann er, zu dem »Kreis der begnadeten Empfänger« gehört, denen ein Vorausexemplar der Rede Schmidts zugestellt wurde, er habe es aufmerksam gelesen und gefunden, daß der Inhalt der ersten Seite entsprochen habe, die bis auf den Titel leer gewesen sei. »Der einzige rote Faden, der sich durch diese Regierungserklärung zog, war die Buchbindersynthese«, höhnte er. »Das Konglomerat unverbindlicher Feststellungen wurde durch Heftklammern zusammengehalten.« Wehner, der nach ihm redete, streute Salz in Kohls Wunden. Er sprach von den »zwei Oppositionsführern«, die das Parlament beglückt hätten.[5]

Damit stand für die politische Klasse der Hauptstadt gleich zu

Beginn der parlamentarischen Arbeit fest, daß Kohl in bezug auf rhetorische Glanzleistungen kein Gewinn war. Da er merkte, daß er nicht ankam, machte er sich im ersten Jahr seiner Bonner Tätigkeit auf der Rednerliste rar. Meistens harrte er schweigend auf seinem Platz aus, wenn er überhaupt im Plenarsaal war.

Das war für einen Parlamentarier, der in Mainz die Redeschlachten bestritten hatte, ein Zeichen außerordentlicher Enthaltsamkeit. Er trieb den Verzicht so weit, daß er sich im gesamten Parlamentsjahr 1977 nur dreimal zu Wort meldete, einmal nach der Ermordung Hanns-Martin Schleyers, einmal zu einem energiepolitischen Programm der Regierung und einmal zu den Menschenrechten. »Ich bin kein großer Blattableser«, sagte er, sich in sein Schicksal fügend. Wer ihn schätze, müsse das um anderer Eigenschaften willen tun als denen der Redekunst.[6]

Der Grund dafür, daß er nicht das tat, was von ihm erwartet wurde, und nicht an dem Platz war, an dem man ihn suchte, war, daß er seine Arbeit neu organisieren mußte. Sein Mitarbeiter Hanns Schreiner hatte ihm zum Abschied den Rat mit auf den Weg gegeben, er dürfe nicht denken, »daß du Bonn umkrempeln kannst«, sondern er müsse sich Bonn anpassen, aber Schreiner hatte das nicht ernstlich erwartet. Er kannte Kohls hervorstechende Neigung, »sich nicht verbiegen zu lassen«, viel zu gut. Sie nahm, wie er beobachtete, »fast manische Züge an«.[7]

Er mußte aus den Mitarbeitern, die mit ihm von Mainz nach Bonn wechselten, und denen, die er vorfand, ein neues Team bilden und sich mit ihnen arrangieren. Die Menschen, mit denen er es jetzt zu tun hatte, und die Räume, die er vorfand, waren anders, die Umgebung war ungewohnt, und obwohl sich die Parlamentsarbeit im Bund nicht prinzipiell von der in den Bundesländern unterscheidet, mußte er sich auf die neuen Bedürfnisse einstellen.

Die Büros in den langen, verwinkelten Zimmerfluchten im Bundeshaus, in dem er anfangs nur die Namensschilder kannte, konnten sich mit der großzügigen Anordnung der Räume im historischen Zeughaus in Mainz nicht vergleichen. Zwar ließ das Büro des Fraktionsvorsitzenden an Größe und Ausstattung nichts zu wünschen übrig, aber das Vorzimmer, in dem Juliane Weber ihren Platz neben der Tür zum Chef bezog, war eng und zugig, und wenn ein Besucher die Tür öffnete, flatterte das Papier vom Schreibtisch. Noch kleiner war das Kämmerchen daneben, in dem Teltschik saß, hinter sich im Regal die sich verlängernde Reihe der »Leitz«-Ordner mit den Redemanuskripten, die er für Kohl verfaßte. Zwischen sich, dem schmalen Schreibtisch und der Wand paßte nur ein Besucher.

Da Hanns Schreiner in Mainz zurückblieb und beim Nachfolger Bernhard Vogel Chef der Staatskanzlei wurde, mußte sich Kohl in Bonn einen neuen Fraktionssprecher suchen. Er hielt es schließlich wie seine Vorgänger, von denen jeder auf die bewährte und eingespielte Kraft Eduard Ackermann zurückgriff. Er wurde im Frühjahr 1957 vom Fraktionsvorsitzenden Heinrich Krone, einem der engen Vertrauten Adenauers, in eine Kammer zehn Schritte vom Zimmer des Vorsitzenden entfernt einquartiert und an einen kleinen Chippendale-Tisch mit Glasplatte, unter der ein Häkeldeckchen lag, gesetzt. Eine Sekretärin schrieb die Pressemitteilungen auf Wachsmatrizen und zog sie ab, Ackermann verteilte sie in den Pressehäusern.[8]

Seitdem hatten sich das Interieur und der Arbeitsstil nicht wesentlich verändert. Für Kohl hatte Ackermann den Vorteil, daß er die Loyalität, die er dessen Vorgängern entgegengebracht hatte, sogleich mühelos auf

Im Gespräch mit CSU-Landesgruppenchef Friedrich Zimmermann
auf dem CDU-Parteitag in Düsseldorf im März 1977.

ihn übertrug und daß er in der kleinen Bundeshauptstadt beste Beziehungen zu den Journalisten hatte.

Schreckenberger machte, wie Schreiner, in Mainz Karriere und wurde Justizminister. Mit Kohl und seinem Dienstherrn Vogel hatte er eine Absprache, die lautete, er werde dann Chef des Bundeskanzleramts werden, wenn Kohl Bundeskanzler werde.

Vor dem Parteitag im März 1977 in Düsseldorf blieb Kohl für die Suche nach einem neuen Generalsekretär nicht viel Zeit, und außerdem stand er unter öffentlichem Druck, da der Abgang Biedenkopfs viel Staub aufwirbelte. Zuerst wollte er den hessischen CDU-Politiker Walter Wallmann haben, nach dessen Absage entschied er sich für Heiner Geißler.

Biedenkopf wurde mit viel Lob für seine Arbeit bedacht. Das sei ein Mann, schrieb Hans Ulrich Kempski, der »rhetorisch brillant, als Denker originell und als Organisator allererste Klasse« gewesen sei. Er habe das Management der Partei mit »Methoden und Manieren« übernommen, die schnell erkennbar gemacht hätten, »daß er nicht der Prokurist des Apparats, sondern dessen Gebieter« gewesen sei: »...eine kompetente und erbarmungslose Arbeitsmaschine.« Seinen Nachfolger Geißler beschrieb Kempski zurückhaltend als einen »schmalen, sympathisch bescheidenen Herrn«, der meistens »so angestrengt nachdenklich dreinzublicken« pflege, als »sinne er bei der Auflösung eines Kreuzworträtsels über die noch offen gebliebene Frage nach, die allerletzte«.[9]

Kohl kam mit vielen guten Vorsätzen nach Bonn, es erging ihm aber nicht anders als anderen, die sich mehr vornehmen, als sie durchsetzen können, und die meisten seiner Absichten blieben auf der Strecke. Anders als in der Fraktion gelang es ihm in der Partei nicht, die große Schar der Stellvertretenden Parteivorsitzenden zu verringern und dafür die der einfachen Präsidiumsmitglieder zu erhöhen. Sein ursprüngliches Konzept war, die Partei nur mit zwei Stellvertretern, den beiden Ministerpräsidenten Hans Filbinger und Gerhard Stoltenberg, zu führen. Statt dessen zwang sie ihn, den entgegengesetzten Weg zu gehen. Er mußte akzeptieren, daß ihm sieben Stellvertreter zur Seite gestellt wurden. Damit schaffte es Biedenkopf, gegen den Willen Kohls einen dieser Posten zu bekommen.

Im Vergleich zu dieser Schlappe bedeutete es wenig, daß der Vorsitzende mit dem sehr guten Ergebnis von 767 von 810 Stimmen wiedergewählt wurde. Der neue Generalsekretär Geißler schnitt mit 746 von 812 Stimmen ebenfalls nicht schlecht ab.[10]

IN BONN SASS KOHL morgens pünktlich um 8.00 Uhr an seinem Arbeitsplatz, gleichgültig, ob das Parlament tagte oder nicht. Er übernahm die Übung aus Mainzer Tagen, die kollektive Bewältigung der Arbeitslast mit einer Lagebesprechung mit den engsten Mitarbeitern zu beginnen. Danach war sein Terminkalender randvoll gefüllt mit Aktivitäten, die von der Öffentlichkeit wenig registriert wurden, weil sie hauptsächlich innerparteilicher Art waren. Die *Süddeutsche Zeitung* ironisierte den Rückzug des Vorsitzenden aus dem öffentlichen Leben mit den Worten, er verschanze sich hinter dem Kordon seiner Getreuen, um »möglichst von Nachrichten verschont zu bleiben, die ihn schmerzen könnten«.[11]

Unsicher auf dem Bonner Parkett und mißtrauischer gegen Patzer und Ausrutscher, als es nötig war, mied er solche Anlässe, bei denen er sich hätte bloßstellen können, und wurde dort vermißt, wohin seine Kollegen üblicherweise kamen, während er Veranstaltungen besuchte, bei denen sie sich nicht blicken ließen.

Tagsüber zog er ein Management auf, mit dem er hinsichtlich der Dichte und Häufigkeit der Sitzungen und der Intensität der internen Koordination »alle seine Vorgänger übertraf«, heißt es in dem Bericht der *Süddeutschen Zeitung* weiter. Er sei »unentwegt damit beschäftigt« gewesen, »die verschiedenen Gremien – bis hin zu den Ministerpräsidenten der Union – zur Feinabstimmung der politischen Taktik in seinem Büro zu versammeln oder in telefonischen Konferenzen zusammenzuschalten«. Das Ergebnis war, »daß sie sich am Ende doch nicht an die Absprachen hielten, nicht zuletzt deswegen, weil die im Stockwerk darunter« (gemeint war die CSU-Landesgruppe, die einen Stock unter der CDU untergebracht war) »ihm ständig Knüppel zwischen die Füße warfen oder doch wenigstens Steine in den Weg legten«. Da er sich »um Sachen kümmerte, die ihn nichts angingen, und das liegen ließ, was er aufarbeiten sollte«, fühlte sich das Fraktionsmanagement, das seit Jahren daran gewöhnt war, freie Hand zu haben, von Kohl eingeengt. Einige prominente Mitglieder des Fraktionsvorstands wie Barzel, Biedenkopf, Dregger und Katzer gingen dazu über, den Beratungen der Gremien fernzubleiben oder sie schweigend über sich ergehen zu lassen, in Interviews und Gesprächen mit Journalisten aber aufzutauen und zu Themen Auskunft zu geben, die nicht zu ihrem Arbeitsgebiet gehörten.

Auch mit der Fraktion, die er sich zur Hausmacht hätte heranziehen müssen, kam er nicht zurecht. Sie beschwerte sich darüber, daß er sie

Karikatur von Walter Hanel in der *Deutschen Zeitung*
vom 11. März 1977.

zu Beginn der Sitzungen am Dienstag einer jeden Parlamentswoche mit
Mitteilungen abspeiste, die sie aus den Zeitungen kannte. Der ehemalige nordrhein-westfälische Kultusminister Paul Mikat, der in der
Fraktion Justitiar der CDU war, nannte Kohls Berichte hintergründig
»mehr eine Zusammenfassung als eine Analyse«. Aber vermutlich
habe es Abgeordnete gegeben, die »aus seinem Mund hören wollten,
was sie schon wußten«. Nach dem Vorsitzenden kamen die Parlamentarischen Geschäftsführer an der Reihe. »Sie berichteten, was für glänzende Siege wir im Ältestenrat wieder errungen haben«, berichtete
Mikat weiter. Danach hätten die Vorsitzenden der Arbeitskreise vorgetragen. »Wir hatten sechs. Der sechste war am schlimmsten dran,
dem hat dann überhaupt keiner mehr zugehört.«

Zu bestimmten Problemen wurden Sondersitzungen einberufen. »Dort verwandelte sich die Fraktion in eine Sekte. Das sah dann so aus, daß sie sich immer wieder von der Richtigkeit ihrer Auffassung überzeugte«. Diskussionen seien häufig so abgelaufen, daß »diejenigen, die in der Minderheit waren, sich nicht beteiligten wollten, weil sie ohnehin in der Minderheit waren. Die, die in der Mehrheit waren, sagten sich, was solls, wir sind in der Mehrheit, also schwiegen sie ebenfalls. So kam keine Diskussion zustande.«[12]

Zu den jüngeren Abgeordneten, denen Kohl nicht das Gefühl vermittelte, er nehme sie ernst, gehörte Jürgen Todenhöfer aus Mölschbach bei Kaiserslautern, der ursprünglich ein Faible für Kohl hatte, sich dann aber mehr und mehr von ihm abwandte. Er klagte in einem Interview mit der *Bild*-Zeitung, die Opposition schlafe, sie finde zur Zeit nicht statt: »Im Schlafwagen kommt man nicht in die Macht.«[13]

Der Vorsitzende nahm die Zurechtweisung seines Landsmanns so ernst, daß er sie am anderen Tag in der Fraktion rügte und dafür sorgte, daß sein Verweis ebenfalls öffentlich bekannt wurde. Er bat seine Kritiker, sie sollten mit ihm hinter verschlossenen Türen über eine Verbesserung der Arbeit sprechen, nicht in der Öffentlichkeit. Kohl war, wie Ackermann bemerkte, besonders enttäuscht, weil er sich um Todenhöfer mehr als um andere Fraktionsmitglieder bemüht habe. Offenbar traf er bei ihm nicht den richtigen Ton.[14] Als plage er sich am Tag nicht schon genug, las er halbe Nächte hindurch. Seine Mitarbeiter merkten das an der Fülle der Bücher, die er konsumierte. Einer von ihnen, Claus Lutz, berichtet, er habe sich oft einen jener Karren besorgen müssen, die für den Transport von Akten benötigt werden, um aus der Bibliothek des Bundestags nach den Bestellisten, die er ihm mitgab, die Bände zu ihm zu transportieren. Am liebsten las er Biographien und Autobiographien großer und umstrittener Persönlichkeiten der Weltgeschichte, vermutlich um zu lernen, wie sie mit dem Auf und Ab ihres Lebens fertig wurden.[15]

Kontakt hielt er nur noch zu einigen seiner früheren Freunde, wie dem ehemaligen Innenminister Heinz Schwarz, der ihn zu vertraulichen Gesprächen mit Freunden zu sich in sein Haus in Leubsdorf am Rhein einlud.[16]

Am liebsten kehrte Kohl in die Arme der Partei zurück. Mit seinen Besuchen an der Parteibasis und den Reden in der Provinz testete er seine Anziehungskraft. Bei den »stets gut besuchten Wahlveranstaltungen« schätzte er »begierig jedesmal die Zahl der Zuhörer« ab, bei denen er »Trost und Zuversicht« schöpfte, schrieb die *Süddeutsche Zeitung*. Er war der Auffassung, daß er »glänzende Wahlsiege für die Union einheimsen« würde, »wenn es ihm nur gelänge, aus der Bonner Schlangengrube herauszukommen und nahe beim Volk zu sein«.[17] In den Versammlungen und auf den Landesparteitagen der CDU hämmerte er den Zuhörern ein, was er oft vergeblich der frustrierten Fraktion klarzumachen versuchte, daß die Union mit den 18 Millionen Wählern, die ihr bei der Wahl die Stimme gaben, eine erfolgreiche Partei sei, die sich auf dem Siegerpfad befinde und keinen Grund habe, in Sack und Asche zu gehen.

Er mußte nicht nur mit den Bonner Querelen fertig werden, er war auch persönlich in einem Stimmungstief. Der depressive Zustand, in dem er sich befand, wurde auch von der Entführung und Ermordung des Arbeitgeberpräsidenten Hanns-Martin Schleyer bewirkt. Mitarbeitern berichtete er, er habe sich eine Woche vor der Entführung mit dem Arbeitgeberpräsidenten getroffen und sie hätten vereinbart, daß für den Fall eines terroristischen Aktes derjenige von ihnen, der verschont werde, dafür eintreten sollte, den Forderungen der Entführer nicht nachzugeben. Als es kurz danach den Freund und Förderer traf, war Kohl schockiert, es hätte geradesogut ihn treffen können. Das bedeutete, daß er im großen Krisenstab, dem er angehörte, dem Freund und Förderer nicht helfen konnte. Die Hilflosigkeit, zu der er angesichts der Bedrohung von Leib und Leben Schleyers verurteilt wurde, war für ihn die größte Qual. Die Terroristen, die die Verbundenheit ihres Opfers mit dem Oppositionsführer kannten, wandten sich auch an ihn. Sie schickten ihm ein Videoband, das den Entführten in seinem Gefängnis in entwürdigster Verfassung zeigte. Auch die Familie sprach ihn an und bat ihn, die Forderungen zu erfüllen, um das Leben des Opfers zu retten.

Ende 1977 stand er am offenen Grab Schleyers, vor dem Pater Basilius Streithofen die Abschiedsrede hielt. Er war verbittert über Schmidt, der, wie er es ausdrückte, »in der aktuellen Befreiungsphase« seine Pflicht getan, sich aber nach der Befreiung der deutschen Geiseln in Mogadischu als der große Krisenbezwinger habe feiern lassen und nicht mehr zu den Gesetzesänderungen im Bereich des Terrorismus stand, die sie vorher einvernehmlich verabredet hatten.

Im Konflikt mit Strauß und der CSU war er übervorsichtig. Offenkundig wirkte das Trauma von Kreuth nach. Er behandelte den CSU-Vorsitzenden so schonend, daß Geißler ihn zu etwas mehr Konfliktbereitschaft ermunterte. Geißler legte ihm nahe, mit der CSU bei einem bedeutenden Problem, bei dem er Strauß und den konservativen Flügel der Partei gegen sich habe, den Streit zu suchen, um die Fronten zu klären und zu zeigen, wer der Stärkere sei. Als Beispiel nannte Geißler das Erziehungsgeld. Nachdem die CDU es im Entwurf des Wahlprogramms 1976 gefordert hatte, mußte sie es auf Intervention der CSU herausnehmen, nahm aber den Gedanken im Juni 1977 in dem Papier einer Arbeitsgruppe der Fraktion, in der auch die CSU vertreten war, wieder auf. Strauß rügte, die Fraktion greife auf sozialdemokratisches Gedankengut zurück, und so wurde der Plan nach mehrmaligem Hin und Her abermals beiseite gelegt.[18] Selbstverständlich befolgte Kohl den Rat seines Generalsekretärs nicht. Daraufhin trat das ein, was Geißler vorhersah, da Kohl die CSU nicht herausforderte, suchte sie den Krach mit ihm. Als Vorwand für neue Pläne zur Ausdehnung auf das Gebiet der CDU diente ihr die Europawahl am 10. Juni 1979. Zu der Zeit, zu der die Listen für die Kandidatur aufgestellt und die Marschordnungen beschlossen wurden, stürmte Friedrich Zimmermann, vor Erregung bebend, in den »weißblauen Stammtisch«, eine Runde von Journalisten, die bayerische Zeitungen vertraten, und berichtete, Strauß und er hätten das »Stoßtruppunternehmen Probelauf Europawahl« beschlossen.

Strauß versuchte also eine Weile, die Lebensdauer dieser politischen Seifenblase zu verlängern, indem er sie im Gespräch hielt. So brachte er das Thema während einer Sitzung der Strategiekommission Anfang Juni 1978 zur Sprache, fand aber bei Kohl kein Gehör. Es kam lediglich die nichtssagende Formel heraus, es müßten »alle Möglichkeiten ausgeschöpft werden«, um die Mehrheit von SPD und FDP im Bundestag zu brechen.[19] Daraus wurde einstweilen nichts, und der nächste Konflikt stand bei der Wahl des Bundespräsidenten bevor.

1974 hatte die sozialliberale Koalition in der Bundesversammlung die Mehrheit gehabt, sie verständigte sich auf Walter Scheel, und der Bewerber der Union war weiter nichts als ein Zählkandidat. Weizsäcker trat an und unterlag mit einem achtbaren Ergebnis.[20] Zum Jahresende 1978 hatten sich die Mehrheitsverhältnisse in der Bundesversammlung abermals geändert. Die CDU/CSU hatte in der Wahlmännerversammlung mit 531 zu 504 Wahlmännern der Koalition die absolute Mehrheit. Der Kandidat, den sie nominierte, war gewählt, sobald er aufgestellt wurde.

Kohl sah »die Frage auf sich zukommen, und er sah, daß es ein

Problem mit mir geben könne«, rekonstruiert Weizsäcker die Situation. Der CDU-Vorsitzende war entschlossen, Weizsäcker zu verhindern. Dieses Mal stellte es der Parteivorsitzende geschickter an als beim erstenmal 1968, als er ihn in der letzten Minute zu einem Verzicht auf die Nominierung zu überreden trachtete. Er suchte eine andere Verwendung für ihn, und zwar eine solche, bei der Weizsäcker nicht nein sagen konnte. Die Konstellation war günstig. Die Berliner CDU suchte nach einem Spitzenkandidaten für die Senatswahl im März 1979; ihr Landesvorsitzender Peter Lorenz kam nicht in Frage. Kohl versüßte ihm den Verzicht mit dem Versprechen, im Fall eines Wahlsiegs einen Posten in der künftigen Bundesregierung zu bekommen.

Weizsäcker räumt ein, daß ihn das Angebot, sich um das Amt des Regierenden Bürgermeisters zu bewerben, reizte. In Bonn war die Situation ungeklärt, und es erschien ihm nicht sehr wahrscheinlich, daß Strauß seine Meinung geändert hatte. Was er nicht wußte, aber ahnte, war, daß Kohl mit dem CSU-Vorsitzenden bei einem ihrer gemeinsamen Waldspaziergänge im Frühjahr 1977 an den Ufern des Tegernsees darüber gesprochen hatte.[21] Dabei stellte Strauß klar, daß die CSU Weizsäcker nicht akzeptieren werde. Sie werde auch nicht zulassen, daß der Amtsinhaber Walter Scheel von der Union unterstützt werde.[22] Entscheidend für Weizsäcker war, daß er in Berlin von Kohl weitgehend unabhängig war. Er konnte sich dort eine eigenständige Plattform aufbauen, wer weiß, vielleicht sogar für einen weiteren Anlauf zum Präsidentenamt in fünf Jahren. Die Zeit lief ihm nicht davon. Er war erst 58 Jahre alt. Schließlich war ihm das Berliner Pflaster vertraut – er war in Wilmersdorf aufgewachsen. Etwas Glanz konnte die Stadt gebrauchen. Die Aussicht, die Wahl zu gewinnen, war nicht schlecht. Immerhin war die Union seit der Wahl zum Abgeordnetenhaus im Frühjahr 1975 die stärkste Partei.

Strauß' Bemerkung zeigt, daß er entweder Hinweise darauf hatte, was der Parteifreund damit bezweckte, alle Anwärter der Union rechtzeitig vom Feld zu nehmen, oder daß er es verstand, Kohls Gedanken zu lesen. Tatsächlich verfolgte Kohl die Idee, Scheel wiederzuwählen. Das konnte nur gelingen, wenn er es schaffte, Strauß umzustimmen. Da der nicht freiwillig zustimmte, hoffte Kohl, ihn in eine Lage zu manövrieren, in der er keine andere Wahl hatte. Das Motiv Kohls war leicht zu durchschauen, es war dasselbe, das ihn schon bei vorherigen Präsidentenwahlen leitete, das Signal für eine christlich-liberale Koalition. Allerdings hatten Strauß und er zwei entgegengesetzte Sichtweisen. Für die CSU war Scheel in erster Linie der Mann, der die Union im Jahr 1969 um die Macht gebracht hatte. Für Kohl war Scheel der Mann, der sie an die Macht zurückbringen konnte.

Damit geriet die Präsidentenwahl unversehens zu dem, was Strauß und Kohl ursprünglich vermeiden wollten, zum Streitobjekt der Parteien. Niemand sah das klarer als Brandt, der früh erkannte, daß er die Opposition dadurch in Verlegenheit bringen konnte, daß er sie zwang, sich zu entscheiden, ob sie Scheel mitwählen wollte. Auf einer Wahlveranstaltung in Hessen im Herbst 1978 ermutigte er den Präsidenten, wieder anzutreten, auch wenn er keine Mehrheit habe, denn die Wahl sei kein Abzählreim, sondern ein »politischer Akt«. Für den Adressaten der Botschaft wurde damit die Situation nicht leichter. Nichts wäre ihm angenehmer gewesen, als von allen Parteien um eine weitere Kandidatur gebeten zu werden. Aber nichts kam für ihn weniger in Frage, als mit einigen versprengten Unionsabgeordneten wiedergewählt zu werden. Bekam er nicht die Stimmen aller Abgeordneten, verzichtete er lieber.

Vermutlich blieb Scheel nicht verborgen, daß sich der CSU-Vorsitzende anderweitig bemühte. Tatsächlich verhandelte Strauß im Herbst 1978 mit Karl Carstens und besuchte ihn zusammen mit CSU-Generalsekretär Tandler einige Male. Helmut Kohl und die Öffentlichkeit erfuhren davon nichts. In seinen Erinnerungen schreibt Carstens selbstbewußt, es hätten »gute Gründe« dafür gesprochen, ihn für das Amt des Bundespräsidenten vorzuschlagen, da er sich in dem des Bundestagspräsidenten bewährt habe. »Natürlich gab es auch andere Überlegungen«, merkt er an. Was er meinte, liegt auf der Hand. »Manche in der CDU« hätten geglaubt, schreibt Carstens, die Union solle »Walter Scheel für eine zweite Amtsperiode wählen«. Diejenigen, die so dachten, hätten darin »die Chance für einen Koalitionswechsel der FDP gesehen, deren Spannungen mit der SPD unverkennbar« gewesen seien. Diese Tendenz habe sich aber nicht durchgesetzt, weil man zugeben müsse, »daß man einer Partei, die die absolute Mehrheit hat, zu viel zumutet, wenn man von ihr verlangt, daß sie den Kandidaten einer anderen Partei unterstützt, zumal ein Koalitionswechsel der FDP völlig ungewiß gewesen sei«. Sarkastisch merkt Carstens an, die Führung der CDU sei verunsichert gewesen. »Helmut Kohl schwankte.« Der Parteivorsitzende habe ihm ein »mir nahestehendes Mitglied des Präsidiums« geschickt, das »mir nahelegte, auf meine Kandidatur zu verzichten«. Dieses Mitglied versicherte dem Gesprächspartner im

Auftrag Kohls, er könne »selbstverständlich... Bundestagspräsident bleiben«. Auf das Angebot habe er nicht eingehen können, denn »wenn ich für das höchste Amt im Staat nicht geeignet sei, sei ich auch nicht für das zweithöchste Amt geeignet«.[23]

Carstens konnte sich seiner Sache so sicher sein, da kurz vorher auch Zimmermann bei ihm war, ihn fragte, ob er »angesichts der Kampagne«, die gegen ihn in Gang sei, an seiner Kandidatur festhalte, und da er bejaht habe, versicherte, dann werde die CSU geschlossen für ihn und keinen anderen stimmen. »Damit war der Fall praktisch entschieden.« Die Kampagne, von der Zimmermann sprach, richtete sich gegen die NS-Vergangenheit von Carstens. Es kursierten Gerüchte, er sei in seiner Referendarzeit ein aktives Parteimitglied gewesen. Kohl konnte nie die Behauptung widerlegen, er habe das Gerücht in Umlauf gebracht, wie es umgekehrt nie bewiesen werden konnte, daß er es war, der den Parteifreund anschwärzte, um freie Bahn für die Wiederbewerbung Scheels zu bekommen.

Zimmermann riet Carstens in einem Gespräch am 8. November 1978, aktiv zu werden und seine Unschuld zu beweisen, da er nichts zu verbergen habe.[24] Carstens befolgte den Rat. Sein Büroleiter Hans Neusel bat drei oder vier Journalisten überregionaler Blätter zu sich und legte ihnen alle Unterlagen vor. Aus dem Material ergab sich, daß Carstens im Jahr 1937 im Alter von 23 Jahren einen Aufnahmeantrag für die NSDAP stellte, der zunächst abgelehnt, drei Jahre später aber aus unbekannten Gründen angenommen wurde. Da er inzwischen Soldat war, »ruhte« die Mitgliedschaft. Nach dem Krieg wurde er 1948 als »entlastet« eingestuft.

Inzwischen wurde bekannt, daß Scheel 1943 ebenfalls Mitglied der NSDAP gewesen war. Carstens berichtete das dem Kundschafter Kohls. Der »fiel aus allen Wolken« und regte an, Carstens solle die Nachricht verbreiten. Der beschied ihn mit der Auskunft, sie sei in den Memoiren des früheren FDP-Vorsitzenden Erich Mende nachzulesen, die gerade erschienen waren. Ein Redakteur der *Welt* erfuhr davon und machte eine Titelgeschichte daraus, die zum Bonner Presseball erschien. Den Gästen, die nachts die Beethovenhalle verließen, wurde das Exemplar druckfrisch überreicht. Kohls Ränkespiel war beendet.

Da der Nominierung von Carstens nichts mehr im Weg stand, kamen Kohl und Strauß überein, sie möglichst frühzeitig zu verkünden, um den »Kampagnen gegen ihn zu begegnen«. Kohl erfüllte seinen Teil der Zusage Ende November 1978 vor dem Parteivorstand.

Danach liefen die Ereignisse ihren vorhersehbaren Gang. Anfang März 1979 wählten die Wahlmänner der CDU/CSU geheim und einvernehmlich Carstens zu ihrem Kandidaten, kurz darauf erklärte Scheel öffentlich, daß er auf eine weitere Nominierung verzichte. Die SPD stellte, nachdem Carl-Friedrich von Weizsäcker, der Bruder Richard von Weizsäckers, abgelehnt hatte, Annemarie Renger auf. Obwohl sie eine Verlegenheitskandidatin war, erzielte sie bei der Wahl am 23. Mai 1979 in der Bonner Beethovenhalle mit 431 Stimmen ein beachtliches Ergebnis. Carstens erhielt bereits im ersten Wahlgang mit 528 Stimmen die absolute Mehrheit.

IM LAUF DER ZWEITEN HÄLFTE des Jahres 1978 verabschiedete sich Strauß unter Hinterlassung eines ungeordneten Erbes aus Bonn und verlegte seinen Schwerpunkt nach Bayern, wo er Ministerpräsident wurde. Zimmermann nahm von einer längeren Unterredung mit dem neuen Ministerpräsidenten den Eindruck mit, Strauß wolle in München die Weichen so stellen, daß sein Nachfolger schon eingeführt sei, wenn er nach der Bundestagswahl 1980 nach Bonn komme. Klar war für ihn auch, daß Strauß »entweder als Bundeskanzler oder als Bundesaußenminister« in die Regierungsstadt zurückkehren werde, wenn CDU und CSU die absolute Mehrheit bekamen.[25] Der »Zwang zur Einigung« mit der CDU bleibe bestehen, sagte Strauß zu Zimmermann. »Entweder einigt man sich vorher oder nachher.« Daraus schloß der CSU-Landesgruppenvorsitzende, daß die C-Parteien »mit zwei Kanzlerkandidaten« in die Bundestagswahl gehen könnten: »...entweder Kohl und Strauß oder Strauß und X.« Jedenfalls stand für ihn fest: »Gegen Schmidt hat die CDU/CSU mit einem Kandidaten Kohl nicht den Hauch einer Chance.«

In einem Interview mit der *Rheinischen Post* zum Jahrestag des Beschlusses von Kreuth Mitte Dezember 1978 legte Strauß ein Scheit nach und sagte, Biedenkopf sei »aus dem Holz geschnitzt, aus dem Kanzler gemacht werden«. Der neue CSU-Generalsekretär Edmund Stoiber, der zur gleichen Zeit seinen Antrittsbesuch bei Kohl machte, sagte später zu Zimmermann, er habe dem Gespräch entnommen, »Kohl wisse, daß er 1980 nicht automatisch Kanzlerkandidat wird«.[26]

Auch in der eigenen Partei verlor der CDU-Vorsitzende an Rückhalt, das Vertrauen in seine Führungskraft schwand. Wenig Erholung und Entlastung brachte ein kurzer Urlaub, den er mit der Familie während der Weihnachts- und Neujahrstage auf der Sonnenalp in Tirol verbrachte. Beim Rückflug verspätete er sich, so daß er nicht, wie er es vorhatte, am Wochenende, sondern erst am Sonntagabend spät nach Hause kam. Dort fand er ein nicht näher bezeichnetes Memorandum vor, das Biedenkopf verfaßt und offenbar an einige Parteifreunde verschickt hatte. Es enthielt zu Kohls Erstaunen die Schlußfolgerung, er müsse sich von einem seiner Ämter, entweder dem des Parteichefs oder dem des Fraktionsvorsitzenden, trennen. Von der Kanzlerkandidatur stand in dem Papier kein Wort.

Als er am Montag, dem 8. Januar 1979, in sein Bonner Büro kam, zeigte sich, daß Teltschik mündlich unterrichtet worden war. Ihn hatte am Freitag Pater Basilius Streithofen angerufen; Biedenkopf hatte in der nordrhein-westfälischen CDU, der sie beide angehörten, keinen erbitterteren Gegner als den Dominikanerpater.

Einen ganzen Tag verbrachte Kohl damit, das Schriftstück zu entschlüsseln und die Lage zu sondieren. Auf Anraten des Paters telefonierte er mit dem Chefredakteur der *Deutschen Zeitung*, Ludolf Hermann, dem der Geistliche das Exemplar des Memorandums zugesteckt hatte, und bat ihn, es bei Biedenkopf zu verifizieren. Das geschah. Der westfälische Parteivorsitzende ließ sich den Text vorlesen und bestätigte dessen Authentizität. Drei Tage danach wurde es veröffentlicht. Am nächsten Vormittag rief Heiner Geißler an. Er war, wie Kohl, am Montag aus dem Urlaub zurückgekehrt. Auch ihm war das Memorandum mit der Post zugeschickt worden. Es trug das Datum vom 23. Dezember 1978. Er legte es beiseite im Glauben, es handele sich um eine der Analysen, die der westfälische Parteivorsitzende von Zeit zu Zeit verfaßte und an Parteifreunde schickte. Am nächsten Tag las er das Papier, war alarmiert und verabredete sich mit Kohl für den Nachmittag. Sie versuchten, Klarheit darüber zu gewinnen, was das Dokument bedeutete, welches Ausmaß das Komplott hatte, das offenkundig im Gang war, und wie ernsthaft die Gefahr für Kohl war. Es dauerte eine Weile, bis sie feststellten, daß sie »immer aneinander vorbeiredeten«. Erst später, so berichtete Kohl Gesprächspartnern, kamen sie darauf, daß jeder von ihnen ein anderes Exemplar hatte.[27]

Da sie auf diese Weise nicht aufklären konnten, was sich hinter dem Papier verbarg, beschlossen sie, mit dem Betroffenen zu reden. Auf diese Weise kam etwas später ein Gespräch zu viert zustande. Biedenkopf brachte den rheinischen Parteivorsitzenden Heinrich Köppler als Gefolgsmann mit. Das Gespräch verlief so sachlich, daß Biedenkopf den Eindruck bekam, es gehe ausschließlich darum,»wie wir mit meinen Vorschlägen verfahren«.[28] Mitarbeiter wunderten sich unterdessen, daß auf dem Flur vor dem Büro des Fraktionsvorsitzenden die beiden Journalisten Peter Quai und Jürgen Merschmeier patrouillierten, die für Bonner Lokalzeitungen schrieben und über gute Beziehungen zur CDU verfügten. Sie waren wiederum vom niedersächsischen Parteivorsitzenden Wilfried Hasselmann ins Bild gesetzt worden, der das, was vorerst geheimgehalten werden sollte, bei einer Journalistenreise ausplauderte. Einer von ihnen rief nachts bei Ackermann zu Hause an und informierte ihn. So machte die Nachricht auf verschiedenen Wegen die Runde.

Die Besprechung bei Kohl wurde von der Mitteilung unterbrochen, in seinem Haus in Pech sei ein Wasserrohr gebrochen, und da sonst niemand da war und sich die Überschwemmung ausbreitete, mußte er die Konferenz abbrechen und nach Hause zurückkehren. Als er ankam, stand das Wasser schon auf dem Fußboden, er suchte nach Eimern, um es aufzufangen, dann erlosch das elektrische Licht. Mitten in dem Schlamassel rief Ackermann an, teilte dem wasserschöpfenden Kohl mit, die Presseleute hätten das Memorandum, und fragte, was er ihnen auf ihre Fragen antworten sollte. Während sie berieten, wurde das Gespräch unterbrochen – auch die Telefonleitungen waren defekt.

Mit dem vorzeitigen Bekanntwerden war Biedenkopfs Absicht, über die Neuorganisation der Partei- und Fraktionsspitze intern zu diskutieren, durchkreuzt. Inzwischen hatte sich Kohl ein genaueres Bild von der Vorgeschichte verschafft und die Verwirrung über die verschiedenen Textfassungen geklärt. Die Idee für das Papier war zum Jahresende bei einem Treffen des Hanns-Martin-Schleyer-Kreises in Genkingen im Württembergischen, wo ein befreundeter Industrieller ein komfortables Wochenendhaus besaß, entstanden. Bei Tisch stellte sich Einvernehmen darüber her, daß es mit Kohl so, wie es war, nicht weitergehe. Mit ihm könne die CDU/CSU keine Wahl mehr gewinnen. Die Teilnehmer berauschten sich so an dem Gedanken, es müsse ein fundamentaler Wandel einsetzen, daß sie Biedenkopf aufforderten, ein Memorandum zu verfassen. Er sagte sich für den nächsten Tag, einen Tag vor Weihnachten, am 23. Dezember, bei Strauß an, den er, wie er berichtet, in München von dem Plan »unterrichtete«.

Was die verschiedenen Fassungen des Textes betraf, stellte sich heraus, daß der Autor ursprünglich zwei Papiere verfaßte, eines über die Situation im Bund und eines über die in Nordrhein-Westfalen. Beide

Entwürfe legte er dem rheinland-pfälzischen Ministerpräsidenten Bernhard Vogel vor, der Urlaub im Ötztal machte. Vogel riet Biedenkopf, den Teil seiner Vorschläge zu entschärfen, der die Konsequenzen betraf, die aus der verfahrenen Lage zu ziehen seien. Sie lauteten, zur Verbesserung der Parteiarbeit müsse Kohl den Fraktionsvorsitz abgeben. Für den Fall, daß Kohl damit nicht einverstanden sei und nicht freiwillig verzichte, müsse er auf dem bevorstehenden Parteitag in Kiel im Amt des Parteivorsitzenden abgelöst werden. Da dem Autor bei dieser radikalen Schlußfolgerung selbst nicht recht wohl war, versprach er, sie zu streichen. Daraufhin unterrichtete Vogel seinen Parteifreund in Bonn, der mithin vorgewarnt war, aber von der Brisanz dessen, was ihm bevorstand, nichts wußte.

In der Mehrzahl der Memoranden zur Situation im Bund blieb eine Formulierung allgemeiner Art stehen, in der es hieß, es sei wünschenswert, daß Kohl ein Amt abgebe; aber in dem Exemplar, das er Kohl schickte, blieb die ursprüngliche Forderung nach einer Ämtertrennung erhalten. Biedenkopf gab elf Briefsendungen zur Post. Die zwölfte behielt er. Die Mitglieder des Präsidiums und einige Vorsitzende von Landesverbänden, die nicht in ihm vertreten waren, bekamen das Bundesmemorandum. Für Landespolitiker war die lokale Ausarbeitung bestimmt.

Obwohl dilettantisch eingefädelt, setzte Biedenkopf doch die erste Intrige in Gang, die Kohl gefährlich werden konnte. In dem Versuch, sich selbst zu rechtfertigen, vertauschte Biedenkopf später die Urheberschaft und bezichtigte Kohl, er habe das Papier »durchgestochen« und hinterher ihn dafür verantwortlich gemacht. Damit, daß er es vorzeitig veröffentlichen ließ, habe er es darauf angelegt, ihn bei dem Kieler Parteitag aus dem Präsidium zu entfernen.

Kohl dachte nicht daran, das Amt des Fraktionsvorsitzenden abzugeben. Er war gewählt und war sich keines Verstoßes bewußt. Schon gar nicht beabsichtigte er, auf den Parteivorsitz zu verzichten. Hierfür sah die Satzung klare Bestimmungen vor. Wer Parteivorsitzender werden wollte, mußte gegen ihn antreten. Ludolf Hermann traf mit seinem Kommentar zu der Aktion den richtigen Ton. Kohls Stellung in der Partei sei besser, als sie scheine, denn es finde sich keiner, der geeignet sei oder die Kraft aufbringe, ihn abzulösen.

Biedenkopf warf einen Stein, er zog auch Kreise, aber ehe sich die Wellen ausbreiten konnten, ging Kohl in die Offensive. Vier Tage, nachdem er das Memorandum gelesen hatte, am 11. Januar 1979, berief er das Präsidium und den Parteivorstand ein. Zu dieser Zeit hatte Biedenkopf registriert, daß er mit der Forderung nach einer Trennung der Ämter nicht durchkam. Er zog sie mit der Bedingung zurück, daß sich Kohl dafür verbürge, die anderen Vorschläge in dem Papier energisch in die Tat umzusetzen. Gemeint waren die »Straffung und Verbesserung der Fraktionsarbeit«. Kohl bekam etwas Luft, und das Argument, jede Führungsdiskussion schwäche die CDU zugunsten von Strauß, wirkte. Um sich zu entlasten, schlug er vor, die Aufgaben »besser aufzuteilen und stärker zu personalisieren«. Sein Ziel sei es, ein »kleine, aber attraktive Mannschaft« als Lenkungsgremium einzusetzen, die in der Lage sei, die »Selbstdarstellung der Union« zu verbessern.

Das genügte dem Vorstand nicht. Er verpflichtete Kohl zur Verbesserung der Parteiarbeit, verbunden mit einer scharfen Kritik an der bisherigen Arbeitsweise. Sie gipfelte in der Anklage, er sei dem Ziel, das er sich bei seiner Amtseinführung gesetzt habe, mit der FDP eine neue Regierung zu bilden, um keinen Millimeter näher gekommen, obwohl er zwei Jahre Zeit dazu gehabt habe. Auch von dem zweiten Ziel, die alleinige Regierungsmehrheit zu erlangen, sei er weiter entfernt denn je. Seit Beginn der Sommerpause habe sich das Ansehen der Opposition wieder verschlechtert, und das, obwohl die Regierung kein besonders anziehendes Bild abgebe. Am Ende erschöpfte sich der rhetorische Reformeifer der Redner, und die Diskussion hakte sich an dem vergleichsweise nebensächlichen Punkt des Termins für den Parteitag in Kiel fest. Geißler beendete das Palaver mit der Feststellung, es bleibe beim ursprünglichen Vorschlag für Termin und Verfahrensweise, der Parteitag werde vom 25. bis zum 27. März 1979 zusammen mit den Vorstandswahlen abgehalten. Ein Kommuniqué, das hinterher veröffentlicht wurde, ergänzte, Kohl bleibe Fraktionsvorsitzender und er werde wieder für den Parteivorsitz kandidieren.

11

STRAUSS TRITT AN

IN DEN UNIONSINTERNEN MACHTKÄMPFEN des Frühjahrs 1979 stand Heiner Geißler auf der Seite des Parteivorsitzenden. Noch befand er sich nicht in der Zwickmühle, sich zwischen der Loyalität zur Partei und der zu ihrem Vorsitzenden entscheiden zu müssen. Der Generalsekretär teilte weitgehend die Analyse seines Vorgängers, er zog aber einen anderen Schluß daraus. Er war nicht der Ansicht, die Partei solle Helmut Kohl ein Amt oder gar beide entziehen. Seiner Meinung nach mußte sie ihn in beiden Posten stärken, vor allem aber im Parteivorsitz. Einstweilen war Kohl ein sicheres Bollwerk gegen die Schwesterpartei, und die CDU würde sich nur schwächen und der Konkurrentin das Feld überlassen, wenn sie ihren Vorsitzenden stürzte.

Allerdings hatte die Union bei ihrer gegenwärtigen Verfassung und der ihres Spitzenkandidaten wenig Aussicht, die Bundestagswahlen 1980 zu gewinnen. Das um so weniger, als sie vorher drei Landtagswahlen und die Europawahl bestehen mußte. Falls sie sie nicht gewann und nicht allzu sehr gerupft aus ihnen hervorging, würde vieles möglich sein. Dem Generalsekretär schwebte vor, in einem solchen Fall mit Kohl offen zu reden, um ihn zu einem Verzicht auf die nächste Kanzlerkandidatur zu bewegen. Geißler ging davon aus, daß Kohl genauso wenig wie er Strauß zum Kanzlerkandidaten wünschte. Das hieß, die CDU konnte ihre Dominanz gegen die CSU nur behaupten, wenn sie rechtzeitig einen anderen Kanzleranwärter benannte als ihren Vorsitzenden.

Die Vorstellungen, die Geißler zur Person des Bewerbers hatte, behielt er für sich. Würde Kohl von sich aus verzichten und helfen, einem anderen CDU-Politiker die Kandidatur anzutragen, könne er, so lauteten Geißlers Überlegungen, in der Union in eine Rolle hineinwachsen, die derjenigen Willy Brandts in der SPD entsprach. Für solche Überlegungen hatte Kohl nichts übrig. Im Gegenteil, er zeigte sich in Kampfeslaune und schien entschlossen, sich alle Optionen offenzuhalten.

Am 15. Januar 1979 unterbreitete er dem Fraktionsvorstand, am Tag darauf der Fraktion auf Sitzungen in Berlin in Umrissen seine Pläne für eine Umstrukturierung der Fraktion. Es war eine ziemlich komplizierte und umständliche Konstruktion, die schwer zu handhaben war und sich eher auf Änderungen beschränkte, als daß sie Verbesserungen in Aussicht gestellt hätte.[1] Das Konzept überzeugte die Fraktion nicht, offenen Widerstand leistete sie aber auch nicht, und so blieb die Sache in der Schwebe.

Zehn Tage später, am 24. Januar 1979, vermochte Kohl bei der jährlichen Haushaltsdebatte wiederum nicht zu überzeugen. Auf Geheiß ihrer Geschäftsführer behandelte ihn die SPD-Fraktion wie Luft, ihre Abgeordneten saßen, wie es in einem Zeitungsbericht heißt,»weisungsgemäß schweigend in ihren Bänken, lasen Zeitung, schrieben Briefe oder zeigten sich gegenseitig die Muskeln«. Bundeskanzler Schmidt habe die»demonstrative Nichtbeachtung noch weiter getrieben, geschnupft, ungeniert gegähnt und Aktenstücke unterzeichnet«.[2]

Mit dem Zustand fortdauernder Demontage und Abnutzung des Vorsitzenden wollten sich einige Parteifreunde nicht abfinden. Einer von ihnen war der rheinland-pfälzische Ministerpräsident Bernhard Vogel. Da sich Kohl nicht wirkungsvoll verteidigte, sprang er für ihn ein. Er rief zu diesem Zweck die anderen vier Ministerpräsidenten der CDU am 28. Januar 1979 nach Mainz. Anschließend berichtete er vor dem CDU-Vorstand, die Länderchefs hätten sich»in die Pflicht genommen«, Ziel ihrer Aktion sei,»Kohl bei dem Parteitag als Vorsitzenden zu unterstützen: Wir wollen alle in der Union darauf aufmerksam machen, daß es darauf ankommt, selber einen Beitrag zur Einheit und Stabilität der Union zu leisten.« Die Hilfe kam für Kohl zu spät. Mochte ihm die Partei beispringen, die Fraktion blieb auf Konfliktkurs. Das hessische Vorstandsmitglied Alfred Dregger verlangte vor dem geschäftsführenden CDU/CSU-Fraktionsvorstand drei Tage danach, der Fraktionsvorsitzende und seine Stellvertreter sollen sofort zurücktreten, der neue Vorstand sei nach dem Kieler Parteitag zu wählen.

Dregger nahm die Vorschläge Kohls für die Fraktionsreform zum Vorwand, ihn loszuwerden. Er begründete seinen Antrag mit den Worten, wenn Kohl beabsichtige, grundlegende Änderungen vorzunehmen, solle man ihm dazu freie Hand geben. Aber wenn»Personen in Positionen gewählt werden, die hinterher geändert werden, ist es notwendig, daß man neu wählt«. Seine etwas konstruierte Philosophie lautete, vor der Fraktionsreform müßten alle Führungsämter zur Disposition gestellt werden. Womit Dregger nicht rechnete, war, daß es Kohl gelang, die Fraktionsreform, wenn auch unter großen Schwierigkeiten, ins Werk zu setzen. Anfang Februar wurde die Neustrukturierung gebilligt. Die Fraktion folgte ihm, überzeugen konnte er sie nicht.

Auch der Parteitag Ende März in Kiel brachte Kohl keine vollständige Niederlage. Es hagelte Proteste, weil die Regie zum traditionellen »geselligen Abend« eine Pariser Balletttruppe auftreten ließ, deren Mitglieder zum Entsetzen vieler weiblicher Delegierter mit entblößten Busen über die Bühne tanzten. Die kabarettistische Einlage verstärkte die Spannungen, die im Saal herrschten, und ermunterte draußen die Spötter. Kohl schnitt bei der Wiederwahl zum Parteivorsitzenden schlechter ab als jemals zuvor: Er bekam 82 Nein-Stimmen, 41 Delegierte enthielten sich, die Zahl der Ja-Stimmen schmolz auf 617. Kurz vor dem Parteitag entschloß sich der niedersächsische Ministerpräsident Ernst Albrecht, für das Parteipräsidium zu kandidieren und setzte sich durch. Er schlug nicht Biedenkopf, wie Kohl es wünschte, aus dem Feld, sondern seinen baden-württembergischen Kollegen Hans Filbinger, der in den Verdacht geraten war, als Marinerichter im Zweiten Weltkrieg an Todesurteilen gegen Deserteure mitgewirkt zu haben.[3]

Der Kieler Parteitag stellte für Kohl eine Zäsur dar. Der Parteihistoriker Hans-Otto Kleinmann bemerkt, für den Parteivorsitzenden habe der Kongreß »den ersten, wirklich zählbaren Rückschlag« gebracht, seit er an der Spitze stand. Danach habe sich der Zusammenhalt der CDU aufgelöst und die »Belastung des Bundesvorsitzenden und Oppositionsführers« sei in eine »Krise der Partei« übergegangen. »Ratlosigkeit und Schwarzseherei, Selbstkritik und Selbstbemitleidung« hätten sich in der Parteispitze, unter den Funktionären und Mitgliedern ausgebreitet, schreibt Kleinmann.[4]

Die CSU wäre nicht die Partei gewesen, die sie war, hätte sie nicht die Schwäche Kohls ausgenutzt. Einen Tag nach dem Parteitag schwärmte Zimmermann vor dem »Weißblauen Stammtisch« von den unschätzbaren Vorteilen einer »Ausdehnung der CSU auf das Bundesgebiet«. Die Partei werde sich »vergrößern, verdoppeln, vielleicht sogar die größere der beiden Unionsfraktionen werden«. Nach einer Umfrage des *Spiegel* verfüge sie über ein Potential von »17 Prozent außerhalb Bayerns«. Das heißt, daß sie mit »mindestens 20 Prozent« rechnen könne. Nebenbei erwähnte er, Strauß habe kürzlich in einem kleinen Kreis von Vertrauten gesagt, wenn ihn die CDU zum Kanzlerkandidaten machen wolle, werde er das nur akzeptieren, wenn es »in einer Art von Plebiszit« geschehe. Ein Votum der Mitglieder der Strategiekommission genüge ihm nicht mehr.

Der Nervenkrieg ging an Kohl nicht spurlos vorüber. Anfang 1979 vertraute er einem Gesprächspartner an, er könne die Zerreißproben nur einen begrenzten Zeitraum durchhalten, die »Zerstückelung« könne »nicht ewig fortgesetzt werden«. Er könne aber auch nicht aufgeben. »Ich kann das jetzt nicht alles lassen«, klagte er, »die Partei ist meine Heimat, ich bin in ihr groß geworden«. Strauß habe einmal zu ihm gesagt: »Du nimmst mich nicht ernst.« Das stimme aber nicht. Er nehme ihn »bitter ernst«, andererseits sei er der »einzige, der ihm die Stirn biete«. Auch warnte er die »Memorandenschreiber« wie Biedenkopf und andere, die »Wucht der Rückschläge aus München« werde »immer größer«.

Von der CSU-Führung fühlte er sich verfolgt und bespitzelt; sie setzte darauf, ihn in einem zähen Streit um Nichtigkeiten zu zermürben. Da alles, was er sagte oder tat, in den Zeitungen breitgetreten wurde, die sich an seinen Ungeschicklichkeiten ergötzten, fiel er einer Art von Verfolgungswahn anheim, und er bat den Verfassungsschutz, sein Büro nach Abhörgeräten zu durchsuchen.

Um Kohls Verwirrung zu steigern, ließ Strauß ihn über das, was er vorhatte, im Ungewissen und brachte auch die Parteiführung dahin, sich bedeckt zu halten. Kohls Informanten saßen auf dem Trockenen. Hinzu kam, daß sich Kohl von immer neuen Splittergruppen im CDU-Gebiet umzingelt sah, die offenkundig mit der stillschweigenden Unterstützung von Strauß rechnen konnten. Er spürte, daß die Partei die Loyalität, die sie ihm entzog, auf Strauß übertrug. Bei Landtagswahlen und in Umfragen bröckelten die Mehrheiten der CDU, und die Partei war nicht mehr bereit und in der Lage, den Konflikt mit Strauß auszuhalten. Bei realistischer Betrachtung mußte sich Kohl sagen, daß er so gut wie keine Chance hatte, Kanzlerkandidat für die Bundestagswahl 1980 zu werden. So schmerzlich es für ihn war, aber er konnte sich der Einsicht nicht entziehen, daß er der Partei, der er so viel zu verdanken hatte, nur noch helfen konnte, wenn er den Weg für seinen ärgsten Konkurrenten frei machte. Er konnte ihr den Entzug des Vertrauens nicht einmal vorwerfen, die Funktionäre begannen, um ihren Besitzstand zu fürchten. Straußens Ausgangslage war jetzt günstiger, als sie es nach Kreuth drei Jahre vorher gewesen war, obwohl sich die Merkmale des Konflikts ähnelten. Ernst Albrecht formulierte später, Kohl sei sich frühzeitig klargeworden, daß er »noch tiefer in die Krise rutschen würde, wenn er erneut nach der Kanzlerkandidatur strebte«.[5] Das bedeutete für ihn, daß er nur dann eine Chance hatte, heil aus der Konkurrenz mit Strauß hervorzugehen, wenn er auf die Kanzlerkandidatur verzichtete. Sein Vertrauter Wolfgang Bergsdorf sagte später zu Journalisten, der Parteivorsitzende habe gewußt, »daß Strauß nicht mehr zu verhindern« gewesen sie, als er auf die Kanzlerkandidatur verzichtet habe. Während viele noch »auf dem falschen Dampfer« gewesen seien und für die Kanzlerkandidatur Kohls geworben hätten, habe er sie »zurückgepfiffen«. Er habe gewußt, »daß Strauß einmal kandidieren mußte«. Ihm sei auch klar gewesen, daß Strauß die Bundestagswahl dann, wenn er in sie als Spitzenkandidat der Union ging, »nicht gewinnen konnte«. Das sei aber die einzige Möglichkeit gewesen, »Kreuth ein für allemal zu erledigen«.[6] Unterstellt man, daß dieser Schluß zutreffend ist, nahm Kohl alles das, was die Partei in den folgenden Monaten beschäftigte, vorweg. Er ersparte ihr den inneren Zwiespalt, in den sie eine Wahl zwischen ihm und Strauß gestürzt hätte. Nüchtern betrachtet, war das Opfer, das er sich abverlangte, nicht so groß, wie es scheint. Er gab den Anspruch auf die Kanzlerkandidatur auf, um sich den Partei- und Fraktionsvorsitz zu erhalten. Damit, daß er auf das Amt verzichtete, das er noch gar nicht besaß, erhielt er sich den Besitz derer, die er andernfalls preisgegeben hätte.

Die Überlegung, Strauß werde die Bundestagswahl 1980 gegen Helmut Schmidt verlieren, machte einen beträchtlichen Anteil an Kohls Entscheidung aus. In ihr wurde er von seiner demoskopischen Ratgeberin Noelle-Neumann bestärkt. Schmidt stand in den Umfragen vorzüglich da. Er glänzte als der »Held von Mogadischu«, der Politiker, der dafür gesorgt hatte, daß die deutschen Geiseln befreit wurden und der Terrorismus einen entscheidenden Schlag erhielt. Genscher war vom Absprung weiter denn je entfernt. Angesichts dessen konnte sich nicht einmal Kohl eine realistische Chance ausrechnen, die Wahl zu gewinnen. Der Verzicht hatte zudem den Vorteil, daß die CSU den Anspruch auf diese Position für lange Zeit verwirkte, wenn Strauß die Wahl verlor.

Geißler, der schließlich von Kohl über den Verzicht eingeweiht wurde, stimmte dem Entschluß selbstverständlich zu. Er hörte bereits Anfang Mai 1979 aus Andeutungen heraus, daß Kohl »mit sich zu Rate gegangen war«. Die »Gefechtslage« sei so gewesen, daß jene, mit denen er beriet, ihm sagten, je eher er aufgebe, desto besser sei es für die Partei und für ihn. Es war aber nur vom Verzicht die Rede, nicht davon, was danach geschehen sollte.

Kohl war es auch, der nach Geißlers Feststellung den weiteren Fahrplan aufstellte. Sein Kalkül war, er werde nach der Wahl des Bundespräsidenten Ende Mai 1979 wieder Luft haben, seinen Rückzug einzuleiten. Zugleich mit seinem Entschluß, die Kandidatur nicht anzustreben, festigte sich bei ihm der Wille, einen anderen Kandidaten der CDU zu präsentieren. Es erschien ihm als mit der Selbstachtung der CDU unvereinbar, von vornherein auf den Anspruch zu verzichten, der ihr zustand.

Darin wurde er von Geißler bestärkt. Der Generalsekretär ging allerdings eine Spur aggressiver, angriffslustiger in die Auseinandersetzung hinein. Während Kohl das Scheitern seiner Bemühungen einkalkulierte, begriff Geißler dessen Verzicht als eine Chance, sich mit einem anderen CDU-Bewerber durchzusetzen. Er wiederum hielt es für nicht zumutbar, für einen Kandidaten zu streiten, dem die Aufgabe zugedacht war, als Strohmann zu verlieren. Er ging noch einen Schritt weiter: Er war überzeugt, daß die CDU immer noch stark genug war, ihren Mann gegen Strauß durchzusetzen. Bei ihren Gesprächen wurden sich Kohl und Geißler schnell einig, daß nur zwei CDU-Politiker in Frage kamen, Kanzlerkandidat zu werden, und das waren die beiden norddeutschen Ministerpräsidenten Stoltenberg und Albrecht. Sie beschlossen also, mit beiden getrennt zu verhandeln.

Stoltenberg winkte gleich ab, Albrecht gab so rasch nicht auf. Sein »Verhältnis zur Macht« war mehrdeutig. Schon seines »Umgangs mit der Philosophie wegen« habe er »immer darauf geachtet, der Faszination der Macht nicht zu erliegen«, sagte er. Aber es stachelte seinen Ehrgeiz an, daß er in Kiel auf Anhieb mit einem guten Ergebnis stellvertretender Parteivorsitzender geworden war. Gleichwohl kam ihm zu Beginn der Debatte über die Kanzlerkandidatur nicht in den Sinn, sie könne auf ihn zulaufen. Um so mehr staunte er, als Kohl und Geißler sie ihm antrugen.[7] Das Angebot war um so verlockender, als zu Hause in Niedersachsen der CDU-Vorsitzende Wilfried Hasselmann die Partei ruhig hielt.

Unter diesen Auspizien lud Kohl die Mitglieder des neugewähl-

ten Parteipräsidiums für Sonntag, den 20. Mai 1979, in ein Feinschmeckerlokal in Ahaus, fünfzig Kilometer von Münster entfernt, zu
einer Sitzung ein, die als so geheim deklariert wurde, daß außer den
Betroffenen niemand von ihr erfuhr. Er lud sie ein, unmittelbar nach
der Wahl des Bundespräsidenten drei Tage später in Bonn auf einer
ordentlichen Sitzung über den nächsten Kanzlerkandidaten der CDU
zu beraten. Dem konnten die Präsidiumsmitglieder entnehmen, daß
Kohl seinen Verzicht erklären würde, die weiteren Andeutungen waren
im Hinweis, daß er mit Stoltenberg und Albrecht gesprochen und daß
der eine abgesagt, der andere seine Bereitschaft erklärt hatte. Der Tag
nach der Präsidentenwahl, am 23. Mai 1979, war Himmelfahrt und
blieb frei, am Tag darauf, dem Freitag, wollte Kohl die Vorentscheidung der Presse mitteilen, und am Montag sollte der Bundesvorstand
formell entscheiden. Bei diesem Verfahren war keinem der Präsidiumsmitglieder wohl. Sie wunderten sich über Kohl, der bei einigem Nachdenken hätte darauf kommen müssen, daß eine solche Aktion, die sich
über nahezu eine Woche hinzog, nicht in einem Gremium geheim bleiben konnte, von dem er behauptete, es sei nicht sehr verschwiegen.
Auch verstand es sich bei der elitären Art der Auslese von selbst, daß
es Parteifreunde gab, denen sie mißfiel, und das um so mehr, als sich
einige von ihnen übergangen fühlten. Auch waren die Meinungen darüber, ob es sinnvoll sei, Strauß zu übergehen, geteilt. Geißler beschwor
den Parteivorsitzenden, Strauß vor der zweiten Präsidiumssitzung zu
unterrichten. Er konnte sich vorstellen, wie der CSU-Vorsitzende darauf reagieren würde, ein zweites Mal überrumpelt zu werden. Kohl
versprach, den Rat zu befolgen, hielt sich aber nicht daran. Er scheute
das direkte Gespräch mit dem Freund.

BIS ZUR SITZUNG DES PRÄSIDIUMS blieb Kohls Coup, wie er
es wünschte, den Augen der CSU verborgen. Die Situation war insofern
grotesk, als die Union in den Stunden ihre geballte Macht und Stärke
demonstrierte, in denen sie am wenigsten einig war. Ihr Kandidat Karl
Carstens wurde mit großer Mehrheit zum neuen Bundespräsidenten
gewählt. Der CSU-Landesgruppenvorsitzende Zimmermann schildert,
daß sich die Wahlmänner der CSU, die Carstens' Wahl als ihren Erfolg
betrachteten, in dem »lange nicht mehr empfundenen Hochgefühl«
gesonnt hätten, »gesiegt«, sich »durchgesetzt« und gezeigt zu haben,
»daß wir uns durchsetzen können, wenn wir wollen«. Anschließend

seien sie frohgemut hinüber zu dem »sonnigen Gartenfest« gewechselt, das der Bundestagspräsident im Garten des Bundeshauses fünfhundert Meter rheinab gab. Doch sei es den CSU-Spitzen nicht vergönnt gewesen, den »Triumph auszukosten«. Denn während sie »mit Gläsern in der Hand« herumstanden, hätten sie die »verschiedenen politischen Vöglein« zwitschern hören. Nun habe sich zur Gewißheit verdichtet, was ihm vorher schon als Gerücht zugetragen worden sei, daß »Kohl mit einzelnen Präsidiumsmitgliedern« abgesprochen habe, er wolle auf die Kanzlerkandidatur 1980 verzichten und statt dessen Albrecht nominieren.

Von der Angst geplagt, von der CDU wie bei der Kanzlerkandidatur 1976 vor vollendete Tatsachen gestellt zu werden, sei es an der Zeit gewesen, »wieder einmal schnell zu handeln«, erinnert sich Zimmermann. Strauß habe das 64. Lebensjahr erreicht, die Bundestagswahl würde kurz nach seinem 65. Geburtstag stattfinden. »Wann, wenn nicht jetzt, sollte er seine Chance haben«, fragte er sich. Er sammelte also den »engeren Kreis der CSU-Führung« mit Strauß und Stoiber um sich und führte ihn in die »Klopfstuben« in Bad Godesberg, dem heutigen »Weinhaus St. Michaelis«, einem Stammlokal der Konservativen. Außer der CSU-Spitze war nur der Bild-Chefredakteur, Strauß-Sympathisant und spätere Kohl-Berater Peter Boenisch zugegen. Dort wurde Strauß zugetragen, was er offenkundig noch nicht wußte. Zimmermann malte ihm farbenfroh und furchterregend aus, was geschähe, wenn er sich, gutmütig, wie er war, von Kohl abermals aufs Kreuz legen ließ, und befragte ihn wiederum dringlich: »Wann, wenn nicht jetzt?« In der Rückschau steigerte er sich in die Rolle des Marc Anton hinein und zitierte zum Beleg dessen, daß er uneigennützig gehandelt habe, als er Strauß die Kanzlerkandidatur offerierte, Shakespeare, der dem Feldherrn die Worte in den Mund legte: »Ihr alle saht, wie am Lupercusfest ich dreimal ihm die Königskrone bot, die dreimal er geweigert. War das Herrschsucht.« Alle Anwesenden hätten auf Strauß eingeredet, hätten ihn beschworen, »daß nunmehr die Zeit des Mundspitzens vorbei und der Pfiff fällig sei«, aber Strauß habe sich erst einmal verweigert »wie ein Pferd vor der Hürde«. Weiter schildert Zimmermann: »Die Stimmung stieg, der Wein floß, am Ende hatten wir alle schwere Köpfe, aber endlich war es so weit, daß Strauß zusagte.«

Was den Zögernden bewog, sich umstimmen zu lassen, geht aus Zimmermanns Darstellung nicht hervor. Es muß ein starker Impuls gewesen sein, wenn es nicht der Weindunst war, der ihm den Kopf

umnebelte, denn einigen Journalisten erzählte der CSU-Landesgruppenchef, als sie nach Bonn gekommen seien, seien sie keineswegs zu
dem Handstreich entschlossen gewesen, den sie dann ausführten. Auch
am Tag der Präsidentenwahl seien die Würfel nicht gleich gefallen.
»Die innere Abwehrhaltung von Strauß mußte erst überwunden werden.« Er zitierte einen Zeitungskommentar, in dem es hieß, »beein-
druckbar«, wie Strauß sei, habe ihn wohl die »Demonstration der
Geschlossenheit der Unionswahlmänner, die zu einem Akt der Macht-
einsetzung« geführt habe, zur Nachahmung angeregt. Es könne sein,
räumt Zimmermann ein, »daß dieses Erlebnis wirklich zu seiner
Willensbildung beitrug«.[8]

War die Nominierung in einem Gasthaus unter erheblichem Alko-
holgenuß und verminderter Bewußtseinslage ein verwegener Akt,
gestaltete sich die Geschichte ihrer Verkündung noch abenteuerlicher.
Der Pressesprecher der Landesgruppe, Norbert Schäfer, der sonst bei
allen Gesprächen dabeisaß, hatte den Absprung Zimmermanns aus
dem Garten des Bundeshauses verpaßt, vielleicht wollte der Chef ihn
auch nicht dabei haben. Er hätte ja bremsen können. In seinem Rausch
habe er die Vereinbarung vergessen, die er mit dem CSU-Generalsekretär Edmund Stoiber getroffen habe, am nächsten Tag den Pressesprecher zu instruieren, berichtet Zimmermann. Schäfer sollte einen
Satz an Agenturen und Zeitungen verbreiten, und der sollte lauten,
Strauß stehe »für eine Kandidatur zur Verfügung«. An dem historischen Tag, an dem der Kanzlerkandidat ausgerufen werden sollte,
Christi Himmelfahrt (der noch unwissende Kohl war unauffindbar, er
wanderte mit der Familie im Pfälzer Wald), erreichte Zimmermann,
der mit dem Wagen nach Frankfurt unterwegs war, der Anruf Schäfers,
der ihn fragte, was es mit der Nachricht Stoibers auf sich habe, der
gerade ihn angerufen und gefragt habe, wo »die Mitteilung« bleibe.

Schäfer wußte bis dahin nichts, und Zimmermann schlug sich an seinen »vorabendbelasteten Kopf«. Er rief ins Autotelefon: »Um Gottes
willen, natürlich, das habe ich ja total vergessen. Aber es stimmt,
jawohl, das haben wir gestern so beschlossen. Also verbreiten Sie es
doch bitte.«

Um 13 Uhr lief die vereinbarte Nachricht über den Ticker. Strauß
wollte von der Verbindlichkeit seiner Festlegung nichts mehr wissen.
Die bayerische Staatskanzlei verschickte ein Fernschreiben, in dem sie
richtigstellte, Strauß habe nicht erklärt, »er werde, wolle oder müsse«
kandidieren. Vielmehr habe er »auf Anfrage« erklärt, er stehe »zur

Verfügung, wenn man ihn dazu brauche«. Der Ministerpräsident habe »niemand mittelbar oder unmittelbar aufgefordert, ihn zum Kanzlerkandidaten vorzuschlagen«. Damit ist die Frage nicht geklärt, ob Strauß die Kanzlerkandidatur wollte oder ob der Wunsch der Erben Stoiber und Zimmermann überwog, die günstige Gelegenheit beim Schopf zu packen und den Vorsitzenden loszuwerden. In ihrer Schilderung klingt es so, als sei Strauß mehr der Geschobene als der Antreiber gewesen. Zimmermann sagt, er habe den Chef, der zögerte und zauderte, »in diese Kandidatur... hineingedrängt«. Vielleicht war Strauß auch überzeugt, es handele sich um die letzte Chance, die er ergreifen müsse. Die Situation war für ihn günstiger als sie es jemals wieder sein würde. Womöglich verbarg er sich hinter denen, die ihn dahin brachten, um sich hinterher auf die Formel zurückzuziehen, er sei gerufen, überredet und gedrängt worden. Wie es zu erwarten war, regte sich nicht nur in der CSU, sondern auch in der CDU Widerstand gegen die Festlegung auf Albrecht. Nachteilig für ihn wirkte sich auch aus, daß Strauß für viele CDU-Leute als wählbar erschien, während Albrecht in Bayern so gut wie keinen Widerhall fand. So konnte sich die Schwesterpartei geschlossen hinter ihrem Vorsitzenden scharen, die CDU stand aber nicht einheitlich hinter dem ihren.

Besonders dramatisch verliefen die Beratungen in den beiden nordrhein-westfälischen Landesverbänden, da sie selbst in einer internen Personaldiskussion standen und am 29. September Kommunalwahlen zu bestehen hatten. Den Berichten, die Biedenkopf den Gremien vortrug, war nicht zu entnehmen, ob er versuchen wolle, sie auf Strauß festzulegen, oder ob er Strauß, ähnlich wie es Zimmermann und Stoiber nachgesagt wurde, in die Kandidatur locken wollte, um für 1984 freie Bahn für eine eigene Bewerbung zu bekommen.

Am Samstag, dem 26. Mai 1979, trafen sich der westfälische, am Sonntag der rheinische Landesvorstand, und beide kamen zu dem Ergebnis, daß bei der Sitzung des Bundesvorstands am Montag vier Kandidaten zur Auswahl gestellt werden müßten: außer Ernst Albrecht auch Gerhard Stoltenberg, Alfred Dregger und Kurt Biedenkopf.[9] Zu dem gleichen Schluß kam Dregger, allerdings aus einem anderen Grund. Er glaubte, als Konservativer eher gewählt zu werden als der als liberal geltende Albrecht. Als Beweis dafür dienten ihm die Wahlergebnisse in Hessen während der letzten Jahre. Dort steigerte die CDU unter seiner Führung in zehn Jahren ihren Wähleranteil von 30 auf 46 Prozent. So bewegte er den hessischen Landesausschuß zu der

Forderung, es müsse mehrere Kandidaten geben und Dregger müsse ebenfalls zu ihnen gehören.[10] Damit waren alle Voraussetzungen für eine unruhige Sitzungsserie der Bundesgremien beisammen. Das Präsidium machte den Auftakt. Teilnehmer berichteten hinterher, es sei »abenteuerlich« gewesen, wie Kohl und Geißler ihren Kandidaten Albrecht durchgeboxt hätten. Knapper hätte die Entscheidung nicht ausfallen können, als sie ausfiel: Der Vorsitzende und sein Generalsekretär setzten sich mit fünf zu vier Stimmen durch. Danach beriet der Vorstand, zu dem sich die Landesvorsitzenden und Vorsitzenden der Sozialausschüsse und anderer Vereinigungen hinzugesellten, weitere fünf Stunden. Albrecht hinterließ einen guten Eindruck mit seiner Kandidatenrede, in der er erklärte, er habe drei Prioritäten. Die erste sei, dafür zu sorgen, daß die CDU nicht ihre Identität verliere, die zweite, daß das Ziel nicht gefährdet werde, die Einheit der Union zu wahren und die dritte sei, die Bundestagswahl zu gewinnen.[11] Der rheinische Vorsitzende Heinrich Köppler, der von seinem Vorstand aufgefordert worden war, die anderen Bewerber vorzuschlagen, gab ein Beispiel dafür, wie wankelmütig die Partei war, wenn sie in Bedrängnis geriet; er schwieg und zog anschließend das vor, was als die rheinische Lösung in derartigen Fällen bekanntgeworden ist. Er verließ die Sitzung vor der Abstimmung und entschuldigte sich mit der Ausrede, er habe an der Einweihung einer Siedlung und einer Veranstaltung der Arbeiterwohlfahrt teilnehmen müssen, weil da auch der sozialdemokratische Ministerpräsident Johannes Rau gesprochen habe.

Keineswegs mit dem Taktieren der Parteispitze einverstanden zeigte sich die Parteijugend. Der damalige Vorsitzende des RCDS, Stephan Eisel, redete der Partei ins Gewissen, nicht ihren zweitbesten, sondern ihren besten Mann aufzustellen. Auch das war ein Motiv, das viele CDU-Mitglieder bewegte, ohne daß sie es aussprachen: Trat die Partei nicht mit Kohl an, brauchte sie es mit anderen Bewerbern erst gar nicht zu versuchen.[12]

Angesichts solcher Uneinigkeit im Lager der Kritiker schafften es Geißler und Kohl, sich auch im Vorstand durchzusetzen. Nach der Sitzung verlas der Vorsitzende eine Presseerklärung, in der es kurz und bündig hieß, der Bundesvorstand der CDU begrüße »den Vorschlag des Bundesvorsitzenden Dr. Helmut Kohl, für die Gespräche mit der CSU Ministerpräsident Dr. Ernst Albrecht als Kanzlerkandidaten der Unionsparteien zur Bundestagswahl 1980 zu benennen. Der Bundesvorstand macht sich diesen Vorschlag zu eigen.« Noch erstaunlicher als der Inhalt des Beschlusses war die Mehrheit, mit der er gefällt wurde: Er erfolgte einstimmig. Nur der Kandidat und Filbinger, der mit der Partei grollte, seit sie ihn aus dem Präsidium entfernt hatte, enthielten sich. Kohl blieb sowohl während der Sitzung als auch danach diszipliniert. Vor Journalisten dozierte er gleichmütig, er habe schon auf dem Kieler Parteitag darauf hingewiesen, daß jeder Christdemokrat bereit sein müsse, zu prüfen, an welcher Stelle er der Partei am besten diene. »Das ist der Lauf der Welt, wenn man lange genug CDU-Vorsitzender ist«, scherzte er, »da hat man eine instruktive Lehre hinter sich.« Auf die Frage, wer oder was ihn zum Verzicht auf die Kanzlerkandidatur bewogen habe, antwortete er: »Die Klugheit.«[13]

Damit verfügte die Union über zwei Kandidaten, aber es fehlte ihr das Instrument, den Konflikt zu lösen. Die Parteiengeschichte hielt kein vergleichbares Beispiel bereit, eine Verfahrensregel zur Auswahl des Kanzlerkandidaten existierte nicht. Also suchten die führenden Persönlichkeiten der Union in den darauffolgenden Wochen nach einem Gremium, das geeignet war, zwischen den beiden Bewerbern den Gewinner so auszuwählen, daß keiner den anderen von vornherein übervorteilen konnte. Aus der Vielzahl von Vorschlägen schälten sich drei als geeignet heraus. Der eine, der von dem baden-württembergischen Fraktionsvorsitzenden Lothar Späth entwickelt wurde, sah vor, es bei dem Zustand zu belassen, der eingetreten war. Danach sollte die Union mit zwei Kanzlerkandidaten in die Wahl gehen, mit Strauß und Albrecht. Späth entwarf auch die Bedingungen, unter denen das geschehen sollte. Sie lauteten, keiner der beiden Anwärter solle auf dem Gebiet des anderen werben, keiner solle eine andere Partei unterstützen und beide sollten nach der Wahl zusammengehen. Das Modell lief auf eine Trennung der beiden Parteien in zwei Koalitionspartner hinaus, es wurde daher rasch verworfen.

Kohl und Geißler brachten ein anderes Verfahren ins Gespräch. Sie wünschten, daß ihr Kandidat von einem Sonderparteitag der CDU parteioffiziell nominiert und bestätigt werde. Das wäre unweigerlich auf eine Jubelveranstaltung hinausgelaufen, die dazu beigetragen hätte, die Fronten zu verhärten. Daher wurde die Idee wieder fallengelassen, nicht zuletzt deshalb, weil Albrecht es ablehnte, sich demonstrativ aufs Schild heben zu lassen. Danach tüftelten Kohl, Albrecht und Dregger, der die Fraktion mehr ins Spiel bringen wollte, verschiedene Delegiertenschlüssel aus, die sicherstellen sollten, daß alle Teile gleichmäßig beteiligt wurden. Das Gremium, das daraus hervorging, sollte zwischen Strauß und Albrecht entscheiden.

Bei einer Begegnung mit Strauß am Tegernsee hatte Albrecht den »bestimmten Eindruck«, der Gastgeber, der von Zimmermann begleitet wurde, sei »nicht entschlossen« gewesen, »nach der Kanzlerkandidatur« zu greifen. »Er war der rezeptive Teil«, sagte Albrecht später, der »große Cunctator«. Die »treibenden Kräfte« seien in seiner Umgebung zu finden gewesen. Im übrigen schieden sie in einem guten Einvernehmen, naturgemäß gab es keine Annäherung bei der Kanzlerkandidatur. Sie schieden in dem Bewußtsein, gegeneinander antreten zu müssen.[14]

Den Ausschlag dafür, daß sich Strauß endgültig zur Kandidatur entschloß, gab offenkundig ein Treffen mit den Vorsitzenden von vier CDU-Landesverbänden und Landtagsfraktionen an Fronleichnam (14. Juni 1979). Als Geißler davon hörte, wußte er, »daß das Spiel verloren war«. Bis dahin habe er geglaubt, die CDU könne sich mit Albrecht durchsetzen. Nach dem Treffen habe er gewußt, daß er sich geirrt hatte, denn die Landesverbände, die Strauß ihre Unterstützung zusagten – es waren Hessen, Baden-Württemberg, das Rheinland und Westfalen –, hatten in der Partei die Mehrheit.

Da sich die Partei gegen Kohls Vorschlag stellte, wurde auch die Fraktion rebellisch. Sie ärgerte sich seit der Vorstandsberatung in Eichholz darüber, daß ausgerechnet ihr Vorsitzender alle Hebel in Bewegung setzte, um sie aus dem Entscheidungsprozeß herauszuhalten, obgleich sein Rückhalt nicht mehr so stark war wie früher. In drei aufeinanderfolgenden Sitzungen stritt die Fraktion mit ihm darüber. In der ersten erklärte er, sie werde »irgendwie beteiligt«, in der zweiten, sie werde »informiert«. In der dritten Beratung Ende Juni drohte ihm die Fraktion, sie werde sofort über den Kanzlerkandidaten abstimmen, wenn er weiter versuche, ihre Kompetenz zu beschneiden. Er gab seinen Widerstand auf, weil inzwischen die Mehrheit beider Parteien zu der Auffassung gelangt war, die Fraktion müsse über den Kanzlerkandidaten entscheiden, da sie es war, die den Kanzler zu wählen hatte. Er knüpfte daran lediglich die Bedingung, nach der Abstimmung solle die Gruppe, die unterlegen sei, die Entscheidung der Mehrheit akzeptieren, und die CSU müsse verbindlich erklären, daß damit die vierte Partei aus dem Spiel sei. Für solche Zugeständnisse war es zu spät. Zimmermann verlas zu Beginn der Sitzung der Fraktion am 2. Juli 1979, in der über die beiden Kanzlerkandidaten diskutiert und abgestimmt wurde, einen Beschluß des CSU-Vorstands, der lautete, die CSU halte das »Votum der CDU/CSU-Bundestagsfraktion« für eine »wichtige Voraussetzung für alle weiteren Entscheidungen«. Sie verknüpfe die Abstimmung nicht mit Bedingungen, sie erwarte von der CDU, daß sie sich ebenso verhalte. Er fügte allerdings hinzu, wenn die Entscheidung gefallen sei, müsse es nach der Wahl 1980 möglich sein, über die vierte Partei weiter zu reden. Werde Albrecht gewählt, stehe die Änderung der Parteienlandschaft schon vorher zur Diskussion.

Die Mitteilung war dazu bestimmt, die, wie Geißler sie nannte, »Hasenfüße«, die Angst vor dem bösen Mann Strauß hatten, einzuschüchtern. Sechs Stunden lang tobte die Redeschlacht, in der letzten Runde zählte Zimmermann nur noch vier Abgeordnete, die sich offen für Albrecht aussprachen. Es waren Richard von Weizsäcker, seine niedersächsischen Kollegen Manfred Carstens (Emstek) und Heinrich Franke und der spätere Vorsitzende des Auswärtigen Ausschusses, Karl-Heinz Hornhues. Wurden Kohl und Geißler hinzugerechnet, waren es sechs.[15]

Dafür erzielte Albrecht mit 102 Stimmen einen Achtungserfolg, der allerdings dadurch stark relativiert wurde, daß die CDU in der Fraktion zahlenmäßig über eine vierfache Übermacht verfügte. Strauß bekam mit 135 Stimmen einen überwältigenden Vertrauensbeweis. Bei 53 CSU-Abgeordneten erhielt er mehr Stimmen aus der Schwesterpartei als seine eigene aufbrachte.

Zimmermann wunderte sich viele Jahre später darüber, daß Kohl nach dem Abschluß des kontroversen Teils in der Fraktion zur Tagesordnung überging, als habe sich nichts ereignet, was ihn berührte. Er gratulierte Strauß zu seinem Sieg, dankte Albrecht dafür, daß er sich zur Verfügung gestellt hatte und kündigte unter dem Beifall der Abgeordneten »völlig unerschüttert« an, er werde sich dafür einsetzen, »daß die CDU diese Entscheidung voll mitträgt und gestaltet«. Gegen Mitternacht trat er mit Zimmermann an seiner Seite vor die Journalisten und teilte ihnen »in seiner gleichmäßigen Sprechweise« (Zimmermann) das Abstimmungsergebnis mit. Er nannte die Zahl der Wortmeldungen, die er offenkundig mitgezählt hatte (es waren 92, einige sprachen mehrmals), referierte, daß Strauß nominiert worden sei, daß er ihm gratuliert und Albrecht gedankt habe und fügte hinzu, alle Mitglieder der Fraktion würden »das gemeinsam gefundene Ergebnis tragen und respektieren«. Zimmermann, den die Haltung Kohls angenehm überraschte, fügt in seiner Erinnerung den Kommentar hinzu, das sei die »souveräne Aussage einer selbstsicheren Persönlichkeit« gewesen. Er hatte erwartet, daß der Fraktionsvorsitzende der Mitteilung über Albrechts Niederlage die seines Rücktritts anfügen werde. Während Strauß und seine Anhänger in die bayerische Landesvertretung wechselten und dort mit Strömen von Bier ihren Sieg feierten, scharte sich im Zimmer des Fraktionsvorstands eine kleine Schar von Getreuen um Kohl. Jene von ihnen, die glaubten, den Vorsitzenden aufrichten zu müssen, irrten. Matthias Wissmann berichtet, Kohl sei alles andere als niedergeschlagen gewesen. Er habe gefordert, daß die CDU mit vollem Einsatz in den Wahlkampf gehen müsse, da sie einen neuen Konflikt heraufbeschwören würde, wenn sie im Wahlkampf den Anschein zuließe, sie kämpfe halben Herzens um den Wahlsieg. »Er dachte«, sagt Wissmann, »schon eine Runde weiter.«[16]

OBWOHL STRAUSS ein dreiviertel Jahr Zeit hatte, sich auf seine neue Rolle vorzubereiten, kam der Wahlkampf, als es soweit war, nicht in Gang. Zimmermann erklärt das damit, sich die beiden Generalsekretäre, von denen der eine, der hellhäutige und hellhaarige Stoiber, das »blonde Fallbeil«, der andere, der mit einem Charakterkopf ausgestattete Geißler, »der mit dem Gesicht wie ein ungemachtes Bett« genannt wurde, »nicht miteinander konnten«, wie er sich ausdrückt. Das ging so weit, daß er daran dachte, mit Walter Wallmann, einem Vertrauten Kohls, einen Wahlkampf-Koordinator einzusetzen. Der Plan wurde fallengelassen.

Dann wollte Zimmermann eine »Koordinierungsstelle«, eine »Stabsabteilung«, in der die »Ströme aus der Nymphenburger Straße und dem Konrad-Adenauer-Haus zusammenliefen«, einrichten. Am Ende begnügte er sich damit, eine Villa in der Nähe des Parlaments- und Regierungsviertels zu mieten, in der der Wahlkampf koordiniert werden sollte. Sie wurde mit gebrauchten Stücken aus der CSU-Landesgeschäftsstelle, die von der Lazarettstraße in die Nymphenburgerstraße umzog, möbliert. Chefkoordinator war der frühere Pressechef der Olympischen Spiele in München, Hans (Jonny) Klein.

Für die Mängel bei der Gestaltung des Wahlkampfs war aber nicht der Umstand verantwortlich, daß sich Stoiber und Geißler nicht verstanden, sondern daß sie sich nicht auf eine einheitliche Strategie verständigen konnten. Geißler setzte auf einen argumentativen Wahlkampf, die CSU-Führung erwartete sich mehr von einer emotionalen Kampagne.

Zunächst ging Strauß mit einem Konzept in den Wahlkampf, mit dem er die Verbündeten und die Widersacher überzeugte. In seiner ersten Rede am Tag nach der Wahl zum Kanzlerkandidaten, dem 3. Juli 1979, sagte er vor der Fraktion, die ihm lebhaft Beifall spendete und es wohlwollend aufnahm, daß der Vorsitzende Kohl ihn zuvorkommend behandelte, in einem nur sechsminütigen Beitrag, er habe nicht vor, einen »Konfrontationswahlkampf« zu führen. Die Union werde unter seiner Führung »der Regierung auf die Finger sehen und, wo es nötig ist, auf die Finger klopfen«. Dort, wo die Regierung »vernünftige Vorhaben« betreibe, werde die Opposition sie unterstützen, dort, wo sie »gesellschaftsverändernde« Konzepte verfolge, werde die CDU/CSU sie »bekämpfen«.[17]

Im Lauf des Wahlkampfs veränderte sich aber Straußens Stil. Er fühlte sich, wie es Zimmermann beschreibt, von den Gegnern provoziert, von der FDP, die ihn in die »Buhmann-Rolle« drängte, mißverstanden und von der SPD, die ihn als »gefährlich« und »gewalttätig« hinstellte, herausgefordert. In der letzten Phase des Wahlkampfs im Herbst 1980, in der es darauf ankam, den Stimmungsumschwung herbeizuführen, ließ sich Strauß von seinen Untergangsphantasien hinreißen. Er sah sich, von Zimmermann assistiert, mit »gewissen Aktionsgemeinschaften zwischen Kommunisten und dem linken Bereich der SPD« konfron-

Nach einer zweistündigen kämpferischen Wahlrede des Kanzlerkandidaten Franz Josef Strauß beglückwünscht ihn Helmut Kohl, Juni 1980.

Ferien mit Frau Hannelore und den Söhnen Walter und Peter
im österreichischen Salzkammergut, August 1980.

tiert, in der sich »Gewerkschaftsfunktionäre ... mit ganz Linken vom MSB Spartakus«, den Falken, den Jusos, einigen Jungdemokraten und linken Schriftstellern gegen ihn verbündeten.[18] In den Wahlreden nannte er sich das »letzte gefährliche Hindernis aus der alten Generation«, das der neuen »den Weg in den Sozialismus« verstelle. Daher kämpfe »die halbe Unterwelt« gegen ihn.

Vollends die Beherrschung verlor er, als seine Wahlkampfveranstaltungen im Ruhrgebiet Ende September 1980 von Krawallmachern, die aus der gesamten Bundesrepublik anreisten, gestört wurden. Statt sich an Ort und Stelle mit ihnen auseinanderzusetzen, beschuldigte er die nordrhein-westfälische Landesregierung, sie lasse »unter den Augen der Polizei« einen »Verfassungsbruch« zu, mit dem seine Redefreiheit beschränkt worden sei, die Demonstranten hätten sich benommen »wie die schlimmsten Nazitypen in der Endzeit der Weimarer Republik«.[19] Die Eskalation ging so weit, daß Zuschauer, die sich zu seinen Wahlveranstaltungen drängten, im Ruhrgebiet durch ein dicht gestaffeltes Labyrinth von Polizeisperren geschleust wurden. Bald behinderten die Ordnungskräfte die Wahleinsätze des CSU-Vorsitzenden mehr als die Demonstranten. Die CDU war von dem Ausmaß der Eskalation entsetzt. Eines ihrer führenden Mitglieder nannte Straußens Wahlkampagne abschätzig eine »unregelmäßige Folge von Reden«, in denen der Kandidat »düstere Schlachtengemälde« entwerfe, die das »Publikum nördlich des Mains, das daran nicht gewöhnt« sei, ratlos zurücklasse.

Dem entsprach die hochtrabende Präambel im »Wahlprogramm«, von dem er sagte, es trage seine Handschrift. Sie begann mit der Prophezeiung: »Die 8oer Jahre werden, nach dem zweiten Jahrzehnt und dem fünften Jahrzehnt dieses Jahrhunderts das dritte krisenhafte Jahrzehnt aller Voraussicht nach werden« – ein geradeso erschreckender wie unverständlicher Satz.

Das »Gespenst der Skepsis«, wie es der SPD-Politiker Horst Ehmke nannte, suchte die CDU bereits bei zwei Landtagswahlen heim. Ende April 1980 verlor die CDU im Saarland fünf Prozent und rutschte auf den zweiten Platz hinter die SPD. In Nordrhein-Westfalen erreichte Ministerpräsident Johannes Rau Mitte Mai die absolute Mehrheit.

Mit der Schließung der Wahllokale am Abend des 5. Oktober 1980 war der Spuk beendet. Die Regierung Schmidt/Genscher konnte mit einer größeren Mehrheit als bisher weiterregieren. Die FDP verbuchte den größten Stimmenzuwachs, sie steigerte ihren Anteil von 7,9 auf 10,6 Prozent, während derjenige der SPD stagnierte (von 42,6 auf 42,9 Prozent). »Der Kanzlerbonus«, vermerkte Schmidt mißgestimmt am

Wahlabend, »hat sich nicht für die SPD, sondern für die FDP ausge-wirkt.«[20]

Kohl konnte zufrieden sein und auch wieder nicht. Die CDU/CSU verlor 4,1 Prozent; mit 44,5 Prozent mußte sie das schlechteste Wahlergebnis seit 1949 hinnehmen. Strauß trug die Niederlage gelas-sen. Er kommentierte den Ausgang der Wahl mit dem hellsichtigen Satz, er markiere den »Anfang vom Ende Helmut Schmidts«.

Es gehört zu den Paradoxien solcher Wahlergebnisse, daß die Nieder-lage des Herausforderers seine Stellung stärkte und die des Siegers schwächte. Darin stimmte Strauß mit Beobachtern, vor allem solchen aus dem Ausland, überein, die sich fragten, wie lange die Koalition unter Helmut Schmidt noch zusammenhalten werde. Wie ein Mene-tekel leuchtete die Schlagzeile der Londoner *Times*, die fragte: »Could this be his last term?« und erläuterte, am Ende der Legislaturperiode, wenn sich die Christdemokraten weiter regeneriert und die Sozial-demokraten noch mehr gespalten hätten, »könnte für die FDP die Zeit kommen, die Koalition zu wechseln«.[21] Kohl trat, wie erwartet, in alle Rechte und Pflichten wieder ein, die suspendiert worden waren. Unter der Überschrift »Kohls neuer Glanz« schrieb der *Münchner Merkur,* nach dieser »Wahlschlacht« stehe der Parteivorsitzende als »nahezu einzige Führungspersönlichkeit völlig unbeschädigt da«, mehr noch, er gelte seit Sonntagabend »wieder als unbestritten erster Mann der CDU/CSU-Opposition«. Die *Bild*-Zeitung frohlockte, Kohl sei »der Verlierer, der gewonnen hat«, und Jürgen Lorenz spaßte in den *Badischen Neuen Nachrichten,* die Union sei »von Kopf bis Fuß auf Kohl eingestellt«.[22]

Der Vorsitzende handelte, wie es seine Art ist, schnell und entschie-den. Am Tag nach der Wahl erklärte er vor dem CDU-Vorstand, über den nächsten Kanzlerkandidaten »werde in aller Ruhe später entschie-den«, die »Parteiquerelen« müßten beendet werden und die Union müsse sich wieder mit dem Bürger beschäftigen anstatt mit sich selbst. Einen Tag darauf ließ er sich von der CDU/CSU-Fraktion zum Vor-sitzenden wählen. Er erhielt 210 von 214 Stimmen bei zwei Gegen-stimmen und zwei Enthaltungen. Fast alle, die vor einem Jahr den Namen Strauß auf ihren Stimmzettel geschrieben hatten, hoben jetzt die Hand für Kohl. Auch die CSU-Abgeordneten stimmten mehrheit-lich für ihn. Damit war noch etwas anderes nachgewiesen: Mehrheiten bekam in der Union auf Dauer nur einer, und das war der Vorsitzende der CDU.

II   AN DER MACHT

12

DIE WENDE WIRD VORBEREITET

NACH DER WAHL schob Helmut Schmidt, der seit einiger Zeit an einer Grippe laborierte, die Koalitionsverhandlungen auf die lange Bank. Er erholte sich mit Ehefrau Loki in einem Hotel südlich von Bonn nahe Remagen, wo ihn Touristen in einer Kirche beim Orgelspiel aufstöberten. Seit der Wahlnacht lag er mit der Partei in Fehde; sie nahm ihm übel, daß er es nicht schaffte, den Schwung der nordrheinwestfälischen Wahlen auf das Bundesgebiet zu übertragen, und er ließ sie seine Geringschätzung dadurch erkennen, daß er in der Wahlnacht nach Vorliegen der ersten zuverlässigen Hochrechnungen zuerst in die FDP-Geschäftsstelle fuhr, wo er sich durch eine dichte Menschenmenge zum Koalitionspartner Genscher vordrängte, um ihm zum guten Abschneiden zu gratulieren.

Erst danach ließ er sich in die Tiefgarage der SPD-Geschäftsstelle kutschieren und kam verspätet durch einen Hintereingang in den Saal, in dem sich die Parteiführung versammelte. Die Anwesenden verfolgten gerade am Bildschirm seine Gratulationstour bei der FDP, als er bei ihnen auftauchte. Nicht dabei war der Fraktionsvorsitzende Herbert Wehner, der so vergrämt war, daß er es vorzog, in seinem Haus auf dem Heiderhof zu bleiben. Am anderen Morgen grollte er in einem telefonischen Interview mit dem *Deutschlandfunk*, gefragt, welche Rolle er im Wahlkampf gespielt habe, er habe »dieses Mal überhaupt keine Gelegenheit bekommen, irgendeine Rolle zu spielen«.[1]

Trotz der Avancen, die der Bundeskanzler ihm machte, verhielt sich Genscher undurchsichtig. Er formulierte in der Wahlnacht, die FDP werde trotz ihres Erfolgs »keine zusätzlichen Personalforderungen« stellen. Wer den FDP-Chef kannte, wußte, was er damit sagen wollte, nämlich, daß die Partei um so härter ihre Positionen in der Sache vertreten werde. Damit trug er nicht dazu bei, die Koalitionsverhandlungen zu erleichtern. Sie schleppten sich, wie er in seinen Memoiren berichtet, »lustlos« dahin. Zum Beispiel konnten sich die Partner nicht einmal darauf verständigen, den Umweltschutz in die Verfassung aufzunehmen. Nach Wehner resignierte auch der SPD-Vorsitzende Willy Brandt. Ihn störte wiederum, daß die Doppelspitze Schmidt und Genscher unbeirrt am NATO-Doppelbeschluß festhielt, der eine Nachrüstung des Westens bei den Kurzstreckenraketen verlangte. Er hätte neue Verhandlungen mit den Sowjets vorgezogen.[2] Die Partner brauchten sieben Wochen, bis sie soweit waren, daß Schmidt mit der Regierungserklärung vor den Bundestag treten konnte. Der schwierigere Teil, die Verhandlungen über den nächsten Bundeshaushalt, stand noch bevor.

Unzufriedenheit herrschte auch bei der Opposition. Bei der CDU richtete sich der Unmut gegen den gleichen Mann, dem sie gerade Standfestigkeit bescheinigt hatte. Die Fraktion kreidete Kohl an, daß er den Aufwind, zu dem sie ihm nach der Wahl verholfen hatte, nicht nutzte und nichts unternahm, die Differenzen zwischen SPD und FDP in einen Sieg für die CDU umzumünzen.

Genauso unzufrieden waren die CDU-Landesverbände im Norden, die von den Wahlverlusten erheblich stärker betroffen waren als die im Süden. Sie mußten ihren Wählern erklären, weshalb sie sich auf den CSU-Wahlkampf eingelassen hatten, und jetzt, da er gescheitert war, ihr Vertrauen in die CDU-Politik wiederherstellen.

In dieser Situation lud Richard von Weizsäcker seine beiden norddeutschen Kollegen, die Ministerpräsidenten Ernst Albrecht und Gerhard Stoltenberg, zu einem Gespräch nach Berlin ein. Es fand im Frühjahr 1981 im Gästehaus des Senats statt. Heiner Geißler wurde ebenfalls zu dem Geheimtreffen gebeten. Weizsäcker war inzwischen im zweiten Anlauf Regierungschef in Berlin geworden. Im Frühjahr 1979 rettete der frühere Münchener Oberbürgermeister Hans-Jochen Vogel die SPD noch einmal über die Niederlage hinweg, die ihr drohte. Danach zwang Weizsäcker ihn mit einem Volksbegehren, Neuwahlen auszuschreiben, und im Sommer 1981 erreichte er sein Ziel, die Landesregierung zu bilden. Die CDU blieb zwar knapp unterhalb der absoluten Mehrheit, aber die FDP sagte Weizsäcker ihre Unterstützung zu. Am 11. Juni 1981, einen Monat nach der Wahl, wurde er zum Regierenden Bürgermeister gewählt.

Daß ihn die Freien Demokraten instand setzten, den Senat zu bilden, hatte er Genscher zu verdanken, der das Zeichen zur Zusammenarbeit gab. Damit trat in Berlin die gleiche Lage ein, die vorher in Niedersachsen geherrscht hatte, die FDP peilte eine neue Partnerschaft mit der CDU an. Der FDP-Vorsitzende unternahm in den Ländern, was ihm im

Bund noch nicht gelang, er schob behutsam die Weichen für eine Umgruppierung der politischen Kräfte in Richtung CDU. Weizsäcker half aus Überzeugung, und weil ihm die Rolle des Vorreiters gefiel, nach Kräften mit. Er holte liberale Leute wie Elmar Pieroth und Norbert Blüm, beide aus dem engeren Kreis um Helmut Kohl, in den Senat. Pieroth wurde Wirtschaftssenator, Blüm Bevollmächtigter des Senats in Bonn. Aus der Bundesgeschäftsstelle trat der Bundesgeschäftsführer Ulf Fink und der Hauptabteilungsleiter Politik, Meinhard Ade, hinzu, Fink als Sozialsenator, Ade als Senatssprecher. Zu dieser progressiven Mannschaft stieß der Linksliberale Friedbert Pflüger von der Jungen Union. Er wurde Weizsäckers Sprecher und Berater.

Über die Begegnung Weizsäckers mit seinen Kollegen ist nicht so viel bekannt, wie es nötig wäre, um zuverlässig zu beurteilen, was sie bezweckte und was bei ihr besprochen wurde. Die Berichte über die Themen, die erörtert wurden, und über die Teilnehmer, die dabei waren, differieren. Pflüger berichtet, er habe von Weizsäcker lediglich erfahren, daß die vier Beteiligten darüber berieten, wie sie sich die Ablösung der Bundesregierung vorstellten.[3] Das kann nur bedeuten, daß sie überlegten, wer das Vakuum, das nach der Rückkehr von Strauß nach München entstanden war, füllen und wer der nächste Kanzlerkandidat werden sollte, wenn die Koalition auseinanderfiel. Diese Überlegung schloß den Gedanken ein, es müsse nicht notwendigerweise Kohl sein. Festlegungen wurden nicht getroffen, wohl aber bildete sich in der Aussprache eine Reihenfolge heraus.

Geißler schied aus der Reihe der Bewerber aus, er war aber für die Meinungsbildung unentbehrlich. Stoltenberg galt als der erste Anwärter. Er vertrat die Auffassung, es gebe bei einem vorzeitigen Ende der regierenden Koalition keine Automatik zugunsten des Oppositionsführers. Gesprächspartnern sagte er, die Fraktion müsse in einem solchen Fall wählen können. Die personelle Besetzung der neuen Bundesregierung müsse »vertrauensvoll und offen« besprochen werden. Er hielt sich mithin wieder, wie bei der Kanzlerkandidatur 1980, alle Möglichkeiten offen. Verzichtete Stoltenberg, war Albrecht der Bewerber.

Das heißt, die Konstellation, die vor der Entscheidung über den Kanzlerkandidaten bestanden hatte, ergab sich von neuem, mit einer Ausnahme. Jetzt interessierte sich Weizsäcker für den Fall, daß die anderen Bewerber absagten, für die Kanzlerschaft. Das war das eigentlich Neue an dieser Begegnung. Mit dem glänzenden Wahlergebnis von 48 Prozent, das er aus der Opposition heraus erzielte, und der Aussicht, die schwierige Stadt zu befrieden, konnte er in der Union nicht mehr übergangen werden.

Albrecht bietet eine andere Version über das Treffen. Er formuliert vorsichtig, nach der Bundestagswahl habe es »innerhalb der CDU – vor allem in Norddeutschland – mancherlei Unzufriedenheit mit der politischen Lage und mancherlei Unsicherheit über die weitere Entwicklung« gegeben. Daher hätten sich die Gesprächspartner »gemeinsam beraten, alles angesprochen, was uns Sorgen machte, und definiert, wo nach unserer Meinung in den kommenden Jahren die Prioritäten gesetzt werden müßten«. Nach Albrechts Erinnerung war nicht Geißler, sondern Kohl dabei, der sich selbst eingeladen habe.[4] Weizsäcker schweigt sich zwar über den Inhalt der Gespräche aus, er hält es aber für möglich, daß es zwei gab.[5]

Vermutlich wußten jene, die über den nächsten Bundeskanzler aus ihren Reihen sprachen, nicht, wie nah sie ihrem Ziel waren. Kurz nach der Zusammenkunft wurden die Möglichkeiten eines Regierungswechsels auch zwischen Genscher und seinem engsten Mitstreiter Otto Graf Lambsdorff besprochen. Der Wirtschaftsminister war von der Überzeugung durchdrungen, wenn die FDP noch eine Chance habe, zu überleben, müsse sie die Zusammenarbeit mit der SPD so bald wie möglich beenden und eine Koalition mit der CDU/CSU eingehen.

Da Genscher etwas zögerlicher war, vereinbarte er Mitte August 1981 in mehreren Telefonaten, die er mit Lambsdorff führte, der zu einer Wirtschaftsveranstaltung in Singapur unterwegs war, nach dessen Rückkehr auszuloten, ob die Grundlagen für eine Fortsetzung der Koalition noch bestünden und wie lange sie noch trügen. Natürlich blieb die Verabredung nicht unbemerkt. Der FDP-Fraktionsvorsitzende Wolfgang Mischnick erfuhr etwas später davon und zeigte sich entschlossen, einen Ausstieg, falls er versucht werden sollte, zu verhindern. Er ärgerte sich darüber, daß er nicht eingeweiht wurde, denn es mußte auch Genscher und Lambsdorff klar sein, daß ein Wechsel ohne die Mitwirkung oder gegen den Willen des Fraktionschefs nicht möglich war. Und Mischnick war so entschieden gegen den Bruch wie Lambsdorff dafür. Er weigerte sich, die Koalitionsabsprache zu brechen, die die Partei 1980 eingegangen war.

Genauso skeptisch klangen Äußerungen, die Genscher bei einem Frühstück mit Zimmermann Ende Juni 1981 machte. Zu ihm sagte er, die Koalition dümpele vor sich hin, aber es fehle noch der »große Anlaß«, sie zu verlassen. Das könne sich bei zwei Ereignissen ändern:

dann, wenn die CDU/CSU im Bundesrat eine »echte Zweidrittel-mehrheit« bekomme und wenn Schmidt zurücktrete, weil er bei dem SPD-Parteitag im Frühjahr 1982 keine Mehrheit für die Nachrüstung bekomme.[6] Bevor es so weit kam und trotz aller Widrigkeiten einigten sich SPD und FDP im Herbst 1981 auf den Haushalt. Allerdings beschlichen auch Mischnick Zweifel, ob die Koalition bis 1984 durchhalten werde. Bei den gleichen Haushaltsberatungen, bei denen seine Parteifreunde den Schlußstrich ziehen wollten, fiel ihm auf, daß »Helmut Schmidts Durchsetzungskraft in der eigenen Fraktion in den wirtschafts- und gesellschaftspolitischen Grundfragen« nachgelassen habe.[7]

Kohl und Genscher blieben miteinander in Kontakt, aber sie installierten ihre Verbindungen so, daß niemand Verdacht schöpfen konnte. Ackermann berichtet, daß sie sich meist nach Auslandsreisen des Außenministers im Auswärtigen Amt trafen, wo der Rückkehrer den Oppositionsführer über die Ergebnisse seiner Gespräche unterrichtete. Das Verfahren entsprach den üblichen Regeln. Beide hielten sich streng an die Usancen. Sie sprachen, wie Ackermann berichtet, »nie über die Bildung einer neuen Koalition unter der Führung Helmut Kohls, ...sondern über Notwendigkeiten in der praktischen Politik«. Bei dieser Sprache in Rätseln und Andeutungen stellte sich heraus, daß ihre Standpunkte »sehr nahe beieinanderlagen«.[8]

Dennoch gab es Zeiten, in denen Kohl ungeduldig wurde und zweifelte, ob Genscher die Kraft zum Umbruch aufbringen würde. In seiner Entrüstung ging er so weit, Genschers Hinhaltetaktik offen anzuprangern. Im Kreis von Journalisten, die er gelegentlich zu Hintergrundgesprächen bat, äußerte er verbittert, der FDP-Vorsitzende komme ihm wie ein Skiläufer vor, der auf Bergeshöhen so im Dickicht rumort, daß er deutlich zu hören, nicht aber zu sehen ist, und der sich nicht entschließen kann, auf der offenen und vom Fuß des Berges einsehbaren Fläche in Schußfahrt überzugehen.

Weshalb Kohl, der sonst eher zögerte, verstärkt Tempo machte, liegt auf der Hand. Die Partei und die Fraktion wurden unruhig und ließen ihn wissen, daß ihre Nachsicht begrenzt war. Handelte er überstürzt, konnte der Kanzlersturz scheitern, ließ er zuviel Zeit verstreichen, konnte ein anderer ihm zuvorkommen.

Um für jeden denkbaren Fall gerüstet zu sein, verstärkte Kohl seine Bemühungen, die Partei fester an sich zu binden. Die Umbesetzungen, die dadurch nötig wurden, daß Weizsäcker einige leitende Mitarbeiter aus der CDU-Bundesgeschäftsstelle mit nach Berlin nahm, gaben ihm die Gelegenheit dazu. Damit legte er den Keim für die ersten schweren Konflikte mit dem CDU-Generalsekretär Geißler. Es gelang ihm, seinen Vertrauten Wolfgang Bergsdorf als Büroleiter des Parteivorsitzenden im Konrad-Adenauer-Haus zu installieren. Nahm Geißler das noch hin, weigerte er sich, der Ernennung des rheinland-pfälzischen Landesgeschäftsführers Hans Terlinden zum Bundesgeschäftsführer zuzustimmen. Terlinden war Kohl treu ergeben. Dagegen beharrte Geißler darauf, den Hauptabteilungsleiter Öffentlichkeit, Peter Radunski, mit diesem Posten zu betrauen. Der Streit zog sich bis zum Herbst hin, dann brachte der Generalsekretär ihn vor das Parteipräsidium. Nach den Statuten lag das Vorschlagsrecht bei ihm, und gegen eine, Kohls Stimme, setzte er sich mit Radunski durch. Radunski, der Anfang der 90er Jahre in den Berliner Senat wechselte, war Wahlkampfexperte und leistete bei der Vorbereitung auf die Bundestagswahlen gute Dienste. Auch an Loyalität ließ er es nicht fehlen. Da Kohl seinen Kandidaten nicht durchsetzen konnte, versuchte er es mit anderen Mitteln. Er setzte, wie Geißler Parteifreunden anvertraute, seinen Ehrgeiz darein, den Posten des Bundesgeschäftsführers abzuschaffen. Er behauptete, der Geschäftsführer sei zu teuer. Damals erhielt der Generalsekretär ein Jahresgehalt von 250000 Mark, der Geschäftsführer lag darunter. Wenn die Zentrale nur noch einen Generalsekretär an der Spitze habe, müsse der, so Kohl, die Arbeit verrichten, die er jetzt an den Geschäftsführer delegiere, und habe deswegen keine Zeit mehr, sich eigene Zuständigkeiten neben denen des Vorsitzenden anzumaßen.

Damit drang er bei Geißler nicht durch. Das gleiche galt für den bevorstehenden CDU-Parteitag in Hamburg, bei dem er versuchte, den Generalsekretär bei den Vorbereitungen auszuschließen. Er beauftragte seine Vertrauten Anton Pfeifer und Hanna-Renate Laurien, ein Gegenkonzept zu Geißlers Vorstellungen zu entwerfen. Sie waren damit aber nicht sehr erfolgreich. Es blieb dabei, daß der Parteitag unter das Leitthema »Die Zukunftschancen der jungen Generation« gestellt wurde. Auf dem Parteitag setzte sich Kohl zur Überraschung seiner innerparteilichen Kritiker an die Spitze der Bewegung und bestritt die mehrstündige Debatte mit Jugendlichen nahezu allein.

Kohl wäre mit seinem Konzept der langsamen Zermürbung der Koalition und der behutsamen Annäherung an die FDP nicht so erfolgreich gewesen, wären ihm nicht die Wähler Niedersachsens zu Hilfe gekommen. Bei den Landtagswahlen im Frühjahr 1982 wählten sie zwar die Freien Demokraten mit 5,9 Prozent wieder ins Parlament, vertrieben sie aber aus der Regierung, da sie Ministerpräsident Albrecht zur absoluten Mehrheit verhalfen. Das Wahlergebnis aktivierte einen alten Alptraum der FDP: Sie wurde doppelt überflüssig. Zum erstenmal in ihrer Geschichte verlor sie in einem bedeutenden Flächenland ihre Position als drittstärkste Kraft; die Grünen überflügelten sie mit 6,5 Prozent.

Das FDP-Präsidium, das sich am Wahlabend im Gästehaus des Auswärtigen Amtes auf dem Venusberg bei Bonn traf, interpretierte das Wahlergebnis als eine Absage an die Wackelpolitik seiner Partei. Darunter verstanden nicht alle Mitglieder dasselbe. Der sozialliberale Flügel warf Genscher vor, nicht eindeutig bei der SPD zu stehen, der konservative Flügel behauptete das Gegenteil, er gehe nicht konsequent genug auf die CDU zu.

Offenbar war die Wählerlandschaft in Bewegung geraten. In Berlin war die FDP ein Jahr davor knapp über die Fünfprozenthürde gekommen, für Hamburg, wo demnächst gewählt wurde, verhießen die Umfragen ebenfalls nichts Gutes.

Der schmale Grat, auf dem Genscher zwischen SPD und CDU wandelte, trug nicht mehr. Kohl und der FDP-Vorsitzende vertieften ihre lose geknüpften Kontakte und begannen, sich außerhalb des Amtes ernsthaft über die Zukunft der FDP zu unterhalten. Bei einer dieser Unterredungen kam die Idee einer Art »Überlebensgarantie« auf. Offenbar griff Kohl auf das Modell zurück, das er zusammen mit Kiesinger 1969 entworfen hatte, nach dem die FDP bei Regierungsbildungen im Bund und in den Ländern der bevorzugte Ansprechpartner sein sollte. In Gesprächen, die der Journalist Manfred Schell drei Jahre nach der Wende mit den »Kanzlermachern« und dem zum Kanzler Gemachten führte, räumten die Beteiligten ein, daß sie darüber verhandelt hätten.

Zimmermann betont, er sei sehr früh davon ausgegangen, »daß die FDP nicht ohne Netz kommt«. Graf Lambsdorff, der im Rückblick Genscher die Verhandlungsführung zuweist, beurteilt den Vorgang distanzierter.

»Wir wußten ja«, sagte er zu dem Fragesteller, »daß die CDU und CSU nur dastand, um darauf zu warten, daß die FDP endlich kommt, um gemeinsam regieren zu können. Darüber brauchte man nicht zu sprechen. Und über die Einzelheiten, wer dann was machen würde, da hatte uns die CDU vorher signalisiert, daß sie unsere Ressorts und unsere Personenauswahl nicht antippen, also nicht in Frage stellen will.« Von einer »Bestandsgarantie« im engeren Sinn will der Graf nichts wissen. Die einzige Garantie, die gezählt habe, diejenige, daß die FDP bei den nächsten Wahlen in den Bundestag zurückkehren werde, habe Kohl nicht geben können.[9] Kohl formulierte, die FDP habe, bevor sie zur CDU/CSU kam, gewußt, daß sie eine »Garantie« habe. Ihm sei immer klar gewesen, daß sie bei einem Wechsel einen Teil ihrer Wähler verlieren würde und andere Wählerschichten werde »erkämpfen« müssen. Auf der anderen Seite habe die Union gewußt, daß sie in der FDP »einen Partner haben würde«. Weiter heißt es in seinem Bericht, es sei »ja von vornherein klar gewesen, daß das Bündnis mit der FDP nur zustande kommt, wenn deren Personalanteil ungefähr gleich bleibt«.[10]

DIE BEMERKUNG liefert einen Hinweis darauf, wie der eine Teil der »politisch-parlamentarischen Überlebensgarantie« für die FDP beschaffen war. Er sah vor, daß die FDP mit der gleichen Anzahl von Ministern und den gleichen Ministerien vertreten sein sollte, die sie in der Koalition mit der SPD hatte. Kohl spricht zwar von dem »ungefähr« gleichen Personalanteil, der ihr zugestanden worden sei, aber diese Variante brachte er erst später hinein. Auch sollte sie freie Hand bei der Auswahl ihrer Minister haben.

Die vier Ressorts waren das Auswärtige Amt mit Genscher, das Wirtschaftsministerium mit Lambsdorff, das Innenministerium mit Gerhart Baum und das Landwirtschaftsministerium mit Josef Ertl. Die FDP hatte diese vier Ressorts über die gesamte Zeit der sozialliberalen Koalition besetzt und bestand deswegen darauf, sie zu behalten, weil sie damit sicherstellte, daß sie nicht auf Randressorts abgedrängt wurde, wie das zum Ende der Koalition mit der CDU/CSU geschehen war. Da drei ihrer Minister im Kabinett Schmidt – Genscher, Lambsdorff und Ertl – zum Wechsel bereit waren, zweifelte niemand daran, daß sie auch dem neuen angehören würden. Der einzige Problemfall war Baum. Der Jurist galt als eine der Säulen der sozialliberalen Koalition und gehörte dem betont liberalen Flügel seiner Partei an. Genscher war sich bewußt, daß es mit dem Kölner Parteifreund Probleme geben würde. Vor allem die CSU würde alles daran setzen, den für die innere Sicherheit zuständigen Amtsinhaber loszuwerden. Andererseits war Baum für den FDP-Vorsitzenden eine besonders wichtige Figur, weil er eine Strömung in der FDP repräsentierte, die Genscher auf jeden Fall in die neue Koalition einbringen wollte. Er wollte keine von ihren liberalen Elementen gereinigte FDP im Bündnis mit der Union haben. Wenn sie schon wechselte, dann mit allen ihren Gruppierungen. Baum war ein bewährter Freund und Mitstreiter und kannte sich im Bundesinnenministerium vorzüglich aus. Genscher hatte ihn, nachdem er 1972 in den Bundestag gekommen war, zu seinem Parlamentarischen Staatssekretär ernannt, und er behielt diesen Posten, als der Chef zwei Jahre später Außenminister wurde und das Amt des Innenministers an Werner Maihofer abgab. Als der liberale Professor abtreten mußte, weil seine Beamten dem Atomphysiker Klaus Traube Wanzen ins Haus gelegt hatten, wurde Baum sein Nachfolger. Das war im Sommer 1978. Die Konservativen in der Union verübelten es ihm vor allem, daß er sich ein Jahr nach seiner Ernennung auf ein *Spiegel*-Gespräch mit dem früheren Terroristen Horst Mahler eingelassen hatte. Sie warfen ihm vor, die Feinde des Staates dadurch aufzuwerten, daß er mit ihnen redete. Zimmermann nennt noch einen anderen Grund dafür, daß Baum »für das Kabinett Kohl/Genscher ... nicht in Frage« gekommen sei, nämlich den, daß er als der »getreueste Informant des *Spiegel* bekannt« gewesen sei. Den gleichen Vorwurf machte ihm auch Lambsdorff. Er sagt, Baum sei es gewesen, der die, wie er es formulierte, »Informationsstränge, insbesondere zu den Hamburger Magazinen«, knüpfte. Es war bekannt, daß einer der vertrauten Gesprächspartner des Ministers der Bonner *Spiegel*-Korrespondent Paul Lersch war.

Daß Baum ein Talent hatte, sich zwischen alle Stühle zu setzen, zeigen die Eintragungen, die Schmidts Regierungssprecher und Vertrauter Klaus Bölling in sein Tagebuch über den letzten Abschnitt der Amtszeit des SPD-Bundeskanzlers machte. Bölling ließ sich vom Innenminister fortlaufend über die Vorgänge in der abtrünnigen FDP informieren, zweifelte aber zugleich, ob er seinen Informanten für »einen Liberalen aus Geist und Fleisch von Karl-Hermann Flach« habe halten können.[11] Baum machte sich außerdem dadurch unbeliebt, daß er Genscher und Lambsdorff vorwarf, sie hätten die Partei nicht genügend auf den Wechsel vorbereitet. Lambsdorff konterte etwas lahm, das Präsidium sei »kein Gremium« gewesen, »in dem man vertrauensvoll miteinander sprechen konnte«. Er beschuldigte Baum damit indirekt, den Zustand hergestellt zu haben, den er beklagte. Allerdings war

Genscher krankhaft mißtrauisch und wußte auch keinen anderen Ausweg, den Partnerwechsel innerhalb einer Koalition zu vollziehen als den, ihn vertraulich vorzubereiten. Auch Kohl zog die Fäden im Verborgenen. Er räumte später ein, in jenen Monaten habe er »kaum« den Führungsgremien seiner Partei über die Absprachen mit Genscher berichtet. Um sich zu rechtfertigen, behauptete er, das »mittlere und gehobene Management der CDU« sei seit 1980 besonders mißtrauisch gegen ihn gewesen.

So geheimnisvoll es bei den Gesprächen über die Vorbereitung der Wende zuging, so geheim blieben sie nicht, daß nicht doch einiges von ihnen durchgesickert wäre; die Gerüchte gediehen um so besser, als zuverlässige Informationen fehlten. Doch setzte sich in der beteiligten Öffentlichkeit der Eindruck fest, einer der Regisseure der Machtübernahme, Zimmermann, werde im neuen Kabinett Verteidigungsminister werden. Zimmermann fühlte sich dazu berufen, dieses Amt zu übernehmen, Strauß hatte nichts dagegen, und Kohl stimmte zu. »Schließlich war die Verteidigungspolitik immer mein spezielles Feld gewesen«, schreibt Zimmermann über seine Ambitionen. Immerhin beschäftigte er sich seit vielen Jahren in einer Weise mit der Bundeswehr, die ihn als einen geschickten und geschulten Kenner der Materie auswies.

Während der öffentlichen Diskussion im Frühsommer 1982 eröffnete sich allerdings ein Aspekt, den diejenigen, die »Fritz« (so wurde er in der Partei genannt) zum Verteidigungsminister machen wollten, nicht bedachten, und das war, daß er in einer der bayerischen »Spielbankenaffären« keine so glückliche Figur machte. Da hatte er, wohl mit ableitender, auf den Rücken gelegter Hand, einen Eid geschworen, den seine Prozeßgegner für einen Meineid hielten, ein Vergehen, das er nachher als ein Versehen bei verminderter körperlicher und seelischer Verfassung erklärte. Jene, die sich immer den schlimmsten Fall vor Augen halten, wandten ein, es könnte sich auf die Moral der Truppe ungünstig auswirken, wenn der Mann, dem der Spitzname »Old Schwurhand« verpaßt wurde, bei öffentlichen Gelöbnissen den jungen Wehrpflichtigen den Eid auf die Verfassung abnahm.

Während der internen Beratungen über die Zusammensetzung der CSU-Ministermannschaft kam Strauß zu dem Schluß, Zimmermann solle ein anderes Ministerium nehmen, solange er die Auswahl hatte. Der CSU-Vorsitzende erkannte nämlich, daß er mit Zimmermann den ihm verhaßten Baum aus dem Feld schlagen konnte. Mithin versuchte er den Parteifreund dazu zu überreden, seinen Anspruch auf das Innenministerium geltend zu machen. Das »Hauptproblem« der Regierung Kohl werde die »Raketen-Nachrüstung gegen die sowjetischen SS-20-Raketen« sein. Da die CDU »nicht gerade den glaubensstärksten Eindruck« machte, könne es »leicht so kommen«, daß »die ganze Last der Raketendebatte auf den CSU-Verteidigungsminister« abgewälzt und sich die Parteischwester »still und heimlich« davonschleichen werde. Daher müsse die CDU personell in die Rüstungsdiskussion »eingebunden« werden.

»Auf dem Gebiet der Verteidigungspolitik«, redete er sich das veränderte Angebot schön, sei »nicht so überwältigend viel zu tun«, sobald sich »die Regierung selber zur Nachrüstung« bekannt habe. Dagegen sei es dringend nötig gewesen, im Innenministerium »Zeichen zu setzen«.

Die innere Sicherheit sei von Minister Baum und seinem Staatssekretär Andreas von Schoeler sträflich vernachlässigt worden. Er hatte davon gehört, daß Kohl ebenfalls beabsichtigte, der FDP das Innenministerium abzunehmen und es durch das Justizministerium zu ersetzen, das im Kabinettsgefüge nahezu gleichwertig war und dem liberalen Image der FDP eher entsprach. Sein Kandidat für das Innenministerium war der Frankfurter Oberbürgermeister Walter Wallmann, ein Verwaltungsjurist, von dem er große Stücke hielt, weil er in ihm einen Mann sah, der das Ohr der Menschen erreichte und sich seinen Wählern als liberaler Politiker empfahl.

Um ihre Pläne zu koordinieren, verabredeten sich Strauß, Kohl und Zimmermann für einen Termin am 9. oder 10. Juni 1982. Zu dieser Zeit besuchte Präsident Reagan Deutschland, und alle drei Unionspolitiker waren in Bonn, da sie ihm ihre Aufwartung zu machen hatten.

Über die Besprechung berichtet Zimmermann, Kohl sei »reichlich verblüfft« gewesen, als er seinen Anspruch aufs Innenministerium geltend gemacht habe. Seine Reaktion habe gelautet: »Aber Fritz, ich hatte dich fest als Verteidigungsminister eingeplant.« Wie immer schnell bei der Hand, habe er erwidert: »Ja, ich mich auch.«

Offenkundig gelang es den Emissären der CSU, Kohl davon zu überzeugen, daß die Wahl Zimmermanns den Vorrang hatte, denn am Ende des Gesprächs stellten alle drei einvernehmlich fest, daß er Innenminister werden sollte. Zugleich wurde vereinbart, daß der verteidigungspolitische Sprecher der Fraktion, Manfred Wörner, anstelle

Zimmermanns Verteidigungsminister werden sollte. Zimmermann behauptet, Kohl habe sich gegen diese Berufung gesträubt, weil Wörner bei der Wahl des Parteivorsitzenden 1971 zuerst für ihn gewesen, dann aber zu Barzel übergeschwenkt sei, als sich eine Mehrheit für ihn abzeichnete.[12]

Kohl zeigte damit, daß er sofort die Absicht von Strauß übernahm, der FDP das Innenministerium abzunehmen, daß er jetzt nicht mehr gewillt war, für das Umschwenken Genschers jeden Preis zu zahlen. Im Gegenteil, er signalisierte ihm, daß der Preis, den er zahlen mußte, desto höher wurde, je länger er den Wechsel hinausschob, und daß sein Wert als Koalitionspartner mit jedem Tag sank, den er zögerte. Im Jargon der Geschäftswelt hätte man so etwas eine »kleine Erpressung« genannt.

Inzwischen hatte die FDP eine weitere Wahlschlappe erlitten, die signalisierte, daß es mit ihr an der Seite der SPD unaufhaltsam bergab ging. Bei den Hamburger Wahlen, die wenige Tage vor dem Gespräch stattfanden, schaffte sie es mit 4,9 Prozent nicht, in die Bürgerschaft zurückzukehren, während die Grün-Alternative Liste bei ihrer ersten Kandidatur auf fast acht Prozent kam. Grün marschierte voran.

Die Gesprächspartner der CSU überließen Kohl die undankbare Aufgabe, Genscher die Nachricht zu überbringen. Vielleicht war er sogar erleichtert, dennoch, leicht würde es nicht sein, der Partei klarzumachen, daß sie einen doppelten Verzicht würde leisten müssen. Sie mußte das Innenministerium abgeben und wahrscheinlich auf Baum verzichten. In seinen Memoiren läßt Genscher sich von den Friktionen, die dieser Vorgang bei ihm verursachte, nichts anmerken. »Bei der Ressortverteilung«, schreibt er gleichmütig, »ergab sich eine Veränderung, weil das Stärkeverhältnis in der neuen Koalition anders als in der alten war.« In der Zusammenarbeit mit der SPD habe die FDP – mit Ausnahme der Zeit von 1972 bis 1976 – der »zweitstärksten Fraktion im Bundestag« die Möglichkeit gegeben, dreimal den Bundeskanzler zu stellen. Kohl aber sei der »Vorsitzende der stärksten Fraktion« gewesen. Das Argument überzeugt sowenig wie andere weit hergeholte Gründe. Ob die FDP der stärksten oder der zweitstärksten Fraktion zur Mehrheit verhalf, spielte bei der Verteilung der Kabinettsposten keine Rolle.

Mehr als die Abstriche, die Genscher hinnehmen mußte, zählte für ihn die Festlegung auf die künftige Regierungsmannschaft. Mit der Absprache erreichte er immerhin eine Art Kabinettsgarantie auf gemindertem Niveau. Die CDU/CSU-Spitze legte sich verbindlich darauf fest, daß die FDP vier Ministerien bekam, das Justizressort war das vierte.

Bei der SPD trat das Katastrophenszenario nicht ein, das Genscher bei dem Frühstück mit Zimmermann beschworen hatte. Es gelang Schmidt auf dem Parteitag im April 1982 in München, wiewohl mit äußerster Anspannung, die Partei in der Außen- und Sicherheitspolitik noch einmal hinter sich zu scharen. Das wäre ihm nicht gelungen, hätte ihm nicht Willy Brandt geholfen. Brandt wollte nicht in den Geruch kommen, er habe, wie das in der Weimarer Republik geschah, dazu beigetragen, daß der letzte sozialdemokratische Bundeskanzler in diesem Jahrzehnt stürzte.

Nach der Abstimmung über die Nachrüstung setzte Schmidt, der sich in dem Gefühl sonnte, einen Triumph erzielt zu haben, »einen Boten in Bewegung«, wie Brandt bemerkt – es handelte sich um den Kanzleramtsminister Hans-Jürgen Wischnewski –, der den Koalitionspartner am 23. April 1982 unterrichtete.

Genscher ließ den Bundeskanzler in zurückhaltendem Ton wissen, er betrachte die Entsendung Wischnewskis als eine »vertrauensbildende Maßnahme«. Dazu, daß sich Schmidt in der Rüstungspolitik durchgesetzt hatte, schwieg er. Dafür strich er die Niederlagen des Bundeskanzlers im wirtschaftspolitischen Teil der Münchener Beschlüsse heraus. Sie seien »natürlich nicht geeignet« gewesen, ihn »zu beruhigen«, schreibt er in den Erinnerungen.[13]

Allerdings wurde auf dem SPD-Parteitag im April 1982 in München offenbar, daß die Partei so widerstrebend die Sicherheitspolitik Schmidts unterstützte, daß nicht mehr zu erkennen war, wie er im Herbst die Mehrheit für die Stationierung der Raketen bekommen sollte.[14]

Seine Autorität war schon so beschädigt, daß der Saarbrücker Oberbürgermeister Oskar Lafontaine im *Stern* befand, das »Gerede von der Nachrüstung« sei »Augenwischerei«. Schmidt reklamiere bloß »Sekundärtugenden« wie »Pflichtgefühl, Berechenbarkeit, Machbarkeit und Standhaftigkeit«, mit denen man, »ganz präzise gesagt«, auch »ein KZ betreiben« könne.[15]

Von da an war alles, was der Kanzler anfaßte, mit einem Verfallsdatum versehen. Im kleinen Kreis schnürten Schmidt, Wehner, Genscher und Mischnick mühsam das Haushaltspaket, das sie gepackt hatten, und legten es ihren Fraktionen in der letzten Sitzung vor der

Sommerpause, am 30. Juni 1982, vor. Sie ließen ihnen wenig Zeit zur Beratung. Dahinter verbarg sich die Absicht, sie von einem genauen Studium des Zahlenwerkes abzuhalten und so den Widerstand dagegen zu ersticken.

Bei der FDP stimmten – zum ersten Mal seit Beginn der sozialliberalen Koalition – sechs Abgeordnete dagegen. Es wären nach der Überzeugung Genschers mehr gewesen, hätten nicht er und Mischnick »durch Einsatz unserer persönlichen Autorität« die Zustimmung erzwungen. Daß er mit dem Haushalt die Position Schmidts stärkte, während er schon auf dem Absprung zu Kohl war, und damit der Öffentlichkeit den Eindruck vermittelte, er stehe aufrecht, rechtfertigt er so: Er habe dem Partner SPD Gelegenheit geben wollen, ebenfalls »in Partei und Fraktion das Ruder herumzureißen«.

Im Bundeshaus zwei Stockwerke darunter bemühte sich Schmidt genauso intensiv, seiner Fraktion das Ergebnis schmackhaft zu machen. Die Rede, die er für so bedeutungsvoll hielt, daß er sie veröffentlichen ließ, war so gehalten, daß sie unterschiedliche Interpretationen zuließ. Genscher faßte den Text als ein Zeichen dafür auf, daß sich der Partner immer schwerer tat, sich in seiner Fraktion durchzusetzen. Er empfand Schmidts Ausführungen »eindrucksvoll und mahnend«. Sie hätten gezeigt, »in welcher verzweifelten Lage sich der Bundeskanzler selbst in seiner eigenen Fraktion befand«.[16]

Der Fraktionsvorsitzende Mischnick, der daran interessiert war, die Zusammenarbeit mit Schmidt fortzusetzen, begriff dessen Rede wiederum als ein »klares Zeichen dafür, daß zumindest der Kanzler zu diesem Zeitpunkt persönlich bereit war, den Weg der wirtschaftlichen und finanziellen Konsolidierung zu gehen«.

Kohl sagte später, bei der Lektüre sei ihm »klar gewesen, daß die Entscheidung gefallen« sei, und zwar gegen die Fortsetzung der Koalition. Daraufhin sei er »mit der Überzeugung in die Sommerferien gefahren, daß die Regierung Schmidt Weihnachten 1982 nicht erreichen wird«.[17]

IN DIE GESCHICHTE der sozialliberalen Koalition ist der Kraftakt im Parlament als der vorletzte ernsthafte Versuch eingegangen, das Bündnis zu retten. Der letzte fand kurz darauf statt. Er bestand aus einer Einladung des Ehepaares Schmidt an die Genschers nach Hamburg-Langenhorn Anfang August 1982. Die versöhnlich gemeinte

Geste stand unter keinem guten Stern. Sie wurde dadurch entwertet, daß die Rundfunk- und Fernsehanstalten, die Zeitungsredaktionen, Nachrichtenagenturen und Fotografen informiert wurden und allesamt ihre Vertreter zum Neubergerweg schickten. Genscher interpretierte das enorme Aufgebot an Medien hinterher mit dem doppeldeutigen Satz, es habe gezeigt, »wie sehr die Menschen auf eine Fortsetzung der Regierungskoalition hoffen«.

Das Ehepaar Genscher kam, immer von den Augen der Öffentlichkeit beobachtet, von einer Familienfeier in Hannover. Dort hatten sie den 50. Geburtstag des Abgeordneten Detlef Kleinert begangen, einem engagierten Anhänger des nationalkonservativen Kreises um den Abgeordneten Richard Wurbs, der zielstrebig auf die Spaltung der Koalition hinarbeitete. Genscher wies mit seinem Besuch in Hannover, mehr noch mit dem Geschenk, das er mitbrachte, eine Richtung, die der Intention der Begegnung in Hamburg zuwiderlief. Er überreichte dem Geburtstagskind ein Exemplar der historischen Aufarbeitung des Koalitionswechsels von 1969, Arnulf Barings »Machtwechsel«.

Im Langenhorner Haus des Ehepaares Schmidt entwickelte sich im Gespräch eine beklommene Atmosphäre. Nach dem Rückzug der Damen fragte Schmidt den Gast nach seinen Absichten, und wie er sich die Fortsetzung der Zusammenarbeit vorstelle. Genscher verwies auf den »Wendebrief«, in dem er ein Jahr zuvor auf die Gefahren aufmerksam gemacht hatte, die der Koalition drohten, wenn sie ihnen nicht mit äußerster Anstrengung begegnete. Er sprach dem Kanzler förmlich die Bewunderung dafür aus, daß er sich vor der Fraktion so tapfer geschlagen habe. Die Koalition könne sich immer noch fangen, andererseits zweifelte er an der Willensstärke des Partners. Sein Vortrag gipfelte in dem sonderbaren Satz: »Im übrigen würden Sie immer der erste sein, der davon erfährt, wenn wir diese Regierung beenden wollen.« Daß diese Zäsur unmittelbar bevorstand, deutete er mit der Anregung an, das Kabinett solle sich möglichst bald mit dem aktuellen Thema des Umweltschutzes befassen – eine Materie, bei der die Meinungen weit auseinandergingen.

Mehrdeutig war auch Schmidts Replik. Bölling, der aus erster Hand informiert wurde, notiert, der Bundeskanzler habe über seine »langen Gespräche mit seinem Freund George Shultz« und darüber berichtet, daß er dem neuen amerikanischen Außenminister »wenigstens einige und wichtige Überlegungen der Europäer« habe »vermitteln« können – genaugenommen eine Zumutung für den Zuhörer, der der eigentliche Ansprechpartner für Shultz war. Genscher ignorierte die Spitze, interessierte sich nicht für den Vortrag und nahm ihn »meist kopfnickend« zur Kenntnis.

Die Aussprache war nicht geeignet, den Horizont atmosphärisch aufzuhellen. Nichts deutet darauf hin, daß sich die Partner nähergekommen wären. Genscher trifft wohl den Ton, der zwischen ihnen angeschlagen wurde, am ehesten mit der Bemerkung, er habe Schmidts Haus »mit gemischten Gefühlen« verlassen. Er habe nicht erkennen können, wie seine Ausführungen auf den Gesprächspartner gewirkt hätten, die Aussprache habe »weder Bruch noch Annäherung« gebracht, es sei »alles in der Schwebe« geblieben, er sei aber nach wie vor von Respekt für den Kanzler erfüllt gewesen.[18]

13

DIE SOZIALLIBERALE KOALITION IST AM ENDE

ENDE AUGUST 1982 kehrte Helmut Kohl mit dem sicheren Gefühl aus dem Urlaub zurück, daß er ihn zum letzten Mal als Oppositionsführer verbracht habe. Er war, wie in jedem Sommerurlaub, in St. Gilgen am Wolfgangsee. Der Umstand, daß in den Ferien 1982 das »Sommertheater« mit dem Schauerstück vom nahen Ende der sozialliberalen Koalition aufgeführt wurde, änderte nichts an seinen Gewohnheiten. Er kaufte im Ort Brötchen, spülte nach dem Essen das Geschirr, kraxelte in den Bergen und schwamm oder ruderte über den See. Hin und wieder ließ er sich im Ort sehen, fuhr zum gewohnten Abstecher zu den Festspielen im nahe gelegenen Salzburg und telefonierte mit seinem Pressesprecher Eduard Ackermann, der in Bonn blieb, Stallwache hielt und ihm die täglichen Wasserstandsmeldungen durchgab. Das waren die Berichte über die neuesten Gerüchte über den Stand des fortschreitenden Zerwürfnisses zwischen den Spitzen von SPD und FDP. Nach der Rückkehr nach Bonn behielt Kohl das gewohnte Ritual für die Aufnahme der Herbstsitzung des Parlaments bei.

Am Montag, dem 30. August, tauchte er wohlgelaunt und ausgeruht am Vormittag in seinem Büro auf und bat seine engeren Mitarbeiter, den Büroleiter Horst Teltschik, den Pressesprecher Eduard Ackermann und Juliane Weber in sein Büro. Seinen Kurzvortrag krönte er mit dem Satz, er spüre, »daß sich das psychologische Umfeld« in Bonn verändert habe. Seine Analyse enthielt keinen Hinweis darauf, daß er dem Ziel, auf das er ein halbes Leben lang hinarbeitete, sehr nahe gekommen war. Vielmehr überwogen nüchterne und einfache Verhaltensanweisungen an die Mitarbeiter. Er schärfte ihnen ein, sich zurückzuhalten, niemandem den Eindruck zu vermitteln, die Union dränge auf den Wechsel oder treibe ihn gar voran, und sie sollten »business as usual« betreiben.[1]

Außer den allgemeinen Bemerkungen enthielt der Vortrag keine konkreten Details. Da Kohl sie nicht nennen wollte, mochte Teltschik nicht nach ihnen fragen. Jeder in der Runde hatte seine Quellen, die in

**Urlaub vor der Kanzlerschaft. Helmut Kohl im Sommer 1982
mit seinen Söhnen am Wolfgangsee in St. Gilgen.**

diesen Tagen reichlich sprudelten. Überdies kannten sie ihn gut genug,
um seine Gedanken zu erraten. Außerdem waren den engeren Mitarbeitern die vertraulichen Treffen des Chefs mit den freidemokrati-
schen Gesprächspartnern vor der Sommerpause nicht verborgen geblieben. Aus ihrer Sicht nahmen sie gelegentlich komische Züge an.
Immer, wenn er zu ihnen sagte: »Ich lade euch heute abend zum Essen
ein. Geht auf meine Kosten in ein schönes Lokal«, wußten sie, wo er
hinging. Zu seinen Ansprechpartnern gehörten Hans-Dietrich Genscher, Otto Graf Lambsdorff, Josef Ertl und Walter Scheel, mit dem er
während der sozialliberalen Koalition den Kontakt aufrechterhalten
hatte – wie sich jetzt herausstellte, zu seinem Vorteil. Auch der FDP-
Ehrenvorsitzende und Altbundespräsident hatte eine Kehrtwendung
unternommen und unterstützte jetzt den Wechsel.

Solche Begegnungen notierte er nicht einmal in seinen Terminkalender, in den er sonst alle Termine korrekt eintrug. Das führte dazu, daß er die Zeiten verwechselte. Einmal war er bei Scheel in Köln verabredet, kam aber einen Tag zu früh und traf nur dessen Stiefsohn. Diese Gespräche ergaben in der Sache nicht viel Neues, sie dienten mehr der Kontaktpflege.

Ferner berichtet Ackermann, sie hätten nach der Wiederaufnahme der Arbeit auf Geheiß Kohls die »Klimaforschung« fortgesetzt. Der Chef habe ihm empfohlen, sich »alles genau anzuhören, was die Presseleute zu sagen« gehabt hätten, aber »nichts über seine möglichen Aktivitäten auszuplaudern«. Denn »gerade in der für die Freien Demokraten schwierigen Phase wollte er nicht den Eindruck erwecken, »daß er die FDP besonders bedränge«, resümiert Ackermann.[2] Auf einer Parteiveranstaltung in Krefeld erklärte er lediglich, jetzt liege es an der FDP, sich zu entscheiden, die CDU/CSU sei zur Übernahme der Regierung bereit.

In der ersten Sitzung des CDU-Präsidiums nach dem Ende der Ferien Anfang September 1982 bestand er darauf, die Beratung geschäftsmäßig ablaufen zu lassen, obwohl die Anwesenden gern Genaueres über seine Pläne für die Übernahme der Regierung gehört hätten. Das Gremium beschäftigte sich mit dem Bundeshaushalt 1983, eine dürre Materie, die er dadurch zusätzlich austrocknete, daß er ihnen einen Vortrag über das Finanzgebaren der Opposition hielt. Der Vortrag basierte auf einer Ausarbeitung aus der rheinland-pfälzischen Landesvertretung in Bonn.

Die Vertretung war in Kohls Mainzer Amtszeit personell erheblich aufgestockt worden. Kohl plazierte darin einen seiner Vertrauten, Wolfgang Bergsdorf, im Amt des Pressesprechers als Horchposten. Daneben baute er unter der Leitung eines erfahrenen Verwaltungsjuristen eine Abteilung auf, die ihm die Vorlagen lieferte, die er benötigte. Nach seinem Wechsel nach Bonn baute er den Apparat weiter aus, da er sich auf das Urteil der Experten aus der Fraktion nicht verlassen mochte.

In dem Papier wurde empfohlen, den Haushalt nicht am Stück abzulehnen, da er über den Bundesrat nicht einmal mit der absoluten Mehrheit, über die CDU und CSU verfügten, verhindert, sondern sein Inkrafttreten allenfalls verzögert werden konnte. Auch gab es Ressorts wie das Auswärtige Amt, das Verteidigungsministerium oder einige kleinere Häuser, gegen die die Opposition keine begründeten Einwände ins Feld zu führen hatte. Daher riet Kohl den CDU-Ministerpräsidenten, die eingeladen waren, solche Bereiche des Etats zurückzuweisen, bei denen sie argumentieren konnten, sie beträfen die Bundesländer und könnten ohne ihre Zustimmung nicht wirksam werden. Schließlich beschloß die CDU-Führung, eine Verfassungsklage einzureichen, da die Neuverschuldung des Bundes entgegen den Bestimmungen des Grundgesetzes die Summe der Investitionen überstieg. Damit legte sie, wie sich herausstellen sollte, eine Fußangel aus, in der sie sich verfing, da sie es später genauso hielt.

Am Tag nach seiner Rückkehr aus dem Urlaub traf sich Kohl mit Franz Josef Strauß in München. Zusammen fuhren sie nach Kiefersfelden, wo sie gemeinsam wanderten. Strauß bestätigte später lediglich, daß der Fußmarsch stattfand und in einem »heftigen Gewitterregen« endete und daß Kohl auf der Rückfahrt zu ihm den Satz sagte: »Man muß jetzt jeden Tag mit dem Ende der Regierung Schmidt rechnen.«[3] Damit beeindruckte er den bayerischen Ministerpräsidenten nicht. Strauß ging eine andere Überlegung durch den Kopf, und zwar, ob er einer Regierung Kohl angehören könne oder angehören wolle. Daß der »Männerfreund« für den Fall Bundeskanzler werden sollte, daß sich der Wechsel innerhalb der Legislaturperiode vollzog, war zwischen ihnen seit der Niederlage des CSU-Vorsitzenden bei der Bundestagswahl 1980 unbestritten. Strauß hatte sich öffentlich festgelegt. Insoweit brauchte Kohl von ihm für einen überschaubaren Zeitraum keine Querschüsse zu erwarten.

Obwohl sie die Kabinettsliste in ihren Spitzenpositionen festgelegt hatten, kamen sie noch einmal auf sie zu sprechen, da Kohl beabsichtigte, sich die Verabredung aus der Zeit vor der Sommerpause bestätigen zu lassen. Später behauptete er, der Wanderfreund habe ihm zugesichert, auf den Anspruch auf einen Kabinettsposten zu verzichten, jedenfalls für die nächste Zeit. Strauß stritt das ab. Diese Spaziergänge zu zweit und ohne Zeugen außer dem Begleitschutz hatten ihre eigene Gesetzmäßigkeit. Niemand erfuhr genau, was bei ihnen besprochen wurde, nicht einmal die Beteiligten konnten sich auf eine übereinstimmende Erinnerung verständigen. Zimmermann berichtet, der Parteivorsitzende habe sich jedes Mal sehr aufwendig auf diese Märsche vorbereitet. Nachher habe er »Memoranden« verfaßt, da Kohl »gleich hinterher alles wieder vergaß«. Natürlich wußte er es besser: Kohl vergaß nicht, sondern er setzte seine Gabe ein, »das an sich ablaufen zu lassen, was er nicht behalten« wollte.[4]

Genscher war nach der unergiebigen Begegnung in Langenhorn nach Bonn zurückgekehrt und nahm sich vor, das Sommerloch damit zu füllen, daß er begann, den beabsichtigten Wechsel publizistisch vorzubereiten. Er lud einige Journalisten, die in der schläfrigen Hauptstadt zurückgeblieben waren, zu vertraulichen Hintergrundgesprächen mit einem kleinen Imbiß auf die Terrasse seines Hauses. Ihm standen die Journalistenzirkel jetzt noch weiter offen als bisher, zum Beispiel der »Ruderklub«, ein Kreis alteingesessener Korrespondenten, der sich nach dem Haus nannte, in dem er tagte. Kohls Mitarbeiter Eduard Ackermann berichtet, er habe Ende Juli im Bundeshausrestaurant den Leiter des Bonner Studios der ARD, Friedrich Nowottny, getroffen, der ihn um ein Gespräch unter vier Augen gebeten habe. Nowottny erzählte, Genscher habe »einige Tage zuvor« in einem »vertraulichen Gesprächskreis« mitgeteilt, »nach Lage der Dinge werde die Koalition wohl nicht mehr lange bestehen bleiben können«. Nowottny fügte die flapsige Bemerkung hinzu: »Sag dem Helmut, er soll sich darauf vorbereiten, daß er bald Kanzler werden kann.«[5] Nowottnys Kollege Manfred Schell nennt die Namen von zwei weiteren Journalisten, mit denen Genscher sprach, den des späteren CDU-Sprechers Jürgen Merschmeier und den von Jürgen Lorenz. Er habe sie »kontinuierlich unterrichtet«. Die Botschaft lautete, die »Meinungsunterschiede in der Koalition« seien so groß geworden, »daß die anstehenden Haushaltsberatungen zur ›Zäsur‹ werden könnten«. Die keineswegs überraschenden Mitteilungen verdankten ihren Wert dem Absender, der das bewirken konnte, was er ankündigte. Die Eingeweihten zogen daraus den Schluß, der FDP-Vorsitzende bereite »eine Wende« vor.[6]

Im Tagebuch vermerkte Genscher: »Im Laufe des August wuchsen meine Zweifel am Bestand der Koalition. Vor einem Kreis von Journalisten erläuterte ich am 20. August, genau ein Jahr nach dem Wendebrief, meine Einschätzung der Lage.«[7] Damit räumte er ein, daß er zu jenem Zeitpunkt den Vollzug der Wende im Visier hatte. In jenem Brief schlug er Alarm und stellte fest, »unser Land« stehe »am Scheideweg«, und es sei eine »Wende ... notwendig«. Jetzt verschickte er seine Mahnungen nicht mehr mit der Post, aber sie klangen nicht weniger dramatisch.

Der immer mißtrauische Strauß argwöhnte spätestens nach den Sommerferien 1982, Genscher und Kohl setzten eine große Intrige ins Werk, um ihn vom Zentrum der Macht fernzuhalten. Er behauptete, sie hätten sich während des Urlaubs in Berchtesgaden getroffen und vereinbart, »die Koalition Ende September oder Anfang Oktober zu beenden«. Kurz nach dem Bruch der Koalition mit der SPD brachte Strauß bei einem Gespräch in der bayerischen Landesvertretung diesen Verdacht zur Sprache, Genscher erwiderte, er habe eine solche Nachricht, wie sein Gesprächspartner, im *Stern* gelesen, nichtsdestotrotz sei sie falsch. Die letzte Begegnung in Berchtesgaden mit Kohl habe ein Jahr zuvor, im Sommer 1981, im Haus des Konsuls Bruno Schubert und seiner Frau Inge stattgefunden, wo er seine Sommerurlaube verbrachte.[8] Abgesehen davon, daß von der vermeintlichen Begegnung mehr Aufsehen gemacht wurde als sie es verdiente, hätte es selbst dann nichts bedeutet, wenn sie stattgefunden hätte. Folglich ist es plausibel, daß Genscher sagt, er habe »in den Sommermonaten 1982 ... jeden Kontakt mit Helmut Kohl gemieden«. Er habe »weder mit ihm telefoniert noch ihn gesehen«.[9]

Alle Absprachen hatten sie vor Beginn der Sommerpause getroffen, die meisten zusammen mit Strauß und Zimmermann. Aufhorchen läßt allenfalls der Hinweis auf den Zeitpunkt für den Wechsel, den Strauß nannte: Ende September oder Anfang Oktober. Offenbar war ihm klargeworden, daß Kohl und Genscher den Termin ausgesucht hatten, weil er in die letzte Phase des bayerischen Landtagswahlkampfs fiel. Am 10. Oktober 1982 wurde der neue Landtag gewählt, und der bayerische Ministerpräsident konnte es sich nicht erlauben, seine Wähler kurz vor der Wahl im Stich zu lassen. Auch Kohl wollte Strauß' Verschwörungstheorie nicht gelten lassen. Zu dem Journalisten Manfred Schell sagte er später, er sei überzeugt gewesen, »daß die Regierung Schmidt Weihnachten 1982 nicht erreichen würde«, aber detaillierte Absprachen mit dem FDP-Vorsitzenden habe es darüber nicht gegeben.[10]

Daher konnte Genscher, ohne die Wahrheit zu verletzen, aber auch ohne sie preiszugeben, behaupten, er habe erst an dem Tag, an dem er und seine drei Ministerkollegen zurückgetreten seien, also am 17. September 1982, das Schweigen gebrochen, das er bis dahin gegenüber Kohl gewahrt hatte. Nach der Rede Schmidts, mit der das Ende der Koalition besiegelt wurde, zeigte er sich zum ersten Mal seit langer Zeit mit Kohl in der Öffentlichkeit. »Im Plenarsaal ging ich auf ihn zu«, schildert er die Szene, und sagte zu ihm, »nun sei es notwendig, daß wir uns träfen und besprächen«. In Kenntnis dessen, daß ihm auch dann keiner glaubte, wenn er meinte, die Wahrheit zu offenbaren, setzt er hinzu: »Zwar werde uns keiner glauben, daß wir dies erst jetzt täten, wir aber wüßten es besser.«[11]

Helmut Schmidt, der seinen Sommerurlaub am Brahmsee verbrachte, betrachtete Genschers Andeutungen als Versuch, ihn zu provozieren. Er kehrte mit der Absicht nach Bonn zurück, die Hängepartie so oder so zu beenden. In seinem Ferienhaus am See hatte er alle Szenarien durchgespielt, die für den Herbst vorstellbar waren, und er kam stets zu demselben Ergebnis, das lautete, er könne die Kanzlerschaft Kohls nicht verhindern, allenfalls hinausschieben. Das Zerwürfnis mit der FDP war bereits zu weit gediehen, als daß der Bruch vermeidbar gewesen wäre. Es war nicht einmal möglich, den Idealfall anzustreben, den Scheel seinen journalistischen Zuhörern bei einem seiner sonntäglichen Frühschoppen in der Gästevilla des Auswärtigen Amtes auf dem Venusberg vortrug. Er sah vor, daß die beiden Partner, wenn sich ihr »Vorrat an Gemeinsamkeiten« erschöpft hatte, Hand in Hand vor ihre Parteien und die Öffentlichkeit träten und ihnen verkündeten, sie legten den Regierungsauftrag in die Hände der Wähler zurück. Da dem Ende der Koalition fast unweigerlich Neuwahlen folgten, war ihre Auflösung schon ein Bestandteil des Wahlkampfs, in dem wechselseitige Schuldzuweisungen unvermeidbar gewesen wären. Sie hätten die gespannte Atmosphäre weiter vergiftet. Der Verlust des Vertrauens der SPD und die sich ausbreitende Panik der FDP waren die beiden Faktoren, die Schmidts Überlegungen bestimmten. Der dritte Faktor in seiner Berechnung war, daß der Oppositionsführer Kohl die Macht nicht nur anstrebte, daß sie ihm auch nicht bloß in Meinungsumfragen vorgespiegelt wurde, sondern daß er sie schon besaß.

Die politische Landkarte der Bundesrepublik hatte sich in der Zeit, in der die sozialliberale Koalition regierte, schwarz gefärbt. Die Unionsparteien dominierten im Bundesrat mit 30 zu 15 Stimmen, und wenn die CDU die bevorstehende Landtagswahl in Hessen gewann, verfügte sie über die Zweidrittelmehrheit und konnte die gesamte Gesetzesarbeit der Bundesregierung blockieren. In den Ländern stellte die SPD nur noch in den Stadtstaaten Hamburg und Bremen und in Nordrhein-Westfalen und Hessen die Regierungschefs; der Stuhl Holger Börners in Hessen wackelte. Was in der Landespolitik geschah, galt auch für die Kommunalpolitik. CDU und CSU hatten in der Regierungszeit der SPD 16 rote Rathäuser gestürmt und herrschten in ehemaligen sozialdemokratisch regierten Großstädten wie Berlin, München und Frank-

furt. Alle hohen Ämter, die des Bundespräsidenten, des Bundestagspräsidenten und des Präsidenten des Bundesverfassungsgerichtes
waren in der Hand der Union. Ihr fehlte zur Vervollständigung ihrer
Macht nur noch das Kanzleramt.

Fast am Endpunkt angelangt, war Schmidt entschlossen, den Schlußpunkt so zu setzen, daß er ohne Gesichtsverlust herauskam. Nicht
in Frage kam für ihn, die Hände in den Schoß zu legen. Dann würde
die FDP den ersten besten Vorwand suchen, um die Koalition zu verlassen, und wenn er untätig verharrte, würde er seinen Gegnern einen
Grund für die Behauptung liefern, er habe hilflos zugesehen, wie sich
die Wirtschafts- zur Staatskrise ausweitete. Die Haushaltsberatungen,
die sich unmittelbar an die Sommerpause anschlossen, waren eine günstige Plattform für die FDP, die Koalition zu schwächen. Auch Schmidt
hatte seine Quellen, und entweder wußte er, wie weit die vertraulichen
Beratungen zwischen Kohl und Genscher gediehen waren, oder er
konnte es sich vorstellen. Es erschien ihm als ziemlich sicher, daß die
Koalition den Winter nicht erreichen werde. Einem derartigen Druck
konnte sie nicht widerstehen.

Aus den Informationen, die ihn aus den anderen Lagern erreichten,
ließ sich der Zeitplan ungefähr ablesen. Danach hatten Genscher und
Lambsdorff vor, bei der Schlußberatung des Bundeshaushalts im Herbst
die unüberbrückbaren Gegensätze herauszustellen, sich auf einem
Bundesparteitag im November eine Mehrheit für den Wechsel zu
beschaffen und danach mit der Union zu koalieren. Es lag nicht in
Schmidts Natur, sich hilflos zusehend demontieren zu lassen. Genauso
wenig kam für ihn ein Rücktritt in Frage, wie er ihm von Kohl nahe-
gelegt wurde, zumal deswegen nicht, weil ein solcher Schritt in der Öffentlichkeit als Eingeständnis der Schuld oder des Versagens ausgelegt
werden würde. Er wollte nicht als der Bundeskanzler dastehen, der vor
seinen Aufgaben kapitulierte. Schon gar nicht wollte er sich mit dem
sozialdemokratischen Reichskanzler Hermann Müller in der Weimarer Republik vergleichen lassen. Müller scheiterte 1930 mit katastrophalen Folgen an dem Versuch, die Arbeitslosenversicherung zu sanie-
ren, weil sich die Regierungsparteien nicht einigen konnten.

Es widerstrebte Schmidt, die Position des Bundeskanzlers kampflos zu
räumen. Er wußte, daß ein Bundeskanzler, der es darauf anlegt, die
Vorrangstellung, die ihm das Grundgesetz einräumt, entschlossen auszuspielen, notfalls auch gegen die Parteien, die ihn tragen, die »einzelnen
Züge des Spiels weitgehend bestimmen kann, wie« Lambsdorff sagt.[12]

Steht am Ende auch der Kanzlersturz, die Verfassung macht es denen, die ihn probieren, nicht leicht. Es verlangt, daß sie einen Kandidaten präsentieren, der eine Mehrheit hinter sich hat. Der Fehlschlag von Rainer Barzel 1972 zeigte, daß das Risiko eines solchen Versuchs groß war. Es blieb die Möglichkeit, die Vertrauensfrage im Parlament zu stellen. Da Schmidt damit keine guten Erfahrungen gemacht hatte, war er entschlossen, die Fehler zu vermeiden, die ihm zweimal, im Dezember 1978 wegen des Weiterbaus des »Schnellen Brüters« in Kalkar und im Februar 1982 bei einer Beschäftigungsinitiative unterlaufen waren. Mit Hilfe bloß des sozialliberalen Flügels der FDP mochte sich Schmidt nicht das Vertrauen aussprechen lassen, abgesehen davon, daß er nicht wußte, ob er im Herbst genügend Stimmen dafür zusammenbekommen würde. Das Meinungsklima war so, daß Kohl nahezu sicher sein konnte, aus allen Abstimmungen mit der Mehrheit, wenn nicht der absoluten Mehrheit, hervorzugehen. Schmidt blieb nichts übrig, als einen geeigneten Anlaß zu suchen, der es ihm erlaubte, die Minister der FDP zu entlassen, um in einem Minderheitenkabinett Neuwahlen anzustreben. Dieser Zug war geradeso riskant wie die anderen, da die Opposition mitspielen mußte. Aber er versprach, den Regierungsauftrag so, wie es Schmidts Regierungssprecher Klaus Bölling ausdrückte, »auf gehörige, ordentlich-sozialdemokratische Weise« zu beenden.

Es mag sein, daß Schmidt auf das hohe Ansehen setzte, das er zu dieser Zeit genoß, und darauf hoffte, Strauß und Kohl würden sich über die Kanzlerkandidatur zerstreiten und er könne als Kanzlerkandidat seiner Partei einen Achtungserfolg erzielen. Auf die Idee, den Bundeskanzler zu wechseln, die die CDU/CSU in ihrer Regierungszeit erprobt hatte, kam Schmidt nicht. Sich von Genscher zu trennen, fiel dem Hamburger nicht schwer. Sie fanden niemals zu einem unverkrampften Umgang miteinander. Genscher spricht vorsichtig von einer »Spätbegegnung«, womit er andeuten will, daß sie nicht die Zeit und die Gelegenheit fanden, sich miteinander vertraut zu machen. Erst als es zu spät war, fiel ihm auf, daß er sich mit Schmidt nie offen ausgesprochen hatte, am wenigsten über die Probleme, die ihnen auf den Nägeln brannten. Er verstand darunter die Schwierigkeiten, die Schmidt mit seiner Partei hatte.

Auf der anderen Seite war Genscher kein einfacher Partner. Er wirkte stets undurchsichtig oder, wie Schmidts Vertrauter Klaus Bölling ihn charakterisierte, »advokatenhaft«. Herbert Wehner nannte ihn geheimnisvoll »den mit den Ohren«. Sein Gespür für bevorstehende Veränderungen war sprichwörtlich, er höre, sagte man, das Gras wachsen, bevor es gesät sei. Zu seinen Eigenarten gehörte eine Denkart, die sich stets auf mehreren Umwegen und schwer nachvollziehbar zum Ziel bewegte. Einer seiner früheren Mitarbeiter, Wolfgang Schollwer, prägte den Satz, wo andere über vier Ecken dächten, denke Genscher über fünf. Er bewegte sich, immer argwöhnend, er könne in eine Falle tappen, gewandt zwischen seinen Gegnern und Neidern. Dabei war er ein harter Arbeiter und seinen Konkurrenten immer einen Schritt voraus. Er stand morgens früh auf, ließ sich zum Hahnenschrei von einem Amtsboten die Zeitungen ins Haus bringen, schwamm daheim zur Ertüchtigung im Pool, während er über Lautsprecher die Nachrichten und die Pressestimmen hörte, und betrat das »Haus mit den tausend Fenstern«, wie das Auswärtige Amt an der Konrad-Adenauer-Allee genannt wurde, noch ehe der Pförtner seine Loge bezog.

Aus seinen Erinnerungen geht hervor, daß er die Außenpolitik als seine Lebensaufgabe betrachtete. Die Parteipolitik kam dabei etwas zu kurz, sowohl in der Retrospektive als auch in der Zeit, in der er sich ihr mehr aus Notwendigkeit denn aus Neigung widmete. Da ihm in diesen Dingen die sichere Hand fehlte, die sein Vorgänger Scheel besaß, tat er das, was Schmidt vermied, er suchte Rat bei seinen Parteifreunden. So pflegte er Entscheidungen in einer Art Schneeballsystem zu entwickeln. Dabei befragte er möglichst viele Gesprächspartner, ohne sich anmerken zu lassen, wo seine Präferenzen lagen. Ratgeber, mit denen er häufig und lange beriet, wie Wolfram Dorn, wußten nicht immer, woran sie bei ihm waren und ob er ihren Rat befolgte, waren sich allerdings sicher, daß sie sich in Fragen von Gewicht auf ihn verlassen konnten.

Im Grunde fühlte er sich den Anforderungen, die der Koalitionswechsel an ihn stellte, nicht gewachsen. Ungeeignet, sich zu den scharfen Schnitten zu entschließen, die er erforderte, den Rat der Freunde, den er sonst suchte, vermeidend, ließ er sich ständig auf Kompromisse ein, die nicht lange hielten. Dazu kam das für ihn schockierende Erlebnis, daß ihm die Anhänger das Wohlwollen entzogen. In den Popularitätslisten, die er stets angeführt hatte, fiel sein Wert. Lambsdorff, der ihn besser kennt als jeder andere seiner Kollegen, hielt ihn, ohne das direkt zu sagen, für überfordert. Er beobachtete an ihm in der Zeit der Wende, in dem ihm die Partei zu entgleiten drohte, »Zustände wirklich tiefster Verzagtheit, in denen man ihn gewaltig stabilisieren mußte«.[13] Da sein Harmoniestreben und seine Sehnsucht nach Anerkennung der Operation, die er vorhatte, im Weg standen, sah er sich gezwungen, gegen seine Natur zu handeln.

Kohl wußte, worauf er sich mit Genscher einließ. Er würde ein schwieriger Koalitionspartner sein, aber der Kanzler in spe hatte keinen anderen, mit dem er paktieren konnte. Andererseits war auch allen klar, daß Kohl in dem zukünftigen Gespann die stärkere Figur war. Die Gründe für Genschers geringe Konfliktbereitschaft lagen auch in seiner Biographie. Der Vater, Syndikus einer landwirtschaftlichen Genossenschaft im Umland von Halle, starb früh, der Sohn schloß sich eng der Mutter an, die ihm das Studium mit ihrer knappen Rente ermöglichte.

Der schweren Kindheit folgte eine noch eingeschränktere Jugend: Kurz vor Weihnachten im ersten Nachkriegsjahr 1946 erkrankte der junge Mann an einer Stirnhöhlenvereiterung, der eine Lungentuberkulose folgte, eine Krankheit, die damals schier unheilbar war. Der neunzehn Jahre alte Student der Rechtswissenschaft wurde, wie er sagt, »in einem Alter, in dem andere junge Männer ihre Zukunft planen, gezwungen, über ihr Ende nachzudenken«. Dazu kamen Konflikte mit der SED, so daß er sich 1952 entschloß, zusammen mit der Mutter in den Westen überzusiedeln. Den Entbehrungen in den Kliniken folgten diejenigen im Auffanglager in Berlin. Er landete in Bremen, und als er sich von der Krankheit genesen glaubte, brach sie wieder aus. An die fünfzehn Jahre lang wechselten Ausbildung, Arbeitsuche und der Aufenthalt in Sanatorien und Krankenhäusern einander ab. Von Existenzängsten geplagt, von Beklemmungen verfolgt, in Depression, Isolation und Vereinsamung verbrachte er die ersten dreißig Jahre seines Lebens. Im Frühjahr 1956 wechselte er von der bremischen Anwaltskanzlei, in der er tätig war, nach Bonn, wo ihn der damalige FDP-Fraktionsvorsitzende Thomas Dehler als Fraktionsangestellten mit einem bescheidenen Gehalt anstellte.

Um für die Schlußphase gerüstet zu sein, holte Schmidt seinen Freund und Vertrauten Klaus Bölling, den er zu Beginn seiner Amtszeit zum Regierungssprecher berufen und dann als Ständigen Vertreter der Bundesrepublik in die DDR geschickt hatte, nach Bonn zurück. Der Rückkehrer kannte den Grund des Rückrufs und spottete, er fühle sich als Chef eines Bestattungsunternehmens, der nur noch die Aufgabe habe, die Leiche anständig unter die Erde zu bringen – ein Bonmot, das

Friedrich Zimmermann in Umlauf brachte. In Wirklichkeit schrieb Bölling am Drehbuch des letzten Aktes mit und veröffentlichte, während der Schlußvorhang fiel, im *Spiegel* ein Tagebuch über die »Letzten 30 Tage des Bundeskanzlers Schmidt«, das Genscher empörte, weil der Autor ihn als den alleinigen Schurken hinstellte.

Danach ging alles sehr schnell. Bei der Eröffnungssitzung des Bundeskabinetts am Freitag, dem 25. August 1982, teilte Schmidt mit, daß er und Genscher sich bei ihrem Gespräch am 31. Juli gegenseitig versichert hätten, im hessischen Wahlkampf »die Arbeit der Bundesregierung und der sozialliberalen Koalition nicht zu gefährden«. Das müsse für alle gelten. Die Quintessenz seiner Rede faßte er in einem Brief zusammen, den er Genscher schickte. Darauf vereinbarten sie ein Gespräch, zu dem beide Seiten verläßliche Zeugen mitbrachten, Kanzleramtsminister Hans-Jürgen Wischnewski und Otto Graf Lambsdorff. Die Aussprache dauerte eine Stunde und ging so aus, wie es zu erwarten war, ohne greifbares Ergebnis. Zu Vertrauten bemerkte Schmidt anschließend, sie sei »inkonklusiv« (etwa: nicht aufschlußreich) gewesen.[14]

Nachdem er sich vergewissert hatte, daß er von Genscher kein Bekenntnis zur weiteren Zusammenarbeit der Koalition erwarten konnte, berief er zwei Sitzungen ein, auf denen er die Zustimmung seiner Parteifreunde und Kabinettskollegen für den Schlußakt einzuholen gedachte. Das sozialdemokratische Parteipräsidium sollte am Montag, dem 30. August, zusammenkommen, die SPD-Minister am Tag darauf. Im Präsidium stellte Hans-Jochen Vogel nüchtern fest, die Koalition sei in ihre »Schlußphase« eingetreten. Er sei in »mehreren Treffen« mit führenden Parteifreunden – Johannes Rau, Hans Koschnick und Peter von Oertzen – zu dem Ergebnis gelangt, »daß die Partei nunmehr nicht mehr allein ihre Regierungsfähigkeit, sondern auch die Oppositionsfähigkeit« zu verlieren drohe. Denn die FDP könne sie jetzt erpressen und bei »beständiger Androhung des Koalitionsbruchs« zu Entscheidungen zwingen, die ihre »Identität zerstören«, ihre »sozialpolitische Kompetenz erschüttern« und »den alternativen Gruppen weiter steigenden Zulauf« verschaffen würden. Sein Zusatzargument lautete, es sei ein Zustand eingetreten, »der dazu führte, daß sich die Partei immer mehr spaltete und sich nur noch mit sich auseinandersetzte«. Zum Ende seines Vortrags im Präsidium wandte er sich an den Hauptbetroffenen und befand, sein Ansehen beginne »Schaden zu leiden«; es könne »auf das spätere Gesamturteil über seine Kanzlerschaft ein

Schatten fallen«. Er beendete seinen Vortrag mit den Worten, seine Vorstellung vom Fortgang der Angelegenheit sei, Schmidt solle »die Sache unter seiner Federführung zu Ende bringen.«[15]

Der Parteivorsitzende Willy Brandt stand auf Vogels Seite, er machte später allerdings geltend, daß er »angesichts realer Gefahren des Auseinanderdriftens« der Partei seiner Pflicht nachgekommen sei, sich in erster Linie »um den Zusammenhalt« zu bemühen. Das bedeutet, daß er die SPD frühzeitig mit dem Gedanken vertraut machte, in die Opposition zu gehen.

Die Sozialdemokraten fühlten sich zwischen der Hoffnung, es könne noch einmal gelingen, die Koalition zu stabilisieren, und der Besorgnis, es sei dafür schon zu spät, hin- und hergerissen. Diesem gespaltenen Gemüts- und Geisteszustand entsprach die letzte Sitzung der SPD-Minister im Kanzlerbungalow. Bölling registriert, es sei die einhellige Meinung gewesen, »daß die Aussichten faktisch gleich Null« seien, »mit Genscher noch einmal einen Anfang zu machen«. Sie seien sich aber auch einig gewesen, »daß die Sozialdemokraten nicht vor der Verantwortung weglaufen dürfen«. Schmidt war inzwischen über die FDP so ergrimmt, daß er erklärte, wenn es zu »Neuwahlen« komme, sei es »besser, wenn die FDP ganz rausfällt und es zu einer absoluten Mehrheit der Union kommt«. Das war eine sonderbare Denkweise, die im Ergebnis derjenigen von Strauß glich. Da Genscher spürte, daß er zwischen zwei Antipoden geriet, die sich zum Zweck seiner Vernichtung gegen ihn verbündeten, kam er mit Lambsdorff überein, den Koalitionswechsel bis zur Zeit nach der Hessenwahl Ende September 1982 hinauszuschieben. Das gab ihm die Möglichkeit, einen kleinen Machtwechsel dem großen Rollentausch vorzuschalten. Der in Hessen beheimatete Mischnick visierte ebenfalls einen Partnertausch in Hessen an, allerdings mit dem Ziel, das Bündnis in Bonn zu stabilisieren. Er warb für eine Koalitionsaussage zugunsten des CDU-Spitzenkandidaten Alfred Dregger und begründete das mit dem überraschenden Argument, nur damit könne die FDP dessen Alleinregierung und damit die Zweidrittelmehrheit der Union im Bundesrat verhindern.

Die Widersprüche in der FDP veranlaßten Schmidt schließlich, nicht länger zu warten und die Koalition vor der hessischen Wahl platzen zu lassen. Um das zu erreichen, bediente er sich eines Vorwands, den Lambsdorff ihm lieferte. Der Wirtschaftsminister begann in den Sommermonaten 1982, mit einigen hochgestellten Mitarbeitern des Mini-

steriums in seinem Ferienhaus in der Eifel ein Wirtschaftskonzept auszuarbeiten, mit dem er den näherrückenden Wechsel argumentativ
begründen wollte. Groteskerweise bekam er den Auftrag dazu vom
Bundeskanzler. Während einer Besprechung zu dritt mit Genscher in
den ersten Septembertagen im Kanzleramt forderte Schmidt den
Grafen auf, seine divergierenden Vorstellungen, wie sich das gehöre,
nicht den Zeitungen anzuvertrauen, sondern ihm und dem Kabinett zu
unterbreiten. Darauf erwiderte Lambsdorff:»Das können Sie haben,
Herr Bundeskanzler.« Schmidt fragte zurück:»Wann?« Lambsdorff
erwiderte:»Innerhalb von vierzehn Tagen.«[16] Der Graf hielt sein
Versprechen, er schickte das Papier dem Bundeskanzler, der es am
9. September 1982 in Händen hielt und es sofort als ein»Manifest der
Sezession« und als»Anhäufung von Grausamkeiten« brandmarkte.
Kamen die wirtschaftspolitischen Leitsätze Lambsdorffs für Mischnick
zu früh, erreichten sie ihren Adressaten Schmidt gerade zur richtigen
Zeit.

Sie wurden ihm an dem Tag zugestellt, an dem er seinen jährlichen
Bericht zur Lage der Nation im Parlament erstattete. Augenblicklich
ergänzte er den Bericht mit einem koalitionspolitischen Teil, in den er
einige Passagen über das nahe Ende einflocht und im Bundestag forderte, Kohl solle das konstruktive Mißtrauensvotum anwenden;
danach solle er unverzüglich Neuwahlen herbeiführen. Die Sozialdemokraten wüßten, daß sie die Mehrheit in der sozialliberalen
Koalition, aber nicht»die des Bundestags und schon gar nicht die des
Bundesrates« stellten, stellte er fest. Wenn Kohl»eine andere Mehrheit
für eine andere Politik« finde, solle er das versuchen. Danach sagte er
den Satz, auf den viele seiner Gegner seit langem warteten:»Ich klebe
nach 13 Jahren Regierungsarbeit nicht an meinem Stuhl.« Das war die
Standardformel, mit der Bundeskanzler zu erkennen gaben, daß sie
bereit waren, den Kampf um das Kanzleramt aufzugeben. Kohl erwiderte mit einer verklausulierten Aufforderung zurückzutreten.»Ver-
schonen Sie uns bitte mit Appellen zu Wahrhaftigkeit und Klarheit«,
sagte er,»und gehen Sie endlich mit gutem Beispiel voran.«[17] Abends
erläuterte Lambsdorff im»Ruderclub« sein Wirtschaftspapier und ließ
durchblicken, daß er es in den Teilen, die für die Realisierung bestimmt
waren, nur mit der CDU/CSU, nicht mit der SPD verwirklichen könne.
Danach stellte Schmidt das Vorgeplänkel ein und entschloß sich zur
politischen Offensive. Am 16. September 1982 schloß er sich mit seinen Getreuen im Kanzleramt ein und arbeitete die letzte Rede aus, die

er als Bundeskanzler einer funktionierenden Koalitionsregierung zu halten gedachte. Davon erfuhren sowohl Mischnick, der das Verhängnis aufhalten, als auch Genscher, der es herbeiführen wollte. Beide riefen am Vorabend des Bruchs im Kanzleramt an, wurden aber von Wischnewski abgeblockt. Bölling berichtet,»Ben Wisch« habe sich »nicht in Plauderstimmung« gezeigt. Mischnick versuchte es mehrmals an diesem Abend, immer erfolglos.

Zur gleichen Zeit versammelten sich 17 Abgeordnete der »sozialliberalen Gruppe« mit Hansheinrich Schmidt (Kempten), Hildegard Hamm-Brücher, Gerhart Baum und anderen in der Parlamentarischen Gesellschaft. Auch zwischen ihnen und dem Kanzleramt nahebei wechselte ein Emissär, auch er vermittelte ergebnislos. Schmidt zeigte keine Neigung, mit einer Gruppe versprengter Abgeordneter aus einer Koalition, die beendet war, seine Kanzlerschaft um ein weniges zu verlängern.

Am nächsten Tag, Freitag, dem 17. September 1982, wurde Graf Lambsdorff, der gerade mit einer birmanischen Handelsdelegation im Hotel Steigenberger frühstückte, zum Bundeskanzler gerufen. Er war davon nicht überrascht, nach den Auseinandersetzungen, die sie ausgetragen hatten, eher erstaunt, daß Schmidt ihn freundlich, fast liebenswürdig empfing. Zwar sagte der Kanzler es nicht direkt, aber am Ende des Gesprächs wußte Lambsdorff, daß »es mit der Koalition zu Ende geht, daß Schmidt für sich die Entscheidung getroffen hatte, die FDP-Minister zu entlassen« und daß er »das Ende herbeiführen wollte«.[18]

Über diese Nachricht war Lambsdorff, der lange auf sie gewartet und einiges dazu beigetragen hatte, daß sie erfolgte, außerordentlich erfreut. Erleichtert fuhr er die wenigen Meter vom Bundeskanzleramt zum Bundeshaus und steuerte den Fraktionssaal an, in dem sich die Fraktion versammelte, um die Plenarsitzung vorzubereiten, die auf der Tagesordnung stand. Genscher, der ebenfalls von der Entlassung nichts wußte, reagierte blitzschnell, als er von Lambsdorff von ihr hörte. »Wir sollten um ein Gespräch mit Schmidt bitten«, wandte er sich an Mischnick.»Ich werde meinen Rücktritt erklären. Es ist Zeit zu handeln.«

Im Bundeshaus herrschte zu dieser Zeit eine unbeschreibliche Verwirrung. Da die wenigsten wußten, welchen Stand das Zerwürfnis erreicht hatte, aber alle davon hörten, daß etwas Einschneidendes passiert sei, schwirrten die Vermutungen durch die Reihen derer, die herbeigeströmt waren. Genscher forderte Mischnick auf, an dem Gespräch mit Schmidt teilzunehmen. Der Fraktionschef war davon nicht erbaut, sagte dann aber zu, die beiden verloren einander im Gedränge und in der Hektik aus den Augen und strebten auf verschiedenen Wegen dem Kanzlerbüro zu, bei dem Mischnick zuerst eintraf. Plötzlich stand er dem Bundeskanzler allein gegenüber. Überstürzt fragte er, ob das stimme, was Lambsdorff berichtete, und ob das bedeute, daß er die Koalition beenden wolle. Schmidt bestätigte, der Graf habe zutreffend berichtet. Mischnick bohrte weiter:»Steht das in Ihrer Rede?« Schmidt:»Ja.« Daraufhin fragte Mischnick:»Erwarten Sie, daß die Minister der FDP zurücktreten?« Schmidt bejahte abermals. Mischnick stellte seine letzte Frage:»Wenn das nicht geschieht, werden Sie sie dann entlassen?« Schmidt antwortete zum letzten Mal:»Ja.« Damit war für Mischnick das Ende der Koalition besiegelt. Er kam zu dem Schluß, daß es keinen Sinn mehr machte, an der Koalition festzuhalten, für die er länger gekämpft hatte als irgendein anderer. Von da an betrieb auch er den Wechsel.[19]

Der Ablauf des 17. September 1982 war vorher im Kanzleramt auf die Minute festgesetzt und komponiert worden, eine großangelegte Inszenierung, mit der sich Schmidt effektvoll verabschiedete. Kurz vor zehn Uhr ging er hinüber in die Fraktion, wo die Abgeordneten der SPD auf ihn warteten. Schmidt zelebrierte den Abgang. Dieser Tag bedeute für ihn»so etwas wie einen tiefen Einschnitt in der neuesten deutschen Geschichte«. Die historische Überhöhung hinderte ihn allerdings nicht, den Abgeordneten praktische Anweisungen für ihr Verhalten mitzugeben. Hauptgegner im Wahlkampf sei nicht Lambsdorff, sondern Genscher, sie sollten nicht jubilieren, dafür sei es zu früh. Danach kündigte Brandt an, was er mit Schmidt und Wehner besprochen hatte, daß bei Neuwahlen der Ex-Kanzler die SPD in den Wahlkampf führen werde, um seine»politische Biographie« historisch»abzurunden« – eine Ankündigung, aus der nichts wurde.

Mit seiner Rede vor dem vollbesetzten Plenarsaal erklärte der Bundeskanzler eine »geschichtliche Epoche in der Entwicklung unseres demokratischen Gemeinwesens« für beendet und entließ es in eine Phase, in der»die Zukunft dieser Entfaltung ungewiß« sei. Danach entwickelte er seinen Plan, der auf so etwas wie eine Verabredung zu kontrollierten Neuwahlen hinauslief. An nichts war Kohl weniger gelegen als daran. Der Redner wußte das zu diesem Zeitpunkt schon, tat aber dennoch so, als handele es sich um einen realistischen Plan. Er hatte den Vorschlag am Abend vorher Kohl unterbreitet, der ihn rundweg ablehnte. Die Chronik der Ereignisse zeigt, daß sich Kohl in der Phase des Zerfalls der sozialliberalen Koalition geschickt verhielt. Er brachte die Geduld auf, abzuwarten, bis sich die Koalitionspartner selbst demontiert hatten. Kohls Stunde schlug, als Schmidt der FDP die Partnerschaft aufkündigte. Jetzt war er am Zug, und wie immer griff er beherzt zu. Er hatte sich auf den Zustand, der jetzt eintrat, so sorgfältig vorbereitet, daß ihn die chaotischen Verhältnisse, die um ihn her herrschten, offenkundig nicht beeindruckten. Die Gewißheit, daß am Ende der Prozedur, die jetzt begann, seine Kanzlerschaft stand, klang auch in der Rede durch, mit der er auf Schmidts Angebot antwortete.

Sie war so kurz und knapp wie die seines Vorredners lang und detailliert war, enthielt aber keinen Hinweis darauf, wie die CDU/CSU vorgehen wollte, sondern nur eine Absage an Schmidts Plan. »Wir, die CDU/CSU, gehen den von der Verfassung vorgeschriebenen Weg«, versicherte er. Über Einzelheiten schwieg er sich aus. Dafür ließ Genscher in einer Nebenbemerkung erkennen, worauf er hinauswollte. Die FDP sei bereit, dazu beizutragen, »eine handlungsfähige Regierung zu bilden«, versicherte er. Sobald diese Regierung die kurzfristigen Aufgaben erledigt habe, werde sie sich Neuwahlen stellen.

14

DIE NEUE REGIERUNG
RICHTET SICH AUF DAUER EIN

NACH DER BILDUNG des Minderheitenkabinetts am 17. September 1982 warteten Helmut Schmidt und die ihn unterstützenden Sozialdemokraten darauf, daß ihr Gegenspieler Helmut Kohl nach Ablauf einer kurzen Frist das konstruktive Mißtrauensvotum einbringen würde. In der ersten Sitzung der Minister, in der die Sozialdemokraten unter sich waren – die vakanten Ämter wurden einigen von ihnen zugeschlagen –, vermutete der Bundeskanzler, Kohl und sein neuer Partner müßten »daran interessiert sein, ihn so bald als möglich abzulösen«.[1] Davon gingen auch der CSU-Vorsitzende Franz Josef Strauß und der Landesgruppenvorsitzende Friedrich Zimmermann aus. Sie alle konnten sich ausrechnen, daß die neue Koalition zwischen CDU/CSU und FDP keine gravierenden Probleme mit der Mehrheit hatte. Von den 54 Abgeordneten der FDP waren höchstens zwei Dutzend Sozialliberale, wahrscheinlich waren es nicht mehr als die siebzehn versprengten Abgeordneten, die sich in der Parlamentarischen Gesellschaft trafen. Damit blieb dem neuen Bundeskanzler ein beträchtliches Polster, und er hätte sich ohne Zeitverzug im Bundestag der Kanzlerwahl stellen können.

Und dennoch verfuhr Kohl anders. Er stellte den Zeitplan um und entschied sich, zuerst mit den Koalitionsverhandlungen anzufangen. An deren Ende sollte das Regierungsprogramm verabschiedet und das Kabinett gebildet werden, und erst danach wollte er sich im Bundestag zum Bundeskanzler wählen lassen. Damit, daß Kohl die eigentliche Regierungsbildung vor die Kanzlerwahl legte, entkleidete er die Prozedur des Beigeschmacks von Verrat und Umsturz, der ihr seit dem mißglückten Versuch Rainer Barzels im Jahr 1972 anhaftete. Das war kein krimineller Akt und kein Anschlag auf die Republik, wie es die Demagogen darstellten, sondern ein geregelter parlamentarischer Vorgang mit allen Merkmalen der Normalität. Kohls Vorgehen glich demjenigen, mit dem alle Regierungen nach einer Bundestagswahl gebildet werden. Auch konnte bei diesem Prozedere niemand behaupten, er müsse den neuen Regierungschef blind wählen und habe keine Ahnung, wohin er ihn führen werde. Jeder Abgeordnete, der sich an der Abstimmung über den Bundeskanzler beteiligte, wußte genau, wofür er stimmte. Er hatte dann das Regierungsprogramm vor sich liegen und kannte das Kabinett.

Damit konnte Kohl zugleich den Widersachern in den eigenen Reihen entgegentreten, die sich bemühten, die Regierungsbildung als einen provisorischen Vorgang hinzustellen, der nur von begrenzter Dauer sei. Der Zeitplan erscheint im Rückblick nicht sehr originell, und dennoch machte er die Eigenart dieser Regierungsbildung aus. Es ist nicht zuviel behauptet, daß sich das Ergebnis der Regierungsbildung aufgrund ihres Ablaufs stabiler erwies, als es ihre Gegner wünschten.

Kohls Vorgehen leuchtete Hans-Dietrich Genscher und denen, die ihn unterstützten, auf Anhieb ein, da es ihrer Interessenlage entsprach. Lambsdorff sagt, der kleinere Partner sei vor der Kanzlerwahl in einer günstigeren Position als danach, da er in dieser Phase die größere Chance habe, seine Vorstellungen durchzusetzen. »Ist der Bundeskanzler gewählt, ist seine verfassungsmäßige Stellung so stark, daß sich der Kleinere nicht mehr so durchsetzen kann wie vorher.«[2]

Im vorliegenden Fall war das allerdings eine rein theoretische Maxime. Wie sich bald herausstellte, war Kohls Stellung jedenfalls vor der Wahl nicht schwächer als danach, denn die FDP hatte keinen anderen, an den sie sich hätten halten können. Auch zeigte sich Kohl bei der Ausarbeitung des Regierungsprogramms überlegen, da er sich vorher ziemlich klar darüber war, wie es aussehen sollte. Auf den wichtigsten Feldern setzte er sich durch, so daß der liberale Innen- und Rechtspolitiker Gerhart Baum klagte, die FDP habe keine wirkliche Chance, so viel liberales Gedankengut in die Verhandlungen einzubringen, als nötig gewesen wäre, ihre Identität zu wahren. In diesem Punkt befand sich allerdings Lambsdorff auf seiten Kohls. Mit jedem Abweichen vom Kurs drohte die FDP mehr in Straußens Mahlwerk zu geraten. Genscher und Lambsdorff zweifelten keinen Augenblick daran, daß es der CSU-Vorsitzende nach wie vor darauf abgesehen hatte, ihr politisch den Garaus zu machen. So konnten sie zwischen zwei Übeln wählen, von denen dasjenige, sich in Kohls Obhut zu begeben, das kleinere war, da es ihr das Überleben, wenn auch, im Sprachgebrauch Baums, unter Preisgabe ihrer Identität, sicherte.

Natürlich barg die Konzeption Kohls für die Regierungsbildung auch Risiken. So war es für den künftigen Regierungschef vorteilhaft, die Regierungsmannschaft so spät wie möglich zu benennen, da er sich bei jenen, die er nicht berief, potentielle Widersacher schuf. Solchen Nachteilen wußte aber ein geschickter Verhandler wie er aus dem Weg zu gehen. Die positiven Elemente bei sofortigen Verhandlungen überwogen schon deshalb, weil sich Strauß an ihnen. nicht beteiligen konnte. Er war zu der Zeit, zu der Schmidt die Mehrheit verlor, vollauf mit dem Wahlkampf in Bayern beschäftigt. Sie war am 10. Oktober 1982, war also in die Schlußphase eingetreten. Kohl wußte, daß der Terminkalender des CSU-Chefs bis auf die letzte Minute gefüllt war. Da blieben keine Pausen, abgesehen davon, daß der Ministerpräsident den Kopf nicht frei hatte für Bonner Angelegenheiten. Es ist kein Geheimnis, daß Kohl seine Planungen vor allem darauf abstellte, Strauß aus ihnen herauszuhalten. Da kam es ihm recht, daß der Konkurrent in Bayern aus Selbsterhaltungstrieb um jede Stimme kämpfen mußte. Mag sein, daß der Wechsel in Bonn Strauß veranlaßte, sich um so mehr in Bayern zu engagieren, um ein lokales Gegengewicht gegen eine bundesweite Entwicklung zu schaffen, die in seinen Augen verhängnisvoll zu verlaufen drohte. Ohnehin zeigten die letzten Wahlergebnisse, daß die einheimischen Wähler ihm ein allzu starkes Engagement im Bund nicht honorierten. Die Kurve der Zustimmung zur CSU war seit 1974, der Zeit ihrer größten Triumphe, rückläufig, seit seiner Kanzlerkandidatur 1980 mit zunehmender Tendenz.

So kam es, daß sich Kohl in dem Augenblick, in dem Schmidt die Zügel aus der Hand gab, zum Herren des Verfahrens aufschwingen konnte. Zwischen dem Abgesang des alten Bundeskanzlers und dem Beginn der Ära des neuen verstrichen nur einige wenige Stunden. Kaum hatte Schmidt den Taktstock niedergelegt, nahm Kohl ihn auf. Nach seiner Anweisung traten bereits am Abend nach dem Austausch der Reden die Fraktionen und Parteigremien der Union und der FDP mit dem Ziel zusammen, die Koalitionsverhandlungen einzuleiten. Der Zustimmung der CDU/CSU-Fraktion und der CDU brauchte sich Kohl nur der Form halber zu vergewissern, sie war ihm gewiß. Bei der FDP ging es etwas lebhafter zu. Die Fraktion stimmte schließlich in geheimer Wahl mit 33 gegen 18 Stimmen und einer Enthaltung (zwei Abgeordnete waren krank) dem Verfahren zu. Weniger eindrucksvoll fiel die Zustimmung zum Wechsel beim FDP-Vorstand aus. Er votierte mit der knappen Mehrheit von lediglich 18 zu 15 Stimmen bei einer Enthaltung für die Aufnahme der Koalitionsverhandlungen.

Die Zahl derjenigen, die in beiden Gremien mit Nein stimmten, entsprach etwa der Gruppe, die sich vorher als Gegner eines Koalitionswechsels zu erkennen gegeben hatte. Sie blieb während der gesamten Verhandlungen bis zur Kanzlerwahl konstant. Im Vorstand, der mehr einer Zusammenarbeit mit der SPD das Wort sprach als die Fraktion, beantragten die Unterlegenen, die vier Landesverbände von Schleswig-Holstein, Hamburg, Bremen und Berlin, einen Sonderparteitag, auf dem sie hofften, den Wechsel verhindern oder rückgängig machen zu können. Nach der Satzung betrug die Einladungsfrist drei Wochen. Damit hatte Genscher vorerst Zeit gewonnen.

Zugleich mit den Abstimmungen wurden die Mitglieder der Kommissionen benannt, die das neue Regierungsprogramm ausarbeiten sollten. Die Aufnahme der Verhandlungen wurde für Montag, den 4. Oktober 1982, festgesetzt. Die Vorgabe lautete, sich auf soviel Eckpunkte zu konzentrieren als zum Regieren nötig waren. Auch die Zusammensetzung des neuen Kabinetts sollte vereinbart werden. Es sollte keine allzu großen Schwierigkeiten bereiten. Kohl hatte die vollständige Kabinettsliste bis hinunter zu den Parlamentarischen und beamteten Staatssekretären im Kopf. Auch hatte er sie, soweit es möglich war, mit den Hauptbeteiligten abgesprochen.

Die undankbarste Aufgabe an diesem Tag fiel Friedrich Zimmermann zu. Er mußte Strauß Rede und Antwort stehen und ihm erklären, wieso er es unterlassen hatte, ihn vom bevorstehenden Rücktritt Schmidts zu unterrichten, und wieso er, Kohl und Genscher beschlossen hatten, über eine CDU/CSU-FDP-Regierung zu verhandeln, statt Schmidt, wie Strauß es wünschte, »in den Sielen sterben zu lassen, und die FDP mit ihm«. Der CSU-Landesgruppenvorsitzende spielte mit Strauß ein abgekartetes Spiel, alle wußten es, und ihm blieb nichts anderes übrig als sich zu bemühen, seinen Anteil am Zustandekommen der neuen Koalition so zu verbrämen, daß die Öffentlichkeit und die Partei ihn wahrnahmen, der CSU-Vorsitzende ihm aber daraus keinen Strick drehen konnte. Zimmermann hatte Kohl bei ihrer Beratung am Abend des 16. September 1982 klipp und klar und ohne Rücksprache mit Strauß zugesagt, »daß die CSU-Landesgruppe ein konstruktives Mißtrauensvotum mittragen« werde. Da er daran keine weiteren Forderungen knüpfte, war klar, daß er auch in allen anderen Punkten mit dem Kanzler in spe konform ging.

Zimmermann bemühte sich aus naheliegenden Gründen genauso wie Kohl, Strauß aus Bonn fernzuhalten, nur daß er es noch mehr kaschieren mußte als jener. Trat Strauß in die Regierung ein, wäre er die Leitfigur der CSU in Bonn, und es wurde fraglich, ob Zimmermann das Innenministerium bekam. Es lag nahe, daß bei der Bildung einer Koalitionsregierung vor den bayerischen Landtagswahlen im Oktober Strauß die Hände gebunden waren. Verfuhr die neue Koalition dagegen nach dem Vorschlag des CSU-Vorsitzenden und schrieb zum Jahresende Neuwahlen aus, mußte sie damit rechnen, daß Strauß das Amt des Außenministers beanspruchte. Die Interessen aller Beteiligten am Bonner Komplott waren mithin identisch, und es ging nur noch darum, auch Strauß zu überzeugen.

Am Vormittag des 17. September 1982 versuchte Zimmermann, Strauß telefonisch in der Staatskanzlei zu erreichen, landete aber beim Büroleiter Piller, der nicht wußte, wo der Chef war. Kurz danach rief er zurück und teilte mit, er sei zur Betriebsbesichtigung bei der Strumpffirma »Belinda« in seinem Schongauer Landkreis, wo er nicht ans Telefon gerufen werden konnte. Mithin kam die Verbindung erst zustande, als Strauß die Nachricht über die Medien erfahren hatte. Erst abends, als sich abzeichnete, daß nach Kohls Fahrplan und nicht nach dem von Strauß verfahren würde, flog Zimmermann nach München. Dort traf er den Vorsitzenden im Restaurant Schwarzwälder, wo er mit Generalsekretär Edmund Stoiber und einem Journalisten namens Felix Schmidt beisammensaß. Nachdem der Pressemann sein Interview beendet hatte, kam Zimmermann zu Wort. Er begründete die Tatsache, daß Kohl die FDP retten wollte, mit der Bemerkung, es sei »unmöglich«, ihr »einen Strick um den Hals zu hängen, uno acto sozusagen mit der Regierungsübernahme, und ihr zu sagen, vielen Dank, jetzt kannst du dich aufhängen«. Darüber habe es, so sagt Zimmermann, keine Differenzen mit Strauß gegeben. Der CSU-Vorsitzende habe jedenfalls keinen Einspruch angemeldet.[3]

Entweder vermied Zimmermann eine schonungslose Offenlegung der Bonner Taktik, oder er verstand Strauß nicht richtig, oder der CSU-Chef war so mit sich beschäftigt, daß er nicht sogleich reagierte. Das änderte sich am nächsten Tag. Da kam Strauß zu Ohren, daß sich Kohl und Genscher auf einen Wahltermin am 6. März 1983 geeinigt hatten, wiederum, ohne ihn zu konsultieren oder auch nur zu unterrichten. Das konsequente Vorgehen derer in Bonn muß auf Strauß wie ein groß angelegtes und raffiniert eingefädeltes Betrugsmanöver gewirkt haben. Tatsächlich hatten sich beide darauf verständigt, daß eine Bundestagswahl am 6. März 1983 für jeden von ihnen vorteilhaft war. Kohl hatte bis dahin genug Zeit, sich zu etablieren, und Genscher blieb ausreichend Gelegenheit, sich den Wählern zu empfehlen. Am Wochenende telefonierten Kohl, Strauß und Zimmermann. Sie kamen aus dieser Schaltkonferenz so uneinig heraus, wie sie in sie hineingegangen waren. Zimmermann behauptet, bei Strauß habe sich am Wochenende ein »Sinneswandel« vollzogen, der ihn veranlaßte, von ihren Vereinbarungen zur vorzeitigen Kanzlerwahl und späteren Neuwahl abzurücken. Aus den Berichten der übrigen Beteiligten geht etwas anderes hervor, nämlich daß Strauß jetzt, da er mit Kohl und Zimmermann nicht weiterkam, darauf setzte, deren Pläne zum Umbruch zum Scheitern zu bringen. Der Gegenputsch, den er übers Wochenende ausbrütete, war kühn, aber nicht sehr durchdacht. Er berief für den 27. September 1982, knapp zwei Wochen vor der Landtagswahl, den CSU-Vorstand und die CSU-Landesgruppe einschließlich Zimmermanns zu einer Sitzung ein und entwickelte vor dieser Versammlung ein neues Konzept, mit dem er dasjenige seines Parteifreundes zu durchkreuzen suchte. Er ging davon aus, daß das konstruktive Mißtrauensvotum »nicht annähernd so populär sein würde wie das Eingeständnis des Scheiterns der SPD/FDP-Koalition«.

Schmidt sollte sich vom Bundestag bescheinigen lassen, daß er keine parlamentarische Mehrheit mehr habe und den Bundespräsidenten bitten, das Parlament aufzulösen. Danach hätte es Neuwahlen gegeben, in denen die FDP eine gewisse Chance gehabt hätte, sich zu behaupten, die aber voraussichtlich zur absoluten Mehrheit geführt hätten.[4] Das heißt, Strauß schob die Spielsteine wieder an den Ausgangspunkt zurück, von dem Kohl, Genscher und Zimmermann längst abgerückt waren. Das Durcheinander im Unionslager wurde dadurch vergrößert, daß er den Beschluß des Landesvorstands, in dem es hieß, es seien Neuwahlen »bis zum Jahresende« anzustreben, mit den Worten kommentierte, er sei »nicht mehr verhandlungsfähig«. Auch Zimmermann, der einer ständigen Bewußtseinsspaltung ausgesetzt wurde, stimmte zu.

Nun sah es so aus, als sei, wie die *Süddeutsche Zeitung* schrieb, das Ende der Koalitionsverhandlungen herangekommen, ehe sie richtig in Gang kamen. Mit der »überraschenden Forderung der CSU-Führung« nach Neuwahlen bis zum Dezember seien die Bemühungen Kohls gescheitert, hieß es, sich »noch am Montag mit der FDP-Führung auf die rasche Bildung einer Koalitionsregierung zu verständigen«.[5] Nach der Meinungsbildung im CSU-Vorstand und einer kurzen Pressekonferenz in München flog Strauß mit seinem Privatflugzeug nach Bonn, der Troß folgte in der Linienmaschine. Der Pressesprecher der CSU-Landesgruppe, Norbert Schäfer, der bei allen Verhandlungen dabei war, berichtet, daß er sich wunderte, wie zäh Strauß für seinen Wahltermin im Dezember kämpfte, während es sich herumsprach, daß Kohl und die CDU-Führung auf dem 6. März 1983 beharrten. Schäfer glaubt, der CSU-Vorsitzende habe, als sie alle in Bonn landeten, »den Beschluß aus München schon kassiert« gehabt.[6]

Wahrscheinlicher ist die Annahme, daß Strauß bei den anschließenden Gesprächen mit Kohl, Genscher, Zimmermann und Mischnick seine Isolierung erkannte. Er fand keinen, der seine Auffassung teilte, auch in der Bundestagsfraktion war die Mehrheit, soweit erkennbar, auf der anderen Seite. Der Hauptadressat, Helmut Schmidt, verspürte keine Neigung, auf das seltsame Angebot des CSU-Vorsitzenden einzugehen. Klaus Bölling notierte zwar wohlgemut in seinem Tagebuch, es habe sich herausgestellt, »daß zwischen FJS und Schmidt die alte, aber sehr kritische Wertschätzung füreinander« weiter bestehe. Über verschiedene Kanäle, vor allem über Wischnewski, sondierte Strauß in den darauffolgenden Tagen, ob er Schmidt zu frühen Bundestagswahlen animieren könne. Er stellte dafür Bedingungen wie die, die Regierung solle während des Wahlkampfs den Propagandaapparat des Bundespresseamts stillegen, die Flugbereitschaft nicht in Anspruch nehmen und auf das Anbringen der Stander an den Regierungswagen verzichten. Aus Böllings Aufzeichnungen geht hervor, daß der alte Fuchs Wischnewski die frohe Botschaft freudig erwiderte und Strauß verbindlich zusicherte, der Bundeskanzler werde alle seine Forderungen erfüllen, falls es »ganz schnell zu Neuwahlen kommt, also noch 1982«. Strauß erwiderte, er habe seinen Teil schon erfüllt und sich auf »Bundestagswahlen nicht später als am 15. Dezember 1982 festgelegt«.[7]

Diese Zusicherung klingt verwunderlich angesichts der Tatsache, daß sich Strauß, als er sie gab, schon verbindlich auf Kohls Konzept hatte festlegen lassen. Vor der CDU/CSU-Bundestagsfraktion, die am Tag nach dem CSU-Beschluß in der frohen Erwartung zusammentrat, eine Neuauflage des alten Konflikts zu erleben, beanstandete Strauß zwar, daß sich Kohl für das »größere Übel« entschieden habe. Da er aber den 6. März 1983 genannt habe, werde »an diesem Termin... selbstverständlich das Mißtrauensvotum nicht scheitern«.[8]

Von da an trug Zimmermann, der den Wankelmut des Freundes

kannte, eine Abschrift des Protokolls dieser Aussagen stets bei sich. Die Vorsichtsmaßnahme kam ihm am Abend der Hessenwahl, bei der es Alfred Dregger wieder nicht schaffte, die Regierung zu stürzen, zugute. Strauß erlitt, wie Zimmermann später berichtete, einen Wutanfall, gegen den der »Ausbruch des (Vulkans) Krakatoa« ein »eher lindes Hüsteln« gewesen sei. Nun stellte er plötzlich in Abrede, daß er jemals dem Wahltermin des 6. März 1983 zugestimmt habe, und mußte sich von Zimmermann anhand des Fraktionsprotokolls eines besseren belehren lassen. Schlimm war es, gegen Strauß im Unrecht zu sein, schlimmer, gegen ihn recht zu behalten. Seit jenem Abend war Zimmermanns Beziehung zu Strauß nachhaltig gestört. Das Verhältnis zu ihm wurde, wie er registrierte, »nie mehr…, wie es war«.

Inzwischen hatten die Verhandlungsdelegationen ihre Beratungen aufgenommen. Kohls Pressesprecher Eduard Ackermann berichtet, schon nach der ersten Verhandlungsrunde habe es »keinen Zweifel mehr gegeben, daß die Koalition zustande kommen und Kohl mit Hilfe eines konstruktiven Mißtrauensvotums der neue Kanzler werden sollte«.[9] Während der Verhandlungen gab es nur eine einzige auffällige Unterbrechung, und das war die Weigerung Zimmermanns, in Anwesenheit Baums weiterzuverhandeln. Seltsamerweise war Kohl der einzige, der Verständnis für die Situation Baums zeigte. Er bat ihn zu sich und führte mit ihm unter vier Augen ein Gespräch, das Baum als »sehr fair« und als »offen und ehrlich« empfand. Jeder »habe Respekt für die Haltung des anderen entwickelt«.[10]

Die gegenseitige Toleranz half allerdings Baum nicht weiter. Nach dem Ende der Koalitionsgespräche fragte Genscher ihn im Beisein von Lambsdorff und Mischnick, ob er Justizminister werden wolle. Baum erwiderte: »Unter diesen Umständen nicht.« Mischnick kommentierte die Absage mit den Worten, er habe »keine andere Antwort erwartet«.

Später zerstreuten sich die Linksliberalen in alle Winde. Günter Verheugen trat aus der Partei aus, kandidierte 1983 für die SPD und stieg dort zum außenpolitischen Experten und zeitweiligen Bundesgeschäftsführer auf. Auch Ingrid Matthäus-Maier wechselte. Hamm-Brücher hielt eine Zeitlang mit wenig Resonanz im Bundestag aus und kehrte nach München zurück. Burkhard Hirsch ließ sich in das unpolitische Amt des Vizepräsidenten des Bundestages wählen, und Baum wurde schließlich vollends aus der Politik verdrängt. Von der liberalen Idee, die zu Beginn der sozialliberalen Koalition Pate gestanden hatte, blieb nicht viel mehr als die Erinnerung zurück.

Nachdem die Hemmnisse beseitigt und die Bremser neutralisiert worden waren, kamen die Beratungen über die Koalitionsvereinbarung überraschend schnell voran. Sie dauerten exakt fünf Tage, vom Montag, dem 20. bis zum Samstag dem 25. September. Erleichtert wurden die Beratungen dadurch, daß sie sich im wirtschaftspolitischen Teil an den Leitlinien des Lambsdorff-Papiers orientierten. Danach billigten die CDU/CSU und die FDP in getrennten Sitzungen das Programm, das sie, da sie das Wort »Not« vermeiden wollten, »Dringlichkeitsprogrammm« nannten. Am Dienstag, dem 28. September, wurde es verabschiedet. Drei Tage danach, am 1. Oktober 1982, fand das konstruktive Mißtrauensvotum statt. Kohl ließ nach Aufkündigung der SPD/FDP-Koalition zwei Wochen verstreichen, und mit der Demütigung, mit der das Hinauszögern der Abwahl verbunden war, durchkreuzte er Schmidts Absicht, sich achtungsvoll zurückzuziehen.

Der Kanzler wollte, wie Bölling es nannte, einen »Befreiungsschlag« führen, geriet aber statt dessen in eine Art unfreiwilliger Gefangenschaft. Zwei Wochen lang war er nichts anderes als ein, wie er selbstironisch bemerkte, »Bundeskanzler auf konstruktivem Abruf«. In dieser Zeit bastelte der »Ententeichbesitzer« – so nannte Schmidt den Nachfolger abschätzig – unter seinen Augen die neue Regierung. Der innere Druck, unter dem er stand, war so stark, daß Schmidt in einer Wahlversammlung auf dem Domplatz von Fulda ausrief: »Wir müssen die FDP wegharken.« Sein differenziertes Sprachgefühl ließ ihn im Stich.

Davon, daß Schmidt die SPD in den bevorstehenden Bundestagswahlkampf führen solle, war keine Rede mehr. Brandt, der das vorgeschlagen hatte, war der Sache überdrüssig geworden. »Die Lust«, schreibt er in seinen Memoiren über den Abschied vom Amt des Parteivorsitzenden im Jahr 1987, »war sehr allmählich geschwunden, vermutlich seit dem Verlust der sozialdemokratischen Regierungsverantwortung.«[11]

Die alten Kampfgefährten gingen auseinander, die Fahrt in den Abgrund hätte sich wohl nicht so rasant entwickelt, wenn nicht das Alter nicht seinen Tribut gefordert hätte. Die endlosen Reibereien, Konflikte und Auseinandersetzungen hatten an ihren Kräften gezehrt, ihre Gesundheit ruiniert.

Wehner litt an einer Demenzerkrankung, die zu seiner jahrelangen Zuckerkrankheit hinzukam, und sich von seinem Ausscheiden aus dem Bundestag 1983 bis zu seinem Tod 1990 in Verhaltensstörungen

und Gedächtnisschwund äußerte. Mischnick hatte ein starkes Asthma-
leiden, das ihn zwang, sich mehrmals im Jahr in St. Peter-Ording
zu erholen, und das dazu führte, daß er gerade in Zeiten erkrankte, in
denen seine Anwesenheit erforderlich gewesen wäre. Wehner und
Mischnick waren von den abschließenden Verhandlungen nicht mehr
informiert, geschweige denn an ihnen beteiligt. Bölling registriert, daß
Schmidt besonders betroffen war. Er begann zu fürchten, daß sein
Abgang unrühmlich, seine Zukunft ungewiß, der Dank des Vaterlandes beschränkt sein würde. Nach der Wahl Kohls am 1. Oktober
und einer stummen, knappen Gratulation per Handschlag verließ er
fast unbemerkt den Plenarsaal durch einen Hinterausgang und verirrte
sich im Präsidialbereich.

Die Ära, in der die Sozialdemokratie Geschichte schrieb, war für eine
längere Zeit als die 15 Jahre, die Wehner ihr vorhersagte, vorbei.

DER VERLAUF DER AUSSPRACHE und die Abstimmung über
das konstruktive Mißtrauensvotum im Parlament am Freitag, dem
1. Oktober 1982, war nahezu Routine. »Während der Debatten«,
notierte der Reporter der *Süddeutschen Zeitung*, Hans Ulrich Kempski,
habe »im Plenum konzentrierte Aufmerksamkeit, aber keine Spannung« geherrscht. Die Abgeordneten hätten geradesogut das Bundes-
kleingärtnergesetz lesen können, das ursprünglich auf der Tagesordnung stand.[12] Einer der wenigen Beiträge, die sich einprägten, war der
von Hildegard Hamm-Brücher. Sie faßte ihr Verständnis vom parlamentarischen Liberalismus in den Satz: »Ich finde, daß beide dies nicht
verdient haben, Helmut Schmidt, ohne Wählervotum gestürzt zu werden, und Sie, Helmut Kohl, ohne Wählervotum zur Kanzlerschaft zu
gelangen.«

Dennoch, das Ergebnis stand vorher fest, um 15.12 Uhr wurde es
bekanntgegeben. »Ein neues Kapitel in der Zeitgeschichte wird aufgeschlagen«, heißt es in Kempskis Reportage. »Das Abstimmungsergebnis liegt vor. Kohl hat die Mehrheit erreicht, hat das notwendige
Minimum um sieben Stimmen übertroffen«. Nicht viel anders als im
Plenarsaal war die Stimmung in der Lobby, den Fluren und auf den
Treppen des Bundeshauses. Sie war erwartungsvoll, aber »zum Jubeln
war niemand aufgelegt«, berichteten die Korrespondenten.[13]

Der Gewählte zeigte Spuren innerer Bewegung. Von der Familie
umgeben, von Freunden umringt, von Reportern bedrängt, verhaspelte

er sich und verkündete, dies sei »ein ganz großer Tag in der Parlamentsgeschichte«, fügte, über die Kühnheit der Selbsteinschätzung erschrocken, hinzu: »... in der Art und Weise, wie man trotz der Gegensätze miteinander gesprochen hat.« Wie sicher er war, die Abstimmung zu gewinnen, zeigte die Einladung am Abend zuvor an seine Mitarbeiter. Er nahm sie mit auf einen Ausflug ins Kloster Maria Laach und zu einem Abendessen im vornehmen Weinlokal »Brogsitter's Sanct Peter« in Walporzheim. Zur Feier am Abend des Wahltags trafen sie sich im größeren Kreis im Herrenhaus Buchholz im Vorgebirge hoch über dem Rheintal. Vor Mitternacht hob der neue Bundeskanzler die Tafel mit den Worten auf: »Leute, gehn wir schlafen, der Samstag muß uns handlungsfähig sehen.«

Am Vormittag nach dem Wahltag war die Gruppe Kohl zu einer »technischen Vorbesichtigung« im Bundeskanzleramt angemeldet. Der letzte Kanzleramtsminister Schmidts, Gerhard Konow, empfing die

Die Bundestagsdebatte über den konstruktiven Mißtrauensantrag
der CDU/CSU und FDP gegen Bundeskanzler Helmut Schmidt.
Auf der Abgeordnetenbank Helmut Kohl, rechts der parlamentarische
Geschäftsführer der CDU/CSU-Fraktion Philipp Jenninger.

neuen Hausherren und -damen am Treppenabsatz des ersten Stock-
werks, wenige Schritte vom Eingang der Kanzlerräume entfernt. Dort
angekommen, fanden der neue Bundeskanzler und sein Gefolge sowohl das Arbeitszimmer als auch das Vorzimmer leer. Schmidt hatte
alles ausräumen lassen. Der Anblick ähnelte jenem, der sich Kohl und
Juliane Weber vor Jahren beim Einzug in die Staatskanzlei in Mainz
bot. Die Leere der Räume hatte etwas Kränkendes. Der Eindruck der
leeren Räume wirkte auf die Anwesenden so verblüffend, daß sie auf
Kohls Geheiß die Besichtigung umgehend abbrachen. Er ordnete an:
»Jetzt ziehen wir um.« Ehe es sich Konow versah, war die Gruppe
schon wieder verschwunden.[14]

Der Umzug ins Kanzleramt ging hemdsärmelig und handstreichartig
vor sich. Nach der Rückkehr ins Bundeshaus alarmierte Kohl alle Mitarbeiter, Gehilfen und Familienmitglieder, die aufzutreiben waren, alle
packten mit an, Fahrer Eckart Seeber besorgte die Autos, und danach

Im Bundestag am 1. Oktober 1982.
Helmut Kohl im Gespräch mit Hans-Dietrich Genscher
und Wolfgang Mischnick.

zog der neue Bundeskanzler an der Spitze einer Möbelkarawane in sein neues Amtsgebäude ein. Der Einzug blieb unbemerkt, da Samstag war, der freie Tag der Journalisten. Abends flog die Familie ins heimische Oggersheim, und am Sonntagmorgen, es war der 3. Oktober, erschien sie zur Überraschung der Gemeindemitglieder in der Friesenheimer Kirche St. Josef. Der einheimische Pfarrer Erich Ramstetter begrüßte den hochgestellten Landsmann, der dankte in einer improvisierten Rede für die Gebete, mit denen ihn seine Mitbürger begleitet hätten, und bat sie, »dies auch weiterhin zu tun«.[15]

Für den mißglückten Empfang im Kanzleramt revanchierte sich Kohl. Er ließ sich vor der offiziellen Amtsübergabe vom Leiter der Zentralabteilung im Kanzleramt, Ernst Kern, in aller Frühe die Räume zeigen, die er noch nicht kannte, und wußte Bescheid, ehe Schmidt hinzukam. Die Fotografen waren überrascht, ihn in dem Mobiliar anzutreffen, das ihn noch am Freitag im Bundeshaus umgab.

Beim Einzug in das Amt mußte sich Kohl in die starren Regeln der deutschen Beamtenordnung fügen. Er konnte Konow in den einstweiligen Ruhestand versetzen (daß Staatsminister Wischnewski freiwillig ging, verstand sich von selbst). Damit war seine Entscheidungsfreiheit auch schon ausgeschöpft. Die sechs Abteilungsleiter bestanden darauf, in eine neue, gleichwertige Position umgesetzt zu werden, und nach dem Wechsel erschien die Mannschaft Schmidts vollzählig am Arbeitsplatz. Das Kanzleramt wies zu jener Zeit etwa 300 Stellen auf. Der Personalrat stellte sich stur. Alle Büros waren besetzt. Also mußte improvisiert werden. Der neue Abteilungsleiter für die auswärtigen Angelegenheiten, Horst Teltschik, mußte die erste Regierungserklärung des Bundeskanzlers in einer Art Besenkammer schreiben, dem Raum, in dem die Beamten des Bundesgrenzschutzes in ihren Pausen Kaffee tranken. Sein Kollege Ackermann wurde mit der Sekretärin in einem Vorzimmer von zwanzig Quadratmetern Größe untergebracht, in dem ein Schreibtisch, zwei Stühle und eine Schreibmaschine Platz hatten.

Mit seiner Kabinettsliste betrieb Kohl, obwohl sie in großen Zügen seit langem feststand, allerlei Geheimniskrämerei. Gelegentlich tat er so, als sei es ein größeres Verdienst, sie vertraulich zu behandeln, als sie zusammenzustellen. In einigen Fällen wurden die Ernennungen erst bekannt, als die Betreffenden ihre Berufungsurkunden entgegennahmen. Alles in allem waren ungefähr vierzig hohe und höchste Posten zu besetzen. Hinzu kamen die Referenten, Assistenten, Büroleiter, Chefs der Planungsstäbe, Abteilungsleiter, Pressesprecher, Sekretärinnen und Chauffeure. Da alle Ernannten aus der Fraktion kamen, mußten auch dort die Lücken gefüllt werden. In letzter Minute entschloß sich Kohl, Dregger zu seinem Nachfolger im Fraktionsvorsitz zu machen.

Der Kern des Kabinetts Kohl bestand aus Personen, die einander seit langem kannten. Das waren der Bundeskanzler, sein Außenminister und Vizekanzler Genscher, Wirtschaftsminister Lambsdorff, Innenminister Zimmermann und Finanzminister Stoltenberg. Er war eine Schlüsselfigur. In gewisser Weise hatte Kohl das Kabinett um ihn herum gruppiert. Mit ihm war er sich einig, daß alles Priorität hatte, was dem Sparen, der Konzentration auf das Wesentliche und der Minderung des Defizits diente. Es war ihnen auch klar, daß der Erfolg der christlich-liberalen Koalition vor allem davon abhing, ob es dem neuen Finanzminister gelang, das Sparziel, das er auf fünfeinhalb Milliarden Mark bezifferte, zu erreichen.

Bundeskanzler Kohl empfängt
seine Ernennungsurkunde am 1. Oktober 1982
von Bundespräsident Karl Carstens.

Dazu mußte er eine Reihe von Einschränkungen verfügen, wie die Verschiebung der Rentenerhöhung, die dem früheren Kanzler Schmidt nach der Wahl von 1980 beinahe das Amt gekostet hätte. Der neuen Regierung wurde es nachgesehen, genauso wie die Einbußen bei der Beamtenbesoldung, der Sozialhilfe und beim Kindergeld und die Einschnitte bei den Studenten, Rentnern und der staatlichen Gesundheitsvorsorge.[16]

Kohls Kabinettsliste beruhte auf einem ausgeklügelten Schema, in dem landsmannschaftliche Zugehörigkeit, Konfession und Ansprüche der Landesgruppen mehr berücksichtigt wurden als Sachverstand und politische Erfahrung. Manfred Wörner wurde, wie verabredet, Verteidigungsminister, der Generalsekretär Heiner Geißler erhielt das Familien- und Gesundheitsministerium. Eine Geste rückwirkender Versöhnung war die Ernennung von Rainer Barzel zum Innerdeutschen Minister. Wer auf der Ministerliste keinen Platz fand, wurde Parlamentarischer Staatssekretär, und wer von ihnen ins Kanzleramt und ins Auswärtige Amt kam, durfte sich Staatsminister nennen. Kohl übernahm auch die Gewohnheit der sozialliberalen Koalition, Ernennungen über Kreuz vorzunehmen, also den Ministern Parlamentarische Staatssekretäre beizugeben, die eine andere Parteifarbe hatten als sie. Genscher mußte wohl oder übel den CDU-Mann Alois Mertes in seinem Haus dulden, dafür bestand er darauf, daß der Leiter der Arbeitsgruppe Deutschlandpolitik im Bundeskanzleramt ein Diplomat war, der aus dem Auswärtigen Amt kam und nach dem Ende seiner Verpflichtung dorthin zurückkehrte. Bis auf zwei Posten waren beim Amtsantritt die Planungen abgeschlossen. Der eine war der des Justizministers, für den Genscher nach längerem Suchen den Münchener Rechtsanwalt Hans Engelhard präsentierte, der andere der des Regierungssprechers, für den Kohl nach einigen Absagen den Wirtschaftsjournalisten und früheren Mitherausgeber der *Zeit* in Hamburg, Diether Stolze, engagierte. Kurioserweise kam er von dem Blatt, das sich wie kein anderes der Wende widersetzte.

Bemerkenswert an Kohls Kabinettsbildung war die Tatsache, daß der neue Chef lediglich die Personen auswechselte, nicht aber die Struktur des Kabinetts änderte. Er behielt ohne Ausnahme die Ministerien so bei, wie er sie vorfand. Das war um so erstaunlicher, als die Regierung bei den untergeordneten Ressorts (die klassischen Ministerien waren unantastbar) ziemlich willkürlich zusammengewürfelt war. Daß Kohl darauf verzichtete, den größten Personalwechsel in der Geschichte der Republik nach seinen Vorstellungen zu formen, bestärkte die alten Vorurteile, er sei unfähig, in Strukturen zu denken, habe einen Mangel an bürokratischer Phantasie und interessiere sich nicht für Sachen, sondern nur für Personen. Einige dieser Vorwürfe trafen zu, andere wurden dadurch widerlegt, daß sich Kohl bei der Regierungsbildung von der Überlegung leiten ließ, der Wechsel verursache so viel Unruhe, daß er ihn nicht zusätzlich mit der Veränderung der Ressorts belasten müsse. Das Vorgehen paßt zu seiner Bemühung, den Wechsel als das Normale erscheinen zu lassen und bei den Bürgern im Land den Eindruck zu vermeiden, ein politischer Umbruch habe stattgefunden. Der Wind der Veränderung wehte scharf genug.

Bundespräsident Karl Carstens mit der neuen CDU/FDP-Regierung.
Vorne v.l. Zimmermann, Genscher, Carstens, Kohl, Wilms, Barzel, Blüm, Stoltenberg, dahinter v.l. Engelhard, Wörner, Dollinger, Warnke, Lambsdorff, Geißler, Schneider, Ertl, Riesenhuber, Schwarz-Schilling.

Eine Anekdote am Rande war es Bölling wert, im Tagebuch notiert zu werden, und auf diese Weise hat die Nachwelt von ihr erfahren. Genscher wollte, daß seine Ernennungsurkunde das gleiche Datum trug wie diejenige Kohls. Da die alten Minister am Freitag entlassen und erst am Montag ernannt wurden, entstand eine Vakanz von drei Tagen. Er ließ seine Beziehungen zur Bundesdruckerei spielen in der Absicht, sich dort ein Dokument außer der Reihe zu beschaffen. Der Druckauftrag lief über den Kanzleramtschef Konow, der ihn stoppte.

DA SICH KOHL UND GENSCHER in dem Wunsch begegneten, in der Außenpolitik so rasch wie möglich Fuß zu fassen, verständigten sie sich darauf, zuerst den französischen Nachbarn zu besuchen. Das Vorhaben war vor dem Regierungswechsel beschlossen worden. Als das Auswärtige Amt den Termin konkretisieren wollte, stellte sich heraus, daß Präsident François Mitterrand nur am Abend der Amtsübernahme Kohls Zeit für die deutschen Gäste hatte; danach ging er auf Reisen. Kohl war es recht, da ihm besonders an der Geste, der symbolischen Botschaft und der Demonstration des guten Willens lag. Dem Außenminister paßte die frühe Verabredung ebenfalls, ein kurzes Gespräch mit seinem französischen Kollegen Claude Cheysson an Ort und Stelle lohnte sich mehr als ein umfänglicher Austausch von Papieren. Für eine detaillierte Erörterung dessen, was die Beziehungen der beiden Nachbarn substantiell berührte, war es ohnehin zu früh. Das Arbeitspapier, das im Auswärtigen Amt ausgearbeitet wurde, kam daher über Allgemeinplätze nicht hinaus.[17]

Der einzige Punkt, um den sich der Gastgeber sorgte, war eine Bemerkung von Helmut Schmidt in den Vereinigten Staaten, in die Abrüstungsverhandlungen könne die Force de Frappe, die französische Atomstreitmacht, einbezogen werden. Kohl und Genscher kamen noch vor ihrem Kurzbesuch in Paris überein, diese Forderung fallenzulassen. Daß die neue deutsche Regierung so unverrückbar am NATO-Doppelbeschluß festhielt wie der vorige Bundeskanzler, und auch imstande war, ihn durchzusetzen, daran konnte Mitterrand nicht zweifeln. Und die neuen Herren der deutschen Außenpolitik waren erfreut, in ihm einen Präsidenten zu finden, der wie sie diesen Beschluß guthieß, obwohl ihn seine sozialdemokratischen Freunde in Bonn ablehnten.

Für Kohl war der Wechsel im Amt des Staatspräsidenten in Frankreich vor einem Jahr insofern vorteilhaft, als er mit dem neuen Präsidenten besser zurechtkam als mit dessen Vorgänger Giscard d'Estaing, der außerordentlich gute Beziehungen zu Helmut Schmidt hatte. Auch gefiel dem neuen Regierungschef die Vorliebe Mitterrands für protokollarische Akzente, so wie der frühere Kanzler die schmucklosen Arbeitsessen mit Giscard d'Estaing bevorzugte. So bestellte der Gastgeber die Gäste aus Bonn in den Festsaal des Elysee-Palastes, wo er sie inmitten von Marmor, Stuck und Kronleuchtern empfing. Trotz der Kürze des Besuchs waren Reden erwünscht. Kohl holte, beeindruckt von der Umgebung, bewegt von der Würde und der Feierlichkeit des Augenblicks, weit aus, sprach über Historisches und ließ Erinnerungen an seine Jugendzeit aufleben. Er fühlte sich ermutigt, dem Staatspräsidenten zu erläutern, daß er einem von den unseligen Verwerfungen der neueren deutschen Geschichte unbelasteten Politiker gegenüberstand. »Ich bin«, versicherte er, »der erste Regierungschef, der aus der politischen Nachkriegsgeneration kommt. Ich war bei Kriegsende fünfzehn Jahre, zu jung, um in Schuld und Sühne verstrickt zu sein.« Es war der gleiche Satz, mit dem er zwei Jahre später in Israel Anstoß erregte. In der anderen Umgebung des Elysee und der unbekümmerten Atmosphäre des Antrittsbesuchs fiel er den Anwesenden nicht auf. Nur der Korrespondent der konservativen *Neuen Presse* aus Frankfurt, Lutz Hermann, notierte den Vorgang; er war sich auch der Brisanz des Satzes bewußt. Solche Töne seien »von keinem deutschen Kanzler im Pariser Präsidialamt je gehört worden«, schrieb er.[18]

Andere Bundeskanzler hatten sich in ähnlichem Sinn geäußert wie Kohl. Verglichen mit dem wohlbedachten Umgang Willy Brandts mit der Geschichte, wirkte Kohls Beschäftigung mit der Nazi-Vergangenheit holzschnittartig. Brandt schreibt in seinen Memoiren, mit seiner Wahl zum Bundeskanzler 1969 habe Adolf Hitler »endgültig den Krieg verloren«. Er werde sich »als der Kanzler nicht mehr des besiegten, sondern eines befreiten Deutschland« betrachten. Allerdings war Brandt klug genug, solche Gedanken bei sich zu behalten.[19] Für derartige Feinheiten hatte Kohl kein Gespür. Der ausgewogene Duktus war nicht seine Sache, und es sollte lange Zeit dauern, bis er lernte, seine Zunge zu hüten. Hinzu kam, daß er einen anderen Zugang zur Geschichte hatte als die meisten seiner Kollegen, mit denen er es von jetzt an zu tun hatte. Für ihn war Historie das, was er anschauen, anfassen, begreifen konnte, das, was aus Erfahrungen zu lernen war. Bei Kohl waren alle Bilder plastisch, deftig, ichbezogen, bei Genscher reihten sich Ereignisse in monotoner Folge aneinander. Die Passage, die

Genscher über den ersten Auslandsbesuch mit dem neuen Bundeskanzler in seinen Erinnerungen wiedergibt, lautet trocken: »Wir flogen um 19 Uhr nach Paris. Im Elysee nahmen wir ein Abendessen im kleinen Kreis ein, zu dem Mitterrand, der Bundeskanzler, die beiden Außenminister, je ein Beamter und die Botschafter gehörten. In dem Gespräch, das wir während des Essens führten, legte der Bundeskanzler dar, welchen Wert er den deutsch-französischen Beziehungen beimesse.« Den Auftritt im Festsaal mit der rhetorischen Entgleisung übergeht der Autor.

Von Paris flog Genscher »kurz nach Mitternacht« zur Vollversammlung der Vereinten Nationen nach New York. Seinen Bemerkungen ist zu entnehmen, daß es ihn kränkte, nicht gleich zu Beginn der Beratungen in der Woche vorher, so wie er es stets als Außenminister gehalten hatte, bei der UNO präsent gewesen zu sein, mehr noch, daß Schmidt den kommissarischen Außenminister seiner Minderheitsregierung, Hans-Jürgen Wischnewski, nach New York entsandt hatte, der für die Bundesrepublik sprach. Genscher verzichtete auf eine eigene Rede und zog noch Gewinn aus der Situation. Im Verzicht habe er »geradezu eine Bestätigung der Kontinuität unserer Außenpolitik« gesehen.[20]

Die neue Regierungsspitze hatte es eilig, sich auf dem diplomatischen Parkett bekannt zu machen. Kohl flog von Paris nach Brüssel, wo er in den Räumen des Europaparlaments an einer Vorstandssitzung der Europäischen Volkspartei, der Dachorganisation der christlichen und konservativen Parteien Europas, teilnahm. »Wenn wir in diesem Jahrzehnt nicht einen entscheidenden Fortschritt in Europa machen, werden wir die Chance unserer Generation versäumt haben«, sagte er. Den Ausspruch Bismarcks auf den Lippen, Außenpolitik bestimme »das Schicksal einer Nation«, demonstrierte der neue Bundeskanzler bei jeder sich bietenden Gelegenheit, daß er im Kabinett die außenpolitische Kompetenz beanspruchte. Die nächste Reise führte ihn wenige Tage später nach London, wo er sich drei Stunden lang mit Margaret Thatcher unterhielt. Als Mitte November der sowjetische Staats- und Regierungschef Leonid Breschnew starb, gelang es Kohl, den Wunsch, die Regierungschefs sollten zur Beisetzung nach Moskau reisen, abzuwehren. Statt dessen flogen der Bundespräsident und der Bundesaußenminister, und Genscher mußte darauf verzichten, den Bundeskanzler nach Amerika zu begleiten. Kohl strich die Lorbeeren alleine ein.

Für Genscher erwies es sich jetzt als nachteilig, daß die Außenpolitik niemals in den Koalitionsverhandlungen beraten wurde, nicht einmal – oder schon gar nicht – zu dritt zwischen Kohl, Genscher und Strauß. Dieser Geburtsfehler der mangelhaften Abstimmung und Beteiligung ließ sich nach der Regierungsbildung nicht mehr korrigieren. Kohl milderte die Kränkung, die darin für Genscher lag, ab, indem er ihn häufig informell ins Gespräch zog. »Die Außenpolitik im Kabinett Kohl/Genscher«, schreibt der letztere, »wurde im Grunde zwischen Helmut Kohl und mir teils am Telefon, teils im direkten Gespräch abgesprochen.«

Sie hätten sich gelegentlich im Kanzlerbungalow getroffen, manchmal habe Kohl auch in seinem Haus in Pech nahe Bonn vorbeigeschaut. Hin und wieder habe er am nächsten Tag ein Gedächtnisprotokoll diktiert, das er dem Kanzler zukommen ließ, bei anderen Gelegenheiten habe er dem Leiter seines Ministerbüros schriftliche Aufzeichnungen mitgegeben. Das Verfahren hatte den Nachteil, daß die außenpolitischen Vorgänge nicht transparent waren und nicht überprüft werden konnte, wie sie entstanden. Da auf der höheren Ebene niemand außer ihnen eingeweiht war, fühlten sich die Außenpolitiker von CDU/CSU und FDP übergangen. Das Ergebnis war, daß die außenpolitische Diskussion versandete und die Behandlung dieses Gebiets in der Partei und der Fraktion verkümmerte.

Kohl und Genscher waren sich einig, den immerzu unzufriedenen bayerischen Ministerpräsidenten, so weit das möglich war, aus der Bundespolitik herauszuhalten. In diesem Bemühen trafen sie sich mit den Bonner Parteifreunden des CSU-Vorsitzenden, die in Bonn lieber schalteten und walteten, wie es ihnen beliebte, und es gab Differenzen, über die mit ihm zu streiten nicht lohnte. Einer der Punkte war die Südafrikapolitik, in der er für die Apartheid und gegen die Forderung von »one man one vote« war. Genscher riskierte den Konflikt, Kohl zog es vor, sich zurückzuhalten.

15

CARSTENS SPERRT SICH
GEGEN NEUWAHLEN

AUCH VON ANDERER SEITE drohte neues Ungemach. Die Opposition, die nach der glatten Amtseinsetzung Kohls wie gelähmt war, erholte sich von ihrem Schock und sammelte ihre Kräfte in dem Bestreben, die noch unsichere Koalition ins Wanken zu bringen. Schon der erste Besuch Kohls beim Bundesrat in der ersten Woche nach der Wahl geriet zur Kraftprobe. Der Bundeskanzler beeilte sich, wie er vor den Ministerpräsidenten erklärte, dieses Verfassungsorgan zum einen aufzusuchen, weil er ihm viele Jahre angehört hatte und viele seiner Vertreter, die vor ihm saßen, kannte. Zum anderen wollte er sich ihm aus dem gleichen Grund so früh vorstellen, aus dem er einen seiner Staatsminister, Friedrich Vogel, beauftragte, sich speziell um ihn zu kümmern: um ein »deutliches Zeichen« seiner Gesinnung zu setzen und um zu verdeutlichen, wie hoch er »die Arbeit des Bundesrates einschätze«. Das gelte ungeachtet dessen, daß im Bundesrat die von CDU und CSU regierten Länder in der Überzahl waren, so daß es in beiden Häusern »übereinstimmende Mehrheiten« gab. Allerdings wußte Kohl, daß dieser Zustand, der die Gesetzgebung erheblich erleichterte, nicht lange anhalten würde. Sein Eifer, den Bundesrat zu umwerben, ließ mit der Zeit nach.

Einen Vorgeschmack auf die parlamentarischen Auseinandersetzungen lieferte die Aussprache. Der Bremer Bürgermeister Hans Koschnick, der Kohl als amtierender Präsident herzlich begrüßte, wechselte zu seiner Länderbank und zerpflückte die Vereinbarungen, mit denen CDU/CSU und FDP ihre Zusammenarbeit begründeten, mit so scharfen Worten, wie er vorher den Gast dafür gelobt hatte, daß er so früh zur Länderkammer kam. Er leitete seine Kritik mit der Bemerkung ein, bei den Haushaltsabsprachen handele es »sich schwerlich um den großen Durchbruch zu neuen Ufern, sondern eher um den berühmten Pferdewechsel mitten im Fluß«. Sodann rechnete er den unionsregierten Ländern vor, sie hätten wenige Monate vorher Regelungen abgelehnt, denen sie jetzt zustimmen wollten, mehr noch, sie hätten besser durch-

dachte, wirkungsvollere und sozial gerechtere Vorschläge niederge-
stimmt, als sie jetzt befürworteten. Dazu zählte er vor allem die beabsichtigte Investitionsabgabe und zitierte das *Handelsblatt*, das sie als
ein »Monstrum« bezeichnete.

Es handelte sich dabei um eine Art »Zwangsabgabe« für Besser-
verdienende, von der die Regierung zu diesem Zeitpunkt versprach, sie
werde zurückgezahlt, ein Versprechen, das sie kurz vor der Neuwahl
am 3. März des folgenden Jahres zurücknahm. Koschnick bemängelte,
daß die christlich-liberale Koalition beim Kindergeld Sparpläne vorgelegt habe, die die CDU/CSU im Dezember vorigen Jahres, als die SPD
sie einbrachte, niedergeschmettert habe. Damals habe sie die Vorstellungen der sozialliberalen Koalition »unsozial« genannt, jetzt wolle sie
noch stärker kürzen. Unsinnig sei auch, das Wohngeld für Bedürftige
zusammenzustreichen, da damit neue Anspruchsberechtigte geschaffen würden, die den Gemeinden zur Last fielen. Der Redner ärgerte
sich sichtlich, daß der Koalition selbst mit undurchdachten Konzep-
tionen gelang, was seiner Partei mit besseren Vorschlägen mißglückt
war. Er schloß unwillig, er könne nicht einsehen, »weshalb der neue
Wein in alten Schläuchen so viel besser schmeckt als der zuvor ver-
schmähte«.

Mit seinem nächsten öffentlichen Auftritt, der Regierungserklärung,
tat sich Kohl ebenfalls schwer. Die Umstände, unter denen sie produziert wurde, waren nicht gerade ideal. Teltschik holte gemäß früherer
Übung und der Anweisung Kohls von den Ressorts die Entwürfe für
die Arbeitsbereiche ein, die in der Rede erwähnt werden sollten. Er
fand nicht alle Vorlagen gleich gelungen und brauchbar, viele wirkten
improvisiert, und er hielt es für nötig, den Text, der ihm aus dem
Auswärtigen Amt zugestellt wurde, stark zu überarbeiten. Der außenpolitische Teil war das schwächste Glied der Erklärung. Das lag einmal
daran, daß Kohl der Innenpolitik Priorität einräumte, da er hier die
Akzente am meisten verschob, zum anderen blieben weite Bereiche in
der Koalition ungeklärt. Bemerkungen wie, die Bundesregierung »stehe
uneingeschränkt zum Doppelbeschluß der NATO«, strebe andererseits
auch das Ziel an, »Frieden (zu) schaffen mit immer weniger Waffen«,
da dies die »Aufgabe unserer Zeit« sei, gehörten zum bekannten und
inzwischen fast schon abgenutzten Repertoire des Bundeskanzlers.[1]

Gemessen an den Umständen, unter denen sie entstand, und daran,
daß er sich mit dem Verfassen und Verlesen solcher Reden schwertat,
war die Regierungserklärung vom 14. Oktober 1982 nicht die schlech-

teste seiner Antrittsreden. Dafür, daß die historischen Bezüge stimmten, sorgten die renommierten Professoren Werner Weidenfeld und Michael Stürmer. Mit der Erklärung setzte der neue Bundeskanzler nicht zu den rhetorischen Höhenflügen an, die das Publikum von seinem Vorgänger Helmut Schmidt gewöhnt war, er maßte sich aber auch nicht an, diese Fähigkeit zu besitzen. In der Einleitung fanden sich Anklänge an seine erste Regierungserklärung vor dem rheinland-pfälzischen Landtag aus dem Jahr 1969, nur daß sie jetzt nach so vielen Jahren und da er der Feuerkopf nicht mehr war, als der er sich damals präsentiert hatte, etwas blaß wirkten, eben so, als habe er von sich abgeschrieben. Es fanden sich Elemente wie, »junge Menschen« hätten einen »Anspruch auf Verständnis«, aber sie hätten auch einen »Anspruch auf Widerspruch«. Der neue Regierungschef versprach, den Staat »auf seine ursprünglichen und wirklichen Aufgaben zurückzuführen, zugleich aber dafür zu sorgen, daß er diese zuverlässig erfüllen kann«. Die Redenschreiber hatten ebenfalls Anleihen bei John F. Kennedy gemacht. »Die Frage der Zukunft« sei nicht, »wieviel mehr der Staat für seine Bürger« tun könne, sondern, »wie sich Freiheit, Dynamik und Selbstverantwortung« frei entfalten könnten.

Um seine Zuhörer auf das große Werk, das vor der Regierung lag, einzustimmen, begann die Erklärung mit einer düsteren Zustandsbeschreibung. Mit den Worten, die »Koalition der Mitte« beginne ihre Arbeit »in der schwersten Wirtschaftskrise seit Bestehen der Bundesrepublik Deutschland«, verteidigte der Redner die Tatsache, daß er überhaupt im Amt des Bundeskanzlers an diesem Pult stand. Der Regierungswechsel sei »notwendig« geworden, weil sich die bisherige Regierung »als unfähig« erwiesen habe, »gemeinsam die Arbeitslosigkeit zu bekämpfen, das Netz sozialer Sicherheit zu gewährleisten und die zerrütteten Staatsfinanzen wieder in Ordnung zu bringen«.

Nach der dramatischen Einleitung ging Kohl zum sachlichen Teil der bevorstehenden Regierungsarbeit über. Fiel er hierbei auch in einen trockenen Ton und stellte die Geduld der Zuhörer mit der Aneinanderreihung von Details auf die Probe, machte er doch den Eindruck, daß er das, was er sagte, ehrlich meinte und das verschwieg, was er nicht glaubte versprechen zu dürfen. So penibel er alle »Schwerpunkte« und »Dringlichkeitsprogramme« von der »Haushaltssanierung« über die »Atempause in der Sozialpolitik« bis zur »Ausländerpolitik« mit den drei Eckpunkten »Integration der bei uns lebenden Ausländer«, Beibehaltung des »Anwerbestops« und »Erleichterung der Rückkehr«

aufzählte, bei der »Außen- und Sicherheitspolitik« ging er etwas pauschal vor. Er versprach, die »deutsch-amerikanische Zusammenarbeit zu stabilisieren, Frieden in Freiheit« zu erhalten, den »Beziehungen zur Sowjetunion ... besondere Aufmerksamkeit (zu) widmen« und »die Entwicklung in Polen mit großer Anteilnahme und Sorge« zu verfolgen.[2]

Die Rede wirkte nach der Dramatik der zurückliegenden Wochen so banal, daß sich die Kritiker, die Kohls Reden schon früher verspottet hatten, wieder zu Wort meldeten. Dieses Mal fielen die Urteile über seinen Text härter aus, da er sie im Gewand der Amtsautorität vorgetragen hatte. Bereits während er seine Rede verlas, lärmte die Opposition, die bei dem Versprechen, »unser Volk« habe ein »Recht auf Wahrheit«, in lautes Gelächter ausbrach. Die Störungen nahmen kein Ende, der Redner war aber auch gereizt. Es genügte, daß Herbert Wehner »Hört! Hört!« rief, um Kohl dazu zu bringen, ihn unter dem Johlen seiner Anhänger zu belehren, das gleiche habe er vierzehn Tage vorher schon gesagt, ohne daß Zwischenrufe erfolgt seien.

Hatten Kohl und seine Mitarbeiter keine Begeisterungsstürme in der Öffentlichkeit erwartet, waren sie doch von der Wucht des Spotts, der ihnen entgegenschlug, überrascht. Dieses Mal war es der Literaturpapst der *Zeit*, Fritz J. Raddatz, der den Chor der Spötter anführte. Er lästerte über das »Mutti-Deutsch« des Redners, das vor »peinlichsten Anleihen hoheitlicher Sprache« nicht zurückschrecke. »Nun haben wir einen Mann an der Spitze des Staates«, seufzte der Satiriker, »der selbstgewiß ist, aber nicht reflektiert; der sich seiner sicher dünkt, aber unsicher denkt; der rational zu argumentieren scheint, sich aber in den Redefiguren der Irratio bewegt.« Kohl bediene sich des Wortschatzes des »Leiters einer computergesteuerten Hühnerfarm«, und Raddatz donnerte weiter: »Diese ganze Rede stolpert von einem stumpfen Fertigbauteil der Sprache zum nächsten Versatzstück.« Das Signal, das von der Regierungserklärung Kohls ausgehe, sei ein »vernehmliches ›Vorwärts in die fünfziger Jahre‹ des Nierentischstils«. Der Kritiker schloß mit der Bemerkung, die Antwort auf diesen Sprachstil sei viele Jahre zuvor von Karl Kraus erteilt worden, der gesagt habe: »Das Niveau hat sich gehoben. Aber es ist keiner mehr druff.«[3]

Das Parteiblatt *Vorwärts* höhnte, die *Bild*-Zeitung habe »ihren Kanzler gefunden«: Jetzt sei ein Mann an der Macht, »der mit Herz und Kopf zu *Bild* paßt«. Der Autor, Günter Walter, witzelte, Kohl sei eine »wandelnde Hochdruckzelle der fröhlichen Tatkraft«. Mit seiner

Rede habe er die »Zeit der komplizierten Anspruchsformulierungen« beendet. Den Autoren führte die Wut über die Installierung einer Regierung die Feder, die sie nicht sympathisch fanden. Dem Feuilletonisten des *Spiegel*, Hellmuth Karasek, der Kohl den »sprachlosen Schwätzer« nannte, kam es vor, als habe sich mit seinem Amtsantritt »aus sämtlichen Medien Sprachbrei über die Deutschen ergossen«. Auch er untersuchte dessen Anspruch, der »Enkel Adenauers« zu sein, und kam zu dem Ergebnis, Kohl habe rhetorisch die »listige Schlichtheit« des Alten durch ein »aufgeblasenes Polit-Barock« ersetzt. »Sprachlosigkeit und Wortschwall fallen oft in eins.« Kohl gelinge es, »immer viel und nichts zugleich zu sagen«.[4]

So ließ die Opposition im Land, wie ihr der konservative Münchner Journalist Paul Pucher im *Münchener Merkur* vorhielt, »die Feuilletonisten« auf Kohl los, »um den Nachweis zu erbringen, daß mit dem CDU-Regierungschef Unkultur und Banausentum ins Kanzleramt eingezogen seien«. Pucher vermutete allerdings, die Kritiker würden sich noch wundern, daß der »pfälzische Cicero«, über den sie lachten, ihrem Spott zum Trotz noch »ein paar Jährchen im Kanzleramt zubringen werde«.[5] Damit sprach er den Anhängern Kohls aus dem Herzen, bei denen sich sein Ansehen mit der Regierungsübernahme und der Regierungserklärung festigte.

Zugleich wuchsen die Schwierigkeiten des Koalitionspartners. Es kränkte Hans-Dietrich Genscher, als der Politiker dargestellt zu werden, der mit finsteren Machenschaften den Untergang der sozialliberalen Koalition herbeigeführt und einem Christdemokraten den Weg ins Kanzleramt geebnet hatte, der seinem Vorgänger nicht das Wasser reichen konnte. In seiner Rede, die sich der des Bundeskanzlers anschloß, rechnete er ungewohnt hart und erbittert mit dem »Tagebuch« des entlassenen Regierungssprechers Klaus Bölling ab, das gerade im Vorabdruck im *Spiegel* erschien. Das Werk, räsonierte er, sei kein »Tagebuch über das Ringen um den Erhalt einer durch ihre sachlichen Widersprüche bedrohten Regierung«, sondern ein »Drehbuch der kalt kalkulierten Schuldzuweisung«.[6] Genscher war um so nervöser, als er wußte, daß die Regierung in schweres Wasser käme, wenn das eintrat, was er befürchten mußte, und er auf dem Sonderparteitag der FDP, der für den November nach Berlin einberufen worden war, vom Amt des Parteivorsitzenden abgewählt werden würde. In einem solchen Fall hätte er schwerlich Außenminister bleiben können. Ganz ausgeschlossen schien sein Sturz nicht, da ihm in dem Norddeutschen

Uwe Ronneburger ein Gegenkandidat erwuchs, der Verläßlichkeit versprach, dem aber die Kunst der Selbstdarstellung abging.

Die Ungewißheit Kohls, ob er im Herbst noch mit Genscher regieren würde, wurde dadurch verstärkt, daß die Koalition entweder gemeinsam oder getrennt alle Landtagswahlen verlor, die der Regierungsbildung folgten. Der Anteil der FDP sank in Bayern und Hamburg unter fünf Prozent. In Bayern ermöglichten es die Wähler ihrem Ministerpräsidenten Strauß, bei leichten Verlusten mit der absoluten Mehrheit weiter zu regieren, in Hamburg verlor die CDU soviel, wie die SPD gewann, neun Prozent. Damit beendeten die Sozialdemokraten das Zwischenspiel mit der grünen Stadtpartei GAL und regierten wieder allein. Willy Brandt rief die »Mehrheit links von der CDU« aus, etwas voreilig, wie sich zeigen sollte. Die Partei formierte sich in der Opposition neu. Nachdem Schmidt verzichtet hatte, nominierte sie den Berliner Oppositionsführer Hans-Jochen Vogel zum Kanzlerkandidaten, und alsbald sah die Oppositionspartei den Wahlen im Frühjahr des nächsten Jahres zuversichtlicher entgegen als die Regierungsparteien CDU und FDP.

DIE GRÖSSTE UNSICHERHEIT entstand dadurch, daß Kohl mit Genscher den Termin für die vorzeitige Bundestagswahl auf den 6. März 1983 festgelegt hatte, ohne sich um die verfassungsrechtlichen Risiken zu kümmern, die damit verbunden waren. Daß eine solche Neuwahl, der eine vorzeitige Auflösung des Bundestags vorhergehen mußte, vom Grundgesetz an sehr begrenzte Voraussetzungen gebunden ist, kümmerte Kohl im Drang der Regierungsbildung nicht. Auch nachdem ihn seine Mitarbeiter auf das Problematische eines solchen Vorhabens aufmerksam machten, weigerte er sich, die Stolpersteine, die auf dem Weg dahin lagen, zur Kenntnis zu nehmen. Er beharrte darauf, daß er die politischen Entscheidungen zu treffen habe und daß für deren Anwendung jene sorgen mußten, die dafür ausgebildet und angestellt waren. Erst sehr viel später, so berichtet Friedrich Zimmermann, der damals Innenminister war, sei ihm an der Art, in der Kohl »die Probleme beiseite wischte«, aufgegangen, »daß er die Schwierigkeiten ... nie so recht registriert hat«.[7] Zimmermann irrt. Kohl kannte die verfassungsmäßigen Hürden, die sich vor einer Auflösung des Bundestags auftürmten, sehr gut, er ignorierte sie bloß. Er ließ keine Gründe gelten, die gegen ein Vorhaben sprachen, das er für wünschenswert hielt. Die Zielstrebigkeit, mit der er auf Wahlen zusteuerte, erinnerte Zimmermann an ein Zitat von Horaz, das lautete: Hoc volo sic jubeo sit ratione voluntas (das will ich, das befehle ich). Als ihm einige seiner Mitstreiter zuredeten, die Forderung wieder fallenzulassen, nachdem sie bemerkt hatten, daß sie ohne Wahlen gut zurechtkamen oder daß es sogar vorteilhafter war, auf sie zu verzichten, stellte er sich stur. Einige meinten, nichts spreche dafür, den Bundestag vorzeitig aufzulösen. Zu ihnen gehörte der FDP-Fraktionsvorsitzende Wolfgang Mischnick, der dafür plädierte, nicht länger auf Neuwahlen zu bestehen. Er bekam dafür um so mehr Zustimmung, als die FDP in Meinungsumfragen bei etwa drei Prozent lag. Kohl beharrte auf seinem Versprechen und zeigte sich optimistisch, daß die FDP den Sprung über die Fünf-Prozenthürde schaffen werde. In seiner Rede vor dem Bundestag am 17. Dezember 1982 beschränkte er sich auf die Behauptung, der von ihm gewählte Weg zur Auflösung des Bundestags sei »überzeugend und verfassungsrechtlich einwandfrei«.[8]

Nun werden außerplanmäßige Wahlen hierzulande vom Grundgesetz so gut es geht erschwert, wenn nicht verhindert. Das deutsche Grundgesetz unterscheidet sich von der britischen Verfassung, die es dem Premierminister erlaubt, zu einem ihm genehmen Zeitpunkt innerhalb eines bestimmten Zeitraums nach eigenem Ermessen Wahlen anzusetzen. Der Parlamentarische Rat orientierte sich bei seinen Beratungen im Jahr 1948 an der Weimarer Republik, in der der Reichspräsident den Reichstag aus eigener Machtvollkommenheit auflösen konnte und davon reichlich Gebrauch gemacht hatte. Kein Reichstag erreichte planmäßig das Ende seiner Legislaturperiode, und am Ende wählten die Deutschen in immer kürzeren Abständen solange, bis die Nationalsozialisten stark genug waren, die Macht zu ergreifen.

Das Ergebnis ist ein Übermaß an Stabilität im Grundgesetz, das so weit geht, daß die Mitglieder des Bundestags aus einigen seiner Bestimmungen ein Recht darauf herleiten, die gesamte Legislaturperiode in ihm auszuharren, es sei denn, die Verfassung stehe dem entgegen. Die vier Abgeordneten, die später gegen die vorzeitige Auflösung klagten, beriefen sich denn auch darauf, daß ihr Status mit der vorzeitigen Auflösung verletzt worden sei. Schließlich erlischt mit der Auflösung ihr Mandat. Tatsächlich fällt es jenen, die aus politischen Gründen die vorzeitige Auflösung des Parlaments anstreben, mehr der praktischen Widerstände als der rechtlichen Bedenken wegen schwer, das Parlament vorzeitig nach Hause zu schicken. Denn jene, die daran mitzuwirken haben, werden gezwungen, an der Aufhebung ihres Arbeitsplatzes und dem Verlust oder der Schmälerung ihrer Diäten, Bezüge und Pensionsansprüche mitzuwirken. Daß die Spitzenpolitiker etwas herzhafter an die Neuwahl herangingen, als die Hinterbänkler ihnen folgen mochten, lag daran, daß sie mit einer Wiederwahl eher rechnen konnten als jene. Daher tat sich Kohl leichter als andere, pragmatisch vorzugehen. Er war 1982 so von der Idee durchdrungen, die Furcht vor Weimar abzubauen und das deutsche Parlamentswesen flexibler zu machen, daß er sich vornahm, Neuwahlen generell zu erleichtern. Die Absicht, bei einem Wahlsieg »noch im Jahre 1983 eine Verfassungsänderung einzuleiten«, gab er wieder auf, als er bemerkte, daß er damit ziemlich allein stand.[9]

Im einzelnen sagt die Verfassung nicht viel über die Auflösung des Bundestages, aber das, was sie enthält, war nicht dazu angetan, die Zuversicht der Regierenden zu stärken, das Unternehmen werde glücklich ausgehen. Die beiden Möglichkeiten, die das Grundgesetz für Neuwahlen anbietet, sind gleichermaßen riskant. Die eine Variante besteht darin, daß der Bundeskanzler zurücktritt, und der Nachfolgekandidat sich nach Artikel 63 der Wahl stellt. Sie wirkt auf den ersten Blick unkompliziert, aber sie mündet in ein Verfahren, das der zweiten Variante des Paragraphen 68 entspricht. Daher zog Kohl letzteres vor. Der Artikel 68, genannt die »negative Vertrauensfrage«, verlangte von ihm, die Vertrauensfrage zu stellen, obwohl er unbestritten das Vertrauen der Mehrheit im Bundestag hatte. Und die Fraktionen von CDU/CSU und FDP mußten ihm das Vertrauen entziehen, obwohl sie ihn als Kanzler wünschten.

Man hätte annehmen können, es sei für den Bundespräsidenten Karl Carstens einfach, das Parlament nach dem simulierten Vertrauensentzug aufzulösen. Da sich der Bundeskanzler in mehreren öffentlichen Erklärungen darauf festgelegt hatte, sich am 6. März 1983 zur Wahl zu stellen, und versicherte, sein Regierungsprogramm sei ein Notprogramm zur Behebung der gravierenden Widrigkeiten, weshalb es nicht über den 6. März hinausreiche, hätte es sich Carstens leichtmachen und ihm einfach folgen können. Aber der Präsident erläuterte Kohl bei einem Mittagessen in seinem Amtssitz in der Villa Hammerschmidt am 10. November 1982 – es war die erste und einzige Aussprache zwischen ihnen in dieser Sache –, daß es ihm nicht genüge, wenn Kohl bloß die Vertrauensfrage stelle und ihm die Koalitions-fraktionen nicht das Vertrauen aussprechen würden.»Ich sagte«, berichtet Carstens in seinen Erinnerungen,»wenn der Bundeskanzler den Weg des Artikels 68 gehen wollte, das heißt, nach einer Niederlage in der Vertrauensabstimmung bei mir die Auflösung des Bundestages beantragen wolle, müsse es außer der Abstimmungsniederlage Elemente geben, die den eingeschlagenen Weg plausibel machten.« Carstens bestand darauf, er müsse in den bevorstehenden Gesprächen mit den Gesprächspartnern der Koalition »die Überzeugung gewinnen, daß die Bundesregierung in wichtigen Fragen der Innen- und Außenpolitik keine Mehrheit im Parlament habe«.[10]

Damit legte der Bundespräsident die Hürde für Kohls Vorhaben sehr hoch. Fortan mußte dem Bundeskanzler klar sein, daß es nicht genügte, nach seinem Willen zu verfahren und den Bundespräsidenten vor vollendete Tatsachen zu stellen. Kohl reagierte darauf überraschend kühl. Daß Carstens ihn eindringlich beschwor, eine Begründung zu liefern, die ihm den Entschluß erleichterte und die einer Prüfung vor dem Bundesverfassungsgericht, die zu erwarten war, und vor der Geschichte standhielt, beeindruckte ihn nicht besonders. Er beeilte sich nicht, die Gründe zu liefern, nach denen das Staatsoberhaupt verlangte, sondern setzte im Gegenteil alle Hebel in Bewegung, sie zu umgehen. So sondierte er über Sendboten bei den Freien Demokraten, ob sie bereit seien, zu erklären, sie seien es gewesen, die von Anfang an den Auftrag zur Regierungsbildung bis zum 6. März 1983 limitiert hätten. Ihnen, so meinte er, falle es leichter als der CDU/CSU, dem Bundespräsidenten den Vorwand zu liefern, nach dem er suchte. Mischnick fiel es nicht schwer, die Absicht zu durchschauen, die FDP-Abgeordneten zu animieren, sich bei der Vertrauensfrage der Stimme zu enthalten, um es der Union zu ermöglichen, mit Ja zu stimmen. Damit wäre das gewünschte Ergebnis ebenfalls herbeigeführt worden, nur wäre die Union weniger beschädigt aus dem Verfahren hervorgegangen.[11] Der FDP-Fraktionsvorsitzende widersetzte sich, und da Kohl nicht weiterkam, beauftragte er einige Vertrauenspersonen, ihm die Argumentationshilfe zu beschaffen, die er benötigte. Denn es war klar, daß die Bedingung des Bundespräsidenten, Uneinigkeit innerhalb der Koalition herauszufinden und öffentlich festzustellen, nicht zu erfüllen war.

Viel Zeit blieb der Koalition nicht, die Verfassungsmäßigkeit des Antrags zur Auflösung nachzuweisen. Zwischen dem Gespräch Kohls in der Villa Hammerschmidt und dem Datum Mitte Dezember, zu dem die Vertrauensabstimmung beantragt werden mußte, damit die Fristen eingehalten werden konnten, lagen drei Wochen. So hektisch die Regierungsarbeit in den ersten Monaten anlief, so ungeordnet lief das Verfahren zur Auflösung ab. So wollte sich Bundesinnenminister Zimmermann nicht damit abfinden, die juristische Klärung dem dafür zuständigen Bundesjustizminister Engelhard von der FDP zu überlassen. Er sorgte sich, Engelhard könnte so viel Zeit benötigen, daß der vorgesehene Tag der Abstimmung verstrich, ehe er zu einem Ergebnis kam. Daher beauftragte er einen der hohen Beamten seines Hauses, den Ministerialrat Wolfgang Schreiber, den späteren Leiter der Polizeiabteilung im Ministerium, ihm eine verfassungsrechtliche Vorlage auszuarbeiten. Das Gutachten, das er am 22. November 1982 dem Minister vorlegte, kommt zu dem Schluß, daß der Bundeskanzler sich das Vertrauen auch dann entziehen lassen könne, wenn er eine Mehrheit im Bundestag habe, ohne das im einzelnen begründen zu müssen.[12] Da Engelhard und Zimmermann ihm nicht schnell genug Ergebnisse präsentierten, schickte Kohl einen seiner engsten Mitarbeiter, den Kanzleramtschef Waldemar Schreckenberger, zu dessen juristischen Fähigkeiten er, wie der Betroffene es ausdrückt, »ein nahezu unbegrenztes Vertrauen« hatte, zu Carstens. Er kannte die Entscheidungspraxis des höchsten deutschen Gerichts aus jahrelangen Untersuchungen, auch seine Neigung, sich den Verhältnissen anzupassen.[13]

Schreckenberger gehörte zu denen, die Kohl zu dem Unternehmen rieten. »Verfassungsmäßig kann man die Risiken in Kauf nehmen«, sagte er zu ihm. Im Hinblick auf die Spruchpraxis des Verfassungsgerichts müsse es allerdings gelingen, »alle tragenden Kräfte zu gewinnen, also außer dem Bundeskanzler und den Koalitionsparteien auch die Opposition und den Bundespräsidenten«. Wenn dazu eine »günstige öffentliche Stimmungslage« komme, werde sich das Verfassungsgericht »schwertun, dagegen anzugehen«. Wie sich zeigen sollte, hatte er damit recht. Um das auch Carstens klarzumachen, sprach Schreckenberger zweimal je eine Stunde unter vier Augen mit ihm. Dabei wurde ihm bewußt, daß es die Regierung mit ihm nicht leicht haben werde und daß sie es sich mit ihm nicht leichtmachen dürfe. »Der Präsident erwies sich als schwierig«, sagt er rückblickend. Seine Amtszeit näherte sich dem Ende, und »Carstens wollte nicht mit dem Vorwurf des Verfassungsbruchs in die Geschichte eingehen«. Daher hätten sie das Für und Wider der Auflösung lange erörtert und alle Argumente ausgetauscht. Schließlich war Carstens als Professor für öffentliches Recht theoretisch beschlagen und hatte als Kanzleramtschef in der Regierung Kiesinger praktische Erfahrung gesammelt. Wie umsichtig er vorging, zeigt der Bericht, den Friedrich Zimmermann von seinen Gesprächen mit dem Präsidenten lieferte. Er war dreimal bei ihm. Jedesmal war der Chef des Präsidialamts, Staatssekretär Hans Neusel, dabei. Carstens habe meistens zugehört, berichtet Zimmermann. Er habe in »quasi richterlicher Funktion« dabeigesessen und sich ein Urteil gebildet, »während Neusel mich als »advocatus diaboli« ins Gebet nahm«.[14] Neusels Interesse war, eine einheitliche Sprachregelung zu finden, um das Bundesverfassungsgericht mit einer überzeugenden Argumentations- und Handlungskette zu konfrontieren.

Was Kohl betrifft, kümmerte er sich nicht um die verfassungsrechtliche Argumentation und hatte keine Bedenken, die Institution des Staatsoberhaupts könne beschädigt werden. Bei allen Nominierungsprozeduren, an denen er beteiligt war, zeigte er, daß er das hohe Amt für seine Zwecke zu gebrauchen verstand. Die Wahl des Bundespräsidenten war für ihn stets ein politischer Akt, der nach den Gesichtspunkten der Koalition und des Machterwerbs oder Machterhalts zu entscheiden war. Er beurteilte den Bundespräsidenten ausschließlich nach dem Gesichtspunkt der Zweckmäßigkeit. In diesem Punkt hielt er es wie Adenauer.

Nachdem sich die Parteien schon bei der Beratung des nächsten Haushalts Mitte Dezember ein Vorhutgefecht für den Wahlkampf lieferten, der noch nicht einmal eingeleitet war, reichte Kohl den Antrag zur Auflösung des Parlaments ein und fügte den Satz hinzu, er beabsichtige, »vor der Abstimmung am Freitag, dem 17. Dezember 1982, eine Erklärung dazu abzugeben«, womit er in doppelter Weise den Bundestagspräsidenten und das Bundestagspräsidium festlegte.[15]

Die mündliche Erläuterung Kohls im Plenum bestand hauptsächlich aus der Mitteilung, er löse mit dem Antrag ein Versprechen ein, das er in seiner Regierungserklärung gegeben habe und das laute, »möglichst am 6. März 1983 vor den Wähler zu treten«. Kohls Verhalten läßt keinen anderen Schluß zu als den, er habe den Bundespräsidenten, wenn er ihn nicht direkt brüskieren mochte, öffentlich in die Schranken weisen wollen. Anders ist es nicht zu erklären, daß er am Tag vor der Abstimmung, am 16. Dezember 1982, das Parlament dazu brachte, den Bundeshaushalt 1983 zu verabschieden. Damit führte er aller Welt vor Augen, daß die Koalition mit ihrer Mehrheit geschlossen zu ihm stand.

Bei der Vertrauensfrage verhalfen 248 Abgeordnete der Regierungs-koalition mit ihrer Enthaltung zum gewünschten negativen Votum. Zu denen, die die Manipulation nicht mitmachten, gehörte Hildegard Hamm-Brücher, die zum drittenmal seit dem 1. Oktober abweichend zur Fraktion stimmte. Sie berief sich auf die Passage des Grund-gesetzes, an die ihre Kollegen von der Koalition lieber nicht erinnert werden wollten, den Artikel 38, nach dem der Abgeordnete »nur seinem Gewissen verpflichtet und an Aufträge und Weisungen nicht gebunden ist«. Carstens hat später die Situation, in die Kohl ihn manövrierte, mehrmals geschildert. Er sprach davon, es seien »die schwierigsten Wochen« gewesen, die er im Amt des Bundespräsidenten verbrachte, und sie hätten zu den »schwierigsten Wochen meines Lebens« gehört, »weil man doch in so einer Entscheidung sehr allein steht«.[16] Ganz so war es nicht. Bei seinen Sondierungen kamen ihm die Sozialdemokra-ten entgegen. Da sie zu Beginn der Ablösungsprozedur Neuwahlen gefordert hatten, konnten sie sie jetzt nicht mehr ablehnen. Sie be-anstandeten lediglich die Art der Auflösung des Bundestags. Nach Carstens' Aufzeichnungen sprach sich der stellvertretende Partei-vorsitzende, der Ministerpräsident Johannes Rau, »eindeutig für den 6. März als Wahltermin« aus. Damit konnte sich Carstens in der Fern-sehansprache am 7. Januar 1983, in der er seinen Entschluß verkün-dete, Neuwahlen für den 6. März 1983 anzuordnen, darauf berufen, daß alle Parteien es so gewünscht hätten.[17]

Wie erwartet, reichten daraufhin vier Abgeordnete aus allen Lagern eine Organklage beim Bundesverfassungsgericht mit der Begründung ein, sie fühlten sich »in ihrem Status als Abgeordnete des Bundestages unmittelbar gefährdet oder verletzt«, weil ihnen mit Neuwahlen die Dauer ihres Mandats verkürzt werde. Die Organklage hatte für sie allerdings den Nachteil, daß das Gericht lediglich zu prüfen hatte, ob der Bundespräsident mit der Anordnung der Neuwahlen im Einklang mit der Verfassung gehandelt habe. Nach der mündlichen Verhand-lung setzten die Richter die Entscheidung für den 16. Februar 1983 fest. Wie unsicher Carstens war, ob er recht bekommen werde, zeigt der Umstand, daß er zwei Erklärungen vorbereitete, eine für den Fall, daß er unterlag, und eine für den Erfolg. Als er einige Jahre später die-sen Zeitabschnitt rekapitulierte, beschränkte er seine Kritik auf einen einzigen Punkt, und das war die vorzeitige Festlegung Kohls auf den Wahltermin. Das sei »nicht in Ordnung« gewesen.

Für das Verfassungsgericht war das nicht ausschlaggebend. Am 16. Februar 1983 wies der Zweite Senat die Anträge der Kläger als »unbegründet« zurück. »Ich hatte den Prozeß gewonnen«, schreibt Carstens. Indessen gestand das Gericht dem Bundeskanzler noch mehr Befugnisse zu und zog der Entscheidungsfreiheit des Bundespräsidenten engere Grenzen. Nach dem Spruch war die verfassungsmäßige Stellung des Bundeskanzlers stärker als vorher. Das Gericht sprach dem Regierungschef das Recht zu, ausschließlich »nach pflichtgemäßem Ermessen« zu entscheiden, ob ihm die Mehrheit »politisch« erlaube, weiterzuregieren. Das bedeutet, daß der Bundespräsident den Bundestag auflösen muß, wenn der Bundeskanzler zu dem Ergebnis kommt, er wolle oder müsse den Bundestag auflösen, und das Parlament dazu bringt, seinem Beschluß zu folgen, vorausgesetzt, der Wunsch ergeht einhellig, also auch mit dem Willen der Opposition.

Was die Rolle des Bundespräsidenten betrifft, kam das Gericht zu dem Ergebnis, das Staatsoberhaupt dürfe »keine anderen Maßstäbe als der Bundeskanzler anlegen«. Es habe »insoweit die Einschätzungs- und Beurteilungskompetenz des Bundeskanzlers« zu beachten. Einen Vorbehalt fügte das Gericht an: Dies gelte solange, als »nicht eine andere, die Auflösung verwehrende Einschätzung der politischen Lage der Einschätzung des Bundeskanzlers eindeutig vorzuziehen« sei.

ZWAR KONNTE KOHL DARAUF SETZEN, daß es die bundesdeutschen Wähler schätzen, wenn ihr Bundeskanzler vor Gericht recht bekommt. Das bedeutete aber nicht, daß er die Wahl schon gewonnen hatte. Bei der Einleitung des Wahlmanövers fielen die Vorhersagen über die Erfolgschancen der neuen Regierungskoalition unterschiedlich aus. Von drei Meinungsforschungsinstituten, die im November 1982 die Wähler befragten, kam das in Allensbach zu dem Ergebnis, die Union bekäme die absolute Mehrheit, wenn sofort gewählt werden würde, »Emnid« erwartete für die CDU/CSU die relative Mehrheit, und die »Forschungsgruppe Wahlen« in Mannheim kam zu dem Ergebnis, die SPD werde die stärkste Partei.

Brauchten Kohl die demoskopischen Werte seiner Partei nicht mehr zu bekümmern als notwendig, mußte er sich um diejenigen seines Partners FDP sorgen. Den Freien Demokraten, die noch unter den Folgen des Seitenwechsels litten, sagten alle drei Institute übereinstimmend nicht einmal fünf Prozent voraus. Dagegen gingen die Grünen als die drittstärkste Kraft aus den Umfragen hervor. Kohls Vorgänger Helmut Schmidt war doppelt so populär wie der Kanzler, und annähernd gleich viele Wähler wünschten sich Kohl (43 Prozent) und Vogel (41 Prozent) zum Bundeskanzler.[18] Als der Wahlkampf anlief, stellten die Hausdemoskopen der Union fest, daß ihre Wähler hochmotiviert waren. Die Wahlbeteiligung werde sehr hoch sein, und die großen Parteien konnten einen proportional stärkeren Zulauf erwarten als die Kleinen. Die Koalition hatte ihre Amtszeit mit der Forderung nach Einsparungen begonnen, insofern konnte sie der Zustimmung ihrer Wähler nicht sicher sein. Andererseits hatte sie die Bevölkerung mit dem Schreckbild vom bevorstehenden Ruin der Republik, den die SPD herbeigeführt habe, so schockiert, daß sie die Kürzungen gefaßt erwartete. Sie erwiesen sich als nicht so drastisch, wie die Ankündigungen es befürchten ließen. Der Mittelstand war von ihnen ohnehin weniger betroffen als die Randgruppen wie die sozial Bedürftigen, Arbeitslosen, Asylanten und Studenten. Auch hielt die gebildete Schicht, die mit Kohls Habitus wenig anfangen konnte, die Zeit für gekommen, sich mit ihm anzufreunden und sich einzugestehen, daß sie ihm möglicherweise Unrecht getan hatte.

Im Wahlkampf suchte Kohl weniger die Auseinandersetzung mit der SPD, als daß er sich und seine Regierung in ein vorteilhaftes Licht zu setzen trachtete. Außenpolitisch kamen ihm seine guten Beziehungen zu Präsident Mitterrand zugute. Der lud seine Bonner Verbündeten zum 20jährigen Bestehen des deutsch-französischen Vertrags zu einem Veteranentreffen nach Paris ein. Kohl revanchierte sich, indem er dem Gastgeber das »Großkreuz des nationalen Verdienstordens« verlieh, die höchste Auszeichnung, welche die Bundesrepublik zu vergeben hat.

Die Tatsache, daß der Bundeskanzler hundert Tage im Amt war, veranlaßte die konservativen Blätter zu Lobeshymnen. Mainhardt Graf Nayhauß schilderte in verschiedenen Publikationen seinen Lesern, daß der neue deutsche Bundeskanzler »im D-Zug-Tempo« in die Rolle des Regierungschefs hineingerast sei und »von Tag zu Tag sicherer« werde«.[19]

Auch die kritischen Blätter konnten sich des Eindrucks nicht erwehren, der Kanzler mache seine Sache nicht so schlecht, wie sie es vorhergesagt hatten. Der *Spiegel,* der den deutschen Bundeskanzler im Spätherbst nach Amerika begleitete, ironisierte zwar dessen Bemühen,

Fernsehdiskussion »Drei Tage vor der Wahl« am 3. März 1983.
V.l. Hans-Dietrich Genscher, Franz Josef Strauß,
Helmut Kohl, Hans-Jochen Vogel.

in Washington den »starken Mann« zu markieren. Aber »selbst die Kritiker unter den amerikanischen Kohl-Beobachtern« hätten dem »Mann aus der pfälzischen Provinz« bescheinigen müssen, daß er »gemeinsam mit dem Mann aus der kalifornischen Provinz« (gemeint war Präsident Reagan) »eine eindrucksvolle Harmonie-Show« geboten habe. Sie meinten damit Kohls Wunsch, die Amerikaner sollten die Vorbereitung auf die Stationierung der »Cruise Missiles« an ihren neuen Standorten in der Eifel unterbrechen. Im Gegenzug sagte er zu, die Marschflugkörper würden stationiert, sobald er die Wahl gewonnen habe.[20]

Dagegen klang das Versprechen von Hans-Jochen Vogel, er werde, sobald er zum Bundeskanzler gewählt worden sei, eine »neue Friedensinitiative« ergreifen und versuchen, die Aufstellung weiterer amerikanischer Raketen mit einer »Nullösung« zu verhindern, nicht überzeugend. Überhaupt beurteilt der SPD-Kanzlerkandidat seine eigene Rolle im Wahlkampf sehr nüchtern. Die Partei sei ihm, notiert er in seinen

Memoiren, »für meine erneute Bereitschaft, mich in einer schwierigen Situation voll einzubringen, von rechts bis links dankbar gewesen«. In der letzten Pressekonferenz vor der Wahl formulierte er vorsichtig, die SPD habe eine »reelle Chance, wieder zur führenden politischen Kraft zu werden«.[21] Daraus wurde nichts. Mit dem Wahlergebnis vom 6. März 1983 wurde die SPD, wie Vogel registriert, »mit 38,2 Prozent und einem Verlust von 4,7 Prozent auf den Stand von 1965« zurückgeworfen.

Sobald die ersten Hochrechnungen zeigten, daß die Union einen haushohen Sieg errungen hatte, und noch dazu klar war, daß die FDP gegen alle Erwartungen in den Bundestag kam und ihr als Partner weiter zur Verfügung stand, stieg Kohl aus seinem Büro im elften Stock des Konrad-Adenauer-Hauses, in dem er sich kurz mit dem Parteipräsidium beriet, hinunter in den großen Saal der CDU-Zentrale. Die Anhänger standen so dicht gedrängt, daß die Ordner Mühe hatten, demjenigen, um dessentwillen sie sich einfanden, einen Weg zu bahnen. In der Mitte des Raums war ein Holzgerüst aufgestellt worden, auf das der Wahlsieger hinaufkletterte. Die Partei lag ihm zwar nicht gerade zu Füßen, aber sie stand eine Stufe unter ihm. Der Jubel und die Begeisterung brachen sich um so mehr Bahn, als die Partei dazu lange Zeit keine Gelegenheit mehr gehabt hatte: Seit der Erhard-Wahl im Jahr 1965, also seit 18 Jahren, gab es für sie keinen Wahlsieg mehr zu feiern. Jetzt wurde sie von dem Gefühl beseelt, ihre alte Stärke sei zurückgekehrt.

Der Bejubelte wirkte im Vergleich zu der tosenden Menge zu seinen Füßen seltsam kühl und sachlich. »Ich habe ein gutes Ergebnis erwartet«, stellte Kohl nüchtern fest, »es ist ein gutes Ergebnis geworden.« Kein Triumph, kein Frohlocken. Sobald der Freudentaumel abgeklungen war, spornte er die Partei zu einer neuen Anstrengung an und schärfte ihr ein, sie müsse jetzt daran gehen, »das heutige Wahlergebnis auf die Landtagswahl in Schleswig-Holstein zu übertragen«; dort wurde am nächsten Sonntag ein neues Landesparlament gewählt.[22]

Das Wahlergebnis hätte nicht besser ausfallen können. Die *Zeit* zitierte einen »Getreuen« des Bundeskanzlers mit den Worten, es sei »ein Ergebnis wie gemalt«. Der »Getreueste der Getreuen«, Eduard Ackermann, bemerkte, von Freude überwältigt: »Das ist ein Wählergemälde wie mit einem Tuschpinsel.«[23] Kohl hatte mit 48,8 Prozent um ein Geringes (0,2) das Wahlergebnis übertroffen, das er bei seiner ersten

Kanzlerkandidatur 1976 erreicht hatte. Nur Adenauer fuhr 1957 mit 50,2 Prozent ein besseres Ergebnis ein. Auch Genscher schnitt mit sieben Prozent besser ab als Walter Scheel beim ersten Machtwechsel vor 14 Jahren im Jahr 1969. Dennoch gab er sich keinen Triumphgefühlen hin. Nicht einmal im nachhinein vermochte er der Wahl und ihrem Ergebnis viel Positives abzugewinnen. Die einzige Bemerkung, die ihm in seinen Memoiren einfiel, war die, er habe mit seinem Parteifreund Otto Graf Lambsdorff Brüderschaft getrunken, die Wende nachträglich mit einem Glas Sekt besiegelnd.[24]

Die Kohls feierten den Wahlsieg erst, als die Scheinwerfer abgestellt waren und sich die Türen hinter ihnen geschlossen hatten. Im Kanzlerbungalow arrangierte der Hausherr eine kleine Party, mit der er mit Gästen zugleich den 50. Geburtstag von Frau Hannelore beging. »Auf die nächsten 50 Jahr«, lautete der Toast, den er kurz nach Mitternacht mit einem Glas »Deidesheimer Kieselberg« ausbrachte. Es gab Linsen-

Helmut Kohl vor dem Bundeskanzleramt, Oktober 1986.

suppe, Buletten und schließlich eine Geburtstagstorte. Später gesellte sich das Ehepaar Genscher hinzu, den Spaßmacher Didi Hallervorden im Schlepptau.[25] So beschwingt der Wahlabend beim Kanzlerpaar ausklang, so bedrückt waren die Gemüter bei der SPD. Am Dienstag nach der Wahl verabschiedete sich die Fraktion von Herbert Wehner, der sie 13 Jahre lang geführt hatte, und wählte an seine Stelle den bisherigen Kanzlerkandidaten Vogel. Dessen wohlgesetzte Abschiedsworte beschied Wehner damit, daß er lautlos aufstand und sich mit verkniffenen Lippen und halb geschlossenen Augen knapp verbeugte. In der SPD ging eine Ära zu Ende, und derjenige, der sie abschloß, verkündete das neue Zeitalter mit der düsteren Prophezeiung, die SPD habe »fünfzehn Jahre Opposition« vor sich – eine Zeitspanne, die ihr, als sie ihr verheißen wurde, wie eine kleine Ewigkeit vorkam.

MIT DER WAHL stabilisierte sich Helmut Kohls Position. Der CDU/CSU wurde bewußt, was sie vergessen oder verdrängt hatte, daß er, wie er es schon in Rheinland-Pfalz bewies, eine Wahllokomotive war. Die *Washington Post* schrieb, nun sei er »chancellor of his own«, Bundeskanzler von eigenen Gnaden.[26] Er entnahm dem Ergebnis, daß die Wähler mit seinem Kurs einverstanden waren. Das betraf in gleicher Weise sein Kabinett. Er war mit der Ministermannschaft, mit der er in den Wahlkampf zog, erfolgreich und sah keine Notwendigkeit, sie zu verändern. Die Mehrzahl der Minister hatte, soweit sie der Union angehörten, in ihren Wahlkreisen hervorragend abgeschnitten, und auch er konnte in seinem Wahlkreis Ludwigshafen einen Zuwachs verzeichnen. Zwar wurde sein sozialdemokratischer Gegenkandidat Hans Bardens abermals direkt gewählt. Aber der Abstand zwischen ihnen schmolz auf 25 000 Stimmen.

Die einzige Ausnahme vom Siegestaumel machte Franz Josef Strauß. Schon im Wahlkampf setzte er sich von der Schwesterpartei ab, hofierte auffällig den CDU-Generalsekretär Heiner Geißler, den er nicht ausstehen konnte, und stichelte, er freue sich über ihn, da er in seinen Wahlreden »mal etwas mit voller Musik in die Saiten« greife und sich als Ausnahme von der »sonst zartbesaiteten Schwesterpartei« erweise. In seinen Wahlreden ließ er keine Gelegenheit aus, sich von der Partei im Norden und ihrem Kanzler zu distanzieren. Ein »Riesenfehler« sei es gewesen, erst am 6. März zu wählen, statt den sozialdemokratischen Bundeskanzler Schmidt beim Wort zu nehmen und »citissime« (schnellstens) wählen zu lassen, ein anderer, zu beschließen und zu verkünden, daß die »Zwangsanleihe« bei den Besserverdienenden nicht zurückgezahlt werden solle (er hatte sich bei den Beratungen im CSU-Vorstand der Stimme enthalten). Ausfällig wurde er, wenn die Sprache auf die FDP kam. Vor allen anderen ergrimmten ihn die beiden Freidemokraten Jürgen Möllemann und Jürgen Morlok, die ihrerseits die Wahlkampfmesser an ihm wetzten. Den Staatsminister im Auswärtigen Amt nannte er bösartig »Riesenstaatsmann Mümmelmann« und den baden-württembergischen Landesvorsitzenden einen »Phrasendrescher«.

Interessant wurde es für die Späher der CDU, die ihn auf Schritt und Tritt verfolgten, wenn Strauß über die eigene Verwendung nach der Wahl sprach. Da wurde er kryptisch. Zimmermann zeigte sich felsenfest davon überzeugt, Strauß werde nur in eine Alleinregierung der CDU/CSU eintreten, und das nur, wenn er Außenminister und Vizekanzler werde. Dagegen setzte der *Spiegel*, Strauß werde in nahezu jedem Fall, wenn auch nicht zu allen Bedingungen, in die Bundesregierung eintreten, und titelte: »Franz Josef Strauß marschiert auf Bonn«, denn nach der Märzwahl eröffne sich für ihn schon seines fortgeschrittenen Alters wegen die »letzte Chance, in die Bundespolitik zurückzukehren«.[27]

Nie war die CSU in einem vergleichbaren Zeitraum stärker gewesen, und voraussichtlich würde sie nie mehr so stark werden, wie sie es bundesweit 1983 war.[28] Noch am Wahlabend formulierte Strauß, die CSU sei zur »zweitstärksten Koalitionspartei« herangewachsen. Damit führte er einen neuen Begriff in den politischen Sprachgebrauch ein, den der »zweiten« Partei neben der CDU, eine Position, die über die vielbeschworene »Eigenständigkeit« hinausging und den Bindestrich im Namen der Fraktion wenn nicht aufhob, so doch relativierte. Kohl begriff die rhetorische Sezession, die in dieser Aufwertung des Parteinamens lag, und ging auf sie ein, machte sie sich im Sprachgebrauch zu eigen und sprach, wenigstens eine Weile lang, von der »Koalitionspartei CSU«. Nach den eingespielten Regeln rief Franz Josef Strauß den Landesvorstand am Montag nach der Wahl in München zusammen und teilte ihm mit, er werde sein »Bundestagsmandat erst einmal annehmen«. Vor der Vorstandstür zeigte er sich entschlossen, bei den bevorstehenden Gesprächen mit Kohl mitzumischen. Er gebrauchte dazu den sonderbaren Satz, »dieses Mal« sitze er »in der Kutsche«, die nach Bonn fahre, und könne wieder aussteigen,»wenn der Auftrag erfüllt« sei.[29] Die Formulierung machte in Bonn mehr Aufsehen als in München. Nichts deutete darauf hin, daß sich die führenden CSU-Leute auf einen Führungswechsel eingerichtet hätten. Im nachhinein erscheint es schwer erklärlich, daß die Nachricht die Medien, aber auch das Lager Kohls und sogar dasjenige der Opposition in Atem hielt. Bis zu dem Tag, an dem sich Strauß erklärte, beherrschte zwei Wochen lang das Gänseblümchenspiel»Kommt er, oder kommt er nicht?« die Szene. Strauß setzte sich nicht in die Kutsche, sondern an den Steuerknüppel seiner zweimotorigen»Piper«, die ihn zum ersten Gespräch mit Kohl nach Bonn brachte. Diese Unterredung am Montagabend nach der Wahl, die zwei Stunden dauerte, brachte keinen Aufschluß darüber, was Strauß mit seiner Andeutung meinte. Auch Kohl ließ sich nicht in die Karten schauen. Die beiden Rivalen tasteten sich ab, Kohl erläuterte, wie er es in solchen Situationen gewohnt ist, seinen Terminkalender, in dem er den genauen Ablauf der Koalitionsverhandlungen notiert hatte. Bis zu den Osterfeiertagen Anfang April solle eine Art Burgfrieden herrschen, so lautete die Verabredung, dann könnten die Verhandlungen über die Regierungsbildung beendet werden.

Am Tag darauf, am Dienstag, dem 8. März, kamen drei Blätter, die *Bild*-Zeitung, die *Welt* und die *Frankfurter Allgemeine Zeitung* mit der Schlagzeile heraus, Strauß solle Finanzminister werden. Da niemand außer den Autoren wußte, wer die Meldung gestreut hatte, wurde spekuliert, es könne nur derjenige gewesen sein, der schon früher mit den Journalisten»über die Bande« (so nannte es der *Spiegel)* spielte, Helmut Kohl. Das veranlaßte den CDU-Chef, Strauß umgehend in dessen Bonner Haus anzurufen und ihm zu versichern, von ihm stamme der»Unsinn«, den die Zeitungen verzapften, nicht. Strauß bemerkte später zu Parteifreunden, er habe»dem Anrufer kein Wort geglaubt«, wie der *Spiegel* berichtete.[30] Daß die Information über den Anspruch des CSU-Vorsitzenden tatsächlich aus Kohls Lager kam, dafür spricht die Tatsache, daß der Verdächtigte am Tag der Veröffentlichung vor der CDU/CSU-Fraktion den Finanzminister ohne erkennbaren Anlaß lobte. Er sagte, Stoltenberg sei ein»unverzichtbarer Bestandteil der Bundesregierung«. Er habe zum Wahlsieg der Union entscheidend beigetragen. Vieles spricht dafür, daß Kohl die Indiskretion plazierte, um sich eine günstige

Gelegenheit zu verschaffen, seinen Minister im Amt zu stabilisieren und allen, die ein Auge darauf warfen, zu bedeuten, daß er zu Stoltenberg hielt. Es wäre nicht das erste und nicht das letzte Mal gewesen, daß er eine Spekulation in Umlauf brachte, um sie, wenn sie das anvisierte Ziel erreichte, zu dementieren.

Das Durcheinander, das in der Koalition seit der Wahl herrschte, kulminierte mit einer Erklärung der CSU-Landesleitung, die lautete, der »Vorsitzende der zweitstärksten Koalitionspartei« habe einen »Anspruch auf Mitarbeit und Mitverantwortung im Bundeskabinett«. Strauß warte auf ein »Angebot«, und wenn es erfolgt sei, könnten »unter Würdigung aller sachlichen und personellen Verhandlungsergebnisse« weitere Beschlüsse gefaßt werden.[31] Kohl ließ sich von den Kapriolen seines Freundes und Widersachers nicht aus der Ruhe bringen. Beim Mittagessen zum Abschluß der unionsinternen Beratungen in der bayerischen Landesvertretung wartete er mit einem hintersinnigen Vorschlag auf. Beim Löffeln der Suppe fragte der CSU-Landesgruppenvorsitzende Waigel, der neben Kohl saß, beiläufig, was er Strauß anbieten wolle. Kohl erwiderte, er habe die Absicht, ein »Fünfer-Angebot« zu machen, das den CSU-Mann Ignaz Kiechle einschließe, der Landwirtschaftsminister werden sollte. Das hieß, fünf Minister für die CSU, von denen einer, Kiechle, bei Strauß als ein Mann Kohls galt. Die Offerte brachte für niemanden einen ernstlichen Nachteil, außer für den CSU-Chef. Daß die FDP das Landwirtschaftsministerium abgeben mußte, war Genscher klar, und daß es Josef Ertl traf, einen eingefleischten Befürworter der Wende, ließ sich wohl nicht vermeiden. Der Betroffene fügte sich und schickte ergeben den Stoßseufzer zum Himmel, Strauß habe »Kiechle erwählt«, F.J.S. sei das höchste Volk, und darüber gebe es nur den lieben Gott. Die CSU wiederum war zufrieden, weil sie einen Minister mehr bekam.

Nach dem Mittagsmahl der Delegationen zogen sich die beiden Parteivorsitzenden in einen separaten Raum der Landesvertretung zurück. Bei einer Tasse Kaffee kamen sie auf die Personalien zu sprechen, und Kohl platzte mit der Frage heraus: »Was willst du?« Strauß erwiderte: »Mache ein Angebot.« Daraufhin breitete Kohl das Tableau aus, das er für Strauß entworfen hatte. Das Auswärtige Amt und das Wirtschaftsministerium seien »von der FDP belegt«, das Finanzministerium werde von Stoltenberg gehalten. »Ansonsten hast du freie Hand.« Strauß interpretierte den Vorschlag so, daß Kohl ihm das Verteidigungsministerium anbot und das Amt des Vizekanzlers obendrein. Entweder in diesem Gespräch oder in den verschiedenen Unterrichtungen danach und vermutlich auch, weil sich Strauß nicht präzise zu dem Angebot äußerte, sondern die Sache offen- hielt, schlichen sich einige Unsicherheiten und Ungenauigkeiten in das Unternehmen.

Sie bestanden darin, daß – wie sich Waigel äußerte – Strauß meinte, er habe ein akzeptables Angebot bekommen, während Kohl der Meinung war, er habe ein akzeptables Angebot gemacht. Der CSU-Seite war nicht klar, ob Kohl ihr fünf Minister ohne Strauß oder vier Minister mit dem CSU-Vorsitzenden abgeboten habe.

Der Dissens überlagerte die Verhandlungen mit der FDP über das Sachprogramm derart, daß der Zeitplan nicht eingehalten werden konnte. Streit gab es auch, weil sich die beiden Parteivorsitzenden nicht darüber einigen konnten, wer Bundestagspräsident werden sollte. Kohl reklamierte das Amt für den CDU/CSU-Fraktionsvorsitzenden Alfred Dregger, Strauß wollte es für den bisherigen Präsidenten Richard Stücklen haben. Nach einem hitzigen Tauziehen schlug Waigel dem CDU-Vorsitzenden vor, wenn er Stücklen im Amt belasse, gebe sich die CSU mit vier Ministern zufrieden. Da Kohl auf dem Parlamentspräsidenten bestand und an dem variablen Angebot für Strauß festhielt, suchte Waigel am Wochenende, dem 20. und 21. März 1983, telefonisch nach einem neuen Kompromiß. Zuletzt redete er Kohl, den er in Ludwigshafen erreichte, ins Gewissen, er könne so mit Strauß nicht umgehen. »Der springt ja in München im Karree. Du mußt Strauß gleich anrufen und ihm ein akzeptables Angebot machen.« Es müsse »für ihn in beiden Alternativen akzeptabel« sein – also sowohl für den Fall, daß er käme, als auch für den, daß er bliebe. Kohl mochte nicht gleich antworten, sagte aber zu, »darüber nochmals nachzudenken«.[32]

Er nahm sich dazu eine Nacht Zeit und unterbreitete Strauß früh am nächsten Vormittag ein neues und endgültiges Angebot. Falls Strauß ins Bundeskabinett eintrete, werde er zusätzlich Vizekanzler, und die CSU bekomme insgesamt fünf Minister; falls er in München bleibe, bekomme die CSU ebenfalls fünf Minister, aber der Posten des Vizekanzlers entfalle. Er, Kohl, wolle »in jedem Fall der CSU das Landwirtschaftsministerium anvertrauen«, lautete seine Bedingung. Er kam mit seinem Vorschlag um einige Minuten zu spät. Strauß berichtete später, er habe sich, als der Anruf aus Bonn kam, schon entschlossen, so oder so in München zu bleiben. Als Kohl anrief, habe er gerade zum Telefonhörer greifen wollen, um ihm die Absage mitzuteilen.[33]

16

IN KOHLS KONTOR

NACH DER ERFOLGREICHEN MÄRZWAHL '83 brach auch
für die Mitglieder des engeren Machtbereichs im Bundeskanzleramt
eine neue Zeit an. Unter ihnen verbreitete sich das Empfinden, gemeinsam etwas errungen zu haben, was zu verteidigen sich lohnte.
Die überschaubare Mannschaft, deren Stammitglieder den Chef seit
der Zeit begleiteten, in der er in Mainz wirkte, war in Bonn während
der Jahre, in denen er die Opposition führte, aufgefrischt und erneuert worden. Alle jene, die zu den Getreuen Kohls gezählt wurden,
rückten, als er in die Regierungszentrale einzog, mit ihm in staatliche
Ämter.

Allen voran Juliane Weber, die als Verwaltungsangestellte, später
Regierungsrätin mit dem Zusatz »Persönliches Büro« im Organigramm
der Bundesregierung geführt wurde. Sie war seit 1964 in Kohls Mannschaft, länger als irgendwer sonst. Als sie sich kennenlernten, war er
Vorsitzender der CDU-Fraktion im Landtag und baute sich gerade ein
eigenes Büro auf; sie, Tochter eines Werksdirektors im niedersächsischen Northeim, frisch verheiratet mit dem Finanzchef des ZDF, Bernhard Weber, kam vom Innenministerium in Mainz. Seit ihrer Einstellung begleitete sie den Chef auf allen Stationen seiner Karriere.

Diese Position umfaßte dienstliche Koseformen wie die, in greifbarer
Nähe zum Vielbeschäftigten unauffällig Naschwerk und ein Wasserglas zu plazieren und abends auch schon mal den Weinbecher diskret
zu entfernen. Zu ihren Feierabendtätigkeiten zählt sie auch mütterliche
Funktionen wie die, darauf zu achten, daß der abends auf Socken
durchs Büro wandelnde Kanzler wenigstens Sandalen anzog, wenn ihn
eine Persönlichkeit besuchte, die an der legeren Pausenbekleidung des
Gesprächspartners hätte Anstoß nehmen können.

Eigenmächtigkeiten erlaubte sich die, wie sie von ihren Anbetern
genannt wurde, »Juliane« nicht. Niemals hätte sie sich Freiheiten her-
ausgenommen, die über gewisse eingeschränkte Privilegien hinausgingen, viele Handlungen waren Reflexe auf die Gemütslage des Chefs.

Die Rolle einer lebenden Doublette spielte sie so perfekt, daß sie sich angewöhnte, Elefantenfigürchen zu sammeln und auf ihrem Schreibtisch zu deponieren, als sich das Original mit allerlei Nippes wie Plastikheiligen, handtellergroßen Erinnerungsmünzen und sonstigen Mitbringseln der Andenkenkultur umgab, die er zwischen einer Bundesflagge nach nordamerikanischem Vorbild und einem Aquarium mit südamerikanischen Zierfischen aufstellte.

Damit gestalteten sich abendliche Begegnungen im Büro Kohl zu Erlebnissen, die sich schnell herumsprachen, weil keiner der Besucher so etwas je vorher erlebt hatte. Johannes Gross schilderte einmal mit feiner Ironie eine Plauderstunde mit dem mächtigen Mann, den er fast solange wie Juliane Weber kennt. Mit den strengen, asketischen Umgangsformen des früheren Amtsinhabers Adenauer vertraut, berichtete er, wieviel »gemütlicher« es doch beim neuen Hausherrn zugehe. Der Gast werde von der »allzeit liebenswürdigen« Juliane Weber willkommen geheißen und ins Amtszimmer geführt, wo ihn der Bundeskanzler »in Strickjacke und Bequemschuh, flankiert vom Aquarium und der Bundesflagge«, empfangen und sich »freundlich und gescheit« mit ihm unterhalten habe. Was für ein Unterschied der Zeit und der Stile.[1]

Juliane Weber war die perfekte Vollstreckerin der ungeschriebenen Gesetze, die das Leben und Treiben in Kohls inneren Gemächern bestimmten, eine Hofdame neueren Zuschnitts, die nach Maßstäben funktionierte, die so altmodisch waren wie die ihres Chefs. »Allmächtig«, wie der *Spiegel* herausgefunden haben wollte, war sie nicht. Das Magazin leitete seine Beobachtung aus der Angewohnheit Webers ab, die Besucher nach den Vorlieben und Abneigungen ihres Herrn zu sortieren. Wer bei ihm in Ungnade fiel, erfuhr das dadurch, daß er von ihr auf der Liste der Bittsteller solange an den Schluß gerückt wurde, bis er merkte, daß er nicht mehr willkommen war.

Daraus, daß Juliane Weber mit Kohl die Hobbys und die Vorliebe zur handwerklichen Kleinkunst gemeinsam hatte, schlossen Betrachter, sie sei »aus demselben einfachen Holz geschnitzt wie der Chef« (so der *Stern*). In den Männergesellschaften, in denen er sich vorwiegend bewegte, war sie die einzige Frau, die von ihnen akzeptiert wurde, weil sie deren Gewohnheiten und Sitten übernahm und dabei den Typ des lebenslustigen, pfälzischen Naturkindes verkörperte. Darauf spielte in den späten 70er Jahren der Arbeitgeberpräsident Hanns-Martin Schleyer an, als er über den provinziellen Einschlag des Oppositionsführers Kohl und seines Beraterstabs und deren Bemühungen, an die Regierung zu kommen, lästerte. »Erst muß das Zigeunerlager weg, einschließlich der Marketenderin«, dröhnte er wenig taktvoll. Er irrte. Kurt Biedenkopf beurteilt sie etwas genauer. Er hält sie für eine der wenigen Frauen, die »im Leben und in der Karriere Kohls eine Schlüsselrolle« spiele, da sie die einzige sei, die ihn »als Mann akzeptiert«.

Zur Stammbesatzung im Kanzleramt gehörten die beiden Staatsminister Philipp Jenninger und Friedrich Vogel und der Parlamentarische Staatssekretär Peter Lorenz, die sich im Stockwerk unter dem Kanzler einrichteten. Sie organisierten ihre Büros nach Absprache, wie es im Amtsgebrauch heißt, also eigenständig. Ebenso verfuhr der Chef des Bundeskanzleramts, Waldemar Schreckenberger.

Der Abteilungsleiter fünf, Kommunikation und Dokumentation, Eduard Ackermann, wurde einige Zimmer vom Chef entfernt mit seiner Sekretärin untergebracht. Der frühere Fraktionssprecher rückte zum Ministerialdirektor auf und wurde Abteilungsleiter, dem Bundeskanzler unmittelbar unterstellt. Im ersten halben Jahr nach der Regierungsübernahme unterwarf sich Kohls engerer Mitarbeiterkreis einer strengen Disziplin; Günstlingswirtschaft und Protektionismus griffen erst später um sich. Schon nach der Märzwahl 1983 wurden die Regeln etwas gelockert. Alsbald spielten persönliche Beziehungen, gemeinsame Jugenderlebnisse und landsmannschaftliche Verbundenheit eine entscheidende Rolle bei der Stellenbesetzung. Einer der ersten Leiter des Kanzlerbüros, Franz-Josef Bindert, war ein weitläufiger Verwandter von Hannelore Kohl. Als Kohl mehrere Jahre später einen Mann in seiner engeren Umgebung suchte, der ihm, einem Protokollchef des Auswärtigen Amts vergleichbar, bei den Vorbereitungen und der Ausführung der Zeremonien bei Auslandsreisen half, wählte er Walter Neuer. Neuer stammt aus einer Familie, die in Mannheim ein Café besitzt, in das Kohl öfter einkehrte.

Ein Landsmann war auch Hermann Jung, dem nach der Wahl 1983 die Leitung der Abteilung übertragen wurde, die für die Koordinierung des Nachrichtenwesens zuständig ist. Kohl kannte ihn aus seiner Heidelberger Studienzeit. Jung hatte sich allerdings, anders als der Kommilitone aus Ludwigshafen, zum Militärhistoriker ausbilden lassen. Er war einer der Sekretäre des Auswärtigen Ausschusses des Bundestags gewesen, ehe er ins Bundeskanzleramt kam. Die Fachleute der Spionageabwehr wunderten sich, daß er keinerlei Erfahrung im sensiblen Bereich der Geheimdienste hatte und mit seinem spezialisierten

Interesse nicht den Eindruck machte, er werde sich rasch einarbeiten und umfassende Kenntnisse erwerben. Ackermann widerspricht zwar der Vermutung, Kohl habe Jung ins Kanzleramt geholt, weil er mit ihm in der Jugend befreundet gewesen sei; aber eine andere Erklärung gibt es nicht, und der Dienstherr bekam ausreichend Gelegenheit, die Ernennung zu bereuen.[2] Bei den Untersuchungen, die ein Ausschuß des Bundestags unternahm, um die Skandale im geheimdienstlichen Bereich des Bundes Anfang der 90er Jahre aufzuklären, wurde der Tresor in Jungs Büro geöffnet. Dabei fielen den Beamten die Akten aus dem überfüllten Panzerschrank entgegen. Der Historiker Jung hatte sie, wie sein Dienstvorgesetzter Schreckenberger bemerkt, »als historische Quelle« für weitere Forschungsarbeiten und Publikationen gesammelt, statt sie auf den Dienstweg zu geben. Schreckenberger erinnert sich, daß »wir öfter bei ihm waren und Akten herausgeholt haben« – da Jung das Material nicht herausgab, mußte es ihm dienstlich entrissen werden.

Auch den Amtschef Schreckenberger verbanden gemeinsame Jugenderlebnisse und Erinnerungen an die rheinland-pfälzische Zeit mit dem Chef. Er besuchte das gleiche Gymnasium an der Leuschnerstraße in Ludwigshafen-Friesenheim wie Kohl, nur war er eine Klasse über ihm und nahm ihn nur aus der Ferne wahr. Schreckenberger, der Primus seiner Klasse, steckte die Nase in die Bücher, während sich Kohl als »Anführer von Jugendbanden«, wie er sich erinnert, auf dem Schulhof herumtrieb. Schreckenberger gab den Schülern der unteren Klassen Nachhilfeunterricht (»ein Schüler eine Stunde eine Mark«), aber Kohl war nicht dabei. Auf der Universität Heidelberg war Schreckenberger, wie der *Spiegel* schreibt, »schon in den mittleren Jurasemestern, als Kommilitone Kohl sich großmäulig bei der Jungen Union nach vorne schob, derweil aber im Studium der Rechte scheiterte«.[3] Kohl holte ihn nach seiner Wahl zum Ministerpräsidenten im Mai 1969 aus dem Kultusministerium in die Staatskanzlei, wo er zum Abteilungsleiter für die Gesetzgebung im Rang eines Ministerialrats berufen wurde.

Mit dem Chef der Staatskanzlei, Willibald Hilf, hatte er damals eine Absprache, wonach er die politische Arbeit übernahm und Hilf repräsentierte. Zu Schreckenbergers Aufgaben gehörte es, die Vorlagen für die Verwaltungsreform des Landes zu liefern. Währenddessen habilitierte er sich an der Hochschule für Verwaltungswissenschaft in Speyer, einer Eliteanstalt für angehende höhere Beamte in Bund, Ländern und

Gemeinden. Nachdem ihre Verabredung, Schreckenberger solle 1976 Kanzleramtschef werden, wenn Kohl die Wahl gewinne, nicht eingelöst werden konnte, machte der Rechtsphilosoph Karriere bei Kohls Nachfolger Bernhard Vogel, wurde bei ihm endlich Chef der Staatskanzlei und schließlich Justizminister. Der hochqualifizierte Professor in Staatsdiensten spezialisierte sich auf die Einführung der privaten Rundfunk- und Fernsehanstalten und die Kabelprojekte. »Die deutsche Medienpolitik würde ohne mich anders aussehen«, sagte er selbstbewußt zum *Spiegel*.[4]

Schreckenberger fiel aus seinen vergleichsweise beschaulichen Nestern in Mainz und Speyer direkt auf den harten Bonner Boden hinunter, und er war noch nicht angekommen, als der *Spiegel*, unentwegt nach Schwachpunkten Kohls Ausschau haltend, ihn entdeckte und seine Schwächen aufspürte. Während sich die Wende vorbereitete, notierte das Magazin süffisant, habe sich der »Schulbuben-Freund« die Organisationspläne des Kanzleramts besorgt und in ihnen die Namen der Abteilungsleiter und Referenten eingetragen, die er berufen wollte.

Der Spiegel berichtete auch über die *Frühstückspartie*, zu der sich täglich die Kanzlerrunde im Kanzlerbüro versammelte. Bei »Marmeladenbrötchen und weichgekochten Eiern« gruppierten sich um den Regierungschef Juliane Weber, Eduard Ackermann, der Leiter der Abteilung für Auswärtiges, Horst Teltschik, der Chef des Bundespresseamts, Diether Stolze, der Leiter der Politischen Abteilung des Bundespresseamts, Wolfgang Bergsdorf, und Philipp Jenninger. Weber serviere dem Chef den Kaffee.

Obgleich der Beginn der Morgenlage auf Wunsch Schreckenbergers und Stolzes verschoben worden sei, weil sie den Termin nicht schafften, stießen beide »oft zu spät und häufig unvorbereitet« zum Palaver der Amtskollegen, berichtete das Blatt. Kehre der Chef des Kanzleramts in sein Büro zurück, stapelten sich dort die Akten, denn die Beamten seien es aus Helmut Schmidts Regierungszeit gewöhnt, »Vermerke ohne ausdrückliche Aufforderung« zu produzieren.

Wenn die Amtsbürokratie nur mit »zehn Prozent« ihrer »gewöhnlichen Umdrehungszahl« rotiere, erzählte ein Beamter dem *Spiegel*, reiche der »Output an Akten« aus, Schreckenberger »bis in die Nacht am Schreibtisch festzuhalten«. Da der Staatssekretär eine solche Papierflut nicht bewältige, drosselten die 450 Beamten und Angestellten des Amts ihren Fleiß. Nun läsen sie »ausgiebig wie nie« die Zeitung, gingen in den Pausen am Rhein spazieren oder tränken in der Hauskantine Kaffee.»Wir sind hochgradig frustriert«, bemerkte ein Beamter der CDU zum *Spiegel*. Daß höhere Beamte wie Jung die Dokumente behielten, die sie an die zuständigen Stellen hätten weiterleiten sollen, war einer der Gründe dafür, daß das Kanzleramt in den ersten Jahren für seine Fähigkeit berüchtigt wurde, Akten verschwinden zu lassen. Schreckenbergers Schreibtisch wurde vom *Spiegel* als das »Bermuda-Dreieck« für amtliche Vorgänge identifiziert.

Ein Beispiel für die schwierige Koordination zwischen dem Kanzleramt, den Ministerien, der CDU/CSU-Fraktion, der Partei und den von ihr regierten Ländern war das Verfahren zur »Auschwitzlüge«, das die SPD-Fraktion Anfang der 8oer Jahre in Gang gesetzt hatte. Das Kabinett Schmidt verabschiedete den Entwurf, mit dem das Leugnen von Konzentrationslagern im Dritten Reich unter Strafe gestellt werden sollte, und überwies ihn an den Bundesrat, in dem er lag, als die Regierung abtreten mußte. Schreckenberger ging so vor, wie es die Regeln verlangten, er informierte die Ministerien darüber, daß er vorhabe, die Vorlage über die »Auschwitzlüge« wiederaufzunehmen, und bat sie um eine Stellungnahme. Keiner der beteiligten Minister reagierte, und daraufhin setzte Schreckenberger das parlamentarische Verfahren zur Weiterbehandlung in Gang. Er rechnete aber nicht mit den politischen Implikationen, wußte nicht, daß Strauß gegen das Gesetz war und mußte einen der gefürchteten Tobsuchtsanfälle erleben, mit denen der CSU-Vorsitzende von Zeit zu Zeit die Bonner Zentrale erschreckte. Der Bundeskanzler, der sich im Verkehr mit dem Bayern nicht gern Blößen gab, wußte von dem Vorgang nichts.

Natürlich zog sich das Nachrichtenblatt aus Hamburg die Klatschgeschichten, die es in Umlauf setzte, nicht aus der Nase, sondern es bekam sie brühwarm von solchen Beamten zugetragen, die sich von dem neuen Amtschef vernachlässigt sahen. Schreckenberger war zwar im Umgang mit der Verwaltung erfahren, er hatte aber keine Erfahrung mit der, wie er sich ausdrückt, »Bösartigkeit«, mit der in Bonn die Kabalen und Intrigen inszeniert und ausgeführt werden. »Der Eindruck, ich sei der Sache nicht gewachsen, kam aus dem Haus«, sagt Schreckenberger rückblickend.[5]

Ein kennzeichnender Fauxpas unterlief ihm bei seinem Treffen mit dem empfindlichen Oppositionsführer Hans-Jochen Vogel. Als er sich kurz nach seinem Amtsantritt bei einer gesellschaftlichen Veranstaltung in Berlin dem SPD-Vorsitzenden vorstellte, strich er seinen »guten Draht« zu dessen Bruder, dem CDU-Ministerpräsidenten Bernhard

Vogel, heraus. Hans-Jochen Vogel war Vorsitzender der Parlamentarischen Kontrollkommission, die die Dienste kontrolliert, und Schreckenberger mußte in diesem Gremium vortragen. Der Oppositionsführer habe, sagt er, solange keine Gelegenheit ausgelassen, ihn zu attackieren, bis er den Rat Kohls befolgte und ihm einen Brief schrieb, in dem er für sich ins Feld führte, als Beamter könne er sich gegen die Angriffe eines Politikers nicht wehren. »Von da an wurde er sachlich«, sagt der Absender.

Schreckenberger machte einen entscheidenden Fehler. Er kam mit der Vorstellung nach Bonn, er sollte vom Chef so viel Ärger wie möglich fernhalten, damit der den Kopf für die Politik freihalten könne. Dabei übersah er, daß Kohl an den Details nahezu mehr interessiert war als an der großen Linie. In jedem Fall wollte er informiert sein. Schreckenberger fand, es sei besser, Kohl nicht immer zu informieren, auch, damit er, wenn etwas schiefging, sagen konnte, davon wisse er nichts, dafür sei der Chef des Kanzleramts verantwortlich. Kohl bemühte sich telefonisch, auf dem laufenden zu bleiben, während ihm die Amtsspitze die Informationen, die er benötigt hätte und über die sie verfügte, vorenthielt.

Ständig drangen Indiskretionen in die Öffentlichkeit, wogegen der Nachrichtenfluß ins Amt an einer Art Schweigemauer hängenblieb. Es dauerte zwei bis drei Jahre, bis das Regiment Kohl den Zustand erreichte, den es für einen geordneten Ablauf für unumgänglich hielt, den Stop des informellen Informationsflusses. Dann durfte nur noch einer reden, und das war Ackermann.

Waldemar Schreckenberger war von einer großen Vertrauensseligkeit gegenüber Journalisten. Er glaubte, es verantworten zu können, mit ihnen offen zu reden, ohne zu ahnen, daß sie alles hinter seinem Rücken verbreiteten. Damit verstieß er gegen die Regeln, die beim Chef galten. Kohls Angst vor Indiskretionen nahm ein derartiges Ausmaß an, daß er Schreckenberger unter Hinweis darauf, daß er ein »Beamtenamt« habe, dringend nahelegte, sich mit Äußerungen außer Haus zurückzuhalten (»er hat mich da immer klein gehalten«).

Schreckenbergers Mißgeschick lag darin, daß er als Neuling betrachtet wurde, der in eine Kanzlermannschaft eintrat, in der sich alle gegenseitig kannten, und daß ihn jene, denen er aus Mainz bekannt war, nicht in einer leitenden Position erlebt hatten. Somit verfügte er nicht über die Autorität, die nötig gewesen wäre, sich in dem verfilzten Apparat durchzusetzen. Seine Versuche, feste Strukturen im Kanzleramt einzurichten, um den unkonventionellen Arbeitsstil Kohls zu ordnen, scheiterten am Widerstand beider Seiten.

Ein gedeihliches Zusammenwirken wollte ihm auch nicht mit den Staatsministern und dem Parlamentarischen Staatssekretär gelingen. Peter Lorenz fühlte sich dazu angehalten, die Interessen der Stadt Berlin wahrzunehmen, kam damit aber seinem Kollegen Jenninger in die Quere, der für die Deutschlandpolitik im ganzen zuständig war.[6] Schreckenberger pflegte seine Beziehungen zu Ostberlin am Leiter der Ständigen Vertretung Bonns, Hans Bräutigam, und an Teltschik vorbei, der ebenfalls für die innerdeutschen Beziehungen zuständig war. Das innerdeutsche Ministerium mit den Ministern Rainer Barzel und später Heinrich Windelen ließ er ohnehin links liegen.

Der Ambitionierteste in Kohls Umgebung war Teltschik. Er wußte, daß Kohl seine schützende Hand über ihn hielt, und machte von den Freiheiten, die er im Amt besaß, reichlich Gebrauch. Er verfügte über Beziehungen, Kenntnisse und Fähigkeiten, die seine Konkurrenten nicht hatten und spann seine Fäden in alle bedeutenden Hauptstädte der östlichen und westlichen Welt. Wer wollte, daß der Bundeskanzler etwas erfuhr, oder wer von ihm etwas erfahren wollte, wandte sich an den jungen Mann, der seiner besonderen Beziehungen zum Kanzler wegen »Kohls dritter Sohn« genannt wurde. Das Selbstbewußtsein des in Böhmen geborenen, nach der Flucht am Tegernsee aufgewachsenen Teltschik war nicht geringer als das seines Chefs, und er hatte einen ausgeprägten Drang zur Selbstdarstellung. Es ärgerte Kohl häufig, daß Teltschik so viel mit den Leuten verhandelte, die hinter den Mächtigen standen, daß er sich selbst für einen Mächtigen hielt. Vor allem die Ausflüge des Mitarbeiters in die Publizistik verdrossen ihn.

Als Teltschik einmal während der Verhandlungen zur deutschen Einheit an Fastnacht 1990 in einem öffentlichen Vortrag schöpferisch weit über das hinausging, was Kohl einem Beamten zugestand, ließ er ihn aus einem Gespräch mit dem Bundespräsidenten herausholen und stauchte ihn zusammen. »Er reißt mir fast den Kopf ab«, schildert der Ministerialbeamte den Zwischenfall, »er ist außer sich über die Agentur-Meldungen« (die über den Vortrag erschienen und ihn verkürzt wiedergaben). »Warum ich denn immer öffentlich etwas sagen müsse? Er habe schon Schwierigkeiten genug. Er will gar nicht erst hören, was ich zu meiner Verteidigung zu sagen habe.« Danach habe er »ziemlich deprimiert« das Büro verlassen, bemerkt Teltschik.[7]

Der zweite Staatsminister Friedrich Vogel hielt die Verbindung zum Bundesrat, versuchte sie auszubauen und zu verbessern. Damit bearbeitete er einen Acker, auf dem Schreckenberger gern gepflügt hätte, da er sich auf ihm durch seine frühere Tätigkeit gut auskannte.

Die Staatsminister verfügten überdies über das, was Schreckenberger fehlte und was er teils aus Hochmut, teils wegen der Ablehnung, die ihm dort entgegenschlug, nicht nachholte, nämlich über enge Verbindungen zur Bundestagsfraktion. Beide waren im Fraktionsmanagement groß geworden, auch Teltschik und Ackermann waren dort aufgrund ihrer langjährigen Zugehörigkeit gern gesehen.

Um seine Unabhängigkeit vom Bonner Klüngel zu demonstrieren, ließ sich Schreckenberger bei seiner Anstellung einen Vertrag geben, der ihm zusicherte, den Staatsdienst jederzeit auf eigenen Wunsch quittieren zu können. Das war zwar nur ein Stück Papier, das sich weder mit der Arbeitsauffassung des einen noch dem Ehrgeiz des anderen Unterzeichners vereinbaren ließ, aber Schreckenberger beließ es nicht dabei, sondern bestand darauf, einmal in der Woche, am Freitag, ohne Bezüge und mit vermehrter Arbeitslast in Speyer Vorlesungen zu halten. Deshalb ermangelte es ihm an Zeit, sich den zwischenmenschlichen Beziehungen zuwenden zu können, da er mit Arbeit überlastet war, nicht darauf achtend, daß in Kohls Bereich Politik mehr auf dem Flur oder im Weinhaus als am Schreibtisch gestaltet wird. Auch stand er mit Kohl längst nicht so gut, wie es den Anschein hatte. Wirkliche Vertraulichkeit wollte sich zwischen ihnen nicht einstellen. Schreckenberger wiederum fühlte sich zurückgesetzt, da er bei offiziellen Anlässen stets hinter den höheren Rängen stand und der Chef ihm Zuwendungen versagte, die er anderen gewährte.

Beispielsweise nahm er den Parteifreund Jenninger, von dem er wußte, daß er ein Mann von Strauß war, dessen Büro er im Finanzministerium geleitet hatte, zu seinen österlichen Entschlackungskuren in Bad Hofgastein mit, die Jenninger härter ankamen als den Chef, da er deren tieferen religiösen Hintergrund nicht in gleichem Maß verstand wie jener. Solche Vertraulichkeiten waren zwischen Kohl und Schreckenberger undenkbar. Von beiden hielt sich jeder für etwas Besseres. Kohl sah in Schreckenberger nicht mehr und nicht weniger als einen höheren Beamten, umgekehrt empfand der renommierte Professor Überlegenheit gegenüber dem Politiker.

Der Dünkel stand ihm im Gesicht, wenn sich die anderen zum kollektiven Kopfnicken und Schulterklopfen zusammenfanden. Unter ihnen war Ackermann, von Kohl wegen seiner Vorliebe für die kalorienreiche italienische Nudelspeise »Dr. Carbonara« genannt, der Geschickteste. Er war ständig damit beschäftigt, abzuwiegeln und Konflikte mit besänftigenden Formeln zu entschärfen. Mit seiner Alles-nur-halb-so-schlimm-Attidüde richtete er ungeachtet seiner sonstigen Verdienste für Kohl viel Schaden an. Es begann beim Vortrag der Presselage zu Beginn eines jeden Arbeitstages. Ackermann filterte aus der Menge der Kommentare und Berichte ein Meinungsbild heraus, in dem kritische Beiträge nicht unterschlagen, aber Autoren zugeschrieben wurden, die dem Regierungschef ohnehin übel gesonnen waren, während positive Würdigungen von Federn herrührten, die sachverständig an die Probleme herangingen. Vorsicht war allerdings angebracht, da der Vortragende wußte, daß der, dem er vortrug, entgegen den von ihm verbreiteten Behauptungen stets gut informiert war und meist mehr Zeitungen las als jene, die als allwissend vor ihn hintraten.

Ackermann arrangierte sich mit dem Leiter der innenpolitischen Abteilung im Bundespresseamt, Wolfgang Bergsdorf, der in der Kohl-Hierarchie eine Stufe höher stand. Er schrieb Zeitungsartikel und lehrte an der Bonner Universität Politische Wissenschaft, hielt sich auch einen »Bergsdorf-Kreis«, in dem er ausgewählte konservative Journalisten in Hintergrundgesprächen mit exklusiven Informationen versorgte. Ihm fiel ferner die Aufgabe zu, ausländische Besucher und Publizisten zu betreuen und Kohl auf Reisen in die Redaktionen der Zeitungen zu begleiten. Im übrigen achtete er darauf, daß er sich nicht allzusehr von der Kamarilla abhängig machte.

Nach der Wahl 1983 trat im Pressebereich ein Wechsel ein. Peter Boenisch löste Diether Stolze im Amt des Regierungssprechers und Chef des Bundespresse- und Informationsamts ab. Stolze kehrte zur Zeit zurück, nachdem er den selbstgesetzten Auftrag einer begrenzten Amtszeit erfüllt hatte. Mit anderen Worten, er kam unwillig und ging gern. Peter Boenisch, Kolumnist und Blattmacher beim Springer-Konzern, kam gern und ging widerwillig. Er hatte sich schon im Herbst 1982 für das Amt interessiert, Kohl fühlte sich aber nicht frei, den Journalisten der Öffentlichkeit zuzumuten, der für seine Attacken gegen linke Schriftsteller und sonstige Fortschrittliche in der Bild-Zeitung berüchtigt war. Nach dem hohen Wahlsieg beschwerten ihn solche Rücksichtnahmen nicht mehr.

Ackermann, der ihn empfahl, schildert in seinen Erinnerungen, wie sehr sich Boenisch bemühte, in ein Milieu vorzudringen, das ihm fremd war, obwohl er vorher mehrmals als Wahlkampfberater Kohls tätig war und alle kannte. Boenisch sei, schreibt Ackermann,»zeitweilig« eher im Kanzleramt anzutreffen gewesen als an seinem Arbeitsplatz im Presseamt. Damit umschreibt Ackermann die Tatsache, daß sich der Pressechef von ihm die Informationen besorgen mußte, die ihm der Dienstherr vorenthielt. Auch Boenisch war ein vorübergehend Hereingeschneiter. Er gab, wie Ackermann schildert, in der kurzen Zeit, in der er amtierte – es waren zwei Jahre –»seine ihm liebgewordenen, zeitraubenden Hobbys« nicht auf, war an Wochenenden auf dem Rennplatz, wo das eine oder andere Pferd aus seinem Gestüt lief, oder bei Formel-I-Rennen in Monte Carlo.

Der Liebhaber kostspieliger Autos hatte, ohne daß das jemand außer den Beteiligten wußte, einen Vertrag mit der Firma Mercedes-Benz, der ihn verpflichtete, den guten Stern auf allen Straßen zu fahren. Als die Staatsanwaltschaft ihm vorwarf, daß er seinen Nebenverdienst in Millionenhöhe nicht versteuerte, und ein»steuerrechtliches Ermittlungsverfahren« in Gang setzte, zog er rasch die Handbremse und beantragte Anfang Juni 1985 seine Entlassung.

Nachfolger wurde wieder ein Wirtschaftsjournalist, Friedhelm Ost, der im ZDF, wo er arbeitete, seiner umfassenden fiskalischen Kenntnisse wegen»Piepen-Friedhelm« genannt wurde.

So wie der Regierungschef gern neue, im Bereich der Politik weithin unbekannte Gesichter gewann, trennte er sich ungern von Mitarbeitern, die ihm, wenn auch nicht immer zu seinem Nutzen, so doch mit gutem Willen lange dienten. An Schreckenberger hielt er auch dann noch fest, als die Belegschaft einmütig rebellierte. Vermutlich hielt er es für nützlich, eine Art politischen Blitzableiters in seiner Nähe zu haben, der die Wucht der öffentlichen Angriffe abfing.

MIT DEM NEUEN BUNDESKANZLER etablierte sich ein neuer Arbeitsstil. Kohl las zwar nicht so wenig Akten, wie es behauptet wurde, aber er bearbeitete sie nicht annähernd so intensiv wie sein Vorgänger Helmut Schmidt, für den Akten den Grundstock des Funktionierens einer jeden Verwaltung bildeten. Der neue Hausherr verschob das, was er lustlos»Aktenpinseln« nannte, in die Nachtstunden und diskutierte statt dessen tagsüber lieber mit denen, die die Aktenstücke herstellten und die Vorgänge kannten. Das war die Ursache für mehrere, auch gravierende Pannen, die anhielten, bis Wolfgang Schäuble das Regiment übernahm.

Schwerer wog die Verlagerung der Entscheidungsebenen vom Kabinett auf allerlei Nebenzirkel und informelle Gremien. Otto Graf Lambsdorff, der den Unterschied zwischen dem Arbeitsstil im alten Kabinett Schmidt und demjenigen im neuen Kabinett Kohl am besten beurteilen konnte, da er beiden angehörte, machte keinen Hehl daraus, daß ihm die Strenge des Vorgängers besser gefiel, auch wenn er einräumt, daß »beide effektiv sein können«.

So habe Schmidt »eisern an der Übung festgehalten«, daß das Kabinett an einem jeden Mittwoch um 9 Uhr zusammentrat und bis zur Mittagszeit, manchmal bis 14 Uhr oder länger tagte. »Man hatte da zu sein«, erläutert Lambsdorff, »und brauchte einen triftigen Grund, wenn man fehlte.« Alle Themen seien im Kabinett »intensiv diskutiert« worden, selten habe Schmidt »den Gesprächsfaden abgeschnitten«. Das Kabinett sei ein »Gremium der Entscheidungsfindung und nicht nur ein Gremium, das Themen abhakt«, gewesen.

»Bei Kohl gab es keine festen Termine, und die Sitzungen waren sehr kurz«, erinnert sich Lambsdorff. Tatsächlich sah sich der neue Kanzler in den ersten Monaten einem gewaltigen Handlungsdruck ausgesetzt und verspürte das Bedürfnis, gelegentlich Diskussionen dadurch zu beenden, daß er das Kabinett einberief, um das absegnen zu lassen, was schon entschieden war. Auf dem formellen Abschluß des Prozesses bestand er. Daher ließ er die Minister in unregelmäßigen Abständen und zu verschiedenen Zeiten kurzfristig zusammenrufen, auch zu abendlicher Stunde.

Zur Begründung gab er an, er sehe nicht ein, daß das Kabinett aus dem einzigen Grund mittwochs tagen müsse, weil Mittwoch war, aber zu einem anderen Zeitpunkt nicht zusammentreten dürfe, weil nicht Mittwoch gewesen sei. Da sich der Vorgang wiederholte, argwöhnten Mitglieder, die früheren Kabinetten angehörten, hinter der Improvisation verberge sich eine Methode, mit der der Bundeskanzler seine Position stärken wolle. Wenn er den Rhythmus der Sitzungen bestimmte, konnte er Themen auf die Tagesordnung setzen, auf die sich nur er und die Amtsleitung, nicht aber die Ministerien ausreichend vorbereiten konnten. Ihnen wurde damit eine zuverlässige längerfristige Terminplanung erschwert. Schließlich mußte sich Kohl dem zunehmenden Widerstand beugen und berief wieder mittwochs ein.

Nicht nur dem Grafen war es ein Dorn im Auge, daß Kohl die

Entscheidungen vor die Kabinettstür verlegte. Sie wurden »in Ministergesprächen ad hoc vorbereitet. Wenn man ins Kabinett kam, lagen die Entscheidungen de facto vor.« In den Fragen der Gesetzgebung seien die Sitzungen nicht mehr als »notarielle Beglaubigungsveranstaltungen« gewesen. Dieses Verfahren habe einen »Zug zum Präsidialen« aufgewiesen. Natürlich wurde damit der Einfluß des Kanzleramts gestärkt. Was Brandts Kanzleramtsminister Horst Ehmke angestrebt habe, sagt Lambsdorff, habe Kohl »verinnerlicht«. Auch habe er sich nicht gescheut, »weit in die Ressortverantwortlichkeit hineinzugreifen«. Das Urteil anderer Minister, Kohl lasse sie »an der langen Leine laufen«, widerspricht dem nicht. Bei den Staatssekretären bis hinunter zu den Abteilungsleitern beanspruchte Kohl Mitsprache, wenn nicht Priorität bei der Entscheidung. Ein Beispiel verdeutlicht den Vorgang. Einer der Minister reichte dem Kanzleramt, wie gewünscht, eine Beförderungsliste vom Staatssekretär abwärts ein, danach hörte er mehrere Wochen lang nichts und glaubte, die beabsichtigten Ernennungen seien gebilligt worden, da gegen sie kein Einspruch eingelegt worden war. Er teilte also dem Beamten mit, daß er ihn zum Staatssekretär ernennen werde. Kurz danach rief Kohl an, fand alles mögliche an der Person auszusetzen und schlug einen anderen Bewerber vor. Der Minister erwiderte, da er nichts von ihm gehört habe, sei er davon ausgegangen, daß er zustimme, und habe den neuen Staatssekretär informiert. Wenn der Bundeskanzler das nicht akzeptiere, müsse er es dem Betreffenden sagen. Kurz darauf rief der Kanzleramtschef an und drängte abermals auf eine Änderung. Der Minister blieb stur. Nach einer weiteren Stunde erreichte ihn ein zweiter Anruf, in dem der Amtschef erklärte, der Kanzler sei »sehr besorgt«, die Änderung müsse erfolgen. Der Minister blieb bei seiner Haltung. »Wenn der Kanzler das nicht will, muß er es dem Betroffenen selbst sagen.« Danach hörte er nichts mehr.

Lambsdorff brauchte über mangelnde Einbeziehung in die Entscheidungen nicht zu klagen, denn er wirkte viele Jahre an allen von ihnen mit, zuerst im Kabinett, dann, als er ausgeschieden war, als Nachfolger Genschers im Parteivorsitz und schließlich als Mitglied des Parteipräsidiums. Kohl ließ auch solche Minister, die dem Führungszirkel nicht mehr angehörten und an deren Teilnahme ihm lag, nicht gerne ziehen. So wurde Genscher nach dessen Rückzug aus dem Amt zu den Sitzungen des Koalitionsausschusses eingeladen.

Mit der Zeit lernte Lambsdorff, mit den kontrollierten Wutausbrüchen des Kanzlers zurechtzukommen, »andere machten sie nervös, mich nicht«, kommentierte er. So schnell sich Kohl aufgeregt, auch die Stimme erhoben oder auf den Tisch geschlagen habe, so schnell habe er sich beruhigt. »Er zögerte nie lange, die Sache wieder in Ordnung zu bringen«, und er trieb einen Konflikt nie so weit, daß er nicht mehr in der Lage war, ihn abzubauen.[8]

Da beim Regieren in kleinen Zirkeln diejenigen, die daran teilnahmen, darauf bestanden, daß sich die Entscheidungen in einigermaßen geordneten und überschaubaren Formen vollzogen, ging Kohl dazu über, alle Angelegenheiten, die einer der Partner besprechen wollte, in der sogenannten Koalitionsrunde zu behandeln. In ihr saßen die Parteivorsitzenden, ihre Generalsekretäre, die Fraktionsvorsitzenden und ihre Geschäftsführer. Das ist bis heute so geblieben. Andererseits wurden bei bestimmten Angelegenheiten die Fraktionsspitzen zu Sitzungen des Kabinetts hinzugezogen. Daneben gab es eine Vielzahl anderer Gremien, die an den Diskussionsprozessen beteiligt wurden. Zeitweise trieb Kohls Furcht vor konspirativen Verbindungen ihn dazu, Sitzungen einzuberufen, bei denen die Teilnehmer nicht wußten, wer außer ihnen teilnahm und bei denen sie nur oberflächlich die Themen kannten, über die sie beraten sollten.

Als Heiner Geißler Generalsekretär war, passierte es ihm öfter, daß er von Sitzungen ausgeschlossen wurde, an denen er in doppelter Funktion hätte teilnehmen sollen, als Generalsekretär und als Sozialpolitiker. Er verzichtete auf eine Beschwerde, da er ohnehin erfuhr, was auf ihnen beraten und beschlossen wurde.

Eine andere Gewohnheit Kohls war es, Mitglieder des Kabinetts, die sich nicht einigen konnten, vor die Tür zu schicken und solange miteinander konferieren zu lassen, bis sie übereinstimmten.

Um die Kabinettsmitglieder bei Laune zu halten, arrangierte er gesellige Veranstaltungen. Im Herbst versorgten Bauernmädchen die Minister mit frischen Äpfeln aus deutschen Landen. Zur Weihnachtszeit lud Kohl sie zum Gänsebraten an die festlich gedeckte, mit Kerzen und Tannenzweigen geschmückte Tafel im Kanzlerbungalow. An Karneval schaute das Bonner Prinzenpaar vorbei, und bei besonderen Anlässen wurde im Kabinettssaal Kaffee und Kuchen gereicht

Außenstehenden fiel stets der Corpsgeist auf, der in dem engeren Beraterkreis herrscht. Kohls Biograph Heribert Schwan schreibt, der Beraterkreis werde von Eingeweihten wie eine »Ordensgemeinschaft«

betrachtet. Seine Mitglieder seien »eingeschworen bis zur Hörigkeit, bedürfnislos bis zur Selbstpreisgabe«.[9]

Richtig daran ist, daß das gemeinsame Streben nach dem Erfolg, vor allem demjenigen des Kanzlers, das verbindende Element war, dem sich alle Mitglieder unterordneten. Das Geheimnis ihrer Zusammengehörigkeit bestand darin, daß die Gruppe alle Fehden und Händel, Intrigen, Aversionen und Frustrationen unter sich ausmachte. Es war außerdem ein Bestandteil ihres Arbeitsverhältnisses, daß Kohl den Ärger, den er sich einhandelte, bei Bedarf auf sie ableitete. Der uneingeschränkte Zusammenhalt war etwas, was es vor der Herrschaft Kohls nicht gab.

So war das Kanzleramt unter seinem Vorgänger Schmidt insofern transparent, als in ihm die Gruppe Kommunikation und gesellschaftliche Analysen, die bei Kohl von Ackermann geleitet wurde, unter dem damaligen Leiter Albrecht Müller als Vorposten der »Baracke«, also des SPD-Managements, galt. Müller sorgte dafür, daß Interna der verborgenen Welt nach draußen drangen. Bei Kohl wurden alle Fenster geschlossen. Als Faustregel galt, daß derjenige, der die Gruppe verließ, unwiderruflich draußen war und der, welcher über sie redete, als Verräter galt.

Außenstehende wunderten sich über die Marotten, die der Regierungschef entwickelte. Der damalige Präsident des Goethe-Instituts, Klaus von Bismarck, berichtet, Kohl habe sich bei einem Gespräch über die Goethe-Institute in Wien und Wuhan in China beschwert, sich dabei auf einige Notizzettel gestützt, die er aus der Tasche zog, und sich allmählich in eine Suada über die Linkslastigkeit dieser Institute hineingesteigert. Während des Redens habe er sich zu seiner vollen Größe erhoben und sei im Büro umhermarschiert, wobei die Lautstärke stieg, in der er seine Vorwürfe vortrug. Erst nach mehreren vergeblichen Versuchen sei es Bismarck gelungen, den Wütenden zu unterbrechen, um ihm mitzuteilen, daß es in Wien und Wuhan keine Goethe-Institute gab.[10]

Dem unkonventionellen Arbeitsstil Kohls entspricht die Einrichtung seines Büros. Mit wohnlichen Elementen und einer privaten Atmosphäre versucht er, sich die Umgebung zu schaffen, die der – wie er es nennt – »Kälte der Entscheidungen« entgegenwirkt. In einem Gespräch mit dem Moderator Günther Jauch bemerkte er, sein Büro sei ein »ungewöhnliches Arbeitszimmer«, in das »sehr viel Privates« eingeflossen sei. Das lindere die Einsamkeit des Jobs, den er mache.[11]

Arbeitszimmer im Bundeskanzleramt.

Seine Arbeitspapiere belegt er mit großen, antiken Medaillen, die Regale der hinteren Wand sind mit den handsignierten Fotos gefüllt, wie sie während der Begegnungen berühmter Staatsmänner aufgenommen werden, daneben türmen sich Mineralien und steinerne Funde aus der Urzeit, und einer der Besucher, der amerikanische Journalist T. D. Allman, registrierte staunend, daß der Kanzler außer einem Pfeifenständer mit den klobigen Pfeifen, die vor zwanzig Jahren erkalteten, eine Plastikfigur der Mutter Teresa auf dem Schreibtisch stehen hatte, wie Touristen sie in indischen Andenkenläden kaufen. »Auch wenn die Statue aus Gold wäre«, kommentierte Kohl, »würde es das Mutter Teresa zu keiner bedeutenderen Frau machen, als sie war.« Überraschend fand Allman, der Ende 1990 bei ihm war, daß der Schreibtisch des Gastgebers zwischen der deutschen Flagge und einem Aquarium stand. Auch zu den Zierfischen gab der Hausherr seinen Kommentar. Er sagte, es beruhige ihn, »sie hin- und herschwimmen zu sehen.«

Die Vorstellung mutet eigenartig an, daß der Regierungschef einer der modernsten und leistungsfähigsten Industrienationen in einem mit Erinnerungsstücken vollgestopften Raum arbeitet. Das unprätentiöse Interieur kann für die zwischenstaatlichen Beziehungen vorteilhaft sein. Allman fand, es habe dazu beigetragen, die Angst der Nachbarn vor der deutschen Großmannssucht zu mindern. Dem Besucher fiel angenehm auf, daß im Amtsgebäude weder die »riesigen, goldgerahmten Gemälde von Schlachten und Seegefechten« hingen, wie man sie im Weißen Haus in Washington finde, noch die Pracht des Elysee-Palastes in Paris oder die aufgesetzte Schlichtheit der Downing-Street 10 in London herrsche. Er fand, die Bonner Regierungszentrale ähnele in ihrem nüchternen, auf Effektivität angelegten Gehäuse eher der von Mercedes- Benz, mit dem Unterschied, daß in Bonn »staatliche Politik« und keine »teuren Autos« produziert werde.[12]

Einfach, übersichtlich und leicht handhabbar ist auch das Arbeitsgerät, mit dem Kohl auskommt. Es sind das Telefon und der Terminkalender. Hans-Jochen Vogel, dessen Gründlichkeit sprichwörtlich war, ergrimmte beim Anblick des Verhandlungspartners, der ohne Akten und Papiere, die auf gründliche Vorarbeit schließen ließen, in die Beratungen kam. Das einzige Gerät, das er bei sich trug, der Terminkalender, der zugleich als Notizbuch dient, ist ein schmaler, schwarzlederner Band mit Silberschnitt und einem besonders haltbaren Dünndruckpapier. Er wird ihm zum Jahresende von der Ludwigshafener Chemiefirma BASF seit der Zeit zugestellt, in der er für sie arbeitete. Außer ihm bekommt nur Juliane Weber das Büchlein in die Hand. Sie überträgt abends die Termine, die er tagsüber notiert, in ihren Kalender. Bei Verhandlungen legt er das Heft häufig vor sich hin, als wolle er seinen Platz markieren. Aus der Anfangszeit seiner Karriere stammt der Verdacht, er notiere in dem »schwarzen Buch« auch »Aufzeichnungen vertraulicher Art«, wie sich sein damaliger Mitarbeiter Hanns Schreiner ausdrückt, also Notizen über Schwächen und Verfehlungen von Mitarbeitern. Tatsächlich versah Kohl, als er anfing, Menschen um sich zu scharen, die ihm gefielen oder auf die er aufmerksam gemacht wurde, die Namen mit den Eigenschaften, die ihm auffielen.[13]

Kohls Terminplanung liegt eine Eigenart zugrunde, die einen Einblick in seine Handhabung des politischen Tagesgeschäfts erlaubt. Er zieht die Zeitachse nicht von der Gegenwart in die Zukunft, sondern er setzt einen fiktiven Zeitpunkt fest und geht von ihm die Zeitschritte anhand der jeweiligen Termine solange rückwärts, bis er wieder am Ausgangspunkt angelangt ist. Darüber wunderte sich schon 1971

der Kohl-Biograph Ludolf Hermann. Er stellte fest, daß der damals
41jährige Kohl seinen Blick »geradewegs auf das Jahr 2000« richtete.
Daraus schloß der Autor, der Gegenstand seiner Untersuchung denke
»auf dieses Jahr nicht hin«, er denke »von ihm zurück: Gegenwart, ein
gestandenes Heute, das zählt bei ihm nur als »die siebziger Jahre‹«,
schrieb er.[14]

Bei Gesetzesvorhaben, die er über die Hürden der parlamentarischen Gremien treiben will, stürzen sich die Kollegen bei umstrittenen
Vorhaben erst einmal in die Redeschlacht. Kohl hingegen interessiert
sich primär für das Ergebnis oder für das, wie er sich einmal ausdrückte, »was hinten rauskommt«. Der Inhalt ist für ihn häufig ne-
bensächlich, er beteiligt sich auch nicht an der Debatte über ihn, sondern konzentriert sich auf die Zeitschiene. Anhand des Terminkalen-
ders setzt er den Endpunkt fest, zu dem das Werk im Bundesgesetzblatt erscheinen und rechtskräftig werden soll, und zwar unter
Berücksichtigung aller taktischen Schritte, die zwischendurch politisch erforderlich und gesetzlich festgeschrieben sind. Dazu zählen die
drei Lesungen im Bundestag und die zwei Durchgänge im Bundesrat,
die Anhörung der Verbände, der Einspruch der Länderkammer und
dessen Zurückweisung im Parlament, die Prüfung durch den Bundespräsidenten und die politische Debatte zu Beginn. Dann notiert er
die einzelnen Daten und setzt mit dieser rückwärtigen Rechnung den
Termin fest, zu dem das Gesetz vom Bundeskabinett verabschiedet
werden muß.

Konnte er in Mainz ein solches Verfahren in Verabredung mit seinen
Parlamentarischen Geschäftsführern fast mühelos steuern, hatte er in
Bonn anfangs einige Mühe, es auf die kompliziertere und umständlichere Maschinerie zu kopieren, in der mehr Organe mitmischen.
Daher funktionierte es anfangs nicht. Das war der Grund dafür, daß
ihm der Ruf des Dilettantismus anhing. Ihn loszuwerden, bedurfte
es um so größerer Mühe, als die Manager der Macht in den anderen Parteien lange brauchten, bis sie seine Technik verstanden. Es dauerte eine Weile, bis sie dahinter kamen, daß das Chaos, in dem die
Kohlsche Regierungsarbeit turnusmäßig versinkt, absichtlich herbeigeführt und bewußt gesteuert wird. Denn der Kanzler war gewitzt
genug zu bemerken, daß in Bonn alle langfristigen Planungen nach
kurzer Zeit zur Makulatur werden, da sich mit der Dauer der Beratung
die Bedenken, Einwände und Alternativen häufen, statt sich zu ver-
mindern, und sich Befürworter wie Gegner als erstaunlich einfallsreich

erweisen, wenn es gilt, ein Gesetz auf die lange Bank zu schieben, sei es, um es zu verhindern oder um es zu verbessern.

Da Kohl nicht zu denen gehört, die Zukunftspläne, Perspektiven und Visionen entwickeln, sondern unter den Pragmatikern der Pragmatischste ist, machte er sich den Umstand zunutze, daß das Bundesparlament vor jeder längeren Beratungspause in eine hektische Betriebsamkeit verfällt, in der es alle unerledigten Vorhaben rasch vom Tisch zu bringen sucht, um sich der Muße der Ferienzeit zu widmen. Das geschieht regelmäßig vor der Oster-, der Sommer- und der Weihnachtspause, vor allem vor der Weihnachtspause, da sie mit dem Jahreswechsel zusammenfällt.

Mithin schob Kohl alle umstrittenen Unternehmungen bis zur letzten Minute auf und bestand dann darauf, sie alle zusammen zu erledigen. Da er mit seinem übersichtlich geordneten Terminkalender einer der wenigen war, die den Überblick behielten, bekam er meist in dem allgemeinen Trubel das, was er haben wollte, auch wenn es Kompromisse waren.

17

DIE ERSTEN AFFÄREN DER ÄRA KOHL

ES GEHÖRT ZU DEN CHARAKTERISTIKA deutscher Bundesregierungen, daß sie hohe Wahlsiege selten wohlüberlegt auswerten
und zum Nutzen derer gebrauchen, denen sie sie zu verdanken haben.
Die Parteien mühen sich wie Marathonläufer unter großen Anstrengungen, an die Ziellinie zu gelangen, an der sie dann erschöpft zu
Boden sinken. So erging es der Regierung Kohl, deren Motor nach
ihren Erfolgen bei der Einleitung der Bundestagswahl 1983, ihrer
Bestätigung vor dem Bundesverfassungsgericht, dem Wahlkampf und
den sich anschließenden Koalitionsverhandlungen in den Leerlauf geriet. Dabei wählte sie von den vier Varianten, in Schwierigkeiten zu geraten – den fremdbestimmten, unvermeidlichen, selbstverursachten
und vermeidbaren –, die beiden letzteren.

Daraus erwuchs die Affäre Kießling/Wörner, die Anfang 1984 die
Republik beschäftigte. Sie zählte zu jener Kategorie von Skandalen, die
sich aus einer beherrschbaren Kalamität entwickeln und wegen der
Ungeschicklichkeit der Beteiligten, des unaufhaltsamen Selbstlaufs der
Behörden und der Empfindlichkeit der Betroffenen zu Vorfällen ausweiten, die sich von ihren Ursprüngen so weit entfernen, daß die
Ursachen nur noch schwer erkennbar sind. Der Fall Kießling wäre
leicht beizulegen gewesen, ehe er entstand, aber daß er sich ereignete,
macht das Charakteristische aus.

Der eine der Hauptbeteiligten, Bundesverteidigungsminister Manfred Wörner, beging eine Reihe von Fehlern, da er bei der Übernahme
des Ministeriums im Herbst 1982 keinerlei Verwaltungserfahrung
besaß. Daß ihm nicht nur Behördenpraxis, sondern auch eine durchgängige Kenntnis der Bundeswehr fehlten, deren oberster Dienstherr er
in Friedenszeiten war, empfand er nicht als Defizit.

Der andere Hauptbeteiligte, das Opfer der Intrigen, der Bundeswehrgeneral Günter Kießling, wies den Minister mehrmals auf dieses
Defizit hin und erklärte sich auch bereit, mit eigenen Ratschlägen zu
helfen, aber Wörner wehrte ab.

In der Rückschau auf die Ereignisse berichtet Kießling, er habe in den »zahlreichen Gesprächen«, die er mit Wörner schon vor dessen Amtsübernahme führte – beide waren miteinander so gut befreundet, wie das in diesem Metier möglich ist, Kießling stand der Partei Wörners nahe, und sie begegneten sich öfter, auch privat –, eine »weitgehende Übereinstimmung« in ihren »Ansichten zur Verteidigungspolitik« festgestellt. Er habe auch nie gezweifelt, daß der Gesprächspartner »im Falle eines Regierungswechsels Verteidigungsminister werden würde«. Was dem CDU-Politiker gefehlt habe, sei der »rechte Einblick« in den »Truppenalltag des Heeres« gewesen. »Er war«, schreibt Kießling mißbilligend, »ganz auf seine Erfahrungen als Flugzeugführer fixiert«. Das habe er als besonders mißlich empfunden, da die Bundeswehr »vornehmlich eine Landstreitmacht« sei. Es sei ihm nicht einmal gelungen, »ihn zu einer Wehrübung beim Heer zu bewegen«. Wörner habe eben fliegen wollen.[1]

Kießling gehörte zu jenen hochdekorierten, hochintelligenten, hochsensiblen Soldaten, von denen die Bundeswehr nur wenige hat. Aus einer Soldatenfamilie stammend, im evangelischen Glauben erzogen, wurde er in einer sächsischen Kadettenanstalt ausgebildet, machte den Krieg an allen Fronten mit, studierte Wirtschaftswissenschaften in Berlin, strebte danach einen Beruf als Wissenschaftler an und ließ sich dann während der Aufbaujahre der Bundeswehr auf internationalen Militärschulen weiterbilden. Er war ein kritischer Bewunderer des Grafen Baudissin und zählte bald zu jenen hohen Offizieren, die eine Reform der Bundeswehr anstrebten.

Kurz vor dem Regierungswechsel 1982 wurde er von Wörners Vorgänger Hans Apel zum Stellvertreter des Obersten Alliierten Befehlshabers der NATO in Europa ernannt. Er hatte damit die höchste Stufe erklommen, die ein Soldat erreichen kann. Der Posten war der krönende Abschluß für einen 56jährigen, der sein Leben lang Soldat war und noch vier Jahre bis zur Pensionierung vor sich hatte. Später bereute er seinen Schritt, nannte ihn die »tiefgreifendste Fehlentscheidung« seines Lebens. In einer Unterredung mit dem neuen Minister Wörner kam er überein, daß er mit Ablauf des März 1984 in den vorzeitigen Ruhestand gehen sollte. Kießling beabsichtigte, seiner akademischen Neigung zu folgen und eine Professur zu übernehmen.

Mitte September 1983 beorderte der Generalinspekteur Wolfgang Altenburg Kießling eilends nach Bonn und teilte ihm mit, ihm werde vorgeworfen, er verkehre in Lokalen der Homosexuellen-Szene in

Köln. »Ich war wie vom Schlag getroffen«, schreibt Kießling in seinen Erinnerungen. Er wies die Verdächtigung zurück und gab sein Ehrenwort, daß er in solchen Lokalen nicht verkehre und niemals verkehrt habe. Daraufhin bat er, den Minister zu sprechen. Bei der Gegenüberstellung erklärte Wörner, der General wisse, wie sehr er ihn schätze, wiederholte aber die Beschuldigungen, und Kießling gab auch ihm das »Ehrenwort, daß daran nichts Wahres ist«.

Das genügte dem Minister nicht. Er schlug vor, Kießlings Rücktrittsdatum um drei Monate auf den 31. Dezember 1983 vorzuziehen. Der Beschuldigte lehnte das ab, sie vereinbarten ein weiteres Gespräch, das, wiederum in Gegenwart hoher Offiziere, vier Tage nach dem ersten im Ministerbüro stattfand. Die Pause hatte ihre Wirkung getan, die Kontrahenten trafen einen Kompromiß, der lautete, Kießling verzichte auf weitere Klarstellungen und nehme den Dienst nicht wieder auf, dafür beließ es Wörner beim ursprünglichen Datum der Pensionierung zum 31. März 1984. Die Verabschiedung sollte, wie üblich, vom Generalinspekteur mit einem Großen Zapfenstreich vorgenommen werden.

Die Krise zwischen dem Minister und dem General schien beigelegt. Wörner befahl, sofort alle weiteren Ermittlungen einzustellen, der Fall galt als abgeschlossen, als der Staatssekretär im Bundesverteidigungsministerium, Joachim Hiehle, 14 Tage später aus einem Krankenurlaub zurückkehrte. Ihm fielen die Akten in die Hände, er bestellte sofort General Altenburg zu sich und bedeutete ihm, daß die Absprache »nicht mit den geltenden Sicherheitsbestimmungen in Einklang« stehe, wie es im Bericht des Untersuchungsausschusses heißt. Er habe Sorge, »daß der Bundesminister bei Bekanntwerden dieses Verfahrens in Schwierigkeiten« gerate. Mit Kießling müsse genauso verfahren werden wie mit jedem anderen Soldaten in einem vergleichbaren Fall. Die Ermittlungen gegen ihn müßten also wiederaufgenommen werden.

Wörner akzeptierte die Wiederaufnahme des Verfahrens, das er gerade eingestellt hatte. Ein Wort von ihm hätte genügt, den übereifrigen Hiehle zurückzupfeifen. Aber er knickte ein. Jeder glaubte in dieser Situation, das Richtige zu tun, und alle richtigen Entscheidungen zusammengenommen erwiesen sich als falsch.

Von jetzt an schieden sich die Geister. Auf der einen Seite mahlte die unerbittliche, nach Aktenlage vorgehende Apparatur der Bürokratie mit dem beflissenen Bürokraten Hiehle an der Spitze. Auf der anderen Seite stand ihr Opfer. Kießling wurde einer quälenden Prozedur von

Untersuchungen seines Gesundheits- und Geisteszustands unterworfen, und es wurden neue Akten angelegt, die allesamt, wie sich später in einem Untersuchungsausschuß des Bundestags herausstellte, auf Geschwätz und Gerüchten, auf Klatsch und Tratsch und Kasinogeschichten beruhten.

Es kursierte ein »Rot-Bericht«, ein dubioses Schriftstück aus der aberwitzigen Welt der Spionage, der den Schriftsteller Heinrich Böll vier Jahre später zu der Satire über die »Gesinnungslage der Nation« animierte, in der die Spione »Rotgimpel, Rotkopfwürger und Rotmolch« einander bespitzeln, ein bemerkenswert realistisches Stück Literatur, welches allerdings von der Wirklichkeit weit übertroffen wurde.[2]

Trotz der Widrigkeiten glaubte Wörner bis Anfang Dezember, den Fall lösen zu können, ohne die nächsthöhere Instanz, den Bundeskanzler, zu informieren. Da er ihn bitten mußte, dem Bundespräsidenten vorzuschlagen, Kießling zu entlassen, mußte er sich früher oder später dem Kanzler offenbaren. Vermutlich klangen Wörner die Bemerkungen im Ohr, die im Lager Kohls kursierten, der Chef schätze ungelöste Fälle nicht und wünsche, erst dann mit einem Vorgang befaßt zu werden, wenn er so weit gediehen war, daß er entscheiden konnte.

An dieser Stelle gelangte der Fall an einen der Knotenpunkte des Regierungssystems Kohl. Der Regierungschef interessierte sich häufig für Angelegenheiten, die ihn nicht zu kümmern brauchten, während er solche schleifen ließ, die er hätte rasch erledigen müssen. Da es keine Kriterien gab, nach denen so oder anders verfahren werden mußte, wußte keiner genau, wie er sich zu verhalten habe.

Wörner hatte wohl nicht den richtigen Zugang zu Kohl. Er versuchte, die Pannen, die ihm unterlaufen waren, möglichst lange zu verbergen in der Hoffnung, sie lösten sich von selbst auf. So kreiste die Akte Kießling fast drei Monate lang im geschlossenen System des Verteidigungsministeriums.

Erst am Tag nach seiner Entscheidung, Kießling zu entlassen, wandte sich Wörner an den Bundeskanzler. Er umging aber die Förmlichkeiten, die in diesem Kreis verpönt waren, und brachte ihm beiläufig nahe, daß eine personelle Veränderung anstand. Dazu suchte er ihn auch nicht im Amtszimmer auf, sondern setzte sich mit ihm, wie es zwischen den Regierungsmitgliedern öfter geschah, während der Haushaltsdebatte in eine der hinteren Bänke im Plenum und berichtete ihm von dem Beschluß.

Kohl, ein Nichtgedienter, dem vermutlich nicht einmal die Brisanz der Anschuldigung klar war, sagte zu Wörner:»Überprüfen Sie dies alles sehr intensiv. Aber wenn Sie so handeln müssen, dann tun Sie Ihre Pflicht.« Daraus schloß Wörner, er könne den ersten Teil der Anweisung überhören, denn die Überprüfung war seiner Meinung nach abgeschlossen. Ihm entging der warnende Ton, den Kohl in die Bemerkung instinktiv einfließen ließ, und nahm nur den zweiten Teil der Botschaft wahr. Die unehrenhafte Entlassung nahm ihren Lauf. Fünf Tage später schickte Wörner den Brief mit der Bitte, den General zur Entlassung vorzuschlagen, an den Kanzler, mit gleicher Post wurde Kanzleramtschef Schreckenberger informiert. Auch bei ihm läuteten die Alarmglocken nicht. Er leitete die Vorlage an eine Arbeitsgruppe weiter, die empfahl, mit diesem Fall müsse das Kabinett befaßt werden, ein Rat, der im Wust der Akten unterging. Nicht sehr taktvoll wurde Kießling schließlich am Tag vor Weihnachten, dem 23. Dezember 1983, zur Entgegennahme der Entlassungsurkunde ins Ministerium bestellt. Es wurde ihm bedeutet, er solle in Zivilkleidung erscheinen. Der Minister war in Skiurlaub, so überreichte Hiehle die Entlassungsurkunde im Empfangszimmer des Ministerflügels. Kießling unterbrach die Verlesung und gab ihm einen verschlossenen Briefumschlag, der an den Minister adressiert war. Darin beantragte er, ein Disziplinarverfahren gegen sich einzuleiten. Das war der erste schriftliche Ausdruck seines Protests. Wie geschmacklos die unehrenhafte Entlassung arrangiert war, zeigt die Tatsache, daß mit den letzten Worten des Staatssekretärs das Klappern der Sektgläser in der Teeküche zu vernehmen war. Kießling nahm Haltung an, ehe er in die Verlegenheit kam, den Sekt ablehnen zu müssen, erklärte kurz:»Ich darf mich verabschieden« und verließ »schnellen Schrittes« den Ort seiner Demütigung.

Erst nach Einschaltung des versierten Bonner Rechtsanwalts Konrad Redeker drang die Angelegenheit an die Öffentlichkeit. Am 5. Januar 1984 erschien in der *Süddeutschen Zeitung* eine kurze Meldung auf der Seite 1 mit der Überschrift »Wörner entläßt Kießling«. Der Verfasser war der Bonner Korrespondent des Blattes Alexander Szandar, der vor Weihnachten begonnen hatte, den Fall zu recherchieren, und nach den Feiertagen die Bestätigung für seine Recherche bekam. Der Mediensturm brach los, und Wörner, der kurz danach aus dem Skiurlaub zurückkehrte, behauptete, er habe sich bei seiner Entscheidung ausschließlich von »Sicherheitsgründen« leiten lassen, hierbei allerdings sei »jeder Irrtum ausgeschlossen«.

Spätestens zu diesem Zeitpunkt hätte Kohl sehen müssen, daß dem Minister die Angelegenheit aus der Hand zu gleiten drohte. Er war um so mehr gefordert, als sich Kießling über einen ehemaligen befreundeten Vorgesetzten, den General a.D. Eberhard Boehm aus Rendsburg, direkt an ihn wandte. Boehm war Mitglied der CDU und den einschlägigen Parteioberen gut bekannt. Von der Schilderung des Freundes erregt, schrieb er in einem Brief an Kohl, »zwei Tage vor Weihnachten« sei »ein schwerwiegendes Unrecht« geschehen. Es habe sich ein »Fall Generaloberst von Fritsch im Rechtsstaat« zugetragen, in dessen Folge »Sie und Ihre Regierung in einen Skandal gezogen werden, der in den Medien und damit in unserem Volk einen katastrophalen Schaden anrichten wird.« Generaloberst Fritsch war Oberbefehlshaber des Heeres unter Hitler, wurde als Homosexueller verleumdet, aber vor einem militärischen Ehrengericht rehabilitiert.[3]

Wo der Brief landete und ob er jemals den Adressaten erreichte, ließ sich in den späteren Untersuchungen nicht klären. Der Journalist und Buchautor Wolfgang Bickerich stellt fest, daß Wörner damit begann, »nach dem Schuldspruch Beweise für die Schuld« des Unschuldigen, statt nach dessen Unschuld zu suchen. Auf der Suche nach belastendem Material setzte Wörner alle Apparate in Bewegung, die ihm zur Verfügung standen, sie stöberten in der Homosexuellen-Szene herum und trieben den Schweizer Herausgeber eines Homosexuellen-Blattes namens Alexander Ziegler auf, der behauptete, Beweise beibringen zu können. Er wollte sie aber nur dem Minister und dem Bundeskanzler persönlich vorlegen.

Damit kam Kohl abermals ins Spiel. Wörner sprach mit Schreckenberger, und beide kamen zu dem Ergebnis, es genüge, wenn der Staatssekretär des Kanzleramts bei der Anhörung zugegen sei. Schreckenberger führt zu seinen Gunsten an, er habe »einen alten Freund nicht im Stich lassen wollen«, und fuhr zu dem Termin, obwohl ihn enge Mitarbeiter warnten, teilzunehmen, da damit das Kanzleramt in die Affäre hineingezogen wurde.[4]

Die Unterlagen belegen, daß Ziegler auf Kosten des Bundes eingeflogen, vom Adjutanten Wörners, einem Oberst, auf dem Flughafen Köln/Bonn abgeholt wurde, der ihm die Reisespesen in Höhe von 2 500 Mark in bar in die Hand drückte und ihn dann, wenn nicht mit militärischen Ehren, so doch mit militärischem Begleitschutz auf die

Hardthöhe brachte. Dort gab er nichts als Ungereimtheiten zu Protokoll. Erst nach elf weiteren, für Kießling quälenden Tagen wurde der Spuk vom Wehrdisziplinaranwalt jäh beendet. Er war im Auftrag des Ministers tätig geworden. Das Ergebnis seiner Prüfung lautete, zusammengefaßt, die Aussagen der Belastungszeugen seien »überwiegend ungenau, teils widersprüchlich und nicht nachprüfbar«, weitere Hinweise hätten sich »größtenteils als unschlüssig« erwiesen, die Anschuldigungen aus Kreisen der Homosexuellen hätten sich allesamt als »unzutreffend« herausgestellt.

Was den Bundeskanzler betrifft, ließ der zwei Wochen verstreichen, die nicht gerade die Welt erschütterten, wohl aber sein Ansehen und das seiner Regierung stark in Mitleidenschaft zogen. Erst nach einer Sitzung der Parlamentarischen Kontroll-Kommission am 19. Januar 1984, in der Wörner über den Fall Kießling berichtete, horchte er auf. Da wurde er von den CDU-Mitgliedern der Kommission, die über die Pannen im Ministerium entsetzt waren, dringend gebeten, etwas dagegen zu unternehmen.

Wieder verstrich viel Zeit, weil Kohl sich darauf beschränkte, den Justitiar der Fraktion, Paul Mikat, der Kohl mehrmals gutwillig zur Seite stand, damit zu beauftragen, mit Kießling zwecks eines Vergleichs »ins Gespräch zu kommen«. Vor dem Ausschuß behauptete er später, zu diesem Zeitpunkt habe ihn »das Ganze... zu der Überzeugung gebracht, daß es allerhöchste Zeit ist, hier so schnell wie möglich das Menschenmögliche zu tun, um den General Kießling zu rehabilitieren«. Weitere fünf Tage gingen ins Land, Kohl zauderte, obwohl immer neue Einzelheiten über die skandalösen Umstände der Ermittlungen Wörners an die Öffentlichkeit drangen. Die lange Pause begründete er damit, daß er sich auf eine Reise nach Israel habe vorbereiten müssen, die seit langem geplant war. Schließlich flog er mit dem Bescheid an Wörner ab abzuwarten. Der offizielle Besuch nahm sodann weitere fünf Tage in Anspruch, in denen nichts geschah. In der Zwischenzeit wußte Kießling nicht, was die politische Führung mit ihm vorhatte.[5]

DIE REISE NACH ISRAEL, zu der sich Kohl am 24. Januar 1984 auf den Weg machte, war eine heikle Mission. Mit der Ankündigung, kurz nach seiner Wahl 1982 nach Israel zu fahren, hatte er die arabischen Staaten verärgert. Inzwischen war der israelische Ministerpräsident Menachem Begin zurückgetreten, und Kohl verschob die Reise. Er besuchte aber Jordanien, Ägypten und Saudi-Arabien zum Mißfallen Israels. Die Visite am Golf im Herbst 1983 war für Kohl ebenfalls kein leichter Gang. Helmut Schmidt hinterließ seinem Nachfolger nur die allgemeinen Akten. Jene, die seine Gespräche mit dem saudiarabischen König Fahd und dem Kronprinzen Abdullah unter vier Augen festhielten und bei denen es um die deutschen Waffenlieferungen an Saudi-Arabien ging, waren nicht auffindbar. Schmidt hatte sie offenkundig mitgenommen. Es ging vor allem um den deutschen Panzer Leopard 2 und einen Flak-Panzer vom Typ Gepard, an denen sich die Saudis besonders interessiert zeigten.

So hielt Kohl die saudiarabischen Gesprächspartner bei seinem Besuch Mitte Oktober 1983 hin, ging, wie er vor der Presse sagte, »keinerlei Verpflichtungen« ein und verabredete lediglich den Austausch von Expertengruppen.

Als er dann Anfang 1984 nach Israel fuhr, beherrschte die Affäre Wörner/Kießling die Schlagzeilen, die ihn während der ganzen Reise begleiten sollten. Immerhin reiste ein Pulk von hundert Journalisten samt einiger Fernsehteams mit, weniger, um über den Israelaufenthalt zu berichten, als sich an die Fersen eines, wie es im Jargon heißt, »angeschlagenen Kanzlers« zu heften.

Kohl war offensichtlich bestrebt, die prekäre innenpolitische Lage durch außenpolitisches Auftrumpfen vergessen zu machen. Auf dem Flughafen erwiderte er die Begrüßung der Gastgeber mit dem treuherzigen Bekenntnis, er komme als »Vertreter eines neuen Deutschlands, als erster Bundeskanzler aus der Nachkriegsgeneration«, mit dessen Amtsantritt ein »neuer Geist« in der Bundesrepublik eingezogen sei. Die Israeli waren über den Gegensatz zwischen solchen rhetorischen Muskelspielen und den vagen Freundschaftsbekundungen (»Israel ist ein wichtiges Land... seine Menschen liegen uns am Herzen... mit Bewunderung haben wir Israels Aufbauleistung verfolgt«) verstimmt.

In Yad Vashem erklärte Kohl dem Fremdenführer, der ihm die Gedenkstätte für die sechs Millionen jüdischen Opfer während des Naziregimes erläutern wollte, gereizt, er kenne die deutsche Geschichte, ihn brauche man nicht zu belehren. Die Übellaunigkeit wuchs, da anläßlich des deutschen Staatsbesuches eine Vielzahl von antinazistischen Demonstrationen stattfand.

»Der deutsche Gast«, schilderte die *Neue Zürcher Zeitung* in feiner Ironie die erste Begegnung der Regierungsdelegationen beim Festbankett im Hilton-Hotel in Jerusalem, »hatte offenbar beschlossen, schon am ersten Abend bei seiner Tischrede die Nahostposition der Bundesrepublik ohne Umschweife darzulegen.« Er begann damit, daß er das »Selbstbestimmungsrecht des palästinensischen Volkes gegen das Existenzrecht Israels« stellte. War der Wortlaut seiner Rede auch politisch korrekt, der Inhalt formal nicht zu beanstanden, waren die Gastgeber doch entschieden der Meinung, er hätte die altbekannten Standpunkte nicht unbedingt zu wiederholen brauchen, zumal da er seine Belehrungen in einen Kontext einbettete, der ihnen mißfiel.

Wenn er sagte, in beiden Ländern vollziehe sich ein »Generationenwechsel«, bei dem eine »junge deutsche Generation die Geschichte Deutschlands nicht als Last, sondern als Auftrag für die Zukunft« begreife, klang es in den Ohren der Gastgeber, als wolle er einen Schlußstrich unter die Vergangenheit ziehen. Sie hielten es für eine unzulässige Verniedlichung, daß er den Völkermord an den Juden in die Worte kleidete, das »Gesicht des Menschen« sei »in deutschem Namen« geschändet worden.

Ministerpräsident Shamir, der sich verletzt fühlte, fuhr in seiner zornigen Erwiderung »mit schwerem Geschütz auf« *(Neue Zürcher Zeitung)*. Er nannte Israel eine »verstümmelte Gemeinschaft« und behauptete, wenn die Vernichtung der Nazis nicht gewesen wäre, könnte der Staat »Israel von acht bis zehn Millionen Juden bewohnt« sein.

In der Knesset hatte Kohl am nächsten Tag einen schweren Stand. Drei Abgeordnete der Opposition warteten bis zur Ankunft des Bundeskanzlers und verließen dann demonstrativ den Raum, ein vierter hob ein Plakat hoch, auf dem der Davidstern, Stacheldraht und die Aufschrift »Nicht vergessen« abgebildet waren. Nach der Begrüßung des Parlamentspräsidenten brachen Tumulte aus.

Das, was von diesem Besuch haften blieb, ereignete sich in keiner der Szenen, die in aller Öffentlichkeit wiedergegeben wurden, sondern in einer intimen Zeremonie vor der Sitzung der Knesset.

Dabei überreichte Kohl dem Parlamentspräsidenten Menahem Savidor eine Schrift des bedeutenden deutschen Religionsphilosophen Johannes Reuchlin aus dem 15. Jahrhundert als Gastgeschenk. Selbstrechtfertigend verfiel Kohl auf die mißverständliche Formulierung, er rede als einer, »der in der Nazizeit nicht in Schuld geraten konnte, weil er die Gnade der späten Geburt und das Glück eines besonderen Elternhauses« gehabt habe. In dem Schwall der Begrüßungs-und

Dankesreden, die Kohl unentwegt zu halten hatte, fiel dieser Satz niemandem auf. Er kam in keinem der Berichte und Kommentare vor. Die deutschen Besucher kannten diese Redensart, die er, leicht variiert, öfter gebrauchte, die Israeli fanden sie zunächst nicht anstößig. Die Zeitungen rieben sich an allerlei, über die »Gnade der späten Geburt« verloren sie kein Wort. Lediglich der *Spiegel* merkte, was die Israeli so aufbrachte, nämlich, daß der Bundeskanzler »seine Eltern, seine Söhne und bis zum Überdruß sein Geburtsdatum« bemüht habe, um »seine persönlichen Voraussetzungen für ein normales Verhältnis zum Judentum« darzulegen. Erst später wurde die Formel von der »Gnade der späten Geburt« von einer holländischen Menschenrechtskommission aufgegriffen und von der Wochenzeitung *Die Zeit* zitiert, worauf sich die Kritiker seiner bemächtigten.[6]

Dazu kommt, daß der Ausspruch nicht einmal von Kohl stammt, sondern von Günter Gaus.[7]

Um die Wucht der Kritik einzudämmen, formulierte er nach mehreren Anläufen bei einer Ansprache zur deutschen Einheit sechs Jahre später, Gnade meine, es sei »nicht das moralische Verdienst« seiner Generation, »der Verstrickung in Schuld entgangen zu sein«. Es sei vielmehr »der Zufall des Geburtsdatums«. Mit diesen Worten hätte er bereits früher das Mißverständnis aus der Welt schaffen können.

DIE VERSCHLEPPUNG der Angelegenheit Kießling wiederum rief Franz Josef Strauß auf den Plan. In einem Telefongespräch, das er mit dem Chefredakteur der *Welt*, Herbert Kremp, noch während der Reise des Kanzlers führte, verlangte er, die Entlassung Wörners vorwegnehmend, daß das gesamte Kabinett umgebildet werden müsse. Er ließ seine Phantasie schweifen und forderte, in die Umbildung müsse das Wirtschaftsministerium und einige kleinere Ressorts einbezogen werden. Er nannte das Gesundheits- und Familienministerium, das Heiner Geißler leitete.

Strauß wußte, daß Kohl und Geißler darüber berieten, den Minister, der zugleich Generalsekretär war, aus dem Amt zu entlassen, ihre Überlegungen aber nicht abgeschlossen hatten. In dem Gespräch mit Kremp spielte er abermals mit dem Gedanken, das Außenministerium oder das Verteidigungsministerium zu übernehmen.

Das Interview, die Nachrichten über die mißglückte Reise und der fortdauernde Bundeswehrskandal führten dazu, daß nach der

Rückkehr Kohls alle verantwortlichen Persönlichkeiten, auch Strauß, in Bonn in dem Bewußtsein zusammenkamen, es müsse etwas geschehen.

Kohl weigerte sich abermals, einen raschen Schnitt zu setzen, denn er war schon wieder im Zeitdruck wegen eines bevorstehenden Treffens mit François Mitterand in Oggersheim. Zwischendurch stritt er mit allen, die er um Rat in der Sache Wörner bat, denn sie waren allesamt der Meinung, die Affäre könne nur dadurch sauber beendet werden, daß er den Minister entließ. Er dagegen hatte sich zu der entgegengesetzten Auffassung durchgerungen, unterstützt von den Ergebnissen einer demoskopischen Untersuchung.

Die Leiterin des Demoskopischen Instituts in Allensbach, Elisabeth Noelle-Neumann, fand in einer eilends angesetzten Umfrage heraus, daß jene, die in irgendeiner Beziehung zur Bundeswehr standen, Verständnis für das Verhalten des Ministers zeigten.[8]

Der Betroffene selbst hielt seine Position inzwischen für unhaltbar. In zwei langen Unterredungen, die er mit Kohl unter vier Augen hatte, bat Wörner zweimal um seinen Rücktritt. Das erstemal trug er die Bitte um Demission mündlich vor, das zweitemal brachte er ein Rücktrittsersuchen mit, unterschrieb es in Gegenwart des Regierungschefs und überreichte es ihm.

Im Untersuchungsbericht des Bundestags heißt es, der Kanzler habe das Gesuch Wörners »als ein persönliches Schreiben angesehen und deshalb nicht zu den Akten genommen; er habe es am selben Tage vernichtet und damit auch dieses Rücktrittsangebot abgelehnt«. Das heißt, Kohl zerriß das Papier und warf es in den Papierkorb.[9] Bei der Abwägung der Vor- und Nachteile der Entlassung Wörners kam er zu dem Ergebnis, es sei aus Gründen des Machterhalts vorteilhafter, ihn zu halten. Entließ er den Minister, mußte er eine weitere zermürbende Debatte über die Umbildung der Regierung mit einem ungewissen Ausgang durchstehen.

Und Strauß wäre nichts lieber gewesen als das. Doch Kohl demonstrierte, wie er über einen in Not geratenen Parteifreund schützend die Hand hielt. Fortan wußte Wörner, und alle anderen wußten es auch, wem er sein Amt zu verdanken hatte.

Kießling zog daraus den Schluß, Kohl schätze biegsame und schwächliche Personen in seiner Umgebung. Hielt einer die Demütigungen lange genug aus, kam er sogar für ein höheres Amt in Betracht: Kohl machte, als Gras über die Affäre gewachsen war, Wörner zum

Generalsekretär der NATO, ein Amt, in dem er sich den Respekt, wenn nicht die Bewunderung aller seiner Kollegen verschaffte. Am Ende der Affäre stand die Rehabilitierung von Kießling. Wörner mußte einen Brief unterschreiben, in dem er seinen Irrtum eingestand und den Bundespräsidenten ersuchen, Kießling wieder in sein Amt einzusetzen, verbunden mit der Versicherung, er habe »zu keinem Zeitpunkt« die »Ehre« des Gemaßregelten in Frage gestellt. Wörner gestand darin ein, Kießling »schwere Kränkungen« zugefügt zu haben, und sprach den Wunsch aus, »daß Sie über diese schweren Wochen bald hinwegkommen werden«. Der General seinerseits begrüßte in einem zweiten Brief, daß seine »Ehre wiederhergestellt« worden sei, versicherte aber zugleich, er werde seine Arbeit in den militärischen Organisationen nicht mehr aufnehmen und zum 31. März 1984 in den Ruhestand gehen.

Bundespräsident Karl Carstens mußte Kießling zuerst entlassen, ihn dann wieder einsetzen und danach abermals entlassen und macht in seinem Lebensrückblick keinen Hehl aus seiner Erbitterung. Mit Kießling, der in Uniform erschien, sprach er sich bei dessen Abschiedsbesuch am 27. März 1984 aus. Dieses, sagt Carstens, habe zu den »am meisten bedrückenden Gesprächen« gehört, die er je geführt habe.[10]

DIE ENTSTEHUNG eines anderen »Skandals«, der Kohl 1984 beschäftigte, reichte in die Zeit vor der Wende zurück. Es war die Parteispendenaffäre. Otto Graf Lambsdorff war am tiefsten in sie verstrickt, der einzige Beteiligte war er nicht. Und die Gegner der Wende von 1982 wurden den Verdacht nicht los, der Graf habe den Wechsel deshalb so intensiv betrieben, weil sich die Sozialdemokraten weigerten, eine Amnestie ins Werk zu setzen.

Der SPD-Politiker Hans-Jochen Vogel, der an den Gesprächen der vier Parteien CDU, CSU, SPD und FDP über die Amnestie Ende 1981, Anfang 1982 teilnahm, berichtet, der damalige Bundeskanzler Schmidt habe das Vorhaben mit dem Vermerk gestoppt, er beteilige sich daran nicht mehr und werde ein Gesetz, falls es zustande komme, nicht gegenzeichnen. Vogel vermutet, »daß dieser Vorgang das Ende der Koalition beschleunigt hat«.[11] Sicher ist nur, daß Lambsdorff und Kohl darüber sprachen, da sie beteiligt waren.

Lambsdorff geriet deshalb in die Mühlen der Justiz, weil er in den zehn entscheidenden Jahren, in denen die Spenden aus der Wirtschaft in Millionenhöhe gewaschen und in die Parteikassen geleitet wurden, von 1968 bis 1978, Schatzmeister der FDP im Landesverband Nordrhein-Westfalen war. Dazu kam, daß er das Unternehmen besonders einfallsreich und phantasievoll betrieb.

Das Modell, mit dem Lambsdorff mit Briefkastenfirmen, Umwegfinanzierungen und Geldwaschanlagen die Partei finanzierte, stammte von einem Orden, dessen Mitglieder nach allgemeinem Verständnis mehr Gott dienen als den eigenen Beutel füllen sollten. Es waren die »Steyler Missionare«, eine Gemeinschaft, die sich die »Societas Verbi Divini« nennt, ihren Hauptsitz in Rom hat, früher missionierte und jetzt Entwicklungshilfe betreibt.

Deren deutsche Filiale mit Sitz St. Augustin bei Bonn beteiligte sich Mitte der 70er Jahre als Geldwaschanlage für die Firma Flick. Die Missionare lernten, daß sich das göttliche Wort leichter verbreiten läßt, wenn es von einem großen Konzern unterstützt wird, und der Stahlriese erkannte, daß er den geistlichen Beistand gebrauchen kann, wenn er in irdischen Geschäften unterwegs ist. Flick und die Missionare, so stellte sich später heraus, bereicherten sich gegenseitig zehn Jahre lang dadurch, daß sie den Staat betrogen: Sie schoben größere Geldsummen in einer Weise hin und zurück und an der Steuer vorbei, daß beide einen Gewinn davon hatten, der dem Fiskus entzogen wurde.

Schließlich ermittelten die Steuerfahnder, daß sich die Geschäftsverbindung zwischen Flick und »Soverdia«, einer den Missionaren verbundenen Gesellschaft, die deren Vermögen verwaltet, für beide Seiten lohnte. Der Flick-Gesellschafter Eberhard von Brauchitsch überwies der »Soverdia« auf ein Konto in der Schweiz jährlich eine Million Mark. Der Orden stellte eine Spendenquittung aus, die Brauchitsch von der Steuer absetzte, und zahlte 80 Prozent der Summe an die Firma zurück. Der Staat finanzierte das Geschäft auf Gegenseitigkeit mit fünf Millionen Mark Verlust an Steuergeldern.[12]

Die Parteien verfuhren analog, Lambsdorff gründete also Vereine, die keinen anderen Zweck hatten, als auf dem Papier Spendengeld zu transferieren, das in die FDP-Schatulle floß. Das einzige Erfordernis war, daß sie neutrale Bezeichnungen trugen.

Diese Scheinvereine wurden ordnungsgemäß eingetragen, bekamen auch Vorstände, die immer aus den gleichen Leuten bestanden, die sich in stets gleicher Besetzung und oft mehrmals am Tag hintereinander für einige Minuten an wechselnden Orten zu den vorgeschriebenen Jahresversammlungen trafen und die Geschäftsberichte billigten, die ein und derselbe Notar aufstellte. Vorsitzender war stets Lambsdorff.

Dadurch, daß Brauchitsch und dessen Buchhalter Rudolf Diehl genau Buch führten, fanden die Fahnder eine Menge schriftlicher Unterlagen, die ihnen bei der Aufdeckung der Manipulationen weiterhalfen.

Dabei stießen sie auch auf den CDU-Parteivorsitzenden Helmut Kohl. Die Unterlagen wiesen aus, daß er bei den Bundestagswahlen 1976 einen relativ aufwendigen Wahlkampf führen konnte, da er mit Spenden aus der Industrie gut versorgt wurde. So verbuchte Diehl, dem für solche Zwecke eine »schwarze Kasse« zur Verfügung stand, fünf Zahlungen zwischen 25 000 und 50 000 Mark an ihn. Jede Spende wurde in bar in einem neutralen Briefumschlag übergeben. Kohl lieferte sie sofort und vermutlich ungezählt beim Schatzmeister seiner Partei ab. In seinem Fall stellte sich rasch heraus, daß es sich um eine Fehlinvestition handelte, solange man es vom Gesichtspunkt des unmittelbaren Erfolgs betrachtete. Kohl wurde nicht Bundeskanzler, wie es die Großspender gehofft hatten.

Er hielt es genauso wie alle anderen Parteichefs, ihre Generalsekretäre und Schatzmeister, die die Augen vor der Tatsache verschlossen, daß die Parteien, die gehalten waren, am Aufbau des Staates mitzuwirken, ihn dadurch schädigten, daß sie ihm Geld vorenthielten, das ihm zustand.

In dem Maß, in dem sich die Botschaften aus dem Bonner Landgericht verdichteten, die Staatsanwaltschaft habe genügend Beweise gegen Lambsdorff beisammen, um ihn anzuklagen, in dem Maß versteifte sich die Koalition darauf, ihn zu stützen. Genscher, der bei Solidaritätsadressen an den Parteifreund voranmarschierte, postulierte, der Graf brauche »nicht nur unsere menschliche Verbundenheit, sondern auch unsere politische Unterstützung«. Wenn alle Tatsachen auf dem Tisch lägen, erregte Kohl sich, als wisse er, wie sie aussehen, müsse über den »empörenden Vorgang einer Vorverurteilung« diskutiert werden.

Gestützt von einer ihm wohltuenden Welle des Beistands, der sich nach einem anfänglichen Sträuben auch Franz Josef Strauß anschloß, setzte der glücklich Gestrauchelte immer neue Termine über seinen Rückzug in Umlauf. Kurz bevor das Gericht das Hauptverfahren mit dem Argument eröffnete, dem Angeklagten müsse Gelegenheit gegeben werden, sich gerichtlich zu äußern, zog Kohl die Notbremse. Auf einer Pressekonferenz am 14. Juni 1984 drängte er Lambsdorff öffentlich zum Rücktritt, sei es, daß er nicht mehr sicher war, ob der Angeklagte das aus freiem Willen vollziehen werde, was er noch vor einiger Zeit für unerläßlich gehalten hatte, sei es, daß er kundtun wollte, wie er zu der Sache stand. Die Aufforderung erfolgte indirekt, Kohl erklärte, er sei davon überzeugt, daß das Kabinettsmitglied die Konsequenzen ziehen werde, sobald das Gericht die Hauptverhandlung eröffne.[13]

Kurz danach trat der Minister zurück. Drei Jahre später, im Februar 1987, wurde er wegen Steuerhinterziehung zu einer Geldstrafe von 180 000 Mark verurteilt, von der Anklage der Bestechlichkeit wurde er freigesprochen.

Danach übernahm Lambsdorff kein Regierungsamt mehr, es wurde ihm auch keines angeboten. Er durchlief eine steile Parteikarriere und war von 1988, als Genscher das Amt aufgab, bis 1993 Vorsitzender der FDP.

18

DAS WORT VOM »PANNENKANZLER« MACHT DIE RUNDE

IN DEN KRISENJAHREN 1983/84 lernte die Partei den enormen Durchsetzungswillen der politischen Kraftnatur ihres Vorsitzenden kennen. Während der Affäre um die Parteispenden rüstete Helmut Kohl sich abermals zum Kampf um den geeigneten Kandidaten für das Amt des Bundespräsidenten. Das war ein ewiger Zankapfel, seit Richard von Weizsäcker sich dafür interessierte. Kohl wollte ihn nicht in diesem Amt haben, obwohl er ihn zwanzig Jahre vorher zum Kandidaten gemacht hatte. Weizsäcker war ihm zu liberal und zu selbständig geworden. Der Gedanke, jener könne in das protokollarisch übergeordnete Amt kommen und er müsse aus dessen Hand die nächste Ernennungs-, womöglich Entlassungsurkunde entgegennehmen, schreckte ihn. Auch fürchtete er, mit ihm eine Menge Ärger zu bekommen, wenn er erst einmal im Amt war.

Weizsäcker amtierte als Regierender Bürgermeister in Berlin mit allgemeiner Zustimmung nach einem Wahlergebnis, das mit 48 Prozent nur geringfügig unter dem lag, das Kohl 1983 errungen hatte. Mit glänzenden Erfolgsaussichten sah er den Wahlen zum Abgeordnetenhaus entgegen.

Im Herbst 1983 gingen sowohl Kohl als auch Weizsäcker davon aus, daß Karl Carstens für eine zweite Amtsperiode kandidieren würde. Dem Präsidenten schienen, obwohl er sich in der zweiten Hälfte der 60er Jahre befand, neue Kräfte zuzuwachsen. Er wirkte frisch und unverbraucht. Bei seinen Wanderungen quer durch Deutschland schritt er rüstiger aus als viele der Mitwanderer, die jünger waren als er: von Amtsmüdigkeit keine Spur. Er brauchte um die Wiederwahl nicht zu bangen, die Union verfügte über eine sichere Mehrheit, und der Partner FDP verfolgte keine eigenen Ambitionen.

Am übernächsten Wahltermin, 1989, würde Weizsäcker 69 Jahre alt sein, zu alt, um sich einer vollen Legislaturperiode gewachsen zu fühlen. Weizsäcker nahm, wie er sagt, »ohne inneren Hader« vom Präsidentenamt Abschied und richtete sich darauf ein, in Berlin zu bleiben.[1] Mit dieser Haltung begründete er die Aussage, die er bei der Bewerbung um den Posten des Berliner Regierenden Bürgermeisters machte und die ihm viel Ärger eintragen sollte, er betrachte das Amt als eine »Lebensaufgabe«, und die Berliner könnten davon ausgehen, daß es »andere als Berliner Aufgaben... in meinem politischen Leben nicht geben« werde.

Anfang März 1983 erfuhr Weizsäcker vom Präsidenten, daß der sich anders entschieden hatte. Auf der Fahrt von einer Wahlveranstaltung in Kiel nach Bonn zu Helmut Kohl berichtete Weizsäcker seinem Mitarbeiter und Pressesprecher Friedbert Pflüger beiläufig, Carstens werde »voraussichtlich nicht noch einmal kandidieren«. Das war zwei Tage nach der Bundestagswahl vom 6. März 1983, und Kohl war, wie Pflüger berichtet, der ihn besuchte, »in bester Laune«.

Kohl wußte bereits, daß Carstens nicht mehr antreten wollte, und war offenbar auch bereit, dieses Mal Weizsäcker zum Zug kommen zu lassen. Pflüger entnahm das einer Bemerkung, die der Bundeskanzler im Gespräch nebenbei fallenließ, als es um die Besetzung des Parteipräsidiums ging. Kohl wollte den Frankfurter Oberbürgermeister Walter Wallmann, der CDU-Spitzenkandidat für die hessische Landtagswahl im Herbst 1983 war, zu seinem Stellvertreter machen. Er hatte davon gehört, daß sich Weizsäcker ebenfalls für einen Platz im Führungszirkel der Partei interessierte, und sagte zu Pflüger scherzend, der Regierende Bürgermeister könne »für Walter Wallmann auf eine Präsidiumskandidatur verzichten, da er doch ohnehin bald Bundespräsident werden würde«.[2]

Carstens scheint sich bei dem Gespräch mit Weizsäcker lediglich über sein Ausscheiden, nicht aber über seine Nachfolge geäußert zu haben. Jedenfalls erwähnt er in seinen Memoiren nichts dergleichen.[3] Dagegen ist sich Weizsäcker sicher, daß der Präsident ihm nahelegte, »sein Nachfolger zu werden«.[4]

Da die Verhältnisse ungeklärt waren und Weizsäcker sich nicht auf die Gunst oder Protektion Kohls verlassen wollte, entschloß er sich, zuerst für das CDU-Präsidium zu kandidieren, bevor er sich um die Präsidentschaft bewarb. Er war mißtrauisch und hielt es nicht für ausgeschlossen, daß der Bundeskanzler einen seiner Tricks anwandte und ihn mit dem Versprechen für das zweite Amt von der Kandidatur für das erste abhalten wollte.

Da Kohl, »irritiert« darüber, daß »der Parteifreund nicht nach seiner Pfeife tanzen wollte« (so Pflüger), auf diese Weise nicht weiterkam, versuchte er, über verschlüsselte Botschaften, die er in die Zeitungen lancierte, auf Weizsäcker Druck auszuüben. Vergebens. Weizsäcker kandidierte auf dem CDU-Parteitag in Köln und wurde am 25. Mai 1983 mit der höchsten Stimmenzahl aller Bewerber ins Präsidium gewählt. Wallmann ließ ihm, wie er sagt, den Vortritt.[5] Das war, wie Pflüger es formuliert, »eigentlich das erste Mal«, daß sich Weizsäcker »in einer wichtigen Frage gegen Kohl durchgesetzt und damit, ebenfalls das erste Mal, in der CDU eine echte eigene Machtposition erobert« hatte. Das half ihm zunächst nicht, denn Kohl schaltete jetzt um und zeigte sich entschlossen, dem Berliner Bürgermeister, da er ihn schon nicht aus dem Präsidium fernhalten konnte, den Weg zum Präsidialamt zu verlegen. Das ließ er ihn bei jeder Gelegenheit spüren.

Mitte September 1983 fuhr Weizsäcker zu einem Besuch bei Erich Honecker ins Ostberliner Schloß Niederschönhausen – ein gewagtes Unterfangen, das vor ihm niemand in dieser Position unternahm und das Kohl nicht in den Kram paßte – und vereinbarte mit dem Bundeskanzler, er werde ihn anschließend unterrichten. Von Niederschönhausen kommend, auf dem Weg nach Straßburg, rief Weizsäcker das Kanzleramt vom Autotelefon an (es war Freitagnachmittag), Juliane Weber sagte ihm, der Kanzler sei momentan unterwegs, er könne ihn am nächsten Tag privat in Oggersheim erreichen.

Wie vereinbart, meldete er sich tags darauf auf dem Weg nach Stuttgart mehrmals in Kohls Haus, auch, da eines der Autos kein Autotelefon hatte, von öffentlichen Telefonzellen an der Autobahn. Aber zuerst war der Anschluß besetzt, dann war Hannelore Kohl am Apparat und beschied den Anrufer, ihr Mann sei »gerade ein wenig frische Luft schnappen gegangen«, er möge es später noch einmal versuchen (Pflüger). Dem konnte Weizsäcker entnehmen, daß der Bundeskanzler kein Interesse daran hatte, zu erfahren, was er mit Honecker besprochen hatte, noch weniger, mit ihm über die Präsidentschaft zu reden. Das war der Augenblick, in dem Weizsäcker sich vornahm, auf eigene Rechnung zu reisen.

Inzwischen war Wallmann bei der Landtagswahl gescheitert (er verlor fast sechs Prozent), und Kohl fühlte sich durch eine Strömung in der Partei bestätigt, die Weizsäcker an Berlin binden wollte. Wenn Weizsäcker Berlin verlasse, so der Tenor dieser Richtung, werde es der CDU wie in Hessen und anderen Bundesländern ergehen, und sie werde die Macht verlieren, die sie gerade erobert hatte. Blieb er dagegen im Amt, konnte sie, statt zu verlieren, zwei Posten mit eigenen Leuten besetzen.

Im Gespräch mit dem Kandidaten schob Kohl später das Argument vor, er habe »eine innerparteiliche Front respektiert, die sagte, Weizsäcker müsse in Berlin bleiben«. Mit der »innerparteilichen Front« meinte er die CSU-Spitze, die Weizsäcker aus ungefähr den gleichen Gründen verhindern wollte wie er. Gleichwohl versicherte Strauß dem Berliner Parteifreund seine Unterstützung für den Fall, daß er kandidieren wolle. Diesen Eindruck jedenfalls gewann Weizsäcker nach einem Gespräch, das kurz nach der Unterredung mit Kohl stattfand.

Der Gedanke, der andere Kandidat, den Kohl ins Spiel brachte, der niedersächsische Ministerpräsident Ernst Albrecht, könne Bundespräsident werden, war Strauß noch unsympathischer. Vor allem wollte Strauß verhindern, daß wieder über einen CSU-Kandidaten, etwa den bayerischen Kultusminister Hans Maier, diskutiert wurde, da er sich die Kanzleroption offenhalten wollte.

Auf der Gegenseite brachten Parteifreunde wie Bruno Heck, Kurt Georg Kiesinger und andere das Argument vor, solange Weizsäcker bereit sei, sei es »weder fair noch klug, an einen anderen zu denken«. Er, Kohl, dürfe Weizsäcker nicht verhindern. »Ich will nicht sagen, er hätte es verhindern wollen«, bemerkt der Betroffene nachträglich. Jedenfalls nicht, »weil er gefürchtet hat, zu mir in einen zu großen Gegensatz zu kommen«. Vielleicht lag der Grund für Kohls Widerstreben darin, daß Weizsäcker die Präsidentenwahl zu einem »Machtkampf« stilisierte, wie sich Pflüger ausdrückt.

Inzwischen schob der Kanzler, der das letzte Wort hatte, die Entscheidung vor sich her in der Hoffnung, Weizsäcker werde die Nerven verlieren. Zuerst kündigte er dem Parteipräsidium ein klärendes Wort für den 17. Oktober 1983 an, ließ aber den Termin verstreichen. Tatsächlich geschah, was Kohl erwartete, Weizsäcker rief ihn wütend an und erklärte, wenn er sich nicht »endlich entscheide«, werde er, Weizsäcker, Albrecht vorschlagen.

Albrecht ließ sich von Kohl weder mit Versprechungen locken noch mit Drohungen einschüchtern und erklärte, er werde erst antreten, wenn Weizsäcker verzichte.

Der amtierende Bundespräsident Karl Carstens teilte der Nachwelt in seinen Memoiren mit, im »Frühjahr 1984« (es muß wohl Herbst 1983 heißen) sei »eine Reihe politischer Freunde« auf ihn zugekommen, die ihn »beschworen« hätten, »noch einmal zu kandidieren«. Er habe sich ihnen versagt und fühlte sich durch eine Herzattacke, die er in der Silvesternacht 1985/86 erlitt, bestätigt. Es liegt nahe, daß die

Parteifreunde aus dem Umfeld Kohls kamen.[6] Zwangsläufig beschädigte der Bundeskanzler bei dem Spiel um die Macht das Amt und verhielt sich nicht viel anders als Adenauer 1959, den er deswegen kritisiert hatte.

Schließlich erzwang Weizsäcker im Streit eine Entscheidung. In der Sitzung des CDU-Präsidiums am 24. Oktober 1983, in der sich der Bundeskanzler mit der Bemerkung aus der Affäre ziehen wollte, er müsse noch einige Gespräche führen, und wenn es soweit sei, werde er das Präsidium unterrichten, meldete sich Weizsäcker, der zu spät kam, um Kohls Worte zu hören, mit der Mahnung zu Wort, es bestehe die »absolute Notwendigkeit«, die »in der Öffentlichkeit und der CDU breit diskutierte Frage, wer Bundespräsident werde, zu klären«. Es gehe weder an, daß es aus Entscheidungsschwäche zu einer Kampfkandidatur komme, noch, daß die Berliner CDU für Bonner Unstimmigkeiten zu zahlen habe.[7]

Am Tag darauf gerieten Kohl und Weizsäcker beim Fußballspiel der Türkischen Fußballmannschaft gegen die deutsche Elf in Berlin abermals aneinander. Der Gastgeber Weizsäcker saß neben Kohl auf der Ehrentribüne, und Pflüger, der sich in ihrer Nähe aufhielt, beobachtete, daß sie in dem Augenblick anfingen, sich zu streiten, in dem sie sich niedersetzten. Die Entscheidung fiel erst, als Strauß, der gerade Bundesratspräsident war, am 21. November 1983 seinen Antrittsbesuch in Berlin machte. Weizsäcker, der sich auf solche Inszenierungen verstand, richtete es so ein, daß der Gast wie ein Staatsbesuch empfangen wurde. Der Ministerpräsident revanchierte sich mit einer Geste, die ebenfalls den gewohnten Rahmen sprengte. Strauß verkündete, er habe keinen »Wunschkandidaten«, aber er habe seine »Meinung über die Äußerung des Regierenden Bürgermeisters, der sich über dieses Amt eindeutig in positiver Weise geäußert hat«. Der Satz, so gewunden er klang, bedeutete im Klartext, sein, Straußens, Wunsch sei es nicht, daß Weizsäcker Staatsoberhaupt werde, aber er füge sich den Gegebenheiten.

Daraufhin erklärte Weizsäcker, er werde auf dem bevorstehenden Landesparteitag der Berliner CDU Anfang Dezember den Parteivorsitz niederlegen. Als Nachfolger schlage er den 42 Jahre alten Fraktionsvorsitzenden Eberhard Diepgen vor.

Am Ende, als Kohl nicht mehr ausweichen konnte, versuchte er, nochmals Zeit zu gewinnen. Er werde sich nach der Debatte über die Nachrüstung im Bundestag äußern, die für den 22. November angesetzt war, denn er wolle die »Nominierung« nicht in die »aufgeregte

Zeit der Stationierungsdebatte« verlegen. Nach der Aussprache, die von Demonstrationen und Krawallen rund um das Bundeshaus begleitet wurde, brauchte Kohl noch einmal eine Woche, um sich mit den Mitgliedern des Präsidiums und den Landesvorsitzenden abzustimmen. Anschließend hätten sie sich getroffen und Kohl sei »wie Mitte der 60er Jahre« gewesen, sagt Weizsäcker, also entspannt und zugänglich, wie verwandelt. »Er tat so, als sei er erstaunt über die Unruhe und den Wirbel, die sein Zögern verursachte, als sei alles längst geklärt und als gebe es nichts weiter zu bereden als die Modalitäten der Bekanntgabe.« Am 28. November 1983, ein halbes Jahr nach der Aufnahme der Gespräche, rief Kohl vor der Bundespressekonferenz den Berliner Regierenden Bürgermeister zum Präsidentschaftskandidaten aus.

DEM SCHICKSAL, dem Graf Lambsdorff erlag, entging der Bundeskanzler. Niemand konnte ihm in der Spendenaffäre nachweisen, daß er sich bereichert oder seiner Partei über das allgemein akzeptierte Maß hinaus Vorteile verschafft hatte.

Auch die Verstrickung in eine andere Affäre aus der Zeit in Rheinland-Pfalz, die Kohl zu Beginn seiner Kanzlerschaft einzuholen drohten, blieb folgenlos. Eine Strafanzeige von Otto Schily, Anfang 1986 gegen Helmut Kohl erstattet, wollte die Nähe des einstigen Ministerpräsidenten zu einer ins Gerede gekommenen staatsbürgerlichen Vereinigung beweisen, doch das Verfahren wurde eingestellt. Unterdessen prägte Heiner Geißler den Begriff des »momentanen Blackouts«, der Kohl entlasten sollte.[8]

Im diffusen Verhältnis zwischen der Politik und den Spendengebern der Politik entwickelte Kohl eine ausgeprägte Pflicht zur Dankbarkeit zu seinen Wohltätern. Sein Bestreben war, die Hindernisse beiseite zu räumen, die der Gesetzgeber, vom Bundesverfassungsgericht genötigt, vor der freien Verfügbarkeit von Spendengeldern aufbaute. Er habe sich, schrieb er dem »Spendenausschuß« des rheinland-pfälzischen Landtags ungewohnt offen, um einen Ausweg bemüht, sei aber an der SPD gescheitert.[9]

Im Herbst 1983 suchte er erneut nach einer Möglichkeit, die Spender nachträglich der Strafverfolgung zu entziehen. Nach einer Absprache mit dem FDP-Vorsitzenden Hans-Dietrich Genscher beauftragte er den Parlamentarischen Geschäftsführer Wolfgang Schäuble, das Vorhaben, das vor der »Wende« aufgegeben worden war, wieder aufzugreifen und ein Amnestiegesetz zu formulieren. Schäubles juristischer Sachverstand bewahrte ihn vor dem leichtfertigen Glauben, daß das, was 1981 am Widerstand aus allen Lagern gescheitert war, jetzt problemlos glücken könne, und er entwarf einen »Änderungsantrag«, den er zur Tarnung in einen Entwurf über das »Änderungsgesetz zum Einkommens- und Körperschaftssteuergesetz« einarbeitete.

Anfang April 1984 war es soweit. Auf einer routinemäßigen Sitzung des CDU-Parteipräsidiums wurden die Mitarbeiter, die sonst bei den Beratungen dabeisein durften, ausgeschlossen, die verbliebenen Sitzungsteilnehmer wurden zu strengster Verschwiegenheit verpflichtet. Der spätere Leiter der hessischen Staatskanzlei, Alexander Gauland, irrt mit seiner Annahme, Kohl sei in der Spendenaffäre »der Getriebene und nicht der Treiber« gewesen.[10] Alle Aussagen von Beteiligten weisen darauf hin, daß Kohl es war, der das Verfahren betrieb. Sobald die Mitarbeiter den Raum verlassen hatten, legte Kohl Präsidiumsmitgliedern seine Absichten dar, »in einem Ton«, wie ein Teilnehmer später sagte, »der keinen Zweifel daran ließ, daß er es so haben wollte«. Sie wußten, daß er es als eine »Illoyalität gegenüber dem Parteivorsitzenden« betrachten würde, wenn sie widersprachen.

Nach und nach wurden die Koalitionspartner und zum Schluß die Koalitionsfraktionen unterrichtet. Für Heiner Geißler war die Prozedur eine Qual, da er gegen die Amnestie in dieser Form war, aber keine Möglichkeit sah, ihr entgegenzutreten. Die Straftäter sollten nicht nur »rückwirkend« straffrei gestellt werden, sondern die »Mittäter«, also die Abgeordneten und die hinter ihnen stehenden Parteien waren zugleich auch die »Amnestiegeber«. Die Ironie des Schicksals oder eine grimmige Laune Kohls sorgten dafür, daß Geißler ausersehen wurde, die Öffentlichkeit von dieser Art Selbstamnestie ins Bild zu setzen. Der Generalsekretär berief sich in seiner Verlegenheit in einer spätabendlichen Pressekonferenz darauf, daß »bloß die kleinen Handwerksmeister« von der Strafe verschont werden sollten, die mit ihren mühsam erarbeiteten Groschen die Parteien unterstützt hätten.

Kaum war die Meldung unterwegs, legte die Opposition unter Hans-Jochen Vogel Einspruch ein. Der stellvertretende Vorsitzende Jürgen Schmude erklärte, »kein Sozialdemokrat« habe seine Hand zu diesem »schmutzigen Spiel« gereicht, und keiner werde sie zu diesem »unanständigen und brutalen Eingriff in die Strafrechtspflege« geben.[11] Danach weigerten sich die Finanzexperten aller Fraktionen, den Entwurf im zuständigen Ausschuß zu beraten.

Trotz aller Einwände und des öffentlichen Sturms der Entrüstung gab Kohl nicht nach, hielt zugleich aber vorsorglich Ausschau, wie er sich ohne Gesichtsverlust aus der Affäre ziehen könne, die sich bedrohlich ausweitete. Fürs erste bestand er darauf, daß ein Bundesparteitag der CDU, der gerade in Stuttgart stattfand, den Gesetzentwurf mehrheitlich billigte (69 Prozent waren dafür). Zwei Wochen danach, Mitte Mai 1984, teilte Genscher ihm mit, er finde in seinen Gremien »keine Mehrheit mehr für den Amnestieentwurf«. Daraufhin gab Kohl seinen Widerstand so rasch auf, daß jene verblüfft waren, die ihn gerade dabei beobachteten, wie er die Befürworter der Amnestie um sich scharte. Er rief eilends die Fraktionsvorsitzenden und ihre Stellvertreter zu sich, informierte Strauß telefonisch und teilte dem Bundestagspräsidenten Rainer Barzel mit, daß die Koalition ihren Gesetzentwurf zurückziehe.

Barzel, der die Angelegenheit schweigend verfolgte, nahm dessen Ende kommentarlos zur Kenntnis, denn er wußte nicht genau, welche belastenden Akten bei den Untersuchungen der Parlamentsausschüsse und den Ermittlungen der Staatsanwaltschaft entdeckt wurden. Da einige Magazine und Zeitschriften, die es sich leisten konnten, hohe Honorare zu zahlen, sehr gut über die Akten Bescheid wußten, konnte er sich vorstellen, daß die Fundstücke nicht lange verborgen blieben. Was hatte Barzel zu befürchten und inwiefern war Helmut Kohl davon betroffen?

Am Montag, dem 15. Oktober 1984, erschienen der *Spiegel* und die *Süddeutsche Zeitung* mit Geschichten über die lukrativen Nebeneinnahmen des Bundestagspräsidenten, die er auf dem Umweg über den Frankfurter Rechtsanwalt Albert Paul von der Firma Flick bekommen hatte. Sie erstreckten sich über mehrere Jahre und umfaßten insgesamt 1,6 Millionen Mark. Mit einem reinen Gewissen wies Barzel alle Vorwürfe zurück und verlangte, »zum frühestmöglichen Zeitpunkt« vor dem Flick-Untersuchungsausschuß gehört zu werden.[12]

Im Verlauf der Affäre stellte sich heraus, daß Barzel nach dem Verlust seiner Ämter in Partei und Fraktion im Frühjahr 1973 in die Sozietät des Frankfurter Anwalts eintrat und dort ein Salär von jährlich einer Viertelmillion Mark erhielt. Das Geld kam von der Firma Flick, die es als Betriebsausgabe von der Steuer absetzte.

Aber weder die geringe Gegenleistung noch die Tatsache, daß sich Barzel erst spät an seine Verbindungen zu Flick erinnerte, wurden ihm zum Verhängnis, sondern es war die Art, in der er sich den Abschied von seinen Ämtern versilbern ließ, welche die Republik erregte, und die Tatsache, daß Kohl daran beteiligt war. Das veranlaßte den Grünen-Abgeordneten Jürgen Reents zu der Beschuldigung, Kohl habe sich »den Weg an die Spitze seiner Fraktion und Partei von Flick freikaufen lassen«. Kohl wehrte sich mit der Behauptung, nach dem Rückzug Barzels sei die Partei- und Fraktionsspitze besorgt gewesen, Barzel könne sich zum »sozialen Fall« entwickeln, da er nichts weiter als seine Abgeordnetendiäten bezog und Ansprüche auf die Versorgung als Ministerialrat und Minister a.D. hatte. Daher seien Kurt Biedenkopf und Heinrich Köppler aus Barzels Landesverband an Eberhard von Brauchitsch herangetreten, von dem sie wußten, daß er stets bereit war, für einen Mann, der für kleine Gefälligkeiten gut war, etwas Geld auszugeben.

Brauchitsch, der Barzels Versorgung gern aufbessern, sie aber nicht allein übernehmen wollte, wirkte auf Barzels Nachfolger im Fraktionsvorsitz, Karl Carstens, und den Bewerber für den Parteivorsitz Kohl ein, sich zu beteiligen. Kohl verfügte, daß Barzel zusätzlich zu den Bezügen aus dem Mandat drei Monate lang die volle und zwei weitere Jahre lang die halbe Aufwandsentschädigung in Höhe von 6 370 Mark aus der Fraktionskasse erstattet werden sollten. Daraufhin schloß Flick mit Paul einen Beratervertrag ab, der sich zugunsten Barzels auswirkte. Brauchitsch verstand sich nun als Förderer Barzels. Mit dem Amtsantritt Kohls im Herbst 1982 wurde Barzel Minister.

IM HERBST 1984 beschloß Kohl die Trennung vom Chef des Bundeskanzleramtes Wolfgang Schreckenberger. Erstaunlich ist, daß der Bundeskanzler zwei Jahre brauchte, bis er sich aufraffte, die Verhältnisse in seinem engeren Bereich zu ordnen.

Der Entschluß war leichter gefaßt, als daß er sich verwirklichen ließ. Schreckenberger stellte sich sperrig und verlangte, ähnliche Beispiele vor Augen, Kompensation. Sein Argument war, er habe mindestens so viel zu verlieren wie der Bundeskanzler, nämlich eine Reputation unter seinen Professorenkollegen. Daher versuchte Kohl, Schreckenberger in die frei werdende Stelle des Präsidenten des Bundesrechnungshofs zu vermitteln, das aber ließen einhellig die vier Fraktionen nicht zu. Also mußte er andere Aufgabengebiete im Kanzleramt für seinen Staatssekretär erschließen. Kaum war ihm das gelungen – er machte ihn zum Sonderbeauftragten für Europafragen und Medienpolitik –, erhob der

Abteilungsleiter Außenpolitik, Horst Teltschik, Ansprüche und wollte Staatssekretär werden. Dies wiederum wurde von Genscher blockiert, der etwaige Konkurrenten nicht hochkommen lassen wollte.

Während dieser Zeit verhandelte Kohl hinter dem Rücken Schreckenbergers und ohne dessen Kenntnis mit dem parlamentarischen Geschäftsführer der Unionsfraktion, Wolfgang Schäuble, über die Nachfolge. Die Gespräche wurden dadurch erschwert, daß die Union nach dem erzwungenen Rücktritt Barzels einen neuen Kandidaten für das Amt des Bundestagspräsidenten suchte und Kohl Schäuble zuerst dieses Amt anbot. Als der verneinte, entschied er sich für seinen Staatsminister Philipp Jenninger. Damit waren zwei Posten und mehrere Aufgaben im Kanzleramt vakant, die Schreckenbergers und Jenningers und die Verantwortlichkeit für die Deutschlandpolitik, die bis dahin bei Jenninger lag. Es lag nahe, alle Ressorts zusammenzulegen und sie mit einem tüchtigen Politiker zu besetzen, den Kohl in Schäuble gefunden zu haben glaubte.

Der Jurist aus dem kleinen Ort Gengenbach im Hochschwarzwald kannte sich im System Kohl recht gut aus. Seine Forderung, die er zusammen mit dem Fraktionsvorsitzenden Alfred Dregger formulierte, lautete, er müsse Minister werden, denn Schreckenberger sei nicht zuletzt deshalb erfolglos geblieben, weil er in der Hierarchie der Staatsdiener unter denen stand, mit denen er zu verhandeln hatte. Das heißt, die Ministerpräsidenten wandten sich lieber an den Staatsminister Jenninger als an den Staatssekretär Schreckenberger.

Es gab so viele Gründe für die Einrichtung eines Kanzleramtsministers wie gegen sie. In der Bundesrepublik war eine solche Institution zweimal geschaffen worden, und beide Male hatte sie nicht funktioniert. Das erstemal berief Ludwig Erhard im Jahr 1964 seinen Vertrauten Ludger Westrick zum Minister im Kanzleramt, beschleunigte damit aber eher seinen Sturz, als daß er ihn aufhielt. Sein Nachfolger Kiesinger kehrte zur früheren Konstruktion mit einem beamteten Staatssekretär zurück, holte sich allerdings zusätzlich einen parlamentarischen Staatssekretär ins Amt. Willy Brandt griff bei seinem Amtsantritt Ende 1969 auf das »Modell Westrick« zurück und ernannte Horst Ehmke zum Kanzleramtsminister, unter ihm amtierte der Chef des Kanzleramts, Egon Bahr, im Rang des Staatssekretärs. Die Einrichtung bewährte sich ebenfalls nicht, Brandt schaffte sie im Dezember 1972 wieder ab, setzte beide auf andere Positionen und holte statt dessen seinen Berliner Kampfgefährten Horst Grabert als beamteten

Staatssekretär auf den Posten des Kanzleramtsministers. Die Erfahrung lehrte also, daß jene Konstellationen am besten funktionieren, die einfach und überschaubar sind, und daß der Bundeskanzler einen Mitarbeiter benötigt, der sein Vertrauen besitzt, aber auch gut beraten ist, wenn er ihm nicht zuviel Macht einräumt.

Schäuble stützte seine Forderung zusätzlich auf das Argument, der Kanzleramtschef müsse in der Fraktion verankert und im Parlament als gewähltes Mitglied vertreten sein. Er wollte sein Mandat und seinen Wahlkreis, der ihm von Wahl zu Wahl mit überdurchschnittlichen Ergebnissen seine Tüchtigkeit bestätigte, nicht aufgeben, insofern strebte er nicht so sehr nach Machtfülle als nach Eigenständigkeit. Da sich Kohl und Schäuble nicht so rasch einigen konnten, wie Kohl es gehofft hatte, entstand eine Vakanz zwischen der Wahl Jenningers zum Bundestagspräsidenten am 5. November 1984 und der beabsichtigten Berufung des neuen Kanzleramtsministers. Sie erfolgte schließlich eine Woche später, am 15. November. Schäuble bekleidete den Rang eines »Ministers für besondere Aufgaben im Bundeskanzleramt«. Der geschraubte und zudem irreführende Titel weist auf die Verlegenheit hin, in der sich Kohl beim Auswechseln Schreckenbergers befand. Der Nachfolger bekam dieses Amt und den Namen dazu nicht, weil der Dienstherr die Konstruktion für richtig hielt, sondern weil er Schäuble zu anderen Bedingungen nicht bekam.

Unter den Mitstreitern Kohls war Schäuble derjenige, der ihm am nächsten stand und dessen Herkunft, Veranlagung und Lebensweg dem seinen ähnlich ist. Er kommt aus kleinen Verhältnissen, der Vater war Angestellter einer kleinen Weberei in Hornberg, der Sohn, pfiffig und ehrgeizig, verdiente sich sein Taschengeld, das mit 200 Mark monatlich nahe an das Haushaltsgeld der Mutter herangekommen sein dürfte, als Reporter des *Schwarzwälder Boten*. In der Schule hatte er, wie es im einschlägigen Dialekt heißt, »a Gosch«, ein großes Maul, er war, wie Kohl, Klassensprecher, sportlich und sehr zielstrebig. Zur Jungen Union stieß Schäuble, der zwölf Jahre jünger ist als Kohl, mit 19 Jahren, sobald er anfing zu studieren, trat er in den Ring Christlich-Demokratischer Studenten (RCDS) ein. Von der revolutionären Bewegung der 68er hielt er sich fern. Er sagt, soweit er sich erinnern könne, habe er Kohl während der Studentenunruhen auf einer Versammlung in Freiburg kennengelernt.

Der Junge aus Gengenbach war stets der Jüngste in den verschiedenen Parteiämtern, und zu den Jüngsten gehörte er auch in der »Gruppe

76«, die sich nach der Wahl 1976 bildete, um Helmut Kohl zu unterstützen. Von Schäuble wird gesagt, er sei »verschwiegen wie das Grab«, »seinem Chef ergeben bis zur Selbstverleugnung« und, wie der *Spiegel* schrieb, ein Politiker, der aus der Schule der »Geheimdiplomatie des 19. Jahrhunderts« zu stammen scheint.[13]

Zum Erstaunen aller Beteiligten und entgegen den Erwartungen funktionierte die Zusammenarbeit zwischen Kohl und Schäuble von Anfang an erheblich besser als vorher die zwischen Kohl und Schreckenberger. Der neue Minister wußte auf Anhieb, worin die Fehler und Schwachstellen lagen und wie sie abgestellt werden konnten. Folgerichtig strich er bereits in der ersten Sitzung des Bundeskabinetts Anfang Dezember 1984, die unter seiner Regie vorbereitet wurde, den gesamten »Kleinkram« von der Tagesordnung – er konnte im Umlaufverfahren erledigt werden – und beschränkte die Beratung auf zwei Punkte: Bericht des Bundeskanzlers über seine Reise nach Washington und Bericht des Bundeskanzlers über seine Teilnahme am Europäischen Rat in Dublin. Damit wurde der »neue Kohl« nicht gerade

Besprechung im Kanzleramt. V.l. Horst Teltschik,
Friedhelm Ost, Wolfgang Schäuble, Helmut Kohl, Eduard Ackermann,
Wolfgang Bergsdorf, Juliane Weber, Oktober 1986.

geboren, aber doch frisch ins Bewußtsein seiner Wähler gerückt. Es war der Außenpolitiker.

Bei der Verlagerung des Schwerpunkts kam Kohl einer jener Glücksfälle zu Hilfe, die sich bei ihm stets dann einzustellen pflegen, wenn er sie am dringendsten braucht. Kurz vor dem Amtsantritt Schäubles, Ende September 1984, lud Staatspräsident François Mitterrand den Bundeskanzler ein, mit ihm den französischen Nationalfeiertag auf den Schlachtfeldern von Verdun zu begehen.

Die Einladung war das Ergebnis von Mißverständnissen, die sich bei einem anderen historischen Datum, den Feiern zum 40jährigen Gedenken an die alliierte Landung in der Normandie am 6. Juni 1944, ereigneten. Die Franzosen hatten die Deutschen nicht zu dieser Veranstaltung eingeladen. Als Rechtfertigung führten sie an, es hätte einen »Mangel an Takt« bedeutet, den Bundeskanzler zur Teilnahme am Gedenken für eine »militärische Operation« zu bitten, »die den Vorhang zur deutschen Kapitulation hob«.

Nun suchte Mitterand eine Gelegenheit für ein einvernehmliches Treffen, und Verdun bot sich für die Rückschau auf eine andere Schlacht an. Die Begegnung in Verdun wirkte improvisiert, aber das Protokoll bereitete alles sorgfältig vor, wie der *Spiegel* feststellte.[14] Am 22. September 1984 schwebten um 16.30 Uhr aus dem regenverhangenen Himmel der Präsident und sein Gast mit dem Hubschrauber am Eingang des Dorfes Consenvoye an der Straße zwischen Verdun und Sedan ein, wo die Schulkinder und ein gemischtes deutsch-französisches Corps zum Empfang angetreten waren. Sodann schritten Mitterrand und Kohl zwischen den 11 148 schwarzen Grabkreuzen für die in der Schlacht bei Verdun gefallenen deutschen Soldaten hindurch zu den Grabplatten, an denen sie Blumen niederlegten.

Es folgte der Besuch des französischen Soldatenfriedhofs von Douamont. Vor dem Rundgang führte Mitterrand seinen Gast zu der »aus den Heeresberichten des Ersten Weltkriegs bekannten Höhe 304«, wie der Berichterstatter der *Süddeutschen Zeitung*, Rudolph Chimelli, schreibt.[15] Mitterrand zeigte Kohl die Stelle, an der er, damals Unteroffizier der 3. Kolonial-Infanterie-Division, am 14. Juni 1940, dem Tag, an dem deutsche Truppen in Paris einmarschierten, verwundet wurde. Deutsche Sanitäter nahmen ihn auf und brachten ihn in die Gefangenschaft.

Der fünfzehn Jahre jüngere Bundeskanzler erzählte, daß in der Nähe des »Toten Mannes«, wie der Hügel genannt wird, sein Vater kämpfte und dort einer von dessen Brüdern fiel. Nach diesem Moment gemein-

Deutsch-französische Versöhnungsfeier auf dem Soldatenfriedhof
von Donaumont bei Verdun: Bundeskanzler Helmut Kohl
und Staatspräsident François Mitterrand während des Abspielens
der Nationalhymnen am 22. September 1984.

samer Kriegserinnerungen stiegen der Staatspräsident und der Regierungschef über den Grabhügel hinauf zum Beinhaus des ehemaligen Forts. Davor war ein Katafalk errichtet, der mit einem schwarz-rot-goldenen Tuch auf der einen und einem blau-weiß-roten Tuch auf der andern Seite beschlagen war. Daneben standen zwei Kränze. An dieser Stelle gaben sich die beiden Staatsmänner, die einen Schritt auseinander standen, die Hände und schauten sich an. So verharrten sie lange, »während die Trommeln wirbelten und die Trompeten erschallten, während unentwegt der Regen rann«, wie der Reporter der *Süddeutschen* Zeitung schreibt. Als wollten sie die Geste für ewig festhalten und, wie Chimelli vorsichtig berichtet, »vielleicht nicht nur für die Photographen.«

Einige Jahre später beendete Mitterrand das Rätselraten darüber, ob der Händegriff abgesprochen, ob er von dem »jovialen Bundeskanzler« oder vom »Präsidenten mit seinem Sinn für Gesten« ausgegangen sei.

Von dem französischen Journalisten Frank Meyer befragt, berichtete er in seiner ausdrucksvollen Sprache, sie seien gemeinsam mehrere Stunden über die »Landschaft der Leiden, des Todes und des Schmerzes« gereist und über den Boden gegangen, aus dem noch jetzt »Gebeine und Waffen« aus dem Boden »gepflügt« würden. Als sie vor dem Katafalk standen, habe er sich »Kohl instinktiv zugewandt und ihm die Hand hingestreckt«, und dessen Hand habe sich in der seinen gefunden. Privat war ihr Umgang unkompliziert. Sie tauschten, wie Mitterrand sagte, »Listen der Bücher aus«, die sie einander empfahlen, ihre gemeinsame »Liebe zur Natur, zu Wäldern und Tieren« wurde zum verbindenden Element. Kohl akzeptierte die Dominanz des Älteren, der, wenn sie sich offiziell unterhielten, stets von »Frankreich« sprach, wenn er sich meinte. Mitterand fühlte sich mit dem Volk identisch, das er regierte und repräsentierte. Gelegentlich mag Kohl es bedauert haben, daß den Deutschen eine solche in sich geschlossene und kontinuierliche Hinwendung zur Geschichte fehlt und daß sie ihren Nationalstolz nicht so unbefangen ritualisieren können wie die Franzosen.[16]

Mitterands Versöhnungsgeste mag für Frankreich selbstverständlich gewesen sein. Für die deutschen Nachbarn war es das nicht. Chimelli schrieb leicht befremdet von einem »Akt des Pathos, dem einzigen des Tages«. Kohl schätzt würdige und historisch überhöhte Inszenierungen, aber er besitzt kein Pathos. In Verdun benahm er sich angemessen, weder gespreizt noch provinziell. Das war für ihn vertrauter Boden, die Gegend, die er als Stadtrat von Ludwigshafen auf der Suche nach Völkerverständigung unermüdlich durchstreift hatte.

WAS KOHL BEIM ERSTEN ANLAUF in Verdun gelang, wollte in Bitburg nicht glücken. Da war er bereits der »Sucht nach immer neuen Versöhnungsritualen« verfallen, die sich, wie der *Spiegel* schrieb, zum »spezifischen Leiden des gegenwärtigen Kanzlers« entwickelt habe.[17]

Richtig daran ist, daß Kohl das berauschende Gefühl entdeckt hatte, das ein solch historisch aufgeladenes Ereignis vermittelt, und daß er nach einer Gelegenheit suchte, es zu wiederholen. Kurz danach, Ende November 1984 sprach er während eines Kurzbesuchs in den Vereinigten Staaten mit dem amerikanischen Präsidenten Ronald Reagan über eine deutsch-amerikanische Geste zum Jahrestag der deutschen Kapitulation am 8. Mai 1985. Da der Präsident wegen des Weltwirtschaftsgipfels, der für Anfang Mai in Bonn geplant war, ohnedies in

der Bundesrepublik war, konnten sie anschließend einen Soldatenfriedhof in der Nähe besuchen. Ungefähr zur gleichen Zeit liefen im
Bundespräsidialamt die Vorbereitungen auf diesen Jahrestag an. Weizsäcker wollte aus diesem Anlaß eine Rede halten, deshalb war er von
vornherein gegen Kohls Unternehmen.

Nach Kohls Rückkehr aus Washington verständigten sich der
Präsident und der Bundeskanzler auf folgendes Prozedere: Kohl
sollte vor dem Jubiläum, am 21. April 1985, in Bergen-Belsen zur
Wiederkehr des Tages der Befreiungdes Konzentrationslagers reden,
Weizsäcker sollte am 7. Mai eine Fernsehansprache halten, und am
Tag darauf sollte auf Wunsch Kohls im Kölner Dom ein ökumeni-
scher Gottesdienst sein. Von der Einbeziehung Reagans war in diesem Gespräch keine Rede. Weizsäcker wußte zu diesem Zeitpunkt
nicht einmal, daß Kohl eine Absprache mit Washington getroffen
hatte.

Danach begann die öffentliche Diskussion. Inzwischen verfolgte
Kohl andere Pläne. Er dachte nun an eine Verknüpfung zwischen dem
Wirtschaftsgipfel, der Veranstaltung der sieben prosperierenden westlichen Industrienationen, und dem 8. Mai in Form einer »gemeinsamen Erklärung« zum Thema »40 Jahre danach«. Die Idee mißfiel
Weizsäcker mehr als alle früheren. In einer internen Besprechung im
Präsidialamt erläuterte er, solche Veranstaltungen seien deshalb unangebracht, weil sie von den Sowjets als »Affront« ausgelegt würden,
und sie seien mißlich, weil sie als »Gegenwartsideologisierung« verstanden würden. »Es sei eindeutig«, so Weizsäcker, »daß jede Nation
den 8. Mai unter sich begehen müsse«, denn jede verknüpfte den Tag
mit anderen Erinnerungen.

Im vorliegenden Fall lag die Versuchung Kohls, das Gedenken zur
Aufbesserung des Images zu gebrauchen, besonders nahe; eine Woche
danach, am 12. Mai, war Landtagswahl in Nordrhein-Westfalen, der
seine Partei sorgenvoll entgegensah, da sie sich in einem massiven
Abwärtstrend befand. Er hatte Reagan bereits überredet, die Gipfelkonferenz um einen Staatsbesuch in der Bundesrepublik zu verlängern.
Aus dieser Idee entwickelte das amerikanische Protokoll eine Europa-
reise ihres Präsidenten. Anfang des Jahres 1985 zeichnete sich ab, daß
Kohl den 8. Mai, den Industriegipfel, den Besuch Reagans, das, wie
Weizsäcker argwöhnte, »amerikanische Verdun« und den Kampf um
die Macht in Nordrhein-Westfalen zu einer großen politischen Selbstdarstellung nutzen wollte.

Zu dieser Zeit war ein amerikanisches Vorauskommando unterwegs, das die Orte prüfte, zu denen der Gastgeber seinen Gast führen wollte. Kohl wählte den Soldatenfriedhof Bitburg in der Eifel in seiner Heimat Rheinland-Pfalz. Bitburg war ein Friedhof, auf dem nur deutsche Soldaten lagen, die in der Ardennenschlacht im Frühjahr 1945 von den Amerikanern getötet worden waren. Schon deswegen war ein Vergleich mit Verdun nicht möglich. Zu allem Überfluß stellte sich erst nach der Abreise des Vorauskommandos heraus, daß in Bitburg zwischen den 2000 Soldaten 48 Mitglieder der Waffen-SS lagen.

Am 29. Januar 1985 telefonierte Weizsäcker, wie aus Pflügers Aufzeichnungen hervorgeht, abermals mit Kohl, der ihm auch jetzt die Details des Besuchsprogramms verschwieg. Es sollte nach den aktuellen Planungen drei Schwerpunkte enthalten: zuerst den Gang durch das Konzentrationslager Bergen-Belsen, wie es ursprünglich vorgesehen war, danach die Fahrt nach Bitburg und zum Schluß eine Begegnung mit jungen Leuten aus unterschiedlichen Nationen im Hambacher Schloß. Auf Weizsäcker und seine Anhänger wirkte das Programm wie eine mißglückte Mischung aus Gedenken und untergründiger Beschwörung der Vergangenheit.

Ronald Reagan konnte sich mit dem Teil des Besuchs, an dem ihm am meisten hätte liegen müssen, der Begehung des Konzentrationslagers, am wenigsten anfreunden. Er bewegte sich lieber auf den ausgetretenen Pfaden der amerikanischen Gedenkkultur mit dem Besuch des Soldatenfriedhofs. Darunter konnte sich der ehemalige Schauspieler mehr vorstellen, das lag mehr in seiner Natur. Daß er keine Vorstellung davon hatte, um welche Art Soldatenfriedhof es sich handelte, hat ihm niemand vorgeworfen. Als Reagan und seine Leute merkten, welchem Plan sie zugestimmt hatten, war es zu spät. In ihren Augen war weniger die Tatsache des Besuchs anstößig als die Diskussion darüber, denn Reagan begann gerade, Abrüstungsverhandlungen mit dem neuen sowjetischen Generalsekretär Michail Gorbatschow einzuleiten.

Ende April 1985 telefonierte Reagan zum letztenmal vor dem Besuch mit Kohl und versuchte, ihm Bitburg auszureden – vergebens. Er habe dabei geweint, wurde behauptet, aber nichts erreicht. Danach bemerkte der Präsident resigniert zu seinen Beratern: »Wir müssen es tun. Helmut sagt, daß seine Regierung sonst gestürzt würde.«[18]

Auf die Frage in einer Fernsehsendung, ob er »nur einen Moment« daran gezweifelt habe, daß das Programm richtig ausgewählt gewesen sei, antwortete Kohl drei Jahre später brüsk mit einem »Nein«. Er fügte hinzu, die meisten Soldaten der Waffen-SS, die in Bitburg begraben seien, seien »zu jung« gewesen, »um in Schuld zu geraten, aber alt genug, um etwas zu begreifen«.[19]

Als Kohl einige Monate nach Bitburg auf dem Kapitol mit amerikanischen Senatoren sprach, die ihn wegen Bitburg hart attackierten, mußte er sich abermals rechtfertigen. Die Hälfte der gefallenen Soldaten der Waffen-SS sei bei der Ardennenschlacht unter 25 Jahren alt gewesen, sagte er, wie sein Reisebegleiter Wolfgang Bergsdorf berichtet. Hätten sie den Krieg überlebt, wären sie nach den Gesetzen der Entnazifizierung als Jugendliche entlastet worden; aber »weil sie tot waren, wurden sie ins Inferno gestoßen«.[20]

In der Überzeugung, richtig gehandelt zu haben, rief er unmittelbar nach dem Ereignis Freunde und Vertraute an und sagte zu ihnen, dieser Tag werde in die Geschichte eingehen, »das bleibt stehen«. Zu ihnen gehörte Elisabeth Noelle-Neumann, deren Institut während der Diskussion über den Besuch auf dem Soldatenfriedhof Umfragen veranstaltet hatte, aus denen hervorging, daß die »Bevölkerung überwiegend dafür« war, »denn in fast jeder Familie« habe es einen Gefallenen gegeben, seien es Bruder, Vater oder Sohn.[21]

Was Kohl mißriet, gelang Weizsäcker, der drei Tage nach dem Besuch in Bitburg vor dem Bundestag zum 8. Mai 1985, dem Jahrestag der deutschen Kapitulation sprach. Gleich zu Beginn spielte Weizsäcker auf die vorausgegangenen Feiern an und stellte dagegen eine andere Form von Besinnung. »Wir Deutsche«, sagte er, »begehen den Tag unter uns, und das ist notwendig. Wir müssen die Maßstäbe allein finden. Schonung unserer Gefühle durch uns selbst oder durch andere hilft nicht weiter. Wir brauchen und wir haben die Kraft, der Wahrheit, so gut wir es können, ins Auge zu sehen, ohne Beschönigung und Einseitigkeit.«

Jeder, der die Kapitulation erlebt habe, denke an »ganz persönliche und damit unterschiedliche Erfahrungen zurück«. »Der eine kehrte heim, der andere wurde heimatlos.« Einfacher und deutlicher als in dem einen Satz ließen sich die Kriegs- und Nachkriegserlebnisse nicht ausdrücken, und um die vielfältigen und differenzierten Erinnerungen und ihre Aufarbeitung zu vertiefen, fügte er hinzu: »Dieser wurde befreit, für jenen begann die Gefangenschaft. Viele waren einfach nur dafür dankbar, daß Bombennächte und Angst vorüber und sie mit dem Leben davongekommen waren. Andere empfanden Schmerz über die vollständige Niederlage des deutschen Volkes.«

Worauf es ihm ankam, war, zu sagen, was »von Tag zu Tag klarer« geworden sei und »was es heute für uns alle gemeinsam zu sagen« gelte: Der Tag des Kriegsendes sei »ein Tag der Befreiung gewesen, der Befreiung von dem menschenverachtenden System der nationalsozialistischen Gewaltherrschaft« – eine Bemerkung, die Weizsäcker, so geschickt er sie in Worthülsen einhüllte und so korrekt er das Ende des NS-Regimes in die deutsche Erlebnis- und Erfahrungswelt einordnete, viel Ärger von seiten der Konservativen eintrug.

Ebenso eindringlich wirkten seine Äußerungen zur Kollektivschuld. »Schuld oder Unschuld eines ganzen Volkes« gebe es nicht, sagte er. Schuld sei, wie Unschuld, »nicht kollektiv, sondern persönlich«. Wohl gebe es »entdeckte und verborgen gebliebene Schuld« von Menschen. »Es gibt Schuld, die sich Menschen eingestanden oder abgeleugnet haben. Jeder, der die Zeit mit vollem Bewußtsein erlebt hat, frage sich heute im stillen selbst nach seiner Verstrickung.« Von jenen, die damals entweder Kinder waren oder noch nicht lebten, erwarte kein fühlender Mensch, daß sie »ein Büßerhemd« tragen müßten. Die Vorfahren hätten ihnen aber eine »schwere Erbschaft« hinterlassen. »Wir alle, ob schuldig oder nicht, ob alt oder jung, müssen die Vergangenheit annehmen. Wir alle sind von ihren Folgen betroffen und für sie in Haftung genommen.«[22] Man kann sich vorstellen, daß es für Kohl eine ziemliche Anstrengung bedeutete, im Saal sitzen und der Rede des Mannes zuhören zu müssen, der das aussprach, was er gern ausgedrückt hätte, und dem mit luzider Sprache ungekünstelt gelang, was ihm mit Symbolik und Gesten schwerfiel.

Ihn schmerzte das überwältigende öffentliche Echo, weil die Kommentatoren den Präsidenten mit Lob überschütteten und den Unterschied zwischen dessen Rede und seinen Versuchen, wie er fand, überbewerteten. Pflüger sprach von einer »in Bitburg kulminierenden Orientierungslosigkeit«. Robert Leicht schrieb in der *Süddeutschen Zeitung*, Weizsäckers Rede habe »reinigend, im eigentlichen Sinne als Katharsis gewirkt«.[23]

Später verteidigte sich Kohl mit dem Hinweis darauf, daß er vierzehn Tage vorher im früheren Konzentrationslager Bergen-Belsen eine Ansprache zum 40. Jahrestag der Befreiung der Gefangenen gehalten habe, in der er das Gleiche gesagt habe wie Weizsäcker, daß er aber von der Presse verschwiegen worden sei. Anders als Weizsäcker schob Kohl die Haftung für die NS-Greuel von der Gegenwart in die Vergangenheit.[24]

19

IM WETTBEWERB UM DIE NEUE DEUTSCHLANDPOLITIK

DIE DEUTSCHLANDPOLITIK gehörte von Anfang an zu den Konfliktfeldern der christlich-liberalen Regierung. Helmut Kohl und Franz Josef Strauß konnten sich nicht einigen, ob sie den Kurs der Annäherung an die DDR, den ihre Vorgängerin gefahren war, übernehmen oder ob sie bei ihrer bisherigen Haltung der Abgrenzung zum anderen deutschen Staat bleiben sollten. Kohl vertrat die Auffassung, eine Partei müsse sich, wenn sie an der Regierung sei, in der Ausführung ihrer Politik graduell anders verhalten, als wenn sie sich in der Opposition befinde, da Regierungspolitik nicht mit hehren Grundsätzen betrieben werden könne. Er wurde vor allem von Hans-Dietrich Genscher und Otto Graf Lambsdorff unterstützt, die darauf drängten, daß die von der SPD prognostizierte »Eiszeit« in der Deutschland- und Ostpolitik nicht eintrat.

Den Umständen entsprechend widmete der Bundeskanzler den innerdeutschen Beziehungen in seiner ersten Regierungserklärung vom Herbst 1982 nur eine kurze Passage, in der der Akzent auf der Erhaltung des Einheitswillens der Nation lag. Da stand der Satz: »Gedanken sind frei, und Menschen müssen von Deutschland nach Deutschland gehen können ohne Todesgefahr.«

Nach der Wahl im Frühjahr 1983 war es Strauß, der eine Klärung forderte. In seinen Memoiren berichtet er, während der Koalitionsverhandlungen habe es in einer »nächtlichen Sitzung ... schwerste Auseinandersetzungen über die Frage« gegeben, »ob man gegenüber der DDR eine weiche oder eine harte Linie einschlagen solle«. Eine »harte Politik«, wie sie Strauß vorschwebte, konnte bedeuten, den Handel mit der DDR einzuschränken, den »Swing«, der so etwas wie einen bargeldlosen Kredit an die DDR darstellte, aufzuheben, die Handelsprivilegien der Europäischen Gemeinschaft für die DDR abzuschaffen und den »Freikauf von Häftlingen« einzustellen.

Kohl ließ sich dadurch nicht provozieren und argumentierte, die Bundesregierung werde für eine »harte Politik« keine Bundesgenossen finden. Und er zählte auf, wer dagegen war: die FDP, die Sozialdemokraten sowieso, von den Grünen nicht zu reden, aber auch die Gewerkschaften, die Kirchen, die Medien und Teile der Industrie. Strauß sah das, wenn auch widerstrebend, ein.

Anschließend verlagerte sich der Streit darauf, ob der DDR-Staatsratsvorsitzende Erich Honecker nach Bonn eingeladen werden solle oder nicht. Kohl machte geltend, er habe ihn schon eingeladen, indem er die Einladung Schmidts erneuert habe. Theo Waigel, der damals als Landesgruppenvorsitzender an allen Gesprächen beteiligt war, berichtet, Strauß habe in einer Unterredung Mitte März den Bundeskanzler »mehrmals mit leiser Stimme« darauf hingewiesen, »daß er Honecker nicht einladen« dürfe. Der Empfänger dieser Botschaft beharrte darauf, Honecker sei schon eingeladen worden, worauf Strauß zürnte, der habe »Blut an seinen Händen«. Nach kurzer Besinnung versetzte Kohl wütend: »Und was haben deine Negerfürsten an den Händen, die bei dir dauernd in München sind?« Daraufhin seien »Gläser vom Tisch geflogen«, erinnert sich Waigel. Strauß fand Kohls Linie undurchsichtig: Einerseits lud er Honecker ein, andererseits berief er sich auf Schmidt. »Strauß wütete, aber als er merkte, daß er allein stand, lenkte er ein«, erinnert sich Waigel.

Aus dem »Streit, der erst spät in der Nacht endete«, zog der CSU-Vorsitzende den Schluß, daß Kohl sich nicht entscheiden konnte, daß er schwankte, daß er eine klare Linie vermissen ließ. Vermutlich hätte er beides akzeptiert, aber des Kanzlers Halbherzigkeit ärgerte ihn. Daher notierte er in seinen Erinnerungen, die Streitnacht sei die »geistige Geburtsstunde des Milliardenkredits« gewesen.[1]

Noch während der Verhandlungen ereignete sich ein Zwischenfall, der die Annäherung zwischen den deutschen Staaten nicht gerade erleichterte. Am 10. April 1983 starb auf dem Weg von Niedersachsen nach Berlin der Handelsreisende Rudolf Burkert am Grenzkontrollpunkt Drewitz bei einem Verhör der DDR-Behörden. Strauß fühlte sich in die früheren Zeiten zurückversetzt und hielt eine »deutliche Formulierung« für angebracht, in der das Wort »Mord« vorkam, das »bombenmäßig« eingeschlagen sei. Beim Obduktionsbefund stellte sich heraus, daß Burkert an einer Herzattacke starb, die er vermutlich infolge der Aufregung erlitt.

Der Todesfall verschärfte die Spannungen zwischen den Koalitionspartnern in der Deutschlandpolitik. Sowohl Strauß als auch Waigel hatten, wie letzterer berichtet, »selbstverständlich zu einer Reihe von

DDR-Funktionären Kontakte«. Dabei habe er lediglich unterschieden zwischen solchen Gesprächspartnern, »die nichts wußten, und solchen, die Kenntnis hatten und bei denen ich wußte, daß sie etwas bewirken konnten, vor allem im humanitären Bereich«.

Der Modus vivendi, auf den sich die CSU und die CDU einigten, lautete, es solle alles unternommen werden, was den menschlichen Erleichterungen diene, solange dabei die Grundsätze der Deutschlandpolitik beachtet wurden. Von der Politik der sozialliberalen Koalition unterschied sich die der neuen Regierung nicht so sehr in der Praxis als in der Begründung. Die SPD/FDP-Regierungen gingen davon aus, daß die Teilung lange dauern werde und daß der andere deutsche Staat in die Lage versetzt werden müsse, für diesen Zeitraum seinen Bürgern mehr Freiheit und Wohlstand zu gewähren. Die CDU/CSU-FDP-Regierung setzte sich zum Ziel, mit ihren Zuwendungen die DDR aus der Abhängigkeit Moskaus zu lösen. Nach dieser Philosophie lernte jeder Besucher, der in den Westen kam, die Vorzüge des kapitalistischen Systems kennen, beginnend mit dem Begrüßungsgeld in Westmark, das er erhielt. Bei der Rückkehr wurde er dann zum Sendboten des bundesrepublikanischen Wohlstandsstaates. Auch der sogenannte Freikauf der Häftlinge müsse forciert werden, denn jeder DDR-Bürger, der im Westen blieb, war der Regierung genausoviel wert wie jener, der zurückkehrte. Der eine entzog der kommunistischen Herrschaft seine Arbeitsleistung, der andere unterminierte sie von innen.

Richard von Weizsäcker, der anfangs glaubte, er könne die Deutschlandpolitik beeinflussen, dachte in anderen Kategorien. Auf einer Autofahrt kurz nach der Bundestagswahl 1983 von Hannover nach Bonn entwarf er im Gespräch mit seinem Mitarbeiter Friedbert Pflüger das Konzept eines umfassenden Dialogs zwischen Ost und West. Dabei sollte nach seinem Verständnis die Bundesrepublik ihre »gewonnene Stärke... zur Verbesserung der Situation der Menschen im Bereich des Warschauer Paktes« nutzen. Nicht »ideologische Kreuzzüge« solle sie führen, sondern mit einer Politik der Entspannung den »Freiraum der Menschen« so vergrößern, daß »irgendwann der qualitative Sprung« zu »einer europäischen Friedensordnung« gelinge. »Es käme also darauf an, die Grenzen unwichtiger zu machen, anstatt über ihre Rechtmäßigkeit unergiebige Streitigkeiten« auszutragen. Es sei den Bürgern der DDR nicht länger zuzumuten, ihnen »dadurch zu nahe zu treten, daß wir in der Bundesrepublik uns allein Deutschland nennen«.[2]

Allerdings vermied es Kohl in seiner zweiten Regierungserklärung vom 5. Mai 1983 sowohl, auf die Differenzen im Regierungslager einzugehen, als auch, an den Zwischenfall in Drewitz zu erinnern, und schon gar nicht nahm er Weizsäckers Vision auf. Vielmehr baute er seine deutschlandpolitische Passage auf dem Gebot auf, »die Nation zu bewahren«, und formulierte, die Deutschen könnten aus »eigener Kraft allein« den »Zustand der Teilung« nicht ändern, sie müßten ihn aber »erträglicher und weniger gefährlich machen«. Das waren Feststellungen, die tendenziell auch die frühere Regierung hätte treffen können.[3]

Inzwischen hatte Strauß, unauffällig und mehr aus Zufall denn aus eigenem Antrieb einen Gesprächsfaden in die DDR geknüpft. Von dem Wunsch der DDR nach einem Kredit hatte er schon im Spätsommer 1982 erfahren, wie er berichtet. Vermutlich war es der Kanzleramtsminister Hans-Jürgen Wischnewski, der ihn über seine Bemühungen unterrichtete. Jetzt wandte sich der Staatsratsvorsitzende über Mittelsmänner an Strauß, da ihm, wie er vermutet, »die DDR mehr Wirkungsmöglichkeiten« zutraute.

Zwei Wochen nach dem Zwischenfall an der Zonengrenze berichtete der Fleischgroßhändler Josef März aus Rosenheim, der zeitweilig Schatzmeister der CSU war und der Partei hin und wieder mit Spenden aufhalf, dem Vorsitzenden, daß ein Mittelsmann Honeckers mit ihm sprechen wolle. Es war Alexander Schalck-Golodkowski. Strauß erklärte sich einverstanden, holte den Mann aus der DDR auf halbem Weg nach Berlin auf einem Parkplatz an der Transitstrecke ab und fuhr mit ihm ins Gästehaus von März, »Gut Spöck« am Chiemsee.

Strauß vermutete, Schalck wolle mit ihm bereits über die Modalitäten eines »Überbrückungskredits« sprechen, mit dessen Hilfe die Zahlungsbilanz der DDR verbessert werden könne, Schalck hingegen wollte erst einmal genau wissen, wie der Gesprächspartner zu seinem Mordvorwurf gekommen sei. Strauß beklagte sich darauf über die »Praxis der Grenzabfertigung, das Gebrüll und Geschrei, die Schikanen«, die den Eindruck erweckten, als reise der »normale Tourist« vom Westen in einen »Zuchthausstaat« im Osten. Schalck hakte nach, Strauß bejahte die Frage, ob das Gespräch über den Kredit fortgesetzt werden könne, wenn die Beanstandungen abgestellt würden. Der nächtliche Besucher verabschiedete sich mit der Versicherung, er werde am nächsten Tag seinem Auftraggeber berichten.

Zu jener Zeit leitete Schalck den Bereich »Kommerzielle Koordinierung« beim DDR-Außenhandel, abgekürzt Koko, eine Firma, über deren Filialen im westlichen Ausland er die Devisen beschaffte, die die DDR dringend brauchte und die sie auf einem anderen Weg nicht bekam. Bei dem seltsamen Geschäft mit dem CSU-Vorsitzenden blieb er also im Metier.

Zwei Wochen nach dem Treffen meldeten, wie Strauß es schildert, der Bundesgrenzschutz und die Bayerische Grenzpolizei, daß sich die Grenzschützer der DDR normal verhielten, und abermals zwei Wochen später traf Schalck ein, um über das weitere Vorgehen zu verhandeln. Er überreichte Strauß einen elfseitigen Brief Honeckers, in dem der Absender die Leistungen und Gegenleistungen skizzierte. Schalck las ihn vor und bot ihm an, ihn zu lesen, teilte ihm aber bedauernd mit, daß er ihn nicht zurücklassen könne.

Da Strauß wußte, daß staatliche Bürgschaften nicht in Frage kämen, stellte er seine guten Dienste für einen Kredit privater Banken zur Verfügung. Schalck bot an, daß die DDR die Einnahmen aus der Reise-kosten-Pauschale verpfände. Das war Geld, das die Bundesrepublik an die DDR-Kasse dafür überwies, daß ihre Bürger nach Ostberlin und in die DDR fahren durften. Aus dieser Verpflichtung, die aus der Regierungszeit Schmidts stammte und von Kohl übernommen wurde, hatte sich ein DDR-Guthaben von drei Milliarden Mark angesammelt. Die DDR konnte dem Nachbarstaat mit beiden Händen in die Taschen greifen: Bonn zahlte die Pauschale, und Ostberlin setzte einen Teil dieses Geldes als Sicherheit ein. Als Gegenleistung versprach Honecker, die Selbstschußanlagen entlang des Grenzzauns bis zum Herbst zu entfernen. Strauß sagt, es sei »Beseitigung« zugesagt worden, an vielen Stellen bauten Grenzschützer die Anlagen aber nur ab, um sie außerhalb der Sichtweite der Westdeutschen wieder anzubringen.

Der Finanzminister der DDR schrieb wegen des Kredits an seinen westdeutschen Kollegen Gerhard Stoltenberg, so wußte auch Kohl Bescheid. Jetzt trat Straußens Motiv dafür, daß er den Bundeskanzler bremste, zutage, er wollte derjenige sein, der die Wendung in der Deutschlandpolitik herbeiführte.

Ihm war bekannt, daß Kohls Kanzleramtsminister Philipp Jenninger mit der DDR schon länger über einen Kredit verhandelte, damit aber nicht vorankam. Jenninger übernahm von seinem Vorgänger Wischnewski das »Züricher Modell« einer Kreditbeschaffung. Auch dieses Projekt betreute Schalck auf der ostdeutschen Seite. Der Draht lief über den Bankier Holger Bahl, der Generaldirektor der Bank für Kredit und Außenhandel in Zürich war. Sie gehörte wiederum überwiegend der Landesbank von Rheinland-Pfalz, die von der jeweiligen Landesregierung beaufsichtigt wird. Kohl hatte aus der Zeit, in der er Ministerpräsident in Mainz war, gute Beziehungen zur Landesbank, zur Zeit der Verhandlungen mit der DDR wechselte die Präsidentschaft zu seinem damaligen Finanzminister Johann-Wilhelm Gaddum. Wischnewskis Vorstellung war, eine gesamtdeutsche Bank in der Schweiz zu gründen, die Geschäfte zwischen beiden Staaten abwickeln konnte. Zu seiner Zeit war eine Transaktion über vier bis fünf Milliarden D-Mark im Gespräch. Da Strauß günstigere Bedingungen anbot und nicht umständlich mit Modellen hantierte, sondern sich mit Schalck kurzerhand auf einen Kredit von einer Milliarde Mark einigte und ein Bankenkonsortium unter Führung der bayerischen Landesbank zusammenbrachte, schloß Honecker mit ihm ab. Alle zeigten sich zufrieden. Die Nachfrage unter den westdeutschen Banken war so stark, daß der Zugang beschränkt werden mußte. Der Vermittler März verdiente ebenfalls gut, er konnte den Fleisch- und Käsehandel seiner Firma Marox ausbauen und den Konkurrenten Moksel aus dem Feld schlagen. Strauß war hoch zufrieden, da er dem Bundeskanzler den Rang abgelaufen hatte, und Kohl war es recht, da sich schließlich seine Politik durchsetzte. Nur Jenninger stand etwas abseits.

Ende Juni 1983 war das Geschäft perfekt. Auch die Gegenleistungen waren vereinbart. Sie blieben zwar unter dem, was Strauß und Kohl erhofften, aber sie gingen über das hinaus, was den vorigen Regierungen gelungen war. Vom »Zwangsumtausch« zum Betreten der DDR wurden Jugendliche bis zu 14 Jahren ausgenommen, die »Familienzusammenführung« wurde erleichtert und ausgeweitet. Rückblickend lobte Kohl, die »Rechnung« über die menschlichen Erleichterungen sei »aufgegangen«. Bis zum Jahr 1987 seien jährlich fünf Millionen Besucher aus der DDR unterhalb des Rentenalters in die Bundesrepublik gekommen. Bis dahin hätten »zwei Drittel der Ost- und ein Drittel der Westdeutschen ... zwischenmenschliche Beziehungen« über die Grenzen hinweg gepflegt.[4]

In der CSU wurde das Geschäft, das Strauß und seiner Ehefrau Marianne Einladungen in drei Ostblockländer eintrug, einschließlich der DDR, wo sie im Gästehaus Schloß Hubertusstock am Werbellinsee die Honeckers trafen, nicht im gleichen Maß honoriert. Waigel sah vorher, daß sich mit dem DDR-Kredit die Ära Strauß rundete und daß es Zeit war, sich auf die Nachfolge einzustellen. Er sagte dem Parteifreund frühzeitig voraus, mit dem Kredit nehme er »viel auf sich«. Die CSU konnte sich mit dem Schwenk ihres Vorsitzenden nicht recht abfinden. Sie wählte ihn beim darauffolgenden CSU-Parteitag nur mit 77,1 Prozent der Stimmen wieder (gewöhnlich bekam er um die 90 Prozent). Nach dem Kreditgeschäft verbesserten sich die Voraussetzungen für einen Besuch des DDR-Staatsratsvorsitzenden in der Bundesrepublik. Als nächster Termin wurde der Herbst 1984 in Aussicht genommen. Die Vorbereitungen auf die Reise waren weit gediehen, als zu Beginn des Monats, an dessen Ende sich der Staatsratsvorsitzende einfinden sollte, abermals eine Störung eintrat, die den Besuch vereitelte.

Anfang September erklärte der CDU/CSU-Fraktionsvorsitzende Alfred Dregger in einer Debatte im Bundestag barsch, die Bundesrepublik könne sehr wohl auch ohne diesen Besuch leben, und fügte, um Miß-verständnisse auszuschließen, hinzu, die Verhältnisse in Deutschland seien noch nicht soweit gediehen, daß sie »auf höchster protokollari-scher Ebene gefeiert werden« könnten. Vorausgegangen waren heftige Diskussionen im Regierungslager, ob es sich um einen Arbeits-, um einen Staatsbesuch oder um einen Staatsbesuch mit Arbeitscharakter handelte, ob Honecker auf dem Flughafen Köln/Wahn landen, ob er auf dem Ausweichflughafen Frankfurt von einem hochrangigen Ver-treter der Bundesregierung empfangen werden, ob der Bundeskanzler mit ihm im Kanzleramt reden dürfe oder zu einem anderen Schauplatz wechseln müsse, und ob der Bundespräsident mit ihm in der Villa Hammerschmidt dinieren könne. Honecker reagierte auf die west-deutschen Debatten mit einer Absage.

Der Vorsitzende des Innerdeutschen Ausschusses, Dreggers Partei-freund Gerhard Reddemann, hielt Dregger entgegen, wenn Honecker demnächst doch noch komme, solle er in Bonn empfangen werden und mit dem Bundespräsidenten in der Villa Hammerschmidt zusammen-treffen, allerdings dürfe der Bundeskanzler beim Gegenbesuch nicht in Ostberlin landen.[5] Daraufhin sagte Egon Bahr, er halte das Ganze für eine »Quatschdiskussion«. Gingen der Bundeskanzler und der Bundes-präsident nach Ostberlin, verändere das den Status nicht, den die vier Mächte für die Stadt festgelegt hätten.[6] Ob Dregger oder Kohl, der kurz zuvor bei einem der Vertriebenenkongresse in Hannover gespro-chen hatte, den Vorwand für die Absage lieferte, ließ sich nicht ermit-teln. Allerdings trafen die weiteren Absagen das amtliche Bonn härter als die erste, da nach Honecker auch die anderen Ostblockchefs, die eingeladen waren, Todor Schiwkow aus Bulgarien und Nicolae Ceausescu aus Rumänien, ihre Zusagen zurückzogen. Kohl suchte sich eine andere Plattform für ein Treffen mit Honecker. Innerhalb weniger Jahre starben drei Kreml-Herrscher, 1984 Leonid Breschnew, ein Jahr darauf Juri Andropow und im März 1985 Konstantin Tschernenkow. In der Diplomatensprache entstand die »Beerdigungsdiplomatie«, die den europäischen Staatschefs die Gelegenheit zu politischen Konsultationen bot. 1985 trafen sich Kohl und Honecker bei der Beerdigung Tschernenkows in Moskau.

Kohl wurde in der Staats-Datscha in Moskau untergebracht, die für ausländische Gäste reserviert war. Er lud Honecker zum Buffet ein, und als jener kam und erklärte, er komme gerade vom Essen, scherzte der Bundeskanzler, er könne noch einmal zugreifen, denn die DDR müsse es doch bezahlen. Nachdem sie sich gesetzt hatten, regte er an, sie sollten sich auf »pfälzisch« unterhalten, »denn dafür haben die hier beim Abhören keinen Dolmetscher«.

Danach war das Eis gebrochen, sie tauschten Kindheitserinnerungen aus, zu denen Honecker, der aus dem saarländischen Becksbach stammte, das achtzig Kilometer von Kohls Heimat entfernt liegt, Anekdoten aus der Zeit beitrug, in der er kommunistischer Jugendsekretär war.[7] Sobald sich die Regierungschefs mit ihren Delegationen zur Besprechung zurückzogen, verließ der westdeutsche Kanzler das anekdotische Feld und eröffnete die Verhandlungen über die Begegnungen für die Deutschen aus Ost und West, die nicht so leicht zusammenkommen konnten wie sie. Sein neuer Kanzleramtsminister Wolfgang Schäuble berichtete später, Kohl habe vorgeschlagen, das Alter für Bürger der DDR, die eine Reise in die Bundesrepublik beantragen durften, zu senken. Darauf habe Honecker den Gegenvorschlag gemacht, den Kreis der Bürger zu erweitern, die »in dringenden Familienangelegenheiten« reisen durften, ein ähnliches Zugeständnis also, wie er es Strauß machte.

Der Bundeskanzler nahm ihn beim Wort. Als Gegenleistung ließ Schäuble im Schlußkommuniqué die eine oder andere Passage weg, die früher zur Kennzeichnung des Unrechtsregimes und der unterschiedlichen Rechtsauffassungen dienten. Genscher lobte seinen Koalitionspartner dafür, daß er die Begegnung nicht mit »Statusproblemen« belastet habe. »Die deutsch-deutschen Beziehungen erhielten einen neuen Impuls«, stellt er fest.[8] Nach dem dritten Todesfall im Kreml setzte sich Michail Gorbatschow an die Spitze der Sowjetunion, und die westliche Welt verfolgte mit Spannung, ob der neue Mann einen neuen Kurs steuern und seine angekündigten Reformen durchsetzen könnte.

Präsident Mitterrand, der Gorbatschow Mitte Juli 1986 im Kreml traf, nannte dessen Verschläge für eine Verringerung der Mittelstreckenwaffen »wahrhaft spektakulär«. Er brachte von seiner Erkundungsreise drei Erkenntnisse mit zurück, die er Kohl und Weizsäcker übermittelte. Sie lauteten, Gorbatschow sei »auffällig offen« im Gespräch, er bezeichne sich stets als »Europäer«, und er verschweige die Probleme nicht, die er im eigenen Land hatte.

Kurz danach bekam der Bonner Außenminister einen Termin im Kreml und konnte sich davon überzeugen, daß der französische Präsident ein zutreffendes Bild gezeichnet hatte. Gorbatschow zeigte sich informiert über die deutschen Verhältnisse, kritisierte allerdings offen die Bundesregierung. Er bezweifelte, daß sie noch zu den Zielen des Moskauer Vertrags stehe. Damit meinte er vor allem die Debatte über die ehemals deutschen Ostgebiete. Das hinderte ihn nicht, auf intensivere Beziehungen zu drängen, und er nahm sich für das Gespräch mit Genscher viel Zeit. Nach der Rückkehr sprach Genscher von einem »neuen Fundament für die Gestaltung ihrer Beziehungen«.

Doch optimistische Vorhersagen über das deutsch-sowjetische Verhältnis hatte die bundesrepublikanische Bevölkerung zu oft zu hören bekommen, als daß sie die Botschaft gutgläubig aufgenommen hätte. Das war vermutlich der Grund dafür, daß Kohl zurückhaltend blieb. Skeptisch gegen charismatische Erscheinungen, versteifte er sich in eine instinktive Abwehrhaltung gegen den neuen Herrn im Kreml, die sich um so mehr verfestigte, als die Zustimmung, wenn nicht gar Bewunderung zu ihm ringsum zunahm. Offenkundig fühlte er sich zu der Rolle dessen berufen, der die Aufgabe hatte, vor euphorischen Erwartungen zu warnen. Vermutlich lag seine Zurückhaltung auch daran, daß er dem neuen Mann im Kreml noch nicht begegnet war.

Anfang November 1986, also sechs Wochen nach den Ostreisen Mitterrands und Genschers, gab er zwei Korrespondenten des amerikanischen Magazins *Newsweek* ein Interview zu den Ost-West-Beziehungen. Die Journalisten schmeichelten dem Kanzler mit der Bemerkung, er könne dank seiner »politischen Erfahrung« besser »als viele Leute in der Welt« beurteilen, ob Gorbatschow »der herausragende sowjetische Führer« sei, für den man ihn halte, und ob es der Westen mit ihm schwerer haben werde als mit den Vorgängern. »Überhaupt nicht«, entgegnete der Gefragte und fügte, um keinen Zweifel über seine Haltung aufkommen zu lassen, hinzu: »Ich bin genau der umgekehrten Meinung.« Gorbatschow sei »ein anderer Typ, ein anderer Mann, eine andere Generation« als seine Vorgänger, er trage auch eine »größere Last«. Er müsse »etwas bringen«, er habe einen »ungeheuren Erwartungsdruck«, er müsse »eine Bewegung« machen. »Ich bin kein Narr, ich halte ihn nicht für einen Liberalen«, bemerkte er. Es gebe genügend »Narren« in der westlichen Welt, sowohl unter den Journalisten als auch unter den Politikern, die verbreiteten, Frau Gorbatschow sei eine »attraktive Frau«, sie kaufe sich »in Paris ein schönes Kostüm«. Das eine habe aber mit dem anderen nichts zu tun. Gorbatschow sei ein »moderner kommunistischer Führer«. Er sei »nie in Kalifornien und nie in Hollywood« gewesen, aber er verstehe etwas von PR. »Goebbels verstand auch etwas von PR. Man muß doch die Dinge auf den Punkt bringen.«

Wenn sein damaliger Regierungssprecher Friedhelm Ost, der bei dem Gespräch zugegen war, darauf bestanden hätte, die Passage zu schneiden, hätte sie nicht die Folgen gehabt, die sie hatte. Die Wogen der Publizistik schlugen hoch. Der Vergleich mit dem Propagandaminister Hitlers war töricht und unangebracht, und überdies zeigten sich das Kanzleramt und das Presseamt außerstande, mit einer Erklärung die Empörung zu besänftigen. Es dauerte viele Jahre, bis sich Kohl zu der Bemerkung durchrang, er habe »da mal eine dumme Bemerkung« gemacht, die ihm »sehr geschadet« habe. Gorbatschow habe ihm deswegen einen Brief geschrieben, und er habe sich daraufhin bei ihm entschuldigt.[9]

IRRTÜMER UND SKANDALE und die Selbstgefälligkeit im Bewußtsein nahezu unumschränkter Macht auf Seiten Kohls prägten sich den Wählern stärker ein als die Verdienste der Regierung. Dazu gehörte, daß der Bundeskanzler aus seiner Sicht geschickt und umsichtig auf die Reaktorkatastrophe in Tschernobyl Ende April 1986 reagiert hatte. Er vermied es zwar, an der Wurzel des Übels, die Anfälligkeit der Kernreaktoren und die ungeklärte Entsorgung zu rühren, damit hätte er seine Anhänger verunsichert. Aber er beherzigte die alte Weisheit, daß die Regierung in Zeiten der Not etwas unternehmen muß, um der Bevölkerung den Eindruck zu vermitteln, sie sei handlungsfähig. Kurzerhand löste er die Abteilungen im Bundesinnenministerium, die für die Umwelt und die Kernenergie zuständig waren, heraus und formte daraus ein neues Ressort, das Bundesministerium für Umwelt, Naturschutz und Reaktorsicherheit.

Die Umstrukturierung erforderte große Anstrengungen, da sich Innenminister Friedrich Zimmermann vehement gegen eine solche Verminderung seiner Zuständigkeit wehrte, ein Minderheitenschutz wie der der Umwelt sei in einem großen Haus besser aufgehoben als in einem kleinen, und im übrigen habe niemand mehr für die Umwelt getan als er. Dennoch mußte er sich dem Druck der Verhältnisse und dem raschen Zugriff des Kanzlers beugen.

Neuer Minister wurde der Frankfurter Oberbürgermeister Walter Wallmann. Daß er eine Landtagswahl im Herbst 1983 und eine Kommunalwahl im März 1985 verloren hatte, fiel gegenüber der Tatsache, daß er sich des Wohlwollens seines Parteivorsitzenden und Bundeskanzlers erfreute und in der Bevölkerung trotz allem populär war, gering ins Gewicht. Wie entschieden Kohl darauf bestand, ihn zu diesem Zeitpunkt als Minister zu gewinnen, zeigt die Energie, die er dabei entwickelte.

Kurz nach dem Unglück rief er Wallmann an und fragte ihn, was er von der Einrichtung eines Umweltministeriums halte. Der Parteifreund riet behutsam zu. »Es scheint so, daß es klug wäre«, sagte er. Daraufhin kündigte Kohl an, er werde mit Strauß reden, der auf Elchjagd in Finnland war und nur an einem Tag in einer bestimmten Stunde telefonisch zu erreichen war. Kurz danach rief Kohl wieder in Frankfurt an, berichtete, daß er mit Strauß »gesprochen« habe, und fragte Wallmann kurz und bündig: »Wann bist du frei?« Als der Angesprochene ins Stottern geriet, da er das erste Gespräch nicht so verstanden hatte, erklärte Kohl entschieden: »Ich sage dir, du hast keinen Ermessensspielraum. Ich sage dir das als dein Parteivorsitzender und Bundeskanzler.«

Wallmann blieb nichts anderes übrig, als sich von Frankfurt zu verabschieden. Bei der Vorbereitung auf das neue Amt las er sich, wie er berichtet, gewisse Grundkenntnisse in Physik- und Chemiebüchern an, und ein Professor, den er um Beistand bat, riet ihm, er müsse wenigstens lernen, die richtigen Fragen zu stellen, wenn er schon die Antworten nicht wisse.[10]

Wallmann empfahl sich den verängstigten Zeitgenossen dadurch, daß er für »Nachdenklichkeit« bei den »nachwachsenden Energien« plädierte, die Diskussion über die Kernenergie in gedämpften Tönen für »verantwortbar« erklärte und im Umweltschutz für das »Verursa-cherprinzip« eintrat, ohne es gleich einführen zu wollen. Elf Monate, während der Zeit des Wahlkampfs und der Wahl, war er Umwelt-minister, und drei Monate nach der Bundestagswahl 1987 kehrte er nach Hessen zurück und schaffte es als erster CDU-Politiker, Minister-präsident in Wiesbaden zu werden.

Nach der Einrichtung des Umweltministeriums faßten die Wähler wieder Zutrauen zur CDU und bestätigten den niedersächsischen Mini-sterpräsidenten Ernst Albrecht bei den Landtagswahlen am 15. Juni im Amt des Regierungschefs. Der SPD-Spitzenkandidat Gerhard Schröder hatte sich zu gedulden.

Im Mai 1987 mußte Norbert Blüm ebenfalls widerstrebend auf Geheiß des Kanzlers und Parteivorsitzenden in Nordrhein-Westfalen einspringen. Kohl, von Geißler unterstützt, zwang ihn, sich im Mai 1987 zum Landesvorsitzenden, später zum Spitzenkandidaten wählen zu lassen. Damit schlug Kohl zugleich seinen innerparteilichen Wider-sacher Kurt Biedenkopf aus dem Feld, der diese Position bislang bekleidete. Die Umbesetzungen im Bund und in den Ländern, die stän-dige Verschiebung qualifizierter Persönlichkeiten, bewirkte einen dau-ernden Verschleiß in der Machtzentrale. Bereits im Herbst 1985 hatte Geißler den Posten des Gesundheits- und Familienministers aufgege-

Helmut Kohl und Rita Süssmuth, 1989.

ben, um sich – so lautete die offizielle Begründung – auf die Vorbereitung des Wahlkampfs 1987 zu konzentrieren.

Seine Nachfolgerin wurde auf seinen Wunsch Rita Süssmuth, die er auf dem Essener »Frauenparteitag« kennengelernt hatte. Die Professorin für Erziehungswissenschaft, die am Forschungsinstitut »Frau und Gesellschaft« in Hannover arbeitete, kam nicht nur aus noch größerer Ferne als Wallmann in die Bundespolitik (sie wäre ohne das Angebot Geißlers nicht auf die Idee gekommen, Berufspolitikerin zu werden); sie stand auch, wie viele andere Wissenschaftler aus ihrem Umfeld, distanzierter als Wallmann zu Kohl.

Nach einem Gespräch änderte sie ihre Meinung über ihn. Kohl beeindruckte sie mit seinen »historischen und theologischen Kenntnissen«. Später sagte sie, sie habe »ein völlig anderes Bild von ihm, als es in den Medien vermittelt wurde«, erhalten. Zunächst unterhielt er sich mit ihr so, daß sie seine Absichten falsch deutete, sie dachte, er ersuche sie um »Informationen aus ihrem Forschungsbereich«. Erst, als er sie für sich eingenommen hatte, rückte er damit heraus, daß sie bei ihm Ministerin werden sollte. Zum zweiten Gespräch lud er ihren Mann und ihre Tochter ins Kanzleramt, gewann sie zu Verbündeten und überwand damit die letzten Widerstände der Kandidatin.[11]

Der Druck, den Kohl auf andere ausübte, zeigt, wie angespannt er war. Denn wegen der vorgezogenen Bundestagswahl 1983 verschob sich das Datum der nächsten Wahl auf den 25. Januar 1987. In der Demoskopie erfahren und von Elisabeth Noelle-Neumann stets gut beraten, wußte er, daß er wieder einmal vor dem »schwersten Wahlkampf seiner Karriere« stand. Seine Partei und sein Ansehen steckten im Tief, die Kampagne versprach schwierig zu werden, weil es sich um einen Winterwahlkampf handelte. Regierende Parteien vermeiden, wenn es geht, solche Daten, da sich die gedrückte Stimmung, in der sich die Menschen an den kurzen, trüben Tagen befinden, zu ihren Ungunsten niederschlägt.

Die Bedeutung der Aufgabe befähigte Kohl allerdings dazu, alle Reserven zu mobilisieren. Er machte Geißler klar, daß zu dessen Aufgabe nicht die strategische Festlegung des Wahlkampfes gehörte, die er sich vorbehielt.

Die Differenzen zwischen dem Parteivorsitzenden und seinem Generalsekretär über die Wahlkampfführung legten den Grund zu dem Zerwürfnis der darauffolgenden Jahre. Eine Analyse, die Geißler mit seinem Beraterstab im Konrad-Adenauer-Haus anfertigte, wurde von sei-

Wahlkampf im Oktober 1986.

nen innerparteilichen Gegnern als eine Strategie gedeutet, die die Partei
von der Mitte weg nach links führen sollte. In der Tendenz kam das
Papier zu dem Schluß, die Union müsse sich verstärkt den Wählern im
linken Spektrum zuwenden, also Potential der SPD abwerben, da Zuwächse nur in dieser Wählergruppe zu erwarten seien. Die Untersuchung stützte sich auf die Erfahrung, daß die Zahl der Stammwähler
ständig abnahm und die der Wechselwähler wuchs, die sich von Wahl
zu Wahl neu orientierten. »Wenn sich«, sagte er der Partei voraus, »die
CDU auf die Traditionskompanien ihres Lagers« konzentriere, könne
sie »keine Mehrheitspartei bleiben«.[12]

Die Debatte endete ohne Ergebnis. Mit dem Wahlkampfslogan:
»Weiter so, Deutschland«, setzte die Union wieder einmal auf jene
Wähler, die Experimente ablehnten. Der Untertitel: »Stabile Preise,
mehr Arbeitsplätze, sichere Renten« klang nach einer Sicherung des
Besitzstands.

Da die SPD dem Bundeskanzler mit dem nordrhein-westfälischen
Ministerpräsidenten Johannes Rau ebenfalls einen Traditionalisten
entgegenstellte, schleppte sich der Wahlkampf mühsam dahin. Das einzige aufregende Ereignis wurde, vermutlich unabsichtlich, von einem
Techniker der *Tagesschau* in Hamburg produziert. Er verwechselte am

Silvesterabend die Neujahrsansprache des Bundeskanzlers und sendete die Fassung, die bereits vor einem Jahr über die Sender gelaufen war. Beim NDR brachen kurz nach Beginn der Ausstrahlung die Telefonleitungen zusammen, weil sich die Zuschauer teils verwundert, teils verärgert beschwerten. Sie bemerkten die Verwechslung nicht am gesprochenen Wort, sondern an der Kleidung. Bei der Ansprache, die kurz vorher das ZDF sendete, trug der Kanzler eine Krawatte mit breiten Streifen, bei derjenigen der ARD war der Binder schmalgestreift. Bevor die Sendeleitung die Panne verifizieren konnte, war die Ansprache zu Ende, und der Sender mußte am nächsten Abend die neuere Fassung senden. Erwartungsgemäß knüpften die Kommentatoren daran feinsinnige Betrachtungen über die Auswechselbarkeit Kohl'scher Erbauungsrhetorik, der *Spiegel* allerdings witterte einen »Sabotageakt der gerissenen Geißler-Riege«, die dafür gesorgt habe, daß Kohl mitten im Endspurt des Wahlkampfs mit einem nahezu identischen Text zweimal auf die Mattscheibe kam.[13]

Am Abend des Wahltags mußte die CDU feststellen, daß der Ausgang weit unter den Erwartungen blieb. Die Partei landete bei 44,3 Prozent. Das war das schlechteste Ergebnis, das sie je erzielte; es lag noch unter dem von 1972, bei dem sie glaubte, den Tiefpunkt erreicht zu haben, und Kohl schnitt – was die CDU als noch demütigender empfand – in einer vergleichsweise komfortablen Position schlechter ab, als Strauß es unter schwierigeren Umständen 1980 getan hatte. In der Wahlnacht brach der Streit über die Ursachen der Niederlage zwischen den Unionsparteien aus. Die CDU-Spitze warf Strauß vor, er habe vorzeitig das Ende von Rot/Grün beschworen, der CSU-Vorsitzende wiederum kritisierte, daß sich der Bundeskanzler zu nachsichtig gegen die FDP verhalten und ihr mit seiner »Zweitstimmen-Kampagne« Wähler zugetrieben habe. Kohl war so entgeistert, daß er nicht viel mehr erwidern konnte als daß CDU/CSU und FDP ungefähr so stark geblieben seien, wie sie es waren, und mithin die »Koalition der Mitte« fortsetzen könnten. Tatsächlich machte die FDP mit einem Zugewinn von 2,7 Prozent den Verlust der Union in Höhe von 4,5 Prozent annähernd wett, aber eine gestärkte FDP und eine geschwächte CDU war nicht das, was der CDU/CSU guttat.

Noch prestigeschädigender als die Wahlniederlage und der Streit danach waren die Koalitionsgespräche, die sich anschlossen. Sie dauerten fünf Wochen und waren zäh und unfruchtbar. Der neue FDP-Parteivorsitzende Martin Bangemann war nicht so bescheiden wie Genscher vor vier Jahren und forderte, daß seine Partei mit so vielen Ministern im Kabinett vertreten sein müsse wie die CSU, also mit vier. Es mußte ein neuer Minister her, und das war der nordrhein-westfälische FDP-Vorsitzende Jürgen Möllemann, ein Günstling Genschers, der Bildungsminister wurde. Die Amtsinhaberin Dorethee Wilms ging ins Innerdeutsche Ministerium, das ihr Parteifreund Heinrich Windelen von der CDU räumen mußte. Wilms kümmerte sich bis dahin sowenig um die Deutschlandpolitik, wie sich Möllemann mit der Bildung beschäftigte. Da Kohl die Zahl der Minister aus Rücksicht auf die öffentliche Meinung nicht erhöhen wollte, riskierte er eine inflationäre Vermehrung der Posten der Parlamentarischen Staatssekretäre und Staatsminister, von der er annahm, daß sie nicht so auffiel wie die Vergrößerung der Ministermannschaft. Eine weitere Freidemokratin, Irmgard Adam-Schwaetzer, wurde dem Außenminister Genscher zugeteilt. In Wörners Verteidigungsministerium zog zusätzlich eine CDU-Frau, Agnes Hürland.

Für die CSU wurde der Landrat von Miesbach, Wolfgang Gröbl, ins Umweltministerium delegiert. Der Neuling kam im Januar 1987 in den Bundestag, im März hielt er die Ernennungsurkunde zum Parlamentarischen Staatssekretär in der Hand. Er wurde von Strauß protegiert, der ihn mit Kohl zusammenbrachte, als sie auf einer ihrer gemeinsamen Wanderungen verabredungsgemäß in seinem Haus zu einer Vesper einkehrten. Der Kabinettsumbildung fehlte ein Konzept, und sie stellte sich nach außen als Postenschacher dar. Auch der CSU-Abgeordnete Hans Klein, der den Wahlkampf 1980 für Strauß geführt hatte, bekam einen Ministerposten.

In der Gewißheit, Strauß verhalte sich so wie vor vier Jahren, bot Kohl ihm den Eintritt in die Regierung an. Dieses Mal ließ er ihm die Wahl zwischen den drei klassischen Ministerien des Auswärtigen Amts, des Innen- und des Verteidigungsministeriums; auch Vizekanzler konnte er werden.

Der 71jährige, gedemütigt und an einer Bonner Karriere nicht mehr interessiert, machte sich einen Spaß daraus, Kohl zu brüskieren. In einem Pressegespräch in der bayerischen Landesvertretung am 10. März 1987 durchbrach er die »strengste Diskretion«, die der Bundeskanzler ihm auferlegte und enthüllte in einer Nebenbemerkung, welch frivoles Spiel er mit den Mitgliedern der Bundesregierung spielte. Die Betroffenen – Genscher, Stoltenberg, Zimmermann und Wörner – mochten von dieser Art der Geisterbesetzung nicht überrascht worden

sein. Aber es ärgerte sie doch, daß sie sie in der Zeitung lesen mußten.[14]

In den Sachverhandlungen gab es kein Thema, angefangen beim
Asylrecht über die Innere Sicherheit und die Fortsetzung der Entspan-
nungspolitik bis zur Renten- und Steuerreform, über das sich die
Partner nicht gestritten hätten. Die Koalition hatte vor der Wahl eine
große Steuerreform versprochen, danach konnte sie sich nicht darauf
verständigen, wie sie aussehen sollte. All das Ungemach, das sich die
Union in den Jahren danach bereitete, entstand aus den Streitigkeiten,
in die sie sich in den Koalitionsverhandlungen 1987 verstrickte. Wie
sich der Landesgruppenvorsitzende Theo Waigel und Kanzleramtsminister Wolfgang Schäuble erinnern, spielte der CDU-Generalsekretär
Heiner Geißler im Verein mit Arbeitsminister Norbert Blüm eine »ver-
hängnisvolle Rolle«. Geißler verrannte sich in einen erbitterten Streit
mit der CSU, beide verbündeten sich bei der Steuerreform gegen den
Finanzminister Gerhard Stoltenberg und dessen Pläne, soziale Leistungen zu kürzen oder zu streichen, die Verhandler der FDP wiederum
strebten Vergünstigungen für die Besserverdienenden an. Der Streit
eskalierte schließlich bei dem vergleichsweise untergeordneten Thema
der Steuerbefreiung von Flugbenzin für Privat- und Sportflieger. Bundesfinanzminister Stoltenberg wollte das Privileg streichen, Strauß
beharrte darauf, es zu erhalten. Wie stets in solchen Dingen, bei denen
der sachliche Wert, um den sich die Partner stritten, in keinem Verhältnis zum Ertrag stand, den eine Einigung erbracht hätte, wuchs sich
die Angelegenheit zu einem Prestigestreit aus. Sie endete so, wie Strauß
es vorhersah, nämlich damit, daß Kohl die Entscheidung vertagte.

Genauso erging es der Steuerreform. Sie wurde schließlich in drei
Stufen verwirklicht, ihre Wirkung verpuffte, und der Finanzminister
verspielte viel Kredit.[15]

Die Regierungserklärung stand unter dem anspruchsvollen Motto:
»Die Schöpfung bewahren – die Zukunft gewinnen.« Den Begriff der
»Schöpfung« brachte der neue Umweltminister Klaus Töpfer ein, der
das profane Wort »Umwelt« theologisch überhöhte. Die Passage über
die Umwelt lautete:»Uns allen ist der Schatz der Natur nur auf Zeit
anvertraut.« Jetzt ließ sich der Bundeskanzler die Zusage abringen,
den Schutz und Schatz der Schöpfung zum Staatsziel zu erheben, ohne
die Aufnahme ins Grundgesetz zu forcieren.

Im Text überwogen die Gemeinplätze wie die von der »säkularisier-
ten Welt«, in der die »Suche nach Lebenssinn« schwieriger geworden

sei, dem »Leitbild der Gesellschaft, in der sich der einzelne frei entfalten kann – auch und gerade in der Verantwortung für den Nächsten«, der »menschengerechten Umwelt«, in der der Bürger »Geborgenheit erfahren und mehr Freiheitschancen erhalten« solle.

Außenpolitisch hob der gewählte Bundeskanzler die »zentrale Bedeutung« der Beziehungen zur Sowjetunion hervor. Stiefmütterlich bedachte er die Deutschlandpolitik mit der Erklärung, alle Schritte, welche die Regierung zur Verbesserung des Verhältnisses zur DDR auf unterer Ebene gehe, müßten dem Ziel dienen, »daß sich möglichst bald und möglichst oft die Menschen überall in Deutschland frei bewegen« könnten.

Über die Einladung an Erich Honecker, die noch nicht zustande gekommen war, aber weiter bestand, schwieg er sich aus.[16]

SCHLIESSLICH TRAF SICH KOHL im Gefolge der Perestroika im September 1987 mit Honecker. Er hatte einen unangenehmen Sommer voller Streit und Koalitionsquerelen hinter sich. Anfang August stritten sich CDU und CSU untereinander und mit der SPD am Grab des deutschen EG-Kommissars Alois Pfeiffer über die Nachfolge (es wurde der Kandidat von Strauß, Peter Schmidhuber). Wenige Tage später wechselte der CSU-Vorsitzende zu einem anderen Streitobjekt und empörte sich in einer Weise über eine Reise des Bundesarbeitsministers Norbert Blüm nach Chile und dessen Darstellung der Repressionen des »Folterregimes Pinochet«, die nur damit erklärbar war, daß er mit dem Diktator auf einem freundschaftlichen Fuß stand. Der Krach gipfelte in dem Vorwurf des CSU-Vorsitzenden, Mitglieder der Schwesterpartei hätten eine »fernsehwirksame Aktion« nach dem Motto eingeleitet: »Terroristen aller Länder, kommt nach Deutschland, wir bieten euch ein Luxusasyl.«

Auch bei den Beratungen über den deutschen Anteil an den Abrüstungsgesprächen geriet Kohl in Konflikt mit Strauß. Genscher bereitete im Sommer 1987 den Bundeskanzler darauf vor, daß das, was die »doppelte Nullösung« genannt wurde, ein Abbau aller »nuklearen bodengestützten Systeme kürzerer Reichweite« auf beiden Seiten, daran zu scheitern drohte, daß der Westen eine spezielle Art von Marschflugkörpern mit der Bezeichnung »Pershing 1 A« zu behalten wünschte. In einer zweiten Unterredung teilte er ihm mit, daß er nicht beabsichtige, diese Initiative zu unterstützen. Da Kohl aus Rücksicht auf

Strauß, den konservativen Flügel seiner Partei und die Amerikaner darauf bestand, die »Pershing« nicht in Frage zu stellen, steuerten der Bundeskanzler und der Vizekanzler auf einem Bruch zu. Über das Gespräch mit Kohl in dessen Büro sagt Genscher, es sei »sehr ernst, auch sehr persönlich« gewesen. Daß er Kohl »als Mensch und als Freund« nahestand, habe die Unterredung »schwerer und leichter zugleich« gemacht. Indessen legte sich der Kanzler nicht fest. »Helmut Kohl stimmte mir nicht zu, er lehnte meinen Standpunkt aber auch nicht einfach ab«, berichtet Genscher in den Memoiren. »Unsere Besprechung endete ohne förmliches Ergebnis.«[17]

Eine weitere Schwierigkeit erwuchs dem Regierungschef aus der Tatsache, daß er sich nicht zu einem Vorschlag für das Amt des neuen Generalsekretärs der NATO durchringen konnte. Nachdem im Sommer 1987 der Amtsinhaber Lord Carrington zurückgetreten war, nominierte die norwegische Regierungschefin Gro Harlem Brundtland kurzerhand ihren konservativen Vorgänger Kaare Willoch, und es sah so aus, als kämen die Deutschen zu kurz. Alle, die das annahmen, belehrte Kohl wieder einmal eines besseren. Am Tag seiner Rückkehr aus dem Urlaub, am 26. August 1987 teilte er überraschend auf einer Pressekonferenz in Bonn mit, daß er die Nominierung Wörners zum Generalsekretär in die Wege geleitet habe. Außerdem verkündete er, daß die Bundesregierung auf die Stationierung der »Pershing 1 A« verzichte.

Von beiden Schritten hatte er Strauß nicht unterrichtet. Was der CSU-Vorsitzende ahnte, aber nicht genau wußte, war, daß Kohl den Verzicht auf die Stationierung mit Waigel abgesprochen hatte. Das ärgerte den CSU-Vorsitzenden mehr als ein einsamer Beschluß des Bundeskanzlers. Er maulte noch eine Weile darüber, daß Kohl ihn erst nach der Pressekonferenz über seine Entscheidung informierte, aber er konnte sie nicht rückgängig machen. Kohl stellte ihn vor vollendete Tatsachen.

Vierzehn Tage danach, am 7. September 1987, kam Honecker. Bei der Vorbereitung vermied es Schäuble, die Fehler zu wiederholen, die seinem Vorgänger Jenninger unterlaufen waren. So gab er die Tatsache des Besuchs erst bekannt, als die Stationen in allen Einzelheiten geregelt waren. Das war zu Beginn der Sommerpause, so daß sich die Streithähne im Urlaub befanden und nicht einmal die »Stahlhelmer« in der CDU/CSU, eine rechtskonservative Gruppe in der Fraktion, Zeit zum Protest fanden. Einige Hindernisse aus früheren Zeiten wurden von ihm aus dem Weg geräumt, aber nicht alle. Der Charakter der früheren Planungen blieb gleich, Honecker wurde mit allen Ehren eines Staatsgastes empfangen, aber die Gespräche wurden zu Verhandlungen während eines Arbeitsbesuchs heruntergestuft. Der Gast lud, auch das war vereinbart, Kohl zum Gegenbesuch ein, der Gastgeber nahm an, erklärte aber zugleich, der Termin werde später vereinbart. Die unruhigen Zeitläufte bewahrten das Kanzleramt davor, über die Einzelheiten nachdenken zu müssen. Ostberliner Boden durfte Kohl nach dem geltenden alliierten Recht nicht betreten.

Gleichwohl vollzog sich der Besuch innerhalb des üblichen Rahmens. Honecker besuchte den Bundespräsidenten in der Villa Hammerschmidt, er landete, wie alle auswärtigen Gäste, auf dem Flughafen Köln-Wahn und wurde von Wolfgang Schäuble begrüßt. Daraufhin fuhr die Wagenkolonne über abgesperrte Straßen nach Bonn, wo im Hof des Kanzleramts die Fahnen der DDR und der BRD wehten. Vor der Kulisse der Flaggen und der Ehrenformation der Bundeswehr trat der Bundeskanzler aus dem Kanzleramt heraus, gab dem Gast die Hand und stieg mit ihm auf das mit einem roten Teppich bedeckte Podest. Der Chef des Wachbataillons grüßte mit den Worten: »Exzellenz, ich melde eine Ehrenformation der Bundeswehr zu Ihrer Begrüßung angetreten«, und beide schritten die Truppe ab, während die Hymnen der beiden deutschen Staaten erklangen. Bei dem Zeremoniell auf dem Hof des Kanzleramts wahrte Kohl zu Honecker räumlich die größtmögliche Distanz und bog, als er ihm die Hand geben mußte, den Oberkörper zurück, statt sich vorzubeugen, um körpersprachlich die Welten zu markieren, die ihn von dem Mann aus dem Osten trennten. Es fiel ihm schwer, sich zu beherrschen. Die Vorstellung, daß es neben ihm einen zweiten deutschen Regierungs- oder gar Staatschef gab, irritierte ihn. Ebenso mißfiel ihm, daß der andere deutsche Staat eigene Symbole und Insignien vorweisen konnte. In einem Fernsehinterview im Herbst 1992 nannte er die Tatsache, daß er nicht verhindern konnte, die »damalige Hymne der DDR« vor seinem Amtssitz spielen zu lassen, eine der »für mich persönlich unangenehmsten Entscheidungen ... in den ganzen zehn Jahren. Und wer das Bild sieht«, fügte er hinzu, »wie wir die Front abschreiten, und wer mich ein bißchen kennt, kann ja erkennen, wie verkrampft ich war.«[18] In seinen Erinnerungen an die Wiedervereinigung sagt er, er habe das Zeremoniell »schweren Herzens« hingenommen, da »für die Bundesrepublik auch eine große Chance in dem Besuch gelegen habe«. Damit verwies er darauf, daß

Festbankett in der Bad Godesberger Redoute zu Ehren
des Besuchs von Erich Honecker am 7. September 1987.

die Tischrede, die er am Abend jenes Tages beim Festbankett in der Bad
Godesberger Redoute hielt, »live« im Fernsehen übertragen wurde,
womit sich die Möglichkeit eröffnete, »sich direkt an die siebzehn
Millionen Landsleute in der DDR zu wenden«.[19]
    Der Wortlaut der Tischrede zeigt allerdings, daß für Kohl mehr die
Tatsache zählte, sich den Fernsehzuschauern direkt präsentieren zu
können als der Inhalt dessen, was er ihnen zu sagen hatte. Es reizte den
Redner, sich an das Fernsehvolk der DDR zu wenden, während dessen
Regierungschef mit steinerner Miene neben ihm saß und zuhören
mußte.

20

HEINER GEISSLER GEHT AUF KOLLISIONSKURS

SEIT HELMUT KOHL die Regierung in Bonn übernommen hatte, mußte er sich unentwegt gegen die wachsende Zahl seiner Widersacher verteidigen. Im Herbst 1988 drückten ihm die dauernden Machtkämpfe und die Reibungsverluste, die sie erzeugten, stark aufs Gemüt. Dieses Mal fiel es ihm schwer, die Herbstdepressionen zu überwinden, und hin und wieder flocht er im Gespräch mit Vertrauten Bemerkungen ein wie die, er frage sich, warum er sich anstrenge und so wenig anerkannt werde. Auch beklagte er sich über den Verlust alter Weggefährten. Anfang Oktober 1988 erfuhr er während einer Asienreise vom Tod seines großen Widersachers Franz Josef Strauß. Das Ereignis, das ihm aus machtpolitischen Gesichtspunkten willkommen sein mußte, berührte ihn tief, und er trauerte um den schwierigen Freund. In Canberra, wo ihn ein deutsches Fernsehteam aufstöberte, sprach er einige zerstreute Worte der Anteilnahme ins Mikrophon, denen nicht zu entnehmen war, wie tief ihn der Verlust traf.

Auch das vertraute Gesicht von Hans-Dietrich Genscher, der nach dem Rücktritt vom Parteivorsitz aus der Koalitionsrunde ausgeschieden war, fehlte ihm. Um seiner nicht völlig zu entbehren, ließ er ihn zu den Koalitionsrunden hinzu bitten, aber der eigentlich Handelnde war der neue FDP-Chef Otto Graf Lambsdorff. Auch er war ein alter Bekannter, aber für Kohl war Genscher in gewisser Weise unersetzlich. Er war von seiten der FDP der Gründervater der Koalition, und daß er nur noch Außenminister war, war ein Zeichen, daß der Firnis des Bündnisses blätterte.

Ein Jahr nach der Bundestagswahl geriet die Regierung abermals in Bedrängnis. Die große Steuerreform, mit der Kohl den Wählern eine Entlastung von 70 Milliarden Mark versprochen hatte, kam nicht vom Fleck. Wieder tauchten Vokabeln auf wie die, das Erscheinungsbild der Regierung lasse zu wünschen übrig und die Bürger unten verstünden die Sprache nicht mehr, die die oben sprächen – er kannte solche Vorwürfe, er hatte sie bei seinem Weg nach oben ebenfalls gebraucht.

Was Kohl mehr berührte war die schlechte Verfassung, in der sich die rheinland-pfälzische CDU befand. Sein Nachfolger Bernhard Vogel scheiterte mit dem Bemühen, die Landes-FDP in die Koalition zurückzuholen. Vogels Regierungsstil wirkte überdies verknöchert, und seine Anziehungskraft schwand. Nahezu über Nacht erwuchs ihm in dem acht Jahre jüngeren Fraktionsvorsitzenden Hans-Otto Wilhelm ein starker Rivale, der nach dem Landesvorsitz griff. Die Konstellation erinnerte Kohl an die seinige vor zwanzig Jahren. Da sich Vogel so uneinsichtig zeigte, wie es damals Altmeier war, und da Kohl so etwas wie eine Obhutspflicht gegenüber dem Parteifreund empfand, bot er ihm seine Hilfe an. In zwei Vermittlungsgesprächen gelang es ihm nicht, die Streithähne zur Vernunft zu bringen. Vogel beharrte, geradeso wie Wilhelm, auf seiner Haltung und knüpfte ein Junktim zwischen dem Amt des Landesvorsitzenden und dem des Ministerpräsidenten, und ehe er es sich versah, war er beide los. In den anderen Landesverbänden berührten Kohl die Parteiquerelen weniger. Aber sie unterhöhlten seine Machtbasis in den Ländern zur gleichen Zeit, zu der die Zentrale Anzeichen von Schwäche zeigte.

In Schleswig-Holstein war Stoltenbergs Nachfolger Uwe Barschel in einen Skandal verwickelt, der sich aus der Behauptung eines Informanten entwickelte, er habe seinen SPD-Konkurrenten im Wahlkampf, Björn Engholm, ausspähen lassen. Das Ergebnis war, daß Engholm bei der Landtagswahl Anfang 1988 mit absoluter Mehrheit zum Ministerpräsidenten gewählt wurde. Die FDP verschwand aus dem Landtag. Die Hansestädte Hamburg und Bremen blieben rot, obwohl Kohl den Hamburger Wählern mit seinem Schatzmeister Walther Leisler Kiep einen passablen Kandidaten schickte. In Niedersachsen stand der Sozialdemokrat Gerhard Schröder bereit, die CDU abzulösen, die an Ausstrahlungskraft verlor, seit Albrechts Stern verblaßte. In Nordrhein-Westfalen war Kohls langjähriger Mitkämpfer Norbert Blüm nicht so erfolgreich, wie er es hätte sein müssen, um die bevorstehenden Landtags- und Kommunalwahlen zu bestehen. Im Saarland wechselte der Saarbrücker Oberbürgermeister Oskar Lafontaine auf den Stuhl des Ministerpräsidenten.

Immerhin regierten Wallmann in Hessen und Eberhard Diepgen in Berlin, stark war die Union nur noch in den tiefschwarzen Ländern des Südens, in Baden-Württemberg und Bayern. Das System der Machtverteilung, das Kohl aufgebaut hatte, stieß an seine Grenzen. Es war dadurch angreifbar, daß es auf einen einzigen Mann, auf seinen

Erfinder, ausgerichtet war. Sobald sich Kohl Blößen gab und Schwächen zeigte, fühlten sich jene ermutigt, die ihn loswerden wollten. Seit er Wahlen verlor, zeigte sich vor allem die Partei anfällig. Er hatte sie modernisiert, für die Auseinandersetzung gerüstet, sie zum Kampfinstrument geformt, aber nun, da ihr der Mutmacher an der Spitze fehlte und sie das Gefühl verlor, straff geführt zu werden, begehrte sie auf. Vom Fußball kannte Kohl das Verhalten der Vereine, die die Trainer entließen, wenn die Mannschaft Niederlagen einstecken mußte. Das gleiche drohte ihm. In der CDU verbreitete sich die Auffassung, es sei an der Zeit, den verbrauchten Mann aufs Altenteil zu schicken. Auf dem Parteitag in Bonn im Herbst 1987 stimmten nur noch 579 Delegierte für ihn. Bei seiner Amtsübernahme 14 Jahre vorher waren es 712 gewesen.

Dann, einen Tag vor dem nächsten Parteitag, der vom 13. bis zum 15. Juni 1988 in Wiesbaden stattfand, veröffentlichte das Massenblatt *Bild am Sonntag* eine Denkschrift, die angeblich vom CDU-Generalsekretär Heiner Geißler stammte, und versetzte die Delegierten in Alarmstimmung. Die Denkschrift war eine Auflistung von Kohls Versäumnissen und Defiziten. Im Text wurde unterstellt, das Papier sei im CDU-Generalsekretariat verfaßt worden. Während die Zeitung aufgrund eines scharfen Protestes von Geißler den Text zurückzog, hatten ihn die Agenturen schon verbreitet, und da er so klang, als hätte ihn der Generalsekretär verfaßt, erregte die Nachricht großes Aufsehen. Geißler behauptete später, der Text sei von der Stasi der DDR verfaßt und dem Blatt zugespielt worden.

Kohl zeigte sich erbost, daß der lange schwelende Konflikt öffentlich erörtert wurde.»Im Laufe des Parteitags«, erinnerte sich Geißler später,»erschienen dann die ersten Meldungen über ein unheilbares Zerwürfnis zwischen ihm und mir.«[1] Er bezog sich dabei auf einen Bericht der *Süddeutschen Zeitung,* die am zweiten Tag des Kongresses mit der Schlagzeile:»Kohl will offensichtlich Geißler als CDU-Generalsekretär loswerden« erschien. Im Text hieß es, die»Vermutungen« gingen so weit,»daß Kohl unterstellt« werde,»er wolle Geißler auf dem nächsten ordentlichen Bundesparteitag 1989 nicht wieder für das Amt des Generalsekretärs vorschlagen«. Statt dessen wolle er versuchen,»Geißler bei dem in Aussicht gestellten Kabinettsrevirement im Herbst dieses Jahres ein Regierungsamt anzutragen«.[2]

Probleme hatten die beiden schon lange miteinander, und sie verschärften sich jedesmal, wenn der Generalsekretär, der eine Amtszeit von vier Jahren hat, zur Wahl stand. Kohl wollte Geißler schon nach einer Wahlperiode, also 1981, ablösen, jedenfalls war er entschlossen, ihn dann, wenn er Bundeskanzler wurde, in die Regierung mitzunehmen und einen anderen für die Nachfolge vorzuschlagen. Im Herbst 1982 berief er Geißler als Gesundheits- und Familienminister ins Kabinett, es gelang ihm aber nicht, ihn zur Aufgabe des Parteiamts zu überreden.

Bei der nächsten Gelegenheit, dem Parteitag Ende März 1985 in Essen, erwies sich Geißler abermals als der Geschicktere. Er legte sein Ministeramt nieder und blieb Generalsekretär. Der Verlauf des Parteitags bestärkte Kohl in seinem Entschluß, auf eine Trennung von Geißler hinzuarbeiten. Geißler bekam bei den Wahlen mehr Stimmen als

Helmut Kohl und Heiner Geißler auf dem Parteitag
in Wiesbaden am 13. Juni 1988.

er, und die Zeitungen schlachteten das Spannungsverhältnis in großen Aufmachern aus.

Danach verschärften sich die Spannungen zwischen den beiden, und der Zwist war unauflösbar, denn das Parteistatut ist in der Aufgabenteilung zwischen dem Vorsitzenden und seinem Generalsekretär unpräzise, wenn nicht widersprüchlich. Es legt bindend fest, daß der Generalsekretär nur »auf Vorschlag des Vorsitzenden« gewählt werden kann. Das heißt, jedes Parteimitglied kann sich aus eigener Kraft für jedes Amt bewerben, nur nicht um das des Generalsekretärs. Dazu muß es zuerst die Gunst des Vorsitzenden erringen. Der Posten des

Generalsekretärs unterscheidet sich auch insofern von dem der anderen Mitglieder des Präsidiums, als er kein Ehrenamt ist, sondern der eines Angestellten, der von der Partei bezahlt wird. Er ähnelt dem Amt des Hauptgeschäftsführers eines Verbandes. Andererseits wird sein Inhaber nicht vom Vorstand berufen, sondern vom Parteitag gewählt und somit mit einem eigenen Mandat ausgestattet. Ist er gewählt, kann er vom Vorsitzenden ohne triftigen Grund nicht entlassen werden, im Grunde auch nicht einfach zurücktreten.

Nun hob Geißler mehr auf das Wahlamt, Kohl mehr auf das Vorschlagsrecht ab. Geißler formulierte das so, es habe zwischen ihm und Kohl ein Spannungsverhältnis gegeben, das »in der Natur der Sache« gelegen habe. Die Partei, sagte er im Gespräch mit den *Zeit*-Journalisten Gunter Hofmann und Werner A. Perger, habe »völlig unbestritten« die Aufgabe, die »eigene Regierung zu unterstützen«. Sie habe aber auch einen »substantiellen Auftrag«, der über die Regierungserklärungen und die Koalitionsvereinbarungen hinausgehe. Daher dürfe der »Generalsekretär der CDU nicht Generalsekretär der Regierung« sein, sondern er müsse »der Generalsekretär der Partei bleiben«.[3] Geißler leitete mit der Zeit aus seiner herausgehobenen Stellung den Anspruch ab, der eigentliche, der geschäftsführende oder auch wirkliche Führer der Partei zu sein. »In einer Partei, in der der Regierungschef zugleich der Vorsitzende ist, übernimmt der Generalsekretär die Führung der Parteigeschäfte«, lautete eine seiner gängigen Formeln. Denn der Bundeskanzler müsse die Interessen der Koalition und der gesamten Republik wahren, der Generalsekretär aber die der Partei. Seine Aufgabe sei es, ihr Profil zu schärfen.

Tatsächlich entbrannte zwischen dem Vorsitzenden und seinem Generalsekretär ein erbitterter Machtkampf. Kohl duldet keine eigenständige Persönlichkeit um sich, jedenfalls nicht auf Dauer und nicht solange, wie die Gefahr bestand, die Partei könne sich eher an den anderen gewöhnen. Rivalen sind im System Kohl nicht vorgesehen. In seiner Eröffnungsrede ging Kohl sogleich in die Offensive und räumte, ehe andere es taten, ein, daß die Regierung Müdigkeitserscheinungen zeige. Die Union habe sich in eine »Eigenwelt« geflüchtet, die »durch ihre Existenz selbst zum politischen Faktor« geworden sei, bemängelte er. Für Außenstehende ergebe sich das »Bild einer ritualisierten Betriebsamkeit«. In der Partei »existierten zu viele etablierte und routinierte Zirkel«, in denen Neulingen »mißtrauisch begegnet« werde, weil sie Konkurrenz bedeuten könnten. Das »letzte«, was gebraucht werde, sei eine »Verbonzung unserer Partei«. Aus diesen Defiziten leitete er die Lehre für das »Superwahljahr« 1990 ab, in dem die Partei vier Landtagswahlen, drei Kommunalwahlen, die Europa- und die Bundestagswahl bestehen mußte. Die Botschaft lautete, alle brauchten die »Unterstützung der Partei, dazu Mut und Standfestigkeit ... vor allem auch ich«.

Die Rede mußte von Geißler als der Versuch Kohls angesehen werden, die Zügel wieder energisch in die Hand zu nehmen und ihn in die zweite Reihe zu verweisen. In seiner Ansprache nahm er die Kampfansage an. Er lobte Kommunal- und Landespolitiker wie Walter Wallmann, Eberhard Diepgen und Lothar Späth, deren Erfolge er darauf zurückführte, daß sie die Zukunftsorientierung besäßen, die er der gesamten Partei wünschte. Kohl gab seine Abneigung gegen den Redner und das, was er zu sagen hatte, dadurch zu erkennen, daß er die Halle verließ, sobald Geißler den Mund aufmachte, auf dem Flur laut mit Delegierten debattierte und erst gegen Ende der Rede an seinen Platz zurückkehrte. Als er saß, weigerte er sich, dem Generalsekretär, wie er es sonst hielt, die Hand zu schütteln. Auch harrte er mit verschlossener Miene und verkniffenem Mund auf seinem Platz aus, bis die Delegierten, die stehend und langanhaltend klatschten, wieder ruhig wurden.

Der Rede seines Generalsekretärs konnte Kohl entnehmen, daß dieser ihn verdächtigte, den Modernisierungsschub zu verhindern, der allein die Partei aus dem Tief hätte herausführen können. Tatsächlich ging in der Union vor der bevorstehenden Europawahl im Sommer 1989 das Gespenst des Rechtsextremismus um. Die Republikaner befanden sich, wie Umfragen zeigten, auf dem Vormarsch. Der Union kam Geißlers Begriff von der »multikulturellen Gesellschaft« ungelegen, vor allem die CSU verwahrte sich gegen ihn.[4] Mit dem Beginn der Sommerpause, die dem Parteitag folgte, ruhten die Waffen. Indessen verstärkte sich das allgemeine Mißvergnügen dadurch, daß die Union in den Meinungsumfragen auf die zweite Stelle hinter der SPD fiel.[5]

Um aus dem Meinungstief herauszukommen, bereitete Geißler für den Herbst eine Reihe von Fachkongressen vor, die unter seiner Obhut im Konrad-Adenauer-Haus stattfanden. Einer von ihnen beschäftigte sich mit dem Komplex »Zehn Jahre Grundsatzprogramm der CDU« und sollte klären, ob es noch aktuell sei. In der Diskussion Anfang November 1988 brachten ein oder zwei Teilnehmer überraschend die Deutschlandpolitik zur Sprache, die Geißler in seinem einleitenden Referat nicht erwähnte.[6]

Die Diskutierenden nahmen die Tatsache, daß er Deutschland ausklammerte, als einen weiteren Beweis dafür, daß er mit diesem Thema neuerdings kleinlaut umging. Einer von ihnen bemängelte, daß in den Reden der Parteioberen das Wort »Vaterland« nicht vorkomme und die CDU aufhöre, sich eine »nationale Partei« zu nennen.

Geißler fühlte sich von dem Vorwurf nicht zuletzt deswegen herausgefordert und verletzt, weil er die Deutschlandpolitik auf dem Wiesbadener Parteitag ausführlich behandelt hatte. Ihn ärgerte, daß die Partei nicht den Mut fand, »eine klare Aussage zugunsten der Sicherheit der polnischen Westgrenze zu treffen«, sagte er später in einem Interview. Das sei der Grund dafür gewesen, »daß die Union in dieser Frage lange Zeit einen zwiespältigen Eindruck« vermittelt habe. Er hätte auch Klartext reden und sagen können, daß er den Unions-Vorsitzenden meinte.[7]

In der Podiumsdiskussion fiel Geißlers Erwiderung auf die Sticheleien der Wortführer, die offenkundig aus den Reihen der Vertriebenen kamen, gereizter aus, als er es beabsichtigte. Er sagte, es gebe ein »Spannungsverhältnis« zwischen dem Ziel, die nationale Einheit zu wahren, und demjenigen, die europäische Einheit herzustellen. Der »Nationalstaat alten Typs« habe »keine Zukunft«. Im Ludwigshafener Programm seien »Freiheit und Menschenrechte« als »globale Zielvorstellungen« verankert. Wenn das durchgesetzt sei, spielten »Grenzen keine große Rolle mehr«. Wer glaube, »die Nation« werde sich »in den Grenzen von neunzehnhundertixypsilon« wiederherstellen, der unterliege einem »historischen Fehlurteil«.

Über diese Kontroverse berichtete der Korrespondent der *Welt*, Ulrich Reitz, und sobald sein Bericht erschien, verursachte er eine große Aufregung vor allem bei den Vertriebenenblättern wie *Der Schlesier* und *Deutscher Ostdienst,* aber auch bei den Bistumszeitungen wie die *Deutsche Tagespost* in Würzburg. Sowohl der Fraktionsvorsitzende Alfred Dregger als auch der designierte CSU-Vorsitzende Theo Waigel verlangten von Kohl eine »Klarstellung«, und der nötigte den Redner, zu revozieren.

Geißler entschuldigte sich und machte Mitarbeiter dafür verantwortlich, daß sie ihn nicht genügend auf die »in seiner These enthaltenen Fußangeln« hingewiesen hätten.

Für Kohl kam der Vorfall außenpolitisch ungelegen, weil er in eine Zeit fiel, in der er die Möglichkeit erkannte, in der Ostpolitik aktiv zu werden. Er war kurz vorher in Moskau gewesen, jetzt stand ein

Gespräch seines Kanzleramtsministers Wolfgang Schäuble mit dem DDR-Staatsratsvorsitzenden Erich Honecker bevor. Innerparteilich begriff er den Streit als ein Mittel, mit Geißler abzurechnen. Zwei Tage später bestellte er ihn zu einer Aussprache ins Kanzleramt, in der jeder auf seinem Standpunkt beharrte.

Kohl ließ das Wochenende verstreichen, am Montag, den 7. November 1988, diktierte er Geißler einen Brief, in dem er ihm das Mißfallen über sein Verhalten aussprach und andeutete, daß es Konsequenzen haben könne. Unter der Anrede »Lieber Heiner« nannte er das Ergebnis des Gesprächs »ebenso unerfreulich wie ernüchternd«. Es sei »offensichtlich«, daß sie beide »in immer weniger Grundfragen der Politik« übereinstimmten. Da er den Brief zur internen Verwendung bestimmte, es sich aber vorbehielt, ihn je nach Bedarf öffentlich zu gebrauchen, erwähnte er den Anlaß, die Deutschlandpolitik, nicht, nannte auch keinen der anderen Gründe für ihre Streitigkeiten, sondern bezog sich lediglich auf einen formalen Fehler, der Geißler unterlaufen war. In einem Interview mit der *Zeit* hatte er unbedacht auf die Frage: Werden »Sie noch einmal als Generalsekretär kandidieren?« mit »Ja« geantwortet.[8]

In seinem Brief nahm Kohl Anstoß daran, daß Geißler unterstellte, er, der Absender, werde ihn wieder vorschlagen. Die »Äußerung« zeige, schrieb er, daß der Adressat seine Position öffentlich »als die der Partei festschreiben« wolle, und er tue dies »ohne jede Rücksicht auf die Autorität des Parteivorsitzenden«. Damit stellte er die Rangfolge her, bezog sich, wie üblich, auf die Presse, die das Interview mit »großer Aufmerksamkeit« behandelt habe, und lenkte den Blick auf den Passus des Parteistatuts, der die Wahl des Generalsekretärs betrifft.

Er behauptete, Geißler sei sich der Satzungswidrigkeit dieser Ankündigung »bewußt« gewesen und habe mithin ihn, Kohl, vorsätzlich und in der Absicht, seine Autorität in Frage zu stellen, provozieren wollen. Dieses Verfahren, schrieb er mit starken Worten, finde er ebenso unmöglich wie unerträglich. Der Klage folgte die Drohung: »Ich will Dir«, schrieb er, »aus diesem Grund in aller Form mitteilen, daß, wenn sich unsere Beziehungen und die Arbeitsgrundlagen nicht von Grund auf in den nächsten Monaten verändern, ich nicht die Absicht habe, Dich wiederum für das Amt des Generalsekretärs der Christlich-Demokratischen Union Deutschlands auf dem nächsten Parteitag vorzuschlagen.«[9] Es war das erstemal, daß Kohl in dieser Weise mit Geißler verfuhr. Bei der Vertrautheit, die zwischen ihnen herrschte, bedeutete das Mahnschreiben so etwas wie die erste und letzte Verwarnung in einem Arbeitsverhältnis.

Der Brief enthielt aber auch die Aufforderung an den Gemaßregelten, sich zu unterwerfen. Kohl setzte kein Ultimatum, verlangte auch keine Antwort, sondern er ließ erkennen, daß für ihn die Zeit der Diskussion vorüber war und daß er tätige Reue und Einkehr vom Kontrahenten erwartete. Dies war der Zeitpunkt, auf den Geißler anspielte, als er in seinem Gespräch mit den Bonner Journalisten davon sprach, es habe zwischen ihm und Kohl »Meinungsverschiedenheiten« über die Arbeitsteilung gegeben, im allgemeinen hätten sie Konflikte einvernehmlich geregelt, das sei aber auf immer größere Schwierigkeiten gestoßen.

IN DEM MEINUNGSSTREIT über die Richtung und den Kurs der CDU spielte Kohl zu keiner Zeit den Gegenpol zu Geißler. Es lag nicht in seiner Natur, sich zu exponieren. Vielmehr schob er andere vor, gab sich den Eindruck, er vermittele bloß und suche nach einem Ausgleich, der die Partei zusammenhielt. Zwischendurch ließ er sogar die Vermutung zu, er stärke und ermutige die reformerischen Bataillone und verhelfe ihren Repräsentanten zu einflußreichen Positionen.

Eine solche Situation ergab sich, als Bundestagspräsident Philipp Jenninger, genannt «Don Philippo», ein guter Freund aus den Tagen der Opposition, zurücktrat und Kohl einen Nachfolger oder eine Nachfolgerin suchte. Jenninger wollte eine Rede zum 9. November, dem Tag der Wiederkehr der Reichspogromnacht 1933 halten. Da er seinen Zuhörern einen möglichst authentischen Eindruck vom Gedankengut der Nazis vermitteln und sich genau an deren Terminologie halten wollte, beauftragte er seinen Mitarbeiter Thomas Gundelach, eine Reihe von Zitaten zusammenzustellen.

Der machte sich nicht ausreichend klar, daß die An- und Abführungen im Manuskript nicht mitgehört werden können. Daher wirkte das nationalsozialistische Gedankengut, vorgetragen in einer Feierstunde des Bundestags, so, als wäre es Jenningers. Die Juden auf der Ehrentribüne verhüllten ihre Häupter. Da Kohl drei Tage danach vor jüdischen Organisationen in New York die Festrede zum 80. Geburtstag des Nazijägers Simon Wiesenthal zu halten hatte, sah er sich gezwungen, zu Hause aufzuräumen, um nicht von dem Eklat in Bonn in einen zweiten in Übersee zu stolpern. Er bat Jenninger zu sich ins Kanzleramt und eröffnete ihm, daß er sich von ihm trennen müsse, stellte aber zugleich völlige Rehabilitation in Aussicht, sobald sich der Staub gelegt haben würde. Daran hielt er sich. Mehrere Jahre später wurde Jenninger Botschafter in Wien.

Daß der Bundeskanzler nunmehr einen Bundestagspräsidenten entfernte und, sobald er zurückkehrte, einen Nachfolger ernannte und damit Angelegenheiten regelte, die zu erledigen Sache des Parlaments und der Fraktionen war, wurde angesichts des Notstands, den er damit behob, nur noch am Rand wahrgenommen. Daß er allein entschied, hatte zusätzlich den Vorteil, daß die Regelung der Nachfolge weniger Zeit in Anspruch nahm, als wenn sich mehrere Gremien ihrer angenommen hätten. Nach einer Beratung mit seinem Kanzleramtsminister Wolfgang Schäuble und der obligaten Rückfrage beim Fraktionsvorsitzenden Alfred Dregger berief er überraschend Rita Süssmuth, die Geißler im Amt des Familienministers abgelöst hatte.

Die Kandidatin stand festverwurzelt im Lager ihres Vorgängers, in der Partei zählte sie zum Reformflügel. Im Grunde entsprach ihre Berufung ins Präsidentenamt der bekannten Gewohnheit Kohls, aufmüpfige Parteimitglieder damit zu zähmen, daß er ihnen Posten und Verantwortlichkeiten aufbürdete. Das sah auch Süssmuth, deshalb zögerte sie, ließ sich aber von Geißler überreden, der ihr einschärfte, frühere Parlamentspräsidenten hätten alles andere getan, als sich darauf zu beschränken, Sitzungen des Parlaments zu leiten. Präsidenten wie Hermann Ehlers, Eugen Gerstenmaier und Annemarie Renger waren Beispiele dafür. Da auch der Opposition nichts anderes übrigblieb, als sie mitzuwählen, und ihr damit eine breite Mehrheit sicher war, nahm sie an und wurde, was Kohl wollte.

Mit der dritten Entscheidung in dieser Reihe, der über eine neue Familienministerin, komplettierte Kohl die Überraschungen, mit denen er seine Parteifreunde teils erfreute, teils erschreckte. Seine Wunschkandidatin war die Literaturprofessorin Gertrud Höhler, die in Paderborn wohnte, sich in Frankfurt als Unternehmensberaterin betätigte, an der Hochschule in Kassel lehrte und in Ludwigshafen Parteimitglied war. Er hatte sie vor anderthalb Jahren für die CDU geworben und in seinem Kreisverband untergebracht. Außerdem war sie in Dreggers Schattenkabinett. Kurz nach Süssmuths Zusage ließ er sie nach Bonn kommen. In der CDU formierte sich Widerstand gegen die Berufung von Frau Höhler, den auch die Frauengruppe in der Union unterstützte. So entschied sich Kohl für die in der Politik völlig unbekannte Heidelberger Gerontologin Ursula Lehr. Sie war nach Rupert Scholz und Rita Süssmuth der dritte »Seiteneinsteiger« innerhalb kurzer Zeit. Alle drei Neuernannten waren Professoren in der akademischen Lehre. Hatte der Bundeskanzler gehofft, sich mit den Umbesetzungen Luft zu verschaffen, irrte er. Das neue Jahr begann noch unerfreulicher, als das alte endete. Bei der Wahl zum Abgeordnetenhaus in Berlin am 6. Februar 1989 erlitt die CDU jenen Einbruch, den ihr die Skeptiker beim Weggang Weizsäckers vorhergesagt hatten. Auf der linken Seite nahm die SPD um knapp fünf Prozent zu, die Alternative Liste steigerte ihren Anteil um etwas mehr als ein Prozent, bei den Rechten verlor die CDU beinahe neun Prozent und mußte Stammwähler an die Republikaner abgeben, die damit auf siebeneinhalb Prozent kamen. Lothar Späth, der in dieser Zeit ein vielgefragter und bereitwillig antwortender Interviewpartner war, sprach vielsagend und in Richtung Bonn augenzwinkernd davon, die Berliner Wahl sei eine »letzte Warnung« für die CDU gewesen. Die Partei sei in der »Begründungsstruktur« ihrer Reformen »nicht überzeugend genug«. Der Spiegel, der Späth sichtbar hofierte und ihn einen Politiker nannte, der »Siegeszuversicht« verbreite, orakelte, »Kanzlerdämmerung« ziehe auf.

Die Diagnose des Spiegel war zutreffend, für Kohl begann im Frühjahr 1989 eine Talfahrt, die ihn in die größte Krise seiner Karriere führte. Die Wählerschaft wurde seiner überdrüssig, zur gleichen Zeit versammelte Geißler eine Gruppe Oppositioneller in der Partei, und das Glück schien Kohl zu verlassen. Daß die rasche und beherzte Umbildung in der Regierungs- und Parlamentsspitze den Verfall seines Ansehens nicht aufhalten konnten, bewies, daß sich die Entwicklung zu verselbständigen begann. In Umfragen landete Kohl mit einer Zustimmungsrate von 27 Prozent weit abgeschlagen auf Platz 18 der Liste der am meisten gefragten Politiker.[10]

Bundesweit sank die Zustimmung zur Union auf Werte zwischen 31 (Infratest), 34 (Infas) und 37 Prozent (Emnid), die zur SPD hingegen kletterte auf einen Höchststand um die 43 Prozent. Die Republikaner kamen bundesweit auf Anteile, mit denen sie bequem in den Bundestag einziehen konnten.

Der Gewinner war Lothar Späth, der sich zum Hoffnungsträger der Union entwickelte. In einer Art politischer Marktuntersuchung testete der Spiegel die Chancen des baden-württembergischen Ministerpräsidenten, gegen Kohl anzutreten. Sie waren außerordentlich gut. Auf der Skala, auf der Kohl ganz unten stand, erreichte Späth, der in der

Partei seiner Umtriebigkeit, Wendigkeit und Schlauheit wegen das »Cleverle« genannt wurde, Bestnoten. Er lag mit einer Zustimmungsrate von 73 Prozent auf dem dritten Platz vor Süssmuth und Genscher. In einer Begleitgeschichte stellte sich das Magazin in seltener Jubelstimmung an die Seite Späths, es berief sich auf Parteifreunde des Hochgelobten, die ihm rieten, »jetzt bloß vorsichtig zu sein« und sich »bei keiner Intrige gegen Kohl erwischen zu lassen«, und das nicht nur im eigenen Interesse, sondern auch in dem der Partei, denn er sei die »letzte unbeschädigte Figur« unter den »wenigen CDU-Politikern, die als Alternative« gegen den Bundeskanzler und Parteivorsitzenden in Frage kämen. »Wenn es der CDU schlechtgeht, geht es Lothar Späth gut«, zitierte der *Spiegel* einen Spruch, der in der Partei zirkuliere. Späth hätte den Kopf nicht soweit vorgestreckt, wäre er nicht von Geißler dazu ermutigt worden. Der Zeitpunkt für eine Erneuerung der Partei war günstiger, als er es je zuvor gewesen war und je wieder sein würde. Im Herbst war Strauß gestorben, die CSU war in Nachfolgekämpfe verstrickt und aus Geißlers Sicht so mit sich beschäftigt, daß sie den Reformbemühungen der Schwesterpartei keine Steine in den Weg legen konnte.

Geißler wollte die CDU aus der Erstarrung lösen, in die sie mit ihrer Endlosbindung an die CSU und ihrer Verbindung mit der FDP geraten war. In der Verfassung, in der sie sich befand, konnte sie, davon war er fest überzeugt, keine Wahlen mehr gewinnen. Sie hatte die Meinungsführerschaft verloren, wurde von den Wählern als nicht mehr reformierbar angesehen und verhieß nichts als Stagnation. In Geißlers Vorstellung mußte sich die Union nicht nur neuen Ideen öffnen, sondern auch für neue Koalitionen bereit sein, vor allem für Reformbewegungen wie die der Grünen. Entweder paßte sich die CSU einer erneuerten CDU an, oder die CDU suchte sich Partner ohne sie, auch im Lager der SPD. Ließ sich die Partei nicht mit Kohl reformieren, mußte sie es nach Auffassung Geißlers ohne ihn versuchen. Daher begann er im Frühjahr 1989 eine Serie von Gesprächen mit den führenden Politikern der Partei, in denen er herauszufinden suchte, wen er für seine Pläne gewinnen konnte.

Der Terminkalender Wallmanns weist aus, daß er am 26. Januar 1989 nachmittags um 15.00 Uhr mit dem Generalsekretär in der hessischen Staatskanzlei zusammentraf. Bei der Unterredung brachte der Gast seine Sorgen um die Zukunft der Partei zum Ausdruck, die Wallmann teilte, ohne aus ihnen die Konsequenz ziehen zu wollen, die offenbar Geißler vorschwebte. Wallmann wunderte sich, daß sich der Besucher ungewöhnlich heftig über Kohl beklagte. Die Dignität des Bundeskanzlers ließ er unangetastet, wichtiger schienen ihm Nebensächlichkeiten zu sein: Kohl gehe unvorbereitet in Pressekonferenzen, er lehne es ab, die Vorlagen zu benutzen, die er oder das Kanzleramt ihm lieferten, er hinterlasse in Interviews keinen guten Eindruck, da er unkonzentriert wirke und die Interviewer nicht ausreden lasse, während der Pausen die Zunge in der Mundhöhle herumführe, die Lippen lecke oder die Augen verdrehe. Bei einem weiteren Gespräch mit Wallmann am 13. April setzte der Generalsekretär seine Klagelieder gegen Kohl fort. Dabei gebrauchte er Sätze wie: »Der kann es nicht« und »der schafft das nicht«.[11]

Da Wallmann nicht der einzige Ansprechpartner Geißlers war, erfuhr Kohl vermutlich von den Abwerbungsversuchen seines Mitarbeiters. Kurz danach traf er seine Gegenmaßnahmen. Bevor er in den Osterurlaub nach Bad Hofgastein reiste, berichtete er den Spitzenvertretern der Koalition über Pläne, »neue Akzente« zu setzen, beließ es aber bei Andeutungen. Engeren Mitarbeitern vertraute er an, daß eine vorzeitige Kabinettsumbildung dazugehörte. Ursprünglich wollte er das Kabinett erst im Herbst umbilden. Da ein Wettlauf mit der Zeit begann, entschloß er sich, diesen Schritt vorzuziehen. Inzwischen hatte er es sich zur Gewohnheit gemacht, längerfristige Planungen in die Urlaubszeit zu verlegen, da er abseits von Bonn dazu mehr Muße hatte als im hektischen politischen Tagesgeschäft. Bei einem Besuch seiner Mitarbeiter Eduard Ackermann, Friedhelm Ost und Juliane Weber gegen Ende der Fastenkur in Bad Hofgastein breitete er vor ihnen sein Tableau für die Umbildung in großen Zügen aus, schwieg sich aber über Einzelheiten immer noch aus.[12]

Auch der CSU-Vorsitzende Theo Waigel wurde informiert und unterrichtete seinerseits den dienstältesten CSU-Minister Friedrich Zimmermann. Der berichtet in seinen Lebenserinnerungen, Kohl habe sich vom Revirement nicht nur erhofft, seine Kritiker mundtot zu machen, der Partei wieder auf die Beine zu helfen und den »Eindruck von Handlungsfähigkeit« zu vermitteln, sondern er habe auch die Chance gesehen, Geißler »einzubinden«. Die Umbildung eröffnete die Möglichkeit, den Generalsekretär ins Kabinett zu holen und ihn damit, wie es Zimmermann ausdrückt, »seiner Richtlinienkompetenz zu unterwerfen«.[13]

Wolfgang Schäuble, der hinter den Kulissen des Kanzleramts unmerklich in die Rolle des internen Ratgebers, Treibers und Planers wuchs, vertrat die Auffassung, es helfe nur ein großer Wurf, gelinge der nicht, könne Kohl es auch lassen. Damit rannte er beim Kanzler offene Türen ein und bestärkte ihn, den scharfen Schnitt zu machen. Dreh- und Angelpunkt der Neuformierung war Finanzminister Gerhard Stoltenberg. Einerseits fiel es Kohl schwer, sich von einem alten Parteifreund zu trennen, der ihm seit zwanzig Jahren loyal zur Seite stand. Andererseits war Stoltenberg zum unpopulärsten Mitglied des Kabinetts geworden. Sein Prestige verfiel innerhalb von wenigen Monaten. Schäuble sagte einmal zu einem Parteifreund, er hätte noch am Wahlabend 1987 gewettet, daß Stoltenberg Kohls Nachfolger werden würde. Wenige Monate danach hatte der Finanzminister seine Favoritenrolle ausgespielt. Er rieb sich in der Diskussion über die Steuerreform auf, die dann zwar exekutiert wurde, aber mühsam in drei Etappen und unter Umständen, die ihren psychologischen Effekt ins Gegenteil kehrten.

Waigel begrüßte wie Kohl und Schäuble ein umfassendes Kabinettsrevirement in der Hoffnung, daraus einen Nutzen zu ziehen. Die Umbildung, sagt Waigel, sei für Kohl lebensnotwendig gewesen, »um der Fronde, die sich in der CDU gegen ihn gebildet hatte, entgegenzutreten«. Lebensnotwendig war sie aber auch für ihn, da er im Amt des Vorsitzenden das Prestige benötigte, das ihm zur vollen Amtsautorität noch fehlte. Eine Zeitlang dachte Kohl daran, Waigel dazu zu bringen, anstelle von Zimmermann Innenminister zu werden. Da der Kandidat das vorhersah, ließ er den Bundeskanzler vorsorglich wissen, er trete »nicht auf Kosten eines Parteifreundes« ins Kabinett ein. Hätte er nur Minister werden wollen, um Minister zu sein, hätte er das bereits im Herbst 1982 bei der Neubildung der Regierung tun können, als Kohl ihm das Entwicklungsministerium anbot.

Während des Osterurlaubs in der zweiten Märzhälfte 1989 erkannte Kohl, daß er Waigel das Finanzministerium anbieten müsse. Waigel hatte sich lange und sorgfältig darauf vorbereitet, da er wußte, daß sich die Ministrablen darum nicht rissen, und da er den Ehrgeiz hatte, in die Fußstapfen des ersten Finanzministers der CSU, Fritz Schäffer, zu treten. Nach dem Studium war er im bayerischen Finanzdienst, persönlicher Referent des Finanzministers Anton Jaumann, im Bundestag saß er von 1978 bis 1980 im Haushaltsausschuß und war seit 1980 wirtschaftspolitischer Sprecher der Fraktion. Die erste Möglichkeit, nach dem Urlaub über das Vorhaben zu reden, bot das Treffen mit Präsident François Mitterrand. Der Kanzler, der für solche Begegnungen Ausflüge in die deutsche Provinz vorzog, hatte sich mit ihm zu den deutsch-französischen Konsultationen in Günzburg nahe Ulm am 4. April 1989 verabredet. Er bat Waigel, ihn auf dem Flug im Hubschrauber von Bonn zum dortigen Flugplatz Leipheim zu begleiten. Unterwegs brachte er die Sprache auf die Kabinettsumbildung und offerierte ihm das Amt des Finanzministers.

Waigel brachte die Schwierigkeiten zur Sprache, die sich aus seiner Berufung ergeben konnten. Er lebte von seiner Frau getrennt und hatte eine Beziehung zu der Skiläuferin Irene Epple. Daran konnte die Partei Anstoß nehmen, denn seine Frau war physisch und psychisch krank. Er war zwar dabei, seine – wie er sich ausdrückte – »Verhältnisse zu ordnen«, also sich scheiden zu lassen und die Lebensgefährtin zu heiraten. Aber das nahm Zeit in Anspruch. Kohl erklärte, er sehe darin keinen Hinderungsgrund. Daraufhin erbat sich Waigel einige Tage Bedenkzeit.

Drei Tage danach traf Waigel im Bogenhauser Hof in München mit dem Beraterkreis zusammen, den er nach seiner Wahl zum CSU-Vorsitzenden gebildet hatte. Das war ein informelles Gremium, in dem die Spitzen der Partei wie seine Stellvertreterin im Parteivorsitz, Mathilde Berghofer-Weichner, Ministerpräsident Max Streibl, Friedrich Zimmermann, Landtagspräsident Franz Heubl, der CSU-Generalsekretär Erwin Huber, Edmund Stoiber, der CSU-Fraktionsvorsitzende im bayerischen Landtag, Alois Glück, und Gerold Tandler versammelt waren.

Die Sitzung war, wie sich Teilnehmer erinnern, kurz, sie dauerte nicht einmal zwei Stunden, aber in ihr entschied sich das Schicksal Kohls. Die CSU-Führung wußte über die Bemühungen Geißlers, Späth zum Gegenkandidaten gegen Kohl aufzubauen, gut Bescheid, und sie kannte dessen Ehrgeiz, dem Ruf zu folgen. Zimmermann berichtet, Späth habe über seinen Vertrauten, den baden-württembergischen Innenminister Dietmar Schlee, ständig engen Kontakt zu ihm gehalten. Waigel hätte auch in einer Regierung Späth Finanzminister werden können. Nach der Schilderung Waigels erwog er mit den führenden Persönlichkeiten der CSU, auf welcher Seite die »politische Kraft« stehe, die die Union aus dem Tief herausführen könne. Ihm war bewußt, daß die CSU die Rolle des »Stabilisators« spielte. »Es ging«, sagt er, »nicht allein um Kohl, sondern darum, wer kommt nach ihm?« Werde der Bundeskanzler zum Abtreten gezwungen, seien die Erben »Späth, Süssmuth, Geißler, Blüm«. Das sei nicht die CDU nach dem Geschmack der Schwesterpartei gewesen. Innerlich war Waigel, als er das Sitzungszimmer betrat, entschlossen, das Angebot Kohls anzunehmen. Er versprach sich davon einen erheblichen Zuwachs seines Prestiges. Die Ministerwürden konnten ihm zugute kommen, wenn sich die CSU anschickte, die personelle Hinterlassenschaft von Strauß, die sie jetzt mit einer Doppelspitze nur provisorisch verwaltete, endgültig zu ordnen. Er mußte sich zumindest eine Option auf das Amt des Ministerpräsidenten offenhalten.

Die personalpolitischen Weichen hatte er bereits gestellt und mit Zimmermann besprochen, der zähneknirschend akzeptieren mußte, daß der CSU-Vorsitzende die Priorität hatte und die Partei das Innenministerium abgeben mußte. Er bot Zimmermann die Wahl zwischen dem Verkehrs- und dem Entwicklungsministerium an und stellte es ihm frei, wieder Landesgruppenvorsitzender zu werden. Zimmermann griff nach dem Verkehrsministerium, ein Amt, das ihn reizte, da es über hohe Investitionssummen im Verkehrsbereich verfügte. Nun ging es darum, auf welche Seite sich die CSU stellen sollte. Da auch Zimmermann von der Umgruppierung profitierte, wenn auch in geringerem Umfang als Waigel, unterstützte er ihn in der Absicht, Kohls Angebot anzunehmen und damit den Stab über den CDU-Generalsekretär zu brechen. Er und Waigel waren geschickt genug, die Personalentscheidung in eine Sachentscheidung im Parteiinteresse umzumünzen.

In der Sitzung wetterte Waigel, in einer Regierung Späth wäre Geißler der führende Kopf, ausgerechnet der Mann, den die CSU »seit Jahren bekämpft« habe, der mit seiner »Lagertheorie«, seinem »Gerede von der neuen Armut«, mit seiner »Strategie der Anpassung nach links« und mit seiner »multikulturellen Gesellschaft« die Wähler der Union in Scharen in die Flucht treibe, die sich entweder enthielten oder zu den Republikanern gingen. Er schloß floskelhaft, »wer sich jetzt versagt, versagt« und »wir müssen handeln, sonst werden wir behandelt«, und er hatte alle auf seiner Seite. Allerdings war ihm zweierlei klar: Er mußte für seinen Eintritt in das marode und wacklige Kabinett Kohl einen hohen Preis verlangen, und die Partei erwartete von ihm, daß er ihre Interessen vertrat und sich damit durchsetzte.

In der Unterredung mit dem Kanzler machte Waigel seine Zusage von drei Bedingungen abhängig, verbunden mit dem Versprechen, er werde dafür sorgen, daß der »unfruchtbare Dualismus«, der bisher das Verhältnis zwischen den Schwesterparteien bestimmte, in einen »produktiven Dualismus« umgewandelt werde.[14] Von den Bedingungen war die erste diejenige, die sich am leichtesten erfüllen ließ, die Quellensteuer abzuschaffen, die Stoltenberg gerade eingeführt hatte. Die zweite, die CSU müsse einen Minister mehr bekommen, als sie bisher hatte, stellte Kohl ebenfalls nicht vor unüberwindliche Schwierigkeiten.

Die dritte Forderung hätte beinahe die gesamte Kabinettsumbildung zu Fall gebracht. Um sie besser wirken zu lassen, erklärte Waigel, Zimmermann sei nicht bereit, »sein Amt für Geißler aufzugeben«. Das hieß, die CSU weigerte sich, an der Kabinettsumbildung teilzunehmen, wenn Geißler Innenminister werden würde. In diesem Fall würde weder Waigel noch ein anderes Mitglied der CSU Finanzminister werden. Waigel spielte darauf an, daß Kohl zur gleichen Zeit, zu der er mit ihm über das Angebot verhandelte, Finanzminister zu werden, seinem Generalsekretär anbot, das Innenministerium zu übernehmen. Mit Theo Waigel und Heiner Geißler hätte er die beiden stärksten Figuren der Unionsparteien ins Kabinett geholt, und damit hätte er zugleich das Problem mit dem Generalsekretär konfliktfrei gelöst. Wäre der unbequeme Mann Mitglied der Regierung geworden, hätte sich das Parteiamt von selbst erledigt. Dann hätte Geißler auch seine Absicht, die Partei gegen ihren Vorsitzenden zu formieren, fallenlassen müssen. Denn er konnte nicht als Mitglied des Kabinetts gegen den Regierungschef revoltieren. Die seltsame Logik, die in Kohls Machtgefüge herrscht, besagt, daß das Kabinett zwar nicht viel zu entscheiden hat, daß seine Mitglieder aber einem bevorzugten Gremium angehören, in dem es der Corpsgeist gebietet, loyal zueinander und zum Kabinettschef zu stehen.

Natürlich hatte auch Wolfgang Schäuble darüber nachgedacht, wie er sich verhalten würde, wenn er sich für oder gegen Kohl entscheiden mußte. Er hatte darüber auch mit Geißler gesprochen. Der Kanzler war sich ebenfalls bewußt, daß seinem Mitarbeiter die Vorstellung von Umsturz und Revolte, Sturz und Nachfolgekriegen so geläufig war wie jedem, der zur Spitzengruppe gehörte. Er war damit in der Partei groß geworden und hatte an Umsturzversuchen teilgenommen oder war ihnen selbst ausgesetzt. Für Schäuble war allerdings klar, daß er sich mit der Übernahme des Regierungsamts dem Gebot der strikten Loyalität zum Kanzler unterwarf. Im Konfliktfall mußte er zum Kanzler stehen oder sein Amt niederlegen. Das war es auch, was er Geißler sagte. Nach seinem Verständnis gehörte der Generalsekretär in dieses Bezugsgeflecht. Daher hielt er es für unangebracht, daß Geißler in diesem Amt und mit dessen Hilfe gegen den Vorsitzenden und Bundeskanzler mobil zu machen versuchte. Beides erschien ihm als nicht miteinander vereinbar.

Schon bei den ersten Anzeichen des Konflikts riet Schäuble Kohl, sich von Geißler zu trennen. Das war im Lauf des Jahres 1985. Im Gespräch darüber vertrat Kohl die Meinung, die Partei müsse sich langfristig an ihm orientieren und sich mit ihm identifizieren, und daher dürfe er niemanden neben sich hochkommen lassen, mit dem sie die Vorstellung einer Alternative verband. Schäuble sah die Sache etwas anders. Er argumentierte, bei Auseinandersetzungen über den Kurs der Politik spiele es keine Rolle, wer recht habe, und es führe nicht weiter, die Schuld für das Auseinanderklaffen der Meinungen zu untersuchen. Im Konfliktfall müsse sich der Generalsekretär der Auffassung des Vorsitzenden beugen, oder er müsse, wenn er sich dazu nicht in der Lage sehe, den Hut nehmen. Oder, noch einfacher ausgedrückt:»Er muß den Kanzler stürzen oder gehen.« Der Konflikt, in dem sie sich befänden, sei für ihn »tödlich«, sagte Schäuble zu Kohl. Er unterstützte dessen Bemühungen, Geißler ins Kabinett zu holen, war aber der Auffassung, daß der Generalsekretär jetzt vor der Alternative stand, anzunehmen oder sein Parteiamt niederzulegen, falls er nicht Gefahr laufen wollte, vom Vorsitzenden aus ihm entfernt zu werden. Ob sich Kohl darüber klar war, daß er den Schnitt vollziehen mußte, wenn Geißler ihm einen Korb gab, dessen war sich Schäuble nicht so sicher. Er hatte den Verdacht, der Kanzler offerierte dem Parteifreund das Amt eher als eine Art Rettungsanker und hoffe insgeheim, daß er nach ihm griff. Das war seiner Auffassung nach zulässig, aber nicht in ihrer aller Interesse: Wollte Kohl sein Problem mit dem Generalsekretär lösen, mußte er das anders regeln als über eine Berufung ins Kabinett.

Schäuble kritisierte an Kohl dieselben Eigenschaften wie der eine halbe Generation jüngere Geißler, nämlich daß Kohl zauderte und zögerte, wo er beherzt handeln müßte, daß er sich um eindeutige Formulierungen herumdrückte und harten Entscheidungen aus dem Weg ging. Der Unterschied zwischen beiden war, daß sich Schäuble mangels Alternative seufzend damit zurechtfand. So war er nicht einmal sicher, ob Kohl dem Generalsekretär das Amt des Innenministers wirklich verbindlich zusagte, oder ob er es nur vage in Aussicht stellte, damit winkte, Geißlers Reaktion testete, so mal eben anklopfte, wie es seine Art war. Schließlich wußte der Kanzler zu der Zeit, zu der er mit Geißler über die Kabinettsumbildung sprach, daß er, wenn der

Generalsekretär in den Handel einschlug, Schwierigkeiten mit Waigel bekommen würde. Entweder verstand Geißler ihn falsch, oder Kohl drückte sich nicht klar aus, oder er ignorierte Waigels Bemerkung. Möglicherweise kannte er Geißler gut genug, um davon auszugehen, daß er das Angebot nicht annehmen würde, oder spielte einfach va banque.

»Mir hat Helmut Kohl das Bundesinnenministerium angeboten«, sagte Geißler zu den Journalisten Gunter Hofmann und Werner Perger. Daß er das als Offerte verstand, geht auch daraus hervor, daß er um Bedenkzeit bat und der Kanzler ihm angeblich eine Frist bis zum 13. April 1989 einräumte. Geißler berief, wie dessen damaliger Abteilungsleiter Wulf Schönbohm berichtet, eine Runde von Beratern ein, um mit ihnen die Konsequenzen des Wechsels ins Kabinett zu erörtern. Dazu gehörten außer ihm der Bundesgeschäftsführer Peter Radunski, Geißlers Assistentin Dorothee Goebel und der Pressesprecher Jürgen Merschmeier.

Schönbohm warnte Geißler als einziger vor den Tücken einer Ablehnung des Angebots. Er argumentierte, wenn jener ablehne, während Waigel zusagte, werde das allgemein als Provokation gegen den Kanzler angesehen. Schönbohm riet zur Annahme des Regierungspostens, und zwar deshalb, weil seine Amtszeit ohnehin auslaufe. Denn wenn er für vier Jahre wiedergewählt werde, würde er 16 Jahre im Amt sein, und das sei für einen Generalsekretär zu lang. Die anderen Teilnehmer der Runde einschließlich der Hauptperson waren der entgegengesetzten Auffassung.

Geißler stimmte nicht nur mit den meisten seiner Berater, sondern auch – wie er behauptet – mit »fast allen Mitgliedern des Parteipräsidiums« überein, er müsse sein Parteiamt behalten. Viele Präsidiumsmitglieder fürchteten, wie er sagt, daß Kohl seine Berufung ins Kabinett zum Anlaß nehmen wollte, einen Nachfolger zu berufen, der nicht die Standfestigkeit hatte wie er und der es zulassen werde, daß die Partei, wie es Schönbohm formuliert, »vor die Hunde geht«. Damit war die Entscheidung getroffen. Geißler kleidete die Absage, die er kurz vor Ablauf der Frist dem Kanzler übermittelte, in die Worte, er habe sich entschlossen, in seinem Amt zu bleiben, da er »der CDU als Generalsekretär besser dienen« könne »als in einem Regierungsamt«.[15] Zur gleichen Zeit, zu der Geißler auf das Amt des Innenministers verzichtete, bot Schäuble es dem aus dem Finanzministerium scheidenden Stoltenberg an, der aber das Verteidigungsministerium von Rupert Scholz zu übernahm.

Der Bundeskanzler bestellte Scholz ein und erklärte ihm verlegen, er sei entlassen. Die Mitteilung habe ihn »wie ein Blitz aus heiterem Himmel« getroffen, sagte Scholz später. Andere Angebote, die der Kanzler ihm unterbreitete, schlug er aus. Er mochte nicht den Lückenbüßer spielen.[16]

Bei den weiteren Beratungen über die Kabinettsumbildung stellte sich heraus, daß das Wohnungsbauministerium bei der CSU blieb, aber nicht beim Amtsinhaber. Oskar Schneider hörte auf einer Fahrt mit dem Wagen im Autoradio, daß die Wunschkandidatin Waigels, Gerda Hasselfeldt, seine Nachfolgerin werden würde. Zum Ausgleich ernannte der Bundeskanzler Schneider zum »Berater für die Museumsbauten des Bundes«.

Offen bis zum Schluß blieb, wer Innenminister werden sollte. Zimmermann vermutet, Kohl habe es von Anfang an mit Schäuble besetzen wollen, und zwar aus dem gleichen Grund, aus dem er Hans-Peter Repnik, der parlamentarischer Staatssekretär im Entwicklungshilfeministerium wurde, holte: um die Baden-Württemberger zu stärken, die nicht auf seiten Späths standen. Schäuble war in seinem Landesverband bereits ein mächtiger Mann, den an seiner Seite zu haben für Kohl vorteilhaft war. Er saß in den meisten Gremien der Partei, war Vorsitzender des Bezirks Südbaden und Mitglied des Landesvorstands. Kohl fragte seinen treuen Minister, ob er Innenminister werden wollte. Schäuble war darauf vorbereitet: er hatte bereits die Zusage seines Nachfolgers Rudolph Seiters. Kohl konnte dieser Lösung zustimmen.

Schäubles Einverständnis war nur noch eine Formsache. Sie erfolgte, wie es zwischen ihnen üblich war, beiläufig. »Wenn Sie mich schon so fragen«, erwiderte Schäuble zu Kohls Offerte, »sag' ich einfach ja.«[17]

Damit war Wolfgang Schäuble Bundesinnenminister. Nach der Ernennung fragte niemand mehr, wie sie zustande kam, um so weniger, als Schäuble es öffentlich so darstellte, als sei ihm das Amt durch einen puren Zufall mittels einiger wundersamer Verstrickungen und unvorhersehbarer Vorgänge gleichsam über Nacht in den Schoß gefallen. Indessen wußte die Partei jetzt, daß sie es mit einem Politiker zu tun hatte, der es verstand, sein Ziel zu erreichen, ohne großes Aufsehen davon zu machen.

Bedeutenden Einfluß bei Kohl hatte er schon. Mit der Kabinettsumbildung wuchs das Zutrauen, das der Regierungschef in seine taktischen Fähigkeiten setzte. Er hatte diese Umbildung mitkonzipiert, eingefädelt und, was das Wichtigste war, dem Kanzler den Rücken gestärkt, wenn er nachgeben wollte. Schwankte der Kanzler, hielt Schäuble ihn fest und verbaute ihm die Fluchtwege.

Jetzt erhielt er ein eigenständiges Ressort, das um die aus dem Kanzleramt mitgebrachten Zuständigkeiten für die Deutschlandpolitik erweitert wurde. Schäuble behauptete, daß die Federführung dafür bisher in seiner Hand gelegen habe, jetzt aber mit dem Amtswechsel ins Innenministerium gewandert sei. Den CSU-Wunsch nach einem zusätzlichen Ministerposten erfüllte Schäuble durch Aufwertung des Regierungssprechers. Dieses Amt erhielt der CSU-Mann Hans (Johnny) Klein.

In der Pressekonferenz Mitte April 1989 pries der Regierungschef das Revirement zum allgemeinen Erstaunen als »eine der bedeutendsten und gewichtigsten Regierungsumbildungen in der 40jährigen Geschichte der Bundesrepublik«. Die kritischen Medien waren da anderer Meinung. Der *Spiegel* machte sich über die »Klimmzüge des glücklosen Bundeskanzlers« lustig und zitierte »Vorstandskreise der FDP«, die von »Doktor Kohls Wuselkabinett« sprachen. Es herrschte allgemeine Übereinstimmung, daß auch dieser Kraftakt dem Kanzler nur eine Atempause gewährte. Mit dem dritten Kanzlerkandidaten, den die SPD gegen ihn ins Feld schickte, dem saarländischen Ministerpräsidenten Oskar Lafontaine, erwuchs ihm ein ernsthafterer Konkurrent für den Wahlkampf 1990, als es die beiden vorigen waren. Geißler zeigte sich später überzeugt, daß die Union die für 1991 angesetzte nächste Bundestagswahl »mit hoher Wahrscheinlichkeit verloren« hätte, wenn nicht die deutsche Einheit dazwischengekommen wäre.

Am 18. Juni 1989 standen Europawahlen an, die der Unionsführung nach den vorangegangenen Ereignissen keine guten Ergebnisse verhießen. Da Geißler seinen Verbleib im Amt des Generalsekretärs unter anderem damit begründete, daß er den Wahlkampf zu Ende führen wollte, konnte er Kohl nicht in den Rücken fallen. Also stellte er die Querelen mit ihm zurück und nahm sich vor, ihn nach der vorhersehbaren Wahlschlappe in einem vertraulichen Gespräch zum Verzicht auf den Parteivorsitz zu bewegen. Die ihm zugeneigten Mitglieder des Parteipräsidiums waren einverstanden.

Kohl konnte sich denken, warum Geißler so etwas wie einen Burgfrieden einging, und nahm sich vor, das Gegenteil von dem zu tun, was von ihm erwartet wurde. Er ließ sich nicht von der Vorhersage beeindrucken, es werde eine niedrige Wahlbeteiligung geben, die der Union schade, und er hörte nicht auf die Ratschläge wohlmeinender Parteifreunde, sich herauszuhalten, um nicht mit der Niederlage identifiziert zu werden. Vielmehr griff er auf sein bewährtes Hausmittel zurück, um so mehr Optimismus auszustrahlen, desto weniger er Grund dazu hatte. Beim letzten Appell vor der Wahl, der öffentlichen Sitzung des Bundesparteiausschusses am 5. Juni 1989, behauptete er kühn, mit der Union gehe es aufwärts. Nebenbei kündigte er eine Abrechnung mit seinen innerparteilichen Gegnern und Kritikern an.

DER ROUTINIERTE WAHLKÄMPFER KOHL griff nun zum Instrument der Gipfeldiplomatie. Nach längerem Tauziehen und unter beträchtlichen Anstrengungen schaffte er es, den sowjetischen Präsidenten Michail Gorbatschow für die zweite Juniwoche nach Bonn einzuladen. Eine Woche vor der Europawahl war das ein wirksamer außenpolitischer Coup, mit dem es Kohl glückte, sein Interesse an einem guten Abschneiden bei der Wahl mit demjenigen des Sowjetführers zu verbinden. Gorbatschow brauchte dringend deutsche Wirtschaftshilfe, da seine Reformen nur gelingen konnten, wenn er vom Westen unterstützt wurde.

Entsprang das Programm des Besuchs auch einem innenpolitischen Kalkül auf beiden Seiten, brachte die Begegnung doch substantielle Ergebnisse hervor. Es wurden elf Abkommen vorbereitet und unterzeichnet, in die bis auf eine Ausnahme Westberlin einbezogen wurde. Überdies verabschiedeten die beiden Regierungen eine gemeinsame Erklärung, die den westlichen Vorstellungen von demokratischen Lebens- und Regierungsformen überraschend nahekam. Die Völkerrechtler erklärten, ein solches Dokument habe es zwischen der Sowjetunion und einem westlichen Staat bis dahin nicht gegeben. Die Moskauer Reformpolitiker unterzeichneten eine Deklaration, in der sie sich zum »Recht aller Völker und Staaten« bekannten, »ihr Schicksal auf der Grundlage des Völkerrechts souverän zu gestalten«. Der Passus wurde als Aufkündigung der Breschnew-Doktrin von der begrenzten Souveränität der Partner im Warschauer Pakt angesehen, ein Akt, der kurz darauf im Schlußkommuniqué des Warschauer Pakts in Bukarest offiziell vollzogen wurde. Die eigentliche Bedeutung des Besuchs lag in seinem Ablauf. Gorbatschow wurde überschwemmt von der Welle an Sympathie, die die Bevölkerung ihm entgegenbrachte, eine kollektive Herzlichkeit, der er so offen, unverkrampft und entgegenkommend begegnete wie keiner seiner Vorgänger. In der Bundesrepublik sei die »Gorbimanie« ausgebrochen, registrierten Beobachter, und der ehemalige Regierungssprecher Günther Diehl sprach drastisch von einem »Gorbasmus«.

Während Gorbatschows Besuch stritt der neugewählte Kongreß der Volksdeputierten in Moskau über den Reformkurs, Unruhen und Streiks erschütterten das Land. Daher wurde das Bonner Programm gekürzt. Die, wie es in den Gesprächen hieß, »künftige Architektur des gemeinsamen Europäischen Hauses« entstand unter großen Erschütterungen. Bei den Gesprächen über die Deutschlandpolitik vermied es Gorbatschow, die deutsche Teilung öffentlich anzusprechen. In der gemeinsamen Erklärung wurde sie ebenfalls nicht erwähnt. Aber der Kreml-Chef machte schon seit einigen Monaten Andeutungen, die Bonn aufhorchen ließen. So erklärte er im Oktober 1988, die »gegenwärtige Situation« sei »das Ergebnis der Geschichte«. Das konnte entweder bedeuten, daß das Ergebnis weiter galt, bis ein anderes erzielt wurde, oder, daß die Geschichte imstande war, es in absehbarer Zeit zu korrigieren.

Obwohl er und Gorbatschow sich näherkamen und der Sowjetführer die alte Geschichte, in der sich der Gastgeber nicht so anerkennend über seinen Gast geäußert hatte, wie er es jetzt tat, nicht mehr erwähnte, blieb Kohl zurückhaltend. Er habe, berichtet er, die Entwicklung im Warschauer Pakt im Frühsommer 1989 »mit Hoffnung, aber auch mit einer gewissen Skepsis« betrachtet. Er sei bei dem Rat geblieben, den er zuvor den Verbündeten erteilte, sich »von Tatsachen und Realitäten« leiten zu lassen statt von »irgendwelchen Illusionen«. Vor der CDU/CSU-Fraktion warnte er, die Bundesrepublik dürfe »nicht den Verdacht aufkommen lassen ... abzuschwirren«.[18] Die Vertraulichkeit, die er im Umgang mit anderen Staats- und Parteiführern herstellte, wollte sich bei Gorbatschow nicht einstellen. Der Sowjetmensch war seinerseits aufgeschlossen und voller Sympathie für den großen Mann im Kanzleramt, aber die Erinnerungen aus der Kriegszeit waren noch lebendig und standen vorerst einer vertraulichen Annäherung im Weg. Gorbatschow, Jahrgang 1932, erlebte den Einmarsch der deutschen Wehrmacht in einer Kolchose in der Nähe von Stawropol und hatte, wie er Kohl erzählte, jahrelang »unter deutscher Besatzung gelitten« und »Schlimmes durchgemacht«. Der Vater starb an den Folgen einer schweren Verletzung, die er sich im Krieg bei der Räumung von Minen zuzog. Bei seinen Reisen in den Westen besaß die Abrüstung für Gorbatschow Priorität vor der Deutschlandpolitik. Der Sowjetführer suchte einen Ausweg aus dem Wettlauf der Aufrüstung, von dem er überzeugt war, daß ihn sein Land nicht durchhalten, geschweige denn gewinnen könne. Es sei an der Zeit gewesen, referiert er in seinen Memoiren, diese Denkweise aufzugeben, da sie nicht nur im Westen das »Feindbild Sowjetunion« ständig aufgefrischt, sondern auch jede Logik verloren und Moskau vor »immer neue Herausforderungen« gestellt habe.

Gleichwohl hielt sich Kohl zugute, in den Gesprächen mit dem sowjetischen Gast einen »Prozeß des Umdenkens« hinsichtlich Deutschlands eingeleitet zu haben, nicht zuletzt deswegen, weil sie sich »menschlich nähergekommen« seien. Das geschah bei einem Spaziergang am Abend des dritten Besuchstages im Park des Kanzleramts, ein Ereignis, das Kohl offenkundig mehr beeindruckte als den Gesprächspartner, denn die Anekdote, von der er die Annäherung herleitete, kommt in Gorbatschows Erinnerungen nicht vor.[19] Sie setzten sich, so lautet Kohls Bericht, auf das Mäuerchen, das den Kanzlerpark vor dem tiefer gelegenen, öffentlich begehbaren Rheinufer trennt, und schauten auf den Rhein und das gegenüberliegende Siebengebirge. Dabei warfen sie einen träumerischen Blick in die Zukunft: Die

Michail Gorbatschow besucht Bonn im Juni 1989.

Deutschen und die Sowjets, das sei ihre Grundvorstellung gewesen, sollten einen Freundschaftspakt schließen, den sie den »Großen Vertrag« nannten und in den sie eine »neue Perspektive für die Zukunft« hineinschrieben. Daraus könne nichts werden, solange Deutschland geteilt sei, warf der Bundeskanzler Kohl ein. Gorbatschow widersprach »ganz im Sinne der sowjetischen Haltung«. Dann zeigte der Deutsche auf die mächtig dahinströmenden trüben Fluten und bemerkte in die Abenddämmerung hinein, man könne den Rhein eindämmen, dann fließe er über seine Ufer, oder umleiten, dann kehre er in sein Bett zurück, aber was immer man mit ihm anstelle, »dieses Wasser kommt ans Meer«. So sei es mit der Vereinigung der Deutschen. Sie sei unaufhaltsam.[20]

Der Besuch hatte nicht ganz den Effekt, den Kohl bezweckte, er bewirkte aber, daß sich seine Gegner nicht des Erfolgs erfreuen konnten, den sie erhofften. Zwar brach die CDU/CSU bei der Europawahl schwer ein, verlor 8,2 Prozent und fiel auf 37,8 Prozent. Die Republikaner kamen trotz ihres Mangels an Kandidaten und an Anziehungskraft auf 7,1 Prozent. Aber auch für die SPD wuchsen die Bäume nicht in den Himmel, sie blieben mit 37,3 Prozent um ein halbes Prozent unter der Union. Die kleine Differenz rettete den Kanzler und Parteivorsitzenden. Der Leiter der Forschungsgruppe Wahlen in Mannheim, Klaus Gibowski, erläuterte anschließend vor den Parteigremien der CDU, für die Wähler sei es nicht entscheidend, daß die Union Stimmen verloren habe, sondern daß sie die stärkste politische Kraft im Land geblieben sei.

In der Sitzung des Präsidiums am Montag nach der Wahl gab sich Kohl angemessen zuversichtlich und plädierte dafür, die Schlappe ernst zu nehmen, aber nicht zu übersehen, daß der Abwärtstrend gestoppt war. Entsprechend kleinmütig verhielten sich die Gegner Kohls. Sie waren offenkundig in Ehrfurcht erstarrt vor dem Parteivorsitzenden. Keiner von ihnen rührte an der Schuldfrage, niemand redete mehr von Reformen. Geißler und Süssmuth schwiegen. Der Generalsekretär hatte schon am Wahlabend die Parole ausgegeben, die angesichts der Zahlen gespenstisch wirkte. Er sagte: »Es geht aufwärts mit der Union.«

Die CDU/CSU sei nun »auf Gedeih und Verderb an Kohl gebunden«, kommentierte der *Spiegel,* der gerade noch Kohls Untergang an die Wand gemalt hatte.[21]

21

DER KANZLERSTURZ WIRD ABGEBLASEN

DIE TATSACHE, daß die CDU/CSU unter den Verlierern der Europawahl am glimpflichsten davonkam, hob den Konflikt zwischen Helmut Kohl und seinem Generalsekretär Heiner Geißler nicht auf, im Gegenteil. Da Geißler den Bundeskanzler nicht zum Verzicht auf eine abermalige Kanzlerkandidatur bewegen konnte, versuchte er, das Zerwürfnis über inhaltliche Differenzen zu verschärfen. Er war überzeugt, daß die CDU/CSU die nächsten Bundestagswahlen im Herbst 1991 nicht mit Kohl gewinnen konnte. Eine Zeitlang schwankte er zwischen seiner Loyalität zu seinem Vorsitzenden und der zur Partei. Bereits im Frühjahr 1989 wurde ihm klar, daß er sich entscheiden mußte und im Lauf des Sommers festigte sich die Überzeugung, daß er die Wahrung der Interessen der Partei dem Anspruch des Vorsitzenden auf Unterstützung vorzuziehen hatte.

Für Geißler war es nicht wahlentscheidend, wer an der Spitze der Partei stand, sondern in welcher Verfassung sich die Partei befand. Wenn sie keine für alle Bürger zugängliche Partei mehr war, die sich den Problemen der neuen Zeit stellte, geriet sie gegen die SPD ins Hintertreffen. In gewisser Weise betrieb Geißler die Öffnung der Partei so, wie sie einst von Kohl vorangetrieben worden war. Er war der Auffassung, daß nicht er die Loyalität zum Vorsitzenden verletzte, sondern daß Kohl dadurch gegen die Ideale der Partei verstieß, daß er sie zum Anhängsel der Regierung degradierte. Für den Bundeskanzler war die Partei in erster Linie ein Kampfinstrument, das dazu da war, der Regierung bei Wahlen die Mehrheit zu beschaffen, so wie die Fraktion die Aufgabe hatte, ihr während der Legislaturperiode die Mehrheit zu erhalten. Diesem Ziel hatten sich beide unterzuordnen. In der Koalition hatte das zur Folge, daß die Union nur soweit eigenständig handeln und ihr Programm vertreten konnte, als sie die Zusammenarbeit mit der FDP nicht gefährdete.

Geißler erkannte, daß Kohl das Profil der Partei bis zur Unschärfe verwischte und dem Machterhalt unterordnete. Die Union setzte sich in seinen Augen nicht so sehr der Gefahr aus, die Bundestagswahl zu verlieren, weil sie sie mit Kohl bestritt, sondern weil mit Kohl eine Modernisierung der Partei nicht mehr zu bewerkstelligen war.

Es war nicht so, daß der »Männerfreund Geißler« das, was er aus dem Kanzleramt hörte, »einfach nicht glauben« konnte, wie Schäubles Biograph Ulrich Reitz schreibt. Er nahm die Bemerkung Kohls, »das Tischtuch zwischen ihnen sei zerschnitten«, so ernst, wie sie gemeint war.[1] Die Signale aus dem Kanzleramt waren zu eindeutig, als daß er sie hätte mißverstehen können. Gesprächspartnern, denen sich Kohl offenbarte, führte er ähnliche Ausbrüche an Verzweiflung vor, wie Geißler es tat. »Der Mann macht mich krank«, klagte Kohl, »er setzt mir zu, ich kann ihn nicht mehr ertragen.« Allerdings gab sich Geißler immer wieder der Hoffnung hin, der Vorsitzende werde die Zeichen, die er setzte, verstehen und sich wenigstens zu einem Kompromiß verleiten lassen. Da es nicht geschah, legte sich Geißler darauf fest, bis zum Beginn des Parteitags in Bremen am 11. September 1989 einen Gegenkandidaten für den Parteivorsitz aufzubauen. Das war der erste Schritt zur Demontage. Auf der anderen Seite festigte sich Kohls Entschluß, Geißler zu entlassen, bevor er von ihm gestürzt wurde, und einen anderen Generalsekretär zu berufen. Da der Bremer Parteitag in absehbarer Zeit die letzte Gelegenheit war, die Fronten zu klären, trieben beide die Konfrontation voran.

Die Mitarbeiter Geißlers registrierten erschrocken, daß sich die Mißhelligkeiten zwischen den beiden Männern an der Parteispitze rasch verschärften.[2] Es gab so gut wie kein Thema mehr, bei dem sich der Generalsekretär mit dem Vorsitzenden einig war. Sie stritten über Geißlers »Lagertheorie«, wonach es in der Bundesrepublik zwei politische Lager gebe, das der CDU/CSU und FDP und das der SPD und der Grünen, über die Bekämpfung des Rechtsradikalismus, die Behandlung der Asylanten und Flüchtlinge, die Deutschlandpolitik und die Wahlkampfstrategie.

Kohl verübelte es seinem Generalsekretär, daß er ihm seit der Bundestagswahl 1987 ständig Prügel zwischen die Beine warf. Damals hatte Geißler im Verein mit Norbert Blüm gegen die Beschlüsse der Koalition zur Steuerreform opponiert, die auf Wunsch der FDP zustande kamen und Einschnitte für die unteren Einkommensbezieher vorsahen. Dabei ging Geißler so weit, die Partei gegen den Kanzler zu instrumentalisieren. Vor der baden-württembergischen Landtagswahl 1988 bestärkte er Ministerpräsident Lothar Späth in seiner Absicht, gegen die Bonner Entscheidungen Front zu machen. Ihm sei, sagte er dazu, »der Wahlsieg in Baden-Württemberg wichtiger erschienen als der Koalitionsfrieden in Bonn«, an dem naturgemäß der Bundeskanzler mehr interessiert gewesen sei.[3]

Nach der Europawahl im Sommer 1989 lähmten die Spannungen die Parteiarbeit derart, daß ein geordneter Ablauf der Beratungen in den Führungsgremien nicht mehr gewährleistet war. Einige Mitglieder der Parteiführung zeigten sich entsetzt über das Ausmaß der gegenseitigen Entfremdung. Ernst Albrecht bemerkt, in den letzten Monaten seien Kohl und Geißler »ständig aneinander geraten«. Jeder habe »in jeder Sitzung gemerkt, daß es zwischen ihnen nicht mehr klappte. Sie gerieten in eine Konfliktlage, die beide nicht mehr aushielten.«[4] Parteifreunde wie Wallmann konnten an einem solchen Streit keinen Gefallen finden, sie konnten sich ihm aber auch nicht entziehen.

Dazu kam, daß sich mit der Zeit zwischen Geißler und Späth eine gewisse Interessenidentität herausbildete. Damit funktionierte auch die Zusammenarbeit zwischen Kohl und dem Präsidiumsmitglied Späth nicht mehr. Walter Wallmann sagt, er habe längere Zeit beobachtet, daß »Späth keine Gelegenheit ausließ, zu zeigen, daß er anderer Meinung war als Kohl«. Daraus habe er den Schluß gezogen: »Die machen mehr als ich ahne, um Kohl aus dem Amt zu drängen.«[5] Kohls Mitarbeiter im Kanzleramt kamen zu dem gleichen Ergebnis. Eduard Ackermann berichtet, er sei schon vor der Europawahl »Zeuge von lebhaften Telefonaten zwischen Helmut Kohl und Heiner Geißler« gewesen, in denen es nicht um »Fragen der Tagespolitik« gegangen sei, sondern darum, daß Geißler auf das »Selbstverständnis der CDU insgesamt« gezielt habe. Nach der Wahl habe sich das Verhältnis weiter verschlechtert.[6]

Wenige Tage vor seinem Sommerurlaub am Wolfgangsee Mitte Juli 1989 wurde Kohl deutlicher. Beim letzten Kanzlertee vor der Pause antwortete er auf die Frage eines Journalisten, wie er sich die künftige Gestaltung seines Verhältnisses zu Geißler vorstelle. Sie kam für Kohl wie bestellt. Er ließ bei den Anwesenden keinen Zweifel daran aufkommen, daß er sich gegen Geißler entschieden hatte. Darüber schrieben in den nächsten Tagen einige Zeitungen so offen, daß sich Eduard Ackermann gezwungen sah, ein mündliches Dementi zu formulieren. Er rügte die *Süddeutsche Zeitung* dafür, daß sie berichtete, Kohl zwinge damit, daß er sich über eine Verlängerung der Amtszeit seines Generalsekretärs ausschweige, die Partei, »über den Konflikt nachzudenken, den er mit seinem ›ersten Führungsgehilfen‹« habe. »In der gegenwärtige Situation«, hieß es in dem Bericht weiter, »kann das im Klartext nur heißen, daß der Vorsitzende seinem Generalsekretär den Laufpaß gibt.«[7]

Rückfragen in der Parteizentrale bestätigten, daß sich Geißler darauf vorbereitete, vom Vorsitzenden fallengelassen zu werden. Die Schwierigkeit für ihn lag darin, sich eingestehen zu müssen, daß die »Druckmittel«, die ihm zu Verfügung standen, »eher bescheiden« waren, wie es im Zeitungsbericht weiter hieß. Seine Alternativen engten sich auf eine einzige ein, und das war, für den Posten eines stellvertretenden Vorsitzenden zu kandidieren, wenn er aus dem Amt des Generalsekretärs entlassen wurde. Der *Spiegel,* der beim Kanzlertee nicht dabei war, aber Informationen darüber einzog, bemerkte in der darauffolgenden Ausgabe, es werde »ernst für Heiner Geißler«. Kohl neige, ohne sich endgültig festgelegt zu haben, dazu, »in Zukunft auf die Mitarbeit des Generalsekretärs zu verzichten«. Damit folge er nicht nur eigenen Einsichten, sondern auch dem dringenden Rat seines Kollegen Waigel.

Was weder Geißler noch dessen Mitarbeiter, noch der *Spiegel* wußten, war, daß Kohl zu dieser Zeit den Kandidaten für die Nachfolge nicht nur ausgeguckt, sondern daß er mit ihm schon handelseinig geworden war. Er sprach darüber nur mit den engsten Freunden – es handelte sich um den stellvertretenden Fraktionsvorsitzenden Volker Rühe. Die beiden hatten sich während des Parteitags 1971 in Saarbrücken kennengelernt, bei dem Rühe in der Auseinandersetzung mit Rainer Barzel auf der Seite Kohls stand. Die Beziehung vertiefte sich mit der Wahl des jungen Hamburger Studienrats in den Bundesvorstand der Jungen Union kurz darauf, und sie wurde mit der Bundestagswahl 1976 zur Kampfgemeinschaft.

Rühe gehörte zusammen mit den gleichaltrigen Bundestagsabgeordneten Toni Pfeifer, Dieter Schulte und Wolfgang Schäuble zu den Gründern und Organisatoren der »Gruppe '76«, die den Fraktionsvorsitzenden Kohl unterstützte. Seit dieser Zeit stieg Rühe mit Kohl auf. Auf Kohls Betreiben übernahm er nach der Regierungsbildung 1982 den Stellvertreterposten Außenpolitik, dessen Inhaber für das gesamte Gebiet der Außen- und Deutschlandpolitik zuständig war. Auf dem fachlichem Gebiet bekleidete er die zweite Position nach dem Fraktionsvorsitzenden. Probleme bekamen sie lediglich bei der parteiinternen Auseinandersetzung darüber, wie die Beziehungen zu Polen intensiviert werden konnten. Rühe bekam den Eindruck, er werde von Kohl in der Absicht ermutigt, klarer als bisher herauszustellen, daß die CDU/CSU die Verträge zur deutsch-polnischen Grenze vorbehaltlos akzeptiere. Probeweise führte er in einer »Aktuellen Stunde« des Bundestages, die mit Kurzbeiträgen bestritten wurde, den Begriff der »politischen Bindewirkung« der Verträge für den bundesdeutschen Rechtsvorbehalt zum Friedensvertrag in die Diskussion ein. Kohl distanzierte sich von Rühes Formulierung, da sie die Vertriebenen auf den Plan rief, und zwang ihn, das Thema ruhenzulassen.

Anfang Juli 1989 wurde Rühe ins Kanzleramt gebeten. Der Kanzler eröffnete das Gespräch damit, daß er ihm eine große Karriere in Aussicht stellte. Er sei, sagte er, »sein Mann für 1991«, dem Jahr, in dem die nächste Bundesregierung gebildet werden sollte. Dann werde er ihn zum Außenminister machen, wenn Hans-Dietrich Genscher aufhöre. Das war für Rühe eine überraschende Eröffnung. Die eigentliche Überraschung erfolgte am Schluß. Sie lautete, Kohl beabsichtigte nicht, auf dem Parteitag in Bremen Geißler wieder vorzuschlagen, und der einzige, der als Nachfolger in Frage komme, sei derjenige, der vor ihm sitze. Das heißt, der Kanzler verband das Angebot mit der Erklärung, daß er die Zusage erwarte. Der Kandidat bat um eine Besinnungspause, da er das Ausmaß des Zerwürfnisses mit Geißler nicht einmal geahnt hatte und niemals auf den Gedanken kam, er könne im Herbst dessen Nachfolger werden.

Einerseits gehörten Parteiangelegenheiten nicht zu seinem bevorzugten Betätigungsfeld, andererseits war er selbstbewußt genug, nicht daran zu zweifeln, daß er sich in die Parteiarbeit so rasch einarbeiten könne wie in die Außenpolitik. Auf dem Weg zum Außenminister war der Generalsekretär keine schlechte Station. Es schmeichelte ihm, daß der Kanzler offensichtlich große Stücke auf ihn hielt. Er ließ das Angebot auf sich wirken und antwortete dem, der es ihm machte, nach einigen wenigen Tagen so, wie der es erwartete. Danach fuhr er mit der Familie zum Urlaub nach Schweden und erfreute sich an den Berichten über das Fortschreiten des Bonner Konflikts. Kurz vor dem Ende der Sommerpause rief Kohl ihn an, und beide versicherten sich, daß sie zu ihrem Wort stünden.[8]

Auch Geißler bereitete sich auf die Abrechnung vor, allerdings mit weniger Erfolg als der Kontrahent. Er traf sich abermals mit Wallmann, diesesmal am 14. Juni 1989 nach einer Sitzung des Parteipräsidiums in der rheinland-pfälzischen Landesvertretung. Jetzt wurde er deutlicher als bei seinen vorigen Unterredungen und erklärte, er wolle den Parteifreund dazu »gewinnen«, gegen Kohl mobil zu machen. Wallmann antwortete, das werde ihm »nicht gelingen«. Er fügte hinzu, er sei überzeugt, daß Geißler »unrecht« habe. Er stimme ihm zu, daß Kohl Fehler mache. Aber die Schlußfolgerung, ihn deswegen aus dem Amt zu treiben, sei »nicht gerechtfertigt«. Wallmann warf ihm vor, ein Vorhaben zu betreiben, das »fanatische Züge« aufweise. Als der Gesprächspartner bei seiner Auffassung geblieben sei, habe er ihn »bei der Ehre gepackt«, erinnert sich Wallmann, und gesagt: »Wenn Sie das tun wollen, was Sie beabsichtigen, würde ich zu Helmut Kohl gehen und ihm das offen sagen.«[9]

Das war die zweite Abfuhr für den, wie er in Zeitungsberichten genannt wurde, »Verschwörer Heiner Geißler«. Mit fast der gleichen Begründung hatte es Kanzleramtsminister Wolfgang Schäuble vor dem Ausbruch des Konflikts abgelehnt, sich auf Geißlers Seite zu stellen. Schäuble machte von dem Gespräch kein Aufhebens, gab Geißler lediglich den Rat mit auf den Weg, wenn er Vorbehalte gegen Kohl habe, müsse er ihm dies offen sagen.[10] Später wunderte er sich darüber, wie viele hochstehende Parteifreunde in den beabsichtigten Kanzlersturz eingeweiht waren, wie viele ihre Zustimmung signalisierten und wie viele absprangen, als das Unternehmen zu scheitern drohte.

Unter denen, die sich zunächst den Anschein gaben, an Kohls Ablösung mitzuwirken, waren die beiden Niedersachsen Wilfried Hasselmann und Ernst Albrecht, Geißlers Mitstreiter in den Sozialausschüssen, der nordrhein-westfälische CDU-Vorsitzende, Arbeitsminister Norbert Blüm, und Bundestagspräsidentin Rita Süssmuth, die ihrerseits in einer späteren Phase Kohls Nachfolger in Rheinland-Pfalz, Bernhard Vogel, hinzuzog. Interessiert, wenn auch nicht direkt beteiligt waren ebenfalls prominente Unionsgrößen wie Gerhard Stoltenberg, Eberhard Diepgen und Kurt Biedenkopf. Richard von Weizsäcker bekundete seine Sympathie, ihm waren aber als Bundespräsident die Hände gebunden. Das veranlaßte Geißler zu der Annahme, »fast das gesamte Parteipräsidium« habe in seiner Kritik an Kohl zu ihm gestanden.

Allerdings waren die Mitglieder, die sich kritisch über den Bundeskanzler äußerten, nicht durchweg davon überzeugt, daß er deswegen gestürzt werden müsse. Blüm, der als eine »Schlüsselfigur« galt, schwankte, er blieb vorsorglich mit beiden Seiten im Gespräch, telefonierte während der akuten Umsturzphase mehrmals mit Kohl, war aber auch bei Geißler dabei und geriet schließlich in den Verdacht, den Kanzler über all das zu informieren, was auf der Gegenseite vor sich ging. Genauso schwer durchschaubar war Ernst Albrecht. Rechtzeitig in den Konflikt eingeweiht, blieb auch er mit beiden Seiten im Gespräch. Den Sendboten, die Kohl mehrmals zu ihm schickte, hörte er aufmerksam zu, gab aber nicht zu erkennen, wie er sich entscheiden würde. Während eines Besuchs im August 1989 in St. Gilgen mahnte Albrecht Kohl, zu ändern, »was wir meiner Meinung nach ändern müssen«, da andernfalls mit einer Wahlniederlage zu rechnen sei. Der Kanzler habe sein Konzept »in wesentlichen Punkten akzeptiert«, sagte Albrecht später.

Während Geißler im Urlaub, wie gewohnt, in den Steilwänden des Montblanc kletterte, ließ er sich aus Bonn von seiner Stallwache, dem Parteisprecher Jürgen Merschmeier, berichten, so wie Kohl das Neueste aus der sommerlichen Hauptstadt von Ackermann erfuhr. Auch die beiden Späher hielten untereinander Kontakt. Ackermann erzählt, der Kollege aus dem Adenauer-Haus habe ihn »in den letzten Tagen vor der Entscheidung Helmut Kohls« mehrmals angerufen und sich nach dem Stand der Dinge erkundigt. Er habe sich aber gehütet, ihm etwas zu sagen, da er gewußt habe, daß Merschmeier seinem Chef »treu ergeben« gewesen sei. Das war vorsichtig formuliert, denn in der Umgebung Kohls galt er als einer der Drahtzieher.

In jenem Jahr kehrte Kohl früher als gewohnt aus dem Urlaub zurück. Am Tag nach der Rückkehr, am Montag dem 21. August 1989, bestellte er Geißler ins Kanzleramt. Merschmeier begleitete ihn und wartete bei Ackermann, der bereits wußte, worüber sein Besucher noch rätselte. Es waren nur noch drei Wochen bis zum Parteitag in Bremen. Verschiedene Zeitungen bliesen neuerdings zur Entwarnung. Der Verdacht bestand, sie seien dazu von Kohls Lager inspiriert worden. So vermutete der *Kölner Stadtanzeiger*, beide Seiten hätten sich arrangiert, die *Lübecker Nachrichten* schrieben unter Anspielung auf die Urlaubsgewohnheiten Geißlers, er sei »über den Berg«, und *Bild am Sonntag* behauptete, er wickele mit dem Kanzler im Feinschmecker-restaurant »Da Bruno« zum »Versöhnungsessen« Spaghetti um die Gabel.

Geißler gab sich bei der Unterredung im Kanzleramt den Anschein, als handele es sich um ein Routinetreffen mit dem Parteivorsitzenden im Vorfeld des Parteitags. Er breitete auf dem Tisch in der Besucherecke des Kanzlerbüros seine Unterlagen aus. Kohl kam hinter seinem Schreibtisch im Hintergrund des Büros hervor und fragte:»Was willst du mit den Akten?«

Geißler, in die Papiere vertieft, erwiderte:»Wir müssen über den Parteitag reden.«

Kohl sagte, wie er sich erinnert, in ruhigem Ton:»Es gibt darüber nichts zu bereden. Du wirst von mir nicht mehr als Generalsekretär vorgeschlagen. Ich habe dir das rechtzeitig mitgeteilt.«

Der Betroffene habe »völlig versteinert« auf seinem Platz gesessen, berichtet Kohl weiter. Dann habe er eingewandt:»Das kannst du nicht machen.«

Kohl antwortete kühl:»Das werden wir ja sehen.«

Danach habe der Besucher »seine mitgebrachten Unterlagen zusammengepackt und sei gegangen«, endet der kurze Bericht Kohls über die seltsame Begegnung, die die letzte unter vier Augen für eine lange Zeit sein sollte.[11] Als sich Geißler wortlos verabschiedete und zur Tür ging, hörte er, wie Kohl ihn beim Vornamen ansprach.»Heiner«, sagte er, »einer von uns bleibt auf der Strecke.«

Das Gespräch dauerte fünfzig Minuten. Kohl ließ sich nicht auf eine Diskussion über die Beweggründe ein. Er sprach vom fehlenden Vertrauen, eine unverfängliche Redewendung, die keine Handhabe für weitere Diskussionen bot. Auch mit Vorschlägen, sie sollten sich, wie sie es früher gehalten hatten, arrangieren und sich erst nach der Bundestagswahl trennen, fand Geißler kein Gehör. Jetzt legte es Geißler darauf an, den Konflikt bis zum Parteitag hinzuziehen. Darauf ließ sich Kohl nicht ein.

Ins Konrad-Adenauer-Haus zurückgekehrt, beriet Geißler in seinem Büro mit den Mitarbeitern darüber, wie er sich verhalten sollte. Die angekündigte Entlassung traf sie alle wie ein Schock. Kohl hatte Geißlers Strategie durchkreuzt, bis zum Parteitag eine solide Grundlage gegen Kohl aufzubauen. Das Dilemma, in dem der Generalsekretär steckte, vergrößerte sich, als bekannt wurde, daß der Bundeskanzler für den nächsten Tag eine Pressekonferenz ankündigte. Damit engte sich sein Handlungsfeld auf zwei Möglichkeiten ein: Er konnte entweder die Ankündigung der Entlassung und die damit verbundene Demütigung schweigend hinnehmen, oder er mußte offensiv werden und der Öffentlichkeit seinen Standpunkt erläutern, ehe Kohl die Gelegenheit dazu bekam. Damit geriet er in Erklärungsnot, denn er wäre mit Sicherheit nach den Gründen gefragt worden und hätte zugeben müssen, daß er sich bemühte, eine Fronde gegen den Vorsitzenden zustande zu bringen. Außerdem wurde die Zeit knapp.

Die Beratung im engeren Kreis zog sich so lange hin, daß Geißler die Bundespressekonferenz erst für vier Uhr nachmittags einberufen konnte, eine Stunde, zu der sich die überregionalen Zeitungen dem Redaktionsschluß näherten. Über solche Probleme brauchte sich Kohl den Kopf nicht zu zerbrechen. Statt dessen griff er zum Telefonhörer und ersuchte alle, die er erreichen konnte, um Verständnis für seine Sicht der Ereignisse. Während Geißlers Auftritt vor der Presse ließ er sich von Ackermann die neuesten Agenturmeldungen geben, bald danach liefen die ersten Augenzeugenberichte ein. Kohls Umfeld war sich einig, daß sich Geißler, wie Ackermann später schrieb, mit der »trotzig-selbstbewußten Art seines Auftretens« in der Partei mehr Schaden als Nutzen bebracht habe.

Immerhin gelang es ihm, bei den Journalisten den Eindruck zu erwecken, er sei das Opfer von Machenschaften, deren Ziel es sei, ihn, den Liberalen, aus dem Weg zu räumen, um für die konservativen Kräfte freie Bahn zu schaffen. »Denken Sie nicht«, sagte er, »daß ich hier sitze, cool und kalt und ohne innere Bewegung.« Auf die Frage, ob er sich ungerecht behandelt fühle, erwiderte er, in der Politik dürfe man »nicht auf Eigenschaften vertrauen, die im normalen Umgang üblich sind«. Zwölf Jahre lang, fügte er hinzu, habe er »in guten wie in schlechten Zeiten den Kopf zusammen mit Helmut Kohl hingehalten«, in dessen Entscheidung erkenne er den Versuch, ihn »für die Wahlniederlagen der letzten Zeit verantwortlich« zu machen, »unbeschadet der doch allgemein bekannten Tatsache, daß das Erscheinungsbild einer Partei als Regierungspartei ... in erster Linie abhängig ist vom Erscheinungsbild des von der Partei gestellten Regierungschefs«. Es werde »natürlich erhebliche Unruhe und Unfrieden in der Partei« entstehen, kündigte er an. Kohl habe »gegen den erkennbaren Willen der überwiegenden Mehrheit der Führung der Christlich-Demokratischen Union, ihrer Landesverbände und ihrer Vereinigungen« entschieden.[12]

Das erste Echo aus den Landesverbänden schien ihm recht zu geben, aber es meldeten sich vor allem jene zu Wort, die Geißlers kritische Haltung zu Kohl sympathisch fanden. Daher sprach einiges für den Kommentar des Mitherausgebers der *Frankfurter Allgemeinen Zeitung*, Fritz Ullrich Fack, der schrieb, wer die CDU kenne, werde ihre »derzeitige Aufregung nicht allzu erst nehmen« und »ihre Dauerhaftigkeit nicht überschätzen«. Letztlich werde »die Einsicht siegen, daß klare Verhältnisse und eine geschlossene Führung in Bonn« vorteilhafter seien als die »dauernden Fehden der letzten Zeit«.[13]

Die Beurteilung schien sich bei der Pressekonferenz Kohls am anderen Tag zu bestätigen. Seine Ankündigung, er werde Volker Rühe auf dem Bremer Parteitag zum Generalsekretär vorschlagen, wirkte sensationell, da sein Name in keiner der zahlreichen Spekulationen über die Nachfolge Geißlers genannt wurde. Damit brachen auch die Vermutungen zusammen, Kohl werde einen Repräsentanten des rechten Flügels benennen. Zwar hatte der Oberstudienrat a.D. aus Hamburg nicht die Kraft, die Tiefe, den inneren Überzeugungsdrang, die sein Vorgänger ausstrahlte, er verfügte nicht über die Wortgewalt, mit der jener die Partei anfeuerte und den Gegner angriff. Aber er wirkte solide, und man zählte ihn zum gemäßigt liberalen Lager der CDU.

Auch in der Pressekonferenz ließ sich Kohl auf keine weitere Diskussion ein und begründete den Wechsel ausschließlich mit dem Altersunterschied. Der Neue sei »der Repräsentant einer Generation«, die nach seinem Willen »in der CDU jetzt viel stärker verantwortliche Aufgaben übernehmen« müsse. Er beabsichtige, mit Rühe »in die nächste Generationsstufe« zu kommen, und fügte hinzu, das sei doch »ganz richtig, daß wir jetzt beginnen, Verantwortung in die Jahrgänge der Vierziger zu legen«. In einem Monat wurde Rühe 47 Jahre alt, so alt wie Geißler war, als er Generalsekretär wurde. Schließlich kürzte Kohl die Veranstaltung mit dem Satz ab: »Ich bin der Auffassung, daß diese Entscheidung jetzt richtig ist. Deswegen habe ich sie ja auch getroffen«, und bekundete obendrein seinen »Respekt vor der Leistung Heiner Geißlers als Generalsekretär«. Die Union habe ihm viel zu »verdanken«, und er könne sich »sehr wohl vorstellen«, daß er »bei einer nächsten Gelegenheit wiederum eine Funktion in der Bundesregierung« übernehme, denn er sei »ein 'hochqualifizierter Mann«. Von Nachkarten keine Rede. Sodann kündigte er eine Sitzung des Präsidiums für den kommenden Montag an, auf der es »eine lebendige Diskussion zu diesem Thema« geben werde.[14]

Niemand konnte Kohls »statutengemäßes Recht« anzweifeln, so zu verfahren, auch der Hauptbetroffene Geißler nicht.[15] Was blieb, war der Ärger über die Form, in der Kohl den Amtswechsel vollzog. Das war der Grund dafür, daß, wie Geißler sagt, »acht Tage lang in der ganzen Partei, nicht nur im Präsidium«, überlegt worden sei, einen Gegenkandidaten aufzustellen. Nach seiner Schilderung bewirkte erst seine Entlassung, daß sich seine Anhänger zur Gegenbewegung formierten. Das mag in gewisser Weise stimmen, denn bis dahin hatten sie sich in der Gewißheit, ausreichend Zeit zu haben, mit den Formalien einer Gegenkandidatur nicht beschäftigt.

DER STREIT über den Generalsekretär wurde, während er in seine letzte Runde ging, bereits von den Ereignissen im Osten überlagert. Kohl begann seine Pressekonferenz über den Wechsel im Generalsekretariat nicht mit dem innerparteilichen Konflikt, sondern mit einem Bericht über die Fluchtbewegung aus der DDR, die seit einiger Zeit in Gang war, jetzt aber dramatische Ausmaße annahm. Zur Einstimmung darauf teilte der Regierungssprecher mit, der Bundeskanzler sei vorzeitig aus dem Urlaub zurückgekehrt, um sich mit dem Anschwellen des Flüchtlingsstroms zu beschäftigen. Von der Heftigkeit der Fluchtbewegung wurde auch Kohl überrascht. Vor seinem Urlaub hatte er den Eindruck, Honecker sei zuversichtlich, wenn auch »schon etwas der Wirklichkeit entrückt« gewesen. Der Staatsratsvorsitzende habe geglaubt, »gute Karten im Spiel zu haben«, berichtete Kohl in seinen Erinnerungen, und habe auch auf ihn, Kohl, etwas mitleidig heruntergeschaut, da er im Vertrauen auf die Stasi-Berichte die Position Kohls für kritisch hielt. Honecker habe vermutlich angenommen, sagte Kohl in seinen Erinnerungen an den Umbruch, »ich säße auf einem Stuhl, dessen Beine angesägt seien, ohne daß ich dies« merkte.[16]

In Wirklichkeit war es umgekehrt. Das Kanzleramt und Bundesinnenminister Wolfgang Schäuble verfügten über Informationen aus Ostberlin, aus denen hervorging, daß die DDR »faktisch zahlungsunfähig« war.[17] Die DDR befand sich wirtschaftlich und finanziell seit Jahren in einem desolaten Zustand. Bisher hatte sie erfahrungsgemäß stets ein Schlupfloch gefunden, das es ihr ermöglichte, aus der Sackgasse herauszukommen. Wenn nichts anderes funktionierte, erließ sie einen neuen Erlaß, mit dem sie aus der Bundesrepublik weitere Gelder herauspreßte. Die Methode hatte für die Bundesregierung den Vorteil, daß Ostberlin von ihr immer abhängiger wurde, sogar bei der Modernisierung der östlichen Grenzsperren zahlte Bonn indirekt mit. Jetzt war es damit vorbei, der Unmut der Bevölkerung über den dauernden Mangel und den Entzug von Freiheiten wuchs. Anfang August gelang es einer Gruppe von 130 Bürgern der DDR, die Bewachung vor der Ständigen Vertretung der Bundesrepublik in Ostberlin zu durchbrechen und im Haus Zuflucht zu suchen. Eine Woche später suchten mehrere hundert DDR-Flüchtlinge Schutz in den westdeutschen Botschaften in Budapest und Prag, die wegen des Ansturms ihre Pforten schließen mußten. Daraufhin hob Österreich die Visapflicht für DDR-Bürger auf, nachdem Scharen von ihnen während einer internationalen Begegnung über die »grüne« Grenze zwischen Ungarn und Österreich nach Wien geflüchtet waren. Entlang der Grenzen entstanden, hüben wie drüben, wie nach dem Krieg Flüchtlingslager. In den Ländern, in welche die Deutschen flohen, brach das Eis. Auf dem Prager Wenzelsplatz demonstrierten zum erstenmal seit zwanzig Jahren 3 000 Menschen gegen den Einmarsch der sowjetischen Panzer. Kohl blickte auf ein Europa, das sich »in einer hoffnungsvollen Aufbruchsituation« befand.[18] Er sprach von »ganz Europa«, denn in den Monaten zuvor beriet er mit seinen Mitarbeitern gelegentlich darüber, wie sich die Bundesregierung verhalten sollte, wenn eine Zuspitzung der Verhältnisse in Osteuropa dem Zusammenwachsen Westeuropas in die Quere käme. Einer von ihnen, der Leiter der Forschungsgruppe Wahlen in Mannheim, Wolfgang Gibowski, berichtete Kohl nach einer Reise in die Sowjetunion von seinem Eindruck, die Sowjetunion sei wirtschaftlich am Ende, sie sei »ausgepumpt«.

Das Riesenreich löste sich auf, und die Ressourcen, mit denen es seine Zwangsverbündeten bei der Stange hielt, gingen zur Neige. Wenn in nächster Zeit ein neuer Modus vivendi mit der DDR erforderlich sein könnte, bedurfte es auch neuer Überlegungen zur europäischen Einigung. Es herrschte Skepsis, ob es gelinge, beide Elemente »unter einen Hut zu bringen«, wie sich Gibowski ausdrückte. Sein Vorschlag, eine Analyse anzufertigen, wurde von Kohl abgelehnt. Der Bundeskanzler habe nicht geglaubt, daß die Wiedervereinigung vor der Tür stehe, und die Parole ausgegeben: »Immer daran denken, nie darüber reden.«[19]

Im Kanzleramt wurde zu der Zeit, zu der sich die ersten Risse im Ostblock zeigten, nur kurz über die Entwicklung im Osten diskutiert, in den führenden Etagen der Partei war es überhaupt kein Thema, obwohl Kohl zweifellos von einer außenpolitisch labilen Situation innerparteilich profitierte. Geißler sagte später selbstkritisch, die Revolution in Ostdeutschland sei »nicht nur historisch, sondern, mit Verlaub, auch parteipolitisch für die CDU ein Glück« gewesen.[20] »Wir hatten nicht begriffen«, sagt Ernst Albrecht, »daß im Osten ein Weltreich zusammenstürzte. Wir trafen unsere Entscheidungen unabhängig davon.«[21]

Für die Delegierten des Bremer Parteitags galt das in gleicher Weise. Bei der Vorbereitung auf das Duell kam Kohl zu dem Ergebnis, daß er keinen schlechten Stand hatte. Die norddeutschen Landesverbände, neben den kleinen Verbänden Hamburg und Bremen die von Niedersachsen und von Schleswig-Holstein, stützten ihn. Derjenige von Nordrhein-Westfalen war gespalten, aber mehrheitlich gewinnbar. Als Kohl die eigenen Bataillone zählte, waren die schlimmsten Befürchtungen entkräftet. Die hessische CDU war auf seiner Seite, die von Rheinland-Pfalz, so- weit sie nicht vom Landesvorsitzenden Hans-Otto Wilhelm beeinflußt wurde, ebenfalls, die Berliner mit Eberhard Diepgen hielten jedenfalls nicht einmütig zu Späth. Der baden-württembergische Ministerpräsident konnte sich nicht einmal fest auf seinen eigenen Landesverband stützen, während die CDU-Mitglieder der Bundestagsfraktion, die stimmberechtigte Delegierte waren, mehrheitlich hinter Kohl standen.

Von der zuversichtlichen Stimmung, mit der der Parteichef der Auseinandersetzung entgegensah, ließ sich die Mannschaft anstecken. Ackermann berichtet, Kohl habe auf alle Berichte über »angebliche Umsturzpläne« gelassen reagiert und sie, als sich die Gerüchte um Späths Kandidatur verdichtet hätten, mit der Bemerkung quittiert: »Dann soll er doch antreten.« Er kenne die Partei »besser als alle Kollegen« und sei sicher, daß der Parteitag »so etwas nicht mitmacht«.[22]

Die Nachricht über den Aufstand gegen Kohl verbreitete sich. Pater Basilius Streithofen berichtet, er sei am Sonntagabend in einem Café in Ratingen im Bergischen Land mit dem »Droste-Kreis«, einem der konservativen Kreise der CDU, in dem vor allem rheinische Landtagsabgeordnete saßen, zusammengetroffen. Dort habe ihn ein Mitglied, der Rechtsanwalt Joseph Theodor Blank aus Mettmann, ein Bruder des verstorbenen Sozial- und Wehrministers Theo Blank, auf die Bemühungen Späths angesprochen, den Kanzler zu »beseitigen«. Der Pater rief Kohl an, der offenkundig schon Bescheid wußte. Er stellte zwei Fragen. Die eine lautete, ob der Informant zuverlässig sei, und die zweite, ob er ihn selbst befragen könne. Darauf antwortete Basilius, er könne beide Fragen bejahen: »Blank steht dazu.«[23]

Das CDU-Parteipräsidium und der Vorstand tagten am Montag, den 28. August 1989. Einen Tag vorher luden Geißler und Späth einige Reformgeister ins Gästehaus der baden-württembergischen Landesvertretung in Bonn ein. Es waren außer ihnen Albrecht, Blüm und Rita

Süssmuth. Allen war klar, daß auf dieser Sitzung darüber entschieden werden mußte, ob einer von ihnen auf dem Parteitag gegen Kohl antrat. Dafür kamen nur Lothar Späth und Rita Süssmuth in Frage. Die Bundestagspräsidentin konnte sich größere Chancen ausrechnen, da sie in der Partei beliebt und bei der Bevölkerung populär war. Kandidierte sie gegen Kohl und gewann, mußten die Beteiligten damit rechnen, daß Kohl seine Ankündigung wahrmachen und zurücktreten würde, möglicherweise in einer dramatischen Geste auf dem Parteitag. Anders als beim Parteivorsitz, den die CDU unter sich ausmachen konnte, mußte der neue Kanzlerkandidat die Zustimmung der beiden Partner CSU und FDP einholen. So gut wie gewiß war, daß die Schwesterpartei mit Süssmuth nicht einverstanden war. Die CDU wiederum würde es nicht verstehen, daß Lothar Späth die Anwartschaft auf die Kanzlerschaft anmelden, aber nicht bei der Wahl zum Parteivorsitzenden antreten würde. Und wie sollte es weitergehen? Sollte er Süssmuth den Parteivorsitz wieder abnehmen, oder sollten der Parteivorsitz und die Kanzlerschaft getrennt werden?

Für Lothar Späth stand außer Frage, daß ihn seine politische Karriere nur direkt ins Kanzleramt führen konnte. Die Partei war ihm im Grund fremd, die Parteiintrige lag ihm nicht, und er hätte es als lästig angesehen, sie führen zu müssen. Den Beteiligten gelang es nicht, all diese Widersprüche aufzulösen. Sie wurden dadurch vermehrt, daß Geißler für sich eine Kandidatur ausschloß. Er wollte weder Vorsitzender werden noch Generalsekretär bleiben, beanspruchte vielmehr – eine weitere Schwierigkeit – den Posten eines stellvertretenden Vorsitzenden in herausgehobener Position mit besonderen Vollmachten. Noch komplizierter wurde es, als sich die Beratungen darauf konzentrierten, wer Generalsekretär werden sollte. Zur Debatte standen zwei Alternativen. Trat Süssmuth gegen Kohl an, sollte ein Baden-Württemberger Generalsekretär werden, und zwar Matthias Wissmann; stellte sich Späth den Delegierten, wollte er eine Rheinländerin vorschlagen, Christa Thoben. Aus der Sitzung heraus wurden die Kandidaten angerufen.

Wissmann spielte gerade in seinem Heimatort Ludwigsburg Tennis. Zu seinem Erstaunen fuhr ein Polizeiwagen vor, und ein Polizist teilte ihm mit, der Ministerpräsident wolle ihn sprechen. Unter Polizeischutz fuhr er zur nächstgelegenen Telefonzelle und rief Späth an, der ihm die Situation erläuterte und ihn fragte, ob er bereit sei, mitzumachen. Er fragte vorsichtig zurück, ob sie »sich das gut überlegt hätten«, und schloß, als Späth bejahte, zwei weitere Fragen an: »...ob es nötig sei und ob sie glaubten, es zu schaffen.« Späth erwiderte, leicht pikiert, Wissmann sei der erste, der abrate, alle anderen, mit denen er gesprochen habe, hätten ihn ermuntert. Der Kandidat versprach, abends noch einmal anzurufen, und sagte dann definitiv ab.

Wissmann war Vorsitzender des starken Parteibezirks Nordwürttemberg, außerdem wirtschaftspolitischer Sprecher der Fraktion und er saß in einigen einflußreichen Kreisen, dem Hanns-Martin-Schleyer-Wirtschaftskreis, einer Gruppe von Wirtschaftsführern, und dem »Pacto Andino«, einer kleinen Schar von Nachwuchspolitikern der CDU aus den Geburtsjahrgängen der vierziger Jahre, »alternative 68er« also. Bei dem aktuellen Konflikt war er, wie er sagt, »hin- und hergerissen, vielleicht 40 zu 60 oder 49 zu 51 Prozent« der Auffassung, es gehe nicht weiter mit Kohl, ihm in den Rücken fallen mochte er aber auch nicht. Zugunsten des Kanzlers sprach aus seiner Sicht, daß er »standhafter« war als Späth, er habe »zwei Standbeine«, wogegen der Konkurrent »eher zwei Spielbeine« gehabt habe.[24] Als genauso aussichtslos erwies sich der Versuch, Christa Thoben zu gewinnen. Sie sollte Hauptgeschäftsführerin der Industrie- und Handelskammer Münster werden, ein Posten, den sie mit dem des Generalsekretärs nicht hätte verbinden können und den sie nicht mehr aufgeben wollte. Ihr Rückzug aus der vorderen Front der Partei war beschlossen. Daran konnte auch ihre tiefe Sympathie für Kurt Biedenkopf nichts ändern.

Geißler beharrte bei dem Treffen darauf, nicht die Kanzlerschaft Kohls sei das Problem, das die Partei belaste, sondern die Koppelung mit dem Parteivorsitz. Eine Zeitlang scheint er sich eingebildet zu haben, es sei möglich, Kohl dazu zu bewegen, die Ämter zu trennen. Das aber war pure Illusion, denn Kohl war derjenige, der das Junktim hergestellt hatte und der daran festhielt. So beharrte er auf der Pressekonferenz, auf der er Rühe vorstellte, zur Warnung an jene, die mit dem Gedanken spielten, eine Trennung zu erzwingen, darauf, er wolle »Kanzler und Parteivorsitzender bleiben«. Und er fügte hinzu: »Nach meiner festen Überzeugung bedingt sich das auch.«

Das Unternehmen, eine Alternative zu Kohl aufzubauen, mußte nicht nur personelle, sondern auch programmatische Umstellungen bewerkstelligen. Es konnte nur gelingen, wenn die gewendete und erneuerte CDU eine Reihe der eisernen Regeln Kohls auf den Prüfstand stellte. Dazu gehörte die Frage, ob das konservative Lager in der gleichen Formation in die 90er Jahre marschieren mußte, in der es die 80er Jahre beherrschte. Einer der Gründe für das Zerwürfnis zwischen Kohl und Geißler war, daß der Generalsekretär den Vorsitzenden zu einer härteren Gangart gegen die CSU zu bewegen suchte, in der er den Hort aller reaktionären Kräfte auszumachen glaubte. Er und seine Mitstreiter fragten sich, ob die CDU von Wahl zu Wahl gezwungen war, das Koalitionsmodell Kohls unbesehen zu übernehmen, mit dem eine neue Politik nicht mehr zu bestreiten und neue Wähler nicht mehr zu gewinnen waren, oder ob es andere Koalitionen gab. Ein Modell, das vor allem dem linken Flügel der Partei vorschwebte, war eine Koalition zwischen der CDU und der SPD, also ohne CSU und FDP. In ihr könnten soziale und emanzipatorische Elemente wirkungsvoller zur Geltung gebracht werden als bei der herkömmlichen Ausrichtung nach rechts. Daher sah Kohl die Einheit der Union in Gefahr. Er hatte, so Geißler, von einem bestimmten Zeitpunkt an – gemeint ist der Herbst 1988 – die »selbständige Rolle des Generalsekretärs« nicht mehr akzeptieren wollen, »offenbar, weil er in den daraus resultierenden Konflikten eine Gefährdung der Koalition als solcher« gesehen habe.[25]

Das sah Ernst Albrecht auch so, aber er zog einen anderen Schluß daraus. Er argumentierte, es gebe nur zwei Handlungsalternativen, und die seien, »entweder mit Kohl weiterzumachen oder den Kanzlersturz zu versuchen«. Denn wer den Parteivorsitzenden abwähle, der setze auch den Kanzler aufs Spiel. Da der Kanzlersturz nicht zu verantworten sei, fügte er hinzu, müsse die Partei versuchen, mit Kohl zurechtzukommen.

Lothar Späth konnte sich nicht dazu durchringen, so beherzt nach der Macht zu greifen, wie Kohl sie verteidigte. Er war, wie Wissmann bemerkte, unschlüssig, ob er in der Partei den Rückhalt bekommen werde, den er brauchte. Da sich nichts entschied, trennten sich die Teilnehmer nach einer mehrstündigen Diskussion abends, ohne ein konkretes Ergebnis erzielt zu haben. Für Albrecht war das Thema erledigt. »Die Besprechung endete damit, daß wir sagten: auf dem Parteitag wird es keine Gegenkandidatur gegen Helmut Kohl geben«, erinnert er sich.[26] Vermutlich wußte Kohl, wie Schäuble-Biograph Ulrich Reitz schreibt, über die Einzelheiten des Treffens Bescheid, »noch bevor der letzte Verschwörer davon wieder heimgekehrt« sei.

Am Montag, den 28. August 1989, machte Lothar Späth auf der Präsidiumssitzung einen Rückzieher und erklärte, er und andere machten ihre weitere Zusammenarbeit von der Erfüllung bestimmter Bedingungen abhängig. Jedes Präsidiumsmitglied müsse einen festen Aufgabenbereich zugeteilt bekommen, für den es verantwortlich spreche. Der Vorsitzende habe sich künftig enger mit dem Präsidium zu beraten. Er dürfe, vor allem in der Personalpolitik, keine einsamen Entscheidungen mehr treffen. Und jeder der stellvertretenden Vorsitzenden müsse mit Büro und Mitarbeitern so ausgestattet werden, daß er organisatorisch in der Lage sei, die Kompetenzen wahrzunehmen, die er vom Präsidium übertragen bekomme. Er schloß die Liste der Forderungen mit der Mitteilung, einige Mitglieder hätten wissen lassen, sie bewürben sich nicht mehr für einen Platz im Führungsgremium, wenn ihre Wünsche nicht erfüllt würden. Damit wußte Kohl, daß er gewonnen hatte. Er verbarg seine Triumphgefühle und reagierte auf den Wunsch nach einer Unterredung über organisatorische Änderungen mit dem Vorschlag, dies in einer Sondersitzung zu tun, um mehr Zeit dafür zu haben.

Die Kritik, er habe die Partei nicht rechtzeitig von der Entlassung seines Generalsekretärs unterrichtet, hatte Kohl erwartet. Er zog zum Erstaunen der Anwesenden die Kopie des Briefs aus der Tasche, in dem

Der Parteivorsitzende Helmut Kohl und der scheidende Generalsekretär Heiner Geißler auf dem Bremer Parteitag am 11. September 1989.

er vor einem Jahr an den Generalsekretär geschrieben hatte, entweder mit ihm zusammenzuarbeiten oder auf den Posten des Generalsekretärs zu verzichten.

Mit der Verlesung des Schreibens verlagerte er die Schuld zumindest auf zwei Schultern, denn Geißler hatte dessen Existenz selbst seinen engen Mitarbeitern verschwiegen. Was an Vorwürfen übrigblieb, wies Kohl mit den Worten von sich, wenn er die Diskussion früher geführt hätte, wäre sie »ins Sommerloch gefallen« und hätte der Union geschadet.

Bei der anschließenden Aussprache im Bundesvorstand widersprach Kohl dem Wunsch der Vorstandsmitglieder, die Debatte über den Generalsekretär zu beenden, und ermunterte die Teilnehmer, den Streit auszutragen. Blüm, so berichteten Teilnehmer, sei »sehr ernst und sehr erregt« gewesen, er habe beklagt, daß die Trennung von Geißler eine »schwere Verletzung der von Christen geschuldeten Rücksichtnahme im mitmenschlichen Umgang« darstelle, daß das »C« im Namen der CDU in Gefahr sei und daß der Konflikt die Partei in eine »tiefe Identitätskrise« gestürzt habe. Rita Süssmuth fragte den Vorsitzenden rhetorisch, was der Entlassene sich denn habe zuschulden kommen lassen, sie vermisse konkrete Vorwürfe, der Verweis auf das fehlende Vertrauensverhältnis reiche zur Begründung nicht aus. Bei solch »einsamen Beschlüssen« werde das Parteipräsidium »wohl völlig überflüssig«.

Ähnlich äußerte sich Späth, der verlangte, daß im Präsidium »endlich wieder Politik gemacht« werde. Er sei, merkte Späth an, »ja ein fröhlicher Mensch«, aber so fröhlich sei er auch wieder nicht, daß er »immer hier drin sitzen« müsse. Albrecht beanstandete, daß in der Regierungsarbeit die großen Ziele und Schwerpunkte der CDU nicht mehr deutlich hervorträten.

Andere Vorstandsmitglieder stimmten in den Chor ein. Erwin Teufel, der seine Ambitionen, Nachfolger Späths zu werden, zurückstellen mußte, rief dramatisch aus, hier sei »ein Mensch dem Zweck geopfert« worden, Renate Hellwig monierte, daß mit der Ablösung Geißlers der Partei »ein Stück Identität« abhanden gekommen sei. Karl Carstens, Alfred Dregger und Walter Wallmann ergriffen das Wort für Kohl, Wallmann bemerkte, »seid dankbar, daß ihr nicht gefragt wurdet, ihr wäret in einen inneren Zwiespalt gekommen«. Ein anderer Redner warf Süssmuth »Gefühlsfaselei« vor, ein Vorwurf, über den sie sich tagelang empörte. Schließlich fragte Schatzmeister Walther Leisler Kiep, arglos in die Runde blickend, ob es hier eine »Gegenkandidatur« gebe. Keiner meldete sich zu Wort.

Kohl amüsierte sich darüber, daß er »für manche in der einen Woche Entscheidungen« aussitze, in der anderen Woche »ein Diktator« sei, der »wie eine Dampfwalze über die Interessen der Menschen hinwegrollt«. Beides gleichzeitig könne doch wohl nicht stimmen. Es breiteten sich Heiterkeit und Entspannung aus.[27] Die Stimmung schlug so um, daß Kohl die Rollen vertauschte und sich als Märtyrer darstellte, der sich für die Partei opfere. Er habe allerdings, bemerkte er, seine Überzeugungen, und für sie stehe er ein. Nicht zuletzt deshalb sei er »das Hauptangriffsziel für viele Medien«. Ihm sei es gleichgültig, fügte er hinzu, was die »Gegner und die politischen Magazine« schrieben. Darüber beschwere er sich nicht. Aber, schloß er diesen Teil der Schlußpassage in gespielter Sentimentalität, er gebe zu, daß er »etwas Wärme der Partei« um sich herum brauche.

In der Sondersitzung des Präsidiums einen Tag später verteilte Kohl Posten, die sich, wie Reitz spottet, »hart am Rande der Lächerlichkeit« bewegten. Geißler wurde in Aussicht gestellt, für Kontakte zur katholischen Kirche und für Sportverbände zuständig zu sein, Süssmuth wurden die Frauenpolitik, Kulturangelegenheiten und die Bundeswehr ans Herz gelegt und so weiter. Von eigenen Büros der Stellvertreter war keine Rede mehr, außer daß Kohl erklärte, darüber werde geredet, sobald der Parteitag geklärt habe, wer sie beziehen solle.

Späth machte eine weitere Verbeugung. Er versicherte, er habe »seinen Frieden mit Kohl gemacht« *(Mannheimer Morgen)*, er sehe die »Probleme mit der CDU-Führung als ausgeräumt an« *(Augsburger Allgemeine)* und die »Gemeinsamkeit mit dem Bundeskanzler« sei wiederhergestellt *(Stuttgarter Zeitung)*. Er lobte die »neue Vertrauensgrundlage« *(Die Welt)* und schwor heilige Eide, er werde niemals gegen Kohl antreten, vielmehr sei er entschlossen, gemeinsam mit ihm den Bundestagswahlkampf zu führen.

Rita Süssmuth schwenkte ebenfalls um und behauptete, sie sei »von einer Gruppe von CDU-Mitgliedern gedrängt« worden, gegen Kohl zu kandidieren. Den Gefallen werde sie ihnen nicht tun. Und ihr tapferer Mitstreiter Blüm bekannte sich nun offen zu Kohl.

Fritz Ullrich Fack triumphierte in der *Frankfurter Allgemeinen Zeitung*, Kohl habe »gesiegt«, und der *Spiegel* höhnte, da hätten »Amateure gegen einen Altmeister des Fachs konspiriert« und verloren, und nun stehe die »Viererbande« (Blüm wurde ausgenommen) »blamiert vor der ganzen Partei«.[28]

III   AUF DEM WEG INS JAHR 2000

22

VON BREMEN NACH WARSCHAU

SCHON VOR DEM PARTEITAG, Anfang September 1989, war Kohl nicht in der besten Verfassung. Er berichtet, während eines Koalitionsgesprächs am 5. September 1989, einem Dienstag, hätten ihn solche Schmerzen im Unterleib befallen, daß er die Runde mehrmals habe verlassen müssen. In der Nacht zum Freitag wurden die Anfälle so heftig, daß er sich vom Bungalow »quer durch den Garten des Kanzleramts zur Wache« am Tor schleppte, wo ihn Beamte des Bundesgrenzschutzes ins nahe gelegene Johanniter-Krankenhaus fuhren. Der Leiter der Inneren Abteilung, Professor Walter Möbius, diagnostizierte eine Erkrankung der Prostata. Auf seine Bitte wurde der Urologe Professor Rudolf Hohenfellner aus Mainz hinzugezogen, der befand, der Patient könne gleich in der Klinik bleiben, denn er müsse unverzüglich operiert werden. Kohl sperrte sich. »Für mich kam das einer Katastrophe gleich«, rekapitulierte er später, nicht der Operation wegen, sondern weil es ihm angesichts des »offenen Konflikts mit Heiner Geißler... niemand abgenommen« hätte, daß er »wirklich krank« gewesen sei. Vielmehr hätten viele geglaubt, daß er sich »vor der Auseinandersetzung mit ihm und seinen Anhängern auf dem bevorstehenden Parteitag« hätte drücken wollen.

Er einigte sich mit den Professoren auf einen »provisorischen Eingriff«, der es ihm erlaubte, wenn auch unter anhaltenden Schmerzen, nach Bremen zu fahren. Zur Sicherheit ließ er sich von Möbius begleiten, der während des gesamten Parteitags hinter den Kulissen in seiner Nähe saß.

Die Erkrankung kam Kohl nicht nur wegen des Parteitags ungelegen, sie hinderte ihn auch, sich mit der dramatischen Entwicklung in der DDR zu beschäftigen. Die ungarische Regierung stattete Anfang September 1989 jene Flüchtlinge aus der DDR, die in der Bonner Botschaft in Budapest unterkamen, mit Papieren des Deutschen Roten Kreuzes aus, mit denen sie nach Österreich gelangten. Von dort konnten sie dank der aufgehobenen Visumspflicht wohlbehalten in die Bundesrepublik weiterreisen. Je mehr Menschen die Flucht gelang, desto mehr Flüchtlinge folgten ihnen nach. Die Furcht ging um, die Ungarn würden den Pressionen der DDR-Regierung nachgeben. »Ungarn«, schreibt Bundesaußenminister Hans-Dietrich Genscher in seinen Memoiren nachträglich voller Hochachtung, »zeigte große Standfestigkeit und bewundernswerten Mut, wodurch das Land in jenen Wochen geradezu zu einem Leuchtfeuer der Menschlichkeit« geworden sei.[1]

Genschers Gesundheit hatte einen noch größeren Schlag erlitten, einige Wochen vorher mußte er wegen eines Herzinfarktes in Frankfurt operiert werden. Von dort fuhr er statt zur Rehabilitation in seinen Urlaubsort Berchtesgaden, wo er mehrmals den Arzt hinzuziehen mußte, da sich Herzrhythmusstörungen einstellten, mit denen er seitdem leben muß. Nur mühsam konnte der Arzt ihn davon abbringen, jetzt nach Budapest zu fliegen. In Ungarn wurden große Flüchtlingslager eingerichtet, in der DDR erreichte der Ostberliner Anwalt Wolfgang Vogel, daß die Flüchtlinge in der Ständigen Vertretung freiwillig ihre Fluchtburgen verließen, indem er ihnen Straffreiheit und juristischen Beistand zusicherte; das gleiche gelang ihm in Prag. Aber sobald die diplomatischen Vertretungen sich leerten, füllten sie sich sogleich wieder mit neuen Flüchtlingen. Schließlich wurde vereinbart, daß Kohl seinen Urlaub in St. Gilgen und Geißler seine Erholungspause in Berchtesgaden unterbrechen und sich mit dem ungarischen Ministerpräsidenten Miklós Németh sowie dem ungarischen Außenminister Gyula Horn auf Schloß Gymnich bei Bonn treffen sollten. Dort deutete Németh seine Bereitschaft an, die Bürger der DDR, die in sein Land kamen, ausreisen zu lassen, und obwohl er sich zierte, einen Preis dafür zu nennen, nahm er das Angebot Kohls für einen Kredit von einer halben Milliarde Mark und tatkräftige Hilfe bei der Aufnahme in die Europäische Gemeinschaft dankbar an. Wie nebenbei erfuhren die Bonner Politiker, daß die Ungarn auf dem Gipfel der Staaten des Warschauer Paktes in Bukarest gefordert hatten, die »Breschnew-Doktrin« aufzuheben und jedem seiner Mitglieder eine eigene Entwicklung zuzugestehen – was Michail Gorbatschow später durchsetzte.

Die Ungarn waren schwierige Verhandlungspartner, sie streuten die Nachricht, daß sie ihre Grenzen nach Westen ohne Auflagen öffnen würden. Als Kohl von der ungarischen Regierung am Sonntag, dem 10. September 1989 – die Koffer für Bremen waren schon gepackt –, davon unterrichtet wurde, daß die Öffnung der Grenze um Mitternacht erfolgen sollte, bat er darum, den Termin erst um 20.00 Uhr bekanntzugeben.

Genau zu dieser Minute eröffnete er in der Bremer Stadthalle den traditionellen Empfang des CDU-Vorstands für die Journalisten mit der Mitteilung aus Ungarn, die sensationeller nicht hätte wirken können, denn er hatte einen Vorsprung von wenigen Minuten. Das Pressecorps war um so mehr überrascht, als es sich mit der Erwartung versammelte, die Fortsetzung des Streits zwischen Kohl und Geißler auf der offenen Bühne zu erleben. Statt dessen widmete sich Kohl dem Flüchtlingsthema um so ausgiebiger, je ungeduldiger die Journalisten wurden, die auf Streit und Machtkampf fixiert waren. Seiner dramatischen Mitteilung, vor wenigen Minuten habe der ungarische Außenminister »die Entscheidung seiner Regierung bekanntgegeben, daß ab heute nacht null Uhr Deutsche aus der DDR in ein Land ihrer Wahl von Ungarn aus ausreisen« könnten, schloß er einen ellenlangen Dank an alle Beteiligten und die Zusicherung der herzlichen Aufnahme der Landsleute hierzulande an. Effektvoller konnte der Soloauftritt dessen, der vermeintlich um seine Ämter kämpfte, nicht sein.[2]

Kohl weidete sich trotz der Schmerzen an seinem Triumph, aber es war ein kalter Genuß, denn er mußte das Verlangen einiger Delegierter fürchten, mit ihrem Vorsitzenden auf offener Bühne abzurechnen. Es war das, was im Politjargon das »Ablassen von Dampf« genannt wird – mehr für die Klientel zu Hause bestimmt als von dem Wunsch geleitet, etwas zur Reformdiskussion beizutragen.

Die Vorgänge an den Grenzen nahmen die Aufmerksamkeit der Delegierten gefangen, und so entstand eine aufgewühlte Stimmung, die die Umsturzgelüste dämpfte. Bei den üblichen Delegiertentreffen der Landesverbände am Vorabend des Parteitags redeten die Delegierten nicht über den Putsch, sondern sie sahen im Fernsehen die Szenen der überströmenden Freude und des Jubels. Fremde Menschen, die in die Freiheit kamen, die sie vierzig Jahre entbehrt hatten, und jene, die sie mit den gleichen Empfindungen empfingen, lagen sich in den Armen.

Selbstverliebt und von der eigenen Bedeutung mehr überzeugt, als es realistisch war, brüstete sich Lothar Späth währenddessen in den Hotelbars in der ihm eigenen Mischung von Ironie, Scherz und Überheblichkeit damit, daß er Kohl hätte stürzen können, wenn er nicht aus freien Stücken darauf verzichtet hätte, und daß er dazu immer noch in der Lage sei. Immerhin lag Späth in einer Umfrage, die kurz vorher durchgeführt worden war, in der Beliebtheit der Wähler mit dem

Bundeskanzler gleichauf. Im Bewußtsein der Stärke hatte Späth den im System Kohl unverzeihlichen Fehler begangen, dem Chefredakteur der *Welt,* Manfred Schell, zwei Tage vor der Eröffnung ein Interview zu geben, aus dem nicht jene Unterwürfigkeit sprach, die ihm das Überleben in der Parteispitze gesichert hätte. Es erschien mit der Überschrift: »Gibt es ein Kanzlerproblem, Herr Späth?«, eine Reporterfrage, die der Befragte keineswegs völlig leugnete. Späth erwiderte, ein Kanzlerproblem gebe es nicht, wohl aber das »zweifache Problem«, daß Kohl erstens die Verantwortung für die Dinge zugeschoben bekomme, die er an sich ziehe, und zweitens, daß ihm auch Dinge angelastet würden, die er nicht oder nicht allein zu verantworten habe. Der Kasuistik leid, mißfiel den Delegierten überdies, daß Späth seine »Betroffenheit« über das Verfahren, mit dem Kohl sich von Geißler trennte, zu einer Zeit ausbreitete, zu der die meisten sie weitgehend verarbeitet hatten. Der Parteitag wollte, vereinfacht ausgedrückt, von den alten Querelen verschont bleiben.

In dieser Lage verließ Späth sein strategisches Gespür, sonst hätte er das Interview spätestens zurückgezogen, als in der Partei die Überzeugung reifte, Kohl sei wegen der weltpolitischen Konstellation zur Zeit unentbehrlich, jedenfalls gegen ihn nicht austauschbar.[3] Nichts mag die Partei weniger als Querulanten, die ihr sagen, wohin sie marschieren soll, sich aber weigern, die Konsequenz daraus zu ziehen und ihr voranzugehen. In dem Augenblick, in dem die Delegierten die Halle betraten und von den Helfern des Hauses Springer mit der Zeitung versorgt wurden, die auf ihrer ersten Seite das Interview ankündigte, schlug die Stimmung um. In ihren Reihen verbreitete sich das angenehme Gefühl, jetzt den Rachedurst stillen zu können. Mit dem Interview in der Hand, schwärmten die Gefolgsleute des Kanzlers aus, um den Unwillen zu schüren, soweit es nötig war. Sie sahen in Späth noch mehr als ihr Auftraggeber einen Feind, da er sie um ihre Posten zu bringen drohte.

Daß es sich um die Rache an einem Mann handelte, der im Kampf um die Macht bereits verloren hatte, hielt die publizistischen Helfer des Kanzlers nicht von der Behauptung ab, Kohl habe erst auf dem Parteitag in einer geballten Gewaltanstrengung die mächtige Phalanx seiner Gegner niedergerungen. So schreiben die Autoren Kai Diekmann und Ralph Georg Reuth, Kohl habe mit seiner »leidenschaftlichen und offensiven Rede« auf dem Parteitag »dem Ansinnen, ihn als Parteivorsitzenden zu stürzen, den Boden entzogen«. Und Ackermann gibt vor, es hätten sich in den »verbleibenden acht Tagen bis zum Parteitag ... die Gerüchte« verdichtet, Geißler, Späth, Blüm und Süssmuth (hier fehlt Albrecht) hätten »einen Plan ausgeheckt«, Kohl in Bremen abzulösen »mit dem Fernziel, daß er dann später auch auf sein Amt als Kanzler verzichten sollte«.[4] Genauso, wie Kohls Propagandisten wußten, daß Geißler, Späth und die anderen darauf verzichtet hatten, Kohl abzulösen, war ihnen bekannt, daß ein Bericht der *Bild am Sonntag*, in dem es hieß, Kohl habe seine Entscheidung überdacht, er werde Geißler doch berufen, nicht auf den Versuch des Entlassenen zurückging, »Fakten zu schaffen«, wie Schäubles Biograph Ulrich Reitz schreibt. Es war schlicht das Bedürfnis der Zeitung, eine Sensation zu produzieren, die freilich nicht lange anhielt.[5]

Wie beim Auftakt mit der Presse begann Kohl seine Parteitagsrede im Plenum mit dem Hinweis auf die Vorgänge in Ungarn. Er stimmte die Delegierten mit den Worten ein, was die Partei und alle Deutschen »in diesen Stunden« bewege, seien »die uns aufwühlenden Nachrichten und Bilder aus Ungarn und von der Grenze«. Sie zeigten die »erschöpften und zugleich glücklichen Gesichter von Landsleuten aus der DDR, die am Ziel ihrer Hoffnungen« ankämen, der Bundesrepublik, »dem freien Teil unseres Vaterlandes«. In den Beifall der Delegierten rief er pathetisch aus: »Wir heißen sie alle herzlich willkommen.« In dieser Minute mochte er spüren, daß er den emotionalen Ton anschlug, mit dem er bisher verschlossene Türen zu öffnen vermochte.

Was die Parteiangelegenheiten betraf, hielt er keine mitreißende, aber eine ehrliche Rede. Wer ihm und anschließend Geißler zuhörte, konnte sich ein recht gutes Bild von dem Konflikt machen, der sie entzweite. Zur Überraschung, vielleicht auch Enttäuschung vieler Anwesender schilderte Kohl ihr Verhältnis kühl und ohne Groll. Er ließ die tiefe Bitternis, die ihn erfüllte, nicht in seinen Text einfließen. Der »persönlichen Leistung« des Scheidenden zollte er einen »hohen Respekt«. Geißler habe »unermüdlich« für die gemeinsame Sache gearbeitet. Zum Konflikt mit ihm bemerkte er lediglich, zwischen ihnen habe in der letzten Zeit keine Einigkeit geherrscht. Daraus habe er »die Konsequenzen gezogen«. Da er wünsche, daß Geißler weiter an »herausragender Stelle für unsere gemeinsame Sache tätig« sei, unterstütze er dessen Kandidatur zum stellvertretenden Parteivorsitzenden. Die Delegierten spendeten der Rede, wie es im Protokoll heißt, »langanhaltenden, lebhaften Beifall« und erhoben sich von ihren Plätzen.

Geißler, der danach sprach, räumte ein, er und Kohl hätten »offenbar unterschiedliche Auffassungen über die Rolle des Generalsekretärs der CDU dann, wenn sie Regierungspartei« sei, gehabt. Er zitierte den Vorsitzenden mit den Worten, es sei darum gegangen, »ob der Generalsekretär mehr General oder mehr Sekretär« sei. Auch zu dieser Rede klatschten die Delegierten.

Kohls Meisterschaft erwies sich nicht in der Rede, sondern in der Beherrschung des Parteitags. Lange vor dessen Eröffnung hatte er mit dem Tagungspräsidium vereinbart, wie es sich zu verhalten hatte, damit die Aussprache über die Rechenschaftsberichte nicht ausuferte. Ein bewährtes Mittel war, eine Reihe von Beiträgen vorweg zu verabreden, so daß die einlaufenden Wortmeldungen sortiert werden konnten. So deutete die Erklärung des Tagungspräsidenten, des Hamburger Parteivorsitzenden Jürgen Echternach, er habe 28 Wortmeldungen vorliegen, noch ehe die Diskussion begann, nicht so sehr auf rege Beteiligung als auf eine ausgeklügelte Regie hin.

Erst als Kohl sicher sein konnte, das rhetorische Messerwetzen einigermaßen unbeschadet überstanden zu haben, sprach er die Frondeure direkt an. Es habe sich, bemerkte er in seiner Schlußrede, herausgestellt, daß die CDU »eine diskutierende Partei« sei, das aber habe auch »etwas mit dem Helmut Kohl zu tun, der jetzt vor Ihnen steht«. Denn die »CDU Deutschlands« sei in den letzten beiden Jahrzehnten »nicht zuletzt unter diesem Vorsitzenden« eine »diskutierende Partei« geworden. »Nicht wenige von denen, liebe Freunde, die heute hier geredet« hätten, seien von ihm »doch einmal berufen worden«. Das Protokoll verzeichnet »Beifall«, und »Zustimmung« bei der folgenden, wenig verbrämten Drohgebärde, er gehöre »nicht zu denen, die sich gegenüber jemandem, den sie berufen haben, auf irgendwelche Dankespflichten« beriefen. Aber er erwarte »Würdigung im ganzen, nicht im Detail«.

Die Vorstandswahlen fielen für den Vorsitzenden nicht ganz so gut aus, wie es der Verlauf der Aussprache erwarten ließ. Er bekam bei seiner Wiederwahl nur 571 von 738 Stimmen. Seit seiner Wahl zum Parteivorsitzenden im Sommer 1973 hatte er niemals zuvor so viele Gegenstimmen bekommen.

Besser schnitt der neue Generalsekretär Rühe ab, der 628 Stimmen bekam. Sensationell wirkte das Abschneiden Späths. Er bekam nur 357 Stimmen, neun Stimmen weniger, als er zur Wiederwahl als stellvertretender Parteivorsitzender gebraucht hätte. Kohls unterschwellige Kampagne wirkte. Der Parteitag mochte einen so eindeutigen Sieger, wie es Kohl war, nicht besonders, noch weniger aber den Verlierer. Wutentbrannt und zugleich enttäuscht verließ er die Tagungshalle, und als er sich später mit den Delegierten seines Landesverbands traf, redeten sie sich zwar in eine neuerliche Empörung hinein, erkannten zugleich aber auch ihre Ohnmacht.

Blüm wurde mit der höchsten Stimmenzahl von 594 Delegierten ins Präsidium wiedergewählt. Ernst Albrecht hielt sich mit 438 Stimmen in der Mitte, Walter Wallmann schaffte den Einzug mit 385 Stimmen gerade noch, Eberhard Diepgen war der zweite Verlierer neben Späth. Er bekam nur 311 Stimmen.

Bei den Vorstandswahlen bekamen der neuernannte Bundesumweltminister Klaus Töpfer und Kohls treuester Gefolgsmann Wolfgang Schäuble die meisten Stimmen. So verschoben sich die Gewichte. Der Württemberger Späth verließ die Bundesparteipolitik, der Badener Schäuble rückte in sie auf. Nach einer chaotischen Debatte hätte der Parteitag um ein Haar noch Rita Süssmuths Frauenunion aufgelöst.

Dem Verlierer rief Kohl in seiner Schlußansprache hinterher, er bitte Lothar Späth auch für die Zukunft um eine gute Zusammenarbeit in einer Weise, die »seiner Persönlichkeit gemäß und die für unsere Partei insgesamt gut« sei.[6]

Kohl machte sich später in derber Manier über den einstigen Gegenspieler lustig. »Jetzt muß ich Ihnen ganz einfach sagen«, bemerkte er im Gespräch mit dem Fernsehreporter Günther Jauch, »wenn ich auf einen CDU-Parteitag oder einen SPD-Parteitag gehe mit der erklärten Absicht, den Parteivorsitzenden zu stürzen, und ich packe dies nicht, dann habe ich eben verloren. Wenn ich in ein Fußballspiel gehe und verkünde vorher, denen ziehe ich die Hosen runter, und verliere, wie kommentieren Sie das dann abends im ZDF? Dann sagen Sie, sie haben's Maul aufgerissen, jetzt haben sie verloren. Und genauso passiert's auch in der Politik. Was ist da eigentlich so ungewöhnlich?«[7]

Nach seiner Wahl organisierte der neue Generalsekretär die Bundesgeschäftsstelle neu. Dabei erwies er sich nicht so sehr als der Handlanger Kohls, wie es in der Öffentlichkeit erschien. Er verhinderte wenigstens an einigen Stellen, daß der Kanzler die Partei vollständig vereinnahmen konnte. So wollte Kohl den Posten des Pressesprechers in den eines »Informationsdirektors« umwandeln, dessen Aufgabe es sein sollte, die Arbeit von Partei und Regierung oder vielmehr Regierung und Partei gleichzeitig zu preisen. Damit war Rühe nicht einverstanden. Er holte auch gegen den Wunsch Kohls, der einen anderen

Favoriten hatte, den Korrespondenten der *Rheinischen Post,* Andreas Fritzenkötter, einen parteifrommen Journalisten, in das Amt, das wie bisher das des Pressesprechers der Partei war. Später änderte Kohl seine Meinung über Fritzenkötter, holte ihn zu sich in die Regierung und löste mit ihm Ackermann ab.

Dem Bundesgeschäftsführer Peter Radunski setzte Rühe mit Wilhelm Staudacher einen Stellvertreter in das Büro des Bundesgeschäftsführers, der nachrückte, als Radunski, ein Mann Kohls, in den Berliner Senat wechselte, weil ihm der Stil des neuen Hausherrn im Konrad-Adenauer-Haus nicht gefiel. Nicht lange danach ging auch Staudacher. Einem ihrer begabtesten Mitglieder, Wulf Schönbohm, der die politische Abteilung der Parteizentrale leitete, setzte Rühe kurz nach seinem Amtsantritt den Stuhl vor die Tür. Rühe sagt, er habe mit Schönbohm weiter arbeiten wollen, jener sei aber »zu sehr auf Geißler fixiert« gewesen. Ihr Abschiedsgespräch dauerte anderthalb Minuten. Der neue Generalsekretär eröffnete dem langjährigen Abteilungsleiter, daß sie sich trennen müßten, Schönbohm erwiderte, ihn zu kündigen, sei sein gutes Recht, es wahrzunehmen werde die CDU allerdings viel Geld kosten, da er einen langjährigen Vertrag habe.[8]

Schönbohm wechselte einige Jahre später in die Staatskanzlei des baden-württembergischen Ministerpräsidenten Erwin Teufel, der in jener Zeit sein Amt in Stuttgart antrat, in der Schönbohm das seinige in Bonn verlor. Er blieb einige Jahre im Staatsdienst, dann sorgte sein Chef dafür, daß er als Repräsentant der Konrad-Adenauer-Stiftung in die Türkei gehen konnte.

Ebenfalls aus der Parteizentrale verabschiedet wurde Warnfried Dettling, der Ideologe der Partei. Rühe, der die Partei praxisorientiert haben wollte, konnte mit ihm nichts anfangen. Dettling überwinterte einige Jahre im Bundesgesundheitsministerium, dann wurde er mit einer hohen Pension in den vorläufigen Ruhestand geschickt.

Die Mannschaft Heiner Geißlers zerstreute sich in alle Winde.

NACH DEM PARTEITAG verfiel Kohl in eine Ermattung, die ihn stets heimsuchte, wenn er eine große Kraftanstrengung hinter sich gebracht hatte. Dieses Mal war die Ermüdung besonders groß, da er zusätzlich zu der Anspannung starke Schmerzen hatte und Professor Möbius den verschobenen Eingriff nachholen wollte. Aus der Ruhepause, die er sich erhoffte, wurde nichts. Im Fernsehen mußte der

Rekonvaleszent ansehen, wie sich die festgefügte Ordnung im anderen Teil Deutschlands auflöste. Schon während des Parteitags hatte Kohl seine Ministerin Dorothee Wilms und den parlamentarischen Staatssekretär im Bundesinnenministerium, Horst Waffenschmidt, in die Notaufnahmelager geschickt, um die Hilfe zu koordinieren.

Zwar gebrauchte Kohl vor den Delegierten die Formel, die »Teilung unseres Vaterlandes« sei »widernatürlich«, weil es »wider die Natur des Menschen« sei, ihm »Freiheit und Selbstbestimmung« zu verweigern. Aber er dachte keine Sekunde daran, daß die ostdeutsche Bevölkerung das Selbstbestimmungsrecht so rasch ausüben würde. Die Beurteilung im Kanzleramt lautete, die Fluchtbewegung werde zum Stillstand kommen, sobald jene die DDR verlassen hatten, die schon lange auf ihre Ausreise warteten. Wenn auch aus unterschiedlichen Motiven, bestand zwischen Kohl und Honecker in diesem Punkt Einigkeit.

Die alten Männer in Politbüro der SED hatten sich verschworen, einschneidende Veränderungen zu verhindern und Reformen nur wohldosiert einzuleiten oder zuzulassen. Sie hegten zu Recht die Vermutung, das labile System drohe einzustürzen, wenn an einer Stelle an ihm gerüttelt werde.

Honeckers Krebserkrankung trug zur Unbeweglichkeit der DDR-Führung bei. Kohl empfand, wie er in seiner biographischen Schilderung bekennt, eine gewisse Sympathie für diesen Mann mit der ewig ausdruckslosen Miene und dem gemütskalten Wesen. »Wir hatten«, schilderte er seine Begegnungen mit ihm, »trotz härtester politischer Gegensätze ein irgendwie menschliches, wenn auch seltsames Verhältnis miteinander.« Vielleicht imponierte ihm, daß Honecker für seine Überzeugungen eintrat, für sie unter den Nationalsozialisten ins Zuchthaus ging und an ihnen festhielt, als alle anderen kommunistischen Führer um ihn herum von ihnen abrückten. Darin unterschied Kohl sich von seinem Vorgänger Helmut Schmidt, der bekennt, er habe zu Honecker »keinen persönlichen Zugang« gefunden, seine Persönlichkeit sei ihm »rätselhaft« geblieben, obwohl er sich bemüht habe, »im Interesse aller Deutschen« mit ihm zurechtzukommen. »Der Mann hat mir nicht gefallen.«[9]

In der Abgeschiedenheit des Oggersheimer Krankenlagers mußte Kohl auf die Teilnahme an den dramatischen Veränderungen verzichten. Kanzleramtsminister Rudolf Seiters hielt ihn telefonisch auf dem laufenden über die Hilfsaktionen für die sogenannten Botschaftsflüchtlinge.

Indessen koordinierte Genscher, froh um die Ruhigstellung des Kanzlers, die außenpolitischen Aktivitäten. Genscher war rechtzeitig aus der Rekonvaleszenz zurück, und Kohl waren die Hände gebunden. Da der Außenminister ein ebenso unermüdlicher Telefonierer war wie Kohl, legte er den Telefonhörer, sobald er ihn ergriffen hatte, nicht mehr aus der Hand. Botschafter, Sonderbeauftragte und Überbringer von Botschaften aus aller Welt, die wissen wollten, was in Deutschland vor sich ging, kamen zu ihm ins Amt. Zum Beispiel der Amerikaner Paul Nitze, der die Aufhebung der Breschnew-Doktrin mit den Worten kommentierte: »Das ist die Revolution.«[10]

Entgegen den Erwartungen der Deutschlandexperten wirkte die Massenflucht nicht beruhigend auf die Zurückgebliebenen, sondern sie verstärkte den Sog, sich ihr anzuschließen, um draußen zu sein, falls die ständigen Pressionen der DDR-Führung wirkten und die Nachbarn ihre Grenzen wieder schließen würden. Zu dieser Zeit waren 5 000 Menschen in der deutschen Botschaft in Prag zusammengepfercht. Obwohl das Deutsche Rote Kreuz mithalf, waren die Zustände im Botschaftsgebäude schlimm. Die Türen waren verriegelt, aber der Ansturm hielt an. Genauso war es in Warschau. Das Fernsehen sendete unaufhörlich. Die Nerven der Regierenden in der DDR lagen bloß, und sie spürten, daß sie den Rückhalt in Moskau verloren.

Am Donnerstag, dem 28. September, hatte Genscher den Außenminister der DDR, Oskar Fischer, in der Bonner Vertretung der Vereinten Nationen in New York zu einem Abendessen zu Gast. Vorher zog er ihn, da ihm Gespräche über deutsche Angelegenheiten von Amts wegen nicht erlaubt waren, beiseite und besprach mit ihm die Ausreise der Flüchtlinge aus Prag und Warschau. Bei einem anderen Gespräch erkundigte sich der sowjetische Außenminister Eduard Schewardnadse nach den Zuständen in den Botschaften und fragte: »Sind Kinder dabei und wie viele?« Genscher erwiderte unbestimmt: »Viele.« Daraufhin sicherte Schewardnadse Hilfe zu.

Der deutsche Außenminister bestand darauf, daß die Betreuung der Flüchtlinge dem Außenamt oblag, da sie sich auf dem Gelände der deutschen Botschaften befanden. Der Kanzleramtschef wiederum führte ins Feld, es handele sich um eine innerdeutsche Angelegenheit, die in seine Zuständigkeit falle. Da sie sich nicht einigen konnten, nahmen sie die Termine in doppelter Besetzung wahr. Als der ständige Vertreter der DDR in Bonn, Horst Neubauer, am 30. September im Kanzleramt erschien, wurde er von zwei Ministern, Genscher und

Im September-Oktober 1989 warten ca. 5 500 DDR-Bürger auf dem
Gelände der Prager Botschaft der Bundesrepublik auf die Ausreise.

Seiters, empfangen. Neubauer teilte mit, die Staatsführung habe sich dafür entschieden, die Flüchtenden über das Gebiet der DDR in die BRD zu leiten. Das war im Grunde eine Sensation, die DDR-Führung sprang über ihren Schatten. Daraufhin regte Genscher an, »hochrangige Beamte der Bundesregierung« sollten in den verschlossenen Zügen, die ohne Aufenthalt die DDR durchqueren mußten, mitfahren, um den Reisenden die Angst davor zu nehmen, von der DDR, sobald sie sich auf ihrem Gebiet befanden, einbehalten zu werden. »Außerdem werde ich selber nach Prag reisen«, verkündete er zum Erstaunen von Seiters. Der bestand nach telefonischer Konsultation mit Kohl und auf dessen Wunsch darauf, den Außenminister zu begleiten. Beide sollten dann mit den Flüchtlingen durch die DDR in die Bundesrepublik fahren. Da auch das Innerdeutsche Ministerium nicht zurückstehen wollte, wurde eine paritätische Begleitung aus den drei Ämtern festgelegt.

Wie stark Kohls Wunsch war, ebenfalls dabeizusein, geht aus seiner Schilderung hervor, es habe ihn »sehr gereizt, nach Prag zu reisen«, aber die Ärzte hätten es nicht zugelassen. Jahrelang hielt sich bei ihm der Groll darüber, daß sich Genscher so nach vorn spielte. In seinen Erinnerungen erzählt er, er habe sich »zunächst geärgert«, daß Genscher zu Beginn der Verhandlungen über die Mitreise darauf bestand, allein mit seinen beiden Staatssekretären nach Prag zu reisen, und daß er, Kohl, auf der Mitreise von Seiters habe bestehen müssen. Ebenso vergaß er es nicht, daß die Nachrichtenagenturen in »Eil-« und »Blitzmeldungen« berichteten, der Außenminister sei auf dem Weg nach Prag, während sie über Seiters kein Wort verloren.

Die größte Schmach war für Kohl, daß Genscher zu nächtlicher Stunde auf dem Balkon des Palais Lobkowitz seine Ansprache hielt. Genscher hatte sie im Flugzeug sorgfältig konzipiert und begann sie mit den Worten »Liebe Landsleute«. Der Garten, in dem sich Tausende von Menschen versammelt hatten, lag im Halbdunkel, der Raum, aus dem Genscher heraustrat, war hell erleuchtet, die Flügeltüren standen weit offen, einige Scheinwerfer der Fernsehteams erleuchteten die Fassade. Nach der Eröffnung brandete Jubel auf, der sich verstärkte, ehe der Redner seinen ersten Satz: »Wir sind gekommen, um Ihnen zu sagen... « zu Ende gesprochen hatte.

»Auch heute, im Rückblick der Jahre«, schreibt Genscher, der sonst eher eine gefühlskalte Natur ist, »ergreift mich bei dieser Erinnerung noch immer tiefe Bewegung.« Beim Eintritt in das Botschaftsgebäude sah er im Torbogen die Betten, dreifach übereinander, in denen die Flüchtlinge lagen, da sie keinen Platz zum Stehen hatten. Jene, die sich zwischen Hoffen und Bangen im Haus aufhielten, wußten zuerst nicht, welche Botschaft die Abgesandten ihnen überbrachten, sie realisierten im ersten Augenblick nicht einmal, daß der bundesdeutsche Außenminister bei ihnen war.

Das Publikum wurde unruhig, als Genscher sagte, sie müßten durch die DDR fahren. Es klatschte, als er feierlich verkündete, er »verbürge« sich dafür, daß alle Versprechungen eingehalten würden, und am Ende lagen sich alle mit Freudentränen in den Armen. »Sind Hallenser denn da?« rief er. »Ja, hier«, antworteten einige Stimmen. »Es war«, notiert er, »ein unvergeßlicher Moment.« Die Szene prägte sich ihm so ein, und er wünschte so dringend, sie der Nachwelt zu übermitteln, daß er sie aus dem Zusammenhang der Erzählungen herausnahm und an den Anfang seiner »Erinnerungen« stellte.[11]

Es kränkte den Bundeskanzler, daß Seiters stumm neben Genscher auf dem Balkon des Palais stand. Für die Zuschauer im Westen, die das Geschehen am Fernsehen verfolgten, das sie freilich mit Bildern ausgiebig belieferte, war die anschließende nächtliche Fahrt des ersten Zuges durch die DDR ein fast noch größeres Erlebnis als die Szenen in der Prager Botschaft. Der Zug rollte durch ein abgesperrtes Land. Auf den Bahnhöfen patrouillierten bewaffnete und uniformierte Posten der Volksarmee und der Volkspolizei. Anwohner hängten weiße Bettücher in die Fenster. An der Strecke standen stumm die ausgesperrten Zuschauer. Einige versuchten, auf den fahrenden Zug aufzuspringen. Die Fahrt war gespenstisch. Ein »politischer Urstrom« habe sich in Bewegung gesetzt, notierte Genscher, »und schob sich ungehindert durch die DDR«.

Weitere Züge folgten unter sehr viel schwierigeren Bedingungen. Vom ersten Transport überrascht, sammelten sich die aufgebrachten Anwohner beim zweiten, blockierten die Geleise, rangelten sich mit den Bewaffneten und versuchten, die Wagen zu stürmen oder aufzuspringen. Daß die Unionsspitze gegen ihn stichelte und ihm vorwarf, er schiebe sich in den Vordergrund und maße sich Kompetenzen an, die ihm nicht zustünden, bereitete Genscher, wie er in seinen Memoiren berichtet, »Verdruß«. Er behauptet, die »koalitionsinternen Reibungen« seien ihm »unverständlich« gewesen. Da sein Verhältnis zu Kohl unter den Vorkommnissen gelitten hatte, wandte er sich an Bundesinnenminister Wolfgang Schäuble, von dem er wußte, daß er das

Vertrauen genoß, das Kohl ihm entzog. Er beklagte, daß Eifersüchteleien die »einmalige Chance für die Vereinigung« verstellten. Es sei nicht seine Absicht, sich »in unangemessener Weise in den Vordergrund« zu drängen. »Meine Verantwortung aber würde ich in jedem Fall wahrnehmen«, weil jeder Erfolg der Regierung »wahrscheinlich zum größeren Teil« der CDU »zugute kommen werde«.

Eine Woche darauf, am 7. Oktober, war Gorbatschow in Ostberlin. Die Feierlichkeiten zum 40jährigen Bestehen der DDR am 7. Oktober 1989 gaben der SED-Fürung noch einmal eine Plattform, ihr Wirken zu legitimieren und das Fortbestehen des Kommunismus zu beschwören. Dem Motor des Umbruchs, der das Lebenswerk der ostdeutschen Funktionäre in Luft aufzulösen drohte, dem sowjetischen Generalsekretär, war aus diesem Anlaß die Rolle des brüderlichen Gastes zugedacht. Zu Journalisten sagte Gorbatschow vor der »Neuen Wache« den Satz »Wer zu spät kommt, den bestraft das Leben.« Er kam von einem Gespräch mit Honecker, in dem der SED-Führer die Reformierung des Systems strikt abgelehnt hatte. Am Abend protestierten in mehreren großen Städten der DDR Tausende von Demonstranten gegen die verordneten Aufmärsche in der Hauptstadt, ein neues Erlebnis für die Bürger der DDR. Ihnen folgten in den nächsten Tagen Demonstrationen, die hunderttausende von Menschen auf die Beine brachten. Durch die Straßen von Leipzig wand sich am 16. Oktober zu später Stunde eine Menschenschlange mit 100000 Demonstranten, die in Sprechchören riefen: »Wir sind das Volk, keine Gewalt«, und – gegen die Ausreisenden gerichtet – »wir bleiben hier«.

Inzwischen hielt es Kohl auf seinem Krankenlager nicht mehr aus, er unterbrach »trotz des Stirnrunzelns« seiner Ärzte den Genesungsurlaub und kehrte, mit dem Krisenmanagement von Seiters unzufrieden, ins Kanzleramt zurück. Anders als Genscher sah Kohl nach der Erklärung des Warschauer Pakts von Sofia über die selbständige Entwicklung der Mitgliedsländer nicht die Revolution über Europa hereinbrechen. Er blieb realistisch und war nicht auf Zukunftsvisionen eingestellt. Immer bereit, den schlimmsten Fall anzunehmen, im Grunde seines Herzens skeptisch gegen zu rasche Veränderungen, wartete er lieber ab. Auf die Massendemonstrationen, die Massenausreisen, die bewegenden Stunden in der Prager Botschaft, die Mahnreden Gorbatschows und die Aufmärsche in Ostberlin wußte er nicht anders zu reagieren als mit einer Presseerklärung der CDU. Darin erklärte er einigermaßen wortkarg die Vierzig-Jahr-Feiern der DDR zu »Tagen der nationalen Betroffenheit«. Es ist bezeichnend, daß er für seine Empfindungen das Wort gebrauchte, das er am meisten verabscheute, die Betroffenheit.

In einem Telefongespräch mit Gorbatschow nach dessen Rückkehr nach Moskau fand er den Kreml-Führer nicht sehr optimistisch, auch nicht besonders zugänglich. Gorbatschow habe, erinnert sich Kohl, einen »abgespannten Eindruck« gemacht. Er war offenkundig einsilbig und ließ den Bundeskanzler reden. Er habe ihm versichert, sagt Kohl, »daß die Bundesrepublik keinesfalls an einem Chaos in der DDR interessiert« sei. Er hoffe, »daß die Gefühle dort nicht überschwappten«. Das Interesse der Bundesrepublik sei, daß sich »die DDR dem sowjetischen Kurs der Reformen und Umgestaltung« anschließe und die Menschen »dort blieben«.

Aus den Bemerkungen klingt deutlich die Furcht durch, die Sowjets könnten militärisch intervenieren, ihre Panzer in Ostberlin und anderswo gegen die Demonstranten auffahren lassen. Das Trauma des 17. Juni 1953 wurde aktiviert. Gorbatschow hielt er nicht für einen Mann, der darauf brannte, revolutionäre Bewegungen mit Panzerketten niederzuwalzen, zumal da er die Revolution selbst in Bewegung gesetzt hatte. Aber er war nicht sicher, daß der sowjetische Präsident die Generäle im Zaum halten konnte.

In mehreren Telefonaten erkundete er, ob Gorbatschow mit ihm fair spielte. Während des ungarischen Alleinganges fragte er Gorbatschow, ob Németh und Horn beim Öffnen der Grenzen von ihm unterstützt würden. Gorbatschow antwortete nach einer längeren Pause ausweichend: Die Ungarn seien »gute Leute«. Als Honecker Mitte Oktober als Generalsekretär abgelöst wurde, ließ Kohl acht Tage verstreichen, dann telefonierte er mit dessen Nachfolger Egon Krenz, ohne mehr zu erreichen als die Vereinbarung, sich gegenseitig auf dem laufenden zu halten. Auch hierbei gab es Mißverständnisse. In einem Telefonat mit dem sowjetischen Parteiführer kam Kohl zu dem Ergebnis, Gorbatschow räume dem neuen SED-Führer wenig Chancen ein. Dagegen bekam der Sowjetführer den Eindruck, Kohl wolle ihn davon überzeugen, daß Krenz nicht imstande sei, »Herr der Situation zu werden«. Er registrierte, daß der Kanzler gegen ihn genauso stichelte wie vorher gegen Honecker, von dem er sagte, er »begreife die Perestroika nicht«.[12]

Die innere Distanz Kohls zum Umbruch in der DDR, sein anfängliches Zögern, jene zu ermuntern, die ihn vorantrieben, seine Neigung, konkreten Fragen nach Deutschlands Zukunft auszuweichen und lieber die Herrschenden in ihrem Reformstreben zu unterstützen, als die Unterdrückten zu ermutigen, fiel auch François Mitterrand auf. Auf einer Pressekonferenz nach dem Schluß der deutsch-französischen Gipfelgespräche am 3. November 1989 in Bonn registrierte Mitterrand, daß der Bundeskanzler nicht darauf vorbereitet gewesen sei, daß die Journalisten den Gast mit einer gewissen »Brutalität« nach der »deutschen Einheit« fragten. Beide antworteten ausweichend. Mitterrand zitiert in seinem Buch über Deutschland, in dem er diese kurze Szene wiedergibt, den französischen Journalisten Luc Rosenzweig von Le Monde, der feststellte, der Bundeskanzler habe ausgesehen, »als habe er ein schweres Examen zu bestehen«, und er habe dem Staatspräsidenten zugehört, als sei »die seinem Freund François auferlegte Prüfung für ihn selbst gefährlich«. Regelrecht »unbehaglich« habe er gewirkt, als Mitterrand zur Ostgrenze Deutschlands befragt wurde.

Kohl umging eine endgültige Aussage zur Oder-Neiße-Linie. Mitterrand vertrat die Überzeugung, es könne keine Fortschritte in Deutschland ohne eine klare Aussage zu seiner Ostgrenze geben.

In diesem Punkt war er Anwalt der polnischen Interessen. Bei der Aufzählung der Prioritäten, welche die vier ehemaligen Siegermächte bei der deutschen Einheit zu setzen hatten, räumte er »der vorherigen Anerkennung der Grenzen« den ersten Platz ein.[13]

Während des Mitterrand-Besuchs arbeiteten Bonn und Warschau die Feinheiten des Protokolls für eine seit längerem verabredeten Reise nach Polen aus, die am 9. November 1989 beginnen, fünf Tage dauern und den Grundstein für eine neue Freundschaft legen sollte. Kohls außenpolitischer Berater Horst Teltschik sagte, »kein Besuch des Bundeskanzlers« habe bisher »so intensiver Vorbereitungen« bedurft und keiner habe sich so schwierig gestaltet wie der in Polen. Er konnte sich Kohls Zögern, die Oder-Neiße-Grenze anzuerkennen, ebenfalls nicht anders erklären, als daß es der Rücksicht auf die Stimmen der Vertriebenen entsprang. Die Peinlichkeiten, die daraus entstanden, waren um so weniger begreiflich, als Kohl seit langem von der Idee durchdrungen war, er müsse, so wie Konrad Adenauer die Aussöhnung mit Frankreich zustande brachte, die Aussöhnung mit Polen herbeiführen. Er verbiß sich in dieses Vorhaben, obwohl es wenig Aussicht auf Erfolg verhieß, solange er das hauptsächliche Anliegen der Gastgeber nicht erfüllte.

An symbolischen Zeichen der Völkerverständigung war kein Mangel, die vertraglichen Grundlagen, auf denen die Nachbarschaft zwischen den Deutschen und den Polen aufgebaut werden konnte, waren gelegt. Ohnehin gab es »hinter den Warschauer Vertrag der Brandt/-Scheel-Regierung ... kein Zurück«, wie der Mitarbeiter der *Zeit*, Werner A. Perger, der Kohls Irrungen und Wirrungen im Verhältnis zu Polen verfolgte, schrieb, nur »einen kurzen Schritt vorwärts« freilich auch nicht. [14]

In seiner Unsicherheit beging Kohl Fehler, und verknüpfte im Vorfeld des Besuchs in Warschau die Forderung nach institutionellen Minderheitenrechten für die zurückgebliebenen Deutschen mit dem Verlangen, die Polen sollten ein für allemal auf Reparationszahlungen verzichten. Der polnische Ministerpräsident Tadeusz Mazowiecki ging nicht auf die Forderung ein. Zum Glück für Kohl konnte Genscher das Problem rasch vom Tisch bringen.

Auf seine Art versuchte Kohl eine Annäherung an die polnische Seele. Während seiner Krankheit nahm er sich die mehrbändigen Erinnerungen des polnischen Nationalhelden Josef Pilsudski in die Krankenstube in der Hoffnung mit, von diesem schwierigen und in mancherlei Hinsicht typischen Abenteurer, Revolutionär, Marschall und Staatsmann aus der ersten Hälfte dieses Jahrhunderts Aufschluß über die Gastgeber zu erhalten. [15]

Auf der Suche nach symbolischen Gesten beharrte Kohl darauf, sich mit dem Katholiken Mazowiecki am letzten Tag seines Besuchs in der Wallfahrtskirche des oberschlesischen Städtchens Annaberg zur Aussöhnungsgeste zu treffen. Die Polen versuchten zuerst, dem Gast den Wunsch auszureden, und baten ihn, als sie damit nicht durchdrangen, den Friedensgruß wenigstens auf einen Händedruck zu beschränken und ihn nicht, wie das Kohl vorschwebte, auf eine Umarmung auszudehnen.

Die Botschaft, die Kohl mit der Begegnung aussenden wollte, war für die Empfänger nicht ganz klar. Wieso Annaberg? Der Hügel, nach dem die Stadt benannt ist, wurde, als sich die Oberschlesier in einer Abstimmung im Jahr 1921 für Deutschland entschieden, von polnischen Freischärlern erstürmt, von deutschen Freiwilligen aber gehalten. Als Ort der Aussöhnung eignete sich die kleine polnische Stadt mit der bewegten Vergangenheit nur bedingt. [16]

ÜBERNÄCHTIGT VON DEN ANSTRENGUNGEN der letzten
Tage und dem Bericht im Bundestag zur »Lage der Nation« am Tag
vorher stiegen der Bundeskanzler und seine Begleiter am Donnerstag,
dem 9. November 1989, in Köln/Wahn »mit gemischten Gefühlen«,
wie Teltschik schreibt, ins Flugzeug. Kohl sei vom »Unbehagen« darüber erfüllt gewesen, daß er »ausgerechnet jetzt, da sich die Lage in der
DDR immer dramatischer zuspitzte, zu seinem ersten offiziellen Besuch
nach Polen reisen« mußte.[17] Während ringsumher die halbe Welt aus
den Angeln gehoben wurde, verfolgte der Bundeskanzler einen Traum
aus seiner Jugendzeit. Er dachte nicht daran, die Reise abzusagen, obwohl am Tag vor Kohls Abflug 11 000 Übersiedler in die Bundesrepublik kamen und keiner aus der Delegation ahnte, wie die DDR-Regierung dieses Mal reagieren würde.

Nach der Ankunft in der polnischen Hauptstadt am Nachmittag sei
die Gefühlslage des Kanzlers, so Teltschik, »wie immer schwer zu
erraten« gewesen. Aber seine Unruhe und Anspannung seien dadurch
zu erkennen gewesen, daß er immer rascher hintereinander Anord-
nungen gegeben habe und in seinen Bewegungen hastiger geworden
sei. Mazowiecki wirkte kränklich und unruhig und steckte sich während des ersten Gesprächs zwischen ihnen eine Zigarette nach der
anderen an. Der Arbeiterführer Lech Walesa, mit dem sie ebenfalls
nach der Ankunft zusammentrafen, kam Teltschik »extrovertiert, sehr
impulsiv, laut, herzlich und offen« vor. Er erschreckte seine deutschen
Gesprächspartner mit der Vorhersage, die Mauer werde »spätestens in
ein bis zwei Wochen« fallen, da die ostdeutsche Regierung nicht in der
Lage sei, das Land zu reformieren, es aber auch keine andere Grup-
pierung gebe, der er das zutraue. Er sei, sagte Walesa, »voller Angst,
daß ein revolutionäres Chaos« entstehen und Polen wieder einmal
»zum Opfer der Geschichte« werden könne.

Die bundesdeutsche Delegation war im Gästehaus »Parkowka« in
der Innenstadt untergebracht, die einzige Verbindung nach Bonn bestand aus einer telefonischen Standleitung in der Kanzlersuite. Überdies waren sich die Experten nicht sicher, ob die Zimmer abhörsicher
waren. Auf das polnische Fernsehen war auch kein Verlaß.

Zum abendlichen Festbankett lud der polnische Ministerpräsident
seine Gäste in den Palast des polnischen Ministerrats, das ehemalige
Palais des Fürsten Radziwill. Die Wagenkolonne war schon vorgefah-
ren, als Kanzleramtminister Seiters, der zusammen mit dem Presse-
betreuer Ackermann in Bonn die Stellung hielt, anrief, dringend den

Bundeskanzler zu sprechen wünschte und ihm, als er den Hörer aufnahm, die »sensationelle Botschaft« (so Kohl) übermittelte, der Ostberliner ZK-Sekretär für Information Günter Schabowski habe den Erlaß eines neuen Reisegesetzes angekündigt, wonach jeder Bürger der DDR, der ausreisen wolle, dies auch könne. Bis es in Kraft trete, werde es eine Übergangsregelung geben. Seiters und Kohl waren sich einig: »...Die Mauer war für jedermann durchlässig geworden.« Während die Deutschen mit den Polen im Palais Radziwill an ihren Cocktails nippten, »kursierten die letzten Nachrichten aus Berlin«. Mühsam gefaßt, hielten die Regierungschefs ihre Tischreden, gleich darauf, während die Kellner das Service abräumten, meldete Regierungssprecher Hans Klein die jüngsten Ereignisse.

Zu dieser Zeit waren die Zurückgebliebenen in Bonn sehr viel besser informiert als Kohl. Seiters hatte die Fraktionsvorsitzenden Hans-Jochen Vogel, Alfred Dregger und Wolfgang Mischnick ins Kanzleramt gerufen, um mit ihnen die sich zuspitzende Lage zu erörtern. Der Oppositionsführer Vogel schlug vor, analog zu den Einrichtungen in den großen Städten der DDR, auch in Bonn einen »runden Tisch« aufzustellen, an dem sich die Vertreter der Regierung und der SPD beteiligen sollten. Der Vorschlag stieß bei den Anwesenden, wie Vogel berichtet, »auf keine Gegenliebe«. In die Besprechung wurden die ersten Agenturmeldungen über die Ankündigung Schabowskis hineingereicht. Bald darauf wurde die Reaktion der Ostberliner Bevölkerung bekannt: Sie strömte zur Mauer, und die ersten, die Schabowski beim Wort nahmen, schlüpften, noch unsicher, an den Posten der Volkspolizei vorbei nach Westberlin. Nach 28 Jahren hatte das Monstrum ausgedient.

Der Bundestag debattierte gerade im Wasserwerk bei schwacher Besetzung in zweiter Lesung über den Entwurf eines Vereinsförderungsgesetzes. Während der namentlichen Abstimmung über einen Änderungsantrag der SPD trafen die ersten genaueren Meldungen über das ein, was an der Mauer passierte. Der Plenarsaal füllte sich mit Abgeordneten, die, ungläubig und voller Zweifel darüber, ob stimmte, was sie hörten, gegenseitig Rat suchten. Die Vorsitzenden wurden zu ihren Fraktionen gerufen. Nach einer kurzen Unterbrechung versammelte sich der Bundestag wieder, dieses Mal fast vollzählig, Seiters und die Fraktionsvorsitzenden gaben kurze Erklärungen ab.[18]

In den Reihen der Union stimmten einige Abgeordnete die dritte Strophe des »Deutschlandliedes« an, fast alle Abgeordneten standen auf, die meisten von ihnen sangen mit. Von den Sozialdemokraten stimmten Willy Brandt und Vogel und einige wenige ihrer älteren Mitglieder mit ein. Einigen Abgeordneten der Grünen war das zuviel nationales Pathos, sie gingen hinaus. Vogel teilte ihre Kritik nicht, er fand, daß der Bundestag »eindrucksvoll: tief bewegt, aber ohne nationalistischen Überschwang und ohne Verleugnung der Divergenzen« die es wegen des Gesangs gab, reagiert habe.[19]

Um 21.10 Uhr schloß die amtierende Bundestagspräsidentin auf Antrag der SPD die Sitzung. Es erschien nicht angebracht, weiter über das Gesetz zur Förderung der Vereinstätigkeit zu debattieren.

Zu dieser Zeit wußte niemand genau, was den Umschwung in Ostberlin bewirkte. Erst später stellte sich heraus, daß Schabowski über eine Sitzung berichten sollte, in der nichts sensationelles beschlossen worden war. Im Hinausgehen drückte ihm Egon Krenz einen Zettel in die Hand, auf dem stand, Privatreisen könnten ohne Einschränkung erlaubt werden, die Genehmigung werde kurzfristig nach Antragstellung erteilt. Schabowski, von Neugierigen und Journalisten belagert, verlas zum Schluß seiner Pressekonferenz den Zettel, wußte aber auch nicht, was er mit dem Inhalt anfangen sollte, und erwiderte aufs Geratewohl auf eine Frage, wann die Verheißung in Kraft treten sollte: »Sofort, unverzüglich.« Daraufhin schwoll der Strom schnell an, die Ostberliner, vor allem junge Leute, rannten nach drüben, wo sie von den Westberlinern jubelnd begrüßt wurden. Wildfremde Menschen lagen sich in den Armen, es wurde gesungen, gelacht und geweint.

In Warschau hielt es den Bundeskanzler nicht länger an der festlichen Tafel, er kehrte in seine Gemächer zurück und rief Ackermann an. Der war außer sich vor Begeisterung. »Herr Bundeskanzler«, rief er in die Muschel, »im Augenblick fällt gerade die Mauer.«

Kohl, wie immer jede Neuigkeit skeptisch prüfend, fragte zurück: »Ackermann, sind Sie sicher?« »Ja«, antwortete er. »Es verschlug mir fast die Sprache«, gab Ackermann später zu Protokoll.[20] Um ganz sicher zu gehen, ließ sich Kohl eine Stunde später noch einmal anrufen, dieses Mal von Seiters. Es ging nun schon gegen Mitternacht. Danach fuhr er ins Hotel »Mariott«, wo ihn die Journalisten mit Fragen bestürmten, sie bekamen aber nur Allgemeinplätze zu hören wie: »Das Rad der Geschichte dreht sich schneller.«

Im Hotelzimmer, in das sich Kohl mit seinen Beratern zurückzog, beriet die Delegation, ob der Kanzler abfahren oder bleiben sollte. Dabei drängte sich die Erinnerung an Helmut Schmidts Besuch 1981 bei Erich Honecker am Werbellinsee auf. Während er dort war, rief der polnische Ministerpräsident Wojciech Jaruzelski den Kriegszustand aus, um den Einmarsch sowjetischer Truppen zu verhindern. Schmidt blieb und wurde dafür herb kritisiert, auch vom Oppositionsführer Kohl.

Es war für ihn, den großen Organisator, ein sehr unangenehmes Erlebnis, daß sich in Berlin die Passage von Ost nach West öffnete, ein Jahrhundertereignis, daß es in Bonn im Bundestag und im Kanzleramt, seinen Wirkungsstätten, gewürdigt wurde, während er in Warschau festsaß, wo ihm, fernab von der gewohnten Umgebung, nicht einmal ein Telefon zur Verfügung stand. Er kam sich vor, als sei er immer an der falschen Stelle: Wollte er in Prag sein, wurde er in Oggersheim festgehalten, war sein Platz in Berlin, saß er in Warschau fest. Schließlich entschloß er sich, zu fahren und wieder zurückzukehren. Die Koffer sollten stehen, die Suite belegt bleiben, eine Notbesetzung die Stellung halten, er wollte am Samstag früh nach Berlin und anschließend nach Bonn fliegen und am Sonntagabend oder Montag früh wieder in Warschau sein.

Dem Gastgeber die Programmumstellung mitzuteilen, war schwieriger als erwartet. Er traf Mazowiecki in dessen Büro und geriet, wie er sagt, sofort in einen »veritablen Streit« mit ihm. Denn er mußte die Unterredung mit dem Staatspräsidenten Wojciech Jaruzelski verschieben, und die Polen empfanden das als einen Affront. Dennoch blieb er bei seiner Absicht. Am nächsten Tag wuchs das Unbehagen der Mitglieder der Delegation. Vormittags rief Ackermann zuerst mit der guten Nachricht an. Sie lautete, der Berliner Parteifreund Jürgen Wohlrabe habe die örtliche CDU und ihre Anhänger für den Abend zu einer Kundgebung nahe der Kaiser-Wilhelm-Gedächtniskirche zusammengerufen, die so angesetzt werden sollte, daß Kohl an ihr teilnehmen konnte. Wohlrabe war Abgeordneter im Bundestag gewesen, gegenwärtig Präsident des Westberliner Abgeordnetenhauses. Er war einer jener Berliner Christdemokraten, die ihre Heimatstadt als »Frontstadt« ansahen und jetzt den Zusammenbruch des Kommunismus feierten.

Kurz danach übermittelte Ackermann die schlechte Nachricht. Sie lautete, der Berliner Regierende Bürgermeister Walter Momper von der SPD habe für den Nachmittag 16.00 Uhr eine Kundgebung vor dem Schöneberger Rathaus angesetzt, und zwar vor derjenigen der CDU. Es lag nahe, darin so etwas wie eine Konkurrenzveranstaltung zu sehen. Auf beiden Veranstaltungen wurde der Bundeskanzler als Redner angekündigt. Kohl beging aus der Ferne einen weiteren Fehler. Er beauftragte Ackermann, Wohlrabe anzuhalten, die CDU-Mitglieder zur attraktiveren Veranstaltung am Rathaus umzudirigieren. Damit erreichte er nicht sein Ziel, über eine einsatzfähige Claque zu verfügen, sondern er vergrößerte die Verwirrung, da sich nun die einen zur früheren Veranstaltung nach Schöneberg auf den Weg machten, die anderen sich auf diejenige an der Gedächtniskirche vorbereiteten und viele von ihnen zwischen beiden hin- und herpendelten.

Der Rückflug entwickelte sich zum Alptraum. Die Mauer war offen, aber die Rechte der Alliierten bestanden weiter. Die Bundeswehrmaschine mit Kohl und seinen Getreuen durfte weder in Berlin landen noch das Gebiet der DDR überfliegen. Sie wurde über Schweden nach Hamburg umgeleitet. Dort wartete eine amerikanische Militärmaschine, in die die Delegation verfrachtet wurde. Um sie zu bekommen, mußte der amerikanische Botschafter Vernon Walters in aller Frühe alarmiert werden.

In Kohls Brust staute sich der Grimm. Bereitwillig übernahm er den Verdacht Teltschiks, Momper, der von der Crew des Bundeskanzlers ohnehin aller denkbaren Intrigen verdächtigt wurde, habe die Kundgebung so angesetzt, daß der Redner aus Bonn zu spät kam. In Wirklichkeit suchte Kohl nur nach Blitzableitern, die geeignet waren, seine Angst zu zerstreuen, er komme zu spät. Vor seinem geistigen Auge stand das Beispiel Adenauers, der nach dem Bau der Mauer 1961 lange wortlos blieb und damit die Bundestagswahl 1961 verlor, die kurz darauf folgte. Kohls Trauma war, daß sich die Geschichte wiederholen könnte: 1961, als die Mauer errichtet wurde, war der politische Urahn nicht rechtzeitig zur Stelle, 1989, da sie abgerissen wurde, fehlte der Nachfolger.

Am Berliner Flughafen stand eine Polizeikolonne, die den Bundeskanzler in rasender Fahrt mit Blaulicht durch Berlin fuhr. Die Straßen waren leer. Auf dem John-F.-Kennedy-Platz stand dicht gedrängt die Menge, die Kundgebung war in vollem Gang. »Nachdem ich angekommen war«, schilderte Kohl die Begebenheit, »hastete ich mit meinen Begleitern die Treppe hinauf, wurde dann auf die enge Balustrade regelrecht hinausgeschoben«, auf der die anderen Ehrengäste, Genscher, Brandt, Vogel und Momper, standen. »Unten... tobte ein linker Pöbel, der mich mit einem ohrenbetäubenden Pfeifkonzert empfing. Von Anhängern der CDU... keine Spur.«

Es war deutlich, daß der Kanzler vor diesem Auditorium nicht die

Hauptperson war, der Beifall galt Brandt, Momper und Genscher. Die Medien verbreiteten Mompers Satz: »Gestern nacht war Berlin die glücklichste Stadt der Welt« und Brandts Sprachschöpfung »Jetzt wächst zusammen, was zusammengehört.«

In dem Gedränge überbrachte Teltschik die Nachricht, Gorbatschow sei besorgt, daß die Kundgebungen in Berlin aus dem Ruder zu laufen drohten, daß ein Chaos ausbreche und daß es so aussehe, als ob die empörte Menschenmenge Einrichtungen der Sowjetarmee stürmten. Es war klar, daß in diesem Fall die Sowjetmacht einschreiten mußte. Gorbatschow war so beunruhigt, daß er seine Botschafter in Paris und London zur gleichen Zeit mit ähnlichen Direktiven zu Mitterrand und Thatcher in Marsch setzte. Sie konnten nichts unternehmen, Kohl war handlungsunfähig. Er stand eingekeilt auf dem Balkon.

Es wurde dunkel, als Kohl endlich das Wort erhielt. Sobald er anfing zu reden, brach ein Pfeifkonzert über ihn herein. Die Menge brach in »Antifa« (Antifaschismus)-Rufe aus. Da er gewußt habe, daß die »halbe Welt« zusehe, erinnert er sich, habe er »unbeirrt« weitergeredet. Was ihn hinterher am meisten wütend machte, war, daß niemand Gelegenheit bekam, ihm zuzuhören, denn das Fernsehen schaltete in dem Augenblick, in dem er zu reden begann, in – wie er argwöhnte – Übereinstimmung mit dem »Pöbel« ab.

Noch schlimmer kam es vor der Gedächtniskirche, wohin er hinterher eilte. Er verspätete sich, die wenigen Zuschauer, die mehr aus Disziplin gegenüber der Partei als aus Neugierde gekommen waren, verliefen sich, als er zu reden begann. Das Fernsehen war gar nicht erst erschienen. Kaum hatte der Redner geendet, ließ er seinen Zorn und seine Wut an Wohlrabe und Eberhard Diepgen aus, über die ein Kanzlergewitter herniederging. Es waren aber die falschen Adressaten, er hatte seinen Einsatz verpaßt.

Als Trostpflaster für den mißlungenen Auftritt führt Kohl in seinem Buch über die Einheit eine Sympathiebekundung wenige Tage danach an. In seinem Büro habe ein Strauß mit 50 langstieligen roten Rosen gestanden, denen ein Kärtchen mit dem Satz: »Sehn Se, det is ooch Berlin, Ihre Frau Gedecke«, beilag. Frau Gedecke war Mitglied der von der CDU geleiteten Berliner Landesvertretung in Bonn.

23

EINHEITSDIPLOMATIE

NACH BONN ZURÜCKGEKEHRT, griff Helmut Kohl an jenem
10. November zuerst zum Telefon, das er in Warschau und Berlin am
meisten entbehrt hatte. Um zehn Uhr abends rief er Margaret Thatcher
an, um ihr seine Version der Vorgänge um die Öffnung der Mauer zu
unterbreiten. Sie reagierte, wie er es vorausgesehen hatte, mißtrauisch
und abwartend bis ablehnend, betrachtete die Situation »mit Unbehagen«.[1] Ihre Skepsis rührte daher, daß sie davon überzeugt war, die
sich abzeichnende Vereinigung der deutschen Staaten werde Großbritannien Unheil bringen. Das vergrößerte Deutschland werde in
einem föderativen Europa die Führungsrolle übernehmen, es werde
schlichtweg »viel zu groß und viel zu mächtig« werden, um nur ein
Mitglied unter vielen zu sein. Folgerichtig riet sie Kohl, Gorbatschow
anzurufen, mit dem sie sich in ihrer Abneigung verbunden wähnte. Er
hatte ihr bei ihrem Besuch in Moskau wenige Wochen vorher versichert, »auch die Sowjetunion wünsche keine deutsche Wiedervereinigung«.[2] Der Bundeskanzler zog es vor, sich an diesem 10. November
zunächst mit dem Hauptverbündeten abzustimmen. George Bush in
Washington zeigte sich angesichts der Lage erfreut, wünschte ihm »viel
Erfolg und Gottes Segen«. Mitterrand, den Kohl erst am nächsten
Vormittag erreichte, flüchtete in das vertraute Pathos. Seine Wünsche,
sagte er, seien mit dem Deutschen Volk, das einen »großen Augenblick
in der Geschichte« erlebe. Das Gespräch mit dem Staatsratsvorsitzen-
den Egon Krenz, das später zustande kam, blieb unergiebig.

Offenkundig war, daß die Sowjets der DDR Zeit und Gelegenheit
geben wollten, sich in den neuen Verhältnissen einzurichten. Einer der
öffentlich verkündeten Grundsätze Gorbatschows war die Nichteinmi-
schung in fremde Angelegenheiten. Er konnte sie nicht durchbrechen,
weil er jetzt, vielleicht für seinen Geschmack etwas zu früh, Gelegenheit bekam, sie zu praktizieren. So verlas der Sprecher des sowjetischen
Außenministeriums, Gennadi Gerassimow, eine Erklärung, in der es
hieß, die Öffnung der Grenzen sei ein »souveräner Akt der DDR«, die

Regelungen zur Ausreise seien weise, sie bedeuteten aber nicht das Verschwinden der Grenzen.

Der sowjetische Generalsekretär stimmte keineswegs so mit Kohl überein, wie dieser es darstellt. Es gefiel ihm nicht, daß sich der Bundeskanzler nicht strikt an die Linie hielt, die er ausgab und die lautete, die Führung der DDR müsse entscheiden, »wie sie ihre Geschäfte daheim wahrzunehmen« habe.

Bei dem Telefongespräch mit Gorbatschow an jenem Samstag, von dem Kohl sagt, es sei ein wichtiger Moment gewesen, haben sich die zwei wohl gründlich mißverstanden. Aus den Aufzeichnungen beider Staatsmänner geht hervor, daß der Kanzler unter dem Eindruck stand, zwischen ihm und Gorbatschow herrsche deswegen vollkommene Übereinstimmung, weil ihn der Sowjetführer für fähig hielt, das zu tun, was er von ihm erwartete, nämlich die Lage zu stabilisieren. In Wirk-

Walter Hanel »Die europäische Wetterlage«

lichkeit zweifelte der Sowjetführer eben daran. Er warnte Kohl vor Alleingängen und voreiligen Schlüssen und bat um Geduld und Nachsicht. Er habe den Eindruck, daß die jetzige DDR-Führung das Land »demokratisieren und wirtschaftlich erneuern« wolle. Das sei nicht leicht und erfordere »viel Zeit«. Eine Beschleunigung der Ereignisse könne zu einem Chaos führen. Das wäre für die deutsch-sowjetischen Beziehungen »sehr schlecht«.

Kohl hingegen überhörte den warnenden Ton dieses Hinweises, interpretierte auch Gorbatschows Wunsch nach einer engen Abstimmung und nach gemeinsamen Schritten so, daß sie ihrer guten persönlichen Beziehungen wegen nicht schwerfallen würden. Jedenfalls spürte er, daß er den Mann im Kreml beruhigen müsse. Er tat das mit den Worten, er komme gerade aus einer Sitzung seines Kabinetts, und wenn er, Gorbatschow, daran teilgenommen hätte, hätte er sich davon überzeugen können, daß in der Bundesrepublik »Deutschlandpolitik mit Augenmaß« gemacht werde.

Der Mann im Kreml hörte vor allem Kohls Versicherung heraus, die Bundesregierung sei sich ihrer Verantwortung wohl bewußt; Bonn sei »entschlossen, umsichtig und wohlüberlegt zu handeln, engen Kontakt zu uns zu halten und uns zu konsultieren«. So schreibt Gorbatschow.

Bei Kohl verhält es sich anders. Er überspielte dessen Wunsch nach Abstimmung, indem er ihre Beziehungen und persönlichen Kontakte überbetonte und sich zu der seltsamen Behauptung verstieg, er betrachte es als eine »besonders glückliche Fügung«, daß sie gerade zu diesem Zeitpunkt ein solch hohes Niveau erreicht hätten. Etwas nüchterner klingt die anschließende Bemerkung, er sei sich darüber im klaren, daß diese persönlichen Beziehungen das Wesen der Probleme nicht verändere, wohl aber deren Lösung erleichtere.[3]

Kohl strapazierte das Gemüt und hob auf die Gefühle ab, während sich Gorbatschow ins Geschäftsmäßige flüchtete und wohl auch seine Überlegenheit als Vertreter einer Großmacht auszuspielen suchte. Daß Gorbatschow die Entwicklung, die er in Gang setzte und zu kontrollieren gedachte, in Wirklichkeit entglitt und daß sich dabei die Gewichte zugunsten dessen verschoben, den er dabei um Hilfe bat, wurde ihm später klar als dem Bundeskanzler.

Nach der Routine der Lagebesprechung, einer Kabinettsitzung und einer Fülle von Telefonaten verspürte Kohl das Bedürfnis, sich so in Szene zu setzen, wie es ihm bisher verwehrt worden war. Er ließ die Bundespressekonferenz einberufen. Aber seine Rechnung ging nicht auf. Er wirkte, wie Teilnehmer registrierten, ausgesprochen übellaunig, beschuldigte das Fernsehen, mit der Übertragung vom Schöneberger Rathaus die falsche Veranstaltung gezeigt zu haben, krittelte an der Rede Mompers herum und tadelte auch noch den Oppositionsführer Hans-Jochen Vogel wegen dessen Vorschlag, zur Bewältigung der Schwierigkeiten zum Gespräch am »runden Tisch« Teilnehmer von Regierung und Opposition, von Arbeitgebern und Gewerkschaften, Kirchen und Sozialverbänden zu bitten.[4]

Zurück in Warschau, erwartete den Bundeskanzler die Nachricht über weitere Hindernisse, die sich ihm in Polen in den Weg stellten. Nach den Unstimmigkeiten über einen Besuch in Annaberg hatte man sich auf einen Besuch in Kreisau geeinigt. Ein Treffen am Ort der Zusammenkünfte des »Kreisauer Kreises«, der deutschen Widerstandsgruppe gegen den Nationalsozialismus, hatte auf beiden Seiten Zuspruch gefunden. Nun teilte man Kohl mit, der Flug nach Kreisau könne nicht stattfinden; die Maschine könne wegen Nebels in Breslau nicht landen. Offenbar fürchteten die Polen nach den Freudenfeiern in Berlin mehr als zuvor, der Besuch könne ihnen über den Kopf wachsen oder, wie sich General Jaruzelski in einem Gespräch mit Helmut Kohl ausdrückte, die deutsche Entwicklung könne den Polen »das Wasser abgraben«. Der Bundeskanzler beharrte indes darauf, nach Kreisau zu fahren, um so mehr, als ihm inzwischen zugetragen worden war, daß sich Tausende Schlesier auf den Weg gemacht hätten.

Die Zweifel der deutschen Protokollbeamten daran, ob der Flug tatsächlich undurchführbar war, wuchsen, denn die Polen erklärten sich außerstande, für die Reise andere Transportmittel zur Verfügung zu stellen. So mußte Kohl die Fahrt selbst organisieren. Er verhandelte mit dem polnischen Protokollchef, und um drei Uhr nachts standen endlich Fahrzeuge und ein Bus für die Reisegesellschaft bereit. Die Kolonne bahnte sich in tiefer Dunkelheit über schlechte Straßen den Weg zu der kleinen Stadt, in der sich nach Kohls Willen der »Geist der Versöhnung« einstellen sollte. Dazu wurde Mazowiecki benötigt, und daher mußte er mitkommen.

Für die »Friedensgeste« war ein hölzernes Podest aufgeschlagen worden, das sich von einer mittelalterlichen Hinrichtungsstätte dadurch unterschied, daß es überdacht war. »Auf dem Podium in Kreisau«, so schilderte es der Korrespondent der *Zeit*, Werner A. Perger, »widerfuhr dem schmächtigen Mazowiecki die Umarmung durch den mächtigen Kohl, es gab kein Entrinnen.« Kohl war zum Schutz gegen die Un-

Staatsbesuch in Polen im November 1989.
Helmut Kohl und der polnische Premierminister Tadeusz Mazowiecki
während eines Gottesdienstes in Kreisau.

bilden des trüben, herbstlichen Wetters in einen gewaltigen Loden-
mantel gehüllt, barhäuptig, und es sah so aus, als wolle er den zart-
gliedrigen polnischen Ministerpräsidenten erdrücken.

Damit den Fotografen und Fernsehleuten die »aufgezwungene Umarmung« (Perger) nicht entging, drängte der Gast Mazowiecki an den
Rand des Podiums, um ihnen nach dem »gelungenen Zugriff« zu verkünden, was »er und der ergriffene Mazowiecki« empfanden: »Wir
haben die Geschichte gespürt, sie war da, gerade auf diesem Platz im
Herzen von Europa.«[5]

Der Fall der Mauer weckte Ängste, welche die europäischen Nachbarn seit einem Jahrhundert vor einer Auferstehung des Preußischen
Reichs hegten. Vor allem die Franzosen, von denen der Spruch kolportiert wurde, sie liebten die Deutschen so, daß sie am liebsten zwei
deutsche Staaten hätten, waren sichtbar nervös. Ihr Präsident machte
da keine Ausnahme. Im Oktober 1989 sprach er mit seinem außenpolitischen Berater Jacques Attali abschätzig über jene, die von der deutschen Wiedervereinigung redeten. Die Sowjetunion werde sie »nie
zulassen«, sagte er, denn sie wäre »der Tod des Warschauer Pakts«.
Nachdem die DDR mit der Zustimmung Moskaus oder jedenfalls nicht
gegen sie die Grenzen öffnete, sah Mitterand am Horizont der europäischen Politik eine ernsthafte Krise heraufziehen.

Die amerikanischen Autoren Philip Zelikow und Condoleezza Rice
berichten, er habe ausgerufen: »Diese Leute spielen mit einem Weltkrieg.« Bei einem Besuch des deutschen Außenministers Genscher
Ende November in Paris deutete Mitterrand vorsichtig an, was er damit meinte. Es sei »nicht ausgeschlossen«, sagte er, »daß man in die
Vorstellungswelt von 1913 zurückfalle«. Falls Deutschland in einem
Europa vereinigt werde, das sich noch nicht zusammengeschlossen
habe, »dann würden die europäischen Partner, die sich in Zukunft
achtzig Millionen Deutschen gegenübersähen, wohl nach einem Gegengewicht suchen«.

Das heißt, er dachte an eine Wiederbelebung der Allianz von Frankreich, Großbritannien und Rußland aus der Zeit vor dem Ersten Weltkrieg. Im Grunde versteckte sich hinter seinen wohlgesetzten Worten
die Drohung, die britisch-französische Achse gegen Deutschland zu
reaktivieren. Er verstieg sich sogar zu der Behauptung, früher sei
die Bundesrepublik der Motor des europäischen Einigungsprozesses
gewesen, jetzt sei sie »zur Bremse geworden«.[6] Zelikow und Rice zitieren ihn mit einem Ausspruch, den er im Gespräch mit Margaret

Thatcher fallenließ. Er lief auf einen Vergleich mit der Situation vor dem Zweiten Weltkrieg hinaus. »Die Situation von München darf sich nicht wiederholen«, rief er danach dramatisch aus.[7] Auf solche Bemerkungen des Präsidenten stützte sich wohl die britische Premierministerin auf der Suche nach einem Verbündeten, der ihr gegen jene Bestrebungen in Bonn helfen sollte, die die Wiedervereinigung forcierten statt sie, wie sie es wünschte, zu bremsen. Aber Mitterrand war dafür nicht der richtige Ansprechpartner. Er wirkte psychisch überfordert, mental unschlüssig, emotional hin- und hergerissen.

Margaret Thatcher dagegen war die einzige, die ein intellektuelles Konzept und auch eine ziemlich genaue Vorstellung davon besaß, was sie von Kohl zu halten hatte. Sie hatte den Verdacht, der deutsche Riese falle ihr in Sachen Festigkeit gegen den Osten in den Rücken und verhindere nicht, daß Westdeutschland, wie sie es ausdrückte, von der »Gorbi-Manie« heimgesucht wurde.

Diesen Eindruck fand sie bei einer Begegnung mit Kohl in dessen pfälzischer Heimat in Deidesheim Ende April 1989 bestätigt. Dabei wurde ihr klar, daß das übliche Überlegenheitsgefühl, das sie gegen kontinentale Staatsmänner empfand, bei ihm nicht ganz angebracht war. Er empfing sie, wie sie notierte, strahlend und gutgelaunt, fast herzlich. »Dabei hatte er eigentlich keinen Grund zum Strahlen, denn er steckte in innenpolitischen Schwierigkeiten«, bemerkte sie gallig in ihren Erinnerungen. Seine gute Laune habe sie nicht davon abgehalten, ihn »ins Gebet« zu nehmen und ihm die Vorteile einer »wirksamen Abschreckung durch atomare Kurzstreckenraketen« auseinanderzusetzen. Das beeindruckte ihn nicht, und er machte sich nach einer hitzigen Debatte lustvoll über eine »Kartoffelsuppe, Saumagen und Würstchen mit Sauerkraut und Leberknödel« her. Sie fand die Stimmung, die er verbreitete, unangemessen »heiter, anheimelnd und ein wenig übertrieben gemütlich«. »Gemütlich« schrieb sie auf deutsch.

Teils amüsiert, teils anerkennend berichtet sie, bei einem anschließenden Besuch im Dom von Speyer, dem obligaten Ausflug für alle Staatsgäste im Kohl-Land, habe er ihren Privatsekretär Charles Powell in der Krypta hinter einen Grabstein gezogen und ihm erklärt, warum er sich nicht nur als Deutscher, sondern gleichermaßen auch als Europäer fühle. Powell berichtete ihr die Anekdote, und sie notierte, sie habe seine Haltung »sympathisch« gefunden, seine Schlußfolgerungen allerdings nicht geteilt.[8]

Über Thatchers Einstellung zu Deutschland urteilt Kohl, es habe ihr

»einfach nicht in den Sinn« gehen wollen, »daß Deutschland am Ende dieses Jahrhunderts, in dem es in zwei Weltkriegen« besiegt worden sei, als der »große Gewinner« dastehe. Sie habe es »für ungerecht« gehalten, daß Großbritannien »im Kampf gegen Hitler seine Existenz aufs Spiel gesetzt und sein Empire geopfert«, den »Krieg gewonnen und dennoch viel verloren« habe. Er habe, sagt er weiter, nach einem Gespräch über Winston Churchill, das er mit der »eisernen Lady« führte, den Eindruck gehabt, daß ihr Weltbild aus der Zeit vor seiner Ära stamme, aus dem »Balance of power-Denken des 19. Jahrhunderts«. Es genügte ihm, daß sie andere »Vorstellungen von Europa« hatte als er, um sie mit den Worten zu verurteilen, sie habe »in der Vergangenheit gelebt«.[9]

Margaret Thatchers Haltung zur deutschen Einheit war unzweideutig. Sie richtete sich darauf ein, daß sie kommen werde und sie hoffte, daß dies erst »in zehn oder zwanzig Jahren« geschehen, und ein anderer sie mit Kohl aushandeln werde.

Daraus sprach die Furcht, die Deutschen könnten sich vereinigen, ehe sie sich völlig in Europa integriert hatten, und damit die Integration durch eine Vormachtstellung der Bundesrepublik nach ihren Vorstellungen beeinflussen. Im Vorfeld einer europäischen Gipfelkonferenz in Paris, zu der Mitterrand einlud, versuchte sie, Kohl auf die Zusicherung festzulegen, daß er »seine Verpflichtungen gegenüber der Europäischen Gemeinschaft deutlich machen würde, bevor er die deutsche Frage anschnitt«.

Das bedeutete, daß sie eine klare Priorität der Aufgaben und der Geschwindigkeiten anstrebte, die sicherte, daß die EG weiter kam, bevor die Wiedervereinigung in Angriff genommen wurde. Mit anderen Worten, nach ihrer Vorstellung sollte Europa so stabil sein, daß es mit dem Zusammenschluß der deutschen Staaten nicht mehr erschüttert werden konnte.

Präsident George Bush hingegen legte sich frühzeitig darauf fest, so zu verfahren, wie Kohl es ihm vorschlug. Von den westdeutschen Ordnungsorganen hielt er nicht allzuviel, seit die Limousine, mit der er bei einem Besuch im Jahr 1983 mit Kohl durch Krefeld fuhr, von Demonstranten mit Steinen beworfen wurde. Sie protestierten gegen die Stationierung neuer Mittelstreckenraketen der USA. Die Polizei ließ sie gewähren, was ihn verwunderte, denn er behauptete, bei sich zu Hause wären die Steinwerfer »vom Geheimdienst erschossen« worden. Er dachte, die Westdeutschen hätten eine besondere Spielart der

Demokratie entwickelt, die sie jedenfalls von dem Verdacht befreite, Revanchisten und Militaristen zu sein.

Von sich sagte er, er sei »nicht sehr europäisch, nicht sehr von der Geschichte beherrscht« gewesen. Das ist ein erstaunliches Eingeständnis, das darauf hinweist, daß der Präsident, der während des Zweiten Weltkriegs im Pazifik Dienst tat, das Interessengebiet der Amerikaner mehr pazifisch als europäisch ausrichtete. Bush gefiel die Vorstellung, mit der Vereinigung Deutschlands werde das Gebiet der NATO ein Stück weiter nach Osten geschoben und die amerikanische Einflußzone rücke geographisch näher an den bisherigen Hauptgegner Sowjetunion heran. Kohl war für Bush insofern ein Glücksfall, als er sein Konzept bestätigte, die Europäer sollten unter dem amerikanischen Dach ihre Angelegenheiten weitgehend selbst regeln. Bush koordinierte sein Vorgehen eng mit dem Bonns und achtete darauf, daß er mit Kohl in Kontakt und in Übereinstimmung blieb.[10]

Angesichts der schnellen Entwicklung – Mitterrand sprach von einer »großen Wucht der Ereignisse« – lud der französische Präsident, der zugleich amtierender Präsident des Europäischen Rats war, die zwölf Mitglieder für den 18. November 1989 nach Paris ein. Die Begegnung sollte rein informell sein, es sollte nicht das übliche Schlußkommuniqué veröffentlicht werden, und der Gedankenaustausch sollte vor, während und nach einem Essen im Elysee-Palast vonstatten gehen.

Das Kanzleramt war verstimmt über die Art, in der sich Mitterrand zum »Sachwalter europäischer Interessen« aufschwang. Horst Teltschik bemängelt, daß der Präsident zu dem Treffen einlud, ohne Bonn und die anderen Partner gefragt zu haben.[11] Erst 48 Stunden vor dem Essen konnte Teltschik die deutschen Wünsche übermitteln. Der Bundeskanzler ließ Mitterrand wissen, er würde es als hilfreich empfinden, wenn der Gipfel der deutschen Sache moralisch beistehe. Dazu gehöre, daß er sich die Forderung nach jenen Freiheiten zu eigen mache, die den Bürgern der DDR noch versagt würden, wie freies Reisen, freie Wahlen, der Aufbau freier Parteien und Gewerkschaften.[12] Im nachhinein erklärt Kohl, er habe sich auf dem Weg nach Paris »keine Illusionen über die Ansichten der politischen Klasse« dort gemacht: Bei ihr sei »das Mißtrauen gegen uns Deutsche« zurückgekehrt, genauso wie in den anderen westlichen Ländern. Es gab Befürchtungen, die Deutschen seien künftig so mit sich beschäftigt, daß sie sich »nicht mehr für Europa interessierten« oder daß gar der »Geist von Rapallo« erwache und Deutschland sich »wieder einmal in Richtung Rußland« orientiere.

Daher habe er, sagt Kohl, unermüdlich versichert, daß es keinen nationalen Alleingang geben werde. Der »enge Schulterschluß« mit den Verbündeten sei gerade jetzt nötig. Zunächst müßten die Landsleute in der DDR ihre Entscheidung treffen. Wie sie auch ausfalle, sie werde »von uns respektiert«. Das bedeute eben, daß »niemand, weder im Osten noch im Westen«, ein Votum »aller Deutschen für die Einheit ihres Vaterlandes« werde ignorieren können. Das war die Quintessenz der Rede Kohls. Die Tafelrunde in Paris hörte von ihm, daß deutsche Einheit und europäische Einheit »untrennbar« seien.

Der französische Präsident trug Überlegungen vor, die in eine ähnliche Richtung gingen wie die der britischen Premierministerin. Die Ereignisse, sagte er, hätten ihn in der Überzeugung gestärkt, »daß in jedem Fall eine starke und strukturierte Gemeinschaft« nötig sei, um das »Gesamteuropa« zu schaffen. Daher müßten ihre Institutionen und ihre Einigkeit gestärkt werden, während sie sich allmählich gegen Osten öffne. Vier Tage danach, auf einer Sondersitzung des Europäischen Parlaments, am 22. November in Straßburg, verkündete Kohl, die »Einheit Deutschlands« sei sein Ziel, sie könne nur vollendet werden, »wenn die Einigung unseres alten Kontinents« voranschreite. Deutschlandpolitik und Europapolitik seien »zwei Seiten derselben Medaille«.

Weniger diplomatisch als die westlichen Staats- und Regierungschefs ging Gorbatschow vor. Er schickte Kohl in der Zeit, in der sich die westeuropäischen Politiker und Diplomaten darum bemühten, den Zusammenhalt wiederherzustellen, den Kohls Vorpreschen gefährdete, eine »verbale Note«. Ein Exemplar davon sandte er an Mitterrand, der sie in Auszügen veröffentlichte.[13] Darin forderte er den Adressaten auf, »umgehend die notwendigen Vorkehrungen« zu ergreifen, um eine »Verschärfung der Situation« zu verhindern. Es seien Anweisungen an den sowjetischen Botschafter gegeben worden, polterte der Absender, Kontakte zu den anderen Siegermächten zu knüpfen. »In fine«, wie Mitterrand schreibt, verlangte der Sowjetführer endgültig und eindeutig eine Absage an den »Geist der Intoleranz«, der seiner Meinung nach darin bestand, daß »Stimmen« in der Bundesrepublik die »Nachkriegsrealitäten«, also die »beiden Deutschland«, ignorierten.

In den Aufzeichnungen Kohls wird die Note nicht erwähnt, und er weigerte sich, daraus Konsequenzen zu ziehen. Gorbatschows Verhalten weckt den Verdacht, er habe die Zurückhaltung hinsichtlich des

»eigenen Weges«, die er gegen die DDR an den Tag legte, im Umgang mit der Bundesrepublik vermissen lassen. Sein Ton erinnerte an denjenigen, den die Sieger gegenüber den Besiegten anschlugen.

ENDE NOVEMBER 1989 gewann der Bundeskanzler den Eindruck, er habe zu sehr auf die Skeptiker in London und Paris gehört. Während andere Politiker wie Lothar Späth, Kurt Biedenkopf, Hans-Dietrich Genscher und Willy Brandt die DDR bereisten und den Beifall und die Zuneigung der Ostdeutschen ernteten, hinderten ihn sowohl das Amt, das es ihm nicht erlaubte, beliebig den anderen Staat zu bereisen, als auch eine Unschlüssigkeit darüber, wie er sich zu den neuen Strömungen in der DDR verhalten sollte, aktiv zu werden. Wie oft bei solchen Gelegenheiten machte er das Bundespresseamt dafür verantwortlich, daß er ins Hintertreffen geriet. In einer großen Runde seiner Mitarbeiter, die er in den Kanzlerbungalow einlud, ließ er seinem Ärger freien Lauf. Er verglich das Niveau der Bonner Öffentlichkeitsarbeit mit dem einer Fußballmannschaft der Kreisklasse, die gegen eine Mannschaft der Bundesliga spielte.

In Wirklichkeit lag es aber an ihm, daß er nicht weiterkam. Er betrachtete die Bürgerrechtsbewegungen, die sich mit den Überbleibseln der alten SED am Runden Tisch zusammensetzten, die Montagsdemonstrationen in Leipzig und anderen großen Städten, in denen Zehntausende von Demonstranten »Wir sind das Volk«, und bald danach auch: »Wir sind ein Volk« riefen, mit Sympathie. Aber das war nicht das, was er sich unter einer neuen staatlichen Ordnung vorstellte.

Aus seiner Sicht lösten sich die bürgerlichen Parteien wie die Ost-CDU allzu rasch aus dem sogenannten Bürgerblock und entledigten sich ihrer Verantwortung, während sie in der Praxis mit den alten Kadern weiterarbeiteten. Vor allem störte es ihn, daß jene, die nach Reformen riefen, die DDR nur zu dem einen Zweck verbessern wollten, sie zu reformieren und zu erhalten, statt sie von Grund auf zu erneuern. Andererseits war er realistisch genug, einzusehen, daß die Bundesregierung nur mit den politischen Kräften zusammenarbeiten konnte, die regierten. Nach wie vor bestimmte die DDR das Tempo des Wandels. Mitte November 1989 wählte die Volkskammer, das bisherige Scheinparlament, geheim einen neuen Präsidenten.

Kurz danach wählte sie abermals, dieses Mal – nach der einstimmigen Abberufung des alten Ministerrats unter Willi Stoph – einen Mini-

sterpräsidenten, also den Politiker, der formal Kohls Gegenpart darstellte. Es war der Dresdener Bezirksfunktionär der SED Hans Modrow, der im Sprachgebrauch der DDR ein »Reformsozialist« genannt
wurde, ein Funktionär, der durch seine pragmatische Politik und den
Versuch, die alltäglichen Sorgen und Nöte der Leute zu mildern, bekanntgeworden war. Modrow bildete, fast nach westlichem Muster,
ein Kabinett, das allerdings mit fast dreißig Ministern für westliche
Vorstellungen etwas groß geriet, vom Parlament geschlossen bestätigt
wurde und in dem die SED die Schlüsselressorts besetzte. Es saßen
darin aber auch Mitglieder der Ost-CDU wie Lothar de Maizière und
der Bürgerrechtsbewegung wie Rainer Eppelmann und Wolfgang Ull-
mann, jene allerdings mit Nebenzuständigkeiten wie dem Amt für Kirchenfragen, diese ohne Geschäftsbereich.

Modrow kündigte in seiner Regierungserklärung »einschneidende
Reformen« an, stellte ein Wahlgesetz in Aussicht und schlug der BRD
eine »Verantwortungsgemeinschaft der Deutschen« vor, die stufenweise
über eine »qualifizierte gute Nachbarschaft« und eine »kooperative
Koexistenz« in eine »Vertragsgemeinschaft« münden könne. Die Bundesregierung reagierte auf das Angebot, wie Kanzleramtsminister
Rudolph Seiters seinem Biographen Antonius John sagte, »vorsichtig,
aber positiv«.[14] Folgerichtig vereinbarte das Kanzleramt einen Termin
für den 20. November 1989 mit der DDR-Spitze, der auch der Generalsekretär des ZK, Egon Krenz, angehörte. Seiters erhielt eine Verhand-
lungsrichtlinie, die ordnungsgemäß vom Kabinett abgezeichnet wurde.
Es waren die ersten institutionalisierten Verhandlungen nach der Wende
in der DDR.

Der Kanzleramtschef traf auf Gesprächspartner, die mit ihm sachlich, aufgeschlossen und offen redeten und ihre Erwartungen und
Befürchtungen zur Sprache brachten. Das war ein neuer Ton im Vergleich zu den Verhandlungen mit den früheren verknöcherten Repräsentanten des alten Regimes. Da die SED ihren Parteitag auf Anfang
Januar 1990 vorgezogen hatte, herrschte in Bonn die Meinung vor,
Krenz werde vorzeitig gestürzt werden. Es war Seiters Aufgabe, lediglich zu sondieren und Absprachen in Aussicht zu stellen, nicht solche
zu treffen.

Zu den bindenden Versprechungen, die der Kanzleramtsminister forderte und erhielt, gehörte die Zusicherung, daß die »Politik der radikalen Reformen«, die die DDR-Spitze anstrebte, »unumkehrbar« sei.
Vordringlich erschien beiden Seiten eine neue Verfassung und ein

neues Wahlgesetz. Die SED sicherte zu, daß sie auf Wunsch aller Partner ihre führende Rolle, die verfassungsrechtlich festgeschrieben war, aufheben werde. Alle Parteien sollten gleichberechtigt behandelt werden. Daß sie über einen Übergang verhandelten, mit dem nicht die Erneuerung, sondern das Ende der DDR herbeigeführt werden sollte, dessen waren sich die Verhandlungspartner nicht bewußt.

Beim Wahlgesetz war vorgesehen, daß die Volkskammer es im Frühjahr des kommenden Jahres verabschiedete, so daß es im Herbst 1990, spätestens im Frühjahr 1991 in Kraft trat. Unmittelbar danach konnten die Wahlen stattfinden, die demokratisch, »allgemein, frei, gleich und geheim« sein sollten. Auch eine umfassende Wirtschaftsreform sollte in die Wege geleitet werden. Modrow schwebte eine »an der Marktwirtschaft orientierte Planwirtschaft« vor, was immer das heißen sollte. Jedenfalls sollte westliches Kapital in den Osten fließen, auch an die Gründung gemeinsamer Unternehmen war gedacht. Das »eigentliche Verhängnis der DDR« liege in dem Preis- und Subventionssystem, räumte er ein. Es sofort aufzuheben, sei aber wegen der Verflechtungen mit den östlichen Nachbarn nicht möglich.

Krenz und Modrow traten für weitere Erleichterungen im Reiseverkehr mit der Bundesrepublik ein. Sie überreichten dem Emissär des Kanzleramts eine umfangreiche Liste mit Einzelmaßnahmen von der Öffnung von 93 Übergangsstellen an der gesamten Zonengrenze bis zur leichteren Erteilung von Sichtvermerken bei Reisen von DDR-Bürgern. Es fehlte nicht der Hinweis darauf, daß das Brandenburger Tor für Fußgänger geöffnet werden sollte. Die DDR erklärte sich bereit, auf den »Mindestumtausch« und alle Gebühren zu verzichten. Dafür sollte sich die Bundesrepublik an einem »Reisefonds« beteiligen. Seiters' Reisebericht zeigt, daß darüber in dem dreistündigen Gespräch, das teils mit Mitarbeitern, teils unter sechs Augen stattfand, detailliert verhandelt wurde. Die westdeutsche Seite schlug vor, ein Reise- oder Devisenfonds müsse auf zwei Jahre beschränkt, die Summe müsse begrenzt werden, und sie bestand auf dem »Begrüßungsgeld«, das die Bundesrepublik zahlte und das etwa eine Milliarde Mark im Jahr ausmachte. Darüber hinaus wollte sie sich mit einer weiteren Milliarde beteiligen. Schließlich ging es um gemeinsame Umweltprojekte, eine Erhöhung der »Postpauschale« für die Beförderung von Briefen und Paketen, den Ausbau des Telefonnetzes und den Zeitungsaustausch.

Am Ende zeigte sich, daß die DDR-Führung zu allem bereit war, nur nicht zur Wiedervereinigung. Sie müsse, betonten die Gesprächspartner, ein »sozialistisches Land, ein souveräner Staat« bleiben.[15] In diesem Punkt trafen die Wünsche der DDR-Führung zwar nicht mit denen des Bundeskanzlers, wohl aber mit dessen Vorstellungen davon zusammen, wie es weitergehen solle. Teltschik berichtet, in den Besprechungen der Spitze des Kanzleramts habe sich Kohl davon überzeugt gezeigt, daß ein »allzu rascher Einigungsprozeß kaum zu bewältigen sein würde«. Dafür sei die »Erblast« zu groß, welche die SED hinterlasse. Er veranschlagte dafür einen Zeitraum von »fünf bis zehn Jahren«. Übereinstimmende Auffassung war, daß es »ein Glücksfall der Geschichte« wäre, wenn die Einheit »erst am Ende dieses Jahrhunderts erreicht sein sollte«.[16]

Der Bericht des Abgesandten regte Kohls Phantasie derart an, daß er, wie es Teltschik in seinem Tagebuch notierte, »erstmals die Idee eines stufenweisen Vorgehens« mit der DDR entwickelte. Formal, meinte er, könne die Bundesregierung auf Modrows Anregung einer »Vertragsgemeinschaft« eingehen, an ihr liege es, wie sie sie gestalte. Vor allem lag ihm daran, »so bald wie möglich ... freie Wahlen« abzuhalten. Die Aussicht darauf, schätzungsweise 13 Millionen neuer Wähler zu mobilisieren und zu gewinnen, faszinierte Kohl schon zu diesem Zeitpunkt. Im Gespräch mit Teltschik fiel das Wort von den »konföderativen Strukturen« ebenfalls zum erstenmal. Im amtlichen Sprachgebrauch der Bundesregierung, in den Verlautbarungen der CDU und auch in den internen Gesprächen im Kanzleramt kam es bis dahin nicht vor.[17]

An dem Tag, an dem Seiters aus Ostberlin zurückkehrte, sagte sich Gorbatschows Berater Nikolai Portugalow bei Teltschik an. Portugalow war ein alter Bekannter, fast Vertrauter – Teltschik kannte ihn seit zehn Jahren. Er war mit dem einstigen Sowjetbotschafter Valentin Falin befreundet, saß im Zentralkomitee der KPdSU und leitete die Abteilung für internationale Beziehungen unter Gorbatschow. Teltschik charakterisiert ihn als einen Mann, der ein »glänzender Kenner der deutschen Politik« gewesen sei, gute persönliche Kontakte sowohl zur CDU wie zur SPD hatte, sich im Gespräch »schlitzohrig, fast übertrieben freundlich« gab und »sehr geschickt, aber nicht unsympathisch« zwischen den Lagern lavierte.

An jenem Dienstag, dem 21. November 1989, überreichte Portugalow Teltschik ein halboffizielles, mit der Hand geschriebenes Papier, in dem sich Falin und andere Gedanken darüber machten, wie es mit Deutschland weitergehen solle. Die Autoren erinnerten Bonn daran, daß sich die DDR ohne die »Morgendämmerung der Perestroika« nicht so bewegt hätte, wie sie es tat, und daß sie die Entwicklung früh vorhergesehen und gewünscht hätten. Mündlich erläuterte der Überbringer, die Sowjetführung denke »alternativ über alles mögliche, sogar quasi Undenkbares« nach. Er könne sich vorstellen, fügte er hinzu, »daß die Sowjetunion mittelfristig einer wie immer gearteten deutschen Konföderation grünes Licht geben könnte«. Der Frage, welchem Bündnis die deutsche Konföderation angehören sollte, ging Portugalow wohlweislich aus dem Weg. Moskaus Maximalvorstellung war, sie müsse neutral sein. Seine Botschaft endete mit einer halboffiziellen Einladung an Kohl.

Teltschik sagt, er sei »wie elektrisiert« gewesen. Ihm erschien es so, als habe Portugalow ihm gerade versichert, daß Moskau in seinen Überlegungen zur deutschen Einheit »offensichtlich weiter« vorangeschritten sei, »als wir es uns bisher vorstellen konnten«. Er war von der Art der Präsentation, dem geheimnisvollen Gehabe Portugalows, dem handschriftlichen Papier und den versteckten Andeutungen beeindruckt.

Zwei Tage darauf, am Donnerstag, dem 23. November 1989, versuchte Kohl mit einem Dutzend seiner Mitarbeiter die verschiedenen Handlungs- und Ideenstränge zusammenzuführen. Auf der Montagsdemonstration in Leipzig wurde ungefähr eine halbe Million Menschen gezählt, 50 000 waren es in Halle, 40 000 in Chemnitz, 10 000 in Schwerin, Berlin, Dresden und Cottbus. Im Kanzlerbungalow versammelten sich Seiters, Teltschik, Presseamtschef Klein, Eduard Ackermann, Juliane Weber, der Bürochef Kohls, Eisel, die Spitze der »Schreibstube«, also der Redenschreiber und der Meinungsforscher Wolfgang Gibowski. Dabei suchte vornehmlich Teltschik, etwas zu unternehmen, um dem Bundeskanzler die »Meinungsführerschaft« wieder zu verschaffen.

Auf der Seite der SPD war der Vorsitzende Willy Brandt, der auch die Sozialistische Internationale führte, bereit, eine »besondere Aufgabe« bei den innerdeutschen Beziehungen zu übernehmen. Da war er einen Schritt weiter als der Bundeskanzler. Bis dahin war es Teltschik nicht gelungen, den Kanzler für eine Initiative zu gewinnen. Seinen Bericht über das Gespräch mit Portugalow hörte Kohl sich zwischen Tür und Angel an und beschied ihn, im Geschwindschritt davoneilend, darüber müsse ausführlich geredet werden, kam aber nicht darauf zurück.

Jetzt lagen dem Kanzler Angebote aus Moskau und Ostberlin vor. Gorbatschow und Modrow wollten mit ihm reden. Der Osten wurde aktiv, er streckte die Hand aus. Das veranlaßte Teltschik zu der Anregung, Kohl solle vor dem Bundestag eine Erklärung zur deutschen Einheit vortragen. Die Gelegenheit war günstig, da das Parlament ohnehin bei der Generalaussprache des Bundestags über den Haushalt am kommenden Dienstag den Etat des Bundeskanzleramts debattieren wollte. Da mußte der Kanzler etwas zur deutschen Einheit sagen, und da er ohnehin das Wort bekam, konnte er es geradesogut mit einem konstruktiven Vorschlag verbinden. Teltschik begründete seine Empfehlung damit, daß andernfalls die SPD oder die FDP oder beide eigene Entwürfe präsentieren würden. Beide Parteien brauchten nur in ihre Archive zu steigen, um ihre Deutschlandpläne aus den früheren Jahren hervorzuholen. Kohl zögerte, und nach der Morgenlage am nächsten Tag ließ Seiters den Autor des Vorschlags zu sich rufen und eröffnete ihm, daß er dagegen sei. Bei ihm saß der Leiter des Arbeitsstabes Deutschlandpolitik, Carl Duisberg, der die Vorbehalte seines Chefs teilte und bestärkte. Seiters lehnte den Plan nicht rundweg ab, sondern wandte lediglich ein, man müsse noch einmal prüfen, ob es »klug« sei, den Bundeskanzler »jetzt« mit einem »Wiedervereinigungsplan« an die Öffentlichkeit gehen zu lassen. Es müßten die »Wirkungen in der DDR und im Ausland« berücksichtigt werden. Der »Zeitpunkt« für einen solchen Schritt »sei wohl noch nicht gekommen«. Er würde »eher kontraproduktiv« wirken. So heißt es in Teltschiks Aufzeichnungen.

Maßgebend für die Differenzen zwischen Seiters und Teltschik, die bei dieser Gelegenheit offen zutage traten, waren nicht allein sachliche Meinungsunterschiede, sondern auch die Konkurrenz zwischen ihnen. Beide waren für die Deutschlandpolitik zuständig, Teltschik fühlte sich in diesem Fall mehr als der Öffentlichkeitsarbeiter, der Kohls Image verbessern wollte, der Kanzleramtsminister gefiel sich in der Rolle des Sachwalters der sich entwickelnden Beziehungen zwischen den Staaten. Seiters wollte die Handlungsfäden in der Hand behalten und hatte einen zweiten Termin für ein Treffen mit Modrow am 5. Dezember 1989 im Kalender. Auch mit dem der CDU nahestehenden »Demokratischen Aufbruch« Eppelmanns und den Bischöfen Gottfried Forck und Georg Sterzinsky war er im Dialog.

Der Gedanke von Teltschik, ein Signal für die Bereitschaft des Bundeskanzlers zu setzen, die deutsche Einheit voranzutreiben, war vor allem Duisberg suspekt. Er war Berufsdiplomat und gewohnt, stets die Möglichkeit vorzuziehen, die ein diskretes und unauffälliges Vorgehen erlaubte. Er war dagegen, den Prozeß der Auflösung der DDR zu beschleunigen, und hielt einen Eingriff der Sowjets für denkbar, wenn die Entwicklung unkontrolliert verlief.

Ihm und Seiters lag daran, die üblichen Konsultationsmechanismen zu wahren. Das Pfiffige an Teltschiks Einfall war aber gerade, daß niemand vorher von dem Vorhaben erfahren, daß sich keiner an dessen Entstehen beteiligen und niemand in die Lage versetzt werden sollte, solche Bedenken vorzutragen. Er setzte sich schließlich mit der Bemerkung durch, man solle versuchen, einen Entwurf auszuarbeiten, der Bundeskanzler könne immer noch entscheiden, »ob er diese Initiative ergreifen will oder nicht«.

Anschließend trat eine Arbeitsgruppe zusammen, der Teltschik und Duisberg und Mitarbeiter beider Stäbe angehörten. Die ersten vier Punkte des Plans waren unproblematisch, sie bestanden im wesentlichen aus Zustandsbeschreibungen und der Aufzählung von Sofortmaßnahmen. Dem fünften Punkt war eine Perspektive vorbehalten, die Modrows Gedanken von der Vertragsgemeinschaft aufnehmen, sie weiterentwickeln und der bundesdeutschen Sichtweise anpassen sollte. Das erwies sich als problematisch, denn der naheliegende Gedanke der »Konföderation« war für Kohl negativ besetzt. Er führte gegen diesen Ausdruck die klassische völkerrechtliche Formulierung ins Feld, die besagte, Konföderation sei ein »Zusammenschluß souveräner, unabhängiger Staaten«. Das bedeutete, daß es unter Umständen schwerer sein konnte, aus einer solchen Konföderation wieder herauszukommen, wenn sie gebildet war, als die Einheit herzustellen, wenn die staatlichen Strukturen offen blieben. Damit kamen Variationen wie »konföderative Elemente« und »konföderative Strukturen« in die Diskussion. Kohl erklärte später in seinem Buch über die Einheit, er hätte am liebsten das Wort von der »Föderation« in die Erklärung aufgenommen, denn schließlich sei es um die »bundesstaatliche Einheit Deutschlands« gegangen. Dem stand die Bezeichnung »Föderalismus« im Weg, mit dem der Zusammenschluß der Bundesländer gemeint war.

Teltschik glaubte schon, sich durchgesetzt zu haben, da er die Arbeitsaufträge erteilt und konkrete Anweisungen gegeben hatte. Aber er unterschätzte das Beharrungsvermögen von Seiters. Der Kanzleramtsminister bremste die schriftliche Festlegung jener Passagen, die die Konföderation betrafen. So lag der Arbeitsgruppe, als sie sich am nächsten Vormittag, einem Samstag, wieder zusammensetzte, nur ein Torso vor. »Unsere beiden Deutschlandpolitiker«, wie Teltschik sie ironisch nennt, begannen die Debatte, welche die anderen schon abgeschlossen glaubten, von neuem. Das ging solange hin und her, bis Teltschik entschied, die fehlenden Punkte würden in das Papier aufgenommen werden, er werde dem Bundeskanzler die Bedenken von Seiters übermitteln.

Das Programm, das nach einer alten Manier Teltschiks wie Regierungserklärungen in Nummern gegliedert wurde, wies zehn Punkte auf. Es hieß fortan das Zehn-Punkte-Programm. Der am meisten umstrittene Punkt war der über die Konföderation. Teltschik entschied, daß beide Begriffe – »konföderative Strukturen und Föderation« – in den Entwurf der Rede aufgenommen werden sollten. Im letzten Augenblick verwarf er diese Idee aber wieder, ließ das Ziel offen und beließ es dabei, den Weg über die »konföderativen Strukturen« zu weisen. Damit schloß er die Beratungen und schickte den Text mit einem Fahrer nach Ludwigshafen, wo Kohl das Wochenende verbrachte.

Kaum hatte er das Manuskript in Händen, berief er eine kleine Redaktionskommission zusammen, die den Text abermals überarbeitete. Teilnehmer waren zwei Geistliche. Der eine von ihnen war der Friesenheimer Pfarrer und Dekan Erich Ramstetter, der mit der Familie Kohl gut bekannt ist, der zweite war sein Bruder, ein pensionierter Studiendirektor. Dabei war auch Ehefrau Hannelore. Die Autorengruppe gestaltete, wie Kohl bei dieser Gelegenheit wissen ließ, auch seine Neujahrsansprachen. Nach dem Ende ihrer Beratungen tippte Frau Hannelore den fertigen Text, so wie früher die Doktorarbeit ihres Verlobten, auf ihrer Reiseschreibmaschine ab. Telefonisch wurden ferner der Staatsrechtler und frühere Bundesverteidigungsminister Rupert Scholz und der hessische Ministerpräsident Walter Wallmann konsultiert. Auch Ernst Albrecht aus Niedersachsen, der Kohl zufällig am Montag besuchte, steuerte einige Anregungen bei.

Vor allem die Passagen, in denen es um die Vertragsgemeinschaft mit der DDR und ihre Einpassung in die europäische Entwicklung ging, hielt den kritischen Augen des Komitees nicht stand und wurde, wie der Bundeskanzler berichtet, »zum großen Teil neu formuliert«.

Sie finden sich vor allem im fünften Punkt des Plans, den Kohl den »zentralen und gleichzeitig sensibelsten Punkt des gesamten Programms« nennt.[18] Wallmann fand die Idee, das Konföderative in den Wortlaut einzubringen, »blendend«. Scholz, der mehr an die Verfassungsmäßigkeit der Passage dachte, verhielt sich zurückhaltender, hatte aber keine schwerwiegenden Bedenken.[19]

Kohl stellte in seinem Entwurf die ursprüngliche Fassung wieder her, in der es heißt, es gehe darum, »konföderative und später föderative Strukturen« zwischen den beiden deutschen Staaten zu entwickeln. Den Beratern unter der Leitung Teltschiks, die am Montag die letzte Fassung ausarbeiteten, war das zu simpel. Sie formulierten, die Bundesregierung sei bereit, den Vorschlag Modrows für eine »Vertragsgemeinschaft« aufzunehmen und »noch einen entscheidenden Schritt weiterzugehen, nämlich konföderative Strukturen zwischen beiden Staaten in Deutschland zu entwickeln mit dem Ziel, eine Föderation, das heißt eine bundesstaatliche Ordnung, in Deutschland zu schaffen«.

Der Bundeskanzler knüpfte daran nur eine Bedingung, die lautete, die Verträge müßten mit einer »demokratisch legitimierten Regierung in der DDR« geschlossen werden, also nach »freien Wahlen«. Die Zugehörigkeit zu den Bündnissen blieb offen. Im Rückgriff auf die Wesenszüge des deutschen Staates weist Kohl darauf hin, »staatliche Organisation« habe in der deutschen Geschichte »fast immer auch Konföderation und Föderation« geheißen. »Wir können doch«, heißt es im Text behutsam, »auf diese historischen Erfahrungen zurückgreifen.« Erst im letzten Absatz und in Punkt Zehn erwähnte Kohl das Wort, das die DDR-Bevölkerung hören wollte und das vermutlich das einzige war, das sich ihnen einprägte, gleichgültig, in wie viele Worthülsen es eingepackt war, das Wort »Wiedervereinigung«. Der Satz lautet: »Wie ein wiedervereinigtes Deutschland schließlich aussehen wird, das weiß heute niemand. Daß aber die Einheit kommen wird, wenn die Menschen in Deutschland sie wollen, dessen bin ich sicher.«

Die »Wiedervereinigung, das heißt die Wiedergewinnung der staatlichen Einheit Deutschlands«, bleibe das »politische Ziel der Bundesregierung«. Kohls Absicht war, einen Mittelweg zwischen dem, was er durchsetzen wollte, und dem, was für die europäischen Nachbarn, die Sowjetunion und die Europäische Gemeinschaft zumutbar war, einzuschlagen. Um jeden Preis sollte eine Emotionalisierung der politischen Atmosphäre verhindert werden.

Bis dahin ahnte niemand die Sensation, die die Veröffentlichung des Papiers auslöste. Als die ersten Andeutungen davon in die Öffentlichkeit sickerten, trat das ein, was sich Teltschik wünschte, die Erregung und Neugierde stiegen in dem Maß, in dem die Berichte bestätigt wurden. In den Sitzungen des CDU-Bundesvorstands und der CDU/CSU-Bundestagsfraktion beschränkte sich Kohl auf Andeutungen. Er entschied, daß bis zum Beginn seiner Rede am Dienstagvormittag, dem

28. November 1989, niemand außerhalb des Kanzleramts den Text in die Hand bekommen sollte. Auch die 23 Journalisten, die am Montag abend von Seiters und Teltschik unterrichtet wurden, mußten sich mit mündlichen Erläuterungen begnügen. Der einzige, bei dem der Bundeskanzler eine Ausnahme machte, war George Bush, der wegen der Zeitverschiebung eine Kopie samt Begleitschreiben vorab erhielt.

Kurz vor der Rede konnte Ackermann in der Morgenlage berichten, daß der Bundeskanzler mit seinen Andeutungen vor Fraktion und Vorstand bereits »in der Offensive« sei. Lediglich Bundespräsident Richard von Weizsäcker, den Teltschik informiert hatte, zeigte sich »nicht besonders beeindruckt«.

Das Echo auf den Zehn-Punkte-Plan Kohls war, wie Teltschik notiert, »überwältigend«. Die »gesamte deutsche und internationale Presse« habe über die Rede Kohls berichtet. »Wir haben unser Ziel erreicht: Der Bundeskanzler hat die Meinungsführerschaft in der deutschen Frage übernommen«, jubilierte er.

Überrascht war zunächst die SPD. Ihr Fraktionsvorsitzender Vogel beabsichtigte in derselben Beratung des Bundestags, in der Kohl seinen Plan vortragen wollte, seinerseits einen Vorschlag vorzulegen. Einer wußte aber vom anderen nichts. Er wollte, so Vogel in seinen Erinnerungen, »den Vorschlag einer deutsch-deutschen Konföderation vortragen«.

Seine Pläne und die Kohls überschnitten sich also. Es war das Schicksal des Oppositionsführers, daß der seine vergessen wurde, kaum daß er entstand. Es nahm auch außerhalb der Parteispitze niemand zur Kenntnis, daß sich Vogel dieses Mal gegen den Parteivorsitzenden Oskar Lafontaine durchsetzte, mit dem er wegen des Einigungsprozesses und der Haltung der Sozialdemokraten stritt.[20] So kam es, daß in der Sitzung des Bundestags vom 28. November zuerst der SPD-Fraktionschef von der Konföderation sprach und anschließend sein Nachredner einen »nahezu deckungsgleichen« Vorschlag unterbreitete. Um sich nicht selbst zu blamieren, schickte Vogel den außenpolitischen Sprecher der Fraktion, Carsten Voigt, ans Rednerpult und ließ ihn Zustimmung signalisieren. Voigt sagte, zwischen dem Vorschlag Kohls und den Vorstellungen seiner Partei gebe es »keine konzeptionellen Differenzen«.[21]

Daraus erwuchs der SPD viel Ärger, ihre Fraktion kam zu einer Sondersitzung zusammen, in der es hoch herging. So leicht wollte es die SPD dem Bundeskanzler nicht machen. Sie verabschiedete eine

Resolution und beauftragte ihren stellvertretenden Vorsitzenden Horst Ehmke, mit einer polemisch zugespitzten Rede die Distanz zum Bundeskanzler wieder herzustellen, die ihr mit dem Beitrag von Voigt abhanden gekommen war.

SPD und FDP mahnten unisono die Informationspflicht der Deutschen gegenüber den Verbündeten an, wenn es um deutschlandpolitische Fragen von der Tragweite der Einheit ging.

Beide waren sich einig, daß es ein gravierendes Versäumnis gewesen sei, den Plan in die Welt zu setzen, ohne daß er eine Aussage zur polnischen Westgrenze enthielt. Sie bemängelten auch, daß er über die Zugehörigkeit des konföderativen Gebildes zu den Blöcken nichts aussagte.

Bundesaußenminister Genscher vermied einen Koalitionskrach, indem er den Bundeskanzler unmittelbar nach dem Auftritt mit Handschlag und den Worten, das sei eine »große Rede« gewesen, beglückwünschte. In seinen Erinnerungen benennt er die Nachteile einer deutsch-deutschen Konföderation, wie Kohl sie anvisierte. So, wie die Konstruktion war, lief sie darauf hinaus, daß beide »Partner konföderaler Strukturen zwei verschiedenen Bündnissystemen« angehörten. Der Außenminister fürchtete, eine solche Konstruktion könne »uns auf den gefährlichen Weg eines Sonderstatus führen«.[22]

Im Ausland stieß die Rede auf Unverständnis und weckte Zweifel an der Berechenbarkeit der deutschen Regierung. Das Kanzleramt scheint sich der Illusion hingegeben zu haben, das Echo sei ausnahmslos positiv und zustimmend. Teltschik zitiert in seinem Tagebuch lediglich die zustimmenden Stimmen. Auch der Bundeskanzler erwähnt rückblickend nur die lobenden Stimmen, angefangen mit der *Bild*-Zeitung, die titelte, der »Anfang zur Wiedervereinigung« sei gemacht, über die *Frankfurter Allgemeine Zeitung* (»Bundeskanzler Helmut Kohl hat die deutschlandpolitische Initiative ergriffen«) bis zur *Süddeutschen Zeitung*, die etwas distanzierter von einer »gewissen Faszination« sprach, die der Plan ausübe. Die zehn Punkte hätten, bemerkt Kohl in seinen Erinnerungen, in Europa wie ein »Schock« gewirkt. Er bezieht das allerdings auf die »Medien«, die ihm »Bösartiges« unterstellt und behauptet hätten, er habe das »Gespenst von einem heraufziehenden Vierten Reich« geweckt. Treuherzig bemerkt er, er habe doch nichts anderes gesagt als das, was seit Jahrzehnten gemeinsame Auffassung zur deutschen Frage gewesen sei.

Der französische Präsident Mitterrand hielt es wie der deutsche

Außenminister und schluckte seinen Ärger hinunter. Er fand es nicht besonders gelungen, daß Teltschik die westlichen Diplomaten erst in der Minute ins Bild setzte, in der Kohl die letzte Seite seines Manuskripts vortrug. Mitterand setzte ungerührt seine Vorbereitungen für eine Reise fort, die ihn vom 20. bis zum 22. Dezember nach Ostberlin und in die DDR führen sollte. Der Elysee-Palast stimmte seinen Schritt genausowenig mit Kohl ab wie der den seinen mit ihm, der französische Präsident reiste zu einer Zeit, zu der sich auch der Bundeskanzler in der DDR angesagt hatte, und er verbarg keineswegs seine Absicht, die Bonner Pläne zum beschleunigten Zusammenschluß zu durchkreuzen. Das verstimmte Teltschik.

Philip Zelikow und Condoleezza Rice zitieren »französische Diplomaten«, die sich bei ihren deutschen Kollegen über den »Überrumpelungsversuch« beklagten, den Kohl mit dem Zehn-Punkte-Plan unternommen habe. Margaret Thatcher hielt sich mit Klagen nicht lange auf, der Bundeskanzler möge sagen, was er wolle, die Wiedervereinigung stehe »nicht auf der Tagesordnung«.[23]

Zwei inoffizielle Begegnungen, die sie im Dezember 1989 mit Mitterand hatte, bestärkten ihre Ablehnung. In den Unterredungen, berichtet sie, habe sich der Präsident »noch besorgter« als sie über die herrschenden Strömungen in der Bundesrepublik gezeigt. Deutschland, referiert sie Mitterands Standpunkt, habe in der Geschichte »noch nie seine wahren Grenzen gefunden«, denn die Deutschen seien ein Volk, das »ständig in Bewegung und im Wandel« sei. Sie zog gar aus der Handtasche eine Landkarte heraus, die seine Klagen bestätigte. Sie zeigte, wie sehr sich im Lauf der Jahrhunderte das deutsche Territorium veränderte, wie es sich ausdehnte und wieder schrumpfte. Glaubt man Thatchers Berichten, war es vor allem Mitterrand, der mit Großbritannien gegen Deutschland »zusammenrücken« wollte.[24]

Am heftigsten reagierte Gorbatschow. In einem Gespräch, das Kohl 1993 mit dem stellvertretenden Leiter der Redaktion Zeitgeschichte des ZDF, Ekkehard Kuhn, führte, räumt er ein, daß es mit dem Sowjetführer zu einer »Irritation« gekommen sei. Vor allem sei Gorbatschow über den Punkt »irritiert« gewesen, in dem er den Weg über eine Föderation zur Einheit geschildert habe.[25]

In den Erinnerungen an die Zeit der Vereinigung wollte Kohl von den Irritationen, in die er seine Nachbarn, vor allem die Sowjets, versetzt hatte, nichts mehr wissen. Er berichtet lediglich, daß der stellvertretende sowjetische Ministerpräsident Iwan Silajew, mit dem er am

Tag danach zusammentraf, mit keinem Wort auf seine Rede eingegangen sei. »Wahrscheinlich« habe Silajew, der vom sowjetischen Botschafter Julij Kwizinski begleitet wurde, noch keine »Sprachregelung« von Gorbatschow gehabt, der gerade in Rom war.[26] Wenn es so gewesen sein sollte, wäre das Schweigen des Kremls die vorteilhafteste Auslegung für den Zorn, der den Hausherrn erfüllte. In seinen Memoiren bebt Gorbatschow vor Ärger und Wut über die Anmaßung, die er aus der Rede Kohls herauslas. Mehr als seine westlichen Kollegen sah er darin ein Stück Aggressivität, das ihn um so mehr aufbrachte, als er darin einen jener Eingriffe in die Souveränität der DDR ausmachte, die sich zu versagen er vorgab. Mit dem Zehn-Punkte-Plan, schreibt er in seinen Erinnerungen, habe Kohl nicht nur ihre Vereinbarung gebrochen, jeden weiteren Schritt miteinander abzustimmen, er habe auch »eine Reihe, im Grunde genommen ultimativer Forderungen an die innere Umgestaltung der DDR als Vorbedingung für die Verwirklichung dieses Plans« gestellt.

Gorbatschow, der über die Vorgänge in beiden Teilen Deutschlands ausgezeichnet informiert und erstaunlich gut mit der Mentalität der Bewohner dieses Landes vertraut war – besser als Mitterrand und Thatcher, deren Kenntnisse sich aus den Reflexen ihrer Landsleute speisten –, kam zu einer anderen Einschätzung von Kohls Motiven. Er warf Kohl vor, die »Interessen von historischer Bedeutung... den Interessen des Wahlkampfes« untergeordnet zu haben. Damit lag er sicher nicht falsch.

Genscher fiel die undankbare Aufgabe zu, auf einer Rundreise in die Hauptstädte den Plan in Kohls Sinn zu erläutern und zu verteidigen. Auf dieser Werbetour hielt ihm Thatcher vor, sie verstehe nicht, wieso der Bundeskanzler die Position, die die Teilnehmer der Gipfelkonferenz in Paris zehn Tage vorher erarbeitet hätten und die darin bestanden habe, den Status quo festzuschreiben, so kurz danach verlassen habe. Mit Mitterrand hatte es der Außenminister nicht leichter. Der Präsident sprach mit ihm offen über seine Befürchtung, Europa könne auf den Stand von 1913 zurückfallen und die westlichen Staaten könnten gezwungen sein, sich gegen Deutschland zu verbünden.

Gorbatschow, in Kenntnis dessen, daß Genscher versucht war, ebenfalls in Wahlkampfmanieren zu fallen, da Kohl und die CDU versuchten, »kurz vor den Wahlen die Initiative an sich zu reißen«, tobte. »Eigentlich«, wies er den Gast zurecht, »sollte man mit einem solchen Dokument erst nach entsprechenden Konsultationen mit den Partnern an die Öffentlichkeit gehen.«»Oder«, bohrte er weiter, »hält der Bundeskanzler so etwas nicht mehr für nötig?« Danach urteilte er scharf: »Er meint zu glauben, daß seine Musik gespielt wird – Marschmusik.« Er, Gorbatschow, glaube nicht, daß ein derartiges Verhalten geeignet sei, gegenseitiges Vertrauen zu schaffen oder zu erhalten. Vielmehr sei er auf dem besten Weg, alles zu zerstören, was durch eine gemeinsame Politik aufgebaut worden sei.

Der sowjetische Außenminister Eduard Schewardnadse, mit dem Genscher vorher zusammentraf, machte auf den Gast einen »bedrückten Eindruck«. Als er bei Schneetreiben und schlechter Sicht auf dem Moskauer Flugplatz landete, flogen Modrow und Krenz gerade von dort ab. Sie hatten, offensichtlich erfolgreich, gegen Kohls Erklärung Stimmung gemacht. Die Atmosphäre war so eisig, daß sich Genscher an die Zeit nach dem Interview mit *Newsweek* erinnert fühlte, in dem der Bundeskanzler den Sowjetführer mit Goebbels verglich. Ihm schien es, als sei ein herber »Rückschlag« in den Beziehungen zur Sowjetunion, aber auch den seinen zu Schewardnadse eingetreten.[27]

Die Amerikaner waren ebenfalls verstimmt, auch wenn sie sich das offiziell nicht anmerken ließen und Kohl es nicht wahrhaben wollte. »Die US-Administration«, schreiben Zelikow/Rice, habe begriffen, daß sich Kohl mit seinem Vorstoß »weit aus dem Fenster gelehnt« und Bush gezwungen habe, sich mehr für die Sache Kohls stark zu machen, als er es beabsichtigte.[28]

Das Timing von Kohls Rede offenbarte eine zusätzliche Brisanz. Zwei Tage danach trafen Bush und Gorbatschow sich zum »Seegipfel« vor der Mittelmeerinsel Malta, eine Begegnung, in die auf beiden Seiten des Atlantiks hohe Erwartungen gesetzt wurden. Das Vorpreschen des deutschen Regierungschefs wirkte, als habe er die beiden Staatsmänner, von deren Einigung die weitere Entwicklung abhing, vorzeitig festlegen oder, noch unangenehmer, Gorbatschow Schwierigkeiten bereiten wollen. Daß er Bush beeinflussen wollte, ihn bei der Beschleunigung des Tempos zu unterstützen, geht aus dem Telefongespräch hervor, das sie einen Tag nach Kohls Bundestagsrede führten. Da drängte er den Präsidenten, in seinem Sinn mit Gorbatschow zu konferieren, mit den Sätzen, die »Deutschen in Ost und West« hörten sehr genau hin, »jedes Wort der Sympathie für Selbstbestimmung und Einheit« sei »jetzt sehr wichtig«.

Dabei informierte er Bush über die extreme Kälte in Moskau und berichtete, die Bevölkerung friere, aber nicht so sehr, weil kein Heizmaterial vorhanden sei, sondern weil die Lastwagen fehlten, die es transportierten. Er habe vorausgesehen, diktierte er den Journalisten Kai Diekmann und Ralf Georg Reuth bei der Niederschrift seiner Erinnerungen, »daß die Sowjetunion spätestens im Januar/Februar 1990 auf fremde Hilfe angewiesen sein würde«. Die Bemerkung läßt darauf schließen, wie sehr er Bush für die Notlage zu interessieren suchte, in der sich Gorbatschow befand. Nach der Unterredung, die wegen des stürmischen Wetters an Bord des sowjetischen Kreuzfahrtschiffes »Maxim Gorki«, das im Hafen von Malta ankerte, verlegt wurde, fand ein persönliches Treffen zwischen Bush und Kohl statt. George Bush lud den Kanzler dazu am 3. Dezember, am Vorabend einer NATO-Konferenz, zum Abendessen in die Residenz des amerikanischen Botschafters in Laeken bei Brüssel. Da ihn der Gast wissen ließ, er wolle mit dem Präsidenten unter vier Augen reden und Genscher, der mit seinen fortdauernden Bedenken und Einwänden störte, nicht dabei haben, verzichtete der amerikanische Außenminister James Baker taktvoll auf die Teilnahme.

Im Gespräch bemerkte Bush, Gorbatschows Äußerungen über die wirtschaftliche Lage in seinem Land seien »entmutigend« gewesen. Der sowjetische Präsident habe »von Marktwirtschaft nicht die geringste Ahnung«. Er übermittelte aber freimütig die Bemerkung Gorbatschows, die Deutschen gingen ihm für seinen Geschmack »zu eilig voran«.[29] Diese Überzeugung brachte er auch auf einer Tagung des Warschauer Pakts am 4. Dezember 1989 zum Ausruck. In einer scharfen Erklärung bestand er darauf, die beiden Militärbündnisse müßten erhalten bleiben, »um die Sicherheit Europas zu gewährleisten«.

Es schien, als behielten jene Kritiker recht, die vorhersagten, Kohl werde mit seinem Zehn-Punkte-Plan nicht das internationale Klima verbessern, sondern vielmehr zu seiner Vereisung beitragen. Die Annahme bestätigte sich bei einem Treffen der Staats- und Regierungschefs der Europäischen Gemeinschaft am 8. Dezember 1989 in Straßburg.

In all den Jahren, in denen Kohl Bundeskanzler war – und das waren immerhin sieben mit unzähligen Spitzenbegegnungen zwischen den Kollegen –, habe er »niemals einen EG-Gipfel in so eisiger Atmosphäre« miterlebt wie diesen, referiert er später. Es sei ihm »stets bewußt« gewesen, fährt er fort, »daß die Deutschen bei den meisten Europäern zwar als tüchtig und zuverlässig geschätzt« würden, daß sie aber auch »nicht sonderlich beliebt« seien.

24

IN DRESDEN JUBELT DAS VOLK
DEM KANZLER ZU

WÄHREND DER GESAMTEN ZEIT war Kohl davon überzeugt, daß er einen bedeutenden Teil der Geschichte gestaltete und dazu bestimmt war, die historische Aufgabe der Wiedervereinigung zu vollenden. Die Jahre 1989/90 hätten »einmalige Konstellationen« eröffnet, sagte er später, und er habe »vom Instinkt her die Stunde früher erkannt als andere und dann mit dem Verstand« übernommen. Außerdem habe er die »Macht gehabt«, das zu tun, was er für richtig hielt, und »Fortune« sei hinzugekommen.[1] Etwas später fügte er hinzu, es habe sich eine »außergewöhnliche Konstellation« ergeben, in der sich »in einem geschichtlichen Zeitkalender« für die Deutschen ein »paar Entwicklungsstränge« gekreuzt hätten.[2]

So bescheiden, wie er sich in den Interviews gab, war er nicht immer. In seinem autobiographischen Bericht übertreibt er seinen Anteil am Zustandekommen der deutschen Einheit. Es schmeichelte ihm, daß er auf der internationalen Bühne gleichsam über Nacht nahezu an die vorderste Stelle der Regierungschefs rückte. Nun wurde er zum gesuchten Gesprächspartner, dessen Rat weltweit erbeten und gehört wurde und dessen Äußerungen von der internationalen Presse mit gespannter Aufmerksamkeit verfolgt wurden. Der Zehn-Punkte-Plan und die Tatsache, daß er solches Aufsehen erregte, machte ihn zum Weltstar, der so umstritten war, wie es nötig erschien, sich in der Medienwelt einen vorderen Platz zu erobern. Bislang war er der Vertreter einer Mittelmacht, die ökonomisch ein Riese, politisch aber einen etwas voluminös geratenen Zwerg darstellte. Schlagartig war vergessen, daß die europäischen und nordamerikanischen Präsidenten, Ministerpräsidenten und Premierminister in ihm allenfalls einen freundlichen, sympathischen, etwas unbeholfenen Mitregenten sahen, einen typischen Deutschen, der immerzu mit Zeittafeln und Stufenplänen hantierte und genaue Vorstellungen davon hatte, wie eine Konferenz ablaufen sollte, ein großer Organisator eben, aber kein konzeptioneller Kopf und kein visionärer Geist.

Mit dem Erwerb der höheren Weihen zogen die Schwierigkeiten am Horizont auf. Ende 1989 war das Verhältnis zu Michail Gorbatschow auf einem Tiefpunkt angelangt. Der Sowjetführer verschanzte sich im Kreml, funkte von dort allerlei unfreundliche Signale in Richtung Bonn, ließ sich aber auf einen direkten Kontakt mit dem Bonner Gesprächspartner nicht ein. Da half es nicht, daß sie einen direkten telefonischen Kontakt vereinbart und die dazu notwendigen technischen Einrichtungen installiert hatten. Auch der Versuch Horst Teltschiks, über den Mittelsmann Nikolai Portugalow den Draht nach Moskau zu beleben, und Kontakte Kohls zum ungarischen Ministerpräsidenten Miklos Németh führten nicht weiter. Der sowjetische Generalsekretär stellte sich gegen die Signale aus Bonn taub.

Die Beobachtung verhärteter Fronten vertiefte sich mit dem Bericht des deutschen Botschafters in Moskau, Klaus Blech, der sich gerade zum Report in Bonn aufhielt. Er übermittelte den Eindruck, in der sowjetischen Führung breite sich »eine gewisse Enttäuschung über die Bundesrepublik« aus, weil sich die Zusammenarbeit nicht so entwickele, wie sie sich das vorgestellt hatte. Zu der Sorge um die Haltung Gorbatschows gesellten sich die alarmierenden Nachrichten über den Zusammenbruch der Wirtschaft und des Zahlungssystems im Ostblock. Németh bat Bonn dringend um Hilfe, da Moskau über Nacht die Erdöllieferungen drastisch gedrosselt hatte. Das ließ darauf schließen, daß die wirtschaftliche Not des Geberlandes größer war als angenommen. Die Emissäre aus Moskau berichteten, daß das Land alles benötigte, am dringendsten Lebensmittel und vor allem Fleisch.

Die Hiobsbotschaften aus dem Osten wurden überlagert von den Krisenmeldungen aus dem anderen deutschen Staat. Von jedem seiner Besuche in Ostberlin brachte Seiters alarmierendere Berichte zurück. Es trat zutage, daß die DDR mit der schier unvorstellbaren Summe von 130 Milliarden Ostmark verschuldet war. Jetzt, da sich herausstellte, daß die DDR-Führung die Not verschwieg, in der sich der Staat befand, häuften sich die Vorwürfe gegen die Schuldigen. Weder die Volkskammer, in der jetzt offen darüber diskutiert wurde, noch die zuständigen Ausschüsse hatten eine Ahnung davon, daß die DDR ruiniert, daß sie zahlungsunfähig geworden war. Mit der Öffnung der Grenzen beschleunigte sich die Talfahrt. Der Transfer der Devisen bewirkte einen Teufelskreis. So berichtete der stellvertretende DDR-Minister für Handel und Versorgung, Manfred Merkel, dem Kanzleramtsminister Mitte Dezember, daß die DDR mit »Abkäufen« weitere drei bis vier

Milliarden Mark verloren hatte. Polnische Spekulanten, die in großer Zahl nach Berlin strömten, verkauften im Osten illegale Waren, die sie sich anderswo besorgten, kauften dafür preiswerte, subventionierte Güter der DDR, die sie im Westen verhökerten, tauschten Westmark in Ostwährung um und erwarben damit Waren, die sie in Polen absetzten. Beim Devisengefälle erzielten sie im Karussellverkehr zwischen Ost und West Gewinne von über 1 000 Prozent.[3]

Inzwischen hatten Bonn und Ostberlin eine Reihe gemeinsamer Fonds eingerichtet, aber je mehr Töpfe sie füllten, desto mehr leerten sich. Die neue DDR-Regierung unter Hans Modrow stellte Mitte Dezember 1989 ein Sofortprogramm auf, das nur funktionieren konnte, wenn die Bundesrepublik 15 Milliarden Mark auf das Konto der DDR überwies. Der DDR-Ministerpräsident konzentrierte seine Bemühungen darauf, die Bundesrepublik zur Zahlung dieser Summe zu bewegen, von der die Existenz seines Regimes abhing. Er setzte alle Hebel in Bewegung und bat alle Besucher aus der Bundesrepublik, deren er habhaft werden konnte, auch den hessischen Ministerpräsidenten Walter Wallmann, der im Dezember nach Ostberlin kam.[4]

Auch der Bundeskanzler wurde wieder aktiv. Er diktierte am 14. Dezember 1989 einen Brief an Gorbatschow, in dem er ihm »noch einmal die deutschland- und europapolitischen Ziele der Bundesregierung« erläuterte. Darin setzte er sich auch gegen die Kritik zur Wehr, die ihm »über Bush, Mitterrand, Andreotti und Genscher« zu Ohren kam. Erst später stellte sich heraus, daß Gorbatschow zur gleichen Zeit, zu der Kohl an ihn schrieb, einen Brief in die Kurierpost gab, der den Empfänger erst nach dessen Rückkehr von einer Reise nach Budapest erreichte. Unglücklicherweise glaubte zunächst jeder von ihnen, das Schreiben des anderen sei die Reaktion auf das eigene Schriftstück, und erst als sich beide wechselseitig erkundigten, erfuhren sie, daß sich die Sendungen gekreuzt hatten.[5]

Der Besuch in Ungarn am 16. Dezember paßte zwar nicht so recht in Kohls Terminkalender, er überwand sich aber aus Sympathie für das Land. Es imponierte ihm, daß »ein kleines Land« den Mut aufbrachte, sich gegen das sowjetische Riesenreich zu stellen, und mit der Öffnung seiner Grenze »den ersten Stein aus der Mauer« brach. Besonders berührte es ihn, als der Gastgeber, Ministerpräsident Miklós Németh, der noch nicht lange im Amt war, in geselliger Runde einen Brief aus der Tasche zog, den ihm sein Vater, ein einfacher Mann in einem kleinen Dorf, zum Amtsantritt geschickt hatte und in dem er ihm schrieb, er solle niemals seine Herkunft vergessen, da er für jene da sei, von denen er abstamme, den kleinen Leuten, dem Volk.

Das Besuchsprogramm von Kohl war umfangreich und ehrenhaft: Er bekam einen Ehrendoktorhut der Eötvös-Lorant-Universität aufgesetzt, ging zum Gottesdienst in der Kathedrale von Esztergom, in dem die ungarischen Könige gekrönt wurden, machte den obligaten Stadtbummel mit Ehefrau Hannelore in der Innenstadt und aß auf einer Csárda außerhalb der Stadt zu Abend, wo ihm Gulasch serviert wurde – der Überrest des Gulaschkommunismus, wie ihm der ungarische Botschafter in Deutschland, István Horváth, augenzwinkernd versicherte.[6] Es beschlichen ihn aber auch düstere Gedanken. Vor einer Woche hatte er in einer anderen Kirche, dem Frankfurter Dom, die Trauerrede beim Requiem für den Bankier Alfred Herrhausen gehalten, der auf der Fahrt von seiner Wohnung in Bad Homburg an seinen Arbeitsplatz im Hochhaus der Deutschen Bank in Frankfurt von der Bombe eines RAF-Terroristen getötet worden war. Herrhausen gehörte, wie Hanns-Martin Schleyer, zu den maßgebenden Managern der deutschen Wirtschaft, die Kohl fördert.

Jetzt zeigte er sich »außerordentlich bedrückt«, ebenfalls darüber »beunruhigt, daß ihm in der jetzigen Situation etwas ähnliches zustoßen könnte«, berichtet sein Gesprächspartner Teltschik. Was ihn niederdrückte war die Überlegung, die Terroristen der neuen Generation, die offenkundig keiner Ideologie mehr anhingen, sondern nur noch das Ziel verfolgten, den blanken Terror auszuüben, könnten, ja »müßten den Spitzenmann« des Systems treffen, das sie verachteten.

Die Beklommenheit, die Kohl trotz der guten Stimmung aufs Gemüt drückte, wirkte sich auch auf seine politischen Überlegungen aus. Im Gespräch mit Németh äußerte er, für seine Begleiter überraschend, er müsse möglicherweise den Sowjets ein »Moratorium« hinsichtlich der deutschen Wiedervereinigung anbieten, eine Art befristetes Stillhalteabkommen, eine vorübergehende Aussetzung der Einigungsbestrebungen. Das heißt, die Bemühungen seiner Partner, ihn zu bremsen, hatten ihre Wirkung getan. Allerdings schoß er beim Bremsversuch übers Ziel hinaus. Von einem Moratorium war nirgendwo die Rede, und daß er seine Überlegung der ungarischen Staatsführung vortrug, zeigt, daß er wollte, daß sie Gorbatschow zugetragen werde. Am Montag, dem 18. Dezember 1989, kehrte Kohl abends mit seinen Begleitern aus Budapest zurück, am nächsten Tag waren sie mit dem neuen DDR-Ministerpräsidenten Hans Modrow in Dresden verabredet.

In der Eile fand er die Zeit nicht, sich auf den Besuch gründlich vorzubereiten. Es war die erste Begegnung zwischen den beiden deutschen Regierungschefs nach der Wende, und ihre Vorstellungen darüber, wie es weitergehen sollte, klafften weit auseinander. Das zeigte sich bei den Vorbereitungen, die den Stäben in Bonn und Ostberlin überlassen worden waren. Seiters und Teltschik empfanden den Entwurf Modrows für eine gemeinsame Abschlußerklärung als so ungenügend, daß sie einen eigenen Vorschlag in Auftrag gaben. Bei den internen Vorbesprechungen im Kanzleramt kam der Gedanke auf, eigentlich müsse der Bundeskanzler in Dresden eine Rede halten. Denn inzwischen gab es Berichte, es müsse oder könne mit mehreren 10000 DDR-Bürgern gerechnet werden, die sich aus allen Teilen des Landes auf den Weg machten, den Gast aus dem Nachbarland zu sehen. Der Gedanke lag nahe, daß sich die Demonstranten, die jeden Abend auf die Straßen gingen, um gegen das Regime zu protestieren, die Gelegenheit nicht würden entgehen lassen, das in Anwesenheit Kohls zu tun. Doch die üblichen Vorbesprechungen mit den lokalen Behörden und Vorbesichtigungen vor Ort waren nicht möglich, es gab nicht einmal Sicherheitsvorkehrungen, das gesamte Programm mußte improvisiert werden.

Da sich die Zentren des Widerstands in der DDR in den Kirchen befanden, erschien es Kohl und seinen Mitarbeitern sinnvoll, ebenfalls in einer Kirche zu reden. Ein sakraler Raum bot sich für die festliche Gelegenheit an. Die Sicherheitsbeamten verwarfen den Plan aber, da das Gotteshaus – gedacht war an die katholische Hofkirche – zu wenig Zuschauern Platz bot. Für alle Fälle bat Kohl den Bischof Heinz-Georg Binder, sich mit den Amtsbrüdern in Dresden zu besprechen. Zugleich wurde Seiters beauftragt, mit Modrow und dem Dresdener Oberbürgermeister Wolfgang Berghofer darüber zu verhandeln, eine Kundgebung unter freiem Himmel abzuhalten. Bonn erklärte sich bereit, das technische Gerät dafür zu stellen.[7]

Alle Seiten setzten große Hoffnungen in Kohls Rede, und bei ihm kamen alte Versagensängste wieder hoch: Für einen glänzenden Redner hielt nicht einmal er sich selbst. Die Schreibstube erklärte sich bereit, Vorschläge auszuarbeiten, aber entweder wurde in der Aufregung der Ankünfte und Abreisen vergessen, ihr einen Auftrag zu erteilen, oder der Chef zog es vor, sich auf seine Inspiration zu verlassen. Jedenfalls verdrängte er den Vorgang und berichtet in seinen Erinnerungen, er habe bis zu seiner Ankunft in Dresden »gar nicht daran gedacht, eine Rede zu halten«.

Schwer herauszufinden war auch, wer in der DDR zu bestimmen hatte, und wie er sich gegenüber dem Gastgeber verhalten sollte. Er wußte nur, »daß dies eine sehr schwierige Sache sein« würde. Seinen Gesprächspartner Modrow kannte er nur flüchtig aus Telefongesprächen, den Fernsehbildern und den Berichten, die ihm übermittelt wurden. Aber ob die Dresdener ihrem Regierungschef zujubeln würden oder dem aus der Bundesrepublik, dessen war er nicht sicher.[8]

Befremdend fand er, daß er von der Partei und den politischen Mitstreitern nur zaghafte Rückendeckung bekam. Bundespräsident Richard von Weizsäcker warnte vor seinem Abflug in einem Interview jene, die versucht seien, die Entwicklung in der DDR »anzuheizen«. Es empfehle sich nicht, bemerkte er, »architektonische Großpausen darüber anzulegen, wie Europa in zwanzig Jahren aussehen« werde. Was zusammengehöre, werde zusammenwachsen, es dürfe aber nichts dazu getan werden, »daß es zusammenwuchert«. Die »Lebensfähigkeit« der DDR müsse »voll erhalten bleiben und aufgebaut« werden.

Es verwunderte den Kanzler, daß Weizsäcker die Plätze tauschte: Sonst war er es, der die Blaupausen entwarf und es dem Parteifreund verübelte, daß der bodenständig die Realität im Auge hatte. Es verstimmte ihn, daß der Bundespräsident zwei Tage vor seinem Abflug nach Dresden mit Modrow und dem CDU-Vorsitzenden Lothar de Maizière im Schloß Cäcilienhof zusammentraf und sich vom DDR-Ministerpräsidenten bitten ließ, auf die Antreiber in beiden Staaten »beruhigend« einzuwirken, ohne sich sagen zu lassen, wen er damit meine, wenn nicht ihn, den Bundeskanzler. Heiner Geißler meldete sich ebenfalls kritisch zu Wort. Der frühere Generalsekretär assistierte dem Präsidenten mit den Worten, alle »staatsrechtlichen Gedankenspiele wie Konföderation oder ähnliches« führten auf Abwege, als ob nicht er es gewesen wäre, der sich früher Gedanken über die Gestaltung Deutschlands im Jahr neunzehnhundertixypsilon gemacht hätte.

Unter solchen Vorzeichen stiegen im Morgengrauen des 19. Dezember 1989 der Kanzler und seine Begleiter in die kleine Bundeswehrmaschine vom Typ Challenger, die sie nach Dresden brachte. Auf dem Flug in das unbekannte Land gab sich Kohl seinen Erinnerungen an frühere Besuche hin. Er war zweimal im Süden der DDR gewesen, in Dresden und Leipzig, wo seine Frau aufgewachsen war. Sie besuchten, das war jedenfalls der Vorwand, das Grab eines entfernten Bekannten.

Seit er Bundeskanzler war, ließ ihn die DDR nicht mehr einreisen. Er versuchte einmal, über den Übergang Friedrichstraße als »Privatmann« nach Ostberlin zu schlüpfen, wurde aber nach zweistündiger Wartezeit als »unerwünschte Person« zurückgeschickt.[9]

Die Spannung, unter der er stand, löste sich in dem Augenblick, in dem die Maschine auf der holprigen Betonpiste des Flughafens Dresden-Klotzsche aufsetzte. Durch das Kabinenfenster sahen Kohl und seine Mannschaft etwas, womit sie nicht gerechnet hatten: Das Flughafengebäude und die umliegenden Häuser waren voller Menschen. Sie standen auf den Dächern, in den Fenstern, am Rollfeld und den umliegenden Plätzen und Straßen. Sie winkten, jubelten, schwenkten bundesdeutsche Flaggen, auch die grün-weiße Fahne Sachsens. Etwas verloren hingen an den Masten einige DDR-Tücher.

Kohls Erregung schlug sich in den Erinnerungen nieder, er schrieb von einem »Meer von schwarzrotgoldenen Fahnen«, die »in der kalten Dezemberluft« geweht hätten. Er habe den Eindruck einer Demonstration gehabt, »die man nicht mehr« habe »umschreiben oder umkommentieren« können, die unvergleichlich und unwiderruflich gewesen sei. Was ihn fast noch mehr überraschte, war, daß keine zehn Meter von ihm entfernt der Gastgeber Modrow stand, »mit versteinerter Miene«, wie er registrierte. Die Kombination des entgeisterten Modrow, der plötzlich entdeckte, daß sich das Volk von ihm abwandte, mit den erwartungsvollen Gesichtern, die sich ihm zuwandten, wirkte auf Kohl wie eine Offenbarung. Da habe ihn, schreibt er, »schlagartig« die Erkenntnis getroffen, daß »dieses Regime am Ende« sei, daß feststehe, daß »die Einheit kommt«.

Er hielt im Heruntersteigen von der Bordtreppe inne, drehte sich zu Rudolf Seiters um und sagte zu ihm: »Rudi, die Sache ist gelaufen.«[10] Das Erlebnis war für Kohl so überwältigend, weil es ihm nach all der Ungewißheit das sichere Gefühl vermittelte, er betrete festen Boden. Mit einem Mal wußte er, wie er sich zu verhalten hatte. Er war ohne Konzept nach Dresden gekommen, doch der Empfang der Dresdener nahm ihm alle Last von den Schultern. Nach all den Widerständen gegen den Zehn-Punkte-Plan empfand er ihn als die Bestätigung dafür, daß er auf dem richtigen Weg war. Das Volk hatte sein Urteil gesprochen. Das Empfinden, von denen bestätigt zu werden, von denen er es am wenigsten erwartete, aber am meisten erhoffte, brachte ihn später dazu, von einem »Schlüsselerlebnis«, einem Wendepunkt, dem Wendepunkt schlechthin zu reden.[11]

Das wurde ihm auf der Fahrt vom Flughafen zum Hotel »Bellevue«, in dem die Verhandlungen stattfanden, bewußt. Entlang der Straße jubelten die Menschen. Es war ein Spalier von Kohl-Fans, das sie passierten. »Sie klatschen«, schildert Teltschik, der nicht zum Überschwang neigt, die Fahrt, »winken mit großen, weißen Tüchern, lachen, freuen sich; viele stehen aber auch einfach am Straßenrand und weinen.« Er habe »Stolz und Demut zugleich« empfunden, »die Chance zu haben, für das Glück dieser Menschen arbeiten zu dürfen, mitverantwortlich zu sein für ihr Schicksal, was immer es an Arbeit Tag und Nacht abfordert«.

Inzwischen fing sich der Bundeskanzler und kontrollierte seine Gefühle. Rückblickend bemerkt er leicht ironisch, er habe Modrow, der mit ihm im Wagen saß und einen »befangenen Eindruck« machte, über die Verlegenheit hinweggeholfen, die darin bestand, daß die Menschen nicht ihm, sondern, wie an den Transparenten und Zurufen erkennbar war, dem anderen Regierungschef, dem aus Bonn, zujubelten. Er sagte zu ihm gönnerhaft, nach draußen zeigend: »Lassen Sie das jetzt mal außer acht. Wichtig ist, daß wir vernünftige Arbeit machen.«

Um die Atmosphäre zu entspannen, tauschte er mit Modrow Kindheits- und Jugenderinnerungen aus. Es stellte sich heraus, daß sie beide »Kinder kleiner Leute« waren: Modrow kam aus einer Arbeiterfamilie und war gelernter Schlosser.

Aus den Vorberichten wußte Kohl, daß Modrow, der in Dresden SED-Bezirkssekretär war, ehe er aufstieg, von der Bevölkerung nicht gerade geliebt, aber geschätzt und akzeptiert wurde. Er wohnte in einer schlichten Dreizimmerwohnung in einem Plattenbau, legte keine Herrscherallüren an den Tag und stellte sich in die Warteschlange, wenn er am Wochenende im HO-Geschäft einkaufte. Dem bescheidenen Lebenswandel verdankte Modrow zum großen Teil die Achtung der DDR-Bevölkerung. De Maizière nennt ihn einen »Reformisten und Gorbatschow-Anhänger«, der sich bei der SED-Spitze unbeliebt gemacht habe und daher nach Dresden »abgeschoben« worden sei. Dabei befolgte er gehorsam die Anweisungen von oben. Als er später auf die Anklagebank eines Gerichts in der vereinigten Bundesrepublik geriet, mußte auch er sich gegen die Anklage verteidigen, die Ergebnisse der letzten Kommunalwahlen in der DDR, mit denen der Aufruhr begann, manipuliert zu haben.

Das »Bellevue« war eines jener Vorzeigehäuser der DDR, in dem die Gäste aus dem Westen untergebracht wurden, ausgestattet mit Plüsch und Samt und mit einem beachtlichen Blick über die Elbe hinüber auf das Weichbild der Dresdener Innenstadt. In der Kanzlersuite angekommen, ließen die Mitglieder der Delegation ihren Gefühlen freien Lauf, schilderten sich gegenseitig ihre Eindrücke und waren sich, wie es Teltschik beschreibt, in dem Urteil einig: »Es ist ein großer Tag, ein historischer Tag, ein Erlebnis, das sich nicht wiederholen kann, und wir sind dabei, mitten drin, wirken mit.«

Danach setzte die Konferenzroutine ein. Der Kanzler beherrschte die Situation. Im Salon »Ludwig Richter« ließ er sich unter vier Augen von Modrow die Schwierigkeiten schildern, in denen sich die DDR befand. Nach dem Wechsel ins größere Verhandlungszimmer und in Gegenwart der Delegationen trug der DDR-Chef eine Viertelstunde lang einen vorbereiteten, nichtssagenden Text vor, jeden »Blickkontakt« meidend, ohne zu lächeln, »fast hektisch«. Auf Teltschik, der ihm gegenübersaß, wirkte er »verkniffen«, sein Gesicht habe »blaß« gewirkt, darüber aufgewühlt das schüttere Haar. Kohl dagegen, so schildern es die westlichen Beobachter, behandelte den Gastgeber im Ton sanft und zurückhaltend, in der Sache entschieden und unnachgiebig. Aus den Protokollen, Berichten und Tagebüchern geht hervor, daß er die Unsicherheit Modrows für den eigenen Zweck nützte und den Gesprächspartner spüren ließ, daß er sich in einer Notlage befand, in der er einseitige Zusagen aus Bonn nicht erwarten konnte.

Modrow wünschte in seiner Eingangserklärung von Kohl die Zusage für einen »Lastenausgleich« in Höhe von 15 Milliarden Mark für die beiden nächsten Jahre. Der Begriff »Lastenausgleich« passe nicht, argumentierte Kohl, da er schon besetzt sei – mit dem Lastenausgleich wurden nach Kriegsende die Vertriebenen und Flüchtlinge und jene entschädigt, die bei Bombenangriffen und Kriegsschäden ihr Vermögen verloren. Auch müsse der Eindruck vermieden werden, sagte Kohl weiter, die DDR werde »von der Bundesrepublik ausgekauft« oder sie sei ein »Faß ohne Boden«. Gefordert sei vielmehr »die Solidarität unter Deutschen«. Die strikte Form der Ablehnung muß auf die Unterhändler der DDR wie eine kalte Dusche gewirkt haben. Sie erwarteten nicht allzuviel und wagten es kaum, auf das zu hoffen, was sie forderten. Aber daß ihre Wünsche vom westdeutschen Bundeskanzler so brüsk zurückgewiesen werden würden, hatten sie nicht vermutet. Abschließend setzte Kohl seine Strategie der Unverbindlichkeiten fort und leitete das Gespräch mit wohlwollenden Floskeln auf allgemeine Themen. Es gebe, bemerkte er routiniert in der Sprache internationaler Konferenzen, »in vielen Punkten Meinungsverschiedenheiten«, es gebe aber auch »vieles gemeinsam«. Mit dem Zehn-Punkte-Programm könne die DDR, »wenn auch mit anderen Formulierungen, bis auf einen Punkt mit fast allem einverstanden sein«.

Mit dem einen Punkt meinte er die Vereinigung, bestand aber nicht darauf, das Thema zu vertiefen. Man solle den Gedanken an eine Konföderation »beiseite lassen und sehen, was heute getan werden« könne. Behutsam lenkte er das Gespräch von den Themen, die den Gastgeber bedrückten, zu jenen, die ihm am Herzen lagen. Er fragte nach politischen Reformen, Wahlen und der Reform des Strafrechts. Auch schmeichelte er dem Gastgeber maßvoll, für ihn sei er jetzt der Gesprächspartner, es gehe darum, gemeinsam seine Pflicht zu tun, Konflikte und Meinungsverschiedenheiten müßten fair ausgetragen werden, man solle mehr miteinander reden als übereinander und sich nicht unter den Druck der Medien setzen lassen. Ferner sprach er sich strikt dagegen aus, bei den zu erwartenden Wahlen einen Wahlkampf im jeweils anderen Bereich zu führen.

Kohl behandelte Modrow geschickt, psychologisch raffiniert, drängte ihn nicht zur Eile und ließ alles offen. So bugsierte er ihn unter vier Augen vorsichtig auf das Feld der Zugeständnisse. Im Kreis der Delegationen dagegen überließ er es dem Ministerpräsidenten, sie zu verkünden. Modrow stellte denn auch weitere Erleichterungen im Reiseverkehr wie die Aufhebung des Zwangs zu Sichtvermerken in den Pässen und den Anspruch auf einen Mindestumtausch schon für Weihnachten in Aussicht.

»Der Bundeskanzler«, heißt es in einem inoffiziellen Protokoll, »erklärte, die DDR müsse das selbst beurteilen.« Aus seiner Sicht diene es beiden Seiten, wenn die DDR auf die Erhebung des Zwangsumtauschs an Weihnachten verzichte. Es hebe ihr Prestige und komme dem Ansehen ihres Ministerpräsidenten zugute. Als Modrow dann eine Summe von 150 Millionen Mark zum Ausgleich für den entgangenen Gewinn nannte, überließ es Kohl dem Kanzleramtsminister, darüber zu verhandeln.

Kohl ließ Modrow die Idee ins Spiel bringen, das Brandenburger Tor am Heiligen Abend zu öffnen, obwohl er daran aus psychologischen und symbolischen Gründen stärker interessiert war als jener. Als Modrow etwas naiv berichtete, der sowjetische Botschafter in Ostberlin habe davon gesprochen, die DDR entscheide allein, stimmte Kohl zu. Er widersprach auch nicht dem Vorschlag des Gastgebers, bei der Öffnung sollten beide Regierungschefs und die beiden Bürgermeister zugegen sein. Korrekt bat er um die Zustimmung, die Ankündigung zu veröffentlichen.

In den Verhandlungen mit dem DDR-Ministerpräsidenten bereitete er bereits die Rede vor, die zu halten er jetzt fest entschlossen war. Die Aussicht darauf, mit 100 000 potentiellen Wählern der DDR vor 1 500 Journalisten, die mitgekommen waren, in einer Veranstaltung zu kommunizieren, die von allen Fernsehstationen übertragen wurde, beflügelte seine Vorstellungskraft. Die Spannung wurde dadurch gesteigert, daß während der Gesprächspausen Modrow und andere Mitglieder seiner Delegation berichteten, aus allen Teilen des Landes strömten die Neugierigen in Sonderzügen und Bussen nach Dresden. Angesichts dieses Andrangs drängte sich Kohl in einer Schrecksekunde plötzlich die Frage auf: »Was sollten wir machen, wenn die Menge plötzlich das Deutschlandlied und daraus die erste Strophe mit der Zeile ›Deutschland, Deutschland über alles‹ anstimmen würde?«[12] Das brachte ihn auf den Einfall, er brauche einen, wie sich Kanzlersprecher Eduard Ackermann erinnert, »Kirchenkantor mit einer kräftigen Baßstimme«, der imstande war, den Choral: »Nun danket alle Gott« anzustimmen und damit die Schreier zu übertönen. Mit der Idee lag er eine Zeitlang mehreren Delegationsmitgliedern in den Ohren, die aber stillschweigend übereinkamen, den Wunsch des Chefs zu ignorieren, da sie ihn von der Nutzlosigkeit des Unterfangens nicht überzeugen konnten.

Da die Anreise der Menschenmenge nicht mehr aufzuhalten war, kam es darauf an, die Masse zu kontrollieren. Nun konnte Kohl das vielerprobte Organisationstalent walten lassen. Unter der Hand sandte er seine Sendboten aus, die erkunden sollten, wo er auftreten könne. Daß ihn die Pastoren im Stich ließen, nahm er ihnen nicht übel, denn sie hatten ihm nicht das zu bieten, was er angesichts der steigenden Besucherzahlen benötigte. Der Form halber ließ ihm die Leitung der Hofkirche ausrichten, das Gotteshaus sei nicht geeignet, »zum Forum der Politik« zu werden. Jedoch versprach ihm deren Generalvikar, den er bei einem seiner Besuche vor Jahren kennengelernt hatte, ihm einen »Vorsänger« zu beschaffen, auch wenn es irgend ging, zusätzlich zur Lautverstärkung einen Posaunenchor oder die Sängerknaben.

Schließlich erreichten Kohls Mitarbeiter den Oberbürgermeister Wolfgang Berghofer, der dem Gast vorschlug, vor der Ruine der Frauenkirche zu reden. Das barocke Kirchenschiff, das bei den Bombenangriffen im Februar 1945 mitsamt der Innenstadt in Schutt und Asche sank, hatte für die Dresdener einen hohen Erinnerungs- und Symbolwert.

Kohl zögerte, an dieser Stelle zu sprechen. Berghofer sagte zu, die

Ausrüstung zu stellen: ein Mikrophon, Lautsprecher und eine provisorische Bühne, da die westdeutsche Delegation in der Eile vergessen hatte, die Mikrofonanlage mitzunehmen, die in Bonn bereitstand. Es wurde dann ein hölzernes Podest mit einem etwas wackligen Geländer und einer kleinen Treppe aufgebaut, alles aus den Beständen der SED.

Immer noch im unklaren darüber, was ihn erwartete, von dem Ehrgeiz getrieben, vor der Weltöffentlichkeit zu bestehen, in Erwartung der Begegnung mit dem Volk, zog sich Kohl in der Mittagspause ins Hotelzimmer zurück. Mit einem dicken schwarzen Filzstift notierte er auf einigen Blättern vom Format DIN A 4 Stichworte für seine Rede. Dabei lenkten ihn die Demonstranten, die auf der Straße Sprüche wie »Kohl ans Fenster, ohne die Gespenster« skandierten, ab, eigentlich drängte es ihn, ans Fenster zu treten, schließlich versagte er sich den Wunsch in Erinnerung an die »Willy-Willy-Rufe« bei dem Besuch von Willy Brandt 1970 in Erfurt, weil er nicht in den Ruf der Nachahmung kommen wollte.

Während er die Stichworte notierte, sei ihm klar gewesen, »daß dies eine der schwierigsten, wenn nicht die schwierigste Rede in meinem Leben überhaupt« sein werde. Auch habe er gewußt, daß es »auf jedes Wort«, das er notierte, angekommen sei. »Jeder falsche Zungenschlag, der dann in Paris, in London, in Moskau womöglich als nationalistisch hätte ausgelegt werden können, hätte der Sache enorm geschadet.«[13]

Auf dem Boden der DDR, wo Modrow die Hoheitsrechte beanspruchte, zog der Bundeskanzler die Regie an sich. Während nach dem Ende der Verhandlungen am frühen Abend niemand mehr darauf achtete, was der Gastgeber unternahm, zog der Gast die gesamte Aufmerksamkeit auf sich. Mit dem Wagen fuhr er über die Elbe zum Neumarkt. Als er auf dem Platz ankam, standen die Zuhörer so dicht gedrängt, daß seine Sicherheitsbeamten Mühe hatten, ihm einen Weg zum Podium zu bahnen. Er war abermals überwältigt. »Auf dem Platz, auf dem sich die schwarze Silhouette der Kirchenruine gegen den Himmel abhob, hatten sich hunderttausend Menschen eingefunden. Ein wogendes Meer schwarzrotgoldener Fahnen umgab mich.« Im Angesicht der Menge steigerte sich sein Gefühl vom Vormittag, daß er Zeuge und Vollstrecker einer außerordentlichen Begebenheit war. Auf der Tribüne fand er tatsächlich den Kantor Wagner, den Chordirektor der Dresdener Kapellknaben, allerdings ohne Chor. Die Posaunen waren in der Eile nicht aufzutreiben, die Bläser standen vermutlich drunten in der Menge, durch deren Reihen ein erwartungsvolles

Raunen ging. Es habe ohnehin keinen Zweck, musizieren zu wollen, meinte Wagner, die Menge werde nicht mitmachen. Sie wollte nicht singen, sondern dem Kanzler lauschen. »Das wollte ich nur wissen«, nickte der.

Er begann seine Rede umständlich: »Liebe Landsleute, zunächst darf ich mich bei Ihnen allen sehr herzlich bedanken für dieses freundliche und freundschaftliche Willkommen.« Jubel brach aus, der Redner wurde sicherer. »Und, meine lieben Freunde, (Helmut...Helmut-Rufe) es sind hier viele, viele Hunderte Journalisten aus ganz Europa zu uns gekommen, und ich finde, wir sollten denen gemeinsam demonstrieren, wie wir mitten in Deutschland eine friedliche Kundgebung durchführen können.« Die Stimme klang leicht gebrochen. »Und deshalb meine ganz herzliche Bitte, daß wir bei der Begeisterung uns jetzt gemeinsam auf diese paar Minuten unserer Begegnung konzentrieren.« Es herrschte gespannte Aufmerksamkeit. »Das erste, was ich Ihnen allen zurufen will, ist ein herzlicher Gruß aller Ihrer Mitbürgerinnen und Mitbürger aus der Bundesrepublik Deutschland.« (Die Menge griff das Stichwort auf und echote »Deutschland, Deutschland, Deutschland«.) »Das zweite, was ich sagen möchte, ist ein Wort der Anerkennung und der Bewunderung für diese friedliche Revolution in der DDR.«

Das war das Stichwort für den nächsten Gedankengang, es sei angenehmer, zu Hause zu bleiben, statt in die Fremde zu eilen, denn er werde den Wohlstand zu ihnen bringen, dort könnten sie ihn besser genießen als anderswo. »Wir wollen«, rief er aus, »daß sich die Menschen hier wohlfühlen, wir wollen, daß die Menschen in ihrer Heimat bleiben und hier ihr Glück finden können... und wir wollen, daß sich die Menschen überall, wo sie dies wollen, treffen können.« Sodann stellte er die Zukunft der DDR mit freien Wahlen und konföderativen Strukturen in ein verheißungsvolles Licht und beendete den programmatischen Teil mit den Worten: »Mein Ziel bleibt, wenn die geschichtliche Stunde es zuläßt, die Einheit unserer Nation.« Jubel brauste auf und Freiheit... Freiheit-Rufe erklangen. »Ich weiß«, fügte er hinzu, »daß wir dieses Ziel erreichen können und daß die Stunde kommt, wenn wir gemeinsam dafür arbeiten.« Der Hinweis, das »Haus Deutschland, unser Haus«, müsse unter einem »europäischen Dach gebaut sein«, der dem Sprachschatz Gorbatschows entnommen war, entlockte der Masse weitere Jubelschreie. Den Schlußstein bildete die beschwörende Vorhersage, »in wenigen Tagen« begännen die »Neunziger Jahre«, in denen die Epoche zu Ende gehe, die »in Europa und auch bei uns viel

Not, viel Elend, viele Tote, viel Leid« gesehen habe, dann stehe eine neue Ära vor der Tür.

Die Zwiesprache endete in einem Wonnentaumel, der wie ein Rausch die Menge und den Redner überkam. Er grüße, rief Kohl in die ekstatischen Sprechchöre »Deutschland, einig Vaterland« hinein, »hier von Dresden alle Landsleute in der DDR und in der Bundesrepublik« und wünsche ihnen ein »friedvolles Weihnachten«. »Jubel umtost ihn«, schildert Teltschik diesen Moment vollkommener Glückseligkeit. »Dem Kanzler selbst schnürt es die Kehle zu, als er seine Aussprache mit den Worten beendet: Gott segne unser deutsches Vaterland.« Der Redner bestätigte den überwältigenden Eindruck, unter dem er stand, mit den Worten, er sei so »ergriffen« gewesen, daß er »alle Mühe gehabt« habe, »seine Rede zu beenden«. Auch danach hielt die Hochspannung an. Keiner der Zuhörer, erinnert er sich, habe Anstalten gemacht, den Platz zu verlassen. Dann sei eine ältere Frau zu ihm aufs Podium gestiegen, habe ihn »umarmt«, habe angefangen »zu weinen« und mit »leiser Stimme« gesagt: »Wir alle danken Ihnen.« Da die Mikrophone eingeschaltet gewesen seien, habe jeder mithören können.

»Nun strömten die Menschen auseinander. Erschöpft und glücklich eilten wir durch Spaliere von Menschen zu den Autos, die uns auf das gegenüberliegende Elbufer zum Hotel Bellevue zurückbrachten.«[14] Er hörte gerade noch mit halbem Ohr, wie die zurückbleibende Menge in jubelseliger und ausgelassener Volksfeststimmung in den Karnevalsschlager »So ein Tag, so wunderschön wie heute« ausbrach.[15]

Das symbolisch aufgeladene Zusammentreffen erklärt, warum die Beteiligten die Rede als ein außerordentliches, nicht wiederholbares Ereignis in Erinnerung behielten. Mit ihr gelang es Kohl zum erstenmal in seiner vierzigjährigen Rednerkarriere, eine Menge von mehreren Zehntausend Menschen mit Worten und Gesten zu inspirieren, zu lenken und zu dirigieren. Mit dem gleichen Vokabular, mit dem er auf den Marktplätzen der alten Bundesrepublik sein Publikum ansprach, wo ihm meist mißgelaunte und bestellte Zuhörer gleichgültig, allenfalls höflich lauschten und Routinebeifall spendeten, mit dem gleichen Vokabular riß er in Dresden die Massen zu Begeisterungsstürmen hin.

Die Rede war werbend, fast flehend, der Redner rang um die Worte, die er aus der Tiefe seines gewaltigen Brustkorbs hervorholte. Die Wortfetzen wechselten sich mit den Sprechchören ab, als führten der Redner und sein Publikum einen antiken Sprechgesang auf. Den passenden Hintergrund lieferte der sich langsam verdunkelnde Himmel: Von der Abendröte ging er in eine fast sternklare Nacht über. Die Ansprache dauerte sechzehn Minuten. Beim gewohnten Umtrunk auf seinem Zimmer weit nach Mitternacht sagte er, erschöpft, aber selig und im Gefühl trunkener Übermacht zu seinen Begleitern: »Ich glaube, wir schaffen die Einheit. Das läuft. Ich glaube, das ist nicht mehr aufzuhalten, die Menschen wollen das. Dieses Regime ist definitiv am Ende.«

DANACH ZOG KOHL in den Wahlkampf. Wiederum mußte alles improvisiert werden. Es gab kein Wahlgesetz, der Wahltag stand nicht fest, über den Wahlmodus wurde gestritten, es war nicht einmal klar, wer sich an den Wahlen beteiligen würde, und der Kanzler hatte keine Ahnung, wie er organisatorisch den Wahlkampf bestreiten sollte.

Im Grunde bot sich die Ost-CDU als der natürliche Partner an. Sie ging aus der Christlich-Demokratischen Union Deutschlands (CDUD) hervor, die im Sommer 1945 in Berlin gegründet und die Ende 1947 ihre Eigenständigkeit durch sowjetische Einflußnahme verlor. Danach spaltete sich eine Gruppe unter Kaiser und Lemmer ab, die in den Westen flüchteten, und formierte sich als »Exil-CDU«, die beim Gründungsparteitag der CDU im Oktober 1950 in Goslar als selbständiger Parteiverband aufgenommen wurde.

Die im Osten verbliebene Restpartei organisierte sich im sogenannten Bürgerblock der Nationalen Front neu. Das war eine Formation bürgerlicher Reste, die von der SED geduldet wurde. Seit Kohl in der Bundespartei tätig war, behandelte er das gelenkte Überbleibsel der CDU abschätzig. In dieser Hinsicht dachte er rein legitimistisch. Der CDU-Politiker und spätere geschäftsführende Vorsitzende der Konrad-Adenauer-Stiftung, Gerd Langguth, berichtet, Kohl habe sich während der Zeit, in der er Vorsitzender war, strikt geweigert, mit Vertretern der Ost-CDU zu reden oder Unterredungen offizieller Art mit deren Vertretern zuzulassen. Darüber sei in der Parteiführung heftig gestritten worden. Langguth argumentierte, viele SED-Kritiker und Andersdenkende seien in der Ost-CDU untergeschlüpft und es lohne sich, sie zu ermutigen und zu unterstützen. Kohl beharrte auf der Politik der strikten Abgrenzung gegen den östlichen Ableger und weigerte sich selbst zu der Zeit, zu der andere Parteien wie die SPD und FDP mitein-

ander über den eisernen Zaun sprachen und sogar einen Redneraustausch anstrebten, mit der Ost-CDU Kontakt aufzunehmen.[16]
Nach dem Fall der Mauer fiel sein Urteil über die Ost-CDU eher noch härter aus als früher. Er fand, daß deren Vorsitzender Gerald Götting eine Marionette in Honeckers Regime gewesen sei und in der Spitzengruppe der Reformgegner marschiere. Daß die Leute in der DDR die Vertreter solcher Gruppierungen als »Blockflöten« abtaten, verstärkte seine Abneigung. Um sich überflüssige Diskussionen vom Hals zu halten, sagte er, es klebe »Blut an ihren Händen«.

Andererseits war die Ost-CDU die einzige konservativ-bürgerliche Organisation in Ostdeutschland, die über einen relativ gut ausgebauten Apparat, eine Organisation und über Mitglieder verfügte. Einen Partner mußte die CDU haben. Kohls damaliger Generalsekretär Volker Rühe erinnert sich, daß Kohl in einer Diskussion im Parteipräsidium Ende September 1989 seine Abneigung gegen ein Zusammengehen mit der Ostpartei bekräftigte. Dann habe er mehrfach seine Meinung geändert. Darin unterschied er sich allerdings nicht wesentlich von anderen Parteifreunden. Auch zwischen Kohl und Rühe war der Umgang mit der Ost-Partei lange Zeit strittig. Mal beschuldigte Kohl den Generalsekretär, sich so strikt gegen Gespräche mit der Ost-CDU gewehrt zu haben, daß er die Initiative habe ergreifen müssen, mal bestand jener darauf, er habe die Kontakte zu ihr geknüpft.[17]

Das änderte sich erst Mitte Dezember, als sich die CDU in Berlin neu konstituierte. In ihrem Programm löste sie sich vom alleinigen Führungsanspruch der SED, proklamierte als Ziel die Einheit Deutschlands und sagte sich von dem bisherigen Staatsziel, dem Sozialismus, los. Neuer Vorsitzender wurde der Berliner Rechtsanwalt Lothar de Maizière, der, so Bundesinnenminister Wolfgang Schäuble, für die Bundesrepublik politisch ein »unbeschriebenes Blatt« war. Das galt nicht für alle. Rühe hatte ihn Ende November 1989, wenige Wochen vor seiner Wahl, kurz in Augenschein genommen, seine Erfolgsaussichten allerdings skeptisch beurteilt, da er, wie die Mehrzahl der DDR-Politiker, mehr an einer Reform der DDR interessiert war als an der Wiedervereinigung.

Rühe berichtete darüber dem Parteivorsitzenden, der sich in seiner distanzierten Haltung und ablehnenden Meinung zu de Maizière bestätigt fühlte, die er sich aus der Ferne bildete. Kohl hielt den Berliner Anwalt für einen weltfremden Amateur, dem er nicht zutraute, die Interessen seiner Partei handfest und unnachgiebig gegen die Profis der alten SED durchzusetzen. Er verübelte ihm, daß er sich bereit erklärt hatte, in die Regierung Modrow einzutreten. De Maizière hatte kein Ressort, war formal für Kirchenfragen zuständig, trug aber den Titel des stellvertretenden Ministerpräsidenten. Mit diesem Amt demonstrierte er entschlossen für die Neugestaltung der politischen Kräfte.

Dagegen bemühte sich de Maizière, mit dem CDU-Vorsitzenden ins Gespräch zu kommen. Da Kohl sich weigerte, mit ihm zusammenzutreffen, griff de Maizière zu einem, wie er sagt, »Trick«, um ihn zu ködern. Er besorgte sich im Dezember 1989, kurz nach seiner Wahl, den Termin für eine Pressekonferenz in Westdeutschland und plädierte, als er sie hielt, für einen »Schulterschluß« mit der West-CDU. Kohl schickte seinen Parteifreund, den niederrheinischen CDU-Bezirksvorsitzenden und parlamentarischen Staatssekretär im Verteidigungsministerium, Willy Wimmer, eine Form der Distanzierung, die der empfindliche Vorsitzende der Ost-CDU als einen »Affront« ansah, da er schließlich ein hohes Staatsamt bekleidete. Bevor es zur Begegnung kam, mußte de Maizière sich von Rühe begutachten lassen, von dem er behauptete, er habe ihn besonders herablassend behandelt. Der Generalsekretär konfrontierte ihn mit der Forderung, die Ost-CDU sollte sich in »Demokratische Union Deutschlands«, kurz »DUD«, umbenennen. De Maizière lehnte das Ansinnen mit der Begründung ab, er beabsichtige nicht, für eine Partei namens »Dutt« zu kämpfen. Als er schließlich Ende Dezember mit Kohl zusammentraf, scherzte der Kanzler, die Ost-CDU sei für die Union wie eine »geschiedene Frau: Zwar bringe sie ein oder zwei Kinder mit, aber sie habe Erfahrung.«[18]

Daß sich Kohl zu einer Begegnung bereit fand, ging wohl weniger auf die Bitten des Ostberliner Parteifreunds als auf Schäubles Antreiben zurück. Er wurde unterstützt vom hessischen Ministerpräsidenten Walter Wallmann. Bei einer längeren Unterredung im Dezember im Restaurant »Ginos Pizzeria« neben dem Konrad-Adenauer-Haus redeten Schäuble und Wallmann auf den Kanzler ein, er solle »so schnell wie möglich mit der Ost-CDU zusammengehen«. Wallmann sprach aus Überzeugung und aus eigenem Erleben, da er bereits eng mit der thüringischen Parteiorganisation zusammenarbeitete. Kohl verhielt sich, wie Schäuble berichtet, »eher rezeptiv«, hörte mehr zu, als daß er sprach, und legte ein Verhalten an den Tag, aus dem Schäuble schloß, »daß er sich noch keine abschließende Meinung gebildet hatte«. Er habe nicht gewußt, »was er von de Maizière« zu halten habe.[19]

Auch der Hinweis darauf, daß sich die Ost-CDU unter der Führung de Maizières gewandelt und vom Sozialismus losgesagt hatte, beeindruckte Kohl nicht. Er wollte nicht wahrhaben, daß die CDU im Osten genauso auf die Soziale Marktwirtschaft zusteuerte, der die Schwesterpartei im Westen anhing, und daß de Maizière das mit den Worten begründete, es wäre unsinnig, »zwei marktwirtschaftlich geprägte Deutschlands« anzustreben. Für ihn zählte nur, daß der Ost-Vorsitzende in der SED-Regierung blieb. Kohl wollte eben keinen zweiten CDU-Vorsitzenden neben sich haben, so wie er keinen zweiten deutschen Regierungschef neben sich duldete.[20]

Da in Dresden weder Modrow noch Kohl etwas mit dem Vorsitzenden der Ost-CDU anzufangen wußten, luden ihn beide nicht ein. De Maizière war in Dresden nicht dabei, wurde auch zu einer Sitzung des CDU-Bundesausschusses am 11. Dezember in Berlin nicht eingeladen, obwohl er insgeheim darauf gehofft hatte. Ebenfalls unergiebig verlief in Dresden das Gespräch Kohls mit den Bürgerrechtsbewegungen, denen er anderthalb Stunden widmete. Er vertröstete ihre Vertreter damit, daß er ihnen die Unterstützung der Konrad-Adenauer-Stiftung anbot. Die der Partei versagte er. Nicht einmal mit dem sächsischen Bischof Johannes Hempel und evangelischen Kirchenleuten kam er zurecht. Er behauptete, er habe sich des Eindrucks nicht erwehren können, daß »ein Teil meiner Gesprächspartner weder mit mir etwas anzufangen wußte noch erfreut war, mich zu sehen«.

In Dresden muß sich in ihm das Gefühl verstärkt haben, es sei für ihn vorteilhaft, sich mit den offiziellen Vertretern jeglicher Organisation, sei es des Staates, der Kirchen, der Bürgergruppen oder der Partei, nicht einzulassen und statt dessen über ihre Köpfe hinweg direkt mit den Massen zu kommunizieren. Diese Abwehrhaltung gegen die Institutionen des alten Regimes wie die gegen jene des Übergangsstaates war Teil seines Einigungskonzepts.

Kurz nach dem Besuch in Dresden ergab sich eine weitere Gelegenheit für Kohl, sich publikumswirksam darzustellen, nämlich bei der Einlösung des östlichen Versprechens, zwei Tage vor Weihnachten, am 22. Dezember 1989, das Brandenburger Tor für Fußgänger zu öffnen. [21]

»Es war kalt und goß in Strömen«, schreibt Kohl in seinem Erinnerungsbuch. Bei den Übertragungen war aus dem Lärm der Menge seine Stimme herauszuhören. Er sagte: »Also, gehen wir durch die Mauer.« Die beiden Regierungschefs ließen je eine weiße Taube fliegen, die ihnen junge Ostberliner Künstler reichten.[22]

WÄHREND DER ZEIT zwischen den Jahren gönnte sich Helmut Kohl – wie er es beschreibt – »fernab aller Hektik … beschauliche Weihnachtstage im heimatlichen Ludwigshafen im Kreise der Familie«. Unterm Weihnachtsbaum dachte er über die »Weihnachtsbotschaft« nach, die »eine frohe Botschaft des Friedens … an alle Menschen guten Willens« darstelle. Der Friede, sinnierte er, sei »ja letztlich nicht das Werk internationaler Konferenzen und diplomatischer Verhandlungen«, sondern er beginne »in den Herzen der Menschen«. Solche Reflektionen und das »Innehalten« nach einem »ungeheuer strapaziösen Jahr« hätte ihm gutgetan.[23]

Er begann das neue Jahr mit einem Besuch bei François Mitterrand, der unvermindert skeptisch war. In seiner Neujahrsansprache sprach er den Deutschen zwar nicht das Recht ab, die Vereinigung anzustreben, aber er türmte vor diesem Ziel so viele Hindernisse auf, daß es als aussichtslos erschien, sie noch in diesem Jahrhundert zu erreichen. Vor der Schaffung einer Konföderation (von der Einheit gar nicht zu sprechen) müßten in den »osteuropäischen Ländern«, also nicht nur im anderen Teil Deutschlands, möglicherweise sogar in der Sowjetunion, freie Wahlen stattfinden. Die »Unantastbarkeit« der Grenzen, also der Oder-Neiße-Grenze, war eine weitere Bedingung, von der Kohl sich indes nicht irritieren ließ.

Kohl hielt es nicht für aussichtslos, den Präsidenten davon zu überzeugen, daß die Stufen des Katalogs, von denen er sprach, statt hintereinandergeschaltet auch parallel beschritten werden konnten. Daher setzte er auf den Versuch, den Nachbarn, dem er am nächsten stand und von dem er wußte, daß er aus persönlicher Zuneigung am leichtesten für ein Entgegenkommen zu gewinnen war, zuerst aus der Front der Gegner zu lösen.

Bestätigt wurde er in seiner Vermutung dadurch, daß Mitterrand ihn auf seinen Landsitz bei Latché südlich von Bordeaux in der Gascogne nahe der Atlantikküste einlud. Die Begegnung wurde für den 4. Januar 1990 festgesetzt. Kohl brachte nur einen Beamten des Kanzleramts, einen Dolmetscher und den Fotografen Konrad Müller mit. Schon zu Beginn des Gesprächs in der alten Schäferei, die versteckt unter Pinien lag, zeigte sich der Gastgeber gut gelaunt und freundlich gesonnen. Auf die inneren Schwierigkeiten anspielend, in denen Gorbatschow steckte, schmeichelte er dem Besucher, dessen Schicksal hänge mehr von ihm, Kohl, als von seinen Moskauer Gegenspielern ab.

Dann versuchte Mitterrand, Kohl unter Hinweis auf die zusätzlichen

Kalamitäten, in die er den sowjetischen Präsidenten stürze, dazu zu bringen, das Tempo zu drosseln. Die »Schritte in Richtung deutsche Einheit« dürften Gorbatschow »nicht in Schwierigkeiten bringen« oder dazu führen, daß Moskau »wieder mit dem Säbel rassele«, bemerkte er. »Wir stünden am Rande einer solchen Entwicklung, weil die Dinge in Deutschland zu rasant verliefen.« Es müsse alles »längerfristig angelegt« werden. Die Sowjets müßten sich langsam an ein »Zusammenrücken der beiden deutschen Staaten« gewöhnen. Am ehesten geeignet dafür sei eine »Vertragsgemeinschaft«. Das sei der »richtige Weg«.

Die Wiedergabe der Gespräche bei Kohl und Teltschik zeigt, daß Mitterrands Vorbehalte unter dem anhaltenden Werben seines Gastes allmählich dahinschmolzen. Kohl öffnete dem Staatspräsidenten und Freund die Augen für sein Anliegen. In den autobiographischen Notizen heißt es, Mitterrand habe, nachdem ihm Kohl seine Eindrücke aus Dresden geschildert hatte, eingelenkt und den »sehr gescheiten Satz gesagt«, wenn »achtzig Millionen Menschen zueinanderkommen« wollten, tue man gut daran, »das zu respektieren«. Er sagte nicht akzeptieren, sondern respektieren und fügte teils resignierend, teils mit Respekt hinzu: »... Denn wenn die Menschen dies wollen, werden sie es durchsetzen.« »Und Frankreich«, sagte er, habe »in der Geschichte immer gut dagestanden, wenn es die Realitäten der Geschichte respektiert« habe. Also respektiere Frankreich den Willen von achtzig Millionen Menschen.

Das war das Stichwort, auf das Kohl gewartet hatte, und somit akzeptierte er auch die bescheidene Bitte seines Gesprächspartners, die Sorgen und Ängste der europäischen Nachbarn ebenfalls zu verstehen.[24]

Der Rückhalt, den er beim französischen Präsidenten fand, ermutigte Kohl offensichtlich, aufs Tempo zu drücken. In der Morgenlage am 8. Januar 1990 berichtete Teltschik, daß verschiedene Arbeitsstäbe auch anderer Ressorts an dem Plan für eine Vertragsgemeinschaft arbeiteten, die er bei den Verhandlungen mit Hans Modrow in Dresden vereinbart hatte. Kohl war dem Zeitplan schon ein Stück voraus.

Dem sowjetischen Botschafter Julij Kwizinski setzte er etwas später auseinander, angesichts der sich zuspitzenden Lage in der DDR sei er dafür, diese Gemeinschaft früher als verabredet und jedenfalls vor den Wahlen zur Volkskammer am 6. Mai zu vereinbaren. In der Stunde, in der er die Ankündigung machte, war sie schon wieder überholt. Denn je mehr Grenzsperren beseitigt wurden, desto mehr Bürger liefen der DDR davon.

Im Kabinett nannte Bundesinnenminister Wolfgang Schäuble Zahlen. Im abgelaufenen Jahr setzten sich 720 000 Übersiedler in die Bundesrepublik ab, in den ersten zehn Tagen des Januar waren es schon 20 000. Angesichts dessen machte der Bundeskanzler düstere Prophezeiungen. Da die beiden Gesellschaftsordnungen »Lichtjahre« auseinanderlägen, würden »Opfer von einer Größenordnung« nötig sein, die man »nur mit dem Lastenausgleich nach dem Krieg vergleichen« könne.[25] Damit, daß er die Auflösung der DDR vorantrieb, setzte er sich selbst unter Zeitdruck. Gleichwohl konnte er sich nicht entschließen, einen Partner in der DDR für die Volkskammerwahl zu suchen. Das bedeutete, daß sich der Vorsprung der Konkurrenten vergrößerte.

Mitte Januar schlossen sich die bisherigen Landesverbände der SDP zusammen und nannten sich, wie ihre große Schwester im Westen, SPD. Die neue Partei setzte, vom Beifall des West-SPD-Vorsitzenden Hans-Jochen Vogel begleitet, die Wiedervereinigung an die erste Stelle ihres Parteiprogramms. Wenige Tage später beschlossen Theo Waigels neue Partner, Pfarrer Hans-Wilhelm Ebeling und der Rechtsanwalt Peter-Michael Diestel, die »Deutsche Soziale Union« (DSU) zu gründen. Da sich Kohl noch immer nicht dazu durchringen konnte, mit de Maizière zu reden, erbot sich Schäuble, ein Gespräch zu führen, das der Neffe de Maizières, der im Büro von Eberhard Diepgen arbeitete, vermittelte. Am 22. Januar 1990 traf sich Wolfgang Schäuble mit dem Ostberliner CDU-Vorsitzenden in der Abfertigungshalle des Flughafens Tegel.

Schäuble wußte, daß de Maizière mit seinem Rechtsanwaltskollegen, dem neuen PDS-Vorsitzenden Gregor Gysi, und anderen früheren SED-Funktionären in Verbindung stand. Eine von ihnen, die Ministerin Christa Luft von der SED, war bei dem ersten Gespräch im Dezember dabei und gab sich als Vertreterin der »Kirche im Sozialismus« zu erkennen. Das war jene Art von Kirche, die sich dem Regime nicht widersetzte, sondern mit der Staatsführung zusammenarbeitete, um das Leben für ihre Mitglieder erträglicher zu machen. In der ungemütlichen Flugzeughalle sitzend, wirkte de Maizière nervös und angespannt auf Schäuble. Er rauchte eine Zigarette nach der anderen und überfiel ihn sofort mit der Frage, die ihn offenbar mehr als alles andere beschäftigte: »Warum redet Kohl mit allen anderen nur nicht mit mir? Will die CDU wirklich im Wahlkampf an uns vorbeigehen?«

Der westdeutsche Innenminister hatte darauf keine Antwort, aber de Maizière sagte, er werde die Forderung nach seinem Rücktritt aus dem Kabinett Modrow deshalb nicht erfüllen, weil er seine Aufgabe darin sehe, »sein Land ohne Blutvergießen bis zur Wahl ... zu bringen«. Was danach komme, interessiere ihn nicht so sehr.

Schäuble, dessen Meinung sich bestätigte, der Ost-CDU-Vorsitzende habe wenig Ahnung von den Usancen im Westen, vor allem den parteipolitischen, entgegnete, er verstehe den ersten Teil, der seine Absicht betreffe, die DDR friedlich in die Wahlen zu führen. Aber was den zweiten betreffe, halte er das für unpolitisch. »Sie sind Parteiführer, und damit tragen Sie auch Verantwortung für Wahlergebnisse und für das, was durch Wahlen und nach Wahlen eintreten wird.« So redete er auf ihn ein, für ein gutes Wahlergebnis der CDU zu sorgen, ohne daß ihm der Gesprächspartner das bestimmte Gefühl vermittelte, er werde sich danach richten.[26] Weder Schäuble noch de Maizière wußten, daß Kohl zu der Zeit, zu der sie miteinander redeten, den Wahlkampfleiter in der CDU-Zentrale, Karl Schumacher, beauftragte, mit einem Kleinbus nach Ostberlin zu fahren, in einer »Nacht-und-Nebel-Aktion« die gesamten Personalakten der Ost-CDU einzupacken und sie in die Bonner CDU-Zentrale zu schaffen.[27]

In den nächsten Tagen steigerte sich Kohl in seine Abneigung gegen die Regierung Modrow und damit gegen de Maizière hinein. Es mißfiel ihm, daß der SED-Funktionär mit seinen Parteifreunden alles daran setzte, den Auftrag der Volkskammer zu verhindern, die Stasi aufzulösen. Den Versuch, den Staatssicherheitsdienst in einer anderen Form und mit einem anderen Namen zu erhalten, verglich er mit einem »Frosteinbruch im Frühjahr«. Als Mitte Januar 1990 eine aufgebrachte Menschenmenge die Stasi-Zentrale in der Berliner Normannenstraße stürmte, gefiel ihm auch das nicht. Er hielt das für ein »Desinformationsmanöver« und begründete es im Gespräch mit seinen Mitarbeitern, später auch vor der Fraktion, damit, daß die Tore zum Häuserblock der Stasi von innen geöffnet und die Demonstranten in den Wirtschaftstrakt »gelotst« worden seien, wo sie nur »belangloses Papier« durchwühlt hätten. Es müsse nachdenklich stimmen, stichelte er, daß ein Trakt gestürmt worden sei, in dem Leute säßen, die dazu abgestellt seien, zu »provozieren« und zu »desorientieren«. Kurzum, er hielt die Fernsehaufnahmen für gestellt.

Auch das Vier-Punkte-Programm, das Modrow am 28. Januar mit dem »Runden Tisch« vereinbarte und das vorsah, die Wahlen zur

Volkskammer statt, wie geplant, am 6. Mai schon am 18. März abzuhalten und mit allen oppositionellen Gruppen eine Allparteienregierung zu bilden, hielt der Bundeskanzler für einen Trick. Er verdächtigte den Ministerpräsidenten, die PDS-SED, wie sie sich jetzt nannte, mit ihren erheblichen Geldern und organisatorisch intakten Strukturen gegen die ohnmächtigen, zersplitterten und mittellosen Bürgerbewegungen in eine vorteilhafte Position bringen zu wollen. Überhaupt paßte ihm die Rede nicht, mit der Modrow seine Beschlüsse vor der Volkskammer vertrat. Er vermisse »klare Aussagen zur künftigen Wirtschaftsordnung der DDR«, mäkelte er und bemängelte, daß der Redner statt dessen dazu aufgerufen habe, »mit den ihm zur Verfügung stehenden Mitteln das System zu retten«. Modrows Mitteilung, er habe eine Regierung der »nationalen Verantwortung«, also so etwas wie ein Notkabinett, gebildet, wurde von Kohl als ein »Offenbarungseid« ausgelegt, und das war es, worauf er wartete. Danach, schreibt er in seinen Einheits-Erinnerungen, habe sich die Bundesregierung schwer getan, »einen sinnvollen Ansatzpunkt für Wirtschaftshilfe für die DDR zu finden«.[28]

Damit stand Kohls Entschluß fest, den bisherigen Weg der Kooperation mit der DDR abzubrechen und – von dringenden Hilfen abgesehen – ihr weitere Mittel zu versagen. Schon zuvor, am 18. Januar 1990, hatte er die Arbeiten für einen Entwurf zur Vertragsgemeinschaft mit der DDR gestoppt. Was ihm kurz vorher als aussichtsreich erschien, hatte der Gang der Ereignisse weggespült. Es erschien ihm sinnvoller, die Ressourcen seines Landes in die Sowjetunion statt in die marode DDR zu lenken.

Teltschik berichtet, bei den Gesprächen Kwizinskis im Kanzleramt am 8. Januar habe der Botschafter ihn im Auftrag des Sowjetischen Außenministers Eduard Schewardnadse gefragt, ob die Zusage des Bundeskanzlers an Gorbatschow, ihm mit Lebensmitteln unter die Arme zu greifen, noch gelte. Sofort rief Kohl im Beisein Teltschiks den Bundeslandwirtschaftsminister Ignaz Kiechle an, der einige Stunden später zurückrief und mitteilte, er könne innerhalb von vier bis sechs Wochen 120000 Tonnen Fleisch in die Sowjetunion liefern. Kurz danach telefonierte Kohl mit dem Präsidenten der EG-Kommission, Jacques Delors, um bei ihm eine zweite Lieferung, dieses Mal eine der Europäischen Gemeinschaft, zu veranlassen. »Der Kanzler erkennt in der Anfrage Schewardnadses die Chance«, schreibt Teltschik unverblümt, »das Klima im Verhältnis zur Sowjetunion zu verbessern.«[29]

Die Chance nutzte Kohl im Hinblick auf den Termin bei Gorbatschow, auf den er wartete. Etwas später erfuhr er, daß sich auch Modrow im Kreml angesagt hatte.

Währenddessen mußte er bei der Landtagswahl im Saarland eine schwere Niederlage hinnehmen. Der Sozialdemokrat Oskar Lafontaine wurde Ministerpräsident und löste die jahrelange Herrschaft der CDU ab. Als die Schar der Mitarbeiter, wie üblich, am Montagmorgen nach der Wahl, es war der 29. Januar, im Gänsemarsch ins Kanzlerbüro marschierte, »blickte er nicht auf und erwiderte unser ›Guten Morgen‹ nicht«, berichtet einer von ihnen.[30]

Der Sieg Lafontaines hatte für Kohl auch symbolische Bedeutung. Für ihn war es ein Erlebnis, das ihn berührte, weil die Karriere des jugendlichen Landeschefs der seinen in mancherlei Hinsicht glich. Der Sozialdemokrat war etwa so alt, wie er es gewesen war, als er seine Erfolge als Ministerpräsident erzielte, er war genauso der Kommunalpolitik verhaftet, vom gleichen Veränderungsdrang beseelt, anscheinend unbesiegbar, ein jugendlicher Held und Populist. Lafontaine schlachtete in den Augen der CDU die Unruhe, die in den Städten und Gemeinden wegen der ständig steigenden Zahl der Übersiedler herrschte, bedenkenlos aus. Er spürte, daß – wie sich sein Widerpart auf dem Gebiet der Asylpolitik, Schäuble, ausdrückte – die »Willkommensfreude«, mit der die Westdeutschen den ersten Flüchtlingen aus der DDR begegnet waren, in Abneigung, wenn nicht Feindseligkeit und Angst umgeschlagen war.

Das Argument Lafontaines, die Übersiedler, die aus der DDR in die Bundesrepublik wechselten, seien hier zuviel und fehlten dort, war, wie das Ergebnis zeigte, durchschlagend. Die CDU konnte dem nichts entgegensetzen. Schäuble stimmte in der Analyse, nicht aber in der Schlußfolgerung überein, daß das Aufnahmeverfahren geändert werden müsse. Das sei, sagte er, »sachlich vollkommen falsch«.[31] Lafontaines Vorschlag lief darauf hinaus, nur noch die Übersiedler aufzunehmen, die sich zuvor den Nachweis einer Wohnung und eines Arbeitsplatzes besorgten. Schäuble hätte dem Vorschlag leichteren Herzens zugestimmt, hätte er ihn nicht unangenehm an die Nachkriegszeit erinnert, wo in einer Stadt nur derjenige Arbeit bekam, der eine Wohnung hatte, und nur derjenige mit einer Wohnung versorgt wurde, der eine Arbeitsstelle nachweisen konnte. Der Ministerpräsident, so fand Schäuble, beschwor die Gespenster herauf, die gerade besiegt zu sein schienen.

25

FROHE BOTSCHAFT VOM KAUKASUS

HANS MODROW FLOG am 30. Januar 1990 nach Moskau und eröffnete dem sowjetischen Generalsekretär Michail Gorbatschow, die DDR-Bevölkerung unterstütze die Idee »von der Existenz zweier deutscher Staaten nicht mehr«, die »Wiedervereinigungstendenzen« könnten »nicht mehr aufgehalten werden«. Die DDR sei dabei, sich aus dem Verbund des Warschauer Pakts zu lösen. Sie trieb unaufhaltsam hinüber in den Westen. In seiner Not präsentierte der Ministerpräsident einen »Stufenplan«, der vorsah, über eine Vertragsgemeinschaft mit konföderativen Elementen zu einer deutschen Konföderation oder einem Deutschen Bund zu kommen. Welche Form das Gebilde auch haben würde, es sollte neutral sein und zwischen den großen Blöcken stehen.

In seinen Memoiren verschweigt Gorbatschow, wie er darauf reagierte, er berichtet aber, er und seine Berater seien in ihren Überlegungen bereits vorher zu einem ähnlichen Ergebnis gekommen. Der Direktor der Internationalen Abteilung des Zentralkomitees, Valentin Falin, bestätigt das. Bei einer ausführlichen Beratung im Kreml seien die Meinungen darüber, wie Deutschland international einzuordnen sei, geteilt gewesen, aber einige Teilnehmer hätten es bereits für »hinnehmbar gehalten«, die DDR aus dem Warschauer Pakt zu entlassen. Falin gehörte zu denen, die das für nicht akzeptabel hielten, er mußte aber einräumen, daß es »zu einer Einheit« kommen werde, die »unseren Vorstellungen nicht entsprach«. Jedenfalls kamen alle Teilnehmer zu dem Ergebnis, daß die »Wiedervereinigung Deutschlands unvermeidlich« sei.[1] Das heißt, Gorbatschow und seine Mitarbeiter fanden sich intern Ende Januar 1990 damit ab, daß sich die beiden deutschen Staaten vereinigen würden. Offen blieb lediglich, welchem Bündnis das neue Deutschland angehören würde und welchen Preis der Kreml für den Verlust der DDR verlangen konnte.

Den östlichen Vorstellungen entsprechend, die davon ausgingen, daß die SED-PDS die führende Kraft bleiben müsse, die sie bisher gewesen war, verkündete Modrow am 1. Februar 1990 auf einer Pressekonferenz in Ostberlin seinen Stufenplan, den er mit Geldforderungen von 15 Milliarden Mark an die BRD verknüpfte. Am Tag darauf bekam Kohl, Teltschik verkündete es mit einem Seufzer der Erleichterung, seinen Termin bei Gorbatschow. [2]

Wie schwer der Wahlkampf zur Volkskammerwahl werden würde, davon machte sich Kohls Organisationsleiter Karl Schumacher aus der Parteizentrale ein eigenes Bild. Er wurde von Kohl in die sich auflösende DDR geschickt und berichtete anschließend, er sei sich vorgekommen, als reise er durch ein Land, das völlig von der Außenwelt abgeschnitten war, »wie im Nebel«. Sein Autotelefon funktionierte nicht, öffentliche Fernsprecher gab es nicht, private Telefone waren rar und wenn ihm eines überlassen wurde, kam die Verbindung nicht oder erst nach vielen Versuchen und langen Wartezeiten zustande, und die einzigen funktionierenden Anschlüsse, die Telefone der örtlichen Bezirksbüros der SED, wurden unter Verschluß gehalten. Die Zusammenarbeit mit den Behörden war kompliziert, die Runden Tische waren meist abweisend, die Mehrzahl der Bürgerbewegungen lehnte es überhaupt ab, mit einem Mitglied der West-CDU zu reden, geschweige denn, mit ihm zu kooperieren. [3]

Den CDU-Bundesvorstand konnte Kohl mit der Bekanntgabe des Partners im Osten eine Weile hinhalten. Am 23. Januar vertröstete er ihn mit der Versicherung, er werde bis Mitte Februar »über die zukünftigen Partner der CDU in der DDR« entscheiden. Er bewegte sich zögernd und weil er keine Alternative fand, auf die Ost-CDU zu. Um das Widerstreben gegen die Partei zu mildern, wollte er sie in einem losen Bündnis mit zwei oder drei kleineren Partnern zusammenführen. Dem Vorstand sagte er, dazu eigneten sich das »Demokratische Forum« und der »Demokratische Aufbruch«. Auch von einer »Allianz« war die Rede.

De Maizière hat den Vorgang etwas anders in Erinnerung. Er sagt, in einem Gespräch mit Helmut Kohl in seinem Büro habe er in Anlehnung an eine Versicherungsgesellschaft den Namen »Allianz« vorgeschlagen. Die Anregung habe »sofort Zuspruch« gefunden.

Kurz nach Modrows Ankündigung, am 30. Januar, konkretisierte der Kanzler im Parteipräsidium seine Absicht, eine »Allianz« mit anderen kleineren Gruppen zu formen und mit ihnen hinterher eine Fraktion zu bilden. Wie genau diese Allianz aussehen sollte, sagte er nicht, er erklärte lediglich, er suche nach einem Namen und nannte ihn gleich selbst: »Allianz für Deutschland.« Drei Tage nach der Sitzung des Präsidiums flogen Kohl und Rühe mit ihren Pressesprechern Eduard Ackermann und Andreas Fritzenkötter, Kanzleramtsminister Rudolf Seiters und Juliane Weber nach Ostberlin. Kurz vorher hatte Rühe die ersten Kontakte mit den Mitgliedern der Parteien und Bürgerbewegungen aufgenommen, die an der Allianz interessiert waren. Sie waren im Gästehaus der Bundesregierung in der Pücklerstraße in Dahlem verabredet. Kohl war offensichtlich in schlechter Laune. Er ärgerte sich schon, als er »vor dem grünen Tor« der Villa »einige Dutzend Journalisten« antraf: Die DDR-Leute konnten mal wieder den Mund nicht halten.[4]

Drinnen erwarteten ihn die Repräsentanten der CDU, de Maizière, seine Mitarbeiterin Sylvia Schulz, die den westlichen Partnern bis dahin unbekannt war, und der Generalsekretär der Partei, Oberkirchenrat Martin Kirchner. Für die DSU kamen Hans-Wilhelm Ebeling und dessen Mitkämpfer, der Rechtsanwalt Peter-Michael Diestel, für den Demokratischen Aufbruch Wolfgang Schnur und Rainer Eppelmann. Auch die Deutsche Forumspartei war vertreten, sie schloß sich dann aber der Allianz nicht an. Die Regie sah vor, die Beteiligten in eine Art kontrollierter Klausur zu sperren mit der Auflage, sie dürften die Villa so lange nicht verlassen, bis sie sich einigten. Teilnehmer Ackermann berichtet, es sei zuerst »schwer« gewesen, »die einzelnen Gruppen zusammenzubringen«, dann, als sie beisammen waren, seien die Gespräche »anfangs sehr zähflüssig« angelaufen.[5]

Gleich zu Beginn der Unterredung brachen die östlichen Vertreter einen, wie Kohl schreibt, »veritablen Krach« darüber vom Zaun, wer nach der Wahl Ministerpräsident werden sollte, als sei der Wahlkampf schon geführt und die Wahl gewonnen. Kirchner reklamierte das Amt für de Maizière. Sofort trat Diestel auf den Plan und widersprach. Mit den »roten Socken« (ein Ausdruck, von dem Kohl sagt, er habe ihn bei dieser Gelegenheit zum erstenmal gehört) wolle er nichts zu tun haben. Schnur beanspruchte seinerseits das höchste Regierungsamt. »Keiner traute dem anderen, jeder glaubte, selbst der Größte zu sein«, ereiferte sich der Bundeskanzler. Was ihn noch mehr befremdete und in seinen Vorurteilen bestätigte, war, daß ihm einige Zeit danach Akten in die Hände fielen, die einige Gesprächspartner als Mitarbeiter der Stasi auswiesen. Er habe sich vorgestellt, sagt er später in seinem Buch über die Einheit, wie der zuständige Stasi-General »am Tag danach die verschiedenen Berichte über unser Treffen studiert« habe.[6]

Kohl nahm nur an der Eröffnung teil, danach blieben die künftigen Partner unter sich. Sie wurden, wie Ackermann mitteilt, während dieser Zeit von der Hausdame Doris Manske »liebevoll betreut« und mit belegten Broten, Suppe, Kaffee und auch mit Wein – der aber erst ausgeschenkt wurde, nachdem sie sich geeinigt hatten – bewirtet. Die Klausur dauerte zwei Tage. Am 5. Februar stellten de Maizière, Ebeling und Schnur in Anwesenheit des Bundeskanzlers ihr Wahlbündnis »Allianz für Deutschland« vor. Die Partner der neuen Zweckehe zu dritt bestanden darauf, selbständig zu bleiben und mit jeweils eigenen Kandidaten in den Wahlkampf zu ziehen. In ihrem Aktionsprogramm forderten sie, die alten Länder im Osten wiederherzustellen und im vereinigten Gebiet eine Wirtschafts- und Währungsunion einzuführen.

Die öffentliche Vorstellung der Allianz wirkte nach dem langen und lähmenden Streit, als habe jemand den Korken aus einer Sektflasche gezogen. Die Ideen sprudelten. Da die Wahlorganisation geboren war, suchte Kohl nach einer Möglichkeit, ihr etwas Schwung zu verleihen. Auch im Kanzleramt überlegten sich einige Mitarbeiter, wie der Chef die Wirkung nutzen konnte, die der Zehn-Punkte-Plan erzielt hatte. Tätig wurde vor allem die von Ackermann geleitete Abteilung Kommunikation und Öffentlichkeitsarbeit. Während der Zeit des Umbruchs gehörten dazu die beiden Stellvertreter Ackermanns, Professor Klaus Gotto, der aus der Konrad-Adenauer-Stiftung kam (und später Abteilungsleiter Inland im Bundespresseamt wurde), und Michael Mertes, ein Sohn des früheren rheinland-pfälzischen CDU-Abgeordneten Alois Mertes (der später die Abteilung übernahm). Auch der Redenschreiber Norbert Prill war dabei. Sie zogen wiederum weitere kluge Köpfe wie den wirtschaftspolitischen Kanzlerberater Johannes Ludewig (der später Abteilungsleiter Wirtschaft und dann Bundesbahnchef wurde) hinzu.[7]

Aus der Feder dieser Gruppe stammte ein Papier, das den Kanzler aufforderte, sich mit einer deutschlandpolitischen Offensive wieder »an die Spitze der Bewegung« zu setzen. Um die Richtung anzuzeigen, in der das geschehen konnte, bezogen sich die Autoren auf Ludwig Erhard und die von ihm veranlaßte Währungsreform 1948. Wie sich bald herausstellte, war das ein Stichwort, das der Kanzler begierig aufgriff. Die Vorlage empfahl ihm die Einführung einer Wirtschafts- und Währungsreform in der DDR, und Kohl fand den Einfall faszinierend.

Der Gedanke war nicht neu. Bundesinnenminister Wolfgang Schäuble beanspruchte das Erstgeburtsrecht für sich. Er habe, so Schäuble, die Idee schon in einem Vorgespräch zum Dresdener Treffen mit Modrow

vorgetragen, und zwar im Hinblick auf die steigende Zahl der Übersiedler, sei damit aber nicht durchgedrungen.[8] Danach redeten auf
einmal alle davon, von der Oppositionspolitikerin Ingrid Matthäus-
Maier bis zu Bundesfinanzminister Theo Waigel. Er beriet am 30.
Januar mit seinen Staatssekretären und Abteilungsleitern in der Bayerischen Landesvertretung darüber, wie eine Neuordnung im »Wirt-
schafts- und Währungsbereich« der DDR aussehen könnte.[9]

Als die Arbeitsgruppe Deutschlandpolitik unter dem Vorsitz von
Kanzleramtsminister Rudolf Seiters unter der Rubrik: »Szenarien für
den Tag nach der Wahl in der DDR« beriet, beschäftigte sie auch
die Idee einer sofortigen Wirtschafts- und Währungsunion. Das war
am 5. Februar 1990, dem Tag, an dem Kohl in Berlin das Programm
der Allianz vorstellte.[10] Kohl umschrieb das Unterfangen mit der grif-
figen Formel: »Wenn wir verhindern wollen, daß die Leipziger zur
D-Mark kommen, müssen wir dafür sorgen, daß die D-Mark zu den
Leipzigern kommt« – eine Parole, die er auf dem Plakat einiger Demon-
stranten gelesen hatte.[11] Zu dieser Zeit besuchte er auf Einladung des
»World Economic Forums« dessen Tagung in Davos. Die Bankiers und
Wirtschaftsfachleute blickten mit Spannung auf die wirtschaftliche
Entwicklung in Deutschland. Bei dieser Gelegenheit traf Kohl mit
Modrow zusammen, der ihm ein weiteres Stück entgegen kam. Das
Land, sagte er, stehe vor dem Kollaps. Er halte »die Einführung der
D-Mark als alleiniges Zahlungsmittel für möglich«. Kohl verabredete
mit Modrow die Einrichtung einer Arbeitsgruppe, war aber insgeheim
entschlossen, die D-Mark so schnell wie möglich zu den Wählern zu
bringen. Die Abstimmung mit Finanzminister Waigel erfolgte wie
üblich an einem Samstag. Die Zeit drängte, da er sich entschloß, die
Entscheidung über die Währungsallianz noch vor seiner Reise nach
Moskau in einer Woche zu treffen. Um eine ähnliche Wirkung wie
beim Zehn-Punkte-Katalog zu erzielen, vereinbarten der Kanzler und
der Finanzminister Stillschweigen.

Alternativ zu Kohls Plan entwickelten der FDP-Vorsitzende Otto
Graf Lambsdorff und sein Parteifreund, Bundeswirtschaftsminister
Helmut Haussmann, Überlegungen in Anlehnung an das österreichi-
sche Modell, nach dem die Wirtschaftsform der sowjetischen Besat-
zungszone allmählich an die der Amerikaner angeglichen wurde.

Da Kohl am Montag zuerst seine neue Wahlallianz vorstellen wollte,
ehe er die Währungsreform bekanntgab, wurde die Abstimmung mit
dem Koalitionspartner verschoben. Daher waren Waigel die Hände

gebunden, als er am gleichen Tag den Frankfurter Bundesbankpräsidenten Karl-Otto Pöhl empfing. Pöhl war auf dem Weg zum Chef der Notenbank der DDR, Horst Kaminsky, und Vertretern des Wirtschaftsministeriums in Berlin. Der Finanzminister speiste ihn mit der nichtssagenden Bemerkung ab, alles laufe auf eine »schnelle Währungsunion« hinaus, und fügte geheimnisvoll hinzu: »Sie werden sehen, Herr Pöhl, das kommt noch so weit, daß die uns sagen: »Kobra, übernehmen Sie.« Am nächsten Tag gab Lambsdorff seinen Widerstand gegen eine rasche Währungsreform auf. Pöhl verhandelte in Ostberlin und hatte keine Ahnung, was die politische Führung in Bonn beschloß. Waigel machte dafür die »desolaten Telefonverbindungen« verantwortlich, eine Ausrede, die schon sein Vorgänger Friedrich Zimmermann anwendete, wenn er in Verlegenheit war.

So trat Otto Pöhl nach seinen Gesprächen mit Kaminsky vor die Presse und warnte vor unüberlegten und überhasteten Schritten. Die Währungsunion, sagte er, könne nur stufenweise und über einen längeren Zeitraum hinweg eingeführt werden. Es sei eine »Illusion«, zu glauben, »die sofortige Einführung der D-Mark in der DDR« könne »auch nur ein einziges Problem lösen«. Vielmehr müsse die DDR-Regierung dafür sorgen, ihre Mark »schrittweise konvertibel« zu machen.[12] Kurz nachdem er diese Stellungnahme abgegeben hatte, überreichten ihm Journalisten die Agenturmeldungen aus Bonn, denen er entnahm, daß die Währungsunion beschlossene Sache sei. Er war aufs höchste verärgert, fing sich aber und korrigierte in den Spätnachrichten die Meinung, die er in der Tagesschau geäußert hatte. Dennoch blieb Pöhl bei seiner reservierten Haltung. Deshalb machte Waigel kurzen Prozeß. Ende März, als die Verhandlungen über die Währungsunion begannen, ernannte er seinen früheren Staatssekretär Hans Tietmeyer zum Leiter der bundesdeutschen Delegation. Er rief ihn am 26. März abends an und eröffnete das Gespräch mit den Worten, es gehe um eine »historische Aufgabe«. Tietmeyer, der im Direktorium der Deutschen Bundesbank saß, wurde für die Zeit der Verhandlungen als persönlicher Berater des Bundeskanzlers freigestellt.[13]

Nach der Rückkehr von der Installierung der Allianz machte Teltschik den Bundeskanzler darauf aufmerksam, daß sein alter Rivale, der baden-württembergische Ministerpräsident Lothar Späth, in einer Regierungserklärung ebenfalls ein einheitliches Wirtschaftsgebiet mit einer einzigen Währung fordern wollte. Kohl bekam einen Wutanfall. Er entgegnete gereizt, »wieder einmal« wolle der Parteifreund »einen solchen entscheidenden Schritt ohne Abstimmung ankündigen«.[14] Der Ärger klang etwas seltsam, da er seinerseits gerade dabei war, die Währungsreform einseitig anzukündigen, sie als seinen Einfall auszugeben und weder Diskussion noch Widerspruch zuzulassen. Er überging die Fraktionsvorsitzenden, obwohl sie ihm die Mehrheit für seinen Schritt besorgen mußten. Hermann-Otto Solms von der FDP klagte, im Moment spreche »jeder für sich«, eine »Koordination« gebe es nicht. Die Art, in der Kohl am Dienstag, dem 6. Februar 1990, den Beschluß vor der CDU/CSU-Fraktion verkündete, ließ keinerlei Spielraum zu. »Ich glaube«, sagte er, »wir müssen jetzt an die DDR herantreten und einfach sagen, daß wir bereit sind, mit ihr unverzüglich in Verhandlungen über eine Wirtschafts- und Währungsunion einzutreten.« Das Kabinett werde am kommenden Tag beschließen. In der Runde der schweigenden Abgeordneten umherblickend, fügte er hinzu: »Sie sind sich hoffentlich darüber im klaren, welche Konsequenz dieser Satz bedeutet.«[15]

Zur Kabinettsitzung am nächsten Tag wurden die Fraktionsvorsitzenden und ihre Stellvertreter eingeladen. Nun waren Dregger und der CSU-Landesgruppenvorsitzende Wolfgang Bötsch dabei. Ebenso Bundesbankpräsident Pöhl, der aus Berlin zurückgekehrt war. Waigel berichtete. In seiner Begründung hob Kohl vor allem auf den hitzigen Streit über die Übersiedler ab.

Die Entwicklung in der DDR, sagte er, verlaufe dramatisch; die Menschen hätten das Vertrauen in die DDR-Führung verloren und strömten massiv in den Westen. Hier seien die »Belastungen durch die gestiegenen Übersiedlerzahlen sehr groß« geworden. Für das sogenannte Begrüßungsgeld – auch das war ein Stein des Anstoßes, da es den Hang zum Wegzug verstärkte – mußten Gelder in Milliardenhöhe bereitgestellt werden. Der Hinweis auf die Unruhe im Land diente Kohl zugleich als eine willkommene Gelegenheit, die Wahlniederlage im Saarland zu erklären und die Partei psychologisch auf die folgenden Wahlen einzustimmen. Lafontaine habe nur deshalb gesiegt, weil er eine »infame Angst- und Neidkampagne« entfesselt und die Bundesbürger gegen die Ostdeutschen »aufgehetzt habe«. Im Mai standen Wahlen in Niedersachsen und Nordrhein-Westfalen und im Dezember in Bayern, Schleswig-Holstein und Berlin an.

Inzwischen hatte Waigel mit Pöhl gesprochen und den aufgebrachten Bankpräsidenten beruhigt. Er zog sich auf die Formulierung zurück, er und die Gleichgesinnten hätten zwar ein »stufenweises Vorgehen« bei der Angleichung der Währungen lieber gesehen, aber die »Bundesregierung müsse entscheiden«. Aus seinen Gesprächen in Berlin berichtete er, Modrow werde in der nächsten Woche um einen »Zahlungsbilanzkredit« bitten, um den »Staatsbankrott abzuwenden«. Angesichts dessen seien alle Stufenkonzepte überholt, »die Menschen in der DDR« wollten »die D-Mark«. Pöhl ließ sich von der Richtigkeit dieser Worte überzeugen, und das um so eher, als Waigel ihm die Vorteile vor Augen führte.

Mit den Worten, »das Konzept des Bundeskanzlers« sei »richtig«, es sei »nur noch dieses Modell realistisch«, schloß er sich der Mehrheitsmeinung an. Von den »riesigen Transferleistungen«, die erforderlich werden würden, sollte man sich nicht schrecken lassen. Mit dem verlockenden Ausblick darauf, Deutschland werde »am Ende wohlhabender sein« als heute, beendete er seinen Vortrag vor dem Kabinett. Das war am Mittwoch, dem 7. Februar 1990.

Das Kabinett beschloß, einen »Kabinettsausschuß Deutsche Einheit« einzurichten, der Kohl unterstellt wurde. Unter den sechs Arbeitskreisen, die unter die Leitung der Fachminister gestellt wurden, war keiner für Genscher. Waigel wurde beauftragt, die alsbaldige Einführung der Währungsreform in die Wege zu leiten. Schäuble sollte in der Arbeitsgruppe »Staatsstrukturen und Öffentliche Ordnung« den Vertrag über die Einheit vorbereiten.

ALS KOHL drei Tage später, am 10. Februar, in die Maschine stieg, die ihn nach Moskau brachte, hatte er den Einheitsprozeß schon entscheidend vorangetrieben. Außenminister Eduard Schewardnadse und später Michail Gorbatschow bereiteten ihm einen kühlen Empfang. »Es war nur allzu deutlich«, kommentiert Gorbatschow die Unterredung, »daß der Kanzler versuchte, den Wiedervereinigungsprozeß zu beschleunigen. Ich hatte Grund zu der Annahme, daß er sich diesbezüglich den Beistand der Amerikaner gesichert hatte. Gleichzeitig wurde er nicht müde zu wiederholen, er sei gezwungen, unter dem Druck der Umstände so und nicht anders zu handeln, beabsichtige aber nach wie vor, seine Linie mit Moskau abzustimmen.« Teltschik, der bei der entscheidenden Besprechung zwischen ihnen das Protokoll führte, notierte die Worte Kohls so: Die Entwicklung in der DDR laufe »in Richtung deutsche Einheit unaufhaltsam auf uns zu«. Er könne es »drehen und wenden«, wie er wolle, die »Entscheidung« stehe »kurz bevor«. Er wäre »froh, wenn das Tempo nicht so hoch wäre«, aber es werde »von Entwicklungen diktiert«, die er nicht beeinflussen könne. »Wenn wir jetzt nicht handelten, könne ein Chaos entstehen.« Schließlich sei es Gorbatschow gewesen, der den Satz, wer zu spät komme, den bestrafe das Leben, formuliert habe.

Danach versicherte Kohl, die Oder-Neiße-Grenze werde anerkannt, aber nur mit »Zustimmung der großen Mehrheit der deutschen Heimatvertriebenen«, und verneinte die Frage Gorbatschows danach, ob der Moskauer und Warschauer Vertrag erneuert werden müßten, mit der Bemerkung, das seien Verträge »aus der Zeit der Teilung«, jetzt gehe es um das »vereinte Deutschland«.

»Gorbatschow lachte«, heißt es in Kohls Erinnerungen weiter. Es war wohl das bittere Lachen eines Mannes, der sich vom Gesprächspartner überfahren fühlte. Gorbatschow fragte, ob der Besucher nicht fürchte, daß sich die Bundesrepublik am Ende des Einigungsprozesses auflöse und »der Bundeskanzler... der Bundesrepublik begraben« werde. Kohl konnte ihn in dieser Hinsicht beruhigen. Es gebe »wahrscheinlich« keine Meinungsverschiedenheiten zwischen der Sowjetunion, der Bundesrepublik und der DDR über die »Einheit der deutschen Nation«, versicherte Gorbatschow seinen Aufzeichnungen zufolge anschließend. »Um es kurz zu machen: Wir stimmen im wichtigsten Punkt überein: Die Deutschen selbst müssen ihre Entscheidung treffen. Und sie müssen unsere diesbezügliche Position kennen.« »Die ist ihnen bekannt«, entgegnete Kohl und hakte nach: »Meinen Sie damit, die Frage der Einheit ist eine Entscheidung der Deutschen selbst?« »Aber im Kontext der Realitäten«, ergänzte Gorbatschow. »Damit bin ich einverstanden«, schloß der Bundeskanzler.

Teltschik, dem Gorbatschow inzwischen in kyrillischer Schrift ein Autogramm in sein Exemplar der »Perestroika« setzte, vertraute später seinem Tagebuch an, ihm sei die Hand »geflogen«, um »jedes Wort präzise aufzuschreiben, ja nichts zu überhören oder auszulassen, was wesentlich wäre oder später zu Mißverständnissen führen könnte«. Gorbatschow habe der Einigung Deutschlands zugestimmt, ein »Triumph« für Kohl, der »als Kanzler der deutschen Einheit in die Geschichte eingehen« werde.[16]

Gorbatschow fand den Vorgang nicht so sensationell wie Teltschik. Er habe dem Kanzler nichts anderes gesagt als das, worüber er schon früher gesprochen habe. »Ich habe eigentlich das wiederholt, was ich Modrow gesagt habe.« Er wollte verhindern, »daß Kohl in Euphorie« verfalle und die »deutsche Frage lediglich auf die Vereinigung und die

Befriedigung nationaler Sehnsüchte der Deutschen« reduziere. Denn auch nach seiner Zustimmung zum Selbstbestimmungsrecht der Deutschen sei »eine Unzahl von Fragen« zu lösen gewesen. Dazu gehörte die deutsch-polnische Grenze, und daß er sie nannte, zeigt, daß ihm Kohls Zusicherungen nicht ausreichten.[17] Auch sein Berater Nikolai Portugalow wollte von einem »Durchbruch«, wie Teltschik es sah, nichts wissen. »Ich hatte nicht so den Eindruck«, sagte er in einem Gespräch mit dem Fernsehredakteur Ekkehard Kuhn, »daß dies der ganz entscheidende Durchbruch gewesen wäre.« Er machte sich über das deutsche Bedürfnis lustig, immerzu »Durchbrüche« zu feiern und »Wunder« zu bestaunen.[18]

Die amerikanische Administration war über die übertriebene Darstellung des Kanzlers »entsetzt«, wie die amerikanischen Autoren Philip Zelikow und Condoleezza Rice feststellen. Außenminister James Baker, der mit Gorbatschow vorher darüber sprach, seien dessen Zusicherungen sehr bekannt vorgekommen. Auch »altgediente Sowjetbeamte« in Moskau hätten sich beeilt, die »grellen Farben« in der Darstellung des Bundeskanzlers zu mildern.[19]

Die Übertreibung hatte Teltschik, den der Mantel der Schicksals gestreift hatte, in die Welt gesetzt. Als Kohl spätabends begann, den sachlichen Ertrag der Gespräche für die Presse in einer unterkühlten und geschäftsmäßigen Weise zu diktieren, unterbrach Teltschik ihn und brachte einen etwas feierlicheren Ton in den Text hinein. So formulierte er, Gorbatschow habe Kohl eine »Botschaft an alle Deutschen« überreicht, und die laute, er habe »grünes Licht für die Vereinigung« gegeben. Teltschiks Sichtweise setzte sich in Bonn durch, der Tenor der Kommentare war, wie es Josef Riedmiller in der *Süddeutschen Zeitung* formulierte, der Gastgeber habe dem Gast in Moskau »den Schlüssel zur Lösung der deutschen Frage« überreicht.

Margaret Thatcher verübelte Kohl, daß er »wieder ohne Absprache mit den Verbündeten« nach Moskau gefahren war, kreidete ihm aber auch an, daß er den Sowjets die DDR abgekauft habe. »Als Gegenleistung für eine Erklärung Gorbatschows«, schreibt sie in ihren Memoiren, »daß es von seiner Seite keinen Hinderungsgrund für eine deutsche Wiedervereinigung gebe, bot Kohl den Sowjets für den Abzug ihrer Truppen aus Ostdeutschland eine in ihren Augen wohl riesenhafte Summe – wenngleich sie sicherlich noch viel mehr hätten herausholen können.«

Die britische Premierministerin kam zu dem Schluß, »von diesem

Zeitpunkt an« sei »jede realistische Chance, den Wiedervereinigungsprozeß zu verlangsamen, dahin« gewesen. Sie zog daraus die Konsequenz und ließ fortan geschehen, wovon sie glaubte, daß es nicht mehr
aufzuhalten sei.[20] Was Thatcher störte, waren die Versprechungen, die Kohl machte.
Der Bundeskanzler stellte Gorbatschow »wirtschaftliche Vorteile« in
Aussicht, die die Sowjetunion von freundschaftlichen Beziehungen zu
einem vereinigten Deutschland haben werde. Es liege auf der Hand, so
Kohl damals, daß die DDR, die einer der Hauptlieferanten von Indu-
strieprodukten sei, ihre Verpflichtungen nicht einhalten könne. Dagegen würde eine »rasche Vereinigung ... verläßlichere Lieferungen von
besseren und billigeren Produkten« nach sich ziehen. Die Bundesrepublik sei willens, in alle Verträge der DDR einzusteigen. Außerdem
stellte er Gorbatschow in Aussicht, über den Handel mit dem geeinten
Deutschland »Zugang zum Gemeinsamen Markt der EG« zu erhalten.
Und als sich Gorbatschow erkundigte, ob die »gegenwärtigen Zahlungen der DDR für den Unterhalt der sowjetischen Streitkräfte in
D-Mark bezahlt« würden, sagte Kohl ihm dies zu.

Schließlich versicherte Gorbatschow auf Drängen Kohls, die Verhandlungen der vier Mächte würden nicht ohne den Bundeskanzler
(»Nichts ohne Sie!«) vonstatten gehen. Kaum aus Moskau zurückgekehrt, hatte Kohl Modrow in Bonn zu Gast, der mit einer großen
Delegation von siebzehn Ministern anreiste. Die Größe seiner Delegation stand freilich in einem umgekehrten Verhältnis zu dem, was er
zu bieten hatte. Er kam mehr als Bittsteller denn als gleichwertiger
Gesprächspartner, und Kohl sagte danach, Modrow habe es »immer
noch nicht aufgegeben, von uns zweistellige Milliardenbeträge zu verlangen«. Modrow klagte, es sei nichts anderes verlangt worden als die
»bedingungslose Übergabe der DDR«.

Waigel konnte immerhin nachweisen, daß im Bundeshaushalt 1990
etwa 35 Milliarden Mark an Ausgaben für Projekte ausgewiesen
waren, die der DDR zugute kamen. Daß das genügte, darin war sich
Kohl mit dem Koalitionspartner einig. Zum handfesten Krach zwischen CDU und FDP wuchs sich die Art aus, in der der Bundeskanzler
die Oder-Neiße-Grenze behandelte. So nachgiebig und kompromißbereit er sich bei anderen Streitfragen gab, auf diesem Gebiet zeigte er
keinerlei Entgegenkommen. Da half der Einwand nicht, die Vertriebenen, auf die er Rücksicht nahm, hätten ohnehin keine andere Wahl, als
die Union zu wählen, und die CSU, die sich als eine noch rigorosere

Sachwalterin ihrer Interessen aufspielte, werde deswegen nicht aus dem Unionsverband ausscheiden.

Dennoch überzeugte Kohl das Argument, die Wähler in der DDR, die näher zur Grenze mit Polen lebten und deren Staatsführung ihren Grenzfrieden mit dem östlichen Nachbarn geschlossen hatte, dächten und empfänden anders als die Bundesbürger. Auf der einen Seite lag ihm die FDP-Führung in den Ohren, sich vor der Wahl zu bewegen. Auf der anderen drängte Mitterrand. Der französische Staatspräsident wurde so ungeduldig, daß er die polnischen Staats- und Regierungsführer Jaruzelski und Mazowiecki nach Paris einlud und mit ihnen auf einer Pressekonferenz die Bundesregierung und den Bundestag aufforderte, sich verbindlich zur polnischen Westgrenze zu erklären. Bundespräsident Richard von Weizsäcker, der Kohls Zögern kritisierte, nannte den Ton, in dem das geschah, »unfreundlich«. Wie üblich bereitete Kohl seine Kehrtwende insgeheim, aber nachdrücklich vor. Er beabsichtigte, sie so zu vollziehen, daß sie die angestrebte Wirkung tat und ihn trotzdem nicht das Gesicht kostete.

Die Abteilung Eduard Ackermanns hatte die Vorarbeiten zu liefern. Zwei von Ackermanns Mitarbeitern, die von Kohl dorthin bugsiert worden waren, fertigten ein Arbeitspapier. Es waren die Söhne alter Kampfgefährten des Kanzlers: Michael Mertes und Martin Hanz, Sohn des Abgeordneten August Hanz aus dem Westerwald. Kohl holte, als er Ministerpräsident war, den Vater in die Landesvertretung, dann, als er nach Bonn kam, wurde Hanz Abgeordneter. Mertes und Hanz präparierten für den Regierungschef einen Entwurf, mit dem er in die Abstimmungsgespräche ging, in denen der Text für eine Entschließung des Bundestags formuliert wurde. Hans-Dietrich Genscher, mit dem er den Text erörterte, war mit dem Vorgehen nicht zufrieden. Eine Resolution war ihm zu unbestimmt, zu vage. Er fand, dafür sei es zu spät, und befürwortete die Initiative des polnischen Außenministers Krzysztof Skubiszewski, der vorschlug, den Grenzvertrag zwischen Deutschland und Polen jetzt zu paraphieren und später von einer gesamtdeutschen Regierung ratifizieren zu lassen.[21]

In die Resolution, die Kohl schließlich präsentierte, nahm er den Vorschlag auf und schaltete einen weiteren Schritt dazwischen. Er forderte die beiden künftigen »freigewählten Parlamente« auf, die Grenze als unantastbar zu erklären und es der späteren gesamtdeutschen Regierung und dem gesamtdeutschen Parlament zu überlassen, den Grenzvertrag in Kraft zu setzen.

Genscher, der Kohls Initiative anfangs unterstützte, distanzierte sich von ihr, als sich die kritischen Stimmen mehrten.[22] Was ihm nicht weit genug ging, ging den Vertriebenen zu weit. Mitterrand rief eine Woche, nachdem die Entschließung mit den Stimmen der Koalition im Bundestag verabschiedet wurde – das war am 8. März, zehn Tage vor der Wahl zur Volkskammer –, Kohl an und forderte ihn auf, die Grenze sofort anzuerkennen. Auch er drang nicht durch.[23]

Inzwischen ging der Wahlkampf, der fast ausschließlich in der Bonner Zentrale organisiert worden war, in die letzte Runde. Nach den Plänen des Organisationsleiters der Parteizentrale, Karl Schumacher, wurden entlang der früheren Zonengrenze entsprechend der sich abzeichnenden Wiedergründung der alten Länder fünf zentrale Büros eingerichtet, die die Parteiorganisationen in Ostdeutschland mit Werbematerial versorgten. Außerdem setzte Kohl eine größere Schar von Helfern aus der Partei, die er mit Werksverträgen für die Dauer des Wahlkampfs und mit Spenden in einer Höhe zwischen 10000 und 15000 Mark ausstattete, nach Osten in Marsch. Der frühere Regierungssprecher Friedhelm Ost wurde für ein Zweigbüro der Zentrale in Ostberlin abgestellt, und Kohls Vertrauter, der Bremer Landesvorsitzende Bernd Neumann, war für die Betreuung der kleineren Partner zuständig. Amüsiert beobachtete Rühe, wie akribisch genau der Parteichef vorging. Er kümmerte sich um alle Einzelheiten und wollte über jede Kleinigkeit Bescheid wissen. So bezweifelte er, daß der Leim, mit dem die Plakate im Osten geklebt wurden, haltbar sei, und ruhte nicht eher, bis der CDU-Geschäftsführer Wilhelm Staudacher mit einem Eimer Kleister im Amt erschien und ihm die Tauglichkeit des Objekts an Ort und Stelle vor Augen führte.[24]

Im Wahlkampf erwachten in der Union die Tugenden, mit denen sie groß und mächtig geworden war. Ihre Redner strömten zu Hunderten ins andere Deutschland, wo die Partei, wie sich ihr Vorsitzender ausdrückte, »ein Maß an Vitalität und Jugendfrische« zeigte, »wie man es ihr schon gar nicht mehr zugetraut hätte«. Er sei, sagt er, »hochachtbaren Gestalten« aus den Parlamenten begegnet, »die im Gespräch mit den Wählern regelrecht aufblühten«.[25] Wenn jemand aufblühte, war er es. Seine Wahlkampfmanager planten für ihn sechs Veranstaltungen unter freiem Himmel in den wichtigsten Städten der DDR. Die Tournee war zeitraubend und anstrengend, oft ermüdend und strapaziös, aber sie erfrischte und belebte ihn. Schumacher erinnert sich, daß er nicht nur die Lautsprecher und die Podeste für seinen Hauptredner besorgen, sondern auch mit den örtlichen Behörden darüber verhandeln mußte, wer für die Aufrechterhaltung der Ordnung verantwortlich war. In einigen Städten wie in Leipzig schloß er mangels Präsenz staatlicher Autorität einen Sicherheitsvertrag mit der Stadtverwaltung ab.[26] Bei der Fahrt zum ersten Wahlkampfeinsatz in Erfurt am 20. Februar hatte die Kolonne zwar Mühe, sich auf dem Weg über die Autobahn zu orientieren, aber es freute Kohl, daß Schumacher gut vorgearbeitet hatte. An allen Brücken, Straßen und Häusern hingen Transparente. Auf dem Erfurter Domplatz warteten die Menschen dichtgedrängt. Kohl bekam zum erstenmal das beruhigende Gefühl, daß »die Chancen der ›Allianz für Deutschland‹ besser waren, als alle Skeptiker vorausgesagt hatten«. In seiner Schilderung verschweigt er, daß er zu den Skeptikern gehörte, die anfangs nicht an einen Sieg glaubten. Auf der Autobahn nach Erfurt sagten ihm die Organe der DDR, die sie begleiteten, es würden »etwa drei- bis viertausend« Zuhörer erwartet. Hinterher zählten sie 150000.

Beim zweiten Wahlkampfeinsatz in Chemnitz Anfang März waren es schon 200000, in Magdeburg wurden 130000 gezählt, in Rostock 120000, in Cottbus abermals 120000 und bei der Abschlußveranstaltung in Leipzig vier Tage vor der Wahl war es eine schier unübersehbare Menge von 320000 Menschen, die Kohl zujubelte. »Eine Sensation«, jubelte Teltschik, der die Zahlen in seinem Tagebuch penibel notierte wie ein Boxer seine Siege im Ring. »Damit«, fügt er hinzu, »haben ihn mehr als eine Million DDR-Bürger gehört.«

Zu den unerfreulichen Überraschungen gehörte die Begegnung mit den Überbleibseln der Stasi. Kurz nach der Gründung der Allianz stellte sich heraus, daß der Mitgründer der Ost-CDU, der Pastor Martin Kirchner aus Eisenach, für sie gearbeitet hatte. Er legte seine Ämter nieder. Als hartnäckiger erwies sich Wolfgang Schnur vom Demokratischen Aufbruch. Er leugnete auch dann noch, als die Beweise erdrückend waren. Darüber gerieten Kohl und Rühe überkreuz, da jeder von ihnen beanspruchte, den Fall kurz vor der Abschlußveranstaltung in Leipzig bereinigt zu haben. Noch schlimmer traf es die SPD.

Einige Zeit nach dem Sturz Schnurs mußte sie sich aus dem gleichen Grund vom Parteivorsitzenden Ibrahim Böhme trennen, der Ministerpräsident der DDR werden wollte, es aber auch deshalb nicht wurde, weil seine Partei den Wahlsieg, den sie schon sicher glaubte, nicht schaffte. Sicher war der Ausgang der Wahl nicht, aber die letzten Berichte der Wahlkämpfer signalisierten wachsende Zustimmung zur

CDU. Zu den abschließenden Wahlveranstaltungen im ganzen Land strömten die Zuschauer, die Wahlkampfluft war mit Optimismus gesättigt. Gleichwohl erlebte Teltschik den Chef öfter niedergeschlagen, »fast depressiv«. Wenige Tage vor der Volkskammerwahl sagte er in der Morgenlage, am liebsten würde er »nach Hause gehen«. Das einzige, was ihn noch motiviere, seien »die Menschen in der DDR«. Im größeren Kreis des Kabinetts nörgelte er über den »überflüssigen Streit um die Oder-Neiße-Grenze«, obwohl er ihn mit seiner hartnäckigen Weigerung, sich festzulegen, ausgelöst hatte.

Er klagte über die Mentalität der Westdeutschen, die ängstlich seien, »daß man etwas verlieren könne und seinen Lebensstandard einschränken müßte«. Selbst solche, die jahrelang das Lied von »Einigkeit und Recht und Freiheit« auf den Lippen hatten, »hätten jetzt plötzlich Probleme damit«. Und in der DDR säßen immer noch viele Menschen »auf gepackten Koffern«.[27] Das waren die üblichen Anfälle von Depression, die Kohl heimsuchten, wenn ein großes Ereignis nahte.

Am Wahlabend des 18. März zog er sich in sein Büro im Kanzleramt zurück, wo er mit seinen Mitarbeitern die Fernsehsendungen verfolgte, die, wie Teltschik registrierte, »eingehenden Hochrechnungen« notierte und sich »auf die Runde der Parteivorsitzenden im Fernsehen« vorbereitete. Teltschik hatte ihn schon nervöser gesehen. Die Hochrechnung, die bald nach 18.00 Uhr ausgestrahlt wurde, überraschte alle. 93 Prozent der Wähler gingen zur Wahl, mehr als jemals Bundesbürger im Westen wählten, fast so viele wie früher an den erzwungenen Wahlen im eigenen Land teilnahmen. Sie gingen nicht nur zahlreicher zur Wahl, sie stimmten auch anders ab als erwartet. Sie gaben der CDU 40,5 Prozent; das war, wie Teltschik schreibt, »ein persönlicher Triumph« für den Spitzenmann. Von seinem Glanz zehrten die Partner, sie erzielten 7,2 Prozent dazu, so daß die Allianz auf 47,7 Prozent kam. Ihr fehlten bei 192 Mandaten acht Sitze zur absoluten Mehrheit. Kohl nannte das ein »Gottesgeschenk«, denn es half ihm, den einzigen Wermutstropfen zu schlucken, das unerwartet gute Abschneiden de Maizières.

Für die nicht gerade mit Erfolg verwöhnte SPD war das der schwärzeste Wahltag seit dem 6. März 1983. Jetzt blieb sie, noch kläglicher als damals, mit 21,7 Prozent und 88 Sitzen zurück, nicht viel stärker als ihr schärfster Konkurrent, die PDS, die mit 16,3 Prozent erstaunlich gut abschnitt. Oskar Lafontaine mußte sich eingestehen, daß er die

Partei direkt in den Abgrund führte. Daß sie in dem Gebiet versagte, in dem sie vor hundert Jahren ihren Zug durch die deutsche Geschichte angetreten hatte, war ein schlechtes Omen für die bevorstehende Bundestagswahl. Tief in der Nacht suchten Kohl und seine Mitstreiter das italienische Restaurant »Isola d'Ischia« in der Nähe des Bonner ZDF-Studios auf. »Endlich gibt es Champagner«, notiert Teltschik. »Heute ist er wirklich angebracht.«

NACH DER WAHL änderte Kohl, wie er es in solchen Fällen zu tun pflegt, seine Haltung gegenüber Lothar de Maizière, der sich als ein erfolgreicher Wahlkämpfer entpuppt hatte und von der frischgewählten Volkskammer zum Ministerpräsidenten gewählt wurde. Kohl gratulierte ihm am Wahlabend, schickte ihm Teltschik, der ihm bei der Regierungserklärung half, und zeigte sich entschlossen, zu ihm eine »wirkliche Vertrauensbeziehung« aufzubauen, wie Schäuble berichtet. Nachdem sich de Maizière etablierte, auch von Gorbatschow empfangen und hofiert wurde, verabredete sich Kohl öfter mit ihm und rief ihn manchmal mehrmals täglich an.[28]

Die Tatsache, daß der Konkurrent im Osten ein bedeutendes Amt bekleidete und er für Kohl der wichtigste Ansprechpartner in Ostdeutschland war, erleichterte es ihm, seine negative Meinung zu revidieren. Seine plötzliche Sympathie erstreckte sich ebenfalls auf de Maizières engste Mitarbeiter Günther Krause und Klaus Reichenbach. Der eine war Landesvorsitzender der CDU in Mecklenburg-Vorpommern, der andere in Sachsen.

Er ließ seiner Truppe einen Tag Zeit, das Wahlergebnis aufzuarbeiten, dann machte er sich mit ihr daran, die nächste Etappe vorzubereiten. Am Dienstag nach der Wahl verständigten sich CDU, CSU und FDP in einem Koalitionsgespräch auf einen »Fahrplan zur deutschen Einheit«. Der Beschluß lautete, die Wirtschafts- und Währungsunion sollte zum 1. Juli 1990 eingeführt werden. Am gleichen Tag sollten die Notaufnahmelager für die Übersiedler aus der DDR geschlossen werden. Ziel war die Eindämmung des starken Flüchtlingsstroms.

Schäuble machte später in einem Resümee geltend, die Anträge in den Lagern seien stetig zurückgegangen, seit die Regierung bekanntgegeben habe, daß sie aufgelöst würden. Am Tag, an dem sie ihre Tore schlossen, seien nur noch 14 Übersiedler hindurchgeschlüpft.[29] Die Koalitionsrunde legte auf ihrer Sitzung am 20. März 1990 auch den

Kurs fest, zu dem die D-Mark umgetauscht werden sollte. Hierbei setzte sich Kohl gegen den anfänglichen Widerstand der Bundesbank und anderer Fachleute und des SPD-Spitzenkandidaten Lafontaine mit seinem Wunsch durch, die Bürger der DDR sollten bei den Löhnen und Gehältern und den Renten, variiert auch bei den Sparguthaben, für eine Ostmark eine Westmark bekommen.

Die Formel 1:1, schrieb er später,»würde natürlich von enormer politisch-psychologischer Bedeutung sein. Sie würde den Menschen in der DDR signalisieren, daß es um Solidarität und Gleichberechtigung ging – und nicht um eine herablassende Geste des reichen gegenüber dem armen Vetter.«

In der Frage, nach welchem Verfahren sich die DDR der Bundesrepublik anschließen sollte, setzte sich Kohl, zusammen mit Schäuble, ebenfalls durch. Sie entschieden sich für den Artikel 23 des Grundgesetzes, nach dem in einem einfachen Verfahren die deutschen Länder in den Geltungsbereich aufgenommen wurden, die ihm beitreten wollten. Der Artikel 146 dagegen, der von Oskar Lafontaine vorgezogen wurde, sah eine etwas umständlichere Prozedur vor, bei der sich nach dem Vorbild des Parlamentarischen Rats von 1947/48 eine Verfassunggebende Versammlung, die vom Volk gewählt wurde, eine neue Verfassung geben mußte.

Schäuble lehnte diese Alternative ab, weil sie, wie er es in seinem Bericht über die Verhandlungen begründet,»viel zu lange dauern und Unsicherheit und Instabilität in beide Teile Deutschlands« bringen, »aber auch zumindest in das europäische Umfeld hineintragen« würde. Ihm und anderen Unionspolitikern erschienen vor allem die zusätzlichen plebiszitären Elemente suspekt, die dieses Verfahren enthielt. Um eine lange Diskussion darüber zu beenden, ehe sie richtig einsetzte, schlug Schäuble vor, nach dem Beitritt der DDR den Artikel 23 kurzerhand aus dem Grundgesetz zu streichen. Gab es diesen Passus nicht mehr, erledigte sich verfahrenstechnisch der Streit über die Westgrenze Polens. Das Gespann Kohl-Schäuble umging alle Verfahrensfragen damit, daß es vollendete Tatsachen schuf: die Streichung des Artikels 23. Mit der Streichung des Artikels 23 wurde es den fünf neuen Ländern ermöglicht, durch die Tür zu schlupfen, dann wurde sie geschlosssen.

Während der Verhandlungen über den Staatsvertrag zur Währungs-Wirtschafts- und Sozialunion zog sich Kohl von der Bildfläche zurück, blieb aber im Hintergrund präsent und ließ sich von Schäuble permanent unterrichten. Bei der Unterzeichnung am 18. Mai 1990 im

Palais Schaumburg stand er, ein wohlwollend lächelnder Pate, neben dem einen Kopf kleineren de Maizière hinter den Fachministern, die unterschrieben. Auch die Vorbereitung der Gespräche über den Einheitsvertrag überließ er Schäuble.

Die Erschließung der DDR erquickte Kohls Herz doppelt, weil alle guten Nachrichten, die ihn in letzter Zeit erreichten, von dort kamen. Bei den Kommunalwahlen am 6. Mai hielt die CDU den Anteil, den sie bei der Volkskammerwahl errang, und stellte nun zum Dach des nationalen Parlaments einen soliden Unterbau in den Städten und Gemeinden. Schlimm sah es dagegen in Niedersachsen aus. Bei der Landtagswahl verlor Ernst Albrecht die Regierungsmehrheit an seinen Herausforderer Gerhard Schröder von der SPD, und nach der CDU/-FDP-Koalition regierte nun ein rot-grünes Bündnis. Bei der Landtagswahl in Nordrhein-Westfalen blieb der angestrebte Wechsel in entgegengesetzter Richtung aus. Der vielgerühmte Charme des CDU-Landesvorsitzenden Norbert Blüm versagte, Johannes Rau regierte weiter mit exakt fünfzig Prozent der Stimmen.

Die politische Landschaft im Westen blieb unbewegt, die Wähler konnten sich nicht entscheiden, welche Spielart der Deutschlandpolitik sie für die bessere halten sollten, mit einer Ausnahme: Die Popularitätskurve des Bundeskanzlers stieg vom Mai an stetig aufwärts, während die Lafontaines im gleichen Maß sank. Dieter Roth von der Forschungsgruppe Wahlen in Mannheim, der in einem Buch zu Kohls 60. Geburtstag, am 3. April 1990, den Jubilar als den »ungeliebten Kanzler« skizzierte, den die Wähler nicht mochten, der Defizite »im Bild des idealen Kanzlers« aufwies, weniger populär als seine Partei war und als Bundeskanzler weniger Zustimmung bekam denn als Oppositionsführer, mußte eingestehen, daß das Objekt seiner Forschung seit Anfang des Jahres 1990 »Punkte machte«. Im Juni verwandelte sich, zum erstenmal, der Kanzler-Malus in einen Kohl-Bonus.[30]

Das Verfahren, sich bei den innerdeutschen Verhandlungen zurückzuhalten, erlaubte Kohl, sich um so mehr den internationalen Verhandlungen und Gipfelkonferenzen zu widmen, die an Tempo und Dichte zunahmen. Dreimal in drei Monaten war er bei Bush. Außerdem trafen sich die Größen der Welt beim europäischen Spitzentreffen am 25. Juni 1990 in Dublin, beim NATO-Gipfel am 5. Juli in London und beim Weltwirtschaftsgipfel in Houston am 9. Juli. Bei diesen Treffen der Staatsmänner entwickelte Kohl jene besondere Form der

Gipfeldiplomatie, die es ihm erlaubte, seine privaten Gewohnheiten auf die internationalen Begegnungen zu übertragen und alle Rituale, Rangordnungen und Respektsbezeugungen der internationalen Diplomatie aufzuheben.

Von Freude über die Ergebnisse seiner Entspannungsübungen bei den Gipfeln erfüllt, berichtet er in seinem Rückblick auf jene Zeit, er habe gern mit den Kollegen gescherzt wie mit Felipe Gonzáles, zu dem er in gespielter Verwunderung bemerkte, er verstehe nicht, wie ein »so intelligenter Mann Sozialist« sein könne. Er fand es lästig, »ständig allein in einer gepanzerten Limousine sitzen zu müssen«. Das sei »unbequem«, schreibt er, »und außerdem schottet es einen von der Außenwelt völlig ab«. Also führte er die Übung ein, an den Konferenzorten Busse für die Teilnehmer bereitzuhalten. Im Bus, pries er seine Erfindung, könne man »es sich bequem machen«, und außerdem sehe man »mehr von Stadt und Land«. Ebenfalls lockerte er die steife Diplomatensprache auf und trug durch die Übung, sich gegenseitig mit dem Vornamen anzureden, zur Entkrampfung bei.[31]

In jener Zeit schlugen dem Kanzler, wie der Korrespondent der *Süddeutschen Zeitung*, Olaf Ihlau, registrierte, »Hymnen« entgegen, »wie er sie zeit seines Lebens« nicht gehört habe. So habe ihn nach der letzten Konferenz in Houston die *Financial Times* zu »Europas einflußreichster Figur« erhoben und der Londoner *Economist* ihn als »Wunderkohl« gepriesen.[32] Dabei bildeten sich wechselseitige Allianzen. Kohl und Bush verbündeten sich unübersehbar gegen Gorbatschow, aber bei der Ablösung der Siegerrechte einigte sich der amerikanische Präsident über Kohls Kopf hinweg mit seinem sowjetischen Kollegen. So verständnisvoll sich der amerikanische Präsident gegen alle deutschen Wünsche zeigte, in einem Punkt war er unbeirrbar. Sobald der Bundeskanzler in Washington die Gespräche auf wirtschaftliche und finanzielle Hilfen an Moskau zur Sprache brachte, hielt sich Bush zurück.

Bei einer längeren Unterredung im Weißen Haus am 17. Mai 1990 stieß der Bundeskanzler mit seinem Vorschlag, der Sowjetunion eine »umfassende Wirtschaftshilfe« und einen »Bankenkredit« in Höhe von mehreren Milliarden Mark zu gewähren, auf taube Ohren. Sein »Freund George Bush« gab ihm recht, stimmte ihm in allen Punkten zu, auch demjenigen, es liege im westlichen Interesse, Gorbatschows Reformkurs zu stützen, der gefährdet werde, wenn dem Präsidenten wirtschaftlich die Luft ausgehe, aber eine Beteiligung der Amerikaner an einem Hilfsprogramm für Gorbatschow lehnte er ab. Er schob den Handelsboykott, den Gorbatschow gegen Litauen verhängte, vor und erklärte, solange er andauere, seien ihm die Hände gebunden. Er ging darüber hinweg, daß sich der sowjetische Präsident in höchster Not befand, daß der Rückhalt für seine Reformen im Volk und in der Partei schmolz, daß Unruhen das Land erschütterten und die Kredite, um die er nachsuchte, nur zögernd anliefen.[33]

Gorbatschow erging es nicht anders. Bei den Gesprächen, die er im Weißen Haus und in Camp David Ende Mai 1990 führte, hielt sich Bush bei allen finanziellen Zusagen bedeckt. Er war allenfalls bereit, den Sowjets bei den Abrüstungsgesprächen entgegenzukommen, an deren Fortkommen Gorbatschow viel lag. Vor und während der Verhandlungen stimmte Bush sich sorgfältig mit Kohl ab. Er telefonierte mehrmals mit ihm und stellte in bezug auf die Zugehörigkeit des künftigen Deutschlands zum Bündnis völlige Übereinstimmung her.

Gorbatschow wußte der entschiedenen Politik der Verbündeten nichts entgegenzusetzen. Der Sowjetführer hatte in bezug auf Deutschland, wie Kwizinski, der stellvertretende Außenminister, einräumen mußte, einen »surrealistischen Wust an Ideen«, aber kein Konzept. In Washington verfocht er anfangs den Vorschlag, das westliche Deutschland könne für eine Übergangszeit in der NATO, der östliche Teil im Warschauer Pakt bleiben, über die endgültige »Sicherheitsstruktur« könne später entschieden werden. Das war eine Vorstellung, die Genscher, als Schewardnadse sie ihm vortrug, als »Ausdruck der Resignation« auslegte.[34]

Während einer der Unterredungen zwischen Bush und Gorbatschow brachte Bush wie beiläufig das Argument vor, gemäß der KSZE-Schlußakte hätten alle Staaten das Recht, ihre Bündniszugehörigkeit frei zu wählen. Folglich solle Deutschland selbst entscheiden können, welchem Bündnis es sich anschließen wolle. Bei diesen Sätzen nickte Gorbatschow, wie Teilnehmer bemerkten, und pflichtete Bush bei. »Die Amerikaner waren verblüfft«, schreiben die Autoren Philip Zelikow und Condoleezza Rice, die zu jener Zeit im Stab des Weißen Hauses beschäftigt waren. »Sie sahen, wie Achromejew und Falin hochschreckten und unruhig auf ihren Stühlen hin- und herrutschten.« Bushs Sonderberater Robert Blackwill schob dem Präsidenten einen Zettel zu, auf dem er notierte, Gorbatschow sei soeben auf die amerikanische Position eingeschwenkt, ob er ihn dazu bringen könne, das zu wiederholen.

Was er sagen wollte, führte Bush aus, »wenn Deutschland nicht in der NATO bleiben will, steht es ihm frei, einen anderen Weg zu wählen«. Nunmehr regte Gorbatschow an, eine »öffentliche Erklärung« mit folgendem Wortlaut abzugeben: »Der US-Präsident hat sich damit einverstanden erklärt, daß das souveräne, vereinte Deutschland selbst entscheiden wird, welchen militär-politischen Status es wählt: Mitgliedschaft in der NATO, die Neutralität oder etwas anderes.« Nach einer weiteren Intervention Bushs formulierte Gorbatschow neu: »Die Vereinigten Staaten und die Sowjetunion treten dafür ein, daß das vereinte Deutschland ... selbständig über die Mitgliedschaft in einem Bündnis entscheiden soll.« Bush war noch immer nicht zufrieden und schlug eine weitere Änderung vor, die den Tatbestand radikal änderte. Sie lautete: »Die USA plädieren eindeutig für die Mitgliedschaft des vereinten Deutschland in der NATO, wenn Deutschland jedoch eine andere Wahl trifft, werden die USA nicht dagegen einschreiten, sondern diese respektieren.«

Gorbatschow erklärte sich einverstanden. Damit hatte Bush zwei Punkte festgeklopft, auf die es ihm ankam: Amerika stellte sich als Weltmacht dar, und es entschied, daß die Bundesrepublik in der NATO blieb.[35]

Dieses Gespräch bezeichnen Zelikow/Rice als »Wendepunkt«. Das sei schon an der Verwirrung erkennbar gewesen, die anschließend in der sowjetischen Delegation herrschte. Offensichtlich wurde sich Gorbatschow bewußt, daß er einen Fehler begangen hatte, und beschuldigte Außenminister Schewardnadse, ihn nicht korrigiert zu haben. Es war passiert und nicht mehr rückgängig zu machen.[36]

Anschließend unterrichtete Bush den deutschen Bundeskanzler. Kohl stufte die Bedeutung, die Bush dem sowjetischen Schwenk unterlegte, etwas niedriger ein, tat sie mit einer kurzen Bemerkung ab und erkundigte sich nach dem Stand der Beratungen über die Wirtschaftshilfe. Aus den Notizen Teltschiks geht hervor, daß das Kanzleramt zweifelte, ob die Übereinkunft zwischen Bush und Gorbatschow bestehen werde, zumal da sich Gorbatschow auf der abschließenden Pressekonferenz in Washington darauf beschränkte, Bush nicht zu widersprechen.[37]

Inzwischen bereitete sich Kohl auf seine Reise nach Moskau vor. Den Außenstehenden war nicht klar, was Kohl bezweckte, und sein Berater Teltschik, der sonst recht aufgeschlossen war, übte sich in Zurückhaltung. Entgegen seiner sonstigen Gewohnheit speiste er in dem Vorbericht die Journalisten mit Allgemeinplätzen wie dem ab, vor der Sommerpause sei der geeignete Zeitpunkt, eine »Zwischenbilanz« zu ziehen und die »Gesamtsituation« zu bewerten.[38] Kohl stand im Zenit seiner Macht. Er hatte alle Bedenken und Widersprüche gegen das Konzept der raschen Wiedervereinigung, so wie er es entworfen hatte, schlichtweg überfahren. Auf den internationalen Konferenzen gab es niemanden, der ihm in den entscheidenden Punkten widersprach. Außerdem liefen die Verhandlungen über den Einheitsvertrag. Eine Woche bevor der Kanzler nach Moskau startete, am 6. Juli, war Schäuble mit einem großen Troß von Beamten und Mitarbeitern in Ostberlin und eröffnete im Haus des Ministerpräsidenten mit de Maizière die Vertragsgespräche. Das geeinte Deutschland war konzeptionell erreicht und international anerkannt. Was die Zugehörigkeit des künftigen Deutschlands zur NATO betraf, war klar, daß Gorbatschow nicht hinter den Sachstand zurückgehen konnte, den er mit Bush vereinbart hatte, auch wenn die letzten Äußerungen aus der sowjetischen Hauptstadt uneinheitlich klangen. Offen war nur noch, wie sich die NATO während der Zeit verhalten würde, in der in der DDR sowjetische Truppen standen, wie lange die Übergangsperiode dauern und welche Kosten die Bundesrepublik für den Abzug der Roten Armee bezahlen würde.

Kohls Besuchsprogramm war ebenfalls in Einzelheiten nicht festgelegt, aber in groben Umrissen bekannt und sollte der Verständigung und Kooperation dienen. Zu diesem Zweck war ein Abstecher in den Kaukasus geplant.

Die deutsche Seite atmete erleichtert auf, als die Sowjets diesem Wunsch zustimmten. Er ging auf eine lose Vereinbarung zurück, die Kohl und Gorbatschow bei dessen Besuch vor einem Jahr in Bonn bei einem abendlichen Gespräch getroffen hatten. Beim nächsten Treffen sollte jeder dem anderen seine Heimat zeigen, der eine also den Kaukasus und der andere die Pfalz. Das Zustandekommen der Verabredung war ein positives Zeichen.

Im Reisegepäck hatte der Kanzler ein stattliches Gastgeschenk. Die Bundesregierung subventionierte im Lauf des Jahres die Lieferung von Nahrungsmitteln an die Sowjetunion in Höhe von 220 Millionen Mark und verbürgte einen Kredit in Höhe von fünf Milliarden Mark – eine dringend benötigte Unterstützung, denn der Sowjetstaat saß, wie der stellvertretende Ministerpräsident Stepan Sitarjan bei den Gesprächen wissen ließ, »auf einem Berg unbezahlter Rechnungen«. Außer-

dem sagte Bonn für alle Verpflichtungen, die die DDR mit der Sowjetunion eingegangen war, einen »Vertrauensschutz« zu und übernahm
die Stationierungskosten für die Rote Armee in Höhe von 1,25 Milliarden Mark. Darauf aufbauend, bereitete sich Kohl darauf vor, mit Gorbatschow ein Bündel von Verträgen auszuhandeln, mit denen das
Besatzungsrecht abgelöst werden sollte. An seine Stelle sollte eine neue
Form der deutsch-sowjetischen Beziehungen treten, um die uneingeschränkte deutsche Souveränität herbeizuführen. Das bedeutete, mit
dem einstigen Hauptgegner den Frieden zu besiegeln. In Kohls Vorstellung ging das neue Vertragswerk in seiner Dichte und Bedeutung
über die Ostverträge der sozialliberalen Koalition weit hinaus. Wie
sehr sich die beiden Staatschefs von den Flügeln der Phantasie tragen
ließen, zeigt ihre Absicht, einen »Großen Vertrag« zwischen beiden
Ländern zu schließen, ein Vorhaben, das nicht realisiert wurde.

Mit einer großen und bedeutenden Delegation im Gefolge startete
der Bundeskanzler am 14. Juli 1990 mit einer Boeing 707 der Bundeswehr nach Moskau. Dabei waren drei Bundesminister, Theo Waigel,
Hans-Dietrich Genscher und Hans Klein, der Pressesprecher. Daß
Kohl »abgespannt und nervös« war, schloß Teltschik daraus, daß er
»gelegentlich zu laute Scherze« riß. Auch brach er im Flugzeug unver-
mittelt mit Genscher einen Streit über die Stärke der Bundeswehr vom
Zaun. Mit ihm, polterte er, werde es keine Bundeswehr unter 400000
oder wenigstens 370000 Mann und schon gar keine Berufsarmee
geben, wie die FDP das wünsche. Genscher litt wieder unter Herzrhythmusstörungen, was Kohl nicht bemerkte oder nicht störte. Er
widersprach, woraufhin Kohl ausrief, er könne ihm auf der Stelle »aus
dem hinteren Teil der Maschine«, in dem die Journalisten saßen, mindestens zehn holen, die Genscher widerlegten. Es war eine der wenigen
Gelegenheiten, bei denen er Journalisten zu Zeugen rief. Genscher war
nicht in der Lage oder willens, den Streit auszutragen, so daß sich Kohl
als der Gewinner betrachten konnte.

Auf dem Flugplatz empfing Außenminister Eduard Schewardnadse
die deutschen Gäste, die Begrüßung war herzlich, alle empfanden das
als ein gutes Omen. Auf der Fahrt zur Residenz auf dem Leninhügel
ließ Kohl die Wagenkolonne anhalten und schaute an der Stelle auf das
regennasse Moskau, an der Napoleon 1812 vor der großen Niederlage
auf die Stadt hinunterblickte.

Den Rest des Abends behielt der Bundeskanzler, wie Teltschik berichtet, die gute Laune bei, was sich darin äußerte, daß er bei einem

kleinen Abendessen mit den Mitarbeitern »geräucherten weißen Speck und Kaviar in großen Mengen vertilgte«. Den Wodka, der dazu gereicht wurde, rührte er nicht an.

Am nächsten Vormittag ging es in den Kreml, wo die Abordnung nach einem Marsch durch die verwinkelten Gänge, Treppen und Flure des weitverzweigten Komplexes von Michail Gorbatschow in dessen Arbeitszimmer empfangen wurde. Gorbatschow war nicht so aufgeräumt wie der Gast, noch wirkte der 28. Parteitag der sowjetischen Kommunistischen Partei in ihm nach, auf dem er seine Bemühungen um Reformen mühsam und gegen harten Widerstand bei einem enormen Kraftaufwand und wenig hoffnungsvollen Perspektiven durchgesetzt hatte. In Anspielung auf die fortdauernden internationalen Konferenzen scherzte Gorbatschow beim Empfang, die Erde sei rund und sie flögen immerzu um sie herum. Kohl erwiderte trocken, sein Bedarf sei gedeckt, er freue sich aufs Gespräch. Bismarck habe davon gesprochen, »daß man den Mantel der Geschichte ergreifen müsse«. Gorbatschow entgegnete, er kenne diese Aussage nicht, finde sie aber interessant und stimme ihr zu. Jetzt gelte es, daß sie ihre Chance nutzten.

Im sachlichen Teil bekräftigte der Präsident die Vereinbarung, die Bush ihm in Washington abgerungen hatte. Der Kern seiner Aussagen lautete, das »vereinigte Deutschland« könne »Mitglied der NATO« bleiben oder – wie man wollte – werden. Insofern gab es keine Differenzen. Anders war es bei dem strittigen Punkt der Einbeziehung der DDR. Da beharrte er darauf, daß nach der Vereinigung »de facto ... auf dem Territorium der heutigen DDR keine NATO-Streitkräfte« stehen dürften. Das gelte für eine Übergangsperiode, die Gorbatschow auf sieben bis acht Jahre bezifferte. Erst wenn kein sowjetischer Soldat mehr auf deutschem Boden stehe, könnten die Soldaten der NATO in das Gebiet einrücken, das die Sowjetarmee räume. Der Präsident versicherte mehrmals, »de jure« sei die Frage der Mitgliedschaft klar, die NATO müsse sich lediglich damit abfinden, daß sie ihren Geltungsbereich erst dann auf das Territorium der DDR ausdehnen könne, wenn die sowjetischen Truppen abgezogen seien.[39] Die Eintragung von Horst Teltschik in das Tagebuch erinnert an die vom vorigen Besuch im Februar, einschließlich der Jubelrufe: »Der Durchbruch ist erreicht. Welch eine Sensation!«

Auch Waigel, der parallel dazu mit Sitarjan verhandelte, war der Überzeugung, Gorbatschow habe sich »mit der Wiedervereinigung unter bestimmten Bedingungen« an jenem 15. Juli 1990 abgefunden. Ihm ging in dem Gespräch mit Sitarjan noch deutlicher auf als Kohl, daß die Sowjets nachgeben mußten, wenn nicht jetzt, dann wenig später, denn »das große Land« sei »in Agonie, in Selbstauflösung begriffen« und versinke im »Chaos«. Daß Gorbatschow bei der anschließenden Pressekonferenz in einer Analogie mit den Lebensmittelproblemen seines Landes davon sprach, sie hätten versucht, »Nüsse beziehungsweise Nüßchen« zu knacken, und das werde ihnen noch gelingen, weil sie gute Zähne hätten, legte auch Waigel als »Durchbruch« aus.[40]

Für Kohl blieb eine Differenz, die die Übergangszeit betraf. Der Präsident habe ihm zwar bestätigt, daß Deutschland gleichzeitig mit der Wiedervereinigung ohne jede Einschränkung souverän sei. Die Frage, ob »das souveräne Deutschland als Ganzes« und sofort der NATO angehören könne, sei aber ungeklärt geblieben; von Gorbatschow habe er hierzu keine klare Antwort erhalten. Das heißt, der Besucher wünschte eine solide Absprache darüber, daß deutsche Soldaten unter dem Oberbefehl der NATO und sowjetische Truppen unter dem des Warschauer Pakts für eine bestimmte Zeit nebeneinander auf dem Gebiet der DDR stehen konnten. Kohls Frage am Schluß, ob sich die Fahrt in den Kaukasus lohne, beantwortete Gorbatschow: »In der Bergluft sieht man vieles klarer.«

Das Essen, zu dem sich alle Mitglieder zusammenfanden, die bis dahin getrennt verhandelten – Genscher sprach mit seinem sowjetischen Kollegen –, wurde wegen der Knappheit der Zeit hastig eingenommen. Es standen dafür nur vierzig Minuten zur Verfügung, genug Zeit für den Bundeskanzler, »klar und deutlich«, wie Waigel berichtet, die Feststellung auszusprechen: »Die Wiedervereinigung wird nach allem, was wir wissen, Ende dieses Jahres kommen.« Das sei ein »elementares Ereignis«, und es sei anders als das von 1871, dem Jahr, in dem das Deutsche Reich geschaffen wurde. Denn dieses Mal gehe die Gründung »in Übereinstimmung mit den Nachbarn« vor sich.

Gorbatschow verstand und antwortete auf Deutsch: »Gut.«

Um 14 Uhr startete die Sondermaschine des Präsidenten nach Stawropol, der touristische Teil der Reise begann. Das Gespräch zwischen Kohl und Gorbatschow hatte zwei Stunden gedauert. In dem Augenblick, in dem die Delegationen zusammenströmten, war die Entscheidung gefallen, und alle wußten es. Daß Kohl später den »Durchbruch« auf den Schauplatz des Kaukasus verlagerte und seine Helfer gar von einem »Wunder von Stawropol« sprachen, entsprang propagandistischem Kalkül. Wie nahe die Delegationsführer der Einigung beim

Abflug ins Gebirge waren, geht aus dem Bericht Teltschiks hervor, in dem es heißt, er habe dem deutschen Botschafter in Moskau, Klaus Blech, nicht erzählt, »daß der Durchbruch schon erreicht« sei, sondern lediglich angedeutet, daß er »bevorstehe«.

In Umrissen zeichnete sich ab, wie das umfangreiche Vertragswerk zur Einheit aussehen sollte. Das waren: ein förmliches Abschlußdokument der Zwei-plus-Vier-Verhandlungen, in dem die volle Souveränität Deutschlands festgehalten wurde, ein deutsch-sowjetischer Generalvertrag, eventuell einen Briefwechsel dazu, ein Überleitungsvertrag über die wirtschaftlichen Auswirkungen der Währungsunion auf die Sowjetunion, ein Abwicklungsvertrag über den Abzug der sowjetischen Truppen samt der Vereinbarungen über die deutsche Hilfe für die Wiedereingliederung der sowjetischen Offiziere und Soldaten in die Heimat. Dazu – neben dem bereits ausgehandelten deutsch-deutschen Vertrag über die Wirtschafts- und Währungsunion – kam der Vertrag über die Vereinigung Deutschlands.

Gorbatschow suchte nur noch nach einer Sprach- und Sachleistungsregelung für den Rückzug der Roten Armee, einem gewaltigen Landheer, das sicher auf sowjetischen Boden gebracht werden mußte. Vornehmlich mußte die Regelung vor dem von Gorbatschow-Gegnern dominierten Obersten Sowjet Bestand haben.

DIE TATSACHE, daß das Werk vollbracht, wenn auch noch nicht offiziell verkündet war, trug dazu bei, daß sich die Teilnehmer, wie sie später übereinstimmend berichteten, in einer gelösten Stimmung befanden. Dazu kamen all die Klimaumschwünge: In der Ebene herrschte schwül-warmes Wetter, im Gebirge, in das sie später kamen, war die Luft rein und klar. Nach einem Rundgang durch Stawropol und dem Besuch des Büros, in dem Gorbatschow neuneinhalb Jahre als Parteisekretär gearbeitet hatte, der Niederlegung eines Kranzes am Ehrenmal und der Unterhaltung mit Veteranen ging es mit Hubschraubern weiter zur nächsten Station. Die gewaltigen Flugmaschinen landeten auf einem Stoppelacker nahe einem Getreidefeld, auf dem ebenso riesige Geräte ratternd das Getreide mähten.

Helmut Kohl erinnert sich, »junge Bauernmädchen« hätten ihnen »Brot und Salz als Zeichen der Gastfreundschaft« überreicht. »In der alten, ländlichen Tradition seiner kaukasischen Heimat küßt Gorbatschow das Brot, bestreut es mit Salz, bricht es und verteilt es.« Er habe seinerseits »drei Kreuzzeichen auf den Laib« gemacht und erläutert, daß es früher seine Mutter so gehalten habe, »als ich noch ein Kind war«. Teltschik sparte das Brauchtum aus und lobte das »braun gebackene Brot mit der dicken Kruste«, das »kräftig und leicht säuerlich« geschmeckt habe. Gorbatschow geht in seinen Erinnerungen darüber hinweg.[41]

Idyllisch kam den Besuchern die Endstation dieses Tages, die Datscha des Präsidenten in dem Dorf Archys nahe dem wilden Fluß Selemtschuk vor. Kohl war in einem einfach ausgestatteten Zimmer in dem wuchtigen Haupthaus aus ockerfarbenem Stein mit einem roten Ziegeldach und einer breiten Freitreppe davor untergebracht. Der einzige Komfort, bemerkte er, war eine elektrische Schuhputzmaschine. Kaum in seinem Raum angelangt, ließ Gorbatschow anfragen, ob sie einen Spaziergang unternehmen wollten.

Der Kanzler zog seine »schwarze Strickjacke« an, Gorbatschow trat, wie Teltschik schildert, »flott gekleidet« in einer beigen Freizeithose mit einem dunkelblauen, eleganten Pullover hinzu, daneben Ehefrau Raissa im Hosenanzug. Die Kanzlergattin hatte es vorgezogen, zu Hause zu bleiben. Die kleine Gesellschaft wanderte zum nahe gelegenen Fluß Selemtschuk, einem »reißenden Gebirgsbach«. Die »Abenddämmerung, die dunklen Schatten der Bäume und Berge, der wolkenlose Himmel, die frische Abendluft«, das alles habe »Wohlbehagen« und ein »Glücksgefühl« vermittelt, beschreibt Teltschik die Szene. Gorbatschow kletterte hinunter zum »reißenden Wasser«, streckte Kohl seine Hand entgegen, der ließ sich auf die »nicht ungefährliche« Kletterei ein, dann standen die beiden Männer Seite an Seite am Ufer neben den Wellen und vermittelten den Zurückgebliebenen »ein Bild großen Einvernehmens«. Zurück auf dem ebenen Boden, wanderten alle zusammen zu einer aus rohen Baumstämmen gezimmerten Sitzgruppe. Genscher, Waigel, Klein und einige Journalisten, die Waigel an den Wachen vorbei durchgeschmuggelt hatte, gesellten sich hinzu. Die Luft war jetzt klar und rein. Die Entspannung, die sich einstellt, wenn ein großes Werk getan ist, verstärkte sich wohltuend. »Keiner von uns«, schildert Kohl, »hatte Lust, »über ›große Politik‹ zu reden«, und so hätten sie »über Gott und die Welt« geplaudert. Eine deutsch-sowjetische Idylle mitten in einer aufgewühlten Welt.

Beim Abendessen erzählte Gorbatschow, daß ihm eine Deutsche das Lied »Oh Tannenbaum« beigebracht habe, erzählte einen Witz über seine Versuche, dem Volk das höchste leibliche und seelische Gut, den

Wodka, zu nehmen, und gratulierte Kohl zum Gewinn der Fußball-Weltmeisterschaft in Rom. Kohl, der das Spiel der deutschen National-mannschaft besucht hatte, konnte ihm sachkundig berichten. Erst danach, gegen 22 Uhr, nahm er den Präsidenten beiseite und zog ihn in den Konferenzraum, wo sich auch die Minister einfanden.

Inzwischen war Kohl seiner Sache so sicher, daß er Teltschik beauf-tragte, das Schlußkommuniqué zu entwerfen, das er nach den Ver-handlungen der Presse vorlegen wollte. Der Mitarbeiter hatte damit einige Mühe, nicht, weil er sich beim Text schwertat, sondern weil die Delegation keine Sekretärin und keine Schreibmaschine dabei hatte.

Im Verhandlungsraum begann Gorbatschow das Gespräch mit den Worten, es gebe noch ein »Mißverständnis über die Mitgliedschaft in beiden Bündnissen«. Er formulierte das aber so, daß die Teilnehmer das Gefühl hatten, er steuere auf einen Kompromiß zu. »Wir brauchen Argumente für unsere Völker«, sagte der Präsident. Offenkundig suchte er sie bei den Deutschen, die sie ihm auch lieferten, allerdings nicht, bevor Kohl erklärt hatte, er werde bei der Mitgliedschaft in der NATO »keine Einschränkungen akzeptieren«.

Nach einem längeren Hin und Her, das dem üblichen Verhand-lungsstil der Sowjets entsprach, einigten sich beide Seiten auf eine Ver-einbarung, die festlegte, daß auf dem Gebiet der DDR keine Streitkräfte der NATO, wohl aber deutsche Soldaten stehen dürften, solange dort die Rote Armee stationiert war. Da beide Seiten glaubten, die Zauber-formel gefunden zu haben, prüften sie nicht, wie tragbar sie war.

Schließlich war schwer nachprüfbar, ob die betreffenden deutschen Wehrpflichtigen in die NATO integriert oder nicht integriert waren. Daß die Angehörigen der Volksarmee, die in die Bundeswehr über-nommen wurden, nicht auf einmal aus der DDR würden abziehen müssen, war ohnehin klar.

Die Besprechung am späten Abend dauerte zwei Stunden. Kohl ging so vor, wie er es in Brüssel, London oder Dublin praktiziert hatte. Er, nicht der Gastgeber, leitete die Verhandlung. Dadurch, daß er die Dis-kussion zwischendurch zusammenfaßte, arbeitete er das Wesentliche heraus, und es gelang ihm, wie Waigel formulierte, »durch die stän-dige Wiederholung seines Standpunkts ... seine Punkte in den Mittel-punkt zu rücken«. Er sei »entschlossen und energisch« vorgegangen, berichtete ein anderer Konferenzteilnehmer, Gorbatschows langjähri-ger Mitarbeiter, Mitkämpfer und Weggefährte, Anatoli Tschernajew, er habe »ein faires, aber hartes Spiel« gespielt, er habe »große Zugeständnisse« gemacht, aber die »Hauptsache« habe er bekommen: »... ein vereintes Deutschland in der NATO.«[42]

Souverän blieb er auch am nächsten Tag, als sich alle Teilnehmer samt ihrer Helfer am großen Lerchentisch im Konferenzraum der früheren Oberförsterei zur Schlußkonferenz versammelten. Als Gorbatschow über die deutsche Truppenstärke klagte und erklärte, sie dürfe 350 000 Mann nicht übersteigen, wurde der Bundeskanzler energisch. »Diese Frage bestimme ich«, sagte er. Er bestand auf 370 000 Soldaten, der Präsident lenkte rasch ein: »Na gut, dreihundertsiebzigtausend.« Es war nichts zu machen.

Die Verhandlung nahm vier Stunden in Anspruch, weil die Beteiligten die Bestandteile der Verträge Punkt für Punkt durchgingen, um, sie, wie es hieß, wasserdicht zu machen. Zum Schluß, schreibt Teltschik, habe sich ein »leichter Erschöpfungszustand« breitgemacht. Kohl war lange Sitzungen gewöhnt. Zum Essen wurde der berühmte kaukasische Fleischspieß gereicht. Der Gebirgsbach nebenan rauschte so laut, daß man ihn strömen hörte, wenn man die Tür öffnete. Die deutsche Delegation brach in einer Stimmung, die sich nicht wesentlich von der unterschied, in der Konrad Adenauer im Jahr 1955 aus Moskau zurückkehrte, zur letzten Etappe ihrer Reise auf.

Der Bundeskanzler hatte zielgenau gearbeitet, Teltschik brauchte den Entwurf der Presseerklärung, die er am Abend vorher verfaßte, nur unwesentlich zu ändern. Kohl verlas sie am Montag abend im Sanatorium Schelesnowodsk beim Kurort Mineralnie Wodi (auf deutsch »Mineralwasser«). Dabei ließ er das Programm verteilen, auf das er sich mit Gorbatschow verständigt hatte. Die erste Fassung hatte vierzehn, die zweite acht und die letzte, nach einer redaktionellen Überarbeitung, zehn Seiten.

Der erste Punkt lautete, Kohl werde Gorbatschow im nächsten Jahr nach Bonn und Deidesheim einladen, der zweite, die deutsch-sowjetischen Beziehungen seien von besonderer Bedeutung. Die folgenden Punkte waren substantieller.

Erst danach erfuhr die Welt, daß der deutsche Bundeskanzler die deutsche Einheit mit nach Hause brachte, so wie Adenauer 1955 die Aufnahme der deutsch-sowjetischen Beziehungen und die Entlassung von 10 000 Kriegsgefangenen erreichte. Im Flugzeug legte sich der Kanzler schlafen. Über dem Schwarzen Meer stand er auf, kam in Pullover und Wollsocken aus seiner Kabine und stieß mit den Journalisten mit einem Glas Sekt an.

26

DE MAIZIÈRE ERLEBT SEIN CANOSSA
AM WOLFGANGSEE

DAS ECHO AUF DIE REISE in den Kaukasus war überwältigend. Allen voran huldigte der Herausgeber des *Spiegel,* Rudolf Augstein, dem Bundeskanzler mit den Worten, ihn, den »Staatsmann«, werde man »nicht mehr von der Landkarte tilgen können«. Die Geisteswelt reagierte gespalten, auf der eine Seite bekämpfte Günter Grass wutentbrannt die Wiedervereiniger, die dabei seien, ein neues Großdeutschland zu zimmern, auf der anderen pries sein Kollege Martin Walser die Politik Kohls »von Pullover zu Pullover«. Der Genannte sah sich mit dem Alltag der Nachverhandlungen konfrontiert.

Michail Gorbatschow und seine Minister begannen, nachdem die erhebenden kaukasischen Tage vorüber waren, um jeden Rubel und jede Mark zu feilschen. Jetzt ging es um die Zahlungen für den Rücktransport der Roten Armee zu Lande und zu Wasser, den Bau der Siedlungen, in denen die Offiziere und Soldaten in ihrer Heimat untergebracht werden sollten, und die Renovierung der heruntergewirtschafteten Areale, die sie zurückließen. Die Vertragsverhandlungen dauerten einen Monat, von Ende August bis Ende September. Sie wurden von mehreren Ministern auf beiden Seiten geführt, und mehrmals mußten Kohl und Gorbatschow zum Telefon greifen, um die ständigen Krisen, die die Sowjets auslösten, einschließlich der Drohung, die Zwei-plus-Vier-Verhandlungen platzen zu lassen, beizulegen.

Zuerst forderten die sowjetischen Finanzleute 36 Milliarden Mark, eine Summe, die weit über dem Bonner Angebot von acht Milliarden lag. Nach mehreren Zwischenstufen bot Kohl elf bis zwölf Milliarden an, Gorbatschow ließ sich auf 15 Milliarden herunterhandeln und nannte das sein letztes Angebot. Der Kanzler gab nach und einigte sich mit dem sowjetischen Präsidenten darauf, daß er einen »Grundbetrag« von zwölf Milliarden zahlen und dazu einen »zinslosen Kredit« von drei Milliarden gewähren wollte. Eine weitere Lebensmittellieferung im Wert von einer Milliarde war zusätzlich unterwegs. Alles in allem, so errechneten Fachleute später, belief sich die Summe, die die Deutschen den Sowjets für die Preisgabe der DDR zahlten, auf 30 bis 35 Milliarden Mark, nicht zuviel, wenn man sich in Erinnerung ruft, wie fest sie dieses Faustpfand in der Hand hielten, seit sie es 1945 eroberten.[1]

Kohl war entschlossen, den Schwung beizubehalten, den er sich im Kaukasus geholt hatte. Am ersten Tag nach der Rückkehr gab er den Termin für die erste gesamtdeutsche Wahl bekannt: Anfang Dezember 1990 sollte gewählt werden; später wurde das Datum auf den 2. Dezember terminiert. Danach überließ er es dem Delegationsleiter für den Einheitsvertrag, Wolfgang Schäuble, die Details des Wahlgesetzes auszuhandeln. Seine Partner oder, je nachdem, Gegenspieler waren die SPD und die Vertreter der DDR, die Mitglieder der Regierung und die organisierten Bürgerbewegungen. Vom ersten Tag an verliefen die Gespräche zäh, vor allem wegen der Modalitäten für die Wahl. Am meisten umstritten war die Sperrklausel. Es verstand sich von selbst, daß die kleinen Gruppen in der DDR entschlossen waren, eine Hürde von fünf Prozent, wie sie in der Bundesrepublik bestand, zu verhindern, da sie ihren Einzug ins neue Parlament nahezu unmöglich machte. Sie hatten den schwierigen Teil der Einigung besorgt und wollten nun von den Segnungen nicht mit Formalitäten ausgeschlossen werden. Daher favorisierten sie ein Wahlmodell mit zwei Wahlgebieten und einer unterschiedlichen Stimmenauswertung.

Am 6. Juli 1990 begannen die Verhandlungen über den Einheitsvertrag, an der Spitze der Delegation stand auf östlicher Seite Günther Krause, auf westlicher Seite Wolfgang Schäuble. Schon am 31. August sollte unterzeichnet werden. Das war wenig Zeit für ein Vertragswerk, das am Ende im Bundesgesetzblatt 360 Seiten füllte. Der Zeitdruck erklärt, warum die Vertreter der Regierung häufig dem Tempo der Verhandlungen den Vorzug vor der Gründlichkeit gaben. Schäuble berichtet, der Bundeskanzler habe ihm völlige Gestaltungsfreiheit gelassen, weil er gewußt habe, »daß er von mir nicht beschissen wird«. Kohl ließ sich aber nach jeder Verhandlungsrunde berichten, und bei Knackpunkten zog Schäuble es vor, sich zwischendurch mit ihm abzustimmen. Eindeutige Absprachen waren nötig, wenn die FDP-Führung eine von der CDU/CSU abweichende Meinung vertrat. »Genscher brauchte nur zu husten«, bemerkte Schäuble einmal, »dann zuckte Kohl zurück.« Schäubles Verhandlungstaktik war eindeutig: Wenn die Vertreter der DDR auf die Übernahme von erhaltenswerten Elementen ihres Staates pochten, beschied er sie mit den Worten: »Liebe Leute, es handelt sich um einen Beitritt der DDR zur Bundesrepublik, nicht um die umgekehrte Veranstaltung.« Der Jurist Schäuble verfocht das Prinzip, die Wiedervereinigung dürfe »nicht als Vehikel für die Änderung bestehenden Rechts in der Bundesrepublik« gebraucht werden, und postulierte, niemand wolle sich »kaltschnäuzig« über die Wünsche und Interessen der DDR hinwegsetzen, aber es finde »nicht die Vereinigung zweier gleicher Staaten« statt, die Verhandlungen begännen »nicht ganz von vorn bei gleichberechtigten Ausgangspositionen«, sondern es gehe darum, daß die DDR, die 40 Jahre vom Grundgesetz und der Bundesrepublik ausgeschlossen worden sei, jetzt »einen Anspruch auf Teilnahme« habe.

Der DDR-Unterhändler Krause verspürte im Einklang mit seinem Bonner Verhandlungspartner nicht den Drang, »irgend etwas aus der alten DDR in das neue Deutschland retten zu wollen«, schreibt Schäuble in seinen Erinnerungen. Das habe ihm »die Kooperation mit« ihm sehr erleichtert.[2] Der 37 Jahre alte Krause, von Beruf Ingenieur, Vorsitzender der CDU-Fraktion in der Volkskammer und Chef der CDU in Mecklenburg-Vorpommern, betrachtete die DDR nicht als seine Heimat. Je früher sie unterging, desto lieber war es ihm. Das kapitalistische System war für ihn schon zu DDR-Zeiten ein Vorbild, weil er sich aufgrund seiner überragenden Eigenschaften besonders prädestiniert glaubte, es in ihm weit zu bringen. Er war ehrgeizig, eitel, strebsam, kaltschnäuzig und oft hochfahrend und unbeherrscht, ein Choleriker.

Anders geartet war sein Parteifreund, Ministerpräsident Lothar de Maizière. Er war bestrebt, so viel wie möglich von dem Heimatgefühl zu erhalten, das ihm die DDR vermittelt hatte. De Maizière war über die Mark Brandenburg nie hinausgekommen und hatte, als es ihm möglich gewesen wäre, zu reisen, kein Bedürfnis, es zu tun. Ihm gefiel die »Winkel-Existenz«, die mit ihm viele Bürger der DDR führten, die, wie er sie nennt, »Verliebtheit in die kleine Schar«, die »Luftschutzkellersolidarität«, und es fiel ihm schwer, sich an den Gedanken zu gewöhnen, daß ausgerechnet er es war, der sie preisgeben mußte.[3] Er prägte den Spruch »Einen durch teilen« und bemühte sich redlich, im Vertrag »bestimmte Dinge zu sichern, damit der Schock (der Anpassung an den Westen) später nicht allzu heftig ausfiel«. Er war es auch, der sich gegen die Verankerung des Prinzips »Rückgabe vor Entschädigung« sperrte, und es quälte ihn lange, daß er sich vom Westen überfahren ließ.[4]

Da er Krause nicht über den Weg traute, zog de Maizière das Einführungsreferat zu den Verhandlungen am 6. Juli an sich. Schäuble fand, er habe sich damit keinen Gefallen getan, weil er die Hauptgegenstände überging und zweitrangige Themen in den Vordergrund rückte. Zum Beispiel legte er Wert darauf, sofort darüber zu entscheiden, daß Berlin die künftige Hauptstadt wurde. Er problematisierte auch die Nationalhymne und empfahl eine Mischung aus den Texten der DDR-Hymne von Johannes R. Becher und der BRD-Hymne von Hoffmann von Fallersleben nach der Melodie von Joseph Haydn. Der Name »Bundesrepublik Deutschland« gefiel ihm ebenfalls nicht. Er war mehr für »Deutsche Bundesrepublik« oder »Bund Deutscher Länder«. Selbst die schwarz-rot-goldene Flagge stellte er zur Disposition.

Als am Mittwoch, dem 1. August 1990, im Haus des Ministerrats die Verhandlungsdelegationen zu Beginn der zweiten offiziellen Delegationsverhandlungen zusammentraten, zog Krause den Kollegen Schäuble beiseite und teilte ihm mit, »sein Ministerpräsident werde noch am selben Abend Kohl am Wolfgangsee treffen«. Er wußte nicht, was de Maizière dort wollte und ob er ihn begleiten mußte. Schließlich flog er aber doch mit. Die Verhandlungen mußten deswegen am Nachmittag unterbrochen werden. Weiter berichtet Schäuble, in der Zwischenzeit habe Kohl ihn aus St. Gilgen angerufen und habe ihm mitgeteilt, daß der Ministerpräsident »eben um ein Gespräch« gebeten habe und bereits abends bei ihm eintreffen werde. Kohl fragte seinen Gesprächspartner, ob er ihm einen »Tip geben könne, was de Maizière wohl von ihm wolle?« Schäuble mußte verneinen.

Nach dieser Schilderung müßten de Maizière und Krause am Mittwoch geflogen sein, nach der Beschreibung Kohls und seines Pressesprechers Eduard Ackermann fand das Gespräch aber erst am Donnerstag statt. Ackermann war in das, was er ein »geheimes Treffen« nennt, eingeweiht. Wie üblich hielt er die Stellung in Bonn, der Büroleiter Walter Neuer betreute Kohls Ferienbüro in St. Gilgen.[5]

Kohl schildert die Umstände der Reise anders als Schäuble, dessen Buch fünf Jahre früher erschienen ist. Er behauptet, nach der Rückkehr von einer Wanderung habe ihm Neuer mitgeteilt, daß ihn de Maizière »unverzüglich« sprechen wolle. Er entgegnete, »daß dies doch kein Problem sei. Wir könnten doch telefonieren.« Dem sei »jedoch nicht so« gewesen. »Der DDR-Ministerpräsident« habe ihn »persönlich sprechen« wollen. Er habe sich »bereits mit Günther Krause auf dem Weg« nach St. Gilgen befunden. Am Nachmittag seien die Ostberliner Besucher »mit ihrer riesigen Maschine auf dem kleinen Salzburger Flughafen gelandet« und »eine Stunde später« bei ihm eingetroffen. Verglichen mit Schäubles Darstellung, kann der Besuch so überraschend nicht erfolgt sein, wie Kohl es darstellt. De Maizière sei »gleich mit der Tür ins Haus« gefallen, schreibt Kohl. Er habe ihm »eindringlich« geschildert, »daß seine Regierung die Situation in der DDR« bis zur geplanten gesamtdeutschen Wahl am 2. Dezember »nicht mehr beherrschen könne«. Er rechne »trotz der Bonner Milliarden ... mit dem baldigen wirtschaftlichen Kollaps seines Landes«. Es werde »im Chaos versinken«.[6] De Maizière begnügte sich später mit der Beschreibung, er habe »am Wolfgangsee den Kanzler« gefragt, »ob man die Bundestagswahlen vom vorgesehenen 2. Dezember auf den 14. Oktober, den Tag der Landtagswahlen, vorverlegen könne«.[7]

Was den DDR-Ministerpräsidenten veranlaßte, in Panik zu geraten, läßt sich an den Umständen erkennen, unter denen er den, wie er es nannte, »Gang nach Canossa« unternahm. De Maizière wurde erst mit dem Beginn der Einheit aus seiner Brandenburgischen Nußschale ins Zentrum der deutschen Politik geholt. So schnell wie die Bonner Profis konnte er sich nicht in die neuen Verhältnisse einarbeiten. Es dauerte eine Weile, bis er begriff, daß das eigentliche Problem der Zusammenbruch der Wirtschaft und Industrie seines Landes war. Die Schulden der DDR waren auf 500 Milliarden Mark gestiegen, eine schier unvorstellbare Summe. Dazu kam, daß die DDR bei ständig steigenden Einfuhren so gut wie keine Waren mehr exportieren konnte. Auf den Sparkonten der DDR-Bürger lagen 160 Milliarden Mark, die nicht abgedeckt waren. Beim Amtsantritt registrierte der Ministerpräsident entsetzt, daß sich der Außenhandel der DDR, wie er sich ausdrückte, »weitgehend zum Ausbeutungssystem zugunsten der Sowjetunion« entwickelt hatte. Die DDR mußte überdies die Stationierungskosten für die sowjetische Armee mit fast fünf Milliarden jährlich vorfinanzieren.

Waren die Lasten der Vergangenheit groß, trug die DDR noch schwerer an den Auswirkungen der Wiedervereinigungspolitik Kohls. Die Währungsreform hatte verheerende Folgen für die DDR-Wirtschaft. Die Zahl der Arbeitslosen stieg sprunghaft. Die Gemeinden mußten die Kindergärten, Schulen, Altenheime und Krankenhäuser schließen, da sie das Geld nicht hatten, die Einrichtungen zu unterhalten. Die Polikliniken konnten die Patienten nicht mehr behandeln, als die

Krankenschwestern streikten. Auch die Lehrer gingen auf die Straße, die Rentenkassen waren leer, die neugegründeten Finanzämter hatten keine Instrumente, mit denen sie Steuern eintreiben konnten. Die Bauern der Landwirtschaftlichen Produktionsgenossenschaften hatten weder Geld noch Maschinen oder Personal, um zu ernten. Sie verbrannten aus Protest ihre Früchte auf den Feldern.

In der Bundesrepublik polarisierten sich die politischen Lager. In der SPD setzte sich die Linie des Parteivorsitzenden Oskar Lafontaine durch, der auf Konfrontation und Opposition gegen die Deutschlandpolitik der Union setzte. Damit geriet die Ost-SPD in den Sog der Auseinandersetzungen. Deren neuer Parteivorsitzender Wolfgang Thierse ging auf Gegenkurs zur Regierung de Maizière und geriet damit in Konflikt mit seinem Parteifreund, dem SPD-Fraktionsvorsitzenden in der DDR, Richard Schröder, der de Maizière unterstützte.

De Maizière betrieb auch die Bildung einer großen Koalition, während Krause ein Anhänger des christlich-liberalen Bündnisses nach Bonner Vorbild war. Das war ein weiterer Grund für Schäuble, auf rasche gesamtdeutsche Wahlen zu drängen. Schon Ende 1989 strich er im Gespräch mit Kohl die Vorzüge einer solchen Beschleunigung heraus, und der Bundeskanzler entgegnete: »Es kann gut sein, daß Sie recht haben, aber ich kann's nicht laut sagen.«[8]

Daß die SPD nicht bis zum Ende in der Regierung de Maizière bleiben wollte oder konnte, lag auf der Hand. Lafontaines Wahlkampfstrategie ging nicht auf, solange er die Bonner Regierung wegen ihrer Deutschlandpolitik frontal angriff und seine Partei in Ostberlin in der Regierung diese Politik praktizierte. Die Partner begannen, sich gegenseitig zu mißtrauen. Thierse wurde bereits mit der Äußerung zitiert, er traue dem Ministerpräsidenten »nicht mehr über den Weg«. Zu Recht, wie sich mit der geheimen Reise offenbarte. Zumindest hätte er seinen Kontaktmann Schröder von der Reise an den Wolfgangsee unterrichten müssen.

Die Idee vorgezogener Wahlen gefiel Kohl. Auch die Details der Prozedur sagten ihm zu. Danach wollte de Maizière die Volkskammer in der kommenden Woche zu einer Sondersitzung zusammenrufen und ihr »den Beitritt der DDR nach Artikel 23 des Grundgesetzes schon für den 14. Oktober 1990, dem Termin der Landtagswahlen in den fünf neuen Bundesländern, vorschlagen.« Zugleich sollte an diesem Tag die »erste gesamtdeutsche Bundestagswahl« stattfinden.

Schäuble berichtet, der Kanzler hätte sich »gern einer vorgezogenen

Wahl gestellt«, und das nicht nur aus »wahltaktischen Überlegungen«, sondern weil er »das Signal für eine wirtschaftliche Aufwärtsentwicklung in der DDR« hätte früher setzen können. »Kohl«, schreibt er weiter, »hätte es nicht als Mangel empfunden, nicht als gesamtdeutscher Kanzler im Wahlkampf auftreten zu können«, da er dann »noch stärker das Prinzip Hoffnung« hätte verkörpern können.[9] Aus der Passage geht hervor, daß sich die CDU-Führung Anfang August klar darüber war, daß für sie nichts verhängnisvoller war als eine Hängepartie, ein Zustand, in dem offenbar wurde, daß die Partei, die die Wiedervereinigung erstrebte, die Übergangsschwierigkeiten nicht bewältigte.

Es bestand die Gefahr, daß das Ansehen des Bundeskanzlers allmählich verfiel. Wahlen änderten zwar nichts an der Misere der DDR, wohl aber veränderten sie die psychologische Situation; sie konnten denen, die wählten, die Zuversicht vermitteln, es werde alles besser, wenn sie die richtige Partei wählten. De Maizières Vorschlag hatte zudem den Vorteil, daß die Landtagswahlen in den Sog der Bundestagswahl gerieten und Kohl davon doppelt profitierte. Denn die Demoskopen waren mittlerweile nicht mehr so sicher, daß die CDU bei der Wahl der Landesparlamente so gut abschnitt wie bei der Volkskammerwahl. Nicht alle Kandidaten waren so populär wie Kurt Biedenkopf, der von einer Gastprofessur an der Universität Leipzig in die Staatskanzlei in Dresden wechseln wollte. Vor allem im Norden der DDR verfügte die SPD mit Politikern wie Manfred Stolpe in Brandenburg über zugkräftige Bewerber.

Das waren die »wahltaktischen Überlegungen« Kohls, von denen Schäuble spricht. Sie gingen aber noch weiter. Ihm war bekannt, daß die SPD die entgegengesetzte Strategie verfolgte. Sie wollte die Union so lange wie möglich in der Schwebesituation festhalten, um den Wählern vor Augen zu führen, daß sie viel versprach, aber wenig bewirkte. Mit dem Projekt vorgezogener Neuwahlen konnte Kohl die SPD überrumpeln. Also verpflichtete er de Maizière, über den gemeinsamen Plan Stillschweigen zu wahren und ihn der Volkskammer erst dann mitzuteilen, wenn sie in der kommenden Woche zusammentrat. Er bat sich aus, in den nächsten Tagen seine Partner in den Plan einzuweihen, ehe de Maizière ihn verkündete. Die CDU wurde damit in die Lage versetzt, sich vorzubereiten, ehe die SPD die Zeit fand, sich aufzurappeln. Später leugnete Kohl, daß die Aussicht auf vorzeitige Wahlen ihn faszinierte. Er habe, schreibt er in dem Buch über die

Einheit, dem Vorschlag der »Beitrittserklärung durch die Volkskammer« zugestimmt, demjenigen zur Vorverlegung der Wahlen habe er »durchaus aufgeschlossen gegenüber« gestanden. Das klingt so, als habe er den Gedanken weder gutgeheißen noch abgelehnt.

Nach seiner Erinnerung klang der Abend des Tages, an dem am Wolfgangsee kontrovers diskutiert wurde, harmonisch aus. »Bis tief in die Nacht«, schildert er die Szene, habe die kleine Gesellschaft »damals in St. Gilgen« beisammengesessen. Günther Krause habe sich ans Klavier gesetzt und »herrliche Melodien« gespielt, zu denen alle »nach einigen Schoppen Wein« gemeinsam gesungen hätten.[10]

DAS BÖSE ERWACHEN sei am Tag danach gekommen, als sich nämlich der Besucher nicht so verhalten habe, wie es zwischen ihnen abgesprochen gewesen sei. Der Tag danach war Freitag, der 3. August 1990. Kohl rief gleich am Vormittag Schäuble in Ostberlin an und schilderte ihm die Vorgänge. Kurz danach nahm Krause den bundesrepublikanischen Verhandlungsführer beiseite und zeigte ihm eine Erklärung, die der DDR-Ministerpräsident auf einer Pressekonferenz unmittelbar danach verlesen wollte. Darin teilte de Maizière die Absprache über die vorzeitigen Wahlen mit, die er mit Kohl getroffen hatte und die er für sich behalten sollte.

Schäuble war erstaunt, er habe, sagte er zu Krause, den Bundeskanzler so verstanden, de Maizière werde »erst in der kommenden Woche und dann nicht auf einer Pressekonferenz, sondern in der Mitte der Volkskammer« seinen Vorstoß für die Wahlen unternehmen. Er rief Kohl noch einmal an, der sich zwar ebenfalls überrascht gab, aber nicht besonders alarmiert schien. »Der erklärt heute schon was?« sagte er am Telefon eher belustigt als beunruhigt, »ja, was sagt er denn?« Und nachdem Schäuble es ihm mitgeteilt hatte, meinte er, »na gut, da muß man halt mal sehen, was daraus wird«. Nicht nur Kohl unterließ es, de Maizière zu stoppen, obwohl er Zeit dafür gehabt hätte, auch Schäuble unternahm nichts. Er kehrte zum Verhandlungstisch zurück, als sei nichts passiert. Zwei Tage später stellte sich Kohl so, als sei er schockiert worden. Er sei »fassungslos« gewesen, behauptet er in einer Stellungnahme.

Warum de Maizière es vorzog, sofort an die Öffentlichkeit zu gehen, statt die Sondersitzung der Volkskammer abzuwarten, läßt sich leicht nachvollziehen. Er war mit allem, was der Parteifreund vorschlug, weitgehend einverstanden, nur mit der Zeitverzögerung nicht. Er hatte sie zwar vorgeschlagen, aber auf dem Rückweg nach Berlin besann er sich anders. So bat er den SPD-Fraktionschef Richard Schröder etwa zu der Zeit, zu der Krause Schäuble die Presseerklärung zeigte, zu sich und unterrichtete ihn »im Kommandoton«, wie der Korrespondent der *Süddeutschen Zeitung*, Ulrich Deupmann, schrieb.[11]

Daß de Maizière schon kurz nach seiner Rückkehr nach Ostberlin entschlossen war, anderntags vor die Öffentlichkeit zu gehen, läßt sich auch der Tatsache entnehmen, daß er am Donnerstagabend mit Telefax zehn ihm bekannte Journalisten für den nächsten Tag zum Hintergrundgespräch einlud. Sie wurden ebenfalls kurz vor der Pressekonferenz ins Bild gesetzt. Nach seiner Darstellung »ermächtigte« der Bundeskanzler ihn am Wolfgangsee, nicht nur die Wahlen vorzuziehen, sondern »dies so auch der Presse mitzuteilen«. Hier lag also zumindest ein Mißverständnis vor. Erst nachdem er so verfahren war, wie er es für korrekt hielt, habe Kohl ihn »im Regen stehen lassen«, rechtfertigt sich de Maizière. Das, so beklagt er, sei der »erste massive Abbau« seiner Autorität gewesen.[12]

Wie Schröder auf die Ankündigung des Koalitionspartners reagierte, ist nicht überliefert. Aber offenbar gelang es ihm nicht, mit seinen Kenntnissen rechtzeitig zu dem Verhandlungsführer der SPD, Wolfgang Clement, durchzudringen, der die Neuigkeit aus Agenturmeldungen erfuhr. Darauf reagierte Clement heftiger, als es Schäuble erwartete. »Der SPD-Wortführer in meiner Verhandlungsdelegation wechselte die Farbe, als ihm die Meldung über de Maizières Pressekonferenz hereingereicht wurde«, berichtet der Innenminister. Er sei in eine Erregung verfallen, wie er es bei ihm »weder früher noch später je erlebt habe«, habe ihn angefaucht, das nehme er ihm »persönlich übel«, er fühle sich »getäuscht, reingelegt«. Auf seinen Antrag wurde die Sitzung unterbrochen, kurz darauf verließen die Vertreter der sozialdemokratisch regierten Länder den Verhandlungstisch. Clement teilte nach einem kurzen Telefongespräch mit der Bonner Zentrale mit, daß die Geschäftsgrundlage für die »ganzen Verhandlungen in Frage gestellt« worden sei. Währenddessen stimmten sich die Ministerpräsidenten der SPD untereinander ab und erklärten zornig, der Einigungsvertrag werde unter diesen Umständen nicht zustande kommen.

Schäuble und Krause bemühten sich, weder aufzutrumpfen noch zu verzagen. Ihre Interessen waren etwas anders gelagert als die Kohls. Er hatte die SPD in eine Situation manövriert, in der sie entweder erklären mußte, sie sei gegen frühe Wahlen, oder sie mußte an den Verhandlungstisch zurückkehren. Die Verhandler der CDU dagegen wünschten vordringlich, den Vertrag unterschriftsreif zu machen. Ohne die SPD und ohne die Länder konnte er aber nicht zustande kommen. Für die ausschlaggebenden Passagen mußte die Verfassung geändert werden, dazu waren Zweidrittelmehrheiten notwendig. Selbst zur einfachen Mehrheit reichte es der Regierungskoalition nicht. Also taten Schäuble und Krause das einzige, was ihnen übrig blieb, sie stellten sich arglos und behaupteten, sie seien von de Maizières Vorstoß genauso überrascht worden wie die Geschädigten. Auch verlangten sie kühn, es dürfe kein Zusammenhang zwischen ihm und den Vertragsverhandlungen hergestellt werden. Schäuble distanzierte sich: Das sei »eine Entscheidung allein der DDR«, also des Ministerpräsidenten, gewesen. Listig fügte er hinzu, »wenn der Beitritt früher komme, sei es um so notwendiger, zügig weiterzuverhandeln und zum Abschluß zu kommen«, es gebe einen »Zwang zur Rationalität«. Folgerichtig zogen er und Krause die nächste Verhandlungsrunde um eine Woche auf den 20. August vor und unterzeichneten den Wahlvertrag, der insofern Makulatur war, als ihm die Sozialdemokraten die Grundlage entzogen.

Gegen Abend ließ Kohl von der Parteizentrale eine Stellungnahme verbreiten, er »begrüße« de Maizières Vorschlag, da er »Klarheit schaffen« solle über »Beitritt und Wahltermin«.

Die Meldung blendet Kohl in den Erinnerungen aus und stellt die Angelegenheit so dar, als habe de Maizière versagt und »mit dieser Eigenwilligkeit die Chancen für gesamtdeutsche Wahlen am 14. Oktober zunichte gemacht«. Kohl kann sich über das Ausmaß des Unheils, das er anrichtete, nicht völlig klar gewesen sein. In dem Trubel, der nach der Veröffentlichung entstand, wurde übersehen, worin der eigentliche Skandal bestand. Der Kanzler sagte etwas zu, was er nicht versprechen konnte, die vorzeitige Auflösung des Bundestags, die mit vorgezogenen Neuwahlen verbunden war.

Das Gespräch mit de Maizière führte er so, als stelle das Grundgesetz kein Hindernis dar. Schäuble erklärte später, der Kanzler habe im Gespräch mit dem Gast Neuwahlen »in Anlehnung an die vorgezogenen Neuwahlen 1983 für verfassungsrechtlich machbar« gehalten, also in einem entschuldbaren Irrtum gehandelt. Ernstlich kann er das bei einem Mann, der mehrmals mit vorgezogenen Wahlen konfrontiert war und selbst welche herbeigeführt hatte, nicht unterstellt haben.

Schäuble ließ sich die Sache durch den Kopf gehen, und kam zu dem Ergebnis, daß die CDU/CSU allein oder auch mit dem Koalitionspartner FDP den Bundestag nicht auflösen konnte. Dem standen die Verfassung und die Auslegung des Bundesverfassungsgerichts, außerdem die Vollmachten und die Person des Bundespräsidenten und schließlich die Opposition entgegen.

Da Schäuble die Angelegenheit nicht laufenlassen wollte und die Zeit zu kurz war, um sich Prestigekämpfe zu leisten, entschloß er sich zu dem Versuch, Kohl umzustimmen. Er kannte ihn gut genug, um zu wissen, was für ein schweres Geschäft ihm bevorstand. Nach mehreren Anläufen erreichte er den Urlauber um Mitternacht. Kohl stellte sich arglos und behauptete, er sei so lange gewandert.

Wie Schäuble es erwartet hatte, stieß er bei Kohl mit dem Einwand, das Bundesverfassungsgericht werde eine vorzeitige Auflösung des Parlaments nicht gutheißen, auf Widerstand. Er behauptete, »daß die Vereinigung der deutschen Staaten noch viel mehr als die Lage 1982 eine Ausnahmesituation sei«, die die Auflösung rechtfertige. Dagegen setzte Schäuble die nüchterne Beurteilung, daß keine Ausnahmesituation vorliege, die es rechtfertige, die Wahl um lediglich sieben Wochen vorzuverlegen. Immerhin müßte Kohl wieder die sogenannte negative Vertrauensfrage stellen, sich also von der Mehrheit der Koalition bescheinigen lassen, daß sie ihm das Vertrauen nicht aussprechen wollte. Das entsprach Artikel 68 des Grundgesetzes. Schäubles zweites Argument lautete, im Jahr 1983 habe der Bundespräsident den Bundestag erst aufgelöst, als er sich von allen Parteien hatte versichern lassen, daß sie Neuwahlen wünschten. Das Verfassungsgericht habe seine Zustimmung zur Auflösung gerade auf dieses Erfordernis des gemeinsamen Wunsches abgehoben. Er fiel dieses Mal weg. Daher dürfe man den Bundespräsidenten Richard von Weizsäcker nicht in die Lage des Schiedsrichters bringen, der entweder der Regierung oder der Opposition recht geben müsse.

Es gab noch einen anderen Paragraphen, über den man zu Neuwahlen kommen konnte. Das war der Artikel 39, der die Dauer der Legislaturperiode festlegt. Danach dürfen Neuwahlen frühestens 45 Monate nach der konstituierenden Sitzung des Bundestags stattfinden. Auf die laufende Sitzungsperiode umgerechnet, wäre der 18. November 1990 der früheste Zeitpunkt für eine Wahl gewesen. Der vorgesehene Termin vom 2. Dezember erfüllte diese Voraussetzung, derjenige am 14. Oktober nicht. Um diesen Passus zu ändern, hätte es wiederum der Zustimmung der SPD bedurft, und die Diskussion über eine Verschiebung der Wahl um nur vier Wochen wäre noch unsinniger gewesen. Kohl erklärte in der Nacht, er werde sich »die Angelegenheit noch einmal durch den Kopf gehen lassen«. Am nächsten Vormittag forderte er die SPD auf, zusammen mit der Koalition den Artikel 39 des Grundgesetzes zu ändern, ein Vorschlag, den sie, wie erwartet, nicht unterstützte, auch nicht, als die Koalition sie in einem Antrag, den sie im Bundestag einbrachte, dazu zwingen wollte.[13]

Damit ist aber nur ein Teil der Widersprüche geklärt, die von jener Besprechung in St. Gilgen aufgeworfen worden waren. Mitarbeiter, die de Maizière anschließend zurück nach Ostberlin begleiteten, hatten den Eindruck, er sei »völlig verstört« gewesen. Er wirkte auf sie nicht wie ein Politiker, der in dem triumphalen Gefühl zurückkehrte, einen entscheidenden Schritt weitergekommen zu sein, indem er den mächtigen Bundeskanzler zur schnellen Einheit überredete. Vielmehr kam es ihnen vor, als sei ihm bewußt geworden, daß er in einem panikartigen Ausbruch all das über Bord geworfen hatte, was ihm bis dahin am Herzen lag, und daß er sich unnötig und vorzeitig dazu hinreißen ließ, »allen Widerstand« gegen die rasche und bedingungslose Vereinnahmung der DDR aufzugeben, wie er es später formulierte.[14]

Andere Vermutungen besagen, Kohl habe den Besucher mit dem Verdacht konfrontiert, mit der Stasi zusammengearbeitet zu haben. De Maizière weist diese Annahme zurück und bestärkt sie im gleichen Atemzug. Er bemerkt, »im Sommer 1990« – also zur Zeit seiner Reise nach St. Gilgen – habe man in Bonn angefangen, hinter seinem Rücken »vom Stasi-Verdacht zu sprechen«. Die Behauptung, der Bundeskanzler habe ihn damit erpressen wollen, sei allerdings »Quatsch« und »barer Unsinn«. Das hieß, de Maizière fürchtete, ihm könne von Kohl und anderen unterstellt werden, er wolle die Wahlen vorziehen, um sie nicht mit der Belastung einer Stasi-Debatte bestehen zu müssen.[15]

Vermutlich rührte de Maizières Enttäuschung von etwas anderem her. Er hatte sich für ein »Aufbauministerium« stark gemacht, das für die Förderung und Sanierung der neuen Bundesländer zuständig sein sollte und das er übernehmen wollte. Er konnte darauf hoffen, daß ihn Kohl mit dieser Aufgabe betreuen würde, und wenn nicht ihn, dann einen seiner Parteifreunde aus dem Osten. In einem Gespräch darüber versicherte ihm Schäuble, »daß der Bundeskanzler eine spezifische Interessenvertretung der DDR im Kabinett vorsehen« werde. Er wiederholte das schriftlich.[16] Der Bundeskanzler indessen machte weder vor den Wahlen Zusagen, noch erwog er solche Zugeständnisse danach. Am 3. Oktober ernannte er lediglich fünf »Bundesminister für besondere Aufgaben«, also Minister ohne Geschäftsbereich, und einer von ihnen war de Maizière. Die Zuständigkeit für die ehemalige DDR behielt er sich und dem Kanzleramt vor. Die Sonderminister hatten Büros, Dienstwagen und einen kleinen Arbeitsstab, aber keine Kompetenzen. Der *Spiegel* nannte de Maizière spöttisch einen »Minister für nichts«.

In der Woche nach dem Gespräch in St. Gilgen beugte sich de Maizière der Parteiräson und entließ aus der DDR-Regierung SPD-Finanzminister Romberg und einen weiteren parteilosen Minister. Unmittelbar danach zog die SPD die Konsequenz, sie kündigte die große Koalition auf, ihre restlichen Minister verließen das Kabinett, das damit zu einer Art Schattenregierung verkümmerte. In der politischen Spitze der DDR breitete sich die Korrosion so rasch aus wie das Chaos in der Volkswirtschaft und der Gesellschaft.

Hatte de Maizière mit seinem Vorstoß nicht frühere Wahlen, sondern den schnelleren Verfall seines Landes erreicht, bekam auch Kohl die nachteilige Wirkung seiner Manipulation am Wahltermin zu spüren. Sie gefährdete seine internationale Reputation. Die Bundesregierung mußte wenigstens die Zustimmung der Regierungen zu dem Ergebnis der Zwei-plus-Vier-Gespräche abwarten, ehe sie weitere Schritte festlegte. Der Vertrag wurde von den Außenministern der KSZE aber erst am 1. Oktober gebilligt.[17] Als der Termin feststand, konnten die Regierung und die Opposition, die nach einigen Unmutsbekundungen über die »Überrumpelungstaktik« und den »Vertrauensbruch« an den Verhandlungstisch zurückkehrte, ihren Einigungskalender in Ordnung bringen: Beitritt am 3. Oktober, Wahl am 2. Dezember.

Die Volkskammer endete so unrühmlich, wie sie hoffnungsvoll begann. Jede Sitzung mündete in Tumult und Wirrwarr, Gesetze zur Vereinigung wie das zur Wahlunion wurden zuerst abgelehnt, dann doch angenommen, beim Einigungsvertrag blieben bedeutende Teile ausgeklammert wie der Abbruch der Schwangerschaft, die Eigentumsverhältnisse und der Sitz der Hauptstadt.

Die abschließende Diskussion über die Beitrittserklärung schleppte sich bis zum frühen Morgen des 20. September hin. Den Abgeordneten hallte der Satz in den Ohren, den der PDS-Abgeordnete Gregor Gysi bei der Diskussion über den Einigungsvertrag ausrief, sie beschlössen den »Untergang der DDR, nicht mehr und nicht weniger«. De Maizière empfand Trauer. »Man liefert«, bemerkte er, »nicht alle Tage einen Staat in der Weltgeschichte ab und sagt ade.«

DER ERFOLGREICHE VERSUCH SCHÄUBLES, dem Bundeskanzler etwas auszureden, ohne seine Position zu riskieren, bezeugt dessen außerordentliche Vertrauensstellung zum Kanzler, die sich mit den innerdeutschen Verhandlungen festigte. Kohl imponierte die Art, in der der Jüngere die Verhandlungsmasse durch die Fährnisse der Einheit steuerte. Der 48jährige war ein blendender Taktiker, außerdem ließ er Kohl nie merken, daß er ihn zuweilen steuerte, drängte und voranschob, wenn der Kanzler zögerte. Eine stehende Redensart Schäubles war, er wirke »beständig an der Meinungsbildung« Kohls mit. Daß er, wie alle Parteifreunde in seiner Position, den Chef mit »Herr Bundeskanzler« ansprach, während der ihn duzte, verstand sich von selbst.[18] Zu dieser Zeit stimmten die beiden CDU-Politiker so weit überein, wie es bei ihren unterschiedlichen Temperamenten möglich war.

Schäuble hatte die gleiche Passion für die Personalpolitik wie Kohl und beherrschte die politischen Winkelzüge wie er. Für sie gab es in ruhigen Minuten kein schöneres Spiel als Personen hin- und herzuschieben, als spielten sie eine Art von Schach mit Ämtern und Menschen. Sie hatten eine intellektuelle Freude daran, Alternativen zu entwickeln und sich auszudenken, in welchen Situationen wer an welchem Platz gebraucht wurde. Kohl redete hin und wieder davon, daß er kein Problem habe, mit der aktiven Politik aufzuhören, und daß Schäuble dann sein Nachfolger werden sollte. Er überlegte, wie ihm der Parteifreund in Vorbereitung auf das spätere Amt am ehesten die Arbeit erleichtern und abnehmen könne. Dafür kam nur der Fraktionsvorsitz in Frage. Das war die Position, in der sich der Nachfolger am ehesten für das Kanzleramt qualifizieren konnte.

Schäuble interessierte sich für das Amt, seit Kohl Kanzler war. Bei der ersten Regierungsbildung im Herbst 1982 hatte er die Zusage des Kanzlers, sein Nachfolger im Fraktionsvorsitz zu werden, in der Tasche, als ihnen im letzten Augenblick Alfred Dregger dazwischenkam. Danach stellte er seine Pläne in der Gewißheit zurück, Zeit zu haben und irgendwann zu bekommen, was er wünschte.[19]

Ihre Pläne konkretisierten sich mit dem Näherrücken der Einheit. Nach der Auflösung der Volkskammer wurden alle Fraktionen des

Bundestags vergrößert, zu den 185 Abgeordneten der CDU/CSU-Fraktion kamen 68 aus der DDR hinzu, die Fraktion wurde also nahezu um ein Drittel stärker. Die Fraktion wurde zu groß und zu unübersichtlich, als daß sie Dregger lenken konnte, zumal da das Umfeld unübersichtlicher wurde.

Zunächst mußte die Partei auf die neuen Verhältnisse organisatorisch eingestellt werden. Am Vormittag des 1. Oktober 1990 eröffnete Kohl im Congreß Centrum in Hamburg den 38. Bundesparteitag der Partei der alten Bundesländer. Nach einer einstündigen Rede beendete er ihn und eröffnete in einer weiteren Ansprache den ersten CDU-Parteitag neuer Zeitrechnung mit der gesamtdeutschen Partei.

Danach wohnte er, in Gedanken schon bei der offiziellen Einheitsfeier in Berlin, der effektvollen, von Fahnenschwingen und Chorälen begleiteten Szene der Beitrittserklärungen der fünf ostdeutschen Landesverbände bei und löste anschließend per Satzungsänderung das gesamte Parteipräsidium auf. De Maizière wurde zum einzigen Stellvertreter gewählt, ein Amt, das er rasch wieder verlieren sollte. Schließlich ließ sich Kohl mit 943 von 957 Stimmen zum Vorsitzenden wählen, eine Zustimmung, die den Gewählten wie die Wählenden überwältigte.

INZWISCHEN richtete Wolfgang Schäuble die Kulissen für den Festakt zur Deutschen Einheit in Berlin her. In der Nacht zum 3. Oktober 1990 feierten mehrere hunderttausend Menschen mit einem Meer von Fahnen und Fackeln vor dem Reichstag die Wiedervereinigung. Als sie sich verlaufen hatten, stiegen er und Krause die Stufen zum Reichstag hinauf, drehten sich noch einmal um, faßten sich an den Händen und Schäuble sagte mit einer Anwandlung von Humor: »Für diesen Augenblick haben wir in den letzten Monaten wenig geschlafen und viel gearbeitet.«

Die Vorbereitungen für die staatlichen Feiern am nächsten Tag wurden begleitet von Streitigkeiten, diesmal zwischen den Kirchen, da sich das evangelische Lager gegen einen ökumenischen Gottesdienst sträubte. Schließlich einigte er sich mit ihnen auf einen gemeinsamen Gottesdienst in der Ostberliner Marienkirche. Von der Kirche eilten die Festgäste zum Staatsakt in die Philharmonie. Schäuble ärgerte sich, daß es trotz der verstärkten Sperren einem Geistesgestörten gelang, bis zum Rednerpult vorzudringen, wo ihn Ordner festnahmen. Niemand betrachtete das als böses Omen, auch Schäuble nicht. Er fand, der Zwischenfall beweise, »daß noch so aufwendige Sicherheitsmaßnahmen auf eine fast lächerliche Art manchmal überwunden werden können«.[21]

Neun Tage später, am 12. Oktober 1990, einem Freitag, schoß ein ebenfalls geistesgestörter Mann im Gasthaus »Brauerei Bruder« in der Nähe von Offenburg im Schwarzwald drei Kugeln auf Schäuble, von denen eine in den Kiefer und eine in die Wirbelsäule drang, die dritte traf nicht, da ein Sicherheitsbeamter den Verletzten zur Seite riß. Schäuble war auf dem Weg von Berlin ins heimische Gengenbach. In der Gastwirtschaft stieg er ab, um sich auf seine nächste Rolle, die des Wahlredners für die bevorstehende Bundestagswahl im Dezember, einzuüben. Schäuble spürte, als sich die erste Kugel ins Rückenmark bohrte, eine »konzentrierte Hitze«, stürzte zu Boden und sagte zu den Umstehenden: »Ich kann meine Beine nicht mehr spüren.« Dann wurde er ohnmächtig.

Kohl wurde noch am Freitag von dem Attentat unterrichtet und fuhr am Tag darauf nach Freiburg. Der Vertraute lag, bis zum Hals eingewickelt in weiße Tücher, aus denen Drähte und Schläuche herausragten, steif und starr im künstlichen Tiefschlaf auf der Intensivstation der Klinik. Kohl blieb eine Weile mit ihm allein. Beim Verlassen des Krankenhauses von Fernsehteams gefragt, was er empfunden habe, erwiderte er mit tränenerstickter Stimme: »Hier lernt man das Beten.« Fortan erkundigte er sich, wie sein Pressesprecher Andreas Fritzenkötter in täglichen Bulletins mitteilte, regelmäßig telefonisch nach Schäubles Zustand. Als der Patient nach fünf Tagen aus der Ohnmacht aufwachte, war Kohl der erste Besucher an seinem Krankenbett. Da war sich Schäuble bereits klar darüber, daß er »gelähmt« war, ein »Krüppel« auf Lebenszeit, wie er sich später ausdrückte. Bald nachdem er sich dessen – nach Gesprächen mit den Ärzten – gewisser war als sie, dachte er über seinen weiteren Lebensweg nach. Er war wie immer konzentriert und kühl und verschwendete an das Unglück, in das ihn das Attentat gestürzt hatte, und an denjenigen, der es verursachte, keinen Gedanken mehr.

Eine seiner ersten Überlegungen richtete sich auf die Abschlußveranstaltung für den Wahlkampf mit der Spitze der CDU am Freitag vor der Wahl, dem 30. November. »Es war meine fixe Idee noch auf der Intensivstation, an dieser Veranstaltung teilzunehmen«, sagte er später. Damit entschied er sich, aktiv in der Politik weiterzumachen, ohne genau zu wissen, in welcher Form das geschehen würde.[22] Darüber sprach er auch mit Kohl. Der Kanzler dachte schon einen Schritt weiter, er überlegte, wie er dem Patienten helfen konnte, an seinen früheren Platz im Regierungsgefüge zurückzukehren. Die Staatsgeschäfte ließen keinem von beiden viel Raum für Trauerarbeit.

Kohl brachte bei einem seiner Besuche die Biographie des früheren amerikanischen Präsidenten Franklin D. Roosevelt mit, der nach einer Kinderlähmung an den Rollstuhl gebunden war. In dem Buch strich er die Passagen an, die ihm wichtig erschienen, vor allem gefiel ihm der Satz, das Leben im Rollstuhl habe den Behinderten »zu gelassenem Denken in längerfristigen Perspektiven« gezwungen. Allerdings waren die Parallelen begrenzt. Roosevelt wurde als Kind von der Krankheit betroffen, und vor allem »versuchte er, sie vor anderen zu verbergen«, wie Schäuble später registrierte. Manche seiner Besucher bemerkten Roosevelts Behinderung nicht. Er empfing sie, aufrecht an seinem Schreibtisch sitzend. Schäuble dagegen lernte das Gegenteil, die Krankheit zum Bestandteil seines öffentlichen Lebens zu machen. Daher konnte er auch mit Kohl offen über seine Zukunft reden. Der Kanzler stellte sich im Gespräch so, als wolle er es dem Parteifreund überlassen, sich zu entscheiden, aber insgeheim versuchte er bereits, ihn zu beeinflussen.

Im Dauerdialog mit dem bettlägerigen Patienten insistierte Kohl, Behinderungen seien heutzutage leichter zu ertragen als zu Roosevelts Zeiten, da es mehr technische Hilfsmittel gebe, die es dem Betroffenen erleichterten, mit seiner Behinderung zu leben. Dem amerikanischen Präsidenten standen nicht sehr viel mehr Fortbewegungsmittel als der Rollstuhl zur Verfügung. Jetzt gebe es Hubschrauber, die auf dem Acker hinter Schäubles Haus starten und entweder im Park des Kanzleramts oder auf dem Dach des Bundeshauses landen könnten. Gebe es dort noch keinen Landeplatz, werde er einen bauen lassen, versicherte er.

Schäuble konzentrierte sich zunächst darauf, im privaten Bereich Vorkehrungen für die neuen Lebensumstände zu treffen. Das war nicht so leicht, wie er sich das vorgestellt hatte. Sein Haus·in Gengenbach mußte aufwendig umgebaut werden, auch der Bungalow im Verteidigungsministerium, der ihm vom Verteidigungsminister zur Verfügung gestellt wurde, weil er geschützt und bewacht war, mußte für seine Bedürfnisse hergerichtet werden. Im Bundeshaus wurde ein Fahrstuhl in der Nähe seines Büros gebaut. Das machte Schäuble bewußt, daß er über Privilegien verfügte, die andere nicht hatten.

Trifft auch Schäubles Schilderung zu, Kohl habe sich »ohne jeden

Eigennutz, einfach aus der Bewegung und der Betroffenheit heraus« um ihn so rührend gekümmert, ihn umsorgt und ihm das Gefühl vermittelt, nicht allein zu sein, gab es doch auch andere Motive. Schäuble spürte sehr wohl, daß der Kanzler unzufrieden war. Er kannte Kohl gut genug, um zu wissen, daß es ihm nicht paßte, von der Hand des Schicksals in seinen Planungen gestört zu werden. Die Schüsse des Attentäters durchkreuzten die in seinen Augen unerläßliche Neuordnung seines Machtapparats. Wer sollte Fraktionsvorsitzender werden? Schäuble schlug vor, daß sein Nachfolger im Kanzleramt, Rudolf Seiters, das Amt übernehmen sollte. Kohl reagierte darauf unwirsch. Der Betroffene, dem Schäuble ebenfalls den Wechsel nahelegte, winkte ab. Er wollte Minister bleiben. Der Kanzler ließ von seinem Plan nicht ab. Die Art, in der er auf die Behinderung seines Parteifreundes reagierte, war typisch. Er litt mit dem halb gelähmten Mann und behandelte ihn gleichzeitig als Werkzeug zur Ausführung seiner Absichten. Er bestand darauf, daß Schäuble, wie er es vorgesehen hatte, Fraktionsvorsitzender wurde. Das Opfer dieser seltsamen Form der karitativen Zuwendung fühlte sich zugleich geschmeichelt und amüsiert; sie überraschte ihn nicht, da er von Kohl nie etwas anderes erwartet hatte. Der Pfälzer sei eben, bemerkt er ironisch, »gern der Pater Familias«; er »sorge für die Seinen«, das bedeute aber auch, »daß sie es alle so machen müssen, wie er es will«.[23]

Es war Kohl nicht auszureden, daß Schäuble im Rollstuhl die Fraktion besser leiten würde als ein Gesunder und daß er, ob mit oder ohne Gefährt, auch Bundeskanzler werden könne. Denn von der vagen Vorstellung einer Nachfolge – mehr war es nicht – ließ er nicht ab. Fortan unterstützte er alles, was geeignet war, das Interesse des Rekonvaleszenten an politischer Betätigung zu wecken und wachzuhalten. Er spornte auch die Ärzte an, ihm in seinen Bemühungen beizustehen. Sie erwiderten, daß es dazu keiner großen Anstrengung bedürfe. Schäuble gehörte zu jenen Patienten, bei denen der Streß ein Bestandteil der Therapie ist. Bereits Ende Oktober, also 18 Tage nach dem Attentat, zwölf Tage nach dem Erwachen aus dem künstlichen Koma, ließ der Minister im Bonner Büro des *Spiegel* anfragen, ob dessen Leiter Dirk Koch und der Redakteur Klaus Wirtgen bei ihrer Absicht blieben, mit ihm ein Buch über die Vertragsverhandlungen auszuarbeiten. Einen Monat nach dem Attentat betraten die Redakteure das »streng bewachte Zimmer« in der Rehabilitationsklinik Langensteinbach, in die Schäuble inzwischen verlegt worden war.

»Der Patient liegt im Bett«, schilderten sie ihren ersten Eindruck. Nur mit Hilfe einer »Hebevorrichtung« habe er den Oberkörper »leicht anwinkeln« können. Das Sprechen sei ihm schwergefallen, da ihm in den Mundraum große Haken implantiert worden seien, mit denen der Unterkiefer, der von einer der Kugeln zerschmettert worden war, nachts fixiert wurde. Alsbald umstellte er sich mit den Akten aus der Zeit der Verhandlungen und begann beim zweiten Gespräch am Buß- und Bettag, im Rollstuhl sitzend, die Geschichte zu diktieren.[24] Bald war das Arbeitspensum, das er bewältigte, nahezu so umfangreich wie zuvor. Dazu gehörte die gewissenhafte Planung seiner Rückkehr in die Öffentlichkeit. Er wollte nicht direkt von der Rehabilitations-Klinik in den Wahlkampf rollen und verabredete mit Kohl, zwei Tage vorher, am Mittwoch, dem 28. November, an der letzten Sitzung des Bundeskabinetts vor der Wahl am 2. Dezember teilzunehmen. Vorher ließ er sich an seinem Arbeitsplatz im Innenministerium sehen, nachher nahm er an den Vereinigungsfeiern und danach an der jährlichen Weihnachtsfeier der Fraktion im Bonner Hotel Maritim teil. Der Anteil, den die Öffentlichkeit daran nahm, signalisierte ihm, daß Kohl wieder einmal recht behielt: Die Behinderung konnte ein Mittel zur Steigerung der öffentlichen Wahrnehmung sein.

Den Gedanken an den Fraktionsvorsitz verdrängte er. Er habe, sagt Schäuble, »die Entscheidung« vor sich »hergeschoben«. Helmut Kohl verlängerte Dreggers Amtszeit auf unbestimmte Zeit, um dem Anwärter alle Optionen offenzuhalten.

27

WOLFGANG SCHÄUBLE WIRD KRONPRINZ

AUF DEN ERSTEN BLICK fiel das Ergebnis der Bundestagswahl vom 2. Dezember 1990 für Helmut Kohl nicht besonders glanzvoll aus. Die Union kam nur auf 43,8 Prozent, das war das schlechteste Ergebnis, das sie je erzielt hatte, ausgenommen die erste Wahl im Jahr 1949.[1] Bei genauerem Hinsehen stellte sich allerdings heraus, daß Wahlen in ganz Deutschland unter anderen Gesichtspunkten als denen beurteilt werden mußten, die für das Gebiet der alten Bundesrepublik galten. Die Zeit überwältigender Mehrheiten für eine der beiden großen Parteien war fürs erste vorbei, den Ausschlag gab die Zusammensetzung des Parlaments. Der Bundeskanzler profitierte davon, daß sich das linke Lager abermals spaltete: Im Westen zehrten die Grünen am Bestand der SPD, im Osten trat ein neuer Konkurrent auf, die PDS. Dagegen wurde auf der konservativen Seite die CDU im Vergleich zur CSU stärker, da sich diese dank des Verhandlungsgeschicks ihres Vorsitzenden ausbreitete, während jene auf Bayern beschränkt blieb. Kohl hatte mithin mit dem schlechtesten prozentualen Ergebnis einen seiner glänzendsten Siege errungen. Das verleitete ihn zu der anfechtbaren Bemerkung, keiner Partei sei es bisher gelungen, so viele Stimmen in ganz Deutschland auf sich zu vereinen wie die CDU, nicht einmal die NSDAP.[2] Sein Sieg fiel um so eindrucksvoller aus, als die Koalition insgesamt gestärkt wurde. Die FDP kam auf elf Prozent, ein Erfolg, den Kohl ihr um so mehr gönnte, als er zu ihm mit einem gewissen Anteil an »Leihstimmen« beigetragen hatte. Außerdem bekam die Union Zuzug von Überhangmandaten, so daß sie im neuen, auf 662 Sitze vergrößerten Bundestag nahe an die absolute Mehrheit herankam; es fehlten ihr dazu 13 Stimmen. Das war ein Triumph, von dem der Kanzler behaupten konnte, er gehe hauptsächlich auf sein Konto.

Der Umfang seines Sieges ließ sich vor allem an dem Ausmaß der Niederlage ermessen, die die SPD erlitt. Sie bekam weniger Stimmen als jemals zuvor seit Adenauers Wahlsieg 1957. Nahezu eine Million SPD-Wähler von 1987 wanderten zu den Koalitionsparteien.[3] Unerfreulich

waren die Ergebnisse in Ostdeutschland. Die SPD und die Bündnis-
grünen lagen weit unter dem Bundesdurchschnitt, während der Anteil
der PDS-Wähler auf über 16 Prozent stieg. Bundesweit kam die PDS
nicht über fünf Prozent, sie war aber im neuen Bundestag vertreten, da
sie vier Direktmandate in Ostberlin gewann. In den westlichen Bundesländern nahm die CDU den Sozialdemokraten auch dort die Position der stärksten Partei ab, wo sie bei Landtagswahlen unter der SPD
lag, und in Nordrhein-Westfalen rückte sie bis auf 0,6 Prozent an die
SPD heran.

Darüber zerbrach die sozialdemokratische Führungsstruktur. Oskar
Lafontaine schlug am Tag nach der Wahl das Angebot von Hans-
Jochen Vogel aus, an seiner Stelle Fraktionsvorsitzender zu werden.
Vogel teilte zugleich mit, daß er auf dem nächsten Parteitag im Frühjahr 1991 das Amt des Parteivorsitzenden niederlegen werde. Lafontaine, dem er es anbot, zeigte sich zuerst interessiert, zog seine Zusage
aber beleidigt und verletzt zurück, nachdem er im Präsidium und im
Vorstand wegen seines verfehlten Wahlkampfs kritisiert wurde. Später
versagte es sich Vogel, der Fraktionschef blieb, da keiner sonst es werden wollte, Lafontaines Verhalten zu kritisieren, merkte aber an, er
habe nicht verstanden, daß »sich jemand das Amt des Bundeskanzlers
zutraut und dafür kämpft, es zu erringen, das Amt des Oppositions-
vorsitzenden aber ablehnt«. Erst nach längerem Suchen fand sich der
schleswig-holsteinische Ministerpräsident Björn Engholm zur Kandidatur für den Parteivorsitz bereit.[4]

Das Hochgefühl der neu gewonnenen Stärke der FDP hielt nicht lange
an. Noch in der Wahlnacht verstieg sich der FDP-Vorsitzende Otto
Graf Lambsdorff zu der Forderung, die DDR müsse zum »Niedrig-
steuergebiet« erklärt werden und es werde keinen Kanzler Kohl geben,
wenn die CDU dem Verlangen nicht entspreche. Hans-Dietrich Genscher ging noch weiter und behauptete, der Erhalt gleicher Steuersätze
werde die »industriellen Teile der ostdeutschen Wirtschaft kaputt-
machen«. Eine Trennung in zwei Steuerklassen wollten aber nicht einmal die Ostdeutschen. Sie teilten weitgehend die Meinung Biedenkopfs, damit werde ein neuer Graben zwischen den alten und den neuen
Ländern gezogen. In der Psychologie der Völker würde Ostdeutschland damit zum Armeleuteland, zum Entwicklungsgebiet, zu einer
Zone von verminderter Produktivität erklärt werden.

Der Steuerstreit war im Wahlkampf das beherrschende Thema. Kohl
zog mit dem Versprechen in die Auseinandersetzung, die Steuern

brauchten nach der Wahl nicht erhöht zu werden. Danach formulierte er etwas vorsichtiger, Steuererhöhungen »zur Finanzierung der deutschen Einheit« seien nicht notwendig. Als er merkte, daß auch diese Behauptung auf schwachen Füßen stand, machte er dunkle Andeutungen. Die Krise am Golf, die dadurch entstand, daß der irakische Staatschef Saddam Hussein seine Nachbarn mit Raketen bedrohte, könnte höhere Abgaben erfordern. Schließlich zog er sich darauf zurück, die Segnungen zu preisen, die er, wenn die Wähler ihn wieder zum Kanzler machten, über die einstige DDR bringen werde. Er schwang den rhetorischen Zauberstab und sprach von den »blühenden Landschaften«, die in einigen Jahren in den neuen Ländern entstünden, und davon, daß er »Dutzende, wenn nicht hunderte von Unternehmern« in der alten Bundesrepublik kenne, die bereitstünden, in Ostdeutschland zu investieren. Eine seiner Standardformeln lautete, in den neuen Ländern werde es nach der Vereinigung »niemandem schlechter gehen«, ein Versprechen, das so vage formuliert war, daß es dem Gegner schwerfiel, es zu widerlegen. Ebenso anfechtbar war Kohls Behauptung, »in der Bundesrepublik brauche keiner wegen der Vereinigung Deutschlands auf etwas zu verzichten«.

Es war Kohl bewußt, daß sein Bemühen, so viele Aufgaben wie möglich an seinen Parteifreund Wolfgang Schäuble zu übertragen, die Partei und die Öffentlichkeit irritierten, aber das störte ihn nicht und hielt ihn nicht ab, es weiter zu tun. Als kurz vor Weihnachten 1990 die Koalitionsverhandlungen, die sich wegen der Differenzen über die Steuererhöhungen als schwierig erwiesen, festfuhren, noch ehe sie richtig begannen, delegierte er kurzerhand seinen Innenminister in die Steuerkommission, in die die Partner ihre erste Besetzung schickten. Auf den Fraktionsvorsitzenden Alfred Dregger, der Anspruch darauf hatte, mochte sich Kohl nicht verlassen. So forderte er Schäuble auf: »Jetzt mußt du da rein.«[5]

Zu dieser Zeit begann der Parteifreund gerade, sich mit dem Rollstuhl zurechtzufinden, auf den er fortan angewiesen war. Das besonders vertraute Verhältnis mit Kohl blieb unvermindert bestehen, die Differenzen zwischen ihnen waren aber nicht ausgeräumt. Es waren die gleichen, die es seit Beginn von Schäubles Rekonvaleszenz gab. Kohl beharrte darauf, daß er Schäuble dringend brauchte und bestand auf sofortiger Amtsübernahme. Der Betroffene sträubte sich nach wie vor. Sein Widerstand verminderte sich zwar in dem Maß, in dem Kohl und andere Parteifreunde ihn zu überwinden suchten. Es leuchtete ihm das Argument ein, wenn er sich das Amt des Innenministers zutraue, könne er sich auch dasjenige des Fraktionsvorsitzenden zumuten, oder umgekehrt, wenn er glaube, dem Fraktionsvorsitz nicht gewachsen zu sein, könne er auf Dauer auch nicht Innenminister bleiben. Aber er fühlte sich noch nicht imstande, den Platz zu wechseln, er brauchte Zeit. Überdies standen ihm im Staatsamt erheblich mehr Hilfsmittel zur Verfügung als bei der Fraktion.

Da der Fraktionschef bereits im Dezember 1990 neu gewählt wurde, brachte er mit seinem Zögern die Fraktion in größte Verlegenheit. Sie hatte sich darauf eingerichtet, Dregger gegen ihn auszuwechseln. Der alte Herr war den neuen und zusätzlichen Anforderungen nach der Einheit nicht gewachsen. Die Fraktionsarbeit besorgten im Grunde Kanzleramtsminister Rudolf Seiters und der Fraktionsgeschäftsführer Friedrich Bohl. Notfalls sprang der Bundeskanzler ein. Die Vorsitzenden der Landesgruppen richteten sich darauf ein, daß der Wechsel alsbald vollzogen werde. Im Gespräch mit Vertrauten zeigte sich Dregger einverstanden, sein Amt zugunsten von Schäuble aufzugeben. Das Angebot galt aber nur für ihn und nur für einen begrenzten Zeitraum.

All die Ermunterungen und Ermutigungen vermochten Schäuble nicht umzustimmen. Er bestand auf einer weiteren Atempause. Die Fraktion mußte sich, der Not gehorchend, bereit erklären, noch ein Jahr zu warten. Das hieß, daß die Fraktionsführung nur für diesen Zeitraum gewählt werden konnte. Nun stellte sich Dregger quer. Er verlangte eine Amtszeit von zwei Jahren, verbunden mit dem Versprechen, sie abzukürzen, falls Schäuble vorher den Finger hob. Darauf ließ sich die Fraktion nicht ein. Die Idee, den Wechsel vorzubereiten, ihn aber noch nicht zu vollziehen, stammte von Schäuble. In seinen langen Gesprächen mit Kohl bestand er darauf, ihm noch einige Monate Zeit zu lassen, um auszuprobieren, ob er sich den Anforderungen, die auf ihn zukamen, gewachsen fühlte. Kohl erleichterte ihm die Eingewöhnung nicht. Jetzt sprach er seltsamerweise öfter davon, daß er daran denke, das Amt aufzugeben. Der Kanzler habe, sagt Schäuble, »mit dem Gedanken gespielt, aufzuhören«. Obwohl ihm nicht entging, daß das eine Anspielung war, die bezweckte, ihn zum Nachdenken zu bringen, nahm er Kohls Spiel mit dem Rücktritt ernst. Später sagte er, sie hätten alles in der Schwebe gelassen. Er habe die Überlegung, sich zu verändern, »vor sich hergeschoben«. Klar war nur so viel: In dem Augenblick, in dem er sich bereit erklärte, Fraktionsvorsitzender zu werden, akzeptierte er auch die Favoritenrolle für das Kanzleramt.[6]

Daß Kohl beides, die Übernahme des Fraktionsamts und die Nachfolge im Kanzleramt, miteinander verknüpfte, machte Schäuble die Entscheidung nicht leichter, obwohl Kohl eben das bezweckte. Vermutlich kannte er sich besser in der Psyche des Badeners aus als jener selbst und löste damit, daß er den Samen des Ehrgeizes in seine Brust senkte, einen Motivationsschub aus, dessen sich der Betroffene nicht sogleich bewußt war.

Es ermutigte ihn, daß ein Generationswechsel vor der Tür stand, und es reizte ihn, daran teilzunehmen. Hans-Dietrich Genscher plante ebenfalls seinen Rückzug aus der Politik, allerdings konkreter als der Kanzler. Seinen Memoiren läßt sich entnehmen, daß ihm die Koalitionsverhandlungen lästig waren und daß er Mühe hatte, sich aktiv an ihnen zu beteiligen, zumal da nicht er, sondern sein Nachfolger, Otto Graf Lambsdorff, den Ton angab und sie öfter Differenzen hatten. Bei der Bundestagswahl hatte er einen persönlichen Erfolg errungen. Er eroberte seinen Wahlkreis Halle direkt, das heißt, er bekam mehr Stimmen als die Bewerber von CDU, SPD und PDS. Ein solches Kunststück war noch nie einem Freidemokraten geglückt. Damit hatte er einen gewissen Höhepunkt seiner Karriere erreicht. Er konnte sich sagen, immerhin sei er mit 18 Jahren der dienstälteste Außenminister. Auch stand es mit seiner Gesundheit nicht zum besten, das Herz machte ihm zu schaffen. Er spürte Angst, Beklemmung und Bedauern, daß seine Belastbarkeit stark nachließ.

Ausschlaggebend dafür, daß sich Genscher, wie er in den Memoiren schreibt, seit Anfang Januar 1991 immer häufiger fragte, ob er »der Regierung weiter angehören sollte«, war die Zurücksetzung, die er während der Phase der Vereinigung erfuhr. Er hatte nicht damit gerechnet, daß Kohl ihn so unerbittlich ausmanövrierte, und es kränkte ihn, daß er bei den Verhandlungen über die Einheit so in den Hintergrund geriet. Daß er selbst daran mitverantwortlich war, minderte den Ärger nicht, den er darüber empfand. Während der Verhandlungen begnügte er sich damit, in der Rolle des Außenministers mehr im Hintergrund zu bleiben, zumal das seinem Naturell entsprach.

Seit seinem Auftritt auf dem Balkon der Botschaft in Prag fand Genscher Gefallen am breiten Zuspruch der Öffentlichkeit, seitdem achtete aber der Kanzler auch kleinlich und rachsüchtig darauf, daß sich so etwas nicht wiederholte. Die Zurücksetzung in den Medien und die permanenten Versuche, seine Verdienste herabzusetzen, kleinzureden oder zu ignorieren, waren nicht einmal das Schlimmste. Schwerer wog, daß es Kohl, der sich früher bei jeder koalitionspolitischen Kleinigkeit mit ihm beriet, nicht mehr interessierte, seine Meinung einzuholen. Die Linie wurde im Kanzleramt entworfen und durchgesetzt. Kohl betrachtete das Auswärtige Amt während der Zeit der internationalen Verhandlungen über die Einheit als Anhängsel. Er wollte Genschers Meinung nicht hören. Der Außenminister war ja generell einverstanden, und er beabsichtigte in keiner Minute, die Einheit zu verzögern oder gar zu torpedieren. Aber gemäß der anderen Funktion seines Amtes und seiner andersgearteten Mentalität zog er häufig ein anderes Verfahren, eine andere Technik, eine andere Orientierung auf das Ziel vor.

Er war das, was seine Gegner in der Union einen Leisetreter nannten. Wo Kohl mit Urgewalt an die Lösung eines Problems heranging, zog Genscher die diplomatischen Mittel vor. Er riet, die Einheit leiser, behutsamer, besser abgesichert und im Einverständnis mit den Partnern anzustreben. Ihm lag das diplomatische Mittel mehr als die Brachialgewalt. Er behauptete nicht, daß er sich hätte durchsetzen müssen. Er hätte es aber für vorteilhaft für beide gehalten, wenn sie sich beraten, ihre Meinungen ausgetauscht und miteinander in Einklang gebracht hätten. In seinen Memoiren hütet sich Genscher, darüber zu reden, vermutlich um dem Vorwurf zu entgehen, das alles hätte ihm früher einfallen müssen. Lediglich die Gründe, die er dafür nennt, daß er den Rücktritt um ein Jahr verschob, geben Aufschluß darüber, wie verletzt er war. Er hoffte, wenigstens bei der Nacharbeit solche Fehler verhindern zu können, wie sie während des Hauptteils des Einheitswerks passierten. Er halte es mit seiner »internationalen Glaubwürdigkeit« nicht für vereinbar, die Reihe der internationalen Konferenzen zu unterbrechen, rekapitulierte er. Auch hielt er sich für unentbehrlich bei der Aufgabe, »die Politik der Integration der EG fortzusetzen«.[7]

Wie aber stand es mit den Rücktrittsabsichten Kohls? Schäuble zweifelte aufgrund seiner Beobachtungen nicht daran, daß der Kanzler im Frühjahr 1991 amtsmüde war. Kohl und Genscher waren überarbeitet, überanstrengt, erschöpft und am Ende ihrer Kräfte. Die ungeheuren Anstrengungen, die mit der Einheit verbunden waren, hatten ihre Reserven aufgezehrt. In den Erinnerungen beschreibt Kohl den Weg zur Einheit als einen Pfad, bei dem er nicht wußte, wohin er führte, wie die »Durchquerung eines Hochmoores... knietief im Wasser... und im Nebel«.[8] Anders als Genscher blickte er zufrieden auf die letzten Monate zurück. In seiner Neujahrsansprache pries er das zurückliegende Jahr als »eines der glücklichsten in der deutschen Geschichte«, und er war stolz darauf, dazu maßgeblich beigetragen zu haben. In ihm meldete sich aber auch der Wunsch, sich nach einer so langen Zeit der aktiven Politik zurückzuziehen. Immerhin stand er seit 30 Jahren im Geschirr. Die Kabinettsbildung, die er vor sich hatte, war seine achte – vier in Rheinland-Pfalz und vier im Bund. So neigte er dazu, die Ratschläge zu beherzigen, die ihm seine Berater und die nicht durchweg wohlwollenden Kommentatoren der großen, meinungsbildenden Medien gaben. Sie lauteten, er habe alles erreicht, was er im Leben erzielen könne, er stehe auf dem Gipfel seines Ruhms und von jetzt an könne es nur noch abwärts gehen.

Dagegen stand sein Gefühl, ausgerechnet jetzt, da die Partei nicht durchweg so erfolgreich war, gebraucht zu werden. Zwar war in Berlin die rot-grüne Koalition mit Walter Momper an der Spitze zerbrochen und die CDU war bei den Bürgerschaftswahlen, die am gleichen Tag wie die Bundestagswahl stattfanden, die stärkste Partei geworden. Aber das Wahlergebnis und die Verhältnisse zwangen sie, unter dem unverwüstlichen Eberhard Diepgen eine Große Koalition anzustreben. Auch um die CDU in den fünf neuen Ländern war es nicht gut bestellt. In vier von ihnen regierten Ministerpräsidenten der Union, es waren aber nicht besonders profilierte Politiker. Nur Kurt Biedenkopf in Sachsen hatte eine solide Mehrheit, und wenn die CDU etwas beweglicher gewesen wäre, hätte sie auch Manfred Stolpe in Brandenburg gewinnen können, der sich für sie interessierte, ehe er zur SPD ging. Mitte Januar verlor die CDU die hessische Landtagswahl. Zur Machtverschiebung genügte eine geringfügige Veränderung, die darin bestand, daß die SPD etwas stärker wurde als die CDU und die Grünen einige Stimmen mehr bekamen als die FDP. Walter Wallmann, den Kohl mühsam nach oben gebracht und in Wiesbaden stabilisiert hatte, mußte ruhmlos abtreten.

Mehr noch als in den Ländern schien der Bundeskanzler in Bonn unentbehrlich zu sein. Während der Koalitionsverhandlungen zogen am Golf amerikanische und im Baltikum russische Panzer auf. Sofort verlagerte sich der innenpolitische Streit auf die Frage, ob die Bundeswehr, wie es ihre Verbündeten verlangten, außerhalb des Einflußgebiets der NATO eingesetzt werden dürfe. Der Kanzler und seine Berater bejahten das, 18 Alpha-Jets der Luftwaffe mit 212 Soldaten wurden in die Türkei verlegt und in der Nacht, bevor Kohl Mitte Januar 1991 wiedergewählt wurde, brach der Golfkrieg aus, den Kohl zwar nicht herbeiwünschte, den er aber instrumentalisierte, da er ihm half, über die inneren Schwierigkeiten hinwegzukommen. So begann er die Regierungserklärung, die er Ende Januar abgab, mit den Worten, sie falle in eine Zeit, »in der sich viele Menschen weltweit große Sorgen« machten – wegen des Kriegs und der Vorgänge im Baltikum. An anderer Stelle mußte er, wenn auch indirekt, eingestehen, daß er mit seinem Versprechen, die Steuern nicht zu erhöhen, das begangen hatte, was die Opposition einen »Wahlbetrug« nannte. Zuerst rechtfertigte er das Tempo, in dem er die Vereinigung durchgesetzt hatte, mit der internationalen Lage, die ihm nachträglich recht gebe. Im Blick auf den Golfkrieg und die Blockade der Sowjets gegen Litauen sagte er, es erweise sich als vorteilhaft, »daß die staatliche Wiedervereinigung noch vor der Zuspitzung der gegenwärtigen Konflikte habe vollendet werden« können. So unbestritten das war, als Beleg für die höheren Abgaben, auf die er sich einlassen mußte, konnte es nicht herhalten. So mußte er eingestehen, daß der Kreditbedarf schnell zurückgeführt werden müsse, um das Vertrauen in die stabile D-Mark nicht zu gefährden. Die Belastungen, die auf die Deutschen zukämen, gingen »weit über den bisherigen Finanzrahmen hinaus«, die Bundesregierung werde »entsprechende Vorschläge für notwendige Steuererhöhungen« vorlegen.

Als einige SPD-Abgeordnete lachten, fuhr er sie an, er wisse nicht, »was Sie erheitert«, und fragte rhetorisch, ob sie die Hilfe für den Konflikt (er vermied das Wort Krieg) am Golf oder für die »Reformstaaten in Mittel-, Ost- und Südosteuropa« verweigern wollten. Im weiteren Verlauf der Aussprache im Parlament wurde jeder Sozialdemokrat, der die Wählerlüge anzuprangern versuchte, vom vereinigten Chor der Christdemokraten und Christsozialen als Verräter an der guten Sache niedergeschrieen.

Besonders schlimm erging es dem Oppositionsführer Vogel, dem in seinem Eifer und Zorn die Bemerkung herausrutschte, die Union schröpfe jetzt die Wähler mit einer »Kriegssteuer« – ein Begriff, den er unter Protest der Koalition zurücknehmen mußte.[9]

Jedenfalls: Unklarheiten, wohin das Auge blickte. Den Kanzler bekümmerte das nicht. Er tadelte jene, die jetzt einen durchgreifenden Neuanfang verlangten, um den neuen Herausforderungen gerecht zu werden. Er beabsichtigte nichts dergleichen. Die Masse derer, die ihn wählten, so lautete seine Überlegung, wollte keine einschneidenden Veränderungen, sondern sie wollte, soweit es den Westen betraf, die vertrauten Institutionen und bekannten Einrichtungen erhalten. Der Osten war zwar wahlentscheidend, aber bei der Vereinigung nicht tonangebend. Dort lebte nur ein Drittel der Wähler.

Gegen einen großen Wurf hegte er, wie stets, Mißtrauen. Er sog das neue Volks- und Nationalgefühl genußvoll auf, sonnte sich im Glanz des neu erworbenen Ruhmes, aber die Hochstimmung überdauerte nicht eine Minute den Moment des Ereignisses. Gleich danach umfing ihn die eingelebte Alltagswelt.

POLITIK WAR FÜR IHN weiterhin Personalpolitik. Aus optischen Gründen wollte er das Kabinett verkleinern, die Sonderminister abschaffen, gleichzeitig die neuen Länder angemessen berücksichtigen, die Frauenquote erfüllen, alle drei Koalitionspartner zufriedenstellen, frische Kräfte heranziehen und die Kernmannschaft des alten Kabinetts behalten. Daß das nicht gelingen konnte, war klar, die FDP machte ihm aber zusätzlich einen Strich durch die Rechnung. Der Wirtschaftminister der FDP, Helmut Haussmann, gab auf, nicht zuletzt wegen des Vorwurfs aus der Union, er sei unfähig, das Amt zu bekleiden.

Nun wollte Otto Graf Lambsdorff, daß Solms der Nachfolger werde, Genscher dagegen brachte seinen Zögling Jürgen Möllemann ins Spiel. Lambsdorff hatte die schlechteren Karten, da Solms Fraktionsvorsitzender werden wollte, Möllemann aber, von einer starken heimischen Hausmacht unterstützt, schon auf das Wirtschaftsressort zumarschierte. Kohls Position war relativ stark, weil er die »strategische Mehrheit«hatte. Das heißt, selbst wenn sich FDP, SPD und Grüne zusammenfänden, bekamen sie keine Mehrheit zusammen. Sie konnten nur regieren, wenn sie die PDS hinzunahmen, und das war aus politischen Gründen ausgeschlossen.

Kohl hatte in seiner Mannschaft ein Problem, und das war Lothar de Maizière. In den drei Monaten, die seit dem Vereinigungsparteitag in Hamburg vergangen waren, hatte er ihn keine Minute glauben gemacht, er habe in der Parteiarbeit wirklich mitzureden. Er ließ den früheren Ministerpräsidenten der DDR zum stellvertretenden Parteivorsitzenden wählen, um ihn anschließend kaltzustellen. Zugleich verstand er den Eindruck zu erwecken, der Mann aus dem Osten sei ihm so unentbehrlich geworden, daß er ihn mit immer neuen, ehrenvollen Ämtern bedenken müsse. Als er sich vornahm, ein neues Parteiprogramm zu schreiben, bedachte er de Maizière mit einem weiteren Ehrenamt und machte ihn zum Vorsitzenden der Kommission, die das Programm entwarf. Damit zeigte er der Partei, daß er ernsthaft beabsichtigte, die ehemaligen Mitglieder der DDR nicht nur zu integrieren, sondern auch an führender Stelle einzusetzen.

Dann allerdings berief er in die Kommission viele Mitglieder aus der alten CDU. Wie er waren sie der der Auffassung, die Partei solle bei ihrem neuen Programm nicht anders verfahren als beim neuen Grundgesetz, das heißt, sie solle am bewährten Muster festhalten und es allenfalls um den einen oder anderen Paragraphen ergänzen. De Maizière ging mit der Absicht in die Beratungen, ein völlig neues Programm zu schreiben, in dem sich die Erfahrungen und Lehren der alten DDR niederschlugen. Daß es schwierig werden würde, ahnte er, daß der Widerstand, den die westlichen Mitglieder dem Vorhaben entgegenbrachten, so stark war, damit rechnete er nicht.

Kurz nach der Wahl wurden nun die Berichte darüber wieder aufgetischt, de Maizière habe der Stasi zugearbeitet. Der Betroffene mochte die Vorwürfe abstreiten und die Gerüchte zurückweisen, so oft er wollte, sie hielten sich um so hartnäckiger, je vehementer er sie bestritt.

Schäuble bestellte den Sonderminister Mitte Dezember 1990 ins Innenministerium und eröffnete ihm, bei der Suche nach Material sei das Kanzleramt in der ehemaligen Stasi-Zentrale auf vier Aktenordner gestoßen, die sich mit »Czerni« befaßten. Karl Czerny war ein Schüler Beethovens, und daraus schloß der »Spiegel«, der den Fall aufgriff, das sei der Codename der Stasi für de Maizière gewesen. Das vermutete jedenfalls die sogenannte Gauck-Behörde zur Aufklärung der Wühlarbeit des Geheimdienstes.

Die Ordner, die gefunden wurden, waren leer, die Aufschrift auf den Aktendeckeln war ausradiert, wiewohl erkennbar. Andere Akten gaben allesamt dunkle Hinweise, die als Indizien gewertet werden konnten, aber Beweise waren das nicht. Niemand wußte, wer die Ordner angelegt, keiner, wer sie ausgeräumt hatte, es war nicht bekannt, was darin stand, und es blieb dunkel, weshalb der Betreffende die Hüllen nicht entfernte, sondern leerte und sie an ihren alten Platz zurückstellte. Da nur jemand so vorgehen konnte, der wollte, daß die Reste der Akten entdeckt wurden, lag der Gedanke nahe, daß ein raffinierter Trick angewendet worden war, um de Maizière zu belasten. Auch drängte sich die Überlegung auf, daß die Seilschaften der Stasi tätig waren. Der Verdacht auf Erpressung lag in der Luft.

De Maizière dachte zunächst, Schäuble bitte ihn zu sich, um ihm mitzuteilen, daß sich damit die Angelegenheit erledigt habe. Er war sich seiner Unschuld bewußt. Schon zu einem frühen Zeitpunkt machte er darauf aufmerksam, daß er als Anwalt, der Regimegegnern half, mit Stasi-Leuten Kontakt hatte. Später fügte er verbittert und sarkastisch hinzu, im Bundestag sei dann erörtert worden, »daß ich erstens kein Abkommen mit der Stasi unterschrieben hatte, zweitens kein Geld oder keine Vergünstigungen erhalten und drittens keinem Menschen geschadet hatte«.

Als Hinweis darauf, daß er kein Spitzel der DDR war, führte er an, daß seiner Tochter der Eintritt in die Oberschule verwehrt worden sei. Auch habe sich die Akte eines Stasi-Offiziers gefunden, dem vorgeworfen worden sei, »aus mir nicht genug herausbekommen zu haben« – alles Indizien, die nicht dafür sprachen, daß sich ihm das Regime für Gefälligkeiten dankbar erwies.[10]

Im Gespräch mit Schäuble mußte er zur Kenntnis nehmen, daß der es nicht auf Entlastung, sondern im Gegenteil auf Belastung anlegte. Der Beauftragte des Kanzlers gebrauchte das verdrehte Argument, daß sich seine Lage eben dadurch verschlimmere, daß keine Beweise vorlagen. Selbstverständlich, so lautete Schäubles Argumentation, gebe es in der Regierung und der Partei niemanden, der bezweifele, daß de Maizière unschuldig sei. Er könne aber seine Unschuld nicht beweisen. In einem solchen Fall wäre es ein glücklicher Zufall gewesen, wenn die Akten gefunden worden wären, weil sich dann das Ausmaß der Verdächtigungen hätte ermessen lassen. Nun aber müsse damit gerechnet werden, daß sich das Material, gleichgültig, wie es beschaffen sei, in der Hand eines Mannes oder von Personen befinde, bei denen man nicht wisse, was sie damit anfangen wollten.

Im Ergebnis lautete Schäubles Gedankengang, daß de Maizière nichts anderes übrig blieb, als auf seine Mitwirkung in der Bundesregierung zu verzichten. Denn, so schloß der Innenminister, wenn der Betroffene in der Regierung bleibe, womöglich ein neues Amt annehme, werde der Kanzler gezwungen, eine Ehrenerklärung für ihn abzugeben. Und was geschehe, wenn der anonyme Besitzer der Akten dann an die Öffentlichkeit trat?

Nach einer Bedenkzeit kam de Maizière zu dem Schluß, daß es unter diesen Umständen besser sei, nicht auf einer Rehabilitierung zu bestehen, da sie lange auf sich werde warten lassen. Er benahm sich so, wie Kohl es von ihm erwartete, wie ein Mann, dem der unbedingte

Wille zur Macht fehlt. De Maizière hatte sich ursprünglich vorgenommen, dann, wenn er die Vereinigung ohne Blutvergießen erreicht hatte, aus dem Amt auszuscheiden. Vorübergehend packte ihn der Ehrgeiz, die Behandlung Schäubles brachte ihn dazu, zu seiner ursprünglichen Absicht zurückzukehren.

Er wurde von der Haltung der Presseorgane bestärkt, von denen ihn nicht ein einziges in Schutz nahm. Sie wiesen, wie er fand, eine gewisse Gleichförmigkeit auf, fast wie in dem Regime, dem er entfloh, und schlossen sich einseitig und unkritisch der Regierungshaltung an. Er registrierte, daß er nicht beliebt war. Ein Journalist hielt ihm vor, er sei »medienschroff«. Zehn Tage nach der Wahl, am 12. Dezember 1990, ließ er sich beurlauben, fünf Tage danach trat er vom Amt des Sonderministers zurück und erklärte, er wolle in der neuen Regierung kein Amt übernehmen. Es war ihm auch keines zugedacht. Seine Parteiämter – das des stellvertretenden Vorsitzenden der Bundespartei und des Landesvorsitzenden der CDU Brandenburgs – ließ er ruhen. Er blieb nur Vorstandsmitglied des Evangelischen Arbeitskreises. Ihn erfüllte eine Mischung von »Erleichterung, Wut und Trauer«. Wie in solchen Fällen üblich, stellte sich daraufhin der CDU-Vorsitzende und Bundeskanzler Kohl entschieden hinter den, dessen er sich gerade entledigt hatte, sprach ihm sein »volles Vertrauen« aus, »verurteilte« die Kampagne, die gegen den Unschuldigen geführt worden sei und dankte ihm im Namen des Vaterlandes für die Verdienste, die er sich bei dessen Vereinigung erworben hatte.

Etwas später konnte er einen alten Freund mit allen Zeichen innerer Genugtuung und äußerer Betrübnis verabschieden. Am 13. Januar 1991 erklärte der baden-württembergische Ministerpräsident Lothar Späth seinen Rücktritt. Er war in einen Strudel von Affären geraten, von dem einige behaupteten, sie stellten eine späte Rache Kohls dar. Der Ministerpräsident identifizierte sich so mit der Rolle des berufenen Sprechers seines Heimatlandes, daß er die Einladung zu einigen Luxusreisen betuchter Industrieller und Mäzene als Aufgaben der Landesentwicklung auffaßte und sich spendieren ließ, was Kritiker, die strengere Maßstäbe anlegten, als seine Privatsache ansahen. Der Kanzler, für den die Rehabilitation angeschlagener Freunde, die von ihm fallengelassen wurden, fast zur Routine wurde, veranlaßte das CDU-Präsidium zu der Erklärung, es sei »von der »Redlichkeit und Unabhängigkeit« des Gestürzten »voll und ganz überzeugt«.

Inzwischen hatte Kohl die Kabinettsliste fertig, und es überraschte, daß er ausgerechnet bei der Zusammenstellung der ersten gesamtdeutschen Regierung vorging wie jemand, der ein Provisorium zimmert. Selten wurde eine Regierung gebildet, die so mit dem Merkmal des Übergangs und des Vorläufigen behaftet war wie diejenige, die er nach seiner Wiederwahl zum Kanzler am 17. Januar 1991 vorstellte. Und das angesichts des Umstands, daß nie vorher ein Bundeskanzler mit einer so großen Mehrheit gewählt wurde. Er bekam 378 Ja-Stimmen bei 257 Nein-Stimmen und neun Enthaltungen. Das war ein Vorsprung vor der Opposition von 121 Stimmen.

Schäuble wurde wieder Innenminister, obwohl jeder in Kohls Umgebung wußte, daß er in diesem Amt so oder so nicht lange bleiben würde. Genscher wurde mit Abschiedsgedanken erneut ins Außenamt berufen. Als Nachfolger für Genscher kamen entweder der Wirtschaftsminister Jürgen Möllemann oder der Justizminister Klaus Kinkel oder die Bauministerin Irmgard Adam-Schwaetzer in Betracht.

Da einer der Kandidaten für die Nachfolge Schäubles der Kanzleramtsminister Rudolf Seiters war, galt seine Berufung ebenfalls als eine Notlösung.

Das Gesundheitsministerium, das einst von Heiner Geißler und Rita Süssmuth geführt wurde, teilte Kohl in drei neue Ministerien auf. Hannelore Rönsch war für Familie und Senioren, Gerda Hasselfeldt für Gesundheit und Angela Merkel für Frauen und Jugend zuständig. Da jedes der neuen Ministerien neue Apparate, Mitarbeiter und Stäbe benötigte, sprach Vogel davon, das neue Kabinett zeichne sich »mehr durch Quantität« als Qualität aus. Es weise 19 Minister und 58 parlamentarische und beamtete Staatssekretäre auf.

Die politische Gestaltungskraft des neuen Kabinetts war begrenzt. Die beabsichtigte Einführung der Pflegeversicherung wurde verschoben, die Regelung der Abtreibungsbestimmungen auf Eis gelegt, die neue Asylgesetzgebung wurde ausgeklammert. Von Aufbruch und frischen Ideen im vereinigten Deutschland konnte keine Rede sein.

Auch im eigenen Bereich, dem Kanzler- und dem Bundespresseamt, ordnete Kohl die Verhältnisse neu. Er hatte die personellen Veränderungen lange vor sich hergeschoben, weil sie Umbesetzungen nötig machten, die ihm peinlich waren. Zuvörderst mußte er seinen alten Vertrauten Eduard Ackermann ersetzen. Das Augenleiden des 63jährigen verschlimmerte sich zusehends, die Texte mußten ihm vorgelesen werden, und wenn sie Termine hatten, ließ er sich von Juliane Weber führen. Seit längerem war Kohl mit Andreas Fritzenkötter im Gespräch, der von der »Rheinischen Post« in die Pressestelle der CDU wechselte und sich dort einen guten Namen machte. Dem Vorsitzenden empfahl er sich damit, daß er ihm bei langen Sitzungen ein Schälchen handgemachter Pralinen aus der Konditorei seines Vaters, eines Konditormeisters aus dem Westfälischen, zuschob. Im Wahlkampf 1990 kümmerte er sich vornehmlich um die jüngeren Kollegen und organisierte mit denen, die in den privaten Sendern aufrückten, die Fernsehauftritte seines Arbeitgebers. Kohl war mit ihm schon so vertraut, daß er ihn scherzhaft den »Kleinen« nannte – Fritzenkötter überragte den Kanzler mit seiner Größe von 2,04 Meter um elf Zentimeter.[11]

Zugleich besetzte er das Presseamt neu. Die beiden leitenden Beamten an der Spitze, der Regierungssprecher Dieter Vogel und der Verwaltungsleiter Herbert Schmülling, wurden zu Staatssekretären befördert unter gleichzeitiger Versetzung Schmüllings ins Wohnungsbauministerium. Sein Nachfolger wurde der 48jährige Wolfgang Gibowski, Leiter der Forschungsgruppe Wahlen in Mannheim, der damit begonnen hatte, den Kanzler mit Wahlanalysen- und Prognosen zu versorgen.

Die Umbildung der Regierung ging mit den Vorbereitungen auf den Wahlkampf zur Landtagswahl in Rheinland-Pfalz einher, die für den 21. April 1991 angesetzt war. Noch hatte sich Kohl von den Strapazen des Bundestagswahlkampfs und der Regierungsbildung nicht erholt, nun übernahm er das enorme Pensum von 14 Wahlkampfeinsätzen im Frühjahr 1991. Schlimmer war, daß er zusehen mußte, wie in seinem Heimatland das Machtgefüge, das er dort errichtet hatte, in den fünfzehn Jahren, die seither verstrichen waren, verfiel, ohne daß er es ändern konnte. Es begann damit, daß die Ausstrahlungskraft seines Nachfolgers Bernhard Vogel nach einem glänzenden Start erstaunlich schnell nachließ. Bei der Landtagswahl im Frühjahr 1987 verlor er die absolute Mehrheit, mußte die FDP in die Regierung zurückholen und sich ihrer Forderung nach einer Neuordnung des Kommunalwahlrechts beugen, die für die CDU unvorteilhaft war. So erwuchs ihm mit dem Umweltminister Hans-Otto Wilhelm ein innerparteilicher Konkurrent, der es auf die Trennung der Ämter abgesehen hatte und nach dem Parteivorsitz griff. Kohl sprach zweimal mit dem Konkurrenten, es gelang ihm aber nicht, Wilhelm von seinem Vorhaben abzubringen. Dem ehrgeizigen Minister gelang es, die Partei auf seine Seite zu ziehen und Vogel auf einem Parteitag im Herbst 1988 zu stürzen. Da der

Unterlegene daraufhin erklärte, nicht länger Ministerpräsident bleiben zu wollen, übernahm der bisherige Finanzminister Carl-Ludwig Wagner das Amt, die Partei des Landes spaltete sich, das Schisma zwischen Kohl und Peter Altmeier lebte wieder auf. Eine Wahlanalyse, die die Staatskanzlei Ende 1990 in Auftrag gab, besagte, daß die CDU bei der Landtagswahl die Macht verlieren werde; sie würde nach 40 Jahren ununterbrochener Herrschaft im Land in die Opposition geschickt werden. Von der Studie zirkulierten einige Exemplare für die führenden Persönlichkeiten der Partei, aber nur zwei lasen das Ergebnis richtig, und das waren Kohl und sein früherer Mitarbeiter Hanns Schreiner, der inzwischen Chef der Staatskanzlei geworden war.

Der Autor plante in dieser Zeit eine Wahlkampfreise mit den örtlichen Parteigrößen. Kurz bevor er sie antrat, wurde er von Andreas Fritzenkötter angerufen, der ihm anbot, den Bundeskanzler zu begleiten. Widerspruch ließ Fritzenkötter nicht gelten. Also stand zur verabredeten Zeit ein livrierter Chauffeur mit einer übergroßen Limousine vor der Tür, kutschierte den Fahrgast nach Koblenz, und von da an nahm Kohl ihn anderthalb Tage überallhin mit, auch zu den vertraulichen Gesprächen mit den lokalen Parteigrößen in den Hinterzimmern der Gasthäuser zwischen den Wahlveranstaltungen.

In den Gesprächen variierte Kohl ein einziges Thema, und das war Schäuble. Er schilderte den alten Weggenossen, die darüber zum erstenmal von ihrem Parteivorsitzenden hörten, wie sich der halbgelähmte Parteifreund in die Fortbewegung mit seinem Rollstuhl eingewöhnte. Der Rekonvaleszent bewege sich in dem Gefährt, schilderte er, »erstaunlich behende«. Er sei schon so weit, »daß er sich selbst die Tür öffnet«. Mit seiner Behinderung habe er sich schon so weit abgefunden, daß er »sogar über sie scherzen kann«. Kohl verschwieg auch nicht, daß er dem Gefährten eine außerordentliche Zuwendung zuteil werden ließ. Zu allen Sitzungen, an denen sie teilnahmen, wanderte er wie ein Leibgardist hinter ihm her. Bei Veranstaltungen im kleinen Kreis begleitete er den Freund zur Tür, wenn der vorzeitig aufbrach. Kam er von Auslandsreisen, rief er ihn, wenn es sein mußte, nachts an und erstattete ihm Bericht.

Im rheinland-pfälzischen Wahlkampf reservierte er für Schäuble die bedeutendste Veranstaltung, die im Pfalzbau in Kohls Heimatwahlkreis Ludwigshafen, und wies die örtliche Parteiführung an, alles zu tun, um einen Erfolg daraus zu machen. Er tat das nicht für den Wahlausgang, sondern für Schäuble, um den stets skeptischen Freund davon zu überzeugen, daß er Säle füllen, Menschen begeistern, Publikum anziehen könne.

Die Ludwigshafener CDU plante, ihm eine Rampe zu bauen, über die er zum Podest hinaufrollen sollte, ließ den Plan aber wegen Sicherheitsbedenken fallen, aber auch so war sein Auftritt ein bewegendes Ereignis. Als Schäuble redete, war es im Saal so still, daß man, wie es Teilnehmer schilderten, »eine Stecknadel hätte fallen hören können«. Es war nicht zu übersehen, daß er aus seiner Benachteiligung Vorteile zog und daß seine Lähmung und die Art, in der er sie überwand, einen Publikumsmagneten darstellte.

Während der Reise mit Kohl war es dem Autor nicht ganz klar, wieso der Kanzler den abwesenden Mitstreiter derart mit Lob überhäufte, auch Roosevelt wieder ins Gespräch brachte und vom Hubschrauber schwärmte, »mit dem man praktisch an jeden Ort gebracht werden kann«, das geeignete Transportmittel für Behinderte. Auf die Frage nach dem Grund erwiderte Kohl, er kämpfe zur Zeit gegen starke

Wolfgang Schäuble und Helmut Kohl bei einer Besprechung im Kanzleramt. Aufnahme vom Oktober 1986.

Widerstände, die sich der Wahl Schäubles zum Fraktionsvorsitzenden in den Weg stellten. Angesichts der Umstände erschien dieser Satz erstaunlich. Denn weit und breit war nichts und niemand zu erkennen, der sich dem Wechsel widersetzte. Kohl wollte ihn, die Fraktion wollte ihn, deren Vorsitzender sträubte sich nicht, es gab auch keinen Konkurrenten, und mithin blieb offen, was Kohl meinte, zumal da er sich auf Befragen nicht genauer äußern wollte.

Daher kamen seine Zuhörer auf den Gedanken, Kohl sei so amtsmüde, daß er die Gelegenheit ergreife, die Partei und die Öffentlichkeit auf seinen Abgang vorzubereiten und seinen Nachfolger einzuführen. In diesem Sinn schrieb der Autor eine Reportage über die herbstlichen Gefühle des Patriarchen mitten im Frühling.[12] Als die Hauptfigur der Geschichte, die nicht gerade zum neuen Kanzler, wohl aber doch zum »Kronprinzen« ausgerufen wurde, davon hörte, dachte er bei sich in der ungeschminkten Art, in der er mit sich umgeht: »Jetzt ischt dir der Tag verdorben.«[13]

Damit brachte Schäuble zum Ausdruck, daß die Aufregung, die mit dem Artikel entstand, nicht lange anhalten würde. Es war nicht ganz so, die Legende vom Favoriten blieb haften, aber die Irritation hielt nicht länger vor, als sie bei solchen Zeitungsereignissen dauert, sie überstand, wie vorhergesagt, den Tag nicht.

Erst später stieß der Autor auf die treffende Erklärung für Kohls Verhalten. Der Widerstand kam vom Auserwählten selbst. Zwar bereitete sich Schäuble auf den Fraktionsvorsitz vor, den Kohl ihm zugedacht hatte; aber er bestand darauf, daß der Zeitplan eingehalten wurde, den er aufstellte. Erst im Spätherbst beabsichtigte er, mit gefestigter Gesundheit, den Wechsel.

Der Kanzler dagegen strengte sich an, das Tempo zu forcieren. Was die Angelegenheit komplizierte, war, daß Kohls Wunsch, das Amt niederzulegen mit seinem Verlangen kollidierte, den Wechsel zu einem Zeitpunkt zu vollziehen, den er bestimmte. Damit war Schäuble nicht einverstanden. Auf diese Weise weitete sich Kohls Drängen und Schäubles Zögern zu einem Machtkampf aus, bei dem jeder darauf bestand, den Wechsel zu seinen Bedingungen zu vollziehen.

Ein geeigneter Zeitpunkt für den Rückzug fand sich nicht. Vor der Wahl in Rheinland-Pfalz wollte Kohl keine Nachfolgedebatte, weil die Partei ihm sonst vorgeworfen hätte, er vollbringe das, was er ihr ankreidete, er beschleunige ihren Untergang mit Disziplinlosigkeit. Nach der Wahl ging es nicht, da der Vorwurf dann gelautet hätte, er trete zu einem Zeitpunkt ab, zu dem ihn die Partei dringend brauche. Was die Studie vorhersagte, trat ein. Der Wähleranteil der CDU sank von 53,9 Prozent bei der letzten Wahl, die Kohl bestritt, auf jetzt 38,7 Prozent, das war ein Verlust von 15,2 Prozent in 16 Jahren. Der Anwärter der SPD, Rudolf Scharping, besiegelte noch in der Wahlnacht die Koalition mit dem Freidemokraten Rainer Brüderle und löste bald darauf den glanzlosen Wagner im Regierungsamt ab.

Kohl sagte später, er habe unter dem Verlust »gelitten wie ein Hund«. In seinen Augen war das Werk, das er aufgebaut hatte, zur Beute der »Sozis« geworden. Kohls innere Verfassung und die äußeren Anforderungen ließen keine andere Möglichkeit zu, als sich in die Arbeit zu stürzen. Während er sich mit zunehmender Intensität damit beschäftigte, seine Macht in Bonn zu sichern, trieb er sich selbst die Gedanken ans Aufhören aus dem Kopf. Von einer Amtsmüdigkeit konnte bald keine Rede mehr sein. Das bedeutete nicht, daß er seinen Wunsch, das Amt des Bundeskanzlers niederzulegen, fallenließ. Er schob die Realisierung lediglich vor sich her. Daß er es damit ernst meinte, zeigt die Tatsache, daß er jetzt Schäuble beim Wort nahm. Da er auf den Abschied verzichtete, mußte der Parteifreund einspringen. Schließlich brachte er ihn so weit, daß er nachgab und sich überreden ließ, seinen Zeitplan zu ändern und die Wartezeit zu verkürzen.

Nach der Sommerpause 1991 suchten beide den Fraktionsvorsitzenden Alfred Dregger auf und machten ihm klar, daß es für ihn vorteilhaft sei, früher als vorgesehen aufzuhören. Die Begründung lautete, Schäuble solle auf dem Sonderparteitag der CDU am 15. Dezember 1991 in Dresden seine erste Rede als Fraktionsvorsitzender halten. Das war immerhin so etwas wie eine schmucklose Inthronisation des Nachfolgers. Der Wechsel erfolgte wie vorgesehen. Am 25. November 1991 wurde Schäuble mit einer Mehrheit zum Fraktionsvorsitzenden gewählt, die 93,5 Prozent der Stimmen entsprach. Der Journalist Ulrich Deupmann beobachtete, die Fraktion habe die Wahl 400 Tage nach dem Attentat wie eine »Weihestunde« zelebriert.[14]

Kurz danach stellte Kohl eine andere personalpolitische Weiche. Er reaktivierte den rheinland-pfälzischen Parteifreund aus früheren Tagen, Bernhard Vogel, der damals für die Konrad Adenauer-Stiftung tätig war. Ende 1991 geriet der thüringische Ministerpräsident Josef Duchac in den Verdacht, sich zur Zeit der DDR zu eng mit den Staatsgrößen eingelassen zu haben. Die thüringische CDU, in Intrigen, Händel und Machtkämpfe verstrickt, wollte ihn loswerden. Da die Lage unübersichtlich war, bot Kohl seine Hilfe an, zog die Verhandlungen an sich, brachte es dahin, daß im Kanzleramt verhandelt wurde, und setzte sich mit seinem Vorschlag Vogel durch. So verhalf der Kanzler dem in Rheinland-Pfalz ausgetricksten Landeschef zu neuen Ehren in Thüringen, während die Rivalen Wagner und Wilhelm ausgespielt hatten; eine späte Genugtuung.

Ein unangenehmes Nachspiel hatte die Angelegenheit für die Parlamentspräsidentin Rita Süssmuth. Sie unterstützte die Gruppe um die Kultusministerin Lieberknecht, die einen einheimischen Kandidaten für die Nachfolge von Duchac bevorzugte. Süssmuth sagte sich mit der Delegation im Kanzleramt an, und als die Abgesandten dort erschienen, wurden sie in einem Wartezimmer plaziert. Nach einiger Zeit erschien Juliane Weber, bat die Herren ins Kanzlerbüro, hielt aber Süssmuth mit den Worten zurück: »Sie nicht, Frau, Präsidentin.« Die zweithöchste Repräsentantin des Staates wartete unschlüssig eine dreiviertel Stunde, eine Nachfrage zwischendurch blieb ohne Echo, und so ging sie wieder.

MIT SCHÄUBLES AUFSTIEG begann die Herrschaft der Geschäftsführer. Das waren die Männer, die aus dem politischen Management kamen, die gelernt hatten, sich unauffällig im Hintergrund zu bewegen, deren Talent sich im Organisieren von Mehrheiten und dem reibungslosen Verlauf von Sitzungen erschöpfte und die imstande waren, mit der eigenen Anschauung hinterm Berg zu halten, wenn sie es sich überhaupt erlaubten, eine Meinung zu haben. Schäuble stammte auch aus dem Fraktionsmanagement, er war aber zugleich die Ausnahme. Sein Nachfolger im Amt des Bundesinnenministers, Rudolf Seiters, stammte ebenfalls aus der Riege der parlamentarischen Geschäftsführer. Kohls Regie sorgte dafür, daß er über einen längeren Zeitraum hinweg im Kielwasser Schäubles segelte. Er wurde nach ihm parlamentarischer Geschäftsführer der Unionsfraktion, danach erster parlamentarischer Geschäftsführer, danach Kanzleramtsminister und jetzt Innenminister.

Ähnliches galt für den neuen Kanzleramtsminister Friedrich Bohl. Er bekleidete seit 1984 die Ämter, die vorher Seiters innehatte. Und er machte wiederum den Platz für den Posten des ersten parlamentarischen Geschäftsführers für Jürgen Rüttgers frei, der bereits vorher in den Kreis der neuerdings erfolgreichen Geschäftsführer aufgerückt war. Es zogen Durchschnitt und Mittelmaß ins Regiment Kohls. Der Kanzler begann, seine Macht mehr auf Autorität als auf Phantasie und Einfallsreichtum aufzubauen. Es schien, als habe er mit dem Akt der Einheit seine schöpferischen Energien verbraucht.

Auch die Partei überzog er mit dem Muster der Einmannherrschaft. Er ließ sie wissen, daß er allein über den Nachfolger oder die Nachfolgerin de Maizières im Amt des stellvertretenden Parteivorsitzenden befand. Er machte ihr auch klar, daß es von ihm abhing, wann er wieder mehrere Stellvertreter statt des einen berufen würde. Zunächst entschied er sich für eine Frau aus Ostdeutschland, die Ministerin Angela Merkel. Um ihre Eignung zu prüfen, nahm er sie mit auf eine Reise nach Südamerika. Da hatte er ausreichend Zeit, sich mit ihr zu unterhalten. Er prüfte sie gründlich auf Herz und Nieren. So fragte er sie, was sie von seinen Reden gehalten habe, als sie sie noch in der DDR im Westfernsehen sah und hörte. Sie druckste mit der Antwort herum, wollte nicht unaufrichtig sein, ihn aber auch nicht unnötig verletzen. Er erlöste sie mit der Bemerkung, er wisse, was sie von seinen rhetorischen Fähigkeiten halte, er habe sie in der Fraktion beobachtet.

Im Dezember 1991 wurde sie zur Stellvertretenden Vorsitzenden der CDU gewählt.

28

ENTSCHEIDUNG FÜR
DIE NEUE HAUPTSTADT

IN DER ZWEITEN HÄLFTE der 90er Jahre fielen Helmut Kohl viele Gründe ein, die ihn bewegten, sein Amt nicht aufzugeben. Es waren die Vollendung der deutschen Einheit, die Unumkehrbarkeit der europäischen Einigung, der Kampf um die Verlegung der Hauptstadt und die Bundestagswahl im Herbst 1998. Der Bundesbauminister und Beauftragte für den Umzug des Bundes nach Berlin, Klaus Töpfer, hält die Hauptstadtentscheidung für die wichtigste Markierung. Er sagt, als Kohl erklärt habe, er werde zur nächsten Bundestagswahl kandidieren, sei er sicher gewesen, »daß sich der Bundeskanzler endgültig für Berlin entschieden hat«.[1] Das war im Frühjahr 1997.

Töpfers Annahme, mit der Entscheidung für die weitere Kanzlerkandidatur habe sich Kohl innerlich für den Bundessitz Berlin entschieden, läßt sich auch umkehren. Als er entdeckte, daß es mit Berlin nach seinen Vorstellungen lief, entschloß er sich, noch einmal als Kanzler anzutreten. Die Beobachtung zeigt Kohls Zaghaftigkeit, mit der Regierung und dem Bundestag nach Berlin umzuziehen. Das ist ein weiteres Indiz dafür, daß er keineswegs von Anfang an so enthusiastisch für Berlin gefochten hat. Im Gegenteil, er zögerte erheblich länger als die meisten seiner Parteifreunde und die Politiker der anderen Parteien. So waren Hans-Jochen Vogel von der SPD, Lothar de Maizière von der CDU und Hans-Dietrich Genscher von der FDP längst davon überzeugt, daß nichts anderes in Frage kam, als die früheren Versprechungen zu halten und nach der Einigung in die alte und neue Hauptstadt zu ziehen, als sich der Kanzler noch nicht öffentlich festlegte. Selbst die Kundigen und jene, die oft mit ihm darüber sprachen, waren sich nicht sicher, ob er zögerte, den Bundessitz nach Berlin zu verlegen, oder ob er sich nur scheute, sich zum Umzug zu bekennen. Seine Indifferenz ging so weit, daß der Berliner Regierende Bürgermeister Eberhard Diepgen mehrmals enttäuscht von seinen Verhandlungen mit dem Bundeskanzler kam und sich über dessen mangelnde Unterstützung beklagte. Dagegen war die Delegation der Stadt Bonn, die mit dem Bund und dem Land Nordhrein-Westfalen über den Umzug verhandelte, lange Zeit davon überzeugt, »daß der Kanzler auf unserer Seite steht«, wie es eines ihrer Mitglieder formulierte.

Allerdings hielt sich Kohl nicht allein deshalb zurück, weil er warten wollte, wo sich in dem heftigen Streit über Bonn oder Berlin die Mehrheit befand, wie es häufig behauptet wird. Die Annahme liegt nahe, und ganz falsch ist sie nicht. Aber es kommen andere, gewichtige Gründe hinzu. Kohls politische Biographie ist von der Bonner Republik geprägt. Für einen Mann, der in der Pfalz aufgewachsen und so harmonisch mit ihr alt geworden ist wie er, ist das eine Frage der Nähe, die Bequemlichkeit kommt dazu. Bonn liegt 200 Kilometer rheinaufwärts, 20 Minuten Flugzeit mit dem Hubschrauber, von Ludwigshafen nach Berlin zu fliegen ist dagegen erheblich zeitraubender. Entscheidend war, daß für ihn die linksrheinische Nachbarschaft ein Bestandteil seiner Lebensauffassung war. Groß geworden in der deutsch-französischen Tradition, sträubt sich der kurpfälzische Kleinstaatler, wie er einer ist, gegen den Gedanken, die Metropole ins Zentrum der einstigen Preußischen Staatsmacht zu verlegen. Dazu kam sein Widerwille gegen die Berliner Zeugnisse der roten Diktatur der SED in den letzten vierzig Jahren.

Die instinktive Abneigung gegen den Umzug fiel zusammen mit einem Widerwillen gegen die Form, in der darüber diskutiert, verhandelt und entschieden wurde. Es störte ihn, daß die Parteien bei diesem Punkt mehr tricksten, manövrierten, verschleierten und heuchelten als bei irgendeinem anderen Gegenstand des deutschen Staatsvertrags. Daß ihm niemand vorwerfen konnte, es genauso zu halten, lag daran, daß er die Verhandlungen darüber im Rahmen der Einheitsverhandlungen an Wolfgang Schäuble delegierte und sich darauf beschränkte, die Fäden im Hintergrund zu ziehen. Der Innenminister wurde gleich zu Beginn der Besprechungen am 6. Juli 1990 mit der Gegenposition in ihrer markantesten Ausprägung konfrontiert. Sein Gegenspieler von der DDR, Günther Krause, zeigte sich flexibel wie er, aber der ihm übergeordnete DDR-Ministerpräsident Lothar de Maizière gab zu erkennen, »daß ihm der Standort der Metropole mehr bedeutete als jedes andere Staatssymbol«. Die Entscheidung für »Berlin oder Bonn« sei für den ostdeutschen Regierungschef der »Eckpunkt der Einigung« gewesen, erinnert sich Schäuble. Im Lauf der Verhandlungen gelang es ihm, die starren Fronten, die von de Maizière und dem Leiter der nordrhein-westfälischen Staatskanzlei, Wolfgang Clement, aufgebaut wurden, aufzuweichen. Schäubles Position war klar, er war für die vereinigte Hauptstadt Berlin, und zwar nicht, weil es früher Versprechungen, sogar einen Umzugsbeschluß aus den fünfziger Jahren gab, sondern für ihn ging es – wie er immer wieder hervorhob – um die »Zukunft Deutschlands«. Im Grunde argumentierte er nicht viel anders als de Maizière, der Standort der Hauptstadt war für ihn ein Bestandteil der Staatsidee. Denen, die einwandten, Berlin mit seinen Häuserschluchten, den Aufmärschen und Demonstrationen, den Schlachten mit der Polizei, Hausbesetzungen, Kiezkulturen und Kreuzberger Nächten sei unkontrollierbar, fast unregierbar, hielt er entgegen, der Bund werde mit seinem Einzug »einen Ordnungsfaktor« darstellen.[2]

Dagegen stand, daß er es mit Partnern in West- und Süddeutschland zu tun hatte, die die Festlegung scheuten. Die Bundesländer seien, berichtet er, angeführt von Nordrhein-Westfalen und Rheinland-Pfalz, »mehr oder weniger geschlossen gegen Berlin« gewesen. Der Bundestag, die Bundesregierung, die Länderregierungen und -parlamente waren auch keine große Hilfe. Sie sprachen sich für ein »Ausklammern der brisanten Frage aus dem Einigungsvertrag« aus – der Bundeskanzler, den er nicht erwähnt, ebenfalls.

Da Schäuble in diesem Fall nicht seine Überzeugung durchsetzen konnte, sondern ein akzeptables Verhandlungsangebot unterbreiten mußte, argumentierte er schließlich geschickt, wiewohl gegen die eigene Überzeugung, rein juristisch. Es mache keinen Sinn, bemerkte er, einen Passus über die Hauptstadt und den Regierungs- und Parlamentssitz in den gesamtdeutschen Vertrag aufzunehmen, da das Vertragswerk nur im ganzen angenommen oder abgelehnt werden könne. Niemand dürfe riskieren, daß die, denen der Vertrag nicht gefalle, die Hauptstadtregelung zum Anlaß nähmen, ihn abzulehnen. Das Thema sei so bedeutend, daß es dem »gesamtdeutschen Gesetzgeber« überantwortet werden müsse. Schließlich trennte er begrifflich die Hauptstadt vom Regierungs- und Parlamentssitz und schrieb in den Vertrag, »Hauptstadt Deutschlands« sei »Berlin«. Damit hatten die Deutschen eine Hauptstadt, aber sie wußten nicht, ob sie von dort auch regiert werden würden.

Damit war nicht viel gewonnen außer einer zeitlichen Verzögerung. Warfen die einen dem Bundeskanzler vor, er habe sich nicht genügend Zeit für die Einigung gelassen, beschuldigten ihn die anderen, er habe den Beschluß über den Standort der Regierung zu lange hinausgeschoben. Für das Zögern konnte er geltend machen, daß in den großen

Parteien das Beharrungsvermögen überwog; sie neigten überwiegend dazu, dort zu bleiben, wo sie waren. Die SPD spaltete sich auf einem Parteitag in Bremen Ende Mai 1991 in zwei gleich große Hälften: 203 Delegierte stimmten für Bonn, 202 für Berlin. Es half dem Fraktionsvorsitzenden Vogel wenig, daß er sich vehement für Berlin einsetzte.[3] Bei den Konservativen war das Festhalten an Bonn noch deutlicher ausgeprägt. Bei den stärksten Bataillonen – der nordrhein-westfälischen und der südwestdeutschen CDU und, fast geschlossen, der CSU – hatte Bonn eine deutliche Mehrheit. In dem Maß, in dem sich die Mehrheit dem Ansinnen des Umzugs entzog, sorgte sich Kohl um die Einheit der Partei. Die Entscheidung für Berlin oder Bonn reduzierte sich für ihn auf die Frage, ob es ihm gelang, ein Auseinanderfallen der Union zu verhindern.

Für Kohl war der Umzug nicht wie für Schäuble eine prinzipielle Angelegenheit, in der es um ein Hoheitssymbol und die Verwirklichung einer Staatsidee ging. Für ihn handelte es sich um ein emotional befrachtetes Unternehmen, bei dem es ihm so erging wie den Beamten, Angestellten und Mitarbeitern, die von dem Beschluß betroffen waren. Er konnte sich gut vorstellen, wie beschwerlich es für die Betroffenen war, ihr Haus verkaufen, die Kinder umschulen, sich einen neuen Arzt und eine neue Stammkneipe suchen und mit der Ehefrau einen neuen Bekanntenkreis aufbauen zu müssen. Der Umzug nach Berlin erinnerte ihn an die Verlegung der rheinland-pfälzischen Landeshauptstadt von Koblenz nach Mainz im Jahr 1950, ein vergleichsweise bescheidenes Unternehmen, das dennoch viel Unruhe schuf und an dessen Ende sich die Gegner mit den Tatsachen abfanden. Da die Hitzköpfe auf beiden Seiten auf eine baldige Entscheidung drängten, legte der Ältestenrat des Bundestags die Debatte und die Abstimmung über den Sitz der Bundesregierung für den 20. Juni 1991 fest. Darauf startete Kohl, wiederum außerordentlich diskret und so, daß es nicht auffiel, einen letzten Versuch in Richtung Berlin. Der *Spiegel* recherchierte, »der Pfälzer« habe sich »kurz vor Toresschluß«, als der »Showdown« unausweichlich geworden sei, darangemacht, »die knappe Bonn-Mehrheit zugunsten Berlins zu drehen«.[4]

In den Gesprächen mit seinen Parteifreunden entwickelte er parallel zur Aufschiebung und für den Fall, daß sie nicht gelang, eine Reihe von Alternativen. Hierbei half ihm vor allem Heiner Geißler, für den wie für Kohl die Wohlfahrt der Partei an vorderster Stelle stand. Geißler fühlte sich von dem Gedanken an Berlin nicht gerade elektrisiert, noch weniger war er von der Vorstellung begeistert, mit dem Kanzler Hand in Hand für dieses Ziel kämpfen zu müssen. Aber er teilte Kohls Befürchtung, die Mehrzahl der Ostdeutschen werde eine Entscheidung gegen Berlin »als eine politische Entscheidung gegen sich selber« auffassen.[5] Daher arbeitete er in Kohls Auftrag einen Antrag zur Abstimmung aus, nach dem das Parlament nach Berlin umziehen, die Regierung aber in Bonn bleiben sollte.

Die Idee wirkte, für sich genommen, abseitig, die Vorstellung, man könne Parlament und Regierung räumlich trennen, war unrealistisch, außerdem lief sie dem Grundgedanken des Parlamentarismus diametral entgegen. Der Antrag sprach schon insofern gegen sich, als entweder die Regierung oder das Parlament dauernd hätten auf Reisen sein müssen, da es nicht vorstellbar war, daß die Regierung in Bonn blieb, während der Bundestag in Berlin tagte, abgesehen davon, daß die Minister und parlamentarischen Staatssekretäre Mitglieder des Hohen Hauses sind. Geißler hatte es nicht leicht, sich verständlich zu machen, er glaubte selbst nicht an das, was er propagierte. Sein Plan war ein geschickt eingefädeltes Manöver, ausschließlich dazu bestimmt, die festgefahrenen Fronten aufzulockern. Damit gelang es ihm, Abgeordnete, die sich auf Bonn festgelegt hatten, dazu zu bringen, ihren Entschluß zu überdenken. Damit, daß sie über eine Teilverlegung nach Berlin nachdachten, gaben sie ihre Fixierung auf, und bis zu einer völligen Kehrtwendung war es nicht mehr weit.

Für solche Winkelzüge hatte Bundespräsident Richard von Weizsäcker kein Verständnis. Er stand unumschränkt auf seiten Berlins. Er stritt nicht ab, daß er sich bei seiner Meinungsbildung von lokalen Bezügen leiten ließ und davon, daß er in Berlin aufgewachsen war, dort regiert hatte und häufig und gern in seinem zweiten Dienstsitz im Schloß Bellevue amtierte. In Berlin und in Ostdeutschland hatte er Erfahrungen gesammelt, die ihm zu einer Entscheidung für Berlin rieten. Ihn ärgerte die Art Kohls und Schäubles, den Osten zu vereinnahmen und ihm sogar den Bundessitz zu verweigern. Bei seinen Besuchen im anderen Teil Deutschlands beeindruckten ihn die Trauer und der Zorn, die ihm bei den Gesprächen mit den Betroffenen entgegenschlugen.

Die Gelegenheit, Bedenken in einer Rede zu artikulieren, ergab sich bei der feierlichen Verleihung der Ehrenbürgerwürde der vereinigten Stadt Berlin in der Nikolaikirche. »Nur in Berlin«, ermahnte er die Kleinmütigen, »kommen wir wirklich aus beiden Teilen und sind doch eins.« Die Politik müsse das »unmittelbar täglich miterleben«, denn sie trage »die Verantwortung dafür, daß unsere Vereinigung dauerhaft gelingt«. In Berlin, sagte der Präsident, habe man, wie nirgends sonst, erfahren, »was die Teilung bedeute«, dort erkenne man, »wie nirgends sonst«, was die Vereinigung erfordere. »Hier ist der Platz für die politisch verantwortliche Führung Deutschlands.«

Danach habe es, schreibt Weizsäcker, »Zustimmung und Kritik zuhauf« gegeben. Was er nicht sagt, ist, daß die Kritik bei weitem überwog. Zu denen, die sachliche oder sonstige Einwände hatten, kamen jene hinzu, die ihm vorwarfen, er habe die Spielregeln verletzt und den Entscheidungen der parlamentarischen Institutionen in einer Weise vorgegriffen, die ihm in seinem Amt nicht zustehe. Der Präsident brauchte erheblich mehr Zeit, sein Vorpreschen nachträglich zu erläutern und zu verteidigen, als er benötigte, das Manöver einzufädeln.

Das war ein Jahr vor der Debatte. Mit dem Heranrücken des Termins wuchs in den Fraktionen, den Stadtverwaltungen und im Kanzleramt die Nervosität. Der Bundeskanzler reagierte auf die Meldungen aus seiner Fraktion, wonach sich die Mehrheit für Bonn stabilisiere, indem er Schäuble beauftragte, mit dem SPD-Verhandlungsführer Wolfgang Clement auf eine Vertagung hinzuarbeiten. Für Schäuble war das einigermaßen mißlich, da er dabei war, die Unionsabgeordneten, die sich auf Bonn festgelegt hatten, in Einzel- und Gruppengesprächen umzustimmen. Auch Clement befand sich in keiner angenehmen Lage, da er sich der Mehrheit für das in seinem Bundesland gelegene Bonn sicher zu sein glaubte. Er und Diepgen, der sich mit einer 30 Personen umfassenden Delegation in Bonn einquartierte, hätten vermutlich nicht so zäh verhandelt, wäre es nicht auch um die Abfindung für die Stadt gegangen, die unterlag.

Schäuble und Clement berieten Mitte Juni 1990 über einen Plan, der eine »Zeitschiene« von vier Jahren vorsah, in denen der Bundestag in Bonn blieb, um danach endgültig abzustimmen. Dann ging es darum, den Beschluß auf das Jahr 1996 zu vertagen, um das zwei Jahre vorher neugewählte Parlament beschließen zu lassen. In dieser Zeit sollte »alternativ« in Bonn und Berlin geplant werden. Da der Kompromiß bedeutet hätte, daß sich Bonn und Berlin auf die Hauptstadt vorbereiten durften, aber keine der Städte etwas bewegen konnte, gefiel er niemandem. Danach legte die Union einen weiteren Vorschlag vor, der besagte, daß der Bundespräsident und der Bundesrat nach Berlin ziehen und der Reichstag samt Nebengebäuden so hergerichtet werden sollten, daß der Bundestag dort bei bedeutenden Anlässen beraten könne. Auch dieser Plan wurde, da er nicht durchdacht war, rasch zur Makulatur.

»Einigermaßen entmutigt«, heißt es in einem Bericht der *Süddeutschen Zeitung*, habe Diepgen im Morgengrauen des Donnerstags, dem 20. Juni 1991, die Beratungen verlassen. Seine Bitterkeit schlug sich in dem Satz nieder, Berlin habe »schon anderes überlebt« und werde auch bei einer Niederlage seine »Zukunft gestalten können, egal, was die in Bonn sich da im einzelnen ausdenken und aushecken«. In der Debatte des Bundestags am 20. Juni 1991 gab sich Kohl mehr als Schiedsrichter denn als Vorkämpfer für Berlin und gab seine Präferenz für Berlin in Zwischentönen zu verstehen. Er erinnerte die »Kollegen und Kolleginnen« daran, daß sie mit ihrer Entscheidung eine »Verpflichtung für die Zeit danach für die beiden in Frage stehenden Städte und Regionen unseres Landes« übernähmen.

Er selbst sei 1947 mit siebzehn Jahren zum erstenmal in der Stadt gewesen (er beteiligte sich an einer Gruppenreise der Jungen Union der Pfalz auf Einladung der Berliner JU). »Wenn jemand mich gefragt hätte«, merkte er an, »was die deutsche Hauptstadt« sei, »wäre die Antwort keine Überlegung wert gewesen; ich hätte gesagt: Das ist selbstverständlich Berlin.« Wenige Tage nach dem Aufstand vom 17. Juni 1953 sei er abermals dort gewesen, und wieder hätte er »selbstverständlich Berlin« genannt, wenn er nach der »deutschen Hauptstadt« gefragt worden wäre, und zwar »im vollen Sinne des Wortes«. Im Juni 1987 habe er neben dem amerikanischen Präsidenten Ronald Reagan vor der Mauer gestanden, als der ausrief: »Herr Gorbatschow, öffnen Sie dieses Tor.« Und wieder hätte er, wenn er gefragt worden wäre, geantwortet: »Berlin.« Und er habe in »jener unvergleichlichen Nacht« vom 3. Oktober 1990, »als der Tag der deutschen Einheit um null Uhr gefeiert« worden sei, vor dem Reichstag gestanden, und es sei ihm »natürlich klar gewesen«, daß er »für Berlin« sei, wie es »für die meisten in dieser Nacht klar gewesen« sei.[6]

Danach sprach Schäuble, und später waren sich die Zuhörer einig, daß er in seiner kurzen Rede die Entscheidung für Berlin herbeiführte. Sein späterer Pressesprecher Wolfgang Bajohr schrieb im *Rheinischen Merkur*, Schäuble habe »weniger durch die Kraft der Argumente ... als durch die Art des Vortrags beeindruckt«. Deshalb sei die Rede ein »Meisterstück« gewesen, fand Bajohr. Zwar habe die Lektüre des

Protokolls »viel Wolkiges« zutage gefördert, aber an Ort und Stelle und in der knappen Zeit, in der er redete, habe »das Bild des an den Rollstuhl gefesselten Schäuble die Wirkung der Worte noch verstärkt«.[7]

Schäuble muß das ähnlich empfunden haben, die Bild-Zeitung zitierte ihn mit der Bemerkung, ihn habe auf dem Weg in den Plenarsaal ein »Glücksgefühl« durchströmt, hinterher war es wohl auch ein Erfolgserlebnis. Er hatte die Entscheidung an den Punkt gebracht, an dem er sie haben wollte, er hatte einen klaren Kopf behalten, als Kohl schwankte, und das machtpolitische Vakuum gefüllt, das der Bundeskanzler hinterließ.

Untersucht man das Stimmverhalten der Abgeordneten in der namentlichen Abstimmung, kommt man zu dem Ergebnis, daß Schäuble nahezu ausschließlich in seiner eigenen Fraktion die Wirkung erzielte, die ihm für alle Seiten des Hohen Hauses unterstellt wird. In der Union fand der eigentliche Umschwung statt, allerdings in einem kleineren Umfang als angenommen, und nur so, daß der Überhang für Bonn abgebaut wurde. Die Abgeordneten der Union simmten für den alten Bundessitz mit 164 zu 154 Stimmen. In der SPD votierten 126 für Bonn, 110 für Berlin. Den Ausschlag für Berlin gaben die kleinen Parteien. In der FDP stimmten 53 Abgeordnete, darunter auch Politiker mit nordrheinwestfälischen Bindungen, wie Hans-Dietrich Genscher und Jürgen Möllemann, für die neue Hauptstadt, 26 für Bonn.[8] Bei der PDS war das Verhältnis 15 zu eins für Berlin, beim Bündnis90/Grüne sechs zu zwei.[9] Der gesamte Führungskreis der CDU um Kohl und Schäuble stimmte für Berlin; am Ende gab auch Geißler seine Stimme für diesen Antrag ab. Dagegen fand sich fast die gesamte CSU-Landesgruppe, einschließlich des Finanzministers Theo Waigel, unter den Befürwortern Bonns.

In einem Gespräch mit dem Spiegel über Berlin zeigte Schäuble im Herbst 1993 Verständnis dafür, daß sich der Bundeskanzler als »Friedensstifter« zeigte und »den ausgleichenden Familienvater« gab, und bestand darauf, der »Antreiber« gewesen zu sein.[10]

In der Stunde, in der die Mehrheitsverhältnisse klar waren, zog Kohl die Entscheidungen an sich. Er übernahm die Leitung der Verhandlungen, verlegte sie ins Kanzleramt, sorgte dafür, daß die Kosten für den Umzug mit 20 Milliarden niedrig gehalten wurden, drängte darauf, daß zur Kompensation einige Behörden von Berlin nach Bonn zogen und andere in Bonn blieben. Als sich die Wohnungsbauministerin Irmgard Schwaetzer, die für die Bundesbauten in der neuen Hauptstadt zuständig war, im Gestrüpp der Zuständigkeiten verhedderte, setzte er im Ringtausch kurz entschlossen auf ihren Platz den bisherigen Umweltminister Klaus Töpfer. Bis zum Jahr 2000 sollte der Umzug abgeschlossen sein.[11]

NACH GRÜNDLICHER PRÜFUNG, aufgrund der Ratschläge seiner Ärzte und nach einem Gespräch mit seiner Frau während der Weihnachtspause 1991 kam Hans-Dietrich Genscher zu dem Schluß, daß seine Entscheidung richtig war, im Lauf des darauffolgenden Jahres vom Amt des Außenministers zurückzutreten. Dabei spielte auch seine übereilte Anerkennung Kroatiens im Balkankonflikt eine Rolle. Er rief Helmut Kohl an, der ahnte, was ihm der Koalitionspartner sagen wollte, und sie trafen sich nach dem Berliner Presseball zum Frühstück am Sonntag morgen im Gästehaus des Senats. Unter vier Augen teilte Genscher dem Kanzler seine Rücktrittsabsicht mit. Kohl nahm die Mitteilung ohne erkennbare Regung zur Kenntnis. Selbstverständlich war ihm klar, daß damit eine lange Periode der Zusammenarbeit zu Ende ging. Sie kannten sich seit nahezu 30 Jahren. Aber er blieb kühl und innerlich unberührt genug, nicht anzunehmen, die Ära der christlich-liberalen Koalition gehe zu Ende, weil einer ihrer Gründerväter von Bord ging.

Er bat Genscher nicht, im Amt zu bleiben. Im Gegenteil, er äußerte sofort Verständnis, so als wolle er verhindern, daß der Gesprächspartner seine Ankündigung wieder zurücknahm. Er fügte hinzu, »auch er habe sich schon mit solchen Gedanken getragen«, sei aber »zu einem anderen Ergebnis gekommen«.

Er gab lediglich zu bedenken, daß es für den Minister vorteilhafter sei, erst im Herbst statt im Frühjahr auszuscheiden. Genscher, hatte den Termin festgesetzt und blieb dabei. Es war der 18. Mai 1992, der 23. Jahrestag seiner Ernennung zum Innenminister in der sozialliberalen Koalition. Die Behauptung Kohls, im Juni und Juli gebe es eine Reihe internationaler Gipfelkonferenzen, auf denen sich der Chef des Außenamts angemessen verabschieden könne, überzeugte Genscher nicht. Er kannte Kohls wahre Gründe besser. Sie bestanden darin, daß er im Herbst das Kabinett, das er vor anderthalb Jahren zusammengestellt hatte, umbilden würde. Dabei wollte er die Neubesetzung an der Spitze des Auswärtigen Amts in einem Zug mit den anderen Ernennungen vornehmen, um sie des Ausnahmecharakters zu entkleiden. Genscher lehnte ab.[12]

So argwöhnisch er in bezug auf die Pläne Kohls war, so wenig traute Kohl seinem langjährigen Koalitionspartner über den Weg. Er glaubte ihm nicht, daß er es mit dem Rückzug aus der Politik ernst meinte. Da sich gesunde Menschen schwer vorstellen können, daß andere, die nicht so robust veranlagt sind, kürzer treten, hielt er das Herzflimmern des alten Freundes für einen Vorwand; er fragte ihn, ob er sich jetzt zurückziehe, um nach einer angemessenen Pause seine Kandidatur für das Amt des Bundespräsidenten anzumelden. Ein solcher Schachzug hätte ihn in arge Verlegenheit gebracht, denn er hätte die Bewerbung des Liberalen nicht übergehen können und er hatte andere Pläne mit dem Amt. Die Amtszeit Weizsäckers lief 1994 aus, der nächste Kandidat mußte also im Frühjahr 1993 bestimmt werden. Für Kohl hieß das, jetzt schon die Weichen zu stellen. Daher atmete er erleichtert auf, als Genscher seine Frage verneinte.

Nach ihrer Unterredung kamen die Partner auf Kohls Wunsch überein, das Ergebnis vertraulich zu behandeln. Genschers Memoiren weisen aus, daß der Ton zwischen ihnen sehr förmlich geworden war. Ihr Gespräch habe, notiert er, »in großer Ruhe und in freundschaftlicher Atmosphäre stattgefunden«. In den Kommuniqués, die er zu Hunderten aufgesetzt hatte, bedeutete das die unterste Stufe der Höflichkeit. Am Abend vor der Veröffentlichung des Abschieds rief Kohl Genscher an und teilte ihm mit, auch die Gesundheitsministerin Gerda Hasselfeld von der CSU wolle sich verabschieden. Sie nannte gesundheitliche Probleme und fühlte sich mit dem Amt überfordert.

Schon vorher nahm Kohl eine Reihe von Umbesetzungen vor. Am 1. April 1992 hatte Volker Rühe als Verteidigungsminister Gerhard Stoltenberg beerbt, und der alte Minister wurde, wie das üblich war, mit einem großen Zapfenstreich verabschiedet. Anstelle von Rühe wurde Peter Hintze Generalsekretär der CDU, der zweite seit der Entlassung Heiner Geißlers im Herbst 1989. Hintze schien auf den ersten Blick eine vernünftige Wahl zu sein. Daß er ein schlechtes Image hatte, lag daran, daß die Medien den salbungsvollen Ton seiner Verkündungen und sein unterwürfiges Gehabe gegenüber dem Vorsitzenden ablehnten. Er war ursprünglich evangelischer Pfarrer in Königswinter und trat als Beauftragter für den Zivildienst in die Bundesregierung ein, also ein Mann, der aus der pazifistischen Tradition seiner Vorgänger stammte. Allerdings zeigte die Tatsache, daß er weitgehend unbekannt war, wie weit der Kanzler schon auf die Personalreserve seiner Partei zurückgreifen mußte, um einen Posten zu besetzen, der einmal zu den bedeutendsten Faktoren seines Machtapparats gehörte.

Umbildungen, Ernennungen, Verabschiedungen und Entlassungen waren inzwischen an der Tagesordnung, und in Kohls Umgebung wechselten die Mitarbeiter rascher, als man sich ihre Gesichter und Titel einprägen konnte. Daher erfüllte sich Genschers Wunsch nicht, sein Rücktritt möge ein singuläres Ereignis sein. Er wurde vielmehr zum grotesken Beispiel für die Schieflage, in die die Koalition geraten war, und dafür, wie sehr die Kanzlermacht an Ausstrahlung eingebüßt hatte. Er war, genauso wie Kohl, den er inzwischen unterrichtet hatte, der Auffassung, Bundesjustizminister Klaus Kinkel, den beide vor allem aus der Zeit kannten, in der er im Justizministerium Staatssekretär war, werde sein Nachfolger werden. Daß Kinkel sich sträubte, das Amt zu übernehmen, war für Genscher kein Grund, sich zu beunruhigen. Er fand, Bescheidenheit sei kein ehrenrühriges Motiv, wiewohl sie zu den Tugenden gehörte, die in Bonn selten geworden waren. Da er den Vorgang vor der Öffentlichkeit einstweilen verbergen wollte, schlug er vor, das Parteipräsidium solle am 27. April 1992 zusammentreten, seine Rücktrittserklärung entgegennehmen, sich anschließend auflösen und erst am Abend wieder zusammentreten, um über die Nachfolge zu debattieren, wenn die »letzte Nachrichtensendung vorbei sei«.

Als das Präsidium entschied, war Genscher nicht dabei. Er ließ sich mit dringenden Amtsgeschäften entschuldigen und kam zur Sitzung erst hinzu, als die Entscheidung gefallen war. So erfuhr er erst später, daß das Präsidium nicht Kinkel, sondern dessen Kollegin, die Bauministerin und stellvertretende Parteivorsitzende Irmgard Schwaetzer als Nachfolgerin vorschlug. Kinkel widersprach nicht. Der Parteivorsitzende, Otto Graf Lambsdorff, war so davon überzeugt, daß die weitere Prozedur nur noch eine Routine sei, daß er von der Entscheidung für Schwaetzer zuerst den Bundeskanzler und dann die Öffentlichkeit informierte.

Da Kohl davon ausging, daß der Beschluß der Parteiführung das letzte Wort war, ging er am Tag danach in einer Veranstaltung des Bonner Presseclubs im Bonner Hotel *Bristol*, die schon länger vereinbart war, davon aus, daß er es künftig mit der Außenministerin Schwaetzer zu tun haben werde. Dabei ließ er sich nicht anmerken, daß er über den Schwenk verärgert war, nicht zuletzt deshalb, weil er nicht wußte, warum er erfolgte. Ihm war klar, daß die Wahl Schwaetzers viele in seiner Partei verärgern würde, da sie die Freidemokratin schlicht für unfähig hielten, ein solches Amt zu führen.

Während er im Club davon redete, daß die Außenpolitik konstant bleibe, steckte ihm der Pressesprecher Andreas Fritzenkötter gegen 20.00 Uhr einen Zettel zu, auf dem nur zwei Namen und zwei Zahlen standen: Kinkel 63, Schwaetzer 25. Da die beiden auf der Fahrt zur Veranstaltung über die Wahl und ihre Folgen gesprochen hatten, genügte der Hinweis, um Kohl ins Bild zu setzen. Daher konnte der Kanzler den Journalisten eine Neuigkeit vom Koalitionspartner verkünden. Die FDP-Fraktion hatte gerade in einer gemeinsamen Sitzung mit dem Bundesvorstand den Beschluß ihrer Parteiführung über den Nachfolger Genschers umgestoßen und sich mit 63 zu 25 Stimmen für Kinkel entschieden. Nach dieser Bekanntgabe redete der Kanzler, als sei nichts geschehen, außer daß ein Name ausgetauscht wurde, weiter über sein Thema.

Deutlicher konnte die Ohnmacht des Regierungschefs nicht demonstriert werden als mit diesem Vorgang. Der Journalist Gunter Hofmann nannte das ein »Stück aus dem Bonner Tollhaus«. Damit nicht genug, nominierte das Gremium den Urheber der Intrige, Jürgen Möllemann, zum Vizekanzler. Teilnehmer berichteten, Kinkel habe zuerst nicht kandidieren wollen, er habe zweimal um eine Atempause und Bedenkzeit gebeten, ehe er zusagte.

Auch für die Zeitungen kam der Kraftakt so überraschend, daß die wenigsten sich rechtzeitig auf ihn einstellen konnten. Während die Partei ihn vollführte, wurden die Lobeshymnen auf Schwaetzer schon gedruckt, und als sie die Leser erreichten, wußten sie aus den Fernseh- und Radionachrichten, daß sie nicht die »erste Frau im Amt des Außenministers« sei, sondern allenfalls »designierte Außenministerin für einen Tag« war. In einer dritten Abstimmung übergingen Bundesvorstand und Bundestagsfraktion den Liberalen Burkhard Hirsch und schlugen die weithin unbekannte bayerische Abgeordnete Sabine Leutheusser-Schnarrenberger zur Justizministerin vor. *Zeit*-Reporter Gunter Hofmann war von den sich überstürzenden Ereignissen dermaßen verblüfft, daß er sich ratlos fragte, ob es das in der »Kanzlergeschichte« schon einmal gegeben habe: einen Kanzler, der bei seinem Auftritt im Presseclub »dermaßen offen« habe zeigen müssen, daß er kein Wort mitreden könne bei der Bestellung seiner Minister.

Fast noch charakteristischer als der Vorgang war die Art, in der Kohl ihn interpretierte. In einer Fernsehsendung konfrontierten ihn die

ZDF-Journalisten Klaus Bresser und Klaus-Peter Siegloch mit der lapidaren Feststellung, die Menschen hätten diese Form der Politik satt. »Ich auch«, konterte wie aus der Pistole geschossen der Kanzler. Sie hakten nach: »Müssen Sie denn jeden Vorschlag, jeden Personalvorschlag akzeptieren? Das wundert doch die Leute.« Kohls Erwiderung lautete: »Nein, natürlich nicht. Aber was die Leute wundert, muß sie dann schon seit Jahrzehnten wundern.« »Hohe Maßstäbe«, resümierte Hofmann, wage man an »diese Bonner Koalition nicht mehr anzulegen«. Sie funktioniere nach anderen Kriterien, sie werde bloß noch »zusammengehalten von der Mehrheit«.[13] Die *Süddeutsche Zeitung* schrieb, die Personalpolitik, »die einst Kohls große Stärke gewesen« sei, überzeuge nicht mehr. »Wer in seinem engeren Machtzirkel beheimatet ist, strebt aus ihm heraus; wer draußen ist, sträubt sich, in ihn einzudringen.«[14]

Noch spektakulärer als die Affäre Kinkel gestaltete sich einige Monate später diejenige des Drahtziehers, des Wirtschaftsministers Möllemann, den seine von ihm geschädigte Parteifreundin ein »intrigantes Schwein« nannte. Zum Ende des Jahres 1992 enthüllte der *Stern*, daß Möllemann einen angeheirateten Vetter bei der Einführung eines neuen Produkts auf dem Markt, eines Clips für Einkaufswagen in Ladenketten, protegierte. Der Minister unterschrieb auf einem amtlichen Briefbogen mindestens einen Empfehlungsbrief für seinen Verwandten. Das wäre noch hingenommen worden, hätte er nicht, ehe er sich zum Weihnachtsurlaub in die Karibik verabschiedete, versichert, er habe mit der Sache nichts zu tun. Nach seiner Rückkehr mit Beweisen konfrontiert, mußte er öffentlich eingestehen, die Unwahrheit gesagt zu haben. Bei den Untersuchungen wurde ein Empfehlungsbrief mit seiner Unterschrift gefunden, von dessen Existenz der Absender, wie er behauptete, nichts wußte. Eine seiner Erklärungen lautete, er habe den Brief in der Masse der Unterschriften, die er zwischen seinen vielen Reisen habe leisten müssen, nicht gelesen, eine andere, der Brief an den Vetter habe zu jenen gehört, die er vor Reisen blind unterschrieben habe. In den ersten Tagen des Januars 1993 mußte er seinen Rücktritt erklären.

Damit hätte man meinen können, in der christlich-liberalen Koalition sei ein sensibleres Verantwortungsbewußtsein eingekehrt. Dem widersprach die Häufung der Affären. Bundespostminister Christian Schwarz-Schilling ließ den Kanzler schon Ende vorigen Jahres wissen, daß er beabsichtige aus dem Kabinett auszutreten. Er war einer der alten Kampfgefährten aus der Zeit der Opposition. Damals war er der medienpolitische Sprecher des Fraktionsvorsitzenden Kohl, der die Privatisierung des Fernsehens vorantrieb und nach 1982 die Republik verkabeln ließ. Er verließ die Regierung Kohl mit dem Vorwurf, sie betreibe eine Leisetreterei in der Jugoslawienpolitik. Allerdings war er bereits zum Gegenstand eines Skandals geworden. Ihm wurde vorgeworfen, im Familienbetrieb in Berlin bei der Produktion von Batterien gegen sämtliche Bestimmungen zum Umweltschutz verstoßen zu haben, die er als Mitglied des Kabinetts beschlossen hatte. Der Rücktritt Schwarz-Schillings signalisierte eine andere Schwäche des Kohl-Regiments als derjenige Möllemanns. In seinem Fall stand der Ankläger gegen einen Mißstand in einem ebensolchen Zwielicht wie die Zustände, die er anprangerte. Es schien, als gebe es in der politischen Führungselite der Republik, in der sich der Filz einnistete, niemanden mehr von Rang und Namen, der es sich leisten konnte, gegen die Regierung aufzutreten, ohne selbst angeklagt zu werden. Das war zweifelsfrei ein stabilisierender Faktor, mit dem der Regierungschef rechnete.

Mit dieser Serie von Abgängen und Wechseln begann sich die von Kohl geplante Kabinettsumbildung von selbst zu erledigen, den Rest besorgte er Mitte Januar 1993. Da gab er die teils schon bekannte und vollzogene, teils überraschende Entlassung von drei alten und die Ernennung von vier neuen Ministern bekannt. Zu den Neuigkeiten gehörte der Abschied von Ignaz Kiechle von der CSU, für den Jochen Borchert von der CDU das Landwirtschaftsministerium übernahm. Der Berliner FDP-Abgeordnete Günter Rexrodt folgte Möllemann, Matthias Wissmann wurde Forschungsminister. Angesichts der dubiosen Umstände, unter denen die Umbildung vonstatten ging, wurde so gut wie nicht beachtet, daß der Kanzler den Mißstand der Inflation parlamentarischer Staatssekretäre abstellte. Er entließ sieben von ihnen, ohne daß ihr Verlust bemerkt worden wäre.[15]

Die Hoffnung Kohls, damit werde eine gewisse Beruhigung an der Front der Skandale eintreten, zerschlug sich wenige Monate später. Nun geriet der Wunderknabe der DDR, der Verhandlungsführer beim gesamtdeutschen Vertrag, Günther Krause in den Geruch der Selbstbereicherung. Er verstrickte sich in seiner Mecklenburger Heimat in undurchsichtige Grundstücksgeschäfte und wurde überführt, seinen Umzug von Berlin nach Börgerende mit dem Staat abgerechnet zu haben. Die Rechnung betrug 6 390 Mark. Das war nicht viel, aber zu viel, um dem Ansturm der Neider zu widerstehen. Anfang Mai 1993 mußte er den Hut nehmen.

Kohl schien die Phantasie bei der Suche nach neuen Begabungen abhanden gekommen zu sein, und er ernannte Wissmann, den er gerade zum Forschungsminister gemacht hatte, zum Verkehrsminister. Einen Monat später verließ ein treuer Gefolgsmann des Kanzlers, Innenminister Rudolf Seiters, das Kabinett. In seiner Verlegenheit griff Kohl dieses Mal auf das Reservoir in der Provinz zurück und bot Manfred Kanther das Amt an. Er hatte es so eilig, daß er dem neuen Aspiranten eine einzige Stunde Bedenkzeit ließ, und jener, außer Amt und Würden, war für das Angebot so dankbar, daß er es umgehend annahm.

IN JENER ZEIT wandte sich Kohl öfter seiner Heimatstadt Ludwigshafen zu, was ihm um so leichter fiel, als er den Kontakt mit der Heimatorganisation der Partei nie abgebrochen hatte. Es gab keine Personalie in Ludwigshafen, die nicht mit Kohl besprochen wurde. Die Kreisgeschäftsführer suchte er selbst aus.[16] Seine Bindungen an die Stadt hatten sich dadurch gefestigt, daß er bei der Bundestagswahl im Dezember 1990 etwa 1 800 Erststimmen mehr bekam als sein neuer sozialdemokratischer Gegenspieler Manfred Reimann, Geschäftsführer der IG Chemie, und damit den Wahlkreis Ludwigshafen zum erstenmal in der Nachkriegszeit für die CDU direkt eroberte. Die Genugtuung dauerte nicht lange, da die SPD bei den Landtags- und Kommunalwahlen wenige Monate später die Mehrheitsverhältnisse wieder umkehrte. Bei der Landtagswahl am 21. April 1991 warf sie die CDU auf 38,7 Prozent zurück und wurde mit 52,7 Prozent in Ludwigshafen wieder die stärkste Partei. Reimann mußte nach einer Wahlperiode der Gewerkschaftssekretärin Doris Barnett weichen. Bei der Wahlkreiskonferenz, bei der Kohl im Januar 1994 wieder zum Kandidaten aufgestellt wurde, ging es ziemlich geschäftsmäßig zu. Der Bewerber blieb etwas mehr als eine Stunde, und nach einer Routinerede, der die Delegierten mäßig Beifall spendeten, wurde er mit 69 von 72 Stimmen nominiert. »Siegeseuphorie« sei nicht aufgekommen, schrieb die Deutsche Presse-Agentur, die Stimmung sei »eher nüchtern« geblieben.[17]

Zu seiner Heimatstadt hat Kohl ein seltsam zwiespältiges Verhältnis. Seit er Bundeskanzler ist, hat er dafür gesorgt, daß keiner der hochgestellten Besucher, die seine pfälzische Heimat besuchten, die Ortsgrenze seines Wohnorts Oggersheim in Richtung des »roten« Rathauses in der Innenstadt überschreitet. Der langjährige Amtsinhaber Werner Ludwig lag deswegen bis zum Ende seiner Amtszeit im Jahr 1993 mit dem Bundeskanzler im Streit. Er berichtet, als er 1982 hörte, der Kanzler wolle den französischen Staatspräsidenten François Mitterrand in sein Oggersheimer Haus einladen, habe er das Kanzleramt gebeten, den Gast zur Eintragung ins goldene Buch der Stadt ins Rathaus zu bitten. Das Amt sagte ab. Auch eine Nachfrage über die »sozialistische Schiene« im Elysee-Palast blieb erfolglos. Daraufhin lud Kohl den Präsidenten nach Deidesheim ein.

Die Abfuhr ans Rathaus wiederholte sich bei der britischen Premierministerin Margaret Thatcher im Frühjahr 1989 mit dem gleichen Ergebnis. Empfanden die Ludwigshafener darin ein »Stück Mißachtung ihrer Heimatstadt«, wie Bardens es ausdrückte, erreichte ihr Verdruß mit dem Besuch Michael Gorbatschows im Herbst 1990 den Höhepunkt. Der Einheitskanzler reiste mit dem sowjetischen Präsidenten im Triumphzug durch die Westpfalz, zeigte ihm und Frau Raissa Deidesheim und Speyer, stellte ihm die Bürgermeister vor, die der CDU angehörten und im vollen Schmuck ihrer Amtsketten erschienen, trug sich mit ihm in die goldenen Bücher der Städte ein und geleitete das Paar schließlich ins Oggersheimer Haus, wo Ehefrau Hannelore es bewirtete. Wiederum durfte er das Ludwigshafener Rathaus nicht betreten, dieses Mal mit der Begründung, auf dem sechs Kilometer langen Weg könne die Sicherheit des Gastes nicht garantiert werden. Ludwig sorgte dafür, daß die Straßen der Stadt nicht beflaggt wurden.

Dem Nachfolger Ludwigs, Wolfgang Schulte, erging es nicht besser. Beim Empfang des damaligen französischen Premierministers Edouard Balladur zog sich das Kanzlerprotokoll auf die Ausrede zurück, es habe sich um einen »Privatbesuch« gehandelt. Erst für einen späteren Besuch wurde eine Änderung in Aussicht gestellt, die allerdings fast noch peinlicher wirkte wie die früheren Ausreden. Schulte wurde in Aussicht gestellt, er dürfe an einem Pult vor dem Bungalow eine Grußadresse verlesen. »Das«, kommentierte Bardens ironisch, »ist die spezifische Art der Souveränität Kohls.«[18]

So wie früher überkommt Kohl der Drang, »einfach fortzugehen, zu Fuß ein Stück Laufen, mit Leuten, die ich gar nicht kenne, ein Wort reden, und zwar nicht immer hochgeistige Gespräche, sondern einfach so, wie man sich bewegt im Alltag des Lebens«.[19] Ein pfälzischer Harun al Raschid also, der sich unerkannt unters Volk mischt, um zu hören, was es über ihn redet.[20] Die Taxifahrer am Ludwigshafener Bahnhof beobachten, wie er mit dem großen, grauen Mercedes-Benz vorfährt, seinen Fahrer auf dem Vorplatz halten läßt, in die Bahnhofshalle stürmt und einen Strauß Blumen kauft, meist rote Rosen. Die Blumenverkäuferin sagt, er schaue »in unregelmäßigen Abständen herein«, für wen die Blumen bestimmt sind, weiß sie nicht. Dem *Stern*-Reporter Hans Peter Schütz erzählten Kohl-Freunde Anfang 1997, eine alte Frau habe sich in der Mannheimer Jesuitenkirche gewundert, wer ihr beim Friedensgruß – am Ende des Gottesdienstes reichen sich die Banknachbarn die Hände – eine so mächtige Patschhand zuschob, habe auf die Seite geschaut und den Bundeskanzler erkannt. »Ach Gott«, murmelte sie, worauf Kohl spottete: »So weit ist es noch nicht ganz.« Schütz ortete den Kanzler auch im Hallenbad Nord, wo er am Wochenende das Fett abschwitzt. Da sitzt er, ein Handtuch um den gewaltigen Leib geschlungen, mit seinen Freunden und schwadroniert, wie er es schon im Alter von 17 Jahren hielt. Als ihm zu Ohren kam, daß die Illustrierte recherchierte und fotografierte, machte er der Stadtverwaltung die Hölle heiß, daß sie zuließ, was sie nicht verhindern konnte.[21]

In den letzten Jahren fühlte er sich verpflichtet, sich an den Orten seiner Jugend und seiner religiösen Andachten zu verewigen. Auf Bitten seines Freundes, des Friesenheimer Pfarrers Erich Ramstetter, überredete er einen wohlhabenden Fabrikanten, für die Pfarrkirche St. Josef, in der Kohl getauft wurde, zur Kommunion ging und heiratete, einen bronzenen Brunnen zu stiften. Am 18. Juli 1992 wurde das Werk in einem Festgottesdienst und einer kleinen Feierstunde auf den Stufen der Kirche eingeweiht. Im Schulhof der Rupprechtschule, in der er die Schulbank gedrückt hatte, hob er in Anwesenheit der Schüler und ihrer Lehrer symbolisch eine Grube für eine zehnjährige Eiche aus, die ihm die örtliche CDU geschenkt hatte und die er der Schule vermachte, damit die Kleinen, wie er sagte, in ihrem Schatten ihre Schulbrote verzehren konnten. In Oggersheim spendete er fünf Bäume für die Platanenallee der berühmten Wallfahrtskirche mit der »schwarzen Madonna«.

In Bonn richtete er seinen Blick nunmehr fest auf den Osten, entschlossen, die Defizite, die während des schnellen Einigungsprozesses entstanden waren und die ihm seine Kritiker vorhielten, nachträglich abzutragen. Zu allen festlichen Anlässen in der ehemaligen DDR erschien der Kanzler vor Ort. Wo eine neue Anlage eingeweiht und aufgebaut wurde, war er dabei, er setzte unermüdlich Spatenstiche, drückte auf Startknöpfe und schnitt Bänder entzwei, und es gab keine Feierstunde zur Eröffnung eines weiteren Zweigwerks, bei der er nicht die Festrede hielt. Er war sich seiner Popularität im Osten so sicher, daß er bei Besichtigungsflügen mit dem Hubschrauber mit den Journalisten wettete, in einem beliebigen Ort ohne vorherige Ankündigung zu landen, um ihnen zu demonstrieren, daß er überall gleich willkommen war. In der Bundestagsfraktion schlug er *Kürschners Volkshandbuch* des deutschen Bundestags auf und informierte sich anhand der Fotos und Kurzbiographien über die neuen Mitglieder aus dem Osten, die er noch nicht kannte. Ihre Bundestagsgruppe lud er regelmäßig in den Kanzlerbungalow und ermutigte sie, sich bei ihm zu melden, wenn sie mit ihren Wünschen und Beschwerden nicht weiterkamen.

Zur Überraschung seiner Parteifreunde entwarf er im Juni 1993 eine neue Sicht auf die DDR-Geschichte. Er gab ein neues Parteiprogramm der CDU in Auftrag, war aber mit dem Verlauf der Beratungen nicht zufrieden. Zuerst löste er Lothar de Maizière vom Vorsitz ab und ernannte Reinhard Göhner, parlamentarischer Staatssekretär im Justizministerium, zum Nachfolger. Er schärfte ihm ein, nicht den Intentionen de Maizières zu folgen, der ein völlig neues Parteiprogramm unter Berücksichtigung der Erfahrungen der Ost-CDU schreiben wollte. Dagegen rebellierte der konservative Teil der westlichen Mitglieder der Programmkommission, und Kohl beugte sich ihnen. Beabsichtigt war, ein Programm aufzustellen, das lediglich das größere Deutschland beschrieb und dem gewachsenen Ansehen der Partei Rechnung trug. Unter Göhners Leitung geriet die Diskussion über das neue Programm alsbald zu einem spitzfindigen Diskurs unter Juristen. Für Kohl waren die Ergebnisse der Kommission zu blutleer, zu wenig griffig und alles andere als volksnah.

Wie üblich wurde die Vorlage, nachdem sie die Kommission passiert hatte, öffentlich diskutiert. Ende Juni 1993 wurden zu einer Diskussion im großen Saal des Konrad-Adenauer-Hauses Historiker, kirchliche Würdenträger, Vertreter der Wirtschaft und Journalisten geladen. Zur Überraschung seiner Parteifreunde erschien Kohl mitten in der Diskussion mit einem Text, der als »Grundsatzrede« angekündigt wurde. Was er vortrug, war einigermaßen überraschend. Denn er revidierte seine Beurteilung der Ost-CDU grundlegend. Sie war für ihn bis zur Vereinigung ein Sammelbecken für Versprengte, die sich willig unter die Herrschaft der SED beugten, die Bewegung der Opportunisten und die Sammlung der »Blockflöten«, mit der er jede Berührung vermied und die er widerwillig in die »Allianz für Deutschland« einfügte. Verfolgte wie der frühere Landwirtschaftsminister der Weimarer Republik und erste Vorsitzende des »Reichsverbands der Christlich Demokratischen Union« in Berlin nach Kriegsende, Andreas Hermes, und sein Mitkämpfer Jakob Kaiser wurden in der offiziellen Parteigeschichte der CDU nur am Rand erwähnt. Beide hatten das Pech, beim Kampf um die Führung in der Bundesrepublik Konrad Adenauer in die Quere zu kommen.[22]

Jetzt wurden die Mitglieder aus Ostdeutschland als Teil der »Gesamtpartei zum Symbol des deutschen Neuanfangs nach 1945«; die Union insgesamt wuchs in die Rolle der Organisation hinein, »deren Wurzeln tief in den deutschen Widerstand gegen die NS-Diktatur« hineinreichten. Die Union, behauptete Kohl, sei »aus dem Kreis des Widerstands gegen Unfreiheit und Unterdrückung durch dieses verbrecherische Regime geboren« worden und »beseelt von dem festen Willen gewesen, nie wieder in Deutschland Diktatur oder Krieg zuzulassen«. Jetzt wurde Andreas Hermes für Kohl zum Kronzeugen dafür, daß die Union »aus dem Widerstand geboren« worden sei. Hermes, sagte er in seinem Vortrag, habe »noch neun Wochen vor seiner Wahl zum Parteivorsitzenden in der Todeszelle gesessen« und der Mitgründer Jakob Kaiser sei »als christlicher Gewerkschafter ebenfalls führend am Widerstand gegen das NS-Regime beteiligt« gewesen.

Daran fügte er den Gedanken an, die »geistigen Wurzeln« der CDU lägen »im christlichen Menschenbild«, in der »Soziallehre und Sozialethik der beiden großen christlichen Kirchen« und in der »Tradition der europäischen Aufklärung«. Er forderte die Partei auf, ihr Licht nicht länger unter den Scheffel zu stellen, sondern »stolz« darauf zu sein, daß die »Christlich Demokratische Union, die Unionsparteien in Deutschland«, ihre Wurzeln »nicht zuletzt in der Auflehnung des Gewissens und dem Aufstand der Tat gegen die Nazi-Barbarei« habe. Sie verdanke »ihren Ursprung dem Geist der Freiheit«. Dieser Geist sei die »entscheidende Klammer« der neuen Partei gewesen, und er werde es bleiben.

Kohl unterschied nicht länger zwischen den einfachen Mitgliedern, die in der Blockpartei eine Nische suchten, um unbehelligt zu überleben, und den Funktionären, die dem Herrschaftsanspruch der neuen Staatspartei huldigten, sich in der Volkskammer zu Abstimmungsmaschinen degradieren ließen und sich zu willigen Werkzeugen der

SED machten. Alle, so die neue Deutung, wurden von der »totalitären Staatspartei SED« unterworfen. Sie habe die Ost-CDU »zum Verzicht auf politische Eigenständigkeit gezwungen« und jene verhaftet, deportiert, bedroht, mit Zuchthaus und Todesstrafe bedroht, »die sich noch offen zu den Idealen des Berliner Gründungsaufrufs bekannten«. Niemals, rief Kohl beschwörend aus, werde die Union die »Tausende von Mitgliedern, Mandats- und Funktionsträger vergessen, die damals und später Leid und Verfolgung unter der kommunistischen Diktatur hätten ertragen müssen«.

Aus den Blockflöten wurden Opfer. Der »Weg von der Gründung der CDU in der sowjetischen besetzten Zone« bis zur »Erneuerung seit Ende 1989« habe, verkündete er, »viele bittere und auch tragische Abschnitte umfaßt«. In dem revidierten Kapitel der Parteigeschichte, das er damit vorlegte, konnte sich die Ost-CDU »mit der friedlichen Revolution in der ehemaligen DDR« aus der »Umklammerung durch die SED« befreien. Sie wurde »wiedergeboren«. Sie demonstrierte, daß Diktaturen »christlich-demokratische Ideen unterdrücken« und ihre Vertreter »verfolgen«, daß aber »die Leuchtkraft ihrer Ideale von Freiheit, von Solidarität und Gerechtigkeit« nicht zerstört werden könnten.[23]

In seiner Rede kam der von den Sowjets eingesetzte Vorsitzende der Ost-CDU, Otto Nuschke, nicht vor, seinen Namen überging er stillschweigend. Aber er sorgte dafür, daß in einer Ausstellung der Konrad-Adenauer-Stiftung in Siegburg zum 50. Gründungstag und einer dazugehörigen Dokumentation die Ost-Vergangenheit gründlich aufgearbeitet wurde. Auch ließ er es sich nicht nehmen, bei der Feier zum 50. Jahrestag des Gründungsaufrufs der Berliner CDU am 28. Juni 1995 im Berliner Theater am Schiffbauerdamm die Festrede zu halten. Anschließend feierte er mit den Berlinern beim großen Volksvergnügen auf dem Alexanderplatz.

Zugleich nahm er sich in plötzlicher Herzlichkeit der Bürgerbewegungen an, die er im Wahlkampf zur Volkskammer ignoriert oder bekämpft hatte und mit denen er in jener Zeit ständig im Konflikt lag. Nun sahen sie sich vom CDU-Chef umworben und umarmt und von seinen Abgesandten hofiert. Im März 1995 veranstaltete die Konrad-Adenauer Stiftung einen Kongreß in Berlin mit dem Titel »Die politische Avantgarde der friedlichen Revolution«, den der Pfarrer Rainer Eppelmann, einer der Bürgerrechtler, leitete und an dem »fast alle teilnahmen, die nicht auf die Linken festgelegt, nicht parteipolitisch gebunden« und bereit gewesen seien, »mit der CDU zu sprechen«, wie sich der Geschäftsführende Vorsitzende der Konrad-Adenauer-Stiftung, Gerd Langguth ausdrückte. Die Teilnehmerliste weist aus, daß mehr als 80 Bürgerrechtler aus allen Teilen der ehemaligen DDR gekommen waren.[24] Abends traf sich Wolfgang Schäuble mit ihnen zu einem Kamingespräch, das so verlief, daß die Gäste eine Fortsetzung in Bonn anregten. Langguth erinnert sich, daß die Aussprache »emotional sehr bewegend« gewesen sei.

Bärbel Bohley, die aus dem »Neuen Forum« stammte, wurde zur zentralen Figur der Annäherung des konservativen Flügels der Bürgerrechtsbewegung an die CDU. Da ihr mit der Auflösung der DDR die Existenzgrundlage entzogen wurde, sprang die Adenauer-Stiftung ein und organisierte für sie Veranstaltungen.

Die geduldige Werbung um diese Gruppe der Bürger der ehemaligen DDR, die sonst für die CDU schwer erreichbar gewesen wäre, zahlte sich aus. Das um so mehr, als sich keine andere Partei in gleicher Weise um sie kümmerte. Ende August 1995 traf sich Kohl unter strengster Diskretion, aber begleitet von einem Dutzend Fernsehreportern, in Bohleys Wohnung am Prenzlauer Berg mit einer Gruppe von Bürgerrechtlern. Ein Jahr darauf wurde Bärbel Bohley von Kohl zur »Bürgerbeauftragten für die Benachteiligten in den neuen Ländern« ernannt. Abermals ein Jahr später richtete sie in der Bernauer Straße ein »Bürgerbüro« ein, das die Bertelsmann-Stiftung finanzierte. Dazu wurde ein Verein gegründet, die Satzung für ihn stammte aus dem Kanzleramt. Bärbel Bohley nannte als Zweck des Unternehmens, der PDS die Rolle als »Anwalt der Einheitsverlierer« streitig zu machen. Die Berliner Journalistin Marianne Heuwagen registrierte nach einem Besuch in dem Büro, daß sich diejenigen, für die es eingerichtet war, rar machten: Wöchentlich liefen etwa zehn schriftliche Anfragen ein, und pro Tag melde sich durchschnittlich ein Besucher.[25]

Mit seiner Umarmungstaktik zielte der Kanzler zugleich auf die Grünen und verwickelte die Linke in innere Streitigkeiten. Die Bewegungen, die einst die Staatsmacht DDR ins Wanken gebracht hatten, vertauschten die Rollen und stritten mit Manifesten für und gegen den Bundeskanzler. Im Herbst 1995 beschuldigten 60 Vertreter von Basisgruppen ihre einstige prominente Kampfgefährtin Bohley, sich zum »willfährigen Werkzeug Kohls« machen zu lassen.[26] Nichtsdestotrotz landete Kohl im Dezember 1996 seinen wirkungsvollsten Coup im linken Spektrum der neuen Länder: Die Thüringer Bundestagsabgeordnete der Grünen, Vera Lengsfeld, erklärte unter Mitnahme ihres Mandats den Übertritt zur CDU, ihr folgten weitere sechs Grüne, darunter die Mitgründerin der Ost-SPD, Angelika Barbe. »In der Union«, triumphierte die *Frankfurter Allgemeine Zeitung*, »herrschte dementsprechend Tanz in allen Sälen«.[27]

Kohl vereinnahmte die Wertkonservativen bei den Grünen. In Interviews mit der *Bild*-Zeitung Ende 1994 und Anfang 1995 ermahnte er seine Generation, sie habe nicht das Recht, »die Schöpfung zu Lasten unserer Kinder auszubeuten«. Im gleichen Atemzug machte er der Symbolfigur der Grünen, Joschka Fischer, den Anspruch auf die geistige Vorherrschaft im grünen Bereich streitig. Der verstehe »etwas von PR«, sagte er, sei in den »elektronischen Medien gefragt« und gehöre nicht, wie er, zu den »Ackerpferden, die die Furche pflügen und dafür sorgen, daß später Ernte da ist«, sondern zu den »Hengsten oder Stuten, die auf- und abtänzeln und die Blicke auf sich lenken«.[28] Kohl bekräftigte, er habe »schon ökologische Prinzipien vertreten, als es die Grünen noch gar nicht« gegeben habe, und gab sich als Naturfreund zu erkennen. »Die Zuneigung zur Natur« sowie »ein emotionales Verhältnis zu den Bäumen« und die »Tierliebe« hätten ihn seit seiner Jugend begleitet. Er habe sie an seine Kinder weitergegeben, mit denen er an den Wochenenden in den Pfälzer Wald gepilgert sei. Dort empfinde man »ein Stück Demut« angesichts der Eichen, die »über 300 oder sogar 350 Jahre alt« seien. Ferner sprach er bewundernd von der Arbeit des Försters und konstruierte eine Parallele zwischen dessen Beruf und dem, den er ausübte. Jener müsse beim Aufforsten seines Waldes, wie der Politiker, »für künftige Generationen« arbeiten. »Wem Politik zur Staatskunst geraten will«, bemerkte er selbstgefällig, »der muß sich ein Beispiel am Förster nehmen.«[29]

29

EIN DENKMAL IN BERLIN

ZUR GLEICHEN ZEIT setzte sich Helmut Kohl ein Denkmal in Berlin. 1989/90 ergab sich für ihn die einzigartige Gelegenheit, die politische Leistung sowohl in der alten als auch in der neuen Hauptstadt mit steinernen Zeugnissen zu verewigen.

Noch vor der Entscheidung über den Umzug beauftragte er den renommierten österreichischen Architekten Gustav Peichl, in Bonn eine Bundeskunsthalle zu konzipieren, die zusammen mit einem Kunstmuseum und einem Haus der Geschichte zu einer Museumsmeile zusammengefügt wurde.

In Berlin ließ Kohl für ein Museum für die Deutsche Geschichte einen Wettbewerb für eine großzügige Anlage im Spreebogen vor dem Reichstag ausschreiben, aus dem der italienische Architekt Aldo Rossi als Sieger hervorging. Nach dem Fall der Mauer war an eine Realisierung dieses Plans nicht mehr zu denken. Kohl begann nun zusammen mit Fachleuten, seine Vorstellungen über die architektonische Repräsentation des Bundes zu entwickeln. Im Spreebogen sollte das Kanzleramt gegenüber dem Reichstag entstehen und mit ihm eine Bundesachse bilden. Die endgültigen Pläne sahen vor, daß jenseits der Spree die Gebäude für die Bundesbediensteten, die Mitarbeiter der Abgeordneten und die Journalisten entstehen sollten. An Platz fehlte es nicht, da die Gegend, in der der neue Kern der Bundeshauptstadt entstand, aus verödetem Gelände an der Mauer und Parkanlagen bestand. Für die klassischen Ministerien wurden inmitten Berlins Platz gesucht. Kohl zeigte sich entschlossen, die internationale Elite der Architekten an die Spree zu holen, und bewies dabei, wie sich herausstellen sollte, für die Architektur ein ausgeprägteres Stilgefühl als für manche seiner politischen Inszenierungen. Das zeigte sich am 400 Millionen Mark teuren Kanzleramt. Da sich die Jury nicht einigen konnte und zwei erste Preise vergab, einen an drei junge Ostberliner Architekten und einen an das Westberliner Team Schultes und Frank, überließen die Planer die Entscheidung dem Hausherren. Er veranstaltete Symposien, beriet sich mit Experten und Historikern und entschied sich unter dem einhelligen Beifall der Architekturkritiker für den moderneren Entwurf von Schultes und Frank, in dem ein Kanzlerturm inmitten einiger Büroblocks steht, eine Anlage, die, wie die *FAZ* schrieb, »eine entschiedene, auch pathetische Geste mit Auflockerung oder Brechung« verbinde. Die Arbeit fiel so aus, daß der SPD-Bundestagsabgeordnete und Architekt Peter Conradi keine architektonischen Bedenken anmeldete.

Auch bei der Erweiterung des Deutschen Historischen Museums nahe der alten Prachtstraße Unter den Linden erwies sich der Kanzler als die treibende Kraft. Da er es vor dem Reichstag nicht mehr bauen konnte, verfolgte er, assistiert vom Direktor des Museums Christoph Stölzl, einen neuen Plan. Auf einer seiner Reisen nach Amerika lernte er auf Empfehlung Stölzls den weltberühmten Architekten Ioh Ming Pei kennen. Pei hat die vielbeachtete Glaspyramide vor dem Pariser Louvre gebaut. In New York unterhielt er sich mehrere Stunden lang mit ihm, dann lud er ihn nach Bonn ein und erläuterte ihm dort, das Berliner Projekt. Pei zeigte sich danach angetan davon, daß sich der Kanzler viel Zeit für das Gespräch mit ihm nahm, und von der Sachkenntnis, mit der er über sein Vorhaben sprach. Beide waren sich einig, daß der Neubau vom Geist des alten Dessauer Bauhauses inspiriert sein sollte.[1] Allerdings legte Pei mit der Bedingung, er nehme prinzipiell niemals an einer Ausschreibung teil, die Hürde sehr hoch, da für öffentliche Bauwerke in der Europäischen Union Ausschreibungen vorgeschrieben sind. Kohl beauftragte seine Experten, nach einem Ausweg zu suchen, der schließlich so aussah, daß Pei zum Schein an einem Unternehmen in Wiesbaden beteiligt wurde, das bereit war, die Bedingungen zu erfüllen. Peter Conradi protestierte gegen die Art der Auftragsvergabe, das Projekt verhindern mochte er nicht, da er anerkennen mußte, daß es dem Kanzler gelungen war, den besten Architekten zu einem annehmbaren Preis für das bedeutende Objekt zu gewinnen.

Zu dieser Zeit war es allen, die an den Hauptstadtplanungen beteiligt waren, klar, daß sie es mit einem Bundeskanzler zu tun hatten, der entschlossen war, seine Vorstellungen durchzusetzen. Es dauerte eine Weile, bis sie bemerkten, daß er vollendete Tatsachen schuf. Das zeigte sich an einem der ersten Objekte, die er in Berlin realisierte, der neuen nationalen Gedenkstätte. Schon in Bonn nahm er Anstoß daran, daß es keinen Ort gab, an dem ausländische Besucher Kränze niederlegen und der Opfer der Kriege und Gewaltherrschaft gedenken konnten. Vor allem beim Besuch von Gedenkstätten in anderen Staaten wurde ihm der Mangel schmerzlich bewußt. In den ersten Jahren der Bundesrepublik mußten gekrönte Häupter, Staatspräsidenten und Regierungschefs durch die triste Kulisse eines Bonner Vororts zu dem vom allgemeinen Friedhof abgetrennten Teil einer Kriegsgräberstätte fahren, um ihren Kranz niederzulegen. Danach wurde das Ehrenmal näher ins Zentrum gerückt, die Kranzniederlegungen erfolgten an der Rückseite des früheren anatomischen Gebäudes der Universität, in der jetzt griechisch-römische Standbilder untergebracht sind. Der Mauerfall eröffnete neue Perspektiven. Auf der Suche nach einem angemessenen Ort geriet dem Kanzler die von Karl Friedrich Schinkel Anfang des vorigen Jahrhunderts für den Preußenkönig Friedrich Wilhelm III. gebaute Neue Wache ins Blickfeld, eine Halle, in die die DDR einen großen Granitkubus mit einem silbernen Eichenkranz stellte, der von einer Ewigen Flamme schwach erhellt wurde. Davor patrouillierten Wachsoldaten. Mit dem Ende der DDR wurde das Haus geschlossen, die Wachen wurden abgezogen.

Ende Januar 1993 hatte Kohl die Planungen so weit vorangetrieben, daß er das Bundeskabinett dazu bewegen konnte, die Neue Wache zur Zentralen Gedenkstätte der Bundesrepublik Deutschland zu erklären. Die Oberaufsicht war inzwischen in die Verantwortung des zuständigen Ressortleiters Wolfgang Bergsdorf im Bundesinnenministerium übergegangen. Bergsdorf schloß sich mit Stölzl kurz.[2] Sie entwickelten die Idee, eine Skulptur von Käthe Kollwitz in der Ehrenhalle aufzustellen. Es war die Plastik einer sitzenden Mutter, die den toten Sohn im Schoß hält. Die Bildhauerin schuf diese 38 Zentimeter hohe Pieta, nachdem sie ihren Sohn im Ersten Weltkrieg verloren hatte. Um die Plastik auf Hallenmaß zu bringen, fertigte ein Berliner Bildhauer eine etwas größere Gipsfigur, die er dem Kanzler zur Begutachtung ins Büro stellte. Da sie dem Auftraggeber gefiel, der den Abguß wochenlang auf seinem Schreibtisch stehen hatte, um ihn auf sich wirken zu lassen, wurde sie in vierfacher Größe des Originals in Bronze gegossen. Kritiker, die anfangs von der Verzerrung entsetzt waren, die die Vergrößerung mit sich brachte, und von einer »aufgeblasenen Disneyfigur« sprachen, gewöhnten sich mit der Zeit an das anderthalb Meter hohe Werk, das im Nachtdunkel nur in seinen Umrissen erkennbar im Halbschatten der Halle steht. Die Wirkung wird dadurch erhöht, daß bei Regen die Tropfen durch das offene Kreisrund in der Decke auf die

Trauernde fallen, die dann wie tränenüberströmt wirkt. Damit sich das Wasser nicht in den geöffneten Händen der Pieta sammelt, wurden sie angebohrt.

BEI DEN PLANUNGEN für die neue Hauptstadt zogen alle Parteien an einem Strang, und als der Bundesrechnungshof viele Jahre später, Anfang 1998, rügte, daß die meisten Bundesbauten, einschließlich des neuen Kanzleramts, zu repräsentativ und zu aufwendig gebaut würden, nahm der Adressat des Gutachtens, der Haushaltsausschuß, die Bauherrn in Schutz. Kohl wußte sich in diesem Punkt einig mit der SPD. Das gleiche galt für andere Vorhaben. Inzwischen hatte sich Kohl darauf eingerichtet, in wichtigen Angelegenheiten mit den Sozialdemokraten zusammenzuarbeiten, sei es, weil er ihre Stimmen im Bundestag brauchte, sei es, weil er auf ihre Mehrheit im Bundesrat angewiesen war. Er plante nicht, wie sein Vorgänger Adenauer 1959, Bundespräsident zu werden und in dieser Rolle das Amt des Bundeskanzlers mit zu versehen, sondern ging umgekehrt vor. Er blieb Regierungschef und nahm dabei präsidiale Züge an. Das lag ohnehin mehr in seiner Natur, und auch so wurde er der SPD gefährlich, da es mit der Harmonie rasch vorbei war, wenn die nächsten Wahlen vor der Tür standen. Obwohl alle das wußten, entstand in Bonn nach der Wahl 1990 so etwas wie eine nicht institutionalisierte große Koalition, die funktionierte, solange die Interessen der beiden großen Parteien berührt waren, und ein Dreierbündnis, wenn auch diejenigen der FDP ins Spiel kamen. Es scheint, daß sich der Bundeskanzler in den Kopf setzte, nicht mit wechselnden Mehrheiten, wohl aber mit einem breiten Konsens über die Parteien hinweg zu regieren.

Einer seiner bevorzugten Ansprechpartner in der SPD war Willy Brandt, dem, seit er 1987 das Amt des SPD-Vorsitzenden niedergelegt hatte, weitere Sympathien zuwuchsen. Als Ehrenvorsitzender war er Kohl zudem erheblich sympathischer als zu der Zeit, zu der er aktiv war. Beim Kampf um die deutsche Einheit rückten sie enger zusammen, und so machte es sich der Kanzler zur Gewohnheit, den Sozialdemokraten hin und wieder zu einem Schwatz ins Kanzleramt einzuladen. Eine erste Personalie, die er mit ihm besprach, war die Neuwahl der Bundestagspräsidentin. Nach der Wahl 1990 wollte er die amtierende Parlamentspräsidentin Rita Süssmuth, zu der sich sein Verhältnis seit dem »Putsch von Bremen« nicht gebessert hatte, ablösen, und im Gespräch mit Brandt lotete er aus, ob die SPD auch eine andere Kandidatin der CDU mitwählen würde. Das Vorhaben scheiterte schließlich, aber nicht daran, daß Brandt nicht mitzog – er hielt sich vorerst bedeckt –, sondern an der Unterstützung, die Süssmuth auf dem linken Flügel ihrer Partei hatte.

Daraufhin fühlte Kohl bei der SPD wegen des Nachfolgers für Richard von Weizsäcker vor. Es war allgemein bekannt, daß das Verhältnis zwischen ihnen schlechter war als je zuvor. Die beiden früheren Parteifreunde hatten sich immer mehr entfremdet, und während der Auseinandersetzungen über die Einheit hatte sich ihr Verhältnis zunehmend verschlechtert. Ihre gegenseitige Abneigung ging so weit, daß sie sich nicht scheuten, sie öffentlich zu zeigen. Kein Gesprächspartner verließ das Amtszimmer des Präsidenten, ohne nicht einige Sticheleien gegen den Bundeskanzler mit auf den Weg zu bekommen. Der Präsident konnte in solchen Augenblicken zynisch sein. Kohl rächte sich damit, daß er seinem Ärger mit abfälligen Bemerkungen im kleinen Kreis Luft machte. Eine davon lautete, Weizsäcker habe die Regel bestätigt, wonach die erste Amtsperiode eines Präsidenten erfolgreicher verlaufe als die zweite, die meist ein Abklatsch der vorhergehenden sei. Auch darüber sprach er mit Brandt.

Vorsichtshalber fragte er Hans-Jürgen Wischnewski von der SPD, ob Johannes Rau daran interessiert sei, Staatsoberhaupt zu werden. Wischnewski, der nach seinem Ausscheiden aus Regierung und Parlament in Nordrhein-Westfalen als Berater bei der landeseigenen Bank West-LB untergekommen war, behandelte die Bemerkung als ein Angebot und traf sich noch am gleichen Tag mit dem nordrhein-westfälischen Ministerpräsidenten. Johannes Rau fand, das sei eine edle Geste der Wiedergutmachung des Regierungschefs dafür, daß er ihn beim Zweikampf um die Kanzlerschaft bei der Bundestagswahl 1987 bezwungen hatte, und zeigte sich interessiert. Der Kundschafter ließ das den Bundeskanzler wissen.[3]

Inzwischen versuchte Kohl, seine Parteifreunde für seinen Einfall zu erwärmen. Für den nordrhein-westfälischen CDU-Landesvorsitzenden Norbert Blüm war die Aussicht verlockend, Rau, der sich im Amt des Regierungschefs als unschlagbar erwies, in ein höheres Amt zu verabschieden, um sich mit ihm im Land nicht mehr messen zu müssen. Der Zeitpunkt war günstig, die nächste Landtagswahl war 1995. Die anderen Unionsgrößen fanden die Idee nicht so reizvoll wie die nordrhein-westfälische CDU. Sie hielten es für abwegig, daß die Wahlmänner der CDU/CSU ihre Stimme einem Sozialdemokraten geben sollten, obwohl sie in der vorteilhaften Lage waren, zusammen mit der FDP ihren eigenen Kandidaten in der Bundesversammlung durchbringen zu können. Ein deutliches Veto legte die FDP-Spitze ein. Ihr Parteivorsitzender Otto Graf Lambsdorff hielt es für ausgeschlossen, daß Hans-Dietrich Genscher zugunsten Raus verzichten sollte. Was ihn noch mehr störte, war, daß er aus eigener Erfahrung wußte, wie sehr solche Bündnisse, gleichgültig, ob sie vor oder nach einer Bundestagswahl eingegangen wurden, als ein Koalitionssignal ausgelegt wurden. Schwenkte die CDU/CSU zu Rau, sah das aus, als strebe sie eine große Koalition im Bund an. Das war Kohls Absicht nicht, lag auch nicht im Interesse Theo Waigels, und so sagte der Kanzler seinen Gesprächspartnern im Frühjahr 1993 ab.

Daraufhin kam die SPD zu der Auffassung, sie müsse es allein versuchen, in der Hoffnung, Abtrünnige aus dem Koalitionslager abzuwerben. Im Frühjahr 1993 wurde Rau von seiner Partei gebeten und erklärte seine Kandidatur. Das war ein herber Schlag für Kohl, der auf die Mitwirkung der SPD gesetzt hatte, ohne sich nach einer Alternative umzusehen. Da sein Plan scheiterte, suchte er einen neuen Bewerber in den neuen Ländern. Dahinter stand die Absicht, die Wähler jener Region, die ihn zwar gewählt hatten, inzwischen aber mit ihm unzufrieden waren, mit einer versöhnlichen Geste zurückzugewinnen. Im Sommer 1993 unterrichtete er das Parteipräsidium, konnte aber keinen Namen nennen. Die Verwirrung, die Kohl mit seinen Besetzungsplänen für das hohe Amt hervorrief, erreichten ihren Höhepunkt, als Ende August 1993 bekannt wurde, daß er dem sächsischen Justizminister Steffen Heitmann die Präsidentschaftskandidatur antrug. Er hatte ihn kurz vorher kennengelernt und Gefallen an ihm gefunden. Das Angebot kam so überraschend, daß Heitmann nicht einmal die Zeit fand, es mit seinem Dienstherrn, Ministerpräsident Kurt Biedenkopf, zu besprechen. Der erfuhr die Nachricht aus der Zeitung und war erbost. Er stellte Heitmann, den der Bundeskanzler zur Verschwiegenheit verpflichtet hatte, im Kabinett zur Rede, wo er einer Antwort nicht ausweichen konnte. Das war kein besonders gelungener Start für den neuen Bewerber.[4]

Danach brach der Sturm erst richtig los. Für die Öffentlichkeit war der Lebenslauf des Kandidaten keine überzeugende Empfehlung. Kohl bewegte es, daß Heitmann, wie er sagte, »das klassische Beispiel eines deutschen Schicksals« war: Er wurde im Krieg geboren, der Vater fiel an der Front, die Mutter zog ihn unter Entbehrungen groß, tat sich nie als Heldin hervor und diente sich dem Regime auch nicht an. Aus der protestantischen Seelsorge in Sachsen kommend, war er in der zweiten Hälfte seiner beruflichen Tätigkeit Rechtsberater für die Kirche und während der friedlichen Revolution für eine der demokratischen Basisgruppen tätig. Der Regierung Biedenkopf gehörte er von der ersten Stunde als Justizminister an und war wegen seiner Behandlung früherer Stasi-Mitglieder umstritten. Heitmanns politisches Selbstverständnis, das er durch häufig ungeschickt formulierte Bekenntnisse der Öffentlichkeit bekanntmachte, traf auf skeptisches Erstaunen. Hellmuth Karasek vom *Spiegel* fand, Heitmann habe ein »gestörtes Verhältnis zur Sprache« und die sozialdemokratische Ministerin Regine Hildebrandt aus Brandenburg bemerkte verbittert, der Bundeskanzler habe mit seiner Wahl das Gegenteil dessen erreicht, was er anstrebte, er habe dem Osten geschadet.

Die allgemeine Ablehnung, die bei den Intellektuellen und Linken begann und sich auf die CDU übertrug, ließ Kohl nicht kalt. Er beschuldigte in seiner Wut darüber, daß ihm auch diese Kandidatur zerredet wurde, die linken Medien, allen voran das *Spiegel-TV* des Stefan Aust, eine Kampagne gegen Heitmann anzuzetteln, und behauptete, jene, die die deutsche Einheit madig machen wollten, sammelten sich jetzt zum Sturm gegen deren Repräsentanten. Auch zwang er der aufbegehrenden Partei eine Reihe von unnützen Unterwerfungsgesten ab. So mußten sich das Präsidium und der Bundesvorstand öffentlich zu Heitmann bekennen. Auch vom Vorsitzenden des Zentralrats der Juden in Deutschland, Ignaz Bubis, der nach einem Gespräch mit Heitmann kühl bemerkte, der Mann habe ihn nicht überzeugt, ließ er sich nicht beirren.

Erst, als sich der Kandidat in einem Interview mit der *Süddeutschen Zeitung* mißverständlich über die Verfolgung von Nazi-Verbrechen äußerte und die Auffassung vertrat, aus dem organisierten Massenmord an den Juden dürfe keine »Sonderrolle Deutschlands bis ans Ende der Geschichte« abgeleitet werden, wurde klar, daß Heitmann nicht zu halten war. Zu dieser Zeit befand sich die Koalitionsformation in Auflösung. Die FDP-Führung, sonst sehr langmütig, verlor die Geduld und nominierte, nachdem sie nochmals vergeblich bei Genscher angeklopft hatte, Hildegard Hamm-Brücher zu ihrer Kandidatin, ein Entschluß, der Kohls Mißfallen erregte, obwohl er die Ursache dafür geschaffen hatte. Mit seinem Taktieren schaffte es der Kanzler, seine Partner vor den Kopf zu stoßen. Nach der FDP gab die CSU zu verstehen, daß sie Heitmann ebenfalls nicht wählen würde. Und als Kohl auf diese Hinweise nicht reagierte, lud sie den Präsidenten des Bundesverfassungsgerichts, Roman Herzog, im Herbst 1993 demonstrativ zur jährlichen Klausurtagung der Landesgruppe nach Wildbad Kreuth ein.

Roman Herzog stammte aus Landshut in Niederbayern und gehörte, wie sich Theo Waigel ausdrückte, eigentlich zur CSU. Die Partei vereinnahmte ihn, und er wurde zu ihrem Präsidentschaftskandidaten. Darüber entbrannte ein erbitterter Streit zwischen Kohl und Waigel, der nichts an der Tatsache änderte, daß der Kanzler den richtigen Zeitpunkt des Absprungs verpaßt hatte. Das erstaunte seine Freunde. Denn Roman Herzog war ursprünglich ein Protegé Kohls aus den frühen siebziger Jahren. Der damalige Ministerpräsident entdeckte ihn in der Hochschule für Verwaltungswissenschaften in Speyer, holte ihn 1973 in die Landesregierung nach Mainz und machte ihn zum Leiter der rheinland-pfälzischen Landesvertretung in Bonn. Später unterstützte er Herzogs Kandidatur als Bundesverfassungsrichter. Mit der Entscheidung der CSU endete das Zwischenspiel. Ende November ließ Kohl den mißliebigen Kandidaten wissen, daß er ihn nicht länger unterstützen könne, am 25. November 1993 erklärte Heitmann seinen Rücktritt.

In der schier ausweglosen Situation, in die sich der Bundeskanzler hineinmanövriert hatte, schwenkte er abermals um, brach den Feldzug für alle bisherigen Kandidaten ab, leugnete, Rau jemals ein Angebot gemacht zu haben, wollte von seiner Unterstützung für Heitmann nichts mehr wissen und setzte sich an die Spitze derer, die Herzog zum Präsidenten wählen wollten. Der Kandidat spöttelte in einer Aufwallung von Ärger, bisher habe ihn niemand gefragt, ob er überhaupt Präsident werden wolle, sondern alle hätten nur über ihn verfügt, und ehe er zusage, müßten die Voraussetzungen geklärt werden, unter denen er antrete. Danach zeigte sich Kohl von seiner besten Seite. Hatte er die Kandidatensuche verpatzt, war er in der Kunst, die Partei zum richtigen Zeitpunkt auf Kurs zu bringen, unübertroffen. Bis zur Wahl des Bundespräsidenten entfaltete er alle Fähigkeiten des Krisenmanagers, und am Ende erweckte er sogar den Eindruck, als ob er Heitmann nur vorgeschoben habe, um Herzog zu bekommen. Das wirkte vor allem auf die Wähler in den neuen Ländern.

In der Sitzung der Wahlmänner von CDU und CSU im Bonner Wasserwerk Anfang März 1994, in der über den Kandidaten entschieden wurde, lief Kohl zur Höchstform auf. Er begrüßte die Anwesenden, anschließend hielt er die Einführungsrede, stellte den Kandidaten vor, erteilte ihm das Wort, erläuterte die Prozedur der Wahl, leitete sie und gab das Ergebnis bekannt. Es gab nur eine beherrschende Persönlichkeit, und das war Kohl. Als während der Vorbereitung auf die Wahl einer der Anwesenden schüchtern das Stichwort »geheime Wahl« in die Debatte warf, erkannte Kohl blitzschnell die Chance, die Delegierten unter erschwerten Bedingungen auf seinen Kurs einzuschwören, und verfügte zum Erstaunen der Parteispitze, die sich in der Vorbesprechung auf eine offene Wahl verständigt hatte, daß mit Stimmzetteln abgestimmt werden sollte. Das Ergebnis lautete, wie er es vorhersah, 448 gegen sechs Stimmen für Herzog. Damit waren die Würfel gefallen. Nur Rau stichelte noch, er zähle auf den gesunden Menschenverstand von Mitgliedern der Union und der Freidemokraten. Das Votum zugunsten Herzogs bei der Bundesversammlung am 23. Mai 1994 fiel überwältigend aus. Entgegen allen Unkenrufen votierte die Union für ihren Kandidaten und im dritten Wahlgang, in dem Kinkel die Parteifreundin Hamm-Brücher zum Verzicht zwang, wurde Herzog mit 696 zu 605 Stimmen gewählt.

Damit hatte Kohl eine verfahrene Situation zu einem Erfolg für seine Politik umgemünzt. Das beeindruckte allerdings Richard von Weizsäcker nicht, vielleicht ärgerte es ihn auch, und er rechnete im Spätsommer 1997 im *Spiegel* mit dem Konkurrenten ab. Weizsäcker lobte das Regime Kohl ironisch, es habe »die von der Demokratie angebotenen Mittel zur Erringung und Bewahrung der Macht« auf eine »bisher nie gekannte Höhe der Perfektion getrieben«. Die Kraft, die es auf die Machterhaltung konzentriere, übersteige »bei weitem die offene konzeptionelle Pionierarbeit«, von »geistiger Führung ganz zu schweigen«. Die Verachtung, die er für die Regierungskunst des amtierenden Kanzlers empfand, kleidete er in die Kritik, er könne den »täglichen Leitartikeln« der *International Herald Tribune* mehr wegweisende Gedanken entnehmen als den »Äußerungen unserer parteipolitischen Machtzentren«. Ein solches Führungssystem ermüde, vergrößere die Distanz des Bürgers gegenüber der politischen Welt, ersetze eine »geistige Begleitung« durch »sogenannte politische Machtworte« und verbreite »intellektuelle Schläfrigkeit«. So könne es, schloß er, »auf Dauer nicht weitergehen«.[5]

Die Philippika erboste den Adressaten derart, daß er sich im ersten

Lagebericht vor der Fraktion nach der Sommerpause am 9. September 1997 darüber beschwerte, daß Weizsäcker nach seiner Rückkehr ins Privatleben nicht wieder Mitglied der CDU geworden sei. Weizsäcker hatte nach seiner Wahl zum Bundespräsidenten 1984 der örtlichen Parteiorganisation in Berlin das Ruhen seiner Mitgliedschaft erklärt, wie das üblich ist. Er zahlte keine Beiträge und nahm an keinen Parteiveranstaltungen mehr teil. Folgerichtig strich ihn die Berliner CDU aus ihrer Mitgliederkartei, ein Vorgang, den ein Angestellter in der Bonner Zentralkartei achtlos wiederholte. Damit verschwand Weizsäcker aus der Mitgliederkartei der CDU. Der Zwist um die Mitgliedschaft eskalierte, und die *Süddeutsche Zeitung* stellte fest, so »viel kleinliche Gehässigkeit« habe es »nicht einmal in der Wehner/Brandt/-Schmidt-SPD gegeben«.[6]

DIE VORSTELLUNG, sich rechtzeitig und ohne äußeren Druck aus dem Amt zurückzuziehen, ließ Kohl seit Beginn der 90er Jahre nicht mehr los. Er befürchtete, ihm könne das gleiche Schicksal widerfahren, das er dreißig Jahre vorher in seiner rheinland-pfälzischen Heimat dem damaligen Ministerpräsidenten Peter Altmeier zugedacht hatte, nämlich entmachtet zu werden, ehe er freiwillig ging. Im Grunde hatte er den richtigen Zeitpunkt bereits verpaßt; er hätte ihn möglicherweise eingehalten, wenn ihm nicht das Attentat auf Wolfgang Schäuble einen Strich durch die Rechnung gemacht hätte. Im übrigen war es nicht der Parteifreund, der ihn zum Abschied drängte, sondern umgekehrt. Er drängte Schäuble zur Nachfolge. Für das Ziel, Schäuble die Kanzlerschaft in der Mitte der Legislaturperiode zu übergeben, war es zu spät. Ein Jahr bis zur Wahl war eine zu kurze Vorlaufzeit für den neuen Fraktionschef. Die Abgeordneten hätten es für eine Zumutung gehalten, ihn schon im Herbst 1992 zum Bundeskanzler zu wählen. Kohl wollte das nicht, und weder die CSU noch die FDP waren auf einen baldigen Kanzlerwechsel vorbereitet. Daß er zögerte und unsicher war, räumte er in einem Interview offenherzig mit den Worten ein, er habe sich, nachdem er zehn Jahre lang Bundeskanzler gewesen sei, gefragt: »Trittst du noch einmal an oder nicht?« Er habe schließlich die Frage bejaht, weil er überzeugt sei, »daß ich eine bessere Chance habe als andere, wenn ich sie nutze, die politische Einigung Europas mit der Einigung in Deutschland ... ein entscheidendes Stück voranzubringen«.[7] Im zweiten Halbjahr 1994 stand für Deutschland die Prä-

sidentschaft der Europäischen Union an und daß dieses außenpolitische Ereignis mit dem innenpolitischen Geschehen, dem Endspurt des
Wahlkampfs, zusammenfiel, war für den Kanzler eine angenehme Be-
gleiterscheinung.

Denn die Union konnte eine Wahlhilfe gut gebrauchen. Ende 1993
lagen CDU und CSU in Umfragen weit hinter der SPD zurück. Der
Abstand betrug bis zu zehn Prozent. Da die Vorhersage für die FDP
unter der Fünfprozentgrenze lag, während die Wahlforscher den Grünen mit mehr als zehn Prozent doppelt so hohe Ergebnisse vorhersagten, waren die Aussichten darauf, daß sich die Koalition behaupten
könne, außerordentlich schlecht. In bezug auf die Kanzlerkandidaten
wurde der SPD-Spitzenkandidat Rudolf Scharping weit vor dem Regierungschef plaziert.[8] Das störte Kohl nicht sehr, ähnliche Situationen
hatte er bereits früher erlebt. Es schmeichelte ihm, daß die Partei entdeckte, wie sehr sie ihn benötigte.

Den Wahlkampfauftritten herkömmlicher Art konnte er nichts
mehr abgewinnen. Die allgemeine Annahme, Wahlveranstaltungen
seien Jungbrunnen, in die die Wahlkämpfer, ermattet von der Mühsal
des Alltags, eintauchten, um erfrischt aus ihnen herauszusteigen,
nannte er Redensarten und Sprüche. In einem Fernsehinterview bekannte er, er fahre zu ihnen normalerweise voller Verdrießlichkeit. Er
könne sich was Schöneres vorstellen, als an einem Wahlkampftag auf
drei Veranstaltungen an verschiedenen Plätzen zu unterschiedlichem
Publikum fünf Stunden lang zu reden. Komme er dann in den Saal
hinein und sehe die Leute vor sich, gehe es ihm allerdings »wie einem
alten Militärpferd: man hört die Marschmusik und wirft das Haupt
hoch und marschiert«.[9] Noch vor dem Beginn des Wahlkampfs nahm
er dem Generalsekretär und der Parteizentrale den gesamten Bereich
des Fernsehens und bildete im Kanzleramt einen kleinen Arbeitsstab,
der vor allem dazu diente, die elektronischen Medien zu bedienen.
Dazu gehörten seine Pressemitarbeiter Eduard Ackermann und
Andreas Fritzenkötter, der Medienspezialist Herbert Müller aus dem
Konrad-Adenauer-Haus und sein früherer Wahlkampfmitarbeiter
Peter Boenisch. Bei Bedarf wurden Berater von außerhalb hinzugezogen.

In dem Team besorgte Ackermann die konzeptionelle Planung, Fritzenkötter war für die Durchsetzung verantwortlich und Boenisch
brachte seine guten Beziehungen zu den Chefs der Medienkonzerne
ein. Er kannte die Größen des Fernsehgeschäfts vor und hinter der

Kamera wie Günther Jauch und Wolfgang Lippert und Helmut Thoma von RTL, Mark Wössner von Bertelsmann, die Springer-Erben und den Filmhändler Leo Kirch. Kirch hatte die Losung ausgegeben, Helmut Kohl nach Kräften unter die Arme zu greifen. Die Unterstützung der Familie Springer war gewiß. Die Gruppe im Kanzleramt vergab, von der Öffentlichkeit und der Branche weitgehend unbemerkt, das Ereignismanagement für die virtuelle Wahlwerbung an die Public-Relations-Agentur Zoffel, Hoff und Partner. Die Fernsehleute gingen von der Erkenntnis aus, daß die Bundesbürger – wie die Nachrichtenkonsumenten in anderen Industrienationen – ihre Informationen vor allem aus dem Fernsehen bezogen, auch die über den Wahlkampf. Weitaus die größte Gruppe, fünfzig Prozent, orientierte sich bei ihrer Wahlentscheidung an dem, was ihnen das Fernsehen bot, nur 27 Prozent an Zeitungen und neun Prozent am Radio, wie aus einer Untersuchung hervorgeht, die am Institut für Politische Wissenschaft an der Universität Freiburg angefertigt wurde.[10] Nur noch 26 Prozent, also jeder Vierte, entschied sich nach Gesprächen mit anderen Wählern. Das, was Elisabeth Noelle-Neumann früher die »soziale Kontrolle« nannte, suchte sich neue Wege. Der Kanzler und sein Team zogen daraus die Lehre, den Wahlkampf völlig auf das Fernsehen abzustellen; sie waren damit den meisten Parteien voraus.

Die Medienspezialisten landeten ihren ersten Coup mit der fernsehgerechten Vermarktung der Rede Kohls zur Eröffnung des Wahlkampfs auf dem CDU-Parteitag im Februar 1994 in Hamburg. In einer Untersuchung über die Medienpolitik unter der Kanzlerschaft Kohls heißt es, die PR-Mitarbeiter hätten seinen Auftritt von vornherein als »Initialzündung zur Mobilisierung der Partei« organisiert, der einen Stimmungsumschwung habe einleiten sollen. Das ist ihnen offenkundig gelungen. Kohls Rede markierte so etwas wie einen Wendepunkt in der Werbekampagne. Teilnehmer berichteten, es sei so etwas wie eine »hypnotische Wirkung« von dem »Massenkommunikator« ausgegangen, deren Ursprung sich niemand habe erklären können. Verstärkt wurde die Suggestivkraft des Auftritts von der sorgfältigen Vorbereitung und der Beeinflussung der öffentlichen Meinung. Das Kanzleramt und der Privatsender SAT 1, an dem die Häuser Springer und Kirch beteiligt sind, erprobten bei diesem Parteitag die enge Kooperation, die sie während des gesamten Wahlkampfs aufrechterhielten. Boenisch war mit einem Beratervertrag sowohl mit der CDU als auch mit SAT 1 verbunden. Er war eng befreundet mit dem Programmdirektor Information von SAT 1, Heinz Klaus Mertes, der vom Bayerischen Rundfunk/Fernsehen kam. Mertes zählte zu den Bewunderern des Kanzlers, und er sah seine Aufgabe darin, ihn zu popularisieren. Öffentlich begründete er seine Zuarbeit mit dem Satz, Kohl liefere ihm erstklassige Informationen, und er sorge für ihre optimale Verbreitung. Während des Parteitages schloß sich Boenisch mit Mertes kurz, der einen direkten Draht zur Redaktionskonferenz unterhielt, in der entschieden wurde, wie die Sendungen aufbereitet wurden. Den Delegierten und den Journalisten schallte aus den Monitoren die positive Wertung entgegen, ehe Kohl zu Ende geredet hatte.[11]

Lassen sich Meinungen nicht ohne weiteres und schon gar nicht auf Druck des Bundeskanzlers manipulieren, übte stetige Präsenz doch eine magische Wirkung aus. Der Hamburger Parteitag war nur ein Glied in einer langen Kette von Fernsehauftritten mit dem Bundeskanzler. Seit der Öffnung der Mauer war er unentwegt auf allen TV-Kanälen präsent. Jubelfeste zum 60. Geburtstag Kohls im April 1990 gingen in die Feiern zur Wiedervereinigung über, gefolgt vom zehnjährigen Amtsjubiläum am 1. Oktober 1992. Die Angebote der Anstalten verschafften ihm die Gelegenheit, unter ständigen Klagen darüber, daß der Regierungschef »im deutschen Fernsehen« keine Chance bekomme, »in einer Sendung einmal nachdenklich über den Menschen und die Probleme, die ihn beschäftigen, zu sprechen«, sich selbst darzustellen.[12]

Eine der ersten derartigen Personality-Shows war der Auftritt in der Sendung »Helmut Kohl privat« in RTL. Die Sendung wurde von Tele-FAZ und Stern TV, den Fernsehtöchtern der *Frankfurter Allgemeinen Zeitung* und des *Stern*, produziert. *FAZ*-Herausgeber Hugo Müller-Vogg, der über besonders gute Beziehungen zu Kohl verfügt, sicherte sich die Mitsprache. Er war die Kontaktstelle zwischen dem Bundeskanzler, der Zeitung und ihrem Ableger. Bei der Auswahl der Moderatoren, die Kohl befragen durften, redete Müller-Vogg mit. Der Moderator Günther Jauch wurde ausgewählt, bekannt für populäre Sport- und Unterhaltungssendungen. Während er drehte, war er unablässig von einer Schar von Kohls Helfern umgeben, die ihn dirigierten, ihm Zeichen gaben und soufflierten. Jauch beklagte sich später bitter über die ungebetene, aber nicht abzuschüttelnde Hilfe, die ihn in den Ruch brachte, seinen Interviewpartner »besonders lieb zu fragen«, statt ihn zu bedrängen, wie das *Zeit-Magazin* formulierte. Er verteidigte sich mit der Behauptung, er habe drei Stunden gedreht, davon sei bei RTL nur die »Harmoniestunde« zum Aufwärmen in Form einer »Windsor-Reportage«, also eines Hofberichts, gesendet worden. Das ZDF zeigte eine sachliche Zwischenbilanz einer Ära. SAT 1 sang ein Loblied auf den Kanzler aller Deutschen. Mit leicht ironischer Distanz behandelte Stefan Aust in Spiegel-TV den »ziemlich großen Kanzler« in einem »Streifzug«, der in dem sanft resignativen Satz gipfelte: »Irgendwie haben wir uns alle an ihn gewöhnt«. Den Höhepunkt bildete eine Hommage der ARD »Unser Kanzler Kohl«. Fragesteller war der Intendant des Mitteldeutschen Rundfunks, Udo Reiter, ein Ziehkind des Bayerischen Rundfunks und der CSU, die ihm zusammen mit dem Kanzler zu dem Intendantenposten an dem CDU-gesteuerten MDR verhalfen. Reiters stabiles weltanschauliches Gerüst erlaubte es ihm, sich eine Dreiviertelstunde lang von dem Talkgast gängeln zu lassen.

Einer der größten Fernseherfolge im Fernsehwahlkampf des Kanzlers war die Sendung mit dem irreführenden Titel Zur Sache, Kanzler in SAT 1 mit Heinz Klaus Mertes. Das Kanzleramt entwarf das Konzept, der Sender stellte die Technik. Den Journalisten und Journalistinnen, die nacheinander vor den Kanzler traten und ihre Fragen vortrugen, um anschließend im Off zu verschwinden, wurden Statistenrollen zugewiesen. Die drei Folgen hatten eine Sehbeteiligung von zwischen zwei und vier Millionen Zuschauern. Eine Sendung mit Kohl und dem Moderator Hans Meiser in RTL im Februar 1994, die als Bürgerbefragung deklariert war, wurde von weiteren sechs Millionen Zuschauern verfolgt, sie wurde im zweiten Halbjahr wiederholt. Rechnet man die kleineren Sendungen und kürzeren Auftritte hinzu, kam der Bundeskanzler am Feierabend zu 25 bis 30 Millionen Menschen in die Wohnstube. Das war mehr als jemals Zuschauer eine einzelne Persönlichkeit über einen längeren Zeitraum beobachtet haben. Es gehört zu den Rätseln der Kanzlerdemokratie unter Kohl, daß derjenige, der erst als Fernsehdepp der Nation verschrien war, das Medium so souverän beherrschte wie kein Regierungschef vor ihm. Zu den Beiträgen der Sender gesellten sich die acht Werbeschaltungen in öffentlich-rechtlichen und die 254 bezahlten Wahlspots in privaten Sendeanstalten, in denen er ebenfalls die Hauptfigur war.[13] Außerdem betätigten sich die großen Konzerne als Sponsoren für kostenlose Auftritte des Kanzlers im Ausland. SAT 1 organisierte einen Kanzlerflug mit dreißig Prominenten und Journalisten zu den Fußballweltmeisterschaften nach Amerika, bei deren Eröffnungsspiel der deutsche

Gast neben Präsident Clinton auf der Ehrentribüne saß und anschlie-ßend im Mannschaftsraum mit der deutschen Mannschaft plauderte. Auch bei einem Schaltgespräch Kohls mit dem Bundestrainer Berti Vogts und Franz Beckenbauer war die Kamera dabei. SAT 1 scheute weder Kosten noch Mühe, im Wahlsommer 1994 eine Sendung zwi-schen dem Wolfgangsee und der Mittelmeerinsel Mallorca zu schalten, in der ausgewählte Landsleute ihren prominenten Miturlauber in einer Weise befragen durften, die den Mitgesellschafter des Senders, den Kölner Verleger Alfred Neven DuMont, zu einem geharnischten Pro-test veranlaßten. Die Fernsehkritikerin der *Süddeutschen Zeitung* ver-mutete, daß der Interviewer seine Fragen der Einfachheit halber dem Parteiprogramm der CDU entnommen habe.[14]

IN DEM WAHLKAMPF, der mit Blick auf Kohl eher die Züge einer Produktwerbung als einer Auseinandersetzung mit dem politi-schen Gegner trug, schaffte es der Kanzler, die Sozialdemokraten im Lauf des Sommers in den Umfragen zu überholen und sich im Herbst an die Spitze der Beliebtheitsskala zu setzen. Die Demoskopen mach-ten dafür fünf Fixpunkte aus. Die optimistische Wirkung des Ham-burger CDU-Parteitags, die Geschlossenheit der CDU/CSU bei der Wahl des Bundespräsidenten, die Kampagne der Union gegen die »Roten Socken« nach der Wahl in Sachsen-Anhalt[15], die leichten Stimmen-gewinne der CDU/CSU bei der Europawahl[16] und das wachsende Zutrauen der Wähler in die Wirtschaftskompetenz der Union. Mit der sich steigernden Präsentation positiver Eindrücke, hieß es in verschie-denen Studien des Demoskopischen Instituts in Allensbach, habe die »Freude über die Einheit« rechtzeitig zur Wahl wieder die Oberhand gewonnen.[17]

Den einzigen Knick in der aufwärts strebenden Sympathiekurve bewirkte Kohl selbst. Bei einer Fernsehdiskussion mit Journalisten wenige Tage vor der Bundestagswahl am 16. Oktober 1994 ließ er die Bemerkung fallen, die zu Ende gehende Legislaturperiode sei »mit Sicherheit die letzte Amtsperiode«, die er auf dem Kanzlerstuhl ver-bringe. Er habe nicht den »Ehrgeiz, bis 1998« im Amt zu sein. Wäh-rend er seinen Rücktritt für das Jahr 1996 ankündigte, stand er zu abendlicher Stunde auf einem hölzernen Podest in der Nähe der Ortschaft Mödlareuth. Der Ort Mödlareuth war historischer Boden. Der Grenzwall aus Beton und Maschendraht zerschnitt die Gemeinde in der Mitte.[18] Offenbar ließ sich der Redner von der Wucht der Erinnerungen und der Symbolkraft der historischen Kulisse beeindrucken. Die Fragesteller waren darüber so verblüfft, daß sie es versäumten nachzuhaken. Die Partei wurde von der Ankündigung ihres Vorsitzenden gleichsam im vollen Lauf getroffen und aus der Bahn geworfen. Von solchem Aufsehen überrascht, war der Bundeskanzler um Schadensbegrenzung bemüht. Kohl erklärte, das sei doch »ganz naheliegend, daß man mal die Überlegung anstellt, wenn man bestimmte Vorsätze sich vorgenommen hat, wenn man eine solche Entscheidung trifft«. Immerhin wäre das, »wenn der Wähler mir das gönnt und mich unterstützt, ... von 1982 bis 1998 ... eigentlich doch eine recht lange Zeit«.[19]

Da das Rumoren in der Partei anhielt, führte er eine weitere Zeitkategorie ein und ließ eine Pressemitteilung veröffentlichen, in der er versicherte, daß er auf keinen Fall beabsichtige, über 1998 hinaus für das Amt des Bundeskanzlers zu kandidieren. Die Bedeutung des Satzes war so unklar wie die der vorangegangenen Aussagen. Die Kommentatoren suchten vergeblich nach einer einleuchtenden Begründung für die Erklärung. Nichts wies auf eine überlegte Wahlkampfstrategie hin, zumal da er mit niemandem aus der Parteiführung über seine Rücktrittsabsichten sprach, auch nicht mit Schäuble. Meinungsforscher machten später den Ausrutscher des Kanzlers dafür verantwortlich, daß er das Ziel bei der Bundestagswahl nur mit Ach und Krach erreichte. Die Union brachte es auf etwas mehr als 41 Prozent. Das war ein noch schlechteres Ergebnis als 1990, und doch half es ihr, weiterzuregieren, denn die FDP verlor zwar ebenfalls, aber sie war mit nahezu sieben Prozent ein relativ stabiler Partner. Die Koalition, deren Vorsprung vor der Opposition lediglich einen halben Prozentpunkt betrug, profitierte abermals von der Zerstrittenheit des linken Lagers. Zwar hatte es der SPD-Kanzlerkandidat Rudolf Scharping geschafft, den Abwärtstrend seiner Partei zu stoppen und ihr einen Zuwachs von fast drei Prozent zu verschaffen, aber mit den rot-grünen Partnern stand die PDS in der Opposition, mit der sie in keinem Fall hätten regieren können. Die Wähler hatten, wie es der *Focus* formulierte, Kohl dazu verurteilt, »vier Jahre auf dem heißen Stuhl« auszuharren. Aber seine Gegner verschätzten sich wieder einmal in der Beurteilung seines Stehvermögens.[20]

Das Kabinett, das er anschließend bildete, das fünfte Kabinett Kohl, wies den jüngsten Altersdurchschnitt aller seiner Regierungen auf. Es konnte mit einer Reihe von Neuernennungen wie dem Zukunftsminister Jürgen Rüttgers und der blutjungen Familienministerin Claudia Nolte aufwarten und erwies sich auf Dauer als standfest.[21] Von einer Resignation des Kanzlers war in der Öffentlichkeit nichts mehr zu spüren. Im Dezember 1994 war er wohlgemut auf dem Bonner CDU-Parteitag, und der *Spiegel*-Reporter Jürgen Leinemann konnte an der immerwährenden Jugendlichkeit des Parteivorsitzenden keine Ermüdungserscheinungen ausmachen. Der 64jährige ließ erkennen, »daß er sich so viel älter als die anderen« nicht fühle. »Siech und schon aus dem Geschäft« sei er »schon gar nicht«. Im Gegenteil, »grau und müde« hätten die Jüngeren »neben ihm auf der Tribüne der Parteioberen gehockt«; so »fit und mit kräftigen Schritten« wie jene schreite der Chef »allemal in die Zukunft aus«, fand der Beobachter. Und er resümierte: »Ein deutscher Patriarch kennt keinen Herbst. Es geht rund oder zu Ende.«[22]

30

MACHTPROBE

NACH DER REGIERUNGSBILDUNG ordnete Helmut Kohl seine Umgebung neu. Es gehört zu den Regeln seiner Regierungskunst, um sich her unentwegt Unruhe zu erzeugen, um als der einzige ruhende Pol zurückzubleiben. Mit dieser Taktik lichteten sich die Reihen seiner Mitarbeiter und Mitstreiter. Von der Mannschaft aus den 70er Jahren waren nur noch zwei Weggefährten übriggeblieben: Juliane Weber im Vorzimmer und Norbert Blüm im Arbeitsministerium. Immerhin hatte der Bundeskanzler seit seinem Amtsantritt im Jahr 1982 bereits 38 Bundesminister verschlissen, nicht gerechnet die parlamentarischen Staatssekretäre und sonstigen Würdenträger, die er auswechselte.[1] In den mehr als dreißig Jahren seiner Karriere war er nach dem Motto verfahren: »Die Karawane zieht weiter, die Hunde bleiben bellend am Wegesrand zurück.« Dabei hielt er sich zugute, daß er mehr Mitstreiter in Amt und Würden brachte, als er in Schimpf und Schande aus ihrem Amt vertrieb.

Nicht jeder war so begnadet wie Blüm, der mit dem Prinzip überdauerte, über sein weiteres Schicksal entschieden »zuerst der Wähler, dann Helmut Kohl, dann der liebe Gott und am Ende ich selbst – oder vielleicht der liebe Gott noch etwas weiter oben«. Der Letzte aus der rheinland-pfälzischen Gruppe, der sich aus Kohls unmittelbarer Umgebung verabschiedete, war Wolfgang Bergsdorf. Er wünschte sich schon seit langem den, wie er es nannte, »schönsten Posten in der Bundesregierung«, den des Leiters der kulturpolitischen Abteilung im Bundesinnenministerium, und er bekam ihn. Auf den Stuhl des Chefs der Inlandsabteilung im Bundespresseamt folgte ihm Professor Klaus Gotto, der aus der Konrad-Adenauer-Stiftung kam und vorher im Kanzleramt Abteilungsleiter war, ein ergebener Mitarbeiter Kohls. Neuer Regierungssprecher wurde Peter Hausmann, der aus der Schule des bayerischen Rundfunks und der CSU-Zentrale kam und an die Stelle des alten, aus der Zeit der sozialliberalen Koalition stammenden Sprechers Dieter Vogel trat. Im Verein mit Kohls Pressesprecher An-

dreas Fritzenkötter beschnitt er den Einfluß des Behördenleiters Wolfgang Gibowski, der Freunden berichtete, in Kohls Hofstaat würden
solche Zurückstufungen so subtil ins Werk gesetzt, daß diejenigen, die
es betraf, sie erst bemerkten, wenn es zu spät war. Sie wurden nach und
nach in ihren Kompetenzen beschnitten, dann nicht mehr mit vertraulichen Informationen versorgt und zu Beratungen im kleinen Kreis
nicht mehr hinzugezogen. Bitten um eine Unterredung wurden ignoriert, schriftliche Eingaben blieben unbeantwortet. Am Ende blieb
Fritzenkötter als einziger Betreuer der Presse in dem engeren Berater-
zirkel Kohls zurück, den der *Spiegel* das »allerheiligste Tratsch- und
Machtkartell des Bundeskanzlers« nennt.[2]

Inzwischen hatte sich der Leiter der Auslandsabteilung im Kanzleramt, Joachim Bitterlich, mindestens soviel Einfluß auf die Entscheidungen des Bundeskanzlers gesichert wie sein Vorgänger Horst Teltschik. Auch Kohls bevorzugter Ratgeber in Wirtschaftsangelegenhei-
ten des Ostens, der Staatssekretär im Wirtschaftsministerium Johannes
Ludewig, zählte zum engeren Zirkel. Kohl bugsierte ihn nach einigen
Jahren auf den Chefsessel der Bundesbahn. Er war längst dazu übergegangen, wie sein Vorbild Adenauer Spitzenkräfte aus seiner Umgebung auf einflußreiche Positionen überall im Land zu schleusen, auf
denen sie ihm nützlich sein konnten.

Die Karrieremuster in Kohls Einflußbereich hatten sich mittlerweile
eingeschliffen. Im allgemeinen kamen Nachwuchstalente von der Bonner Universität, an der sie im Fach der Politischen Wissenschaft früher
bei Professor Karl-Dietrich Bracher, danach bei Hans-Peter Schwarz
promovierten und währenddessen im Ring Christlich-Demokratischer
Studenten aktiv waren. Gelang es ihnen, im Verband den Vorsitz zu
erobern, wurden sie in den CDU-Bundesvorstand kooptiert, machten
mit einigen provozierenden Bemerkungen auf sich aufmerksam und
wechselten als Redenschreiber ins Kanzleramt. In der Regel war dann
der weitere Aufstieg vorgezeichnet. Vom stellvertretenden Leiter des
Kanzlerbüros kamen sie in die politische Abteilung der CDU-Partei-
zentrale zu Generalsekretär Peter Hintze und krönten die Rundumaus-
bildung mit einer Spitzenposition bei der Konrad-Adenauer-Stiftung.

Obwohl Kohl überall mitmischte, als richte er sich auf eine Kanzlerschaft auf Dauer ein, blieb seine Einstellung zur Fortsetzung der Amtszeit ambivalent. Bei seiner ersten Pressekonferenz im neuen Jahr ließ
er sich weder auf eine weitere Kandidatur für 1998 festlegen noch auf
deren Verzicht. Zunächst beharrte er darauf, er habe nie gesagt, »daß

ich 1999 noch Bundeskanzler bin« – eine Behauptung, die niemand aufgestellt hatte; danach stellte er die Überlegung an: »...wenn ich 1999 Pensionist sein sollte ...«.[3] Wie sehr er sich schon seit Jahren mit dem Gedanken ans Abtreten beschäftigte und wie wenig er unternahm, um es zu realisieren, zeigte sich daran, daß er sich hin und wieder dazu verlocken ließ, die Kriterien zu skizzieren, die sein Nachfolger aufweisen müsse. Udo Philipp von SAT 1 befragte ihn einmal im Herbst 1992 auf einem Empfang für Bundesverteidigungsminister Volker Rühe nach den Eigenschaften, die ein Bundeskanzler haben müsse. Wer »erfolgreich sein« wolle, müsse »intelligent sein«, antwortete er. Intelligenz sei eine Voraussetzung, aber sie genüge nicht. Der Politiker brauche »vor allem Charakter«. Was er zurücklege, seien »keine Kurzstrecken«, das sei ein »Marathonlauf«. Da zähle nicht die »Zwischenzeit von 32 Kilometern, sondern wer durchs Ziel geht, hat gewonnen. Ohne Charakter«, bekräftigte er, »können Sie nicht bestehen.«[4]

Die Vorstellung seines herannahenden Abschieds, dem er widerwillig und fasziniert entgegensah und dem er sich zugleich mit aller Kraft entgegenstemmte, löste ihm immer wieder die Zunge. Dabei stellte er Behauptungen auf wie die, niemand dürfe ihm unterstellen, den Ehrgeiz zu haben, Kanzler im Jahr 2000 zu sein. Den Ewigkeitswert, den er sich beimaß, übertrug er auf die Partei. Die christlich-demokratische Union, sagte er im Frühjahr 1995, werde »alle Stürme der Zeit lange und auch in Zukunft überleben«.[5] Seit einigen Jahren wußte er, wie sein Nachruhm beschaffen sein werde. Sogar über seine letzte Ruhestätte ließ er sich aus. Dem Papst Pius XII. habe die katholische Kirche im Petersdom ein »monumentales Denkmal« gesetzt, sagte er im Jahr 1990 zu dem amerikanischen Journalisten T.D.Allman. Die Besucher aber gingen daran vorüber zu dem »schlichten Sarkophag ohne Verzierungen in der Krypta, in der die Päpste begraben sind«, zum Grab von Johannes XXIII. Hier sehe man »all die Blumen«, und hier versammelten sich auch die Pilger.[6] Wenn es an der Zeit sei, sollten die Historiker seinen Platz angemessen würdigen. »Da war einer«, schlug er vor, »der versucht hat, einen Beitrag zu leisten zur deutschen Einheit und zur europäischen Einigung.« Und wenn das, ergänzte er »in den Geschichtsbüchern steht, bin ich ganz zufrieden«.[7]

Da mittlerweile ein Lebensabschnitt anbrach, in dem Komplimente den Beigeschmack von Abgesängen bekommen, stand die Opposition nicht an, ihm gewisse Verdienste zu bescheinigen, die er im Kampf gegen sie erworben hatte. Peter Glotz räumte ein, schon beginne man, den Kanzler, dem er in einem Seitenhieb einen »unverwüstlichen Wurstel-Instinkt« attestierte, »scheu zu betasten wie eine Riesenschildkröte«.[8] Sein sozialdemokratischer Parteifreund Rudolf Scharping verglich den Mann, von dem er sagt, er sei eine »Mischung aus Geschichtsbewußtsein, Kleinbürgertum und wuseliger Geschäftigkeit«, mit einem »Koloß, der auf einer Nadelspitze balanciert«. Bleibe er nicht in ständiger Bewegung, falle er herunter.[9] Am respektlosesten ging derjenige mit ihm um, der den größten Respekt vor ihm hatte, der Grüne Joschka Fischer. Er sprach kurzerhand von »drei Zentnern Fleisch gewordener Geschichte«.[10]

Dafür, daß die Opposition Kohl für ein auslaufendes Modell hielt, beherrschte er die Regierungskunst recht ordentlich, die darin bestand, sich ohne eine festgefügte Mehrheit in beiden Häusern die Stimmen, die er benötigte, dort zu holen, wo er sie bekam. Daß die SPD bei kontroversen Abstimmungen die 35 Stimmen des inzwischen auf 69 Sitze vergrößerten Bundesrats zusammenbrachte, die sie zur Majorität benötigte, bereitete ihm kein Kopfzerbrechen. Im Bundestag konnte er mit dem Übergewicht der Koalition die Ergebnisse revidieren, die ihm der Bundesrat präsentierte. Bestenfalls erzielte die Opposition Kompromisse. Sie mußte lernen, daß eine Regierung, die es geschickt anstellt, auch gegen den Widerstand in der Länderkammer regieren kann.

Helmut Kohl und Wolfgang Schäuble gelangen Meisterwerke der konservativen Gesetzgebung, die sie nicht zustande brachten, als sie überall Mehrheiten hatten. Bereits in der vorigen Legislaturperiode regelten sie die Asylgesetzgebung, mit der sich das christlich-liberale Bündnis seit seiner Bildung herumquälte, mit Hilfe der SPD neu. Dabei ließen sich die Sozialdemokraten auf einen Kompromiß ein, der allen ihren früheren Parteitagsbeschlüssen zuwider lief und der es den Flüchtlingen fast unmöglich machte, in das Land zu gelangen, in dem sie Asyl suchten. Im Jahr 1998 gab die SPD der Regierung weitere Vollmachten. Sie stimmte für die Regelung, mit der der sogenannte große Lauschangriff, der zum Zweck der Verbrechensbekämpfung das Anbringen von Abhörgeräten in Wohnungen vorsieht, im Grundgesetz verankert wurde. Die Sozialdemokraten konnten es anstellen wie sie wollten, der Bundeskanzler schraubte den Preis dafür, daß sie die Macht erobern wollten, die er besaß, immer höher, und das Ausmaß an Nachgiebigkeit, die er ihr abverlangte, wuchs. Folglich schaltete der SPD-Vorsitzende Oskar Lafontaine Anfang 1998 um und verweigerte

der Koalition die Zusammenarbeit bei einigen gravierenden Reform-
vorhaben.

Die Arbeitsteilung zwischen Helmut Kohl und Wolfgang Schäuble
funktionierte gut. Zunächst konzentrierte sich der Fraktionsvorsitzende auf die Innenpolitik, während Kohl das außenpolitische Feld
übernahm, auf dem er in den letzten Jahren besonders aktiv und
erfolgreich war. Aber gerade dort wurde es immer schwieriger für ihn.
Mit dem Tod von Präsident François Mitterrand zu Beginn des Jahres
1996 endeten die besonderen Beziehungen zum französischen Nachbarn, Kohls Verhältnis zu dessen Nachfolger Jacques Chirac blieb
kühl. In Spanien trat der alte Freund Felipe González ab. Ein Jahr
danach verlor in Großbritannien der Konservative John Major. Mit
dem 44 Jahre alten Tony Blair zog ein Sozialist in die Downing Street
Nr. 10, für den Kohl ein Stück Anachronismus war, den er bestaunte,
mit dem ihn aber nichts verband als die Tatsache, daß sie beide regierten. Bei den Neuwahlen in Frankreich Anfang Juni 1997 verloren die
Konservativen die Mehrheit, und der Sozialistenführer Lionel Jospin
wurde Ministerpräsident.

Das weitgehend vereinte Europa hatte nun ein sozialistisches Gesicht. Von 15 Mitgliedern der Europäischen Gemeinschaft waren 13
sozialistisch geprägt. Die neue europäische Führungselite duldete den
alternden Kanzler seiner früheren Verdienste wegen, aber bei den Verhandlungen spielte er nicht mehr die tragende Rolle. Unversehens
geriet Bonn, wie bei Jospins Vorschlägen für eine staatlich gelenkte
europäische Initiative zur Schaffung von Arbeitsplätzen und Ausbil-
dungsstellen, in die Rolle des Bremsers. Inzwischen konnte Kohl auch
nicht mehr behaupten, ohne ihn werde es keine gemeinsame Währung
geben, und er müsse sich gegen harten Widerstand im eigenen Land
durchsetzen. Von den Wählern wurde der EURO hingenommen, weil
seine Einführung unausweichlich war und weil sie hofften, so weich,
wie die Skeptiker vorhersagten, werde die neue Währung nicht sein.
Das Projekt Europa kam voran, da alle Teilnehmer aus eigenem Interesse daran interessiert waren, daß es funktionierte, aber die nationalen Gegensätze blieben bestehen.

Jetzt wirkte sich nachteilig aus, was vorher Kohls Stärke war. Die
Außenpolitik hatte er stets auf guten persönlichen Beziehungen aufgebaut. Das galt auch für Amerika. George Bush war ein politischer
Freund gewesen, der 16 Jahre jüngere Präsident Bill Clinton behandelte den deutschen Regierungschef nachsichtig und leicht ironisch, so

wie ein Enkel mit dem respektheischenden Großvater umgeht. Clinton fügte sich dem Wunsch des Gastes, beim Italiener zu essen, ging aber auf politische Gespräche nur bedingt ein. Sie entwickelten eine Form des Umgangs miteinander, die amerikanische Zeitungen spöttisch die »Nudel-Diplomatie« nannten.

Innenpolitisch sah es für Kohl nicht besser aus. In den Umfragen rangierte der Kanzler auf den hinteren Rängen. Beim Vergleich der sozialdemokratischen Kanzlerkandidaten mit dem christdemokratischen Bundeskanzler schnitt nicht nur der niedersächsische Ministerpräsident Gerhard Schröder besser ab, der schon lange populärer war als Kohl, sondern auch der SPD-Vorsitzende Oskar Lafontaine. Der *Spiegel* registrierte zum Jahreswechsel 1997/98 eine »Stimmung für Rot-Grün«.[11] Mehr zu schaffen machte ihm die Tatsache, daß die Wähler die Regierung für unfähig hielten, die Mißstände zu beheben, die sich unter ihrer Führung eingestellt hatten. Im Sommer 1997 zogen die Bergleute vor dem Regierungsviertel auf, Ende des Jahres gingen die Studenten auf die Straße, und im Winter 97/98 marschierten die Arbeitslosen. Angesichts der Unruhe im Land mußte Kohl seine früheren Prognosen revidieren. Hatte er früher proklamiert, seine Regierung werde in den nächsten Jahren die Zahl der Arbeitslosen »halbieren«, zog er die Vorhersage zurück und versicherte, die Regierung bleibe bei ihrem Ziel. Nachdem sich die Statistik im Winter 1997/98 weiter verschlechterte und auf die Fünf-Milionen-Grenze zustrebte, stellte er die Prognose auf, er habe Anzeichen dafür, daß sich die Lage auf dem Arbeitsmarkt langsam und stetig verbessern werde.

Mit dieser Form der Konfliktbewältigung mochte sich Wolfgang Schäuble nicht abfinden. Inzwischen war ihm klargeworden, daß er im Machtkampf mit Kohl besser dastand als erwartet. Angesichts einer personellen Alternative schwand der Glaube an die Unersetzlichkeit des Regierungschefs. Freunde bemerkten, daß Schäubles Selbstbewußtsein stieg. Zugleich wurde Schäuble bewußt, daß er sich selbst hinderte, auszuführen, was er für richtig und notwendig hielt, da er Kohl immer von neuem drängte, seine Kanzlerschaft zu verlängern. »Wir haben keinen besseren«, bemerkte er trocken. Das bedeutete, daß sich das politische Traumpaar Kohl-Schäuble, das während der Verhandlungen über die Einheit perfekt funktionierte, gegenseitig zu blockieren begann. Der Bundeskanzler traute dem Fraktionsvorsitzenden nicht mehr, wollte ihn aber nicht fallenlassen, da er ihn öffentlich protegierte, und Schäuble erzürnte, daß Kohl ihn zur Übernahme des

Fraktionsvorsitzes gedrängt hatte, jetzt aber verhinderte, daß er die damit verbundenen Aufgaben wahrnahm. Es ärgerte ihn, daß der Kanzler ihm immer wieder in Angelegenheiten hineinredete, die er als seine eigenen ansah. Er registriere mit »Ingrimm«, schrieb die *Süddeutsche Zeitung,* »wie Kohl sich in seine Geschäfte, die Innenpolitik« einmische.[12] Im Gespräch mit Besuchern klagte er darüber, daß der Kanzler alle Vorhaben, die dringend erledigt werden müßten, verschleppe, hinauszögere und schließlich bis zur Unkenntlichkeit verwässere. Glaubte er, Kohl auf einen Beschluß festgelegt zu haben, fand er ihn bei einem weiteren Gespräch wieder kompromißbereit und am Ende entschlossen, ihn aufzuheben. Kohl war beherrscht von dem Bestreben, den Wünschen der FDP entgegenzukommen, wobei Schäuble oft nicht erkennen konnte, was die FDP wollte, außer das Profil zu schärfen.

Mit dem Auftrag Kohls an Schäuble, die gemeinsame Wahlkampfkommission von CDU und CSU zu leiten (als Stellvertreter stellte er ihm den CSU-Parteichef zur Seite), verhielt es sich ähnlich wie mit der Übertragung des Fraktionsvorsitzes. Kohl beauftragte ihn, ließ ihn aber nicht gewähren. Kohl beharrte darauf, sich uneingeschränkt weiter an die FDP zu binden und in dieser Formation in den Wahlkampf zu ziehen. Dagegen fand Schäuble, daß es Zeit werde, den Liberalen zu bedeuten, daß die Union auch andere Optionen wie zum Beispiel die große Koalition habe. Öffentlich erklärte er, er strebe eine Koalition mit der Sozialdemokratie nicht an, wenn die Wähler sie aber wünschten, wäre das »kein nationales Unglück«. Die Öffentlichkeit legte den Hinweis so aus, daß er auf diese Weise die Kanzlerschaft an sich ziehen wolle, weil Kohl für eine solche Konstellation nicht zu haben sein werde. Natürlich war sich der Fraktionschef bewußt, daß er sich in einem gewissen Sinn in der gleichen vorteilhaften Lage befand wie Kohl zu Beginn seines Aufstiegs in Rheinland-Pfalz. Er konnte im Amt des Fraktionsvorsitzenden leichter antreiben als der Chef einer Koalitionsregierung. So formulierte er trotzig: »Wenn der Kanzler es treiben läßt, treiben wir es eben allein voran.«[13]

Eine solche Situation ergab sich im Frühjahr 1997. Schäuble fand, Kohl müsse es aus wahltaktischen Gründen ausnützen, daß sich die SPD nicht zwischen ihren potentiellen Kanzlerkandidaten Lafontaine und Schröder entscheiden konnte und selbst handeln, indem er der Partei und der Öffentlichkeit rechtzeitig erklärte, wer der Kandidat der Union für 1998 war. Da Kohl zögerte, sich öffentlich zu erklären, weil er aus Erfahrung wußte, daß es anderthalb Jahre vor der Wahl zu früh war, sich festzulegen und ein Druckmittel gegen die Partei aus der Hand zu geben, forcierte Schäuble die Sache. Er ließ in einem Gespräch im *Stern* wissen, wenn er in die Versuchung käme, nach dem »Kelch der Kanzlerschaft« zu greifen, würde er ihr »wahrscheinlich ... nicht widerstehen können«.[14] Danach flüchtete sich Schäuble in Ausreden wie, es handele sich nicht um ein »autorisiertes Interview«, aber er dementierte nicht. Als sich Kohl dennoch wegen des Aufsehens erregte, das die Geschichte bewirkte, erwiderte Schäuble kühl, er könne sie beenden, wenn er erkläre, daß er sich bewerbe.

Für Kohl waren die Rivalitäten zu jener Zeit schon kein Wettbewerb mehr zwischen zwei fast gleich starken Politikern, sondern ein Kampf um den ersten Platz. Einige Tage danach, im Frühjahr 1997, meldete er ohne weitere Rücksprache mit Schäuble oder anderen Parteifreunden in einem weiteren Fernsehinterview seine Kandidatur an.

Zu dieser Zeit war er sich nicht mehr sicher, ob Schäuble ihm noch uneigennützig riet oder ob er ihn verlocken wollte, in die Falle zu laufen. Daß er mit seinem Interview einen kardinalen Fehler beging, erkannte Kohl daran, daß die Sozialdemokraten ihm nicht auf den Leim gingen. Obwohl die Medien sensationsheischend eine Entscheidung zwischen Lafontaine und Schröder forderten, blieben sie bei ihrer Abmachung, den Kandidaten erst nach der niedersächsischen Landtagswahl am 1. März 1998 zu benennen. Zu dem falschen Zeitpunkt und der falschen Beurteilung der Reaktion der Herausforderer kam der dritte Fehler hinzu. Kohls Erklärung bewirkte in der Partei den Eindruck, die beiden Spitzenmänner stritten sich um die Kanzlerkandidatur, und Schäuble beuge sich lediglich dem älteren Anspruch, nicht der eigenen Überzeugung. Da Wahlkampfstimmung herrschte, waren beide bestrebt, die Rivalität, die zwischen ihnen herrschte, auf ein Mindestmaß zu beschränken. Außerdem lag es Kohl fern, Schäubles Image nachhaltig zu beschädigen. Er wollte ihn nicht zerstören, sondern als einen Nachfolger aufbauen, der bereitstand, wenn er ihn dazu aufforderte. In dieser Rolle fühlte sich Schäuble nicht wohl. Er hatte lange genug den Kronprinzen gespielt und mochte nicht dauerhaft in das hineingeraten, was man das »Prinz-Charles-Syndrom« nannte, den Part des ewigen Nachfolgers zu spielen, der, wenn der Amtsinhaber abtrat, den Zeitpunkt verpaßt hatte, zu dem er unumstritten den Thron besteigen konnte.

Ob er es anstrebte oder nicht, Tatsache war, daß sich in der ersten Jahreshälfte 1997 die Gewichte weiter zugunsten Schäubles verschoben. In der Bundestagsfraktion gab er zusammen mit seinem ersten parlamentarischen Geschäftsführer Joachim Hörster den Ton an. Wie fest er die Fraktion in der Hand hatte, zeigte sich im Sommer dieses Jahres. Während der Parlamentsferien bestritt Theo Waigel eine Zeitlang das übliche Sommertheater, indem er in einem Interview mit dem Bayerischen Rundfunk davon sprach, daß er im Wahljahr 1998 zehn Jahre Finanzminister sein werde und daß er damit lange genug auf diesem Posten ausgeharrt habe. Brisant wurden seine Andeutungen dadurch, daß das Interview vierzehn Tage lang liegenblieb, weil der Interviewer dessen Brisanz nicht erkannte und weil der Minister zu dem Zeitpunkt, zu dem es gesendet wurde, in weiteren Interviews eine sofortige Kabinettsumbildung verlangte.

In Wirklichkeit wollte er sich nicht aus der Politik zurückziehen, wie es den Anschein hatte, sondern er verlangte im Gegenteil ein anderes Amt. Welches er meinte, stand außer Zweifel, er strebte, wie Strauß, auf den Posten des Außenministers. Diese verhüllte Forderung galt für die Zeit nach der Bundestagswahl, die andere, die nach einer Umbildung des Kabinetts, war aktuell. Waigel wollte es nicht hinnehmen, daß die CSU ein Ministeramt verlor, wenn der Postminister Wolfgang Bötsch mit der von ihm betriebenen Auflösung des Ministeriums Ende 1997 ausschied. Daß er gehen müsse, war zwischen ihm und Kohl vereinbart, nicht genau festgelegt hatten sie sich aber, wer ihm nachfolgen solle. Der CSU-Chef fürchtete, daß Kohl beabsichtigte, das Ministeramt an ein Mitglied der CDU zu vergeben und seine Partei mit einem parlamentarischen Staatssekretär abzuspeisen. Der Sturm im Wasserglas, der von Waigels starken Worten entfacht wurde, hatte Folgen, die er nicht vorhersah. Die mit Kohl Unzufriedenen in der CDU fühlten sich ermutigt, ihrerseits Forderungen zu stellen. Der Vorsitzende der Jungen Union, Klaus Escher, der zur Nachwuchsgruppe der Union zählte, die sich die »jungen Wilden« nannte, machte im Magazin *Focus* die Ansprüche der jüngeren Generation geltend. Er erklärte, nach einer gewonnenen Wahl müsse ein Generationenwechsel vollzogen werden, für den ein Wechsel im Parteivorsitz hilfreich wäre. Die Partei dürfe nicht zum Kreis der Förderer und Freunde Helmut Kohls degenerieren und von der vermeintlichen Unersetzlichkeit einzelner Personen zehren.[15] Kohl beließ es bei einer milden Rüge. Die Diskussion mit und über Waigel ließ er vollends laufen.

Als die Abgeordneten der CDU/CSU nach dem Ende der Sommerpause am 9. September 1997 im Fraktionssaal des Bundestags zusam-

mentraten, erwarteten sie, entnervt vom Interviewkrieg und seinem un-
befriedigenden Ausgang, zumindest eine Erklärung Kohls darüber,
weshalb er den Streit über die Kabinettsumbildung nicht beendete. Sie
wurden enttäuscht. Kohl ging in seinem Lagebericht nicht auf die
Querelen ein, gab vielmehr zu erkennen, daß er keine Lust verspürte,
sich mit ihnen zu beschäftigen. Das wäre nicht so sehr aufgefallen,
hätte nicht anschließend Schäuble das Durcheinander wieder ins Lot
gebracht. In einer geschickten Rede, die mit Anspielungen und Andeutungen gespickt war, tadelte er diejenigen, die aus der Reihe tanzten,
den Wahlkampfauftakt störten und die strategische Linie der Fraktion
durchkreuzten. Auch Waigel wurde mit einem Seitenhieb bedacht. Zugleich machte Schäuble seinem Ärger darüber Luft, daß die Interviews
und Prestigekämpfe einiger Mitglieder von der eigentlichen Aufgabe
der Fraktion und der Partei ablenkten, die SPD für die große Steuerreform zu gewinnen. Diese Reform des Steuersystems war von Waigel
entworfen und von der CDU/CSU-Fraktion gebilligt worden. Von ihr
versprach sich Schäuble eine Entlastung der Steuerzahler, neue Anstöße
für die Wirtschaft und eine Entspannung auf dem Arbeitsmarkt. Daß
die SPD dazu eigene Vorstellungen einbrachte, war für ihn ein hoff-
nungsvolles Zeichen dafür, daß er mit ihr ernsthaft verhandeln konnte.

Unter diesen Vorzeichen rückte der CDU-Parteitag in Leipzig Mitte
Oktober 1997 heran. Kohls Berater legten ihm nahe, zu wiederholen,
was ihm auf dem Hamburger Parteitag 1994 gelungen war, die Union
aus ihrer Mißstimmung herauszuholen und ihre Geschlossenheit wiederherzustellen. Aber dieses Mal gelang es dem »Magier« nicht, die
Delegierten in jener fast mystischen Symbiose, die sich zwischen ihm
und den Mitgliedern auf Parteitagen herzustellen pflegte, für sich einzunehmen. Bei seiner obligaten »Grundsatzrede« zur Eröffnung des
Kongresses am 13. Oktober wirkte er unkonzentriert, gelegentlich fah-
rig, sein Text war mittelmäßig, der Vortrag routiniert. Die Kommentatoren zeigten sich anschließend einig darüber, daß dem Redner das
Kunststück, die Partei zu mobilisieren, gar in Aufbruchstimmung zu
versetzen, nicht gelungen war. Die *Süddeutsche Zeitung* stellte ihre
Reportage über den Parteitag unter die Überschrift: »Der Aufbruch
zum Sitzenbleiben«, und ihr Berichterstatter, Herbert Riehl-Heyse, bemerkte, für langjährige Beobachter habe »ziemlich schnell festgestanden, daß Kohl schon bessere Tage gehabt habe« und sich bei der Rede
»heillos in Floskeln verhedderte, wenn er vom Manuskript abwich«.[16]

Tags darauf sprach Schäuble. Anders als Kohl wirkte er ausgeruht, konzentriert und gut vorbereitet und vermittelte den Delegierten zumindest das Gefühl, von der Parteiführung nicht im Stich gelassen zu werden. Nach dieser Rede notierte Herbert Riehl-Heyse, es sei eine »merkwürdige Wolke aus enttäuschten Erwartungen und wieder erneuerten Hoffnungen durch die Halle geschwebt«. Andere Kommentatoren urteilten, der Fraktionsvorsitzende habe die Rede gehalten, die man vom Parteivorsitzenden erwartet habe. Das schrieben sie öfter, aber dieses Mal traf die Behauptung zu. Die Delegierten spendeten Schäuble siebzigmal Beifall, mehr Sympathie, Respekt und Hochachtung konnte sie ihm nicht erweisen. Von dieser unerwartet deutlichen Reaktion der Delegierten war Kohl irritiert. Kurz nachdem er das Schlußwort gesprochen hatte, eilte er in einer Art Panikstimmung zum provisorischen Studio des ZDF in Leipzig und benannte im Gespräch mit dem Moderator Peter Ellgaard Schäuble als seinen Nachfolger. Er habe es schon früher gesagt, daß er Schäuble für geeignet halte, Bundeskanzler zu werden, und das gelte nach wie vor.

Kaum hatte der Sender die Kanzlerworte aufgezeichnet, ließ er sie auszugsweise veröffentlichen. Inzwischen hatte Kohl das, was er gerade dem ZDF sagte, beim privaten Sender Pro Sieben wiederholt. Zu dieser Zeit saßen alle anderen Parteigrößen im Flugzeug nach Bonn, so daß bei der Ankunft keiner wußte, daß der Bundeskanzler gerade seinen Erben benannt hatte. Derjenige, den es hauptsächlich anging, Schäuble, bekam die Nachricht beim Eintreffen in seinem Büro im Bundeshaus von seinem Pressesprecher Wolfgang Bajohr überreicht. Die Botschaft schockierte ihn, nicht zuletzt deshalb, weil er sich nicht erklären konnte, wieso Kohl der Sucht erlag, die er bei anderen tadelte, Neuigkeiten in den Medien statt in den Gremien zu verkünden. Er konnte keinen vernünftigen Grund dafür erkennen. Kohl hatte darüber nicht mit ihm gesprochen, rätselhaft erschien ihm auch der Zeitpunkt der Aussage. Da er ohnehin für ein Fernsehinterview bei der ARD angemeldet war, ließ er den Termin vorverlegen. Im Studio erklärte er, noch immer um Fassung ringend, das sei der Wunsch des Kanzlers, und »seinen Wunsch kann jeder sagen«. Genauso ratlos war der Generalsekretär der Partei, Peter Hintze. Er eilte, mit dem Reisemantel bekleidet, ebenfalls ins ARD-Studio und rief, noch etwas atemlos, ins Mikrophon, Kohl werde die Union »als Kanzler in die nächste Legislaturperiode« führen; das heiße, daß er »von 1998 bis 2002 Bundeskanzler sein« werde.

Damit war die Verwirrung komplett, und sie wurde damit vervollständigt, daß Hintze etwas später auf die Frage, ob sich die Parteitagsdelegierten nicht an der Nase herumgeführt fühlten, da sie auf dem Heimweg aus Kanzlermund etwas erfuhren, was er auf dem Kongreß verschwiegen hatte, ungewollt komisch erklärte, für einen Delegierten der CDU könne es »nichts Schöneres geben als«... der Rest ging im Gelächter der Journalisten unter, denen er die Mitteilung machte. Am Tag nach seiner Ankündigung trat der Bundeskanzler nochmals vor die Kamera und sagte: »Jeder weiß, ich wünsche mir, daß Wolfgang Schäuble einmal Bundeskanzler wird.«

Die Unruhe in der Union war deshalb so groß, weil die Partei Kohls Motiv nicht erkennen konnte. Die Ankündigung machte keinen Sinn. Hinterher waren sich alle klar, daß es die Benennung eines Nachfolgers auf Vorrat nicht geben konnte. Weder war Kohl »das regierende Haupt einer Erbmonarchie«, wie sich Heiner Geißler ausdrückte, noch konnte er ohne Konsultation mit der Partei, der Schwesterpartei CSU und dem Koalitionspartner FDP den nächsten Bundeskanzler bestimmen. Abwegig erschien es auch, daß der Kanzler so etwas wie einen Zweit- oder Reservekanzler installierte, da er sich stets über »Tandems« in der Politik lustig machte. Wie sollte die CDU gegen das Gespann Lafontaine/Schröder argumentieren, wenn sie sich den Wählern mit einem Amtsinhaber auf Selbstabruf und einem Reservekanzler in Wartestellung präsentierte? Joschka Fischer spottete, die Union habe nun einen Dauer-Doppelkanzler: »Der ewige Kanzler installiert den ewigen Kronprinzen.«[17]

Es war das drittemal, daß Kohl mit dem Abdanken öffentliche Gedankenspiele anstellte. Da es schien, als habe den Kanzler die frühere Instinktsicherheit verlassen, folgerten Freunde wie Gegner, es müsse sich um eine Kurzschlußhandlung gehandelt haben. Der *Spiegel*-Herausgeber Rudolf Augstein bezweifelte gar, daß »dieser Kanzler noch bei Sinnen ist«, und stellte fest, der einst so geschickte Taktiker habe »in wenigen Sekunden ... niedergetrampelt«, was in seiner Partei noch »hätte sprießen können«, und dazu vieles von dem, was er früher aufgebaut habe.[18]

Nach dem Leipziger Parteitag nahm Schäuble seine Bemühungen wieder auf, mit der SPD über einen Kompromiß zur Steuerreform zu verhandeln. Seinem sozialdemokratischen Widerpart Rudolf Scharping signalisierte er, daß er, wie er sich ausdrückte, »Tag und Nacht« bereit war, die Verhandlungen fortzusetzen. Wenn es schon nicht gelinge, das gesamte Paket durch die gesetzgebenden Körperschaften zu bringen, solle man wenigstens über einzelne Teile Einigkeit erzielen.

Damit, daß er – wie sich ein CDU-Präsidiumsmitglied ausdrückte – »Duftmarken« setzte und eigene Positionen bezog, die er mit Kohl nicht abstimmte, trug er den Zwist in die Öffentlichkeit. Der *Spiegel* formulierte, die öffentlichen »Treuebekundungen« Schäubles für Kohl könnten nicht darüber hinwegtäuschen, »daß es im Tandem Kohl/ Schäuble zunehmend zu Abstimmungsschwierigkeiten« komme. »Wechselseitige Distanz und wechselseitiger Mißmut« strapazierten die »Männerfreundschaft.«[19] Freilich war auch Schäubles Haltung nicht glasklar, und selbst enge Freunde durchschauten nicht, ob er es mit der Steuerreform ernst meinte oder ob er lediglich verhandeln wollte, um der SPD das Scheitern zuzuschieben. Umfragen aus jener Zeit bestätigten: Die Mehrzahl der Wähler machte beide Lager dafür verantwortlich, daß das Vorhaben nicht vorankam.

Auch Kohl und seine Berater glaubten inzwischen, daß die Wähler es eher honorieren würden, wenn das Hickhack, von dem sie ohnehin kein Ergebnis mehr erwarteten, rasch beendet wurde, statt das Palaver auf unbestimmte Zeit fortzusetzen. Auf einer Klausurtagung der CDU in Windhagen in der Nähe Bonns am 10. Januar 1998 gab er zum Verdruß Schäubles das Signal zum Abbruch der Verhandlungen.

Die Kanzlerberater registrierten, daß Kohls innere Wahlkampfuhr ansprang, wie alle vier Jahre pünktlich zu Beginn des Wahlkampfjahres. Damit kehrte der alte Kampfgeist zurück, und sein Instinkt sagte ihm, daß er trotz der widrigen Umstände die Wahl am 27. September 1998 gewinnen könne, sollte es ihm gelingen, einen »Kanzlerwahlkampf« zu führen. Von den unentschlossenen Wählern mußte er so viele zu sich herüberziehen, wie er brauchte, um die Wahl in der alten Formation mit der FDP zu gewinnen. Kurz nach dem Windhagener Beschluß demonstrierte er öffentlich, wie man eine Partei domestiziert, die von Existenzangst und Profilsucht umgetrieben wird. Eine Weile lang sah er schweigend zu, wie die FDP versuchte, die Leistungen der Pflegeversicherung, die bei den Liberalen von Anfang an auf Ablehnung stieß, zu beschneiden. Ihr Vorsitzender Wolfgang Gerhard und Generalsekretär Guido Westerwelle begannen eine Diskussion darüber, den Beitragssatz von 1,7 Prozent um 0,2 Prozent zu senken, da sich in der Pflegekasse eine hohe Rücklage angesammelt habe. Einen Monat nach der Sitzung von Windhagen, am 9. Februar, brachte Kohl den CDU-Bundesvorstand dazu, diese Forderung abzulehnen. Das Führungsgremium votierte im Gefühl neu gewonnener Entscheidungsfreude einstimmig. Kohls Begründung lautete, 30 Prozent der Wähler seien über 60 Jahre alt und die Koalition tue gut daran, die Rentner nicht mit einer Kürzung von Leistungen zu vergraulen, die diese am ehesten in Anspruch nähmen; es genüge, daß sie sie schon mit der Diskussion über die Rentenreform unsicher gemacht habe. Das Hauptmotiv nannte er nicht: die Absicht, ins Lager der SPD-Wähler einzubrechen, indem sich die Union wieder als eine moderne Volkspartei präsentierte, die Verständnis für die Alten, Kranken und Bedürftigen zeigte. Am Tag darauf zwang er in einem Gespräch mit den Fraktionsvorsitzenden der Koalition den FDP-Chef Gerhard, seine Forderung fallenzulassen. Der Eindruck verbreitete sich, er habe die Initiative zurückgewonnen, und die Kommentatoren sprachen wieder von einem »Machtwort des Kanzlers«. Obendrein versetzte er dem bayerischen Ministerpräsidenten Edmund Stoiber einen Seitenhieb und brachte dessen Vorschlag zu Fall, die Krankenkassen zu »regionalisieren«. Als besonderes Wahlgeschenk präsentierte er den Wählern die Zusage, sie brauchten im laufenden Jahr nicht mehr zu den Medikamenten zuzuzahlen als im vorigen.

Parallel zu dem Versuch, innenpolitisches Terrain zurückzugewinnen, verstand er es in der Außenpolitik alle Parteien hinter sich zu scharen. Seine Rede auf der jährlichen »Wehrkundetagung« am 8. Februar 1998 in München zeigte Kohl, wie der Beobachter der *Süddeutschen Zeitung*, Josef Joffe, fand, »›at his best‹ – strotzend vor Selbstbewußtsein, witzig und weise«.[20] Die Teilnehmer zeigten sich mit seiner Versicherung zufrieden, die USA könne bei ihren Bemühungen, einem möglichen Einsatz im neu entflammten Irak-Konflikt, auf die Unterstützung der Deutschen rechnen. Das heißt, amerikanische Luftstreitkräfte könnten deutsche Militärbasen anfliegen. Dem stimmte Rudolf Scharping mit der Bemerkung zu, das entspreche jahrelanger Praxis.

Die Beharrlichkeit, mit der Kohl seine Ziele verfolgte, war weiterhin sein Erfolgsrezept. Einer der Gründe für den Respekt, den er sich ertrotzte, lautete, daß er maßvoller mit der Macht umzugehen verstand als andere, die weniger mächtig waren als er. Dabei teilte er das Schicksal der meisten seiner Vorgänger, daß seine Innenpolitik kontrovers blieb. Mit seinem außenpolitischen Konzept dagegen hatte er sich durchgesetzt. Bei seinem ersten Kanzlerwahlkampf im März 1983 mußte er noch das Zusammenwachsen Europas, die engen Bindungen an die USA und nach 1989 die Einheit gegen die verbreitete Skepsis der Wähler und den erbitterten Widerstand der Opposition durchsetzen. Fünfzehn Jahre später war das allgemein akzeptierte Realität.

ANHANG

ANMERKUNGEN

I Eine Kindheit in Ludwigshafen

1 Helmut Kohl, Katholisch, liberal, patriotisch. Beitrag für den Band Mein Elternhaus, herausgegeben von Rudolf Pörtner. Wien und Düsseldorf: Econ, 1984, S. 311ff.

2 Hildegard Getrey, »Helmut war ein wilder Bub«, Stern vom 12. September 1996.

3 Werner Maser, Helmut Kohl. Berlin und Frankfurt/Main: Ullstein, 1990, S.9.

4 Helmut Kohl in Interviews zu seinem 65. Geburtstag am 3. April 1995 in der ARD mit Udo Reiter und im Südwestfunk 3 mit Ernst Elitz.

5 Werner Filmer/Heribert Schwan, Helmut Kohl. Düsseldorf und Wien: Econ, 1985, S. 16.

6 Hanns Schreiner zum Autor.

7 Helmut Kohl in den Interviews zum 65. Geburtstag.

8 Klaus Hofmann, »Ein Kraftpaket mit zweihundert Pfund«, Die Rheinpfalz vom Mai 1978.

9 Mainhardt Graf Nayhauß, »Die geheimnisvolle Welt der Nr. 1«. Serie mit Befragungen von Schulfreunden in der Bild-Zeitung im Oktober 1982.

10 Klaus Dreher, »An den Wurzeln des Bundeskanzlers«, Süddeutsche Zeitung vom 30. Oktober 1983.

11 Helmut Kohl, Katholisch, liberal, a.a.O., S. 315.

12 Helmut Kohl in Interviews zu seinem 65. Geburtstag.

13 Helmut Kohl, Katholisch, liberal, a.a.O., S. 312.

14 Hildegard Getrey, a.a.O.; ferner Schulfreund Ernst Augustin zum Autor.

15 Karl Hugo Pruys, Helmut Kohl. Berlin: edition q, 1995, S. 26.

16 Karl Cunz zum Autor; ferner: Filmer/Schwan, Helmut Kohl, a.a.O., S. 36 ff.

17 Günther Schmich, »Anfänge«. Beitrag in Filmer/Schwan, Helmut Kohl, a.a.O., S. 34; ebenfalls bei Werner Maser, Helmut Kohl, a.a.O., S. 37ff.

18 Willy Zirngibl, Gefragt: Helmut Kohl. Bonn: Berto, 1972, S. 20.

19 Kempowski, Walter, »Was lesen Sie, Herr Kohl?« Gespräch mit Helmut Kohl, Zeit-Magazin vom 20. August 1976.

20 Helmut Kohl im ZDF-Ferieninterview am Wolfgangsee am 12. August 1991.

21 Frau Landbeck zum Autor.

22 Helmut Kohl im Interview am 3. April 1995 in der ARD und in der *Bild*-Zeitung am 24. Februar 1983.

23 Helmut Kohl im Interview am 3. April 1995 in der ARD.

24 Hans Bardens zum Autor.

25 Helmut Kohl, Die politische Entwicklung in der Pfalz und das Wiedererstehen der Parteien nach 1945. Inaugural-Dissertation zur Erlangung der Doktorwürde der Philosophischen Fakultät der Ruprecht-Karls-Universität zu Heidelberg, vorgelegt von Helmut Kohl aus Ludwigshafen a./Rh. 1958, S.91.

26 Die Gründung der CDU in der Pfalz. Beitrag in der Denkschrift 40 Jahre CDU, herausgegeben vom Kreisverband Ludwigshafen-Stadt, mit einem Vorwort von Helmut Kohl, 1986.

27 Helmut Kohl, Interview mit der ARD am 3. April 1995.

28 Friedrich Nitsch zum Autor.

29 Werner Filmer/Heribert Schwan, Helmut Kohl, a.a.O., S. 43.

30 Helmut Kohl am 4. September 1991, Protokoll des Deutschen Bundestages.

31 Der langjährige Geschäftsführer der Konrad-Adenauer-Stiftung in Siegburg bei Bonn, Gerd Langguth, schreibt im Vorwort zu dem Band: Helmut Kohl – Der Kurs der CDU, Stuttgart: Deutsche Verlags-Anstalt, 1993, korrekt: »Am 3. April 1930 in Ludwigshafen geboren, wird er bereits 1947 Mitbegründer der Jungen Union in Ludwigshafen; seit 1948 ist Helmut Kohl Mitglied der CDU.«
In der Ausgabe des Amtsblattes der rheinland-pfälzischen Landesregierung, das zur Wahl Helmut Kohls zum Ministerpräsidenten 1969 herausgegeben wurde, heißt es: »1947 Eintritt in die CDU.«
In der Broschüre »Helmut Kohl wie ihn jeder kennt«, die von der CDU-Bundesgeschäftsstelle Bonn zum Wahlkampf 1976 herausgegeben wurde, heißt es: »1947: Der siebzehnjährige Beamtensohn gründet in Ludwigshafen mit Freunden zusammen die Junge Union.«
In einem Formblatt der Kreisgeschäftstelle Ludwigshafen über die Aufnahme Kohls in die CDU heißt es: »*Dr. Kohl, Helmut* aus Ludwigshafen/Rh., Hohenzollernstr. 89, geboren am 3. 4. 30 in Ludwigshafen, Beruf: *Angestellter*, Mitglied der CDU seit *1. 8. 1948*, Datum der Abgabe des Antrags: *1.8.1948*.« Das Blatt ist offenbar später ausgestellt und nachträglich rückdatiert. Das Faksimile wird veröffentlicht in: Wolfgang Wiedemeyer, Helmut Kohl, Bad Honnef: Osang, 1975, S. 53.
In der zentralen Mitgliederkartei der Bundesgeschäftsstelle aus den Jahren 1963/64 wird Kohl unter der Mitgliedsnummer 00246 geführt wird. Als Aufnahmedatum wird der Januar 1948 angeführt. Die Eintritte in der Kartei werden quartalsweise verzeichnet.
Die halboffiziellen Blätter des Munzinger-Archivs schreiben in ihrer Ausgabe von 1981: »1947 Mitgründer der Jungen Union in Ludwigshafen,

wurde später Vorsitzender des Kreisverbands.« Im Jahr 1991 korrigierte sich Munzinger. Jetzt heißt es: »Schon als Gymnasiast politisch engagiert, zählt er Ende 1946 zu den Mitgründern der Jungen Union in Ludwigshafen.«
Im »Handbuch des Deutschen Bundestages« lautet der Eintrag, der von Helmut Kohl vorgenommen wurde (Ausgabe 1994): »1947 Mitglied der CDU.«

32 Friedrich Schillinger, »Klassenkamerad, Freund und politischer Gegner«, in: Filmer/Schwan, Helmut Kohl, a.a.O., S. 35.

33 »Die geheimnisvolle Welt der neuen Nr. 1«, in: *Bild*-Zeitung vom 11. Oktober 1982.

34 Susanne Hermans zum Autor.

35 Klaus Dreher, »Zorniger junger Mann aus der Pfalz«. Beilage der *Frankfurter Allgemeinen Zeitung* vom 30. April 1965.

36 Filmer/Schwan, Helmut Kohl, a.a.O., S. 49; ferner: Helmut Kohl in einem Fernsehinterview mit der ARD am 3. April 1995.

2 Das Nachwuchstalent arbeitet sich nach oben

1 Protokoll im Archiv der Konrad-Adenauer-Stiftung in Siegburg.

2 Werner Filmer/Heribert Schwan, Helmut Kohl, a.a.O,. S. 51.

3 Protokoll des Landesparteitags Rheinland-Pfalz, 14. - 16. Januar 1955, Archiv der Konrad-Adenauer-Stiftung in Siegburg, und: Susanne Hermans zum Autor.

4 Unterlagen im Archiv der Konrad-Adenauer-Stiftung in Siegburg.

5 Willy Zirngibl, Gefragt: Helmut Kohl, a.a.O., S. 21; und Sendung RTLplus »Helmut Kohl privat« vom 28. September 1992.

6 Karlheinz Kaufmann, Helmut Kohl und Peter Molt, Die Auswahl der Bundestagskandidaten 1957 in zwei Bundesländern, Herausgegeben von Dolf Sternberger, Köln: Kiepenheuer & Witsch, 1961, S. 149 ff.

7 Erwin Faul, »Heidelberger Jahre«, in: Filmer/Schwan, Helmut Kohl, a.a.O., S. 64 ff.

8 Akten im Archiv der Konrad-Adenauer-Stiftung in Siegburg.

9 Karl Martin Grass zum Autor.

10 Protokollnotiz im Archiv der Konrad-Adenauer-Stiftung.

11 Fritz Nitsch zum Autor.

12 Werner Maser, Helmut Kohl, a.a.O., S. 74.

13 Faksimile bei Maser, Helmut Kohl, a.a.O., S. 76.

14 Hans Bardens zum Autor.

15 Udo Giulini zum Autor.

16 Egon Augustin zum Autor.

17 Klaus Dreher, »Die Dreißigjährigen mit den Ellenbogen«, *Süddeutsche Zeitung* vom 21. März 1966.

18 Protokollnotiz im Archiv der Konrad-Adenauer-Stiftung St. Augustin.

19 40 Jahre CDU, herausgegeben vom Kreisverband Ludwigshafen-Stadt, a.a.O..

20 Protokoll des rheinland-pfälzischen Landtags vom 19. Mai 1959.

21 Pressebericht der Ludwigshafener *Rheinpfalz* vom 3. Oktober 1960.

22 Akten der rheinland-pfälzischen CDU im Archiv der Konrad-Adenauer-Stiftung St. Augustin.

23 »Ein junger Mann an der Spitze«, *Rheinischer Merkur* vom 4. Oktober 1983.

24 Willy Zirngibl, Gefragt: Helmut Kohl, a.a.O.

25 Kurt Böckmann zum Autor.

26 Ernst Lorenz zur *Bild*-Zeitung am 20. Oktober 1982.

27 Protokoll des Ludwigshafener Stadtrates mit einer Mitteilung des Oberbürgermeisters Hans Klüber und einem Antrag Kohls zur Geschäftsordnung vom 22. Oktober 1962.

28 Heinz Schwarz zum Autor.

29 Heinrich Holkenbrink , »Einfluß gewinnen«, in: Filmer/Schwan, Helmut Kohl, a.a.O., S. 129 ff.

30 Protokoll des rheinland-pfälzischen Landtags vom 19. Januar 1960.

31 Helmut Kohl am 14. Dezember 1983 bei einer Feierstunde in Mainz.

32 Susanne Hermans zum Autor. Ferner »Seilschaften«, in: Filmer/Schwan Helmut Kohl, a.a.O., S. 119.

33 Theo Vondano zum Autor.

34 Werner Maser, Helmut Kohl, a.a.O., S. 83.

35 Heinz Korbach zum Autor.

36 Peter Haungs, »Regierung und Opposition«, in: 40 Jahre Rheinland-Pfalz, a.a.O., S. 193.

3 Einstieg in die Bundespolitik

1 Richard von Weizsäcker zum Autor; ferner: Werner Filmer/Heribert Schwan, Richard von Weizsäcker, Düsseldorf: Econ, 1984, S. 75 ff.

2 Hanns Schreiner zum Autor.

3 »Kronprinz in Badehose«, *Christ und Welt* vom 30. Juli 1965.

4 *General-Anzeiger* Ludwigshafen vom 3. September 1960.

5 Hanns Schreiner zum Autor.

6 Klaus Dreher, »Zorniger junger Mann aus der Pfalz«, *Frankfurter Allgemeine* Zeitung vom 30. April 1965.

7 Ludolf Hermann unter dem Pseudonym * * *, »Kohl sucht das nächste Ziel«, in: *Deutsche Zeitung* vom 1. Oktober 1971.

8 Werner Ludwig zum Autor.

9 Protokoll des CDU-Parteitags vom 2. bis zum 5. Juni 1962 in Dortmund.

10 Protokoll des CDU-Parteitags vom 14. bis zum 17. März 1964 in Hannover.
11 Protokoll des CDU-Bundesvorstands.
12 Protokoll des CDU-Landesparteitags Rheinland-Pfalz vom 28. bis zum 30. August 1964 in Trier.
13 Werner Filmer/Heribert Schwan, Helmut Kohl, Düsseldorf und Wien: Econ, 1985, S. 107.
14 Bericht über den pfälzischen Bezirksparteitag im Oktober 1964.
15 Karl Martin Grass zum Autor.
16 Hanns Schreiner zum Autor.
17 Peter Haungs, »Regierung und Opposition«, in: 40 Jahre Rheinland-Pfalz. Mainz: Schmidt, 1986, S. 180.
18 Hanns Schreiner, Susanne Hermans und Heinz Peter Volkert zum Autor.
19 Anneliese Poppinga zum Autor.
20 Protokoll des rheinland-pfälzischen Landesparteitags am 5. und 6. März 1966 in Koblenz, Landesarchiv Rheinland-Pfalz.

4 Im Zweifel für die FDP

1 Protokoll des CDU-Bundesvorstands vom 16. Februar 1966.
2 Protokoll des CDU-Bundesparteitags vom 21. bis zum 23. März 1966.
3 Protokoll der Sitzung des CDU-Bundesvorstands vom 6. Mai 1966.
4 Wahlprogramm der rheinland-pfälzischen CDU zur Landtagswahl 1967, Konrad-Adenauer-Stiftung in Siegburg.
5 Hanns Schreiner zum Autor.
6 Bernhard Vogel, »Er macht Minister«. in: Filmer/Schwan, Helmut Kohl, a.a.O., S. 122 ff.
7 Werner Maser, Helmut Kohl, a.a.O., S. 88.
8 40 Jahre Rheinland-Pfalz, a.a.O., S. 173 ff; ferner: Abgeordnete in Rheinland-Pfalz 1976 -1987, herausgegeben vom Landtag.
9 Theo Vondano zum Autor.
10 Hanns Schreiner zum Autor.
11 Günter Gaus, Bonn ohne Regierung. München 1965, S. 44.
12 Protokoll des CDU-Bundesvorstands, datiert vom 17. Juli 1966, muß vermutlich 11. Juli 1966 heißen, im Archiv der Konrad-Adenauer-Stiftung Siegburg.
13 Bericht des Korrespondenten der Westdeutschen Allgemeinen, Willy Zirngibl, vom 28. September 1966.
14 Eugen Gerstenmaier in den 60er Jahren zum Autor.
15 Protokoll der Sitzung des CDU-Bundesvorstands vom 7. Oktober 1966; keine Teilnehmerliste, keine Uhrzeit, kein Tagungsort angegeben.
16 Protokoll des CDU-Bundesvorstands vom 8. November 1966.
17 Manfred Schell, Die Kanzlermacher. Mainz: v. Hase & Koehler, 1986, S. 94 ff.

18 Klaus Dreher, Rainer Barzel. München: List, 1972, S. 96 ff.
19 Protokoll des CDU-Bundesvorstands vom 29. November 1966, a.a.O..
20 Mitteilung Helmut Kohls vor Journalisten Anfang April 1968, Presse-
   berichte in der Konrad-Adenauer-Stiftung Siegburg.
21 Protokoll des Bundesparteitages in Berlin vom 4.bis zum 8. November
   1968, S. 22, 41, 119 ff, 444 und 447.

5 Zufrieden blickt der junge Kurfürst ins reformierte Land

1 Beitrag Jockel Fuchs »Das Pfeifenkabinett« in: Werner Filmer/Heribert
  Schwan, Helmut Kohl, a.a.O., S. 148 ff.
2 Theo Magin zum Autor.
3 Bericht der *Frankfurter Allgemeinen Zeitung* vom 29. April 1968.
4 Günter Gaus, »Helmut Kohl: Machtantritt in Etappen«, *Christ und Welt*
  vom 23. Juni 1967.
5 Ulrich Frank-Planitz in *Christ und Welt* am 16. Mai 1969.
6 Das Wahlergebnis lautete: Von 100 Abgeordneten beteiligten sich 96,
  vier Mitglieder der SPD-Fraktion fehlten, Kohl erhielt 57 Ja-Stimmen (die
  CDU-Fraktion hatte 49, die FDP acht Mitglieder), 38 Nein-Stimmen
  (SPD 39, NPD vier Mitglieder).
7 Protokoll des rheinland-pfälzischen Landtags vom 21. Mai 1969.
8 Regierungserklärung in der *Staats-Zeitung, Staatsanzeiger für Rheinland-
  Pfalz* vom 25. Mai 1969.
9 Protokoll des rheinland-pfälzischen Landtags vom 5. November 1969.
10 Protokoll des rheinland-pfälzischen Landtags vom 8. Juli 1971.
11 Protokoll des rheinland-pfälzischen Landtags vom 25. Februar 1970.
12 Protokoll des rheinland-pfälzischen Landtags vom 25. Februar 1970.
13 Protokoll des rheinland-pfälzischen Landtags vom 28. März 1969.
14 Hanns Schreiner zum Autor.
15 Hermann Schreiber, »Gulliver im fröhlichen Weinberg«, in: *Der Spiegel*
   vom 30. Juli 1973.
16 Rudolf Scharping zum Autor; ferner: Charlotte Wiedemann in *Die Woche*
   vom 7. Oktober 1994; Stefan Kornelius, »Mahlzeit beim Meistesser«,
   in: *Süddeutsche Zeitung* vom 29./30. Juni 1996; Werner Maser, Helmut
   Kohl, a.a.O.
17 Walter Henkels, »Der Kurfürst in der Staatskanzlei zu Mainz«, *Frankfurter
   Allgemeine Zeitung* vom 7. November 1970.
18 Nina Grunenberg, »Nageln Sie mal einen Pudding an die Wand«, *Die Zeit*
   vom 7. März 1975.
19 Helmut Kohl im Interview mit Siegmund Gottlieb und Wolfgang Kennte-
   mich in der ARD am 9. Juni 1993.
20 Hanns Schreiner zum Autor.

21 Karl Hugo Pruys, Helmut Kohl, a.a.O., 1995, S. 79.

22 Susanne Hermans zum Autor.

23 Willy Engelbreit zum Autor.

24 Wolfgang Wiedemeyer, Helmut Kohl, a.a.O., S. 145 ff; ferner: Hermann Schreiber, »Gulliver im fröhlichen Weinberg«, a.a.O..

25 Peter Boenisch zum Autor.

26 Bild-Zeitung vom 14. Oktober 1982.

27 Günther Jauch, Helmut Kohl privat, Sendung in RTLplus vom 28. September 1992.

6 Werben um die Liberalen

1   Rudolf Morsey, Heinrich Lübke. Paderborn: Schöningh, 1996.

2   Richard von Weizsäcker zum Autor.

3   Der Tagesspiegel vom 15. Juli 1968.

4   Richard von Weizsäcker zum Autor; ferner: Arnulf Baring, Machtwechsel. Stuttgart: Deutsche Verlags-Anstalt, 1982, S. 102ff.; Klaus Dreher, Der Einzelgänger, in: Werner Filmer/Heribert Schwan, Richard von Weizsäcker. Düsseldorf: Econ, 1986, S. 131; ferner: Bruno Heck zum Autor.

5   Richard von Weizsäcker zum Autor.

6   Willy Brandt, Erinnerungen. Berlin: Ullstein, 1989, S. 266.

7   Richard von Weizsäcker, Vier Zeiten. Berlin: Siedler, 1997, S. 193ff.

8   Protokoll der Bundesversammlung vom 5. März 1969.

9   Hans Friderichs zum Autor; ferner: Die Kanzlermacher, gesammelt von Manfred Schell. Mainz: v.Hase und Koehler, 1986, S. 86.

10 Wolfgang Mischnick, in: Die Kanzlermacher, a.a.O., S. 72.

11 Hans-Dietrich Genscher, Erinnerungen. Berlin: Siedler, 1995, S. 101.

12 Hans-Dietrich Genscher zum Autor, ferner: Martin Süskind, »Sagen Sie jetzt nichts, Herr Kohl«, in: SZ-Magazin vom 18. September 1992; Manfred Schell, Die Kanzlermacher, a.a.O., S. 49.

13 Hans-Dietrich Genscher zum Autor.

14 Die dpa in einem Korrespondentenbericht über die Wahlnacht vom 29. September 1969.

15 Hanns Schreiner zum Autor.

16 Klaus Dreher, »Die Nacht endete anders, als sie begann«, in: Süddeutsche Zeitung vom 30. September 1969.

17 Karl Theodor Freiherr zu Guttenberg, Fußnoten. Stuttgart: Seewald, 1971, S. 161.

18 Arnulf Baring, Machtwechsel, a.a.O., S. 166ff.

19 Hans-Dietrich Genscher, Erinnerungen. Berlin: Siedler, 1995, S. 109ff.

20 Siehe Die Kanzlermacher, a.a.O., S. 99.

21 Franz Josef Strauß, Erinnerungen. Berlin: Siedler, 1989, S. 560.

22 Arnulf Baring, Machtwechsel, a.a.O., S. 162.
23 Ebd., S. 158.
24 Erich Mende, Die FDP. Stuttgart: Seewald, 1972, S. 231ff.

7 Erster Anlauf zum Parteivorsitz

1 Klaus Dreher, Rainer Barzel. München: List, 1972, S. 126.
2 Protokoll des CDU-Parteitages am 17. und 18. November 1969 in Mainz.
3 Pater Basilius Streithofen zum Autor.
4 Zweite Fassung des Entwurfs für das Berliner Programm, genannt »Deidesheimer Entwurf«, Archiv der Konrad-Adenauer-Stiftung in Siegburg.
5 Kurt Biedenkopf zum Autor.
6 Peter Scholl-Latour in dem Band Helmut Kohl, mit Aufnahmen von Konrad R. Müller. Bergisch Gladbach: Lübbe, 1990, S. 31ff.
7 Richard von Weizsäcker zum Autor.
8 Helmut Kohl im Gespräch mit Günter Gaus. ARD am 4. Oktober 1970.
9 Hans-Otto Kleinmann, Geschichte der CDU. Stuttgart: Deutsche Verlags-Anstalt, 1993, S. 312.
10 Protokoll des CDU-Bundesparteitages in Düsseldorf vom 25. bis zum 27. Januar 1971, ferner: Klaus Dreher, »Dankbar für alle Ratschläge«, Süddeutsche Zeitung vom 26. Januar 1971.
11 Sibylle Krause-Burger, Wer uns jetzt regiert. Stuttgart: Deutsche Verlags-Anstalt, 1984, S. 31.
12 Kurt Biedenkopf und Heiner Geißler zum Autor.
13 Walter Wallmann, Kurt Biedenkopf und Heiner Geißler zum Autor.
14 Gerd Langguth zum Autor.
15 Hermann Dexheimer, »Geht Helmut Kohl von Mainz nach Bonn?«, Allgemeine Zeitung (Mainz) vom 29. Mai 1970.
16 Hanns Schreiner zum Autor.
17 Hanns Friderichs zum Autor.
18 Protokoll der Sitzung des rheinland-pfälzischen Landtags vom 18. Mai 1971.
19 Karl Martin Grass, Politikerportraits, in: 40 Jahre Rheinland-Pfalz, a.a.O., S 255ff.
20 Institut für Demoskopie Allensbach, Nach den Wahlen in Rheinland-Pfalz. Eine Studie über die Motive, März 1971.
21 Helmut Kohl, Hausputz hinter den Fassaden. Osnabrück: Fromm, 1971.
22 Helmut Kohl am 17. Juni 1971 im Südwestfunk.
23 25. Protokoll des CDU-Parteitags am 4. Oktober 1971.
24 Klaus Dreher, Rainer Barzel, a.a.O., S. 162 ff.
25 Olaf Ihlau in der Süddeutschen Zeitung vom 7. Juli 1972.

8   Kanzlerkandidatur gegen Strauß

1   Zeitungsmeldungen vom 6. Dezember 1972.
2   Horst Teltschik zu dem amerikanischen Journalisten T.D. Allman in der
    Zeitschrift *Tempo* von 1. Januar 1990 unter der Überschrift »Kaiser
    Kohl«.
3   Protokoll der Sitzung des Bundesrats vom 2. Februar 1973.
4   Kurt Biedenkopf zum Autor.
5   Karl Carstens, Erinnerungen und Erfahrungen. Schriften des Bundes-
    archivs. Boppard am Rhein: Boldt, 1993, S.353.
6   Protokoll des CDU-Parteitags in Bonn am 12. Juni 1973.
7   Hans-Otto Kleinmann, Geschichte der CDU. Stuttgart: Deutsche Verlags-
    Anstalt, 1993, S. 355 ff.
8   Kurt Biedenkopf zum Autor.
9   Wortlaut der Rede von Franz Josef Strauß vor der CSU-Landesgruppe in
    Sonthofen am 18./19. November 1974.
10 Paul Pucher, in Filmer/Schwan, Helmut Kohl, a.a.O., S. 229, und: »Der
    Fall Strauß: ›Die Stimmung ist prima‹«, in: *Der Spiegel* vom 17. März
    1975.
11 Karl Carstens, Erinnerungen, a.a.O., S. 421.
12 Ebd. S. 426 und 469 ff.
13 Kurt Biedenkopf zum Autor.
14 Nach Zeitungsberichten.
15 Gemeinsamer Beschluß der Präsidien von CDU und CSU vom 19. Juni
    1975.

9   Der schwarze Riese bahnt sich seinen Weg nach Bonn

1   Protokoll der Sitzung des Bundestags vom 19. Februar 1976; ferner:
    Pressekonferenz Kohls am 20. Februar 1976; außerdem Veröffentlichung
    eines Telegramms des deutschen Botschafters in Paris an das Auswärtige
    Amt vom gleichen Tag.
2   Franz Josef Strauß, Die Erinnerungen. Goldmann-Taschenbuch von Sied-
    ler, 1991, S. 508 ff.
3   Hans-Dietrich Genscher, Erinnerungen, a.a.O., S. 265 ff.
4   Karl Hugo Pruys, Helmut Kohl. Berlin: edition q, 1995, S. 173f.
5   Protokoll der Sitzung des Bundesrats vom 12. März 1976.
6   Ernst Albrecht zum Autor.
7   Allensbacher Jahrbuch der Demoskopie 1984-1992. München: Saur, 1993,
    S. 759.
8   Wolfgang Tirschner, »Die Entwicklung der politischen Stimmung der
    Bevölkerung und ihre Bedeutung für die Bundestagswahl 1976«, im Sam-

melband Entscheidung ohne Klarheit. Fußnoten und Materialien zur Bundestagswahl 1976, Schriftenreihe der Bundeszentrale für politische Bildung, Bonn 1978, S.101 ff.

9 Wolfgang Bergsdorf, in: Werner Maser, Helmut Kohl. Berlin und Frankfurt/Main: Ullstein, 1990, S. 140ff.

10 Hanns Schreiner zum Autor.

11 Johannes Gross, »Der schwarze Riese«, *Frankfurter Allgemeine Zeitung* vom 12. Juni 1976.

12 Hellmuth Karasek, »Der sprachlose Schwätzer«, *Der Spiegel* vom 25. Oktober 1982.

13 Hermann Schreiber zum Autor.

14 Hermann Schreiber, »Gulliver im fröhlichen Weinberg«, *Der Spiegel* vom 24. Juni 1973.

15 Walter Kempowski, »Was lesen Sie, Herr Kohl?«, *Zeit-Magazin* vom 20. August 1976.

16 Nina Grunenberg, »Nageln Sie mal einen Pudding an die Wand«, *Die Zeit* vom 7. März 1975.

17 Vorabdruck des *Stern* vom 16. Juni 1975, ferner: Rainer Klose, »...dann ist das nicht mehr mein Land«, in: *Münchner Merkur* vom 19. Juni 1975.

18 Waldemar Schreckenberger zum Autor.

19 »Kohl: Auch bei einem Patt rechne ich mit meiner Nominierung«, *Die Welt* vom 27. September 1976.

20 Waldemar Schreckenberger zum Autor.

21 Karl Carstens, Erinnerungen und Erfahrungen, a.a.O., S. 469.

22 Notiz in den Akten des Flick-Konzerns, siehe Kapitel 23.

23 Hans-Dietrich Genscher, Erinnerungen, a.a.O., S. 327.

24 Helmut Kohl am Abend des 3. Oktober 1976 auf einer Pressekonferenz im Konrad-Adenauer-Haus.

25 Elisabeth Noelle-Neumann, Kampf um die öffentliche Meinung, a.a.O., S. 125 ff.

26 Vorabdruck in der *Quick* vom 5. Oktober 1976.

27 Helmut Kohl in der ZDF-Sendung »Heute« am 7. Oktober 1976 und im »Bericht aus Bonn« am 8.Oktober 1976.

28 *Süddeutsche Zeitung* vom 6. und 7. Oktober 1976.

29 Friedrich Zimmermann, Kabinettstücke, a.a.O., S. 8 ff.

30 Richard von Weizsäcker zum Autor.

31 Helmut Kohl und Friedrich Zimmermann in Interviews am 20. und 21. November 1976; Mitteilung Kohls nach der Sitzung des CDU-Präsidiums; Strauß in einem Hintergrundgespräch mit Journalisten.

32 Helmut Kohl im Interview im »Bericht aus Bonn« am 19. November 1976 und im Interview mit dem Südwestfunk am 21. November 1976.

33 Helmut Kohl im Interview mit dem Südwestfunk am 21. November 1996.

34 Hanns Schreiner und Theo Waigel zum Autor.

35 Karl Carstens, Erinnerungen und Erfahrungen, a.a.O., S. 470 ff.

36 Kommuniqué der CSU-Fraktion des Bayerischen Landtags laut dpa vom 25. November 1976.

37 Erklärung des CSU-Landesvorstands vom 28. November 1976, Wortlaut in der dpa am gleichen Tag.

38 *Der Spiegel* vom 29.November 1976.

39 Veröffentlicht in der *Welt* vom 8. Dezember 1976.

40 Kommuniqué des CDU-Bundesvorstands vom 29. November 1976.

41 Vereinbarungen über die Grundlage der politischen Zusammenarbeit und über die Fortführung der gemeinsamen Fraktion vom 12. Dezember 1976.

42 Friedrich Zimmermann, Kabinettstücke, a.a.O., S. 36.

10 Der Oppositionsführer

1 Kurt Biedenkopf zum Autor.

2 *Süddeutsche Zeitung* vom 20. Januar 1977.

3 *Süddeutsche Zeitung* vom 16. Februar 1977.

4 Kurt Biedenkopf zum Autor.

5 Protokoll des Deutschen Bundestags vom 17. Dezember 1976.

6 Helmut Kohl in der Sendung »Helmut Kohl privat« von Günter Jauch in RTLplus am 29. September 1992.

7 Hanns Schreiner zum Autor.

8 Eduard Ackermann, Mit feinem Gehör. Bergisch Gladbach, Lübbe: 1995, S. 9.

9 Hans Ulrich Kempski, »Ein Tag, an dem Helmut Kohl Glück hat«, *Süddeutsche Zeitung* vom 9. März 1977.

10 Protokoll des Parteitags Düsseldorf vom 8. bis zum 10. April 1977.

11 Klaus Dreher, »Die CSU spielt ihr Königsgefühl aus«, in: *Süddeutsche Zeitung* vom 25. November 1977.

12 Paul Mikat im Gespräch mit Journalisten.

13 Jürgen Todenhöfer in der *Bild*-Zeitung vom 23. Mai 1977.

14 Eduard Ackermann, Mit feinem Gehör, a.a.O., S. 406.

15 Claus Lutz zum Autor.

16 Heinz Schwarz zum Autor.

17 Klaus Dreher, »Kohl in der Schlangengrube«, *Süddeutsche Zeitung* vom Dezember 1978.

18 Heiner Geißler im Gespräch mit dem Autor am 24. August 1978.

19 Mitteilung der Generalsekretäre von CDU und CSU, Heiner Geißler und Gerold Tandler, vom 8. Juni 1978.

20 »Weizsäcker soll Präsidentschaftskandidat der Union werden«: *Süddeutsche Zeitung* vom 20. April 1974.

21 Richard von Weizsäcker zum Autor.

22 Mitteilung von Norbert Schäfer.

23 Karl Carstens, Erinnerungen und Erfahrungen, a.a.O., S. 521 ff.

24 Friedrich Zimmermann, Kabinettstücke, a.a.O., S. 66 ff.

25 Friedrich Zimmermann zu Journalisten.

26 Nach Zeitungsberichten und einem Bericht Kohls vor Journalisten.

27 Kurt Biedenkopf zum Autor.

28 »Kohl wehrt Biedenkopfs Vorstoß ab«, *Süddeutsche Zeitung* vom 12. Januar 1979.

11 Strauß tritt an

1 »Kohl wehrt Biedenkopfs Vorstoß ab«, *Süddeutsche Zeitung* vom 12. Januar 1979.

2 »Applaus, der nur den Hauskrach übertönt«, *Süddeutsche Zeitung* vom 25. Januar 1979.

3 Protokoll des CDU-Bundesparteitags in Kiel vom 25. bis zum 27. März 1979.

4 Hans-Otto Kleinmann, Geschichte der CDU, a.a.O., S. 429 ff.

5 Ernst Albrecht zum Autor.

6 Wolfgang Bergsdorf am 3. April 1984 zu Journalisten.

7 Ernst Albrecht zum Autor.

8 »Strauß wollte Kohls Vorschlag zuvorkommen«, *Süddeutsche Zeitung* vom 27. Mai 1979; ferner: Friedrich Zimmermann am 29. Mai 1979 zu Journalisten; ferner: Kabinettstücke, a.a.O., S. 77 ff.

9 Mitteilung von rheinischen und westfälischen Vorstandsmitgliedern.

10 Alfred Dregger vor Journalisten.

11 Ernst Albrecht zum Autor.

12 Stephan Eisel zum Autor.

13 Kommuniqué des CDU-Vorstands vom 28. Mai 1979 und Helmut Kohl auf einer anschließenden Pressekonferenz.

14 Ernst Albrecht zum Autor.

15 Friedrich Zimmermann am 3. Juli 1979 vor Journalisten und in den Kabinettstücken, a.a.O., S. 65 ff.

16 Matthias Wissmann zum Autor.

17 Friedrich Zimmermann, Kabinettstücke, a.a.O., S. 86 ff.

18 Friedrich Zimmermann zu Journalisten.

19 Friedrich Zimmermann in der Deutschen Welle am 4. Oktober 1980.

20 Bei der Bundestagswahl am 5. Oktober 1980 erhielten nach dem amtlichen Endergebnis die CDU/CSU mit 44,5 Prozent (- 4,1) das schlechteste Wahlergebnis seit 1949, die SPD kam mit 42,9 (+ 0,3) auf ein Ergebnis, das sie 1969 schon einmal erzielt hatte, die FDP legte um 2,7 Prozent zu und erreichte 10,6 Prozent.

21 *The Times* (London) vom 9. Oktober 1980.
22 Karl Hugo Pruys im *Münchner Merkur* vom 9. Oktober 1980, *Bild*-Zeitung vom 6. Oktober 1980, Jürgen Lorenz in den *Badischen Neuen Nachrichten* vom 7. Oktober 1980.

12 Die Wende wird vorbereitet

1 Herbert Wehner im Deutschlandfunk am 6. Oktober 1980.
2 Hans-Dietrich Genscher, Erinnerungen, a.a.O., S. 435.
3 Friedbert Pflüger zum Autor.
4 Ernst Albrecht zum Autor.
5 Richard von Weizsäcker zum Autor.
6 Friedrich Zimmermann, in: Die Kanzlermacher, a.a.O., S. 136.
7 Wolfgang Mischnick, in: Die Kanzlermacher, a.a.O., S. 71 ff.
8 Eduard Ackermann, Mit feinem Gehör, a.a.O., S. 176.
9 Otto Graf Lambsdorff, in: Die Kanzlermacher, a.a.O., S. 12 ff, und zum Autor.
10 Helmut Kohl, in: Die Kanzlermacher, a.a.O., S. 94 ff.
11 Klaus Bölling, Die letzten 30 Tage des Kanzlers Helmut Schmidt. Reinbek: Rowohlt, 1982, S. 60, 73ff.
12 Friedrich Zimmermann anschließend zum Autor.
13 Hans-Dietrich Genscher, Erinnerungen. Berlin: Siedler, 1995, S. 452.
14 Willy Brandt, Erinnerungen, a.a.o., S. 364.
15 Oskar Lafontaine im *Stern* vom 15. Juli 1982.
16 Hans-Dietrich Genscher, Erinnerungen, a.a.O., S. 449.
17 Helmut Kohl und Wolfgang Mischnick, in: Die Kanzlermacher, a.a.O., S. 71 ff und 94 ff.
18 Hans-Dietrich Genscher, Erinnerungen, a.a.O., S. 450.

13 Die sozialliberale Koalition ist am Ende

1 Horst Teltschik zum Autor.
2 Eduard Ackermann, Mit feinem Gehör, a.a.O., S. 175 ff.
3 Manfred Schell, *Die Kanzlermacher*, a.a.O., S. 120.
4 Friedrich Zimmermann, Kabinettstücke. München: Herbig, 1991, S. 322.
5 Eduard Ackermann, Mit feinem Gehör, a.a.O., S. 177.
6 Manfred Schell, *Die Kanzlermacher*, a.a.O., S. 96f.
7 Hans-Dietrich Genscher, Erinnerungen, a.a.O.. S. 451.
8 Hans-Dietrich Genscher, Erinnerungen, a.a.O., S. 457.
9 Hans-Dietrich Genscher, a.a.O., S. 453 ff.

10 Manfred Schell, Die Kanzlermacher, a.a.O., 1986, S. 94 ff.
11 Hans-Dietrich Genscher, Erinnerungen, a.a.O., S. 457.
12 Otto Graf Lambsdorff, in: Manfred Schell, Die Kanzlermacher, a.a.O.,
    S. 13; ferner: Klaus Bölling, Die letzten 30 Tage des Kanzlers Helmut
    Schmidt. Reinbek: Rowohlt, 1982, S. 75.
13 Wolfram Dorn und Otto Graf Lambsdorff zum Autor.
14 Klaus Bölling, Die letzten 30 Tage, a.a.O., S. 16.
15 Hans-Jochen Vogel zum Autor; ferner in: Nachsichten. München: Piper,
    1996, 164 ff.
16 Otto Graf Lambsdorff zum Autor.
17 Protokoll des Bundestags vom 9. September 1982.
18 Otto Graf Lambsdorff, in: Die Kanzlermacher, a.a.O..
19 Rekonstruiert nach dem Wortlaut der Rede Mischnicks vom 1. Oktober
    1982 im Plenum. Protokoll des Deutschen Bundestags vom 1. Oktober
    1982; ferner: Schell, Die Kanzlermacher, a.a.O., S. 78 ff.

14 Die neue Regierung richtet sich auf Dauer ein

1   Klaus Bölling, Die letzten 30 Tage, a.a.O., S. 73.
2   Otto Graf Lambsdorff zum Autor.
3   Friedrich Zimmermann, in: Die Kanzlermacher, a.a.O., S. 168 ff.
4   Franz Josef Strauß, Erinnerungen, a.a.O. S. 553 ff.
5   »Streit in der Union um den Neuwahl-Termin«, Süddeutsche Zeitung vom
    21. September 1982.
6   Norbert Schäfer zum Autor.
7   Klaus Bölling, Die letzten 30 Tage, a.a.O. S. 85 ff.
8   Friedrich Zimmermann, in: Die Kanzlermacher, a.a.O., S. 136; und in:
    Kabinettstücke, a.a.O., S. 105 ff.
9   Eduard Ackermann, Mit feinem Gehör, a.a.O., S. 180.
10 Gerhart Baum, Die Kanzlermacher, S. 236 ff.
11 Willy Brandt, Erinnerungen, a.a.O., S. 372.
12 Hans Ulrich Kempski, »Das neue Kapitel wird aufgeschlagen«, Süd-
    deutsche Zeitung vom 2. Oktober 1982.
13 Heinz-Peter Finke, Südwest-Presse vom 2. Oktober 1982.
14 Gerhard Konow zum Autor.
15 Erich Ramstetter, »Der Katholik«, in Filmer/Schwan, Helmut Kohl, a.a.O.,
    S. 37 ff.
16 Gerhard Stoltenberg, Wendepunkte. Berlin: Siedler, 1997, S. 277 ff.
17 Hans-Dietrich Genscher am Vorabend der Reise zu Journalisten.
18 Lutz Hermann in Frankfurter Neue Presse vom 5. Oktober 1982.
19 Willy Brandt, Erinnerungen, a.a.O., S. 186.
20 Hans-Dietrich Genscher, Erinnerungen, a.a.O., S. 468 ff.

15 Carstens sperrt sich gegen Neuwahlen

1 Protokoll des Bundesrats vom 8. Oktober 1982.
2 Protokoll des Bundestags vom 14. Oktober 1982.
3 Fritz J. Raddatz, »Der Mann ohne Eigenschaften«, *Die Zeit* vom 22. Oktober 1982.
4 Hellmuth Karasek, »Der sprachlose Schwätzer«, in: *Der Spiegel* vom 25. Oktober 1982.
5 Paul Pucher, »Beleidigte Ästheten geben kein Pardon«, *Münchner Merkur* vom 29. Oktober 1982.
6 Protokoll des Bundestags vom 13. Oktober 1982.
7 Friedrich Zimmermann, Kabinettstücke, a.a.O., S. 140 ff.
8 Helmut Kohl im Bundestag am 17. Dezember 1982.
9 Bericht der *Frankfurter Allgemeinen Zeitung* vom 19. Februar 1983.
10 Karl Carstens, Erinnerungen, a.a.O., S. 557.
11 Bericht der *Süddeutschen Zeitung* vom 11. November 1982.
12 Friedrich Zimmermann, in: Die Kanzlermacher, a.a.O., S. 136.
13 Waldemar Schreckenberger zum Autor.
14 Friedrich Zimmermann, Kabinettstücke, a.a.O., S. 139 ff.
15 Antrag an den Bundestagspräsidenten vom 13. Dezember 1983.
16 Karl Carstens, in: Die Kanzlermacher, a.a.O., S. 277 ff.
17 Karl Carstens, Erinnerungen, a.a.O., S. 560 ff.
18 Umfragen im *Spiegel* vom 12. Dezember 1982 und im *Stern* vom 17. Februar 1983.
19 Mainhardt Graf Nayhauß in der *Bunten*.
20 *Der Spiegel* vom 22. November 1982.
21 Hans-Jochen Vogel, Nachsichten, a.a.O., S. 168 ff; ferner Erklärung vor der Bundespressekonferenz am 4. März 1983.
22 Klaus Dreher, »Der Sieger dämpft den Jubel«, *Süddeutsche Zeitung* vom 7. März
23 Carl-Christian Kaiser, »Ein Ergebnis wie gemalt«, in: *Die Zeit* vom 11. März 1983.
24 Hans-Dietrich Genscher, Erinnerungen, a.a.O., S. 483.
25 Mainhardt Graf Nayhauß in der *Bild*-Zeitung vom 8. März 1983.
26 *Washington Post* vom 9. März 1963.
27 *Der Spiegel* vom 28. Februar 1983.
28 Die CSU bekam in Bayern 59,5 Prozent, die CDU außerhalb Bayerns 46,4 Prozent, sie erreichte umgerechnet auf das Bundesgebiet 10,6 Prozent und erhielt damit in einem Bundesland mehr Stimmen als die FDP in allen elf Ländern zusammen. Mit den 53 Mandaten, die sie in die Regierung einbrachte, trug sie mehr zu der Mehrheit der Koalition von 58 Stimmen gegenüber der Opposition bei als die FDP, die auf 34 Mandate kam.

29 Franz Josef Strauß am 7. März 1983 vor Journalisten in München.
30 *Der Spiegel* vom 14. März 1983.
31 *Frankfurter Allgemeine Zeitung* vom 15. März 1983.
32 Theo Waigel zum Autor.
33 Franz Josef Strauß und Theo Waigel in: Die Kanzlermacher, a.a.O., S. 129
    und 134 ff; Friedrich Zimmermann in Kabinettstücke, a.a.O., S. 78 ff.;
    Süddeutsche Zeitung vom 19. April 1983; Mitteilung des CSU-Landesvor-
    stands vom 21. März 1983.

16 In Kohls Kontor

1   Johannes Gross, »Notizbuch«, in: *FAZ-Magazin* vom 14. Juli 1996.
2   Eduard Ackermann, Mit feinem Gehör, a.a.O., S. 198.
3   »Nicht so genau«, *Der Spiegel* vom 28. November 1982.
4   »Ein Jugendtraum«, *Der Spiegel* vom 21. September 1982.
5   Waldemar Schreckenberger zum Autor.
6   Wolfram Bickerich, Der Enkel. Düsseldorf: Econ, 1995 S. 52 ff.
7   Horst Teltschik, 329 Tage. Berlin: Siedler, 1991, S. 157.
8   Otto Graf Lambsdorff zum Autor.
9   Werner Filmer/Heribert Schwan, Helmut Kohl, a.a.O., S. 202 ff.
10 Klaus von Bismarck, »Der Kanzler erregt auf dem Holzweg«, *Süddeutsche
    Zeitung* vom 7. März 1992.
11 Günther Jauch, Helmut Kohl privat, Sendung in RTLplus vom 28. Septem-
    ber 1992.
12 T. D. Allman, »Kaiser Kohl«, *Tempo* vom 1. Januar 1991.
13 Hanns Schreiner zum Autor.
14 Ludolf Hermann, »Kohl sucht das nächste Ziel«, unter dem Pseudonym
    *** in der *Deutschen Zeitung* vom 1. Oktober 1971.

17 Die ersten Affären der Ära Kohl

1   Günter Kießling, Versäumter Widerspruch. Mainz: v. Hase & Koehler, 1993.
2   Heinrich Böll, Berichte zur Gesinnungslage der Nation. Bornheim-Merten:
    Lamuv, 1987.
3   Rekonstruiert nach: Günter Kießling, Versäumter Widerspruch, a.a.O.
4   Waldemar Schreckenberger zum Autor.
5   *Neue Zürcher Zeitung* vom 27. Januar 1984.
6   Der *Zeit*-Journalist Gunter Hofmann zum Autor.
7   Günter Gaus im Magazin der *Süddeutschen Zeitung* unter dem Titel:
    »Sagen Sie jetzt nichts, Herr Kohl« von Martin E. Süskind.
8   Elisabeth Noelle-Neumann zum Autor.

9 Bericht des Untersuchungsausschusses.

10 Karl Carstens, Erinnerungen und Erfahrungen, a.a.O., S. 584.

11 Hans-Jochen Vogel, Nachsichten, a.a.O., S. 155.

12 Hans Werner Kilz und Joachim Preuss, Flick – die gekaufte Republik.
Reinbek bei Hamburg: Rowohlt, 1983.

13 »Rütteln an einer tragenden Säule«, *Süddeutsche Zeitung* vom
1. Dezember 1983.

18 Das Wort vom »Pannenkanzler« macht die Runde

1 Richard von Weizsäcker zum Autor.

2 Friedbert Pflüger zum Autor.

3 Karl Carstens, Erinnerungen, a.a.O., S. 529 ff.

4 Richard von Weizsäcker zum Autor.

5 Walter Wallmann zum Autor.

6 Karl Carstens, Erinnerungen und Erfahrungen, a.a.O., S. 529 ff.

7 Richard von Weizsäcker zum Autor; ferner: »Wachsender Unmut in der
CDU über Kohl«, in: *Süddeutsche Zeitung* vom 26. Oktober 1983.

8 Wolfram Bickerich, Der Enkel, a.a.O., S. 84.

9 Brief von Helmut Kohl an den rheinland-pfälzischen Untersuchungsausschuß vom 29. Mai 1985.

10 Alexander Gauland, Helmut Kohl – Ein Prinzip. Berlin: Rowohlt, 1994,
S. 102ff.

11 »Koalition will Amnestie in Parteispendenverfahren«, *Süddeutsche
Zeitung* vom 4. Mai 1984.

12 *Der Spiegel* vom 15. Oktober 1984.

13 Ulrich Deupmann, Wolfgang Schäuble. München: Heyne, 1992; siehe auch
Ulrich Reitz, Wolfgang Schäuble. Bergisch Gladbach: Lübbe, 1996.

14 Roman Leick, »Weiße Kreuze, schwarze Kreuze«, *Der Spiegel* vom
17. September 1984.

15 Rudolph Chimelli, »Verharren mit einem langen Händedruck«, in: *Süddeutsche Zeitung* vom 24. September 1984.

16 Michel Meyer in einer Sendung von SAT 1 am 30. September 1992 anläßlich des zehnjährigen Bestehens der Regierung Kohl.

17 »Der Handhalter von Verdun«, *Der Spiegel* vom 29. April 1985.

18 Werner A. Perger in einem Bericht über »Neues über Bitburg« in der *Zeit*
vom 28. April 1991, gestützt auf das Buch des Journalisten Hedrick Smith,
Der Machtkampf in Amerika.

19 Fernsehsendung »Wortwechsel« am 6. Mai 1988.

20 Wolfgang Bergsdorf zum Autor.

21 Elisabeth Noelle-Neumann zum Autor.

22 Protokoll des Bundespräsidialamts vom 8. Mai 1985.

23 Robert Leicht in der *Süddeutschen Zeitung* vom 9. Mai 1985.
24 Helmut Kohl, Ansprache in Bergen-Belsen vom 21. April 1985, veröffentlicht vom Bundespresseamt am 23. April 1985.

19 Im Wettbewerb um die neue Deutschlandpolitik

1 Hans-Dietrich Genscher, Erinnerungen, a.a.O., S. 473 ff; ferner: Franz Josef Strauß, Die Erinnerungen, a.a.O., S. 521 ff; Theo Waigel zum Autor; »Theologie ganz ohne Verheißung«, *Süddeutsche Zeitung* vom 4./5. Mai 1996.
2 Friedbert Pflüger, Richard von Weizsäcker. Knaur-Taschenbuch, 1993, S. 178ff.
3 Regierungserklärung des Bundeskanzlers vom 5. Mai 1983.
4 Helmut Kohl, Ich wollte Deutschlands Einheit, a.a.O., S. 9 ff.
5 »Reddemann: Honecker soll auch nach Bonn kommen«, *Süddeutsche Zeitung* vom 9. September 1984.
6 Egon Bahr in einem Interview mit dem NDR am 7. September 1984.
7 Helmut Kohl, Ich wollte Deutschlands Einheit, a.a.O., S. 54.
8 Hans-Dietrich Genscher, Erinnerungen, a.a.O., S. 489 ff.
9 Helmut Kohl in »Boulevard Bio« am 11. September 1996.
10 Walter Wallmann zum Autor.
11 Rita Süssmuth im Gespräch mit Kai Diekmann, Ulrich Reitz und Wolfgang Stock, Bastei-Lübbe-Taschenbuch, Bergisch Gladbach, 1994.
12 Heiner Geißler im Gespräch mit Gunter Hofmann und Werner A. Perger. München: Knaur, 1994, S. 259 ff.
13 »Der doppelte Kohl«, *Der Spiegel* vom 5. Januar 1987.
14 Klaus Dreher, »Blaue Flecken beim Stühlerücken«, *Süddeutsche Zeitung* vom 12. März 1987.
15 Theo Waigel und Wolfgang Schäuble zum Autor.
16 Regierungserklärung Kohl laut *Bulletin der Bundesregierung* vom 19. März 1987.
17 Hans-Dietrich Genscher, Erinnerungen, a.a.O.
18 Helmut Kohl in der Sendung »Helmut Kohl privat« in RTLplus am 28. September 1992.
19 Helmut Kohl, Ich wollte Deutschlands Einheit, a.a.O., S. 31 ff.

20 Heiner Geißler geht auf Kollisionskurs

1 Heiner Geißler im Gespräch, a.a.O., S. 288 ff.
2 Klaus Dreher, »Kohl will offensichtlich Geißler als CDU-Generalsekretär loswerden«, *Süddeutsche Zeitung* vom 15. Juni 1988.
3 Heiner Geißler im Gespräch, a.a.O., S. 259 ff.

4 Protokoll des 36. Bundesparteitags der CDU vom 13. bis zum 15. Juni 1988 in Wiesbaden.

5 Das Emnid-Institut sah die Union bei der »Sonntagsfrage« nach den Wahlaussichten bei 40 Prozent, die SPD bei 43, die FDP bei neun und die Grünen bei sieben Prozent, knapp zwei Drittel der Befragten bewerteten die Arbeit der Regierung negativ.

6 Wortlaut der Einführungsrede Heiner Geißlers im Pressedienst der CDU vom 2. November 1988.

7 Heiner Geißler im Gespräch, a.a.O., S. 232 ff.

8 »Demokratie ist kein Gesangverein Harmonie«, *Die Zeit* am 28. Oktober 1988.

9 Brief Helmut Kohls an Heiner Geißler, wiedergegeben bei Ulrich Reitz, Wolfgang Schäuble, a.a.O., S. 48f.

10 »Muß alles noch viel schlimmer kommen?«, *Der Spiegel* vom 20. Februar 1989.

11 Walter Wallmann zum Autor.

12 Eduard Ackermann, Mit feinem Gehör, a.a.O., S. 48 f.

13 Friedrich Zimmermann, Kabinettstücke, a.a.O., S. 298 ff.

14 Theo Waigel zum Autor; ferner: Friedrich Zimmermann, Kabinettstücke, a.a.O., S. 298 ff.

15 Wulf Schönbohm zum Autor; ferner: Heiner Geißler im Gespräch, a.a.O., S. 259 ff.

16 Rupert Scholz zum Autor.

17 Wolfgang Schäuble zum Autor.

18 Helmut Kohl, Ich wollte Deutschlands Einheit, a.a.O., S. 39 ff.

19 Michail Gorbatschow, Erinnerungen. Berlin: Siedler, 1996, S. 706 ff.

20 Helmut Kohl in SAT1 am 30. September 1992 und in seinen Erinnerungen, a.a.O., S. 39 ff.

21 »Die Leute haben uns satt«, *Der Spiegel* vom 28. Juni 1989.

21 Der Kanzlersturz wird abgeblasen

1 Ulrich Reitz, Wolfgang Schäuble, a.a.O., S. 49ff.

2 Wulf Schönbohm zum Autor.

3 Heiner Geißler im Gespräch, a.a.O., S. 275.

4 Ernst Albrecht zum Autor.

5 Walter Wallmann zum Autor.

6 Eduard Ackermann zum Autor; ferner: Eduard Ackermann, Mit feinem Gehör, a.a.O., S. 287 ff.

7 Klaus Dreher, »Auf der Wellenbahn ganz oben«, *Süddeutsche Zeitung* vom 20. Juli 1989.

8 Volker Rühe zum Autor.

9 Walter Wallmann zum Autor.
10 Wolfgang Schäuble zum Autor.
11 Helmut Kohl, Ich wollte Deutschlands Einheit, a.a.O., S. 76 ff.
12 Heiner Geißler in der Bundespressekonferenz am 21. August 1989.
13 Fritz Ullrich Fack, »Dem Kanzler blieb keine Wahl als die Trennung«, *Frankfurter Allgemeine Zeitung* vom 23. August 1989.
14 Helmut Kohl in der Bundespressekonferenz am 22. August 1989.
15 Heiner Geißler im Gespräch, a.a.O., S. 288 ff.
16 Helmut Kohl, Ich wollte Deutschlands Einheit, a.a.O., S. 53 ff.
17 Karl Hugo Pruys, Helmut Kohl, a.a.O., 1995. S. 343 ff.
18 Helmut Kohl auf der Pressekonferenz am 22. August 1989.
19 Wolfgang Gibowski zum Autor.
20 Heiner Geißler im Gespräch, a.a.O., S. 292.
21 Ernst Albrecht zum Autor.
22 Eduard Ackermann, Mit feinem Gehör, a.a.O., S. 287 ff.
23 Pater Basilius Streithofen zum Autor.
24 Matthias Wissmann zum Autor.
25 Heiner Geißler im Gespräch, a.a.O., S. 276.
26 Nach Berichten von Ernst Albrecht, Walter Wallmann, Volker Rühe, Matthias Wissmann und Heiner Geißler.
27 Stephan Andreas Casdorff, »Drei Präsidiumsmitglieder stellen Kohl Bedingungen«; ferner: »Verletzte Gefühle und schwindender Kanzlerbonus«, *Süddeutsche Zeitung.*
28 »Blamierte Frondeure«, in: *Der Spiegel* vom 4. September 1989.

22 Von Bremen nach Warschau

1 Hans-Dietrich Genscher, Erinnerungen, a.a.O., S. 637 ff.
2 Helmut Kohl, Ich wollte Deutschlands Einheit, a.a.O., S. 65 ff.
3 Lothar Späth in der *Welt* vom 11. September 1989.
4 Helmut Kohl, Ich wollte Deutschlands Einheit, a.a.O., S. 87; ferner: Eduard Ackermann, Mit feinem Gehör, a.a.O., S. 199.
5 Ulrich Reitz, Wolfgang Schäuble, a.a.O., S. 48.
6 Protokoll des CDU-Parteitags vom 11. bis zum 13. September 1989 in Bremen.
7 Helmut Kohl in der Sendung »Helmut Kohl privat«, RTLplus vom 28. September 1992.
8 Volker Rühe und Wulf Schönbohm zum Autor.
9 Helmut Kohl, Ich wollte Deutschlands Einheit, a.a.O., S. 54; ferner: Helmut Schmidt, Weggefährten. Berlin: Siedler, 1996, S. 504.
10 Hans-Dietrich Genscher, Erinnerungen, a.a.O., S. 637 ff.

11 Ebd. S. 13 ff; ferner: Helmut Kohl, Ich wollte Deutschlands Einheit, s.o. S. 87 ff; Antonius John, Rudolf Seiters. Bonn: Bouvier, 1991, S. 87 ff.
12 Michail Gorbatschow, Erinnerungen, a.a.O., S. 711 ff.
13 François Mitterrand, Über Deutschland, a.a.O., S. 44 ff.
14 Werner A. Perger, Kohl und die Geschichte. In: Reinhard Appel (Hg.), Helmut Kohl im Spiegel seiner Macht. Bonn: Bouvier 1990.
15 Joachim Neander, Helmut Kohl – Geschichts- und Menschenverständnis, in: ebd., S. 33 ff.
16 Horst Teltschik, 329 Tage, a.a.O., S. 29 ff.
17 Ebd. S. 11 ff.
18 Protokoll des Bundestags vom 9. November 1989.
19 Hans-Jochen Vogel, Nachsichten, a.a.O., S. 303.
20 Helmut Kohl, Ich wollte Deutschlands Einheit, a.a.O., S. 125 ff.

23 Einheitsdiplomatie

1 Helmut Kohl, Ich wollte Deutschlands Einheit, a.a.O., S. 137 ff.
2 Margaret Thatcher, Downing Street No. 10. Düsseldorf: Econ, 1993, S. 1096 ff.
3 Michail Gorbatschow, a.a.O., S. 711 ff.
4 »Die Schubladen in Bonn sind leer«, *Süddeutsche Zeitung* vom 13. November 1989.
5 Werner A. Perger, »Kohl und die Geschichte«, im Sammelband Kohl im Spiegel seiner Macht. Bonn: Bouvier, 1990, S. 64ff.
6 Hans-Dietrich Genscher, Erinnerungen, a.a.O., S. 675 ff.
7 Philip Zelikow, Condoleezza Rice, Sternstunde der Diplomatie. Berlin: Propyläen, 1997, S. 20.
8 Margaret Thatcher, Downing Street No.10, a.a.O., S. 1032.
9 Helmut Kohl, Ich wollte Deutschlands Einheit, a.a.O., S. 196 und 306.
10 Zelikow/Rice, Sternstunde, a.a.O., S. 49 ff.
11 Horst Teltschik, 329 Tage, a.a.O., S. 37 ff.
12 François Mitterrand, Über Deutschland, a.a.O., S. 61 ff.
13 Ebd. S. 64.
14 Antonius John, Rudolf Seiters, a.a.O., S. 122 ff.
15 Rudolph Seiters zum Autor; ebenfalls Antonius John, a.a.O., S. 122 ff.
16 Horst Teltschik, 329 Tage, a.a.O., S. 42 ff.
17 Horst Teltschik, 329 Tage, a.a.O., S. 45 ff.
18 Helmut Kohl, Ich wollte Deutschlands Einheit, a.a.O., S. 157 ff.
19 Walter Wallmann und Rupert Scholz im Gespräch mit dem Autor.
20 Hans-Jochen Vogel, Nachsichten. München: Piper, 1996, S. 303 ff.
21 Protokoll des Deutschen Bundestags vom 28. November 1989.
22 Hans-Dietrich Genscher, Erinnerungen, a.a.O., S. 669 ff.

23 Zelikow/Rice, Sternstunde der Diplomatie, a.a.O., S. 176 ff.
24 Margaret Thatcher, Downing Street No.10, a.a.O., S. 1101 ff.
25 Ekkehard Kuhn, Gorbatschow und die deutsche Einheit, a.a.O., S. 85 ff.
26 Helmut Kohl, Ich wollte Deutschlands Einheit, a.a.O., S. 175 ff.
27 Hans-Dietrich Genscher, Erinnerungen, a.a.O., S. 675 ff.
28 Zelikow/Rice, Sternstunde, a.a.O., S. 176 ff.
29 Helmut Kohl, Ich wollte Deutschlands Einheit, a.a.O., S. 185 ff.

24 In Dresden jubelt das Volk dem Kanzler zu

1   Helmut Kohl im Gespräch mit dem Intendanten des Mitteldeutschen Rundfunks, Udo Reiter, am 2. Oktober 1992.
2   Antonius John, Rudolf Seiters, a.a.O., S. 41 ff.
3   Ebd.
4   Walter Wallmann zum Autor.
5   Horst Teltschik, 329 Tage, a.a.O., S. 80 ff.
6   Helmut Kohl, Ich wollte Deutschlands Einheit, a.a.O., S. 208 ff.
7   Horst Teltschik, 329 Tage, a.a.O., S. 78 ff.
8   Ekkehard Kuhn, Gorbatschow und die deutsche Einheit, a.a.O., S. 89.
9   Helmut Kohl, Ich wollte Deutschlands Einheit, a.a.O., S. 213 ff.
10 Rudolf Seiters zum Autor; ferner: Helmut Kohl, Ich wollte Deutschlands Einheit, a.a.O., S. 213 ff; Horst Teltschik, 329 Tage, a.a.O., S. 87 ff; Eduard Ackermann, Mit feinem Gehör, a.a.O., S. 317 ff.
11 Ekkehard Kuhn, Gorbatschow und die deutsche Einheit, a.a.O., S. 89.
12 Ebd. S. 90.
13 Helmut Kohl, Ich wollte Deutschlands Einheit, a.a.O., S. 216 ff.
14 Ebd. S. 213 ff.
15 Eduard Ackermann zum Autor.
16 Gerd Langguth zum Autor.
17 Volker Rühe zum Autor.
18 Lothar de Maizière, Anwalt der Einheit. Berlin: Argon, 1996, S. 75; ferner: »Lieber Laienspieler als Amigo«, Gespräch mit Lothar de Maizière im *Spiegel* vom 27. Januar 1997.
19 Wolfgang Schäuble, Der Vertrag, Aktualisierte Taschenbuchausgabe Droemer und Knaur, 1993, S. 40 ff; und: Wolfgang Schäuble zum Autor.
20 Ekkehard Kuhn, Gorbatschow, a.a.O., S. 88.
21 Antonius John, Rudolf Seiters, a.a.O., S. 147 ff.
22 Horst Teltschik, 329 Tage, a.a.O., S. 100 ff.
23 Helmut Kohl, Ich wollte Deutschlands Einheit, a.a.O., S. 227.
24 Ebd. S. 232 ff.
25 Horst Teltschik, 329 Tage, a.a.O., S. 103.

26 Wolfgang Schäuble, Der Vertrag, a.a.O., S. 37 ff.
27 Karl Schumacher zum Autor.
28 Helmut Kohl, Deutschlands Einheit, a.a.O., S. 246 ff.
29 Horst Teltschik, 329 Tage, a.a.O., S. 100 ff.
30 Ebd. S. 117.
31 Wolfgang Schäuble, Der Vertrag, a.a.O., S. 59 ff.

25 Frohe Botschaft vom Kaukasus

1 Ekkehard Kuhn, Gorbatschow und die Einheit, a.a.O., S. 92 ff; ferner: Michail Gorbatschow, Erinnerungen, a.a.O., S. 714 ff.
2 Horst Teltschik, 329 Tage, a.a.O., S. 120 ff.
3 Karl Schumacher zum Autor.
4 Helmut Kohl, Ich wollte Deutschlands Einheit, a.a.O., S. 283 ff.
5 Eduard Ackermann, Mit feinem Gehör, a.a.O., S. 324 ff.
6 Helmut Kohl, Deutschlands Einheit, a.a.O., S. 283 ff.
7 Eduard Ackermann zum Autor.
8 Wolfgang Schäuble, Der Vertrag, a.a.O., S. 21.
9 Theo Waigel, Tage, die Deutschland und die Welt veränderten. München: edition ferenczy bei Bruckmann, 1994, S. 12 ff.
10 Horst Teltschik, 329 Tage, a.a.O., S. 128.
11 Helmut Kohl, Ich wollte Deutschlands Einheit, a.a.O., S. 258 ff.
12 Ebd., S. 262.
13 Theo Waigel, Tage, a.a.O., S. 57; ferner: Eduard Ackermann zum Autor.
14 Horst Teltschik, 329 Tage, a.a.O., S. 129 ff.
15 Helmut Kohl, Ich wollte Deutschlands Einheit, S. 259.
16 Horst Teltschik, 329 Tage, a.a.O., S. 140.
17 Michail Gorbatschow, Erinnerungen, a.a.O., S. 714 ff.
18 Ekkehard Kuhn, Gorbatschow, a.a.O., S. 108 ff.
19 Philip Zelikow/Condoleezza Rice, Sternstunde der Diplomatie, a.a.O., S. 263 ff.
20 Margaret Thatcher, Downing Street No. 10, a.a.O., S. 1096 ff.
21 Hans-Dietrich Genscher, Erinnerungen, a.a.O., S. 761 ff.
22 Horst Teltschik, 329 Tage, a.a.O., S. 166.
23 Helmut Kohl, Deutschlands Einheit, a.a.O., S. 324 ff.
24 Volker Rühe zum Autor.
25 Helmut Kohl, Ich wollte Deutschlands Einheit, a.a.O., S. 333 ff.
26 Karl Schumacher zum Autor.
27 Horst Teltschik, 329 Tage, a.a.O., S. 157 und 173.
28 Wolfgang Schäuble, Der Vertrag, a.a.O., S. 107.
29 Ebd. S. 75 ff.

30 Dieter Roth, Der ungeliebte Kanzler, in dem von Reinhard Appel herausgegebenen Sammelband Helmut Kohl im Spiegel seiner Macht, a.a.O., S. 285.

31 Helmut Kohl, Deutschlands Einheit, a.a.O., S. 419.

32 Olaf Ihlau, »Das gewaltige Gefühl der Erleichterung«, in: *Süddeutsche Zeitung* vom 18. Juli 1990.

33 Anatoli Tschernajew, Die letzten Jahre einer Weltmacht, a.a.O., S. 298 ff.

34 Hans-Dietrich Genscher, Erinnerungen, a.a.O., S. 790 ff.

35 Michail Gorbatschow, Erinnerungen, Goldmann Taschenbuchausgabe 1996, S. 721 ff.

36 Zelikow/Rice, Sternstunde, a.a.O., S. 375 ff.

37 Horst Teltschik, 329 Tage, a.a.O., S. 254 ff.

38 Ebd. S. 313 ff.

39 Michail Gorbatschow, Gipfelgespräche, Rowohlt Berlin-Verlag 1993.

40 Theo Waigel, Tage, die Deutschland und die Welt veränderten, a.a.O., S. 26 ff.

41 Helmut Kohl, Deutschlands Einheit, a.a.O., S. 421 ff; ferner: Horst Teltschik, 329 Tage, a.a.O., S. 313 ff; ferner: Gorbatschow, Erinnerungen, a.a.O., S. 724 ff.

42 Anatoli Tschernajew, Weltmacht, a.a.O., S. 305 ff.

26 De Maizière erlebt sein Canossa am Wolfgangsee

1 Philip Zelikow/Condoleezza Rice, Sternstunden der Diplomatie, a.a.O., S. 475 ff; ferner: Theo Waigel, Tage, a.a.O., S. 52 ff.

2 Wolfgang Schäuble, Der Vertrag, a.a.O., S.123 ff.

3 Lothar de Maizière, Anwalt der Einheit, a.a.O., S. 22 ff.

4 Helmut Kohl, Ich wollte Deutschlands Einheit, a.a.O., S. S 445 ff.

5 Eduard Ackermann, Mit feinem Gehör, a.a.O., S. 338 ff.

6 Helmut Kohl, Ich wollte Deutschlands Einheit, a.a.O., S. 452 ff.

7 Lothar de Maizière, Anwalt der Einheit, a.a.O., S. 86 ff.

8 Wolfgang Schäuble zum Autor.

9 Wolfgang Schäuble, Der Vertrag, a.a.O., S. 150 ff; ferner: Lothar de Maizière, Anwalt der Einheit, a.a.O., S. 83.

10 Helmut Kohl, Ich wollte Deutschlands Einheit, a.a.O., S. 453.

11 Ulrich Deupmann, »Überraschungsschlag beim Schattenboxen«, *Süddeutsche Zeitung* vom 4. August 1990.

12 Lothar de Maizière, Anwalt der Einheit, a.a.O., S. 87.

13 Wolfgang Schäuble, Der Vertrag, a.a.O., S. 162 ff.

14 Lothar de Maizière, Interview mit der *Woche* vom 30. September 1993 unter der Überschrift »Vielen Dank, meine Herren!«.

15 Ebd. Ferner: Lothar de Maizière, Anwalt der Einheit, a.a.O., S. 134 ff.

16 Wolfgang Schäuble, Der Vertrag, a.a.O., S. 134f.
17 Zelikow/Rice, Sternstunden, a.a.O., S. 482 ff.
18 Ulrich Deupmann, Wolfgang Schäuble, a.a.O., S. 20 ff.
19 Wolfgang Schäuble zum Autor.
20 Johannes Gerster zum Autor.
21 Wolfgang Schäuble, Der Vertrag, a.a.O., S. 282.
22 Wolfgang Schäuble zum Autor.
23 Wolfgang Schäuble zum Autor.
24 Wolfgang Schäuble, Der Vertrag, a.a.O., S. 8 ff.

27 Wolfgang Schäuble wird Kronprinz

1 Das Ergebnis der Bundestagswahl vom 2. Oktober 1990 lautete:
CDU/CDU 43,8 Prozent, SPD 33,5 Prozent, FDP 11,0 Prozent, Grüne/-
Bündnis 90 5,1 Prozent, PDS 2,4 Prozent (aber drei Direktmandate),
Republikaner 21,1 Prozent. Die Sitzverteilung war: CDU/CSU 319 einschließlich sechs Überhangmandate, SPD 239, FDP 79, Grüne 8, PDS 17.
Das Ergebnis der Kanzlerwahl am 17. Januar 1991 lautete: 644 Stimmen
abgegeben, 378 Ja- und 257 Nein-Stimmen, neun Enthaltungen.
2 Helmut Kohl in einer Wahlanalyse am 3. Dezember 1990 vor Journalisten.
3 Nach einer Bilanz der Wählerwanderungen des Meinungsforschungs-
instituts Infas vom 3. Dezember 1990.
4 Hans-Jochen Vogel, Nachsichten, a.a.O., S. 359 ff.
5 Klaus Dreher, »Die Union wartet auf Wolfgang Schäuble«, *Süddeutsche
Zeitung* vom 28. Dezember 1990.
6 Wolfgang Schäuble zum Autor.
7 Hans-Dietrich Genscher, Erinnerungen, a.a.O., S. 999.
8 Helmut Kohl, Ich wollte Deutschlands Einheit, a.a.O., S. 483.
9 Protokoll des deutschen Bundestags vom 30. Januar 1991.
10 Lothar de Maizière, Anwalt der Einheit, a.a.O., S. 132 ff.
11 Eduard Ackermann, Mit feinem Gehör, a.a.O., S. 357.
12 Klaus Dreher, »Kalkulieren mit der Wachablösung«, *Süddeutsche Zeitung*
vom 15. April 1991.
13 Wolfgang Schäuble zum Autor.
14 Ulrich Deupmann, Wolfgang Schäuble, a.a.O., S. 9.

28 Entscheidung für die neue Hauptstadt

1 Klaus Töpfer zum Autor.

2 Wolfgang Schäuble zum Autor.

3 Hans-Jochen Vogel, Nachsichten, a.a.O., S. 378 ff.

4 *Der Spiegel* vom 24. Juni 1991.

5 Hartmut Palmer im *Spiegel* vom 18. Oktober 1993 unter der Überschrift »Ich bin der Antreiber«.

6 Protokoll des Deutschen Bundestags vom 20. Juni 1991.

7 Wolfgang Bajohr, »Schäubles Meisterstück«, in: *Rheinischer Merkur* vom 28. Juni 1991.

8 Das Abstimmungsergebnis lautete: 338 Stimmen für Berlin, 320 für Bonn, eine Enthaltung, eine ungültige Stimme.

9 »FDP und PDS gaben den Ausschlag«, in: *Süddeutsche Zeitung* vom 23. Juni 1991.

10 Wolfgang Schäuble im *Spiegel* vom 18. Oktober 1993 unter der Überschrift: »Ich bin der Antreiber«.

11 Helmut Kohl zu Journalisten im Januar 1992.

12 Hans-Dietrich Genscher, Erinnerungen, a.a.O., S. 999.

13 Gunter Hofmann in der *Zeit* vom 8. Mai 1992.

14 Klaus Dreher, »Der Kanzler im Kabinettsgeschiebe - ratlos«, in: *Süddeutsche Zeitung* vom 29. April 1992.

15 Mitteilung des Bundeskanzlers vor der Bundespressekonferenz am 19. Januar 1993.

16 Der CDU-Kreisgeschäftsführer Hubert Benning und die ehemalige CDU-Kreisparteivorsitzende Elisabeth Rickal.

17 dpa-Meldung vom 22. Januar 1994.

18 Wolfgang Gibowski, Hans Bardens und Werner Ludwig zum Autor, ferner: »Schmollwinkel in der Wahlheimat«, *Süddeutsche Zeitung* vom 1. Februar 1994.

19 Helmut Kohl im Landesspiegel des Südwestfunks am 18. Oktober 1982 und in der Sendung »Bonner Perspektiven« des ZDF am 10. Oktober 1983.

20 Klaus Dreher, »An den Wurzeln des Bundeskanzlers«, *Süddeutsche Zeitung* vom 30. Oktober 1983.

21 Hans Peter Schütz, »Die kleine Welt des Helmut K.«, *Stern* vom 2. Februar 1997.

22 Henning Köhler, Konrad Adenauer. Berlin: Propyläen, 1994, S. 393 ff; ferner: Klaus Dreher, Auf dem Weg zur Macht, Düsseldorf: Econ, S. 143 ff.

23 Helmut Kohl vor dem Grundsatzforum der CDU am 25.Juni 1993, veröffentlicht von der CDU-Bundesgeschäftsstelle.

24 Unterlagen der Konrad-Adenauer-Stiftung über den Kongreß »Die politische Avantgarde der friedlichen Revolution – was ist aus der Bürgerrechtsbewegung der ehemaligen DDR geworden?« am 10. und 11. März 1995 im Berliner Hotel »Forum«.

25 Marianne Heuwagen, »Jeden Tag gerade mal ein Besucher«, *Süddeutsche Zeitung* vom 21. Mai 1997, ferner: »Neuer Anwalt der Einheitsverlierer«, *Der Spiegel* vom 1. Juli 1996.
26 »Aufstand der Entrechteten«, *Die Woche* vom 22. September 1995.
27 »Frau Lengsfeld enttäuscht und verärgert die Grünen«, *Frankfurter Allgemeine Zeitung* vom 18. Dezember 1996.
28 Helmut Kohl im Interview mit Kai Diekmann und Claus Larass in der *Bild*-Zeitung vom 19./20. Dezember 1994 unter der Überschrift »Helmut Kohl: Was mir an den Grünen sympathisch ist«.
29 Helmut Kohl in der *Bild*-Zeitung vom 19./20. Dezember 1994 unter der Überschrift »Ein guter Politiker muß wie ein Förster sein« und vom 11. August 1995 unter der Überschrift »Kohl: Laßt uns den Schatz der Natur bewahren!«.

29 Ein Denkmal in Berlin

1 *Süddeutsche Zeitung* vom 18. Februar 1998, »Seine Kulturhoheit, der Kanzler«.
2 Mitteilung des Bundesinnenministeriums über die »Umgestaltung der Neuen Wache zur zentralen Gedenkstätte der Bundesrepublik Deutschland«.
3 Hans-Jürgen Wischnewski zum Autor.
4 Kurt Biedenkopf zum Autor.
5 Richard von Weizsäcker, »So kann es nicht weitergehen«, *Der Spiegel* vom 8. September 1997.
6 Heribert Prantl, »Kohl stellt Weizsäcker den Stuhl vor die Tür«, *Süddeutsche Zeitung* vom 16. September 1997; ferner: Interview mit Heiner Geißler in der gleichen Ausgabe unter der Überschrift »Kritik an Weizsäcker schadet der CDU«.
7 Helmut Kohl im Interview mit Klaus Bresser und Klaus-Peter Siegloch in der Sendung »Was nun, Herr Kohl?« im ZDF vom 17. Februar 1994.
8 Heinrich Oberreuter (Hg.), Die Strategie der Union im Wahlkampfjahr 1994, S. 149.
9 Helmut Kohl im Interview mit Klaus Bresser und Klaus-Peter Siegloch im ZDF in der Sendung »Was nun, Herr Kohl?« am 17. Februar 1994.
10 Claus Hinterleitner, Die Organisation der Öffentlichkeitsarbeit und der Medienpolitik im Bundeskanzleramt seit dem 1. Oktober 1982. Magisterarbeit für das Institut für Politische Wissenschaft an der Universität Freiburg, S. 66.
11 Klaus Dreher, »Und Pepe moderiert die Starparade«, *Süddeutsche Zeitung* vom 16. Juni 1994.
12 Helmut Kohl in der Sendung »Helmut Kohl privat« in RTL am 29. September 1992.

13 Claus Hinterleitner, Die Organisation der Öffentlichkeitsarbeit, a.a.O., S. 69.

14 Gespräch zwischen der Journalistin Petra Faller und dem Intendanten von SAT 1, Michael Rutz, unter der Überschrift »...nie so empfunden« in der *Süddeutschen Zeitung* vom 19. August 1994.

15 Die CDU scheiterte mit ihrer Kampagne gegen die PDS in Sachsen-Anhalt und verlor bei der Landtagswahl am 26. Oktober 1994 insgesamt 4,4 Prozent, während die SPD um 8 Prozent zunahm und auf 34 Prozent kam (CDU: 34,4) und mit Bündnis 90 unter Tolerierung der PDS, die 19,9 Prozent erhielt, die Regierung übernahm. Darauf verstärkte die CDU/CDU die Anti-PDS-Kampagne und war damit im Westen erfolgreich.

16 Bei der Europawahl kam die CDU/CSU auf 38,8 Prozent (minus 1), die SPD auf 32,2 (minus 5,1), die FDP auf 4,1 (minus 1,5), die Grünen auf 10,2 (plus 1,7), die PDS auf 4,7 und die Republikaner auf 3,9 (minus 3,2) Prozent.

17 Allensbacher Berichte des Instituts für Demoskopie von Mitte April 1994; ferner: Elisabeth Noelle-Neumann, »Die Jahre der Einheit«, *Politische Meinung* vom Dezember 1993.

18 Helmut Kohl in der Sendung »Zur Sache, Kanzler« von SAT1 am 5. Oktober 1994.

19 Helmut Kohl vor der Bundespressekonferenz am 7. Oktober 1994.

20 *Focus Wahl-Spezial* vom 18. Oktober 1994.

21 Helmut Kohl am 18. November 1994.

22 Jürgen Leinemann, »Patriarch ohne Herbst«, *Der Spiegel* vom 5. Dezember 1994.

30 Machtprobe

1 Mainhardt Graf Nayhauß, »Was ist eigentlich aus Kohls vielen Ministern geworden?«, in: *Bild*-Zeitung vom 1. Juli 1997.

2 »Irgendwo festhalten«, *Der Spiegel* vom 19. Februar 1996.

3 Bundespressekonferenz vom 30. Mai 1995.

4 Bericht in SAT 1 vom 27. September 1992.

5 Helmut Kohl bei einem Empfang in der Marburger Stadthalle in einer Rede zum 50. Geburtstag des Kanzleramtsministers Friedrich Bohl, am 5. März 1995.

6 T. D. Allman, »Kaiser Kohl«, in: *Tempo* vom 1. Januar 1991.

7 Helmut Kohl im Gespräch mit Günther Jauch in RTLplus am 29. September 1992.

8 Peter Glotz »Die Riesenschildkröte«, in: *Die Woche* vom 30. September 1993.

9 Rudolf Scharping zum Autor.

10 Joschka Fischer in der Haushaltsdebatte des Bundestags vom 8. November 1995.

11 *Der Spiegel* vom 22. Dezember 1997.

12 Heribert Prantl in der *Süddeutschen Zeitung* vom 5. Februar unter der Überschrift »Er schlägt den Sack und meint den Esel«.

13 Hans Peter Schütz im *Stern* 23. Oktober 1997 unter der Überschrift »Der doppelte Kanzler«.

14 Wolfgang Schäuble im *Stern* vom 9. Januar 1997 unter der Überschrift: »Wahrscheinlich würde ich der Versuchung nicht widerstehen«.

15 Klaus Escher im *Focus* vom 6. Oktober 1997.

16 Herbert Riehl-Heyse, »Der Aufbruch zum Sitzenbleiben«, *Süddeutsche Zeitung* vom 15. Oktober 1997.

17 Wiedergegeben im *Spiegel* vom 20. Oktober 1997 unter der Überschrift »Der ewige Nachfolger«.

18 Rudolf Augstein: »Kanzler auf Abbruch«, *Der Spiegel* vom 20. Oktober 1997.

19 »Eine saublöde Panne«, Der *Spiegel* vom 26. Januar 1998.

20 Josef Joffe in der *Süddeutschen Zeitung* vom 9. Februar 1998 unter der Überschrift »Kein Friede den Palästen«.

PERSONENREGISTER

Kursive Zahlen verweisen auf Abbildungen

Bildnachweis

Bilderdienst Süddeutscher Verlag: 188, 197, 233, 287
Presse- und Informationsamt der Bundesregierung, Bundesbildstelle:
  15, 21, 103, 282f, 285, 387
dpa: 110, 159, 196, 203, 234, 256, 306, 445
Helmut Schulze: 308, 329, 359, 378, 380, 411, 570
Klaus Benz: 116, 119, 124, 165
Landeshauptarchiv Koblenz: 39, 79, 81, 114, 121, 127
Ullstein Bilderdienst: 188, 197, 233, 287, 361, 391, 429, 462
Walter Hanel: 206, 459